Deliver Perfect Applications Faster

Cincom Smalltalk™

- Objektorientierung in Reinform – „Everything is an object"
- Für eine dynamische Welt: dynamische Typisierung, dynamische Sprache, dynamisches System
- Modernste Plattform für Rich Client, Server-, Web-, SOA- und mobile Applikationen
- Basierend auf offenen Industrie-Standards
- Binärkompatibel für Windows, Mac, Linux und UNIX
- Ideal für agile Prozesse
- Geschäftskritische Anwendungen mit Millionen Nutzern weltweit, in allen Branchen wie Banken/Versicherungen, Automobil, Elektronik… – teilweise seit mehr als 15 Jahren im Einsatz

Was haben Sie davon?

- Schnell zu lernen
- Einfach anzuwenden
- Weniger Fehler
- Mehr Spaß
- Kontakt zu einer begeisterten Community: Wer einmal in Smalltalk programmiert hat, will nie mehr darauf verzichten!

Happy Smalltalking!

Mehr Informationen: www.cincomsmalltalk.com/VisualWorks

Teilen Sie uns Ihre Erfahrungen mit Smalltalk mit:

Cincom Systems GmbH & Co. oHG
Telefon: +49 6196 9003-0
Fax: +49 6196 9003-270
E-Mail: eurosmalltalk@cincom.com
http://www.cincom.com

Johannes Brauer

Grundkurs Smalltalk – Objektorientierung von Anfang an

Eine Einführung in die Programmierung

4., erweiterte und überarbeitete Auflage

Prof. Dr.-Ing. Johannes Brauer
Fachbereich Informatik
NORDAKADEMIE Hochschule der Wirtschaft
Elmshorn, Deutschland

ISBN 978-3-658-00630-3   ISBN 978-3-658-00631-0 (eBook)
DOI 10.1007/978-3-658-00631-0

Die Deutsche Nationalbibliothek verzeichnet diese Publikation in der Deutschen Nationalbibliografie;
detaillierte bibliografische Daten sind im Internet über http://dnb.d-nb.de abrufbar.

Springer Vieweg

Springer Vieweg ist eine Marke von Springer DE. Springer DE ist Teil der Fachverlagsgruppe Springer
Science+Business Media.
www.springer-vieweg.de

Vorwort

Dieses Buch ist aus Begleitmaterialien für eine Grundvorlesung *Programmierung* entstanden, die im ersten und zweiten Semester im Studiengang Wirtschaftsinformatik der Fachhochschule NORDAKADEMIE angeboten wird. Seit dem Wintersemester 1999/2000 wird in dieser Veranstaltung von Anfang an die *Objektorientierte Programmierung* unter Verwendung der Programmiersprache *Smalltalk* gelehrt. Die Beantwortung der Frage, welche Lehrbücher den Studierenden für diese Vorlesung zu empfehlen wären, gestaltete sich als schwierig, denn die zahlreich vorhandenen Bücher zum Thema *Objektorientierte Programmierung* im Allgemeinen und zum Thema Smalltalk im Besonderen setzen häufig mindestens Programmierkenntnisse in einer nicht objektorientierten Programmiersprache voraus. Selbst wenn die Zahl der Studienanfänger, die solche Kenntnisse besitzen, beständig steigt, können diese aber keinesfalls generell vorausgesetzt werden. Zum Zeitpunkt des Erscheinens der ersten Auflage behandelten Lehrbücher für Programmieranfänger hingegen in aller Regel nicht die objektorientierte Programmierung. Inzwischen hat sich der „Objects-First-Ansatz" zwar stark verbreitet, die Verwendung von Smalltalk als erster Programmiersprache ist aber eher selten anzutreffen. Dieses Buch schließt daher nach wie vor eine Lücke. Es wendet sich nicht nur an Studierende der Informatik, sondern an jeden, der einen grundlegenden Einstieg in die Programmierung, insbesondere die objektorientierte, sucht. Es kann z. B. auch in Informatik-Leistungskursen in der Oberstufe der Schulen eingesetzt werden.

Die Wahl von Smalltalk hat vor allem didaktische Gründe. Es handelt sich hierbei um eine einfache, strikt objektorientierte Sprache, die die objektorientierte Denkweise fast erzwingt. Darüber hinaus haben nahezu alle Studierenden den gleichen Nachteil, diese Sprache nicht zu kennen, was das Problem der großen Spannweite in den Vorkenntnissen etwas abmildert. Außerdem gibt es heute eine Vielzahl von kostenlos erhältlichen Entwicklungsumgebungen, so dass die Lernenden diese ohne Probleme auch auf ihren eigenen Rechnern installieren können.

Was den Einsatz in der industriellen Praxis betrifft, hat Smalltalk sicher nicht die Bedeutung wie z. B. Java. Auf der anderen Seite erfreuen sich die sogenannten *dynamischen* Sprachen, wie z. B. Python oder Ruby, die viele Konzepte von Smalltalk übernommen haben, einer wachsenden Beliebtheit und Verbreitung. In den allgemeinbildenden Schulen gewinnt Smalltalk in der Heranführung von Kindern an die Programmierung an Bedeutung. Hier sind die Projekte *Etoys* und *Scratch* zu nennen, die beide in dem Smalltalk-Dialekt *Squeak* implementiert sind. Squeak läuft auf nahezu allen gängigen Systemplattformen und auch auf den OLPC[1]-XO-Rechnern („$100 laptop").

Es handelt sich bei diesem Buch aber nicht um einen Programmiersprachenkurs im engeren Sinne. Insbesondere geht es nicht um eine vollständige Darstellung der

---

[1]OLPC steht für One Laptop Per Child

umfangreichen Smalltalk-Klassenbibliothek. Hierfür muss auf die jeweilige Dokumentation der benutzten Entwicklungsumgebung verwiesen werden. Gleichwohl müssen auch grundlegende Aspekte einer Entwicklungsumgebung behandelt werden, da die Programmierung in Smalltalk immer unter Verwendung einer solchen stattfindet. Dies ist gerade für Anfänger eine zusätzliche Hürde. Denn, während früher – etwas vereinfacht gesprochen – lediglich die Verwendung eines Texteditors und eines Compilers erforderlich war, müssen nun neben dem Erlernen der Grundbegriffe der Programmierung gleichzeitig auch technische Fertigkeiten im Umgang mit einer komplexen Entwicklungsumgebung erworben werden.

Unverzichtbar für einen Einstieg in die Programmierung sind aber auch grundlegende Kenntnisse der Konstruktion von Algorithmen, ein Thema das im Zusammenhang mit der Objektorientierung meist nicht behandelt wird. Dies ist auch erforderlich, weil nur durch die Beschäftigung mit den elementaren Problemen der Programmierung das Verständnis für die Arbeitsweise von Rechnern fundiert werden kann.

Im ersten Kapitel wird der Leser zunächst insoweit in Grundbegriffe der Informatik eingeführt, wie es für die Programmiertechnik erforderlich ist. Im Kapitel 2 wird dann anhand eines einfachen Beispiels eine erste Einführung in die Grundlagen der Konstruktion von Algorithmen und deren Formulierung in einer konkreten Programmiersprache (hier: Smalltalk) gegeben. Das Thema Algorithmus-Konstruktion wird aber in späteren Abschnitten immer wieder aufgegriffen.

Während in Kapitel 2 die typischen Begriffe der Objektorientierung noch ausgeklammert werden, stehen diese im Vordergrund von Kapitel 3, wobei gleichzeitig die entsprechenden Grundelemente der Sprache Smalltalk systematisch eingeführt werden.

Kapitel 4 behandelt die Programmierung von Wiederholungen („Schleifen") zunächst wiederum aus algorithmischer Sicht. Daneben werden dann wichtige, für diesen Zweck in der Sprache Smalltalk zur Verfügung stehende Methoden erläutert.

Um dem Leser praktische Übungen und das Nachvollziehen der im Text benutzten Beispiele zu erleichtern, werden im Kapitel 5 einige Hinweise zur Bedienung der Entwicklungsumgebung *VisualWorks* gegeben, die für die in diesem Buch dargestellten Programmbeispiele verwendet wurde.

In den Kapiteln 6, 7 und 8 steht der für die Objektorientierung zentrale Begriff der *Klasse* im Mittelpunkt. Hier werden zunächst die Bestandteile einer Klassendefinition in Smalltalk und anschließend die Vorgehensweise beim Anlegen neuer Klassen erläutert. Schließlich folgt eine Darstellung wichtiger Basisklassen einer Smalltalk-Klassenbibliothek. Dabei werden weitere Grundbegriffe der Objektorientierung – wie Vererbung und Polymorphie – eingeführt.

Den Behälterklassen ist wegen ihres Umfangs und ihrer Bedeutung ein eigenes Kapitel (10) gewidmet.

Dazwischen wird in Kapitel 9 der Umgang mit Fehlermeldungen von Compiler und Laufzeitsystem, der in den vorangegangenen Kapiteln zum Teil schon behandelt wurde, noch einmal zusammengefasst. Falls die Leserin oder der Leser beim Nachvollziehen der Beispiele aus den vorangehenden Kapiteln oder bei der Durchführung eigener Übungen mit solchen Fehlermeldungen konfrontiert werden sollte – was sehr wahrscheinlich ist –, kann es hilfreich sein, das Lesen dieses Kapitels vorzuziehen.

In Kapitel 11 werden wichtige Aspekte der objektorientierten Programmierung mit

Smalltalk zwecks systematischer Darstellung aufgegriffen, die teilweise bereits in den vorangehenden Kapiteln auftauchen, wie z. B. die Themen *Blöcke* und *Vererbung*.

Mit dem Prinzip der *Rekursion* wird in Kapitel 12 noch einmal ein wichtiger Aspekt der Algorithmik aufgegriffen, der in einer Einführung in die Programmierung nicht fehlen darf.

In Kapitel 13 wird kurz auf die Verarbeitung sequentieller, interner und externer Datenströme eingegangen. Hier wird auch gezeigt, wie aus Smalltalk-Programmen auf Dateien zugegriffen werden kann.

Obwohl auf die Entwicklung größerer Smalltalk-Anwendungen aus Platzgründen in diesem Buch nicht eingegangen werden kann, werden in Kapitel 14 doch einige elementare Hinweise für die Programmgestaltung gegeben. Hinweise auf andere Quellen zu diesem und anderen Themen finden sich im Schlusskapitel 17. Auch auf den WWW-Seiten des Autors (brauer.nordakademie.de) befinden sich begleitende Informationen zu diesem Buch.

Zuvor wird in Kapitel 15 noch das Schreiben von Komponententests sowie deren automatisierte Ausführung wird das behandelt.

Auf eine Gegenüberstellung der herkömmlichen, prozeduralen mit der objektorientierten Denkweise bei der Programmierung wird verzichtet. Lesern, die bereits über Programmiererfahrung in prozeduralen Programmiersprachen verfügen, sei Literatur über die Programmiersprache Oberon-2 empfohlen. In Reiser und Wirth (1994) z. B. wird der Übergang von der imperativen zur objektorientierten Programmierung sehr gut vermittelt.

Es sei an dieser Stelle noch einmal betont, dass für ein erfolgreiches Durcharbeiten dieses Buches keine Vorkenntnisse in der Programmierung erforderlich sind. Es werden allerdings grundlegende Fertigkeiten im Umgang mit einem fensterorientierten Betriebssystem, wie z. B einer der Windows-Varianten aus dem Hause Microsoft oder dem Mac OS von Apple Computer, vorausgesetzt.

Hinweise zur Notation

Programmtexte werden, soweit sie nicht innerhalb von Bildschirmdarstellungen erscheinen, im Text in **Schreibmaschinenschrift** gesetzt. Das gilt auch für einzelne Smalltalk-Begriffe, wie Klassen- oder Methodennamen.

Menüs oder Menüeinträge der Entwicklungsumgebung werden durch **Fettdruck** hervorgehoben.

Die Entwicklungsumgebung

Für die Erstellung der Beispiele in diesem Buch wurde das Smalltalk-System mit dem Namen *VisualWorks* verwendet. Es handelt sich hierbei um eine weit verbreitete, professionelle Smalltalk-Entwicklungsumgebung, die von der Firma *Cincom* vertrieben wird. Von den WWW-Seiten der Firma (www.cincomsmalltalk.com) kann eine voll funktionsfähige, kostenlose Ausbildungsversion für sehr viele Systemplattformen bezogen werden. Für das Nachvollziehen der Beispiele ist es sicher hilfreich, wenn auch nicht zwingend, wenn dieses System der Leserin oder dem Leser zur Verfügung steht. Die Bildschirmfotos in diesem Buch sind unter Verwendung der *VisualWorks*-Version 7.6 erstellt worden.

viii

Danksagungen

An erster Stelle möchte ich dem Verlag und hier insbesondere Herrn Dr. Klockenbusch danken, dessen Engagement es zu verdanken ist, dass in einer Zeit, in der alle Welt nur noch von einer Programmiersprache redet, deren Name an Kaffee erinnert, die erste Auflage dieses Buches über Smalltalk herauskommen konnte. Frau Sybille Thelen gebührt mein Dank für die Unterstützung des Erscheinens dieser dritten Auflage

Mitarbeitern der Firma Georg Heeg gebührt mein Dank für die kritische Durchsicht des ersten Manuskripts und einige wertvolle Korrekturen, Anregungen und Verbesserungsvorschläge. Das Gleiche gilt für meinen früheren Kollegen an der NORDAKADEMIE, Herrn Prof. Dr. Kleuker. Frau Katrin Schimmeyer und Herr Helmut Guttenberg haben mir sehr bei dem Bemühen um orthographische und syntaktische Korrektheit des Textes geholfen. Für der Durchsicht der dritten Auflage bedanke ich mich bei Herrn Jan Bartelsen.

Elmshorn, im August 2008   Johannes Brauer

Nachtrag zum Vorwort der vierten Auflage

Für die vorliegende vierte Auflage wurden am gesamten Text kleinere Überarbeitungen und Korrekturen vorgenommen. Außerdem wurden die zahlreichen Bildschirmfotos der Entwicklungsumgebung *VisualWorks* aktualisiert. Hier gebührt mein Dank der Firma Cincom, die mir dafür die aktuelle, aber noch nicht auf dem Markt befindliche Version 7.10 vorab zur Verfügung stellte. Für die Unterstützung dabei möchte ich mich besonders bei Frau Yvonne Schickel bedanken.

Die wichtigste Neuerung ist aber das Kapitel 16. In ihm wird ein Einstieg in der Thematik der Entwicklung von Web-Anwendungen in Smalltalk unter Verwendung des Rahmenwerks Seaside gegeben. Die Motivation für dieses Kapitel rührte nicht zuletzt daher, dass die Programmiergrundausbildung im Bachelor-Studiengang Wirtschaftsinformatik der NORDAKADEMIE inzwischen unter das Motto „Objektorientierte Entwicklung von Web-Anwendungen" gestellt wurde.

Für die Durchsicht und wertvolle Anregungen bin ich folgenden Personen zu besonderem Dank verpflichtet: Stefanie Jasser, Joachim Sauer, Heiko Rehder, Daniel Purrucker und Carsten Becke.

Herrn Bernd Hansemann von Springer Vieweg gebührt mein Dank für die Unterstützung des Erscheinens dieser vierten Auflage.

Elmshorn, im September 2013   Johannes Brauer

Inhaltsverzeichnis

1 Einige Grundbegriffe der Informatik

Da für viele Leser der Einstieg in die Programmierung von Computern der erste intensive Kontakt mit der Informatik darstellt, werden hier zunächst einige wenige grundlegende Begriffe erläutert, soweit sie zur Abgrenzung der Programmiertechnik von anderen Teilgebieten der Informatik von Bedeutung sind. Eine umfassende Einführung in die Informatik ist z. B. in Ernst (2008) zu finden.

Der Begriff *Informatik* selbst wird bis heute keineswegs einheitlich definiert. Zwei in der Literatur häufig anzutreffende Definitionen lauten:

1. Informatik ist die Wissenschaft, Technik und Anwendung der maschinellen Verarbeitung, Speicherung und Übertragung von Information.

2. Informatik ist die Wissenschaft von der Automatisierung menschlicher Arbeit.

Beide Definitionen zusammengenommen beschreiben schon recht umfassend, womit sich Informatiker beschäftigen. Es geht nämlich um die Verarbeitung von Information und dies geschieht in der Regel zu dem Zweck, Tätigkeiten, die zuvor von Menschen durchgeführt wurden, ganz oder teilweise einem Automaten zu übertragen.

Dieser Automat wird als *Computer* bezeichnet, worin der anfängliche Haupteinsatzzweck, nämlich die Automatisierung numerischer Berechnungen, zum Ausdruck kommt (engl. to compute = berechnen). Die deutsche Bezeichnung *Rechner* ist aber in diesem Sinne genauso treffend und daher eigentlich vorzuziehen. Eine besondere Eigenschaft dieser Automaten ist, dass sie universell einsetzbar sind, d. h. durch Programmierung zur Lösung nahezu jeder Berechnungsaufgabe herangezogen werden können.

> Anmerkung: Welche Berechnungen durch Rechner ausgeführt werden können bzw. welche nicht, ist in der Theoretischen Informatik bzw. in der Mathematik eingehend untersucht worden. Darauf kann hier aber nicht im Detail eingegangen werden.

Wie heute jeder weiß, werden Rechner aber nicht ausschließlich, ja nicht einmal überwiegend, zur Ausführung numerischer Berechnungen eingesetzt. Die Benutzung zum Schreiben und Gestalten von Dokumenten vielerlei Arten, zum Spielen oder zum Abruf von Informationen aus dem Internet sind – neben vielen anderen – häufig anzutreffende Anwendungen im privaten und geschäftlichen Bereich. Betrachtet man nämlich die interne Arbeitsweise eines Rechners genauer, kann man feststellen, dass Rechner im Grunde genommen nichts anderes tun, als binäre Symbolfolgen[1] in neue

---

[1] Symbolfolgen, die aus Nullen und Einsen bestehen

binäre Symbolfolgen umzuformen. Je nachdem, ob man diese Symbolfolgen als Codierung von Zahlen oder Zeichen (Buchstaben, Ziffern, Satzzeichen) auffasst, bedeuten diese Symbolmanipulationen eben numerische Berechnungen oder die Verarbeitung von Textinformationen. Mit dem gleichen „Trick" kann man Rechner auch dazu bringen, Bilder, Töne oder Videosequenzen zu verarbeiten, indem man diese ebenfalls durch binäre Symbolfolgen codiert.

Programmierbarkeit
Die durch die Programmierbarkeit gegebene Universalität des Rechners stellt auf der einen Seite einen großen Vorteil dar, bringt aber eben auch die Notwendigkeit mit sich, Rechner für jede Aufgabe, sei sie auch noch so elementar, programmieren **Hardware** zu *müssen*. Das, was ein Rechner als „nacktes", elektronisches Gerät – auch *Hardware* genannt – betrachtet beherrscht, ist für den normalen Anwender nutzlos. Erst die **Software** Programme – auch *Software* genannt – machen den Rechner zu einem nützlichen Werkzeug.

Die Informatik beschäftigt sich nun zum einen mit der Konstruktion der Automaten selbst, dieses Teilgebiet der Informatik wird als *Hardwaretechnik* bezeichnet. Hier existiert eine enge Wechselbeziehung zur Elektrotechnik, insbesondere der Mikroelektronik.

Software-Technik
Zum anderen ist die *Software-Technik* die Disziplin, die sich mit der Entwicklung der Programme beschäftigt. Gegenstand des vorliegenden Bandes ist die *Programmiertechnik*, die als der Bestandteil der Software-Technik angesehen werden kann, der die „handwerklichen" Grundfertigkeiten des Programmierens umfasst. Demgegenüber **Software-Engineering** beschäftigt sich das so genannte *Software-Engineering* mit technischen und organisatorischen Fragen der Abwicklung großer Software-Projekte.

In Mayr und Maas (2002) wird eine andere Untergliederung der Disziplin Informatik vorgenommen. Sie orientiert sich an der ersten der oben genannten Definitionen. Sie unterscheidet folgende drei Bereiche:

- *Grundlagen*, die hauptsächlich aus der Mathematik, den Natur- und Ingenieurwissenschaften sowie den Wirtschafts- und Gesellschaftswissenschaften stammen.

- *Informatiksysteme und ihre Entwicklung*, hierzu zählen sowohl Hardware- als auch Softwaresysteme.

- *Anwendungen der Informatik*, z. B. auf die Abwicklung betrieblicher Geschäftsprozesse, die Steuerung von Produktionsprozessen, die Medizin oder die Biotechnologie.

Das zentrale Hilfsmittel der Informatik für die Problemlösung ist also der Rechner. Es wird nun kurz der Frage nachgegangen, wie der Rechner bei der Ausführung von Programmen eigentlich vorgeht bzw. wie die Programme, denen er gehorcht, beschaffen sein müssen. Der Rechner führt eine zu automatisierende menschliche Arbeit nach einem fest vorgegebenen und strikt einzuhaltenden Verhaltensmuster von geordneten **Algorithmus** Einzelschritten aus. Diese Verhaltensmuster heißen auch *Algorithmen*. Allgemein gesprochen sind Algorithmen Verfahrensvorschriften zur Lösung von Problemen. Aus der Mathematik ist z. B. der Gauß'sche Algorithmus zur Lösung von linearen Gleichungssystemen bekannt. Kochrezepte oder Strickmuster können als Beispiele für Algorithmen aus dem Alltag angesehen werden. Ein wichtiges Merkmal von Algorithmen

Tabelle 1.1: Anwendungen und Problembereiche

Fachgebiet	**Problemart**
Verwaltung	Lohnbuchhaltung, Bankkontenführung
Bauingenieurwesen	Statik, Numerik
Konstruktion	Computergestütztes Konstruieren
Fertigung	Werkzeugmaschinensteuerung
Verfahrenstechnik	Steuerung chemischer Prozesse
Militärtechnik	Steuerung von Feuerleitsystemen
Unternehmensforschung	Optimierung von Lagerhaltungs- oder Verkehrssystemen, Management-Informations-Systeme
Verkehrstechnik	Verkehrsampelsteuerung
Bibliothekswesen	Dokumentennachweis
Künstliche Intelligenz	Sprachanalyse, Automatisches Beweisen

besteht im Detaillierungsgrad ihre Formulierung: Ein komplexer Vorgang wird in der Weise in Elementarhandlungen zerlegt, dass derjenige, der ihn ausführt, das zu lösende Problem nicht kennen bzw. verstanden haben muss. Wird der Gauß'sche Algorithmus strikt befolgt, kann auch jemand, der die vier Grundrechenarten beherrscht, ein lineares Gleichungssystem korrekt lösen ohne zu wissen, was das ist. Alltagsalgorithmen, wie z. B. Kochrezepte, sind aber in der Regel nicht so präzise formuliert, dass immer ein genau definiertes Ergebnis herauskommt. Ein Mensch, der einen Algorithmus ausführt, kann möglicherweise fehlende Informationen aufgrund seiner Kenntnisse und Erfahrungen oder aus dem Kontext ableiten. Da ein Rechner aber nichts wirklich „versteht", sind Ungenauigkeiten oder Mängel in der Formulierung für Algorithmen, die von Rechnern abgearbeitet werden sollen, nicht tolerierbar.

Ein Algorithmus legt also eine *automatische Lösung* eines Problems fest; die jeweilige automatische Lösung eines Problems wird durch die (automatische) *Ausführung* des (das Problem lösenden) Algorithmus erzielt.

Art, Umfang und Schwierigkeitsgrad von Algorithmen hängen nicht nur von den Fähigkeiten der Menschen ab, die sie entwickeln, sondern vor allem von der Art, vom Umfang und der Schwierigkeit des zu lösenden Problems, also von demjenigen Anwendungsgebiet, dem das Problem entstammt. (In Tabelle 1.1 sind einige Fachgebiete den von der Informatik zu lösenden Problemen gegenüber gestellt.)

Beispielsweise ist es einfacher, eine Gehaltsabrechnung in einem Unternehmen mittels eines Algorithmus automatisch von einem Computer erledigen zu lassen, als den Ablauf von Produktionsprozessen der Automobilindustrie zu automatisieren oder Millionen von Transistoren auf einem Halbleiterchip automatisch zu platzieren und zu verdrahten.

Algorithmen, nach deren Vorschriften Probleme von Automaten gelöst werden sollen, müssen den Automaten in einer ihnen verständlichen Sprache mitgeteilt werden. Solche Sprachen zur Beschreibung von Algorithmen heißen auch *Algorithmische Sprachen* oder *Programmiersprachen*. Die Ausdrucksmittel der ersten algorithmischen Sprachen unterstützten daher in erster Linie den Programmierer in der Formulierung von Algorithmen. Eine dieser Sprachen hieß z. B. ALGOL, ein Akronym, das für *algorithmic language* steht. Bei den modernen objektorientierten Programmiersprachen,

Programmiersprache

wie z. B. Java oder Smalltalk, tritt dieser algorithmische Aspekt zwar etwas in den Hintergrund. Da sie aber selbstverständlich auch dazu dienen, Rechner zu programmieren, sind es notwendigerweise auch algorithmische Sprachen.

formale Sprache   Bei den Programmiersprachen handelt es sich um so genannte *formale Sprachen*, die zunächst einmal einiges mit natürlichen Sprachen wie Französisch oder Englisch gemeinsam haben. Sie verfügen über Wörter, die nach bestimmten Regeln, die man Syntax   als *Syntax* oder *Grammatik* bezeichnet, zu Sätzen zusammengesetzt werden können. Man könnte sagen, dass ein in einer Programmiersprache aufgeschriebener Algorithmus ein Satz oder eine Folge von Sätzen in dieser formalen Sprache darstellt. Es gibt aber einen entscheidenden Unterschied zwischen natürlichen und formalen Sprachen: Einem gemäß den grammatikalischen Regeln korrekt aufgebauten Satz ist in einer Semantik   formalen Sprache immer eine eindeutige Bedeutung (auch *Semantik* genannt) zugeordnet. Die Bedeutung natürlich-sprachlicher Sätze erschließt sich häufig nur aus dem Zusammenhang oder der Umgebung, in der sie gesprochen werden.

> Zum Beispiel kann der Satz „Ich schaue nach Westen." sowohl bedeuten, dass die Sprecherin in eine bestimmte Himmelsrichtung blickt, als auch, dass der Sprecher in einer Boutique nach Kleidungsstücken Ausschau hält.

Programm   Eine Folge von Sätzen, die einen Algorithmus beschreibt, heißt *Programm*. Das Konstruieren eines Algorithmus durch dessen Beschreibung in Form eines Programms ist ein wesentlicher Teil der Tätigkeit, die man *Programmieren* nennt.

    Liegt eine automatische Lösung eines praktischen Problems in Form eines Programms vor und existiert ein konkreter Automat, der das Programm auszuführen in der Lage ist, so ist damit sozusagen das Problem ein für alle Mal gelöst. Menschliche Arbeitskraft ist zur Lösung desselben Problems grundsätzlich nie wieder erforderlich.

Information und Daten

Die Informatik beschäftigt sich also mit der automatisierten Verarbeitung von Informationen. Man spricht demzufolge auch von *Informationsverarbeitung*. Gleichzeitig ist aber auch der Begriff *Datenverarbeitung* gebräuchlich. Dies legt die Frage nahe: Was ist der Unterschied zwischen Informationen und Daten? Wir werden hier, ausgehend von der üblichen umgangssprachlichen Verwendung dieser Begriffe, versuchen, eine Antwort auf diese Frage aus der Sicht der Informatik zu geben.

    Mit dem Begriff Information bringen wir Dinge wie

- gesammeltes Wissen

- zutreffende Aussagen

- Nachrichten

in Verbindung. Nachrichten betrachten wir insbesondere dann als Information, wenn sie neu sind, uns also Wissen vermitteln, das wir vorher nicht hatten. Dem Zusammenhang zwischen der „Neuigkeit" einer Nachricht und ihrem Informationsgehalt widmet sich die Informationstheorie, eine mathematische Disziplin, die hier aber nicht näher betrachtet wird.

Für die Informatik ist es wichtig, den Unterschied zwischen der äußeren Form (Repräsentation) einer Nachricht und deren Bedeutung (abstrakte Information) herauszuarbeiten. Manchmal wird die gleiche Information unterschiedlich repräsentiert, z. B. Zahlen in römischer bzw. arabischer Schreibweise. Der Satz „Ich schaue nach Westen." kann als die Repräsentation einer Information betrachtet werden, die akustisch (als gesprochener Satz) oder optisch (als geschriebener Text) übermittelt werden kann. Die Bedeutung dieser Information ist unabhängig von der Art ihrer Übermittlung, ihrer Repräsentation. Die Bedeutungszuordnung (Interpretation) muss durch den Empfänger der Nachricht erst noch erfolgen. Dafür sind verschiedene Voraussetzungen erforderlich. So muss für den Fall, dass die Nachricht als Text vorliegt, der Empfänger

Repräsentation und Interpretation von Information

- lesen können,

- der deutschen Sprache mächtig sein und

- über bestimmte Kontextinformationen verfügen.

Ohne die Kontextinformationen kann der Empfänger nicht wissen, wer „Ich" ist und wie das Wort „Westen" gemeint ist.

Repräsentationen von Nachrichten allein besitzen ohne Interpretation keinen Informationsgehalt, keine Bedeutung. Unabhängig von der Bedeutung einer Nachricht kann man außerdem ihren Realitätsbezug, d. h. ihren Wahrheitsgehalt in Betracht ziehen. Dieser Aspekt von Information ist nicht Gegenstand der Informatik.

Zusammenfassend können wir drei Aspekte von Nachrichten unterscheiden:

- ihre Repräsentation, d. h. die äußere Form ihrer Darstellung,

- ihre Bedeutung, d. h. die abstrakte Information,

- ihren Wahrheitsgehalt.

Durch die Interpretation wird der Übergang von der Repräsentation zur Information vollzogen

Unter *Daten* versteht man in der Informatik eine, in der Regel strukturierte, Repräsentationsform von Information. So wird z. B. die äußere Form eines Datensatzes

Daten

```
(Mustermann, Ernst, Brehmstraße 5, Düsseldorf)
```

in einem bestimmten Zusammenhang in einer vorher vereinbarten Weise interpretiert, hier z. B. als Wohnort einer Person. Die Struktur des Datensatzes bestimmt dabei die Reihenfolge der einzelnen Angaben.

Da der Computer streng genommen über die oben genannten Voraussetzungen, um aus Daten Informationen zu machen, nicht verfügt, ist es sehr viel treffender von Daten- anstatt von Informationsverarbeitung zu sprechen.

Programme sind auch Daten

Eigentlich gibt es in der Informatik keinen Wesensunterschied zwischen Programmen und Daten. Der einfache Text „3+4" kann selbstverständlich als eine Repräsentation von Daten angesehen werden, eine Zeichenfolge, die aus drei Zeichen besteht.

Gleichzeitig ist diese Zeichenfolge aber auch ein Smalltalk-Programm, das von einer „Smalltalk-Maschine" (ein speziell ausgestatteter Rechner, näheres dazu im Kapitel 2) ausgeführt wird, d. h. der Text wird als arithmetischer Ausdruck ausgewertet.

Es wurde bereits erläutert, dass Rechner heutiger Bauart nur binäre Symbolfolgen[2] in andere binäre Symbolfolgen umwandeln können. Also muss auch der Text „3+4" in ein Bitmuster umgewandelt werden. Für diese Umwandlung der Textform dieses kleinen Programms benötigt man wiederum ein Programm, dass der Rechner nur ausführen kann, wenn es ebenfalls binär codiert im Arbeitsspeicher des Rechners vorliegt. Auf dieses Thema werden wir noch in Abschnitt 2.2 zurück kommen.

Im Arbeitsspeicher eines Rechners stehen nur Bitmuster, denen nicht anzusehen ist, ob sie Programme oder Daten repräsentieren. Um ein Programm ausführen zu können, muss dem Rechner mitgeteilt werden, an welcher Stelle im Arbeitsspeicher das Bitmuster eines Programms beginnt. Der Konstrukteur dieses Programms ist dann dafür verantwortlich, dafür zu sorgen, dass sein Programm auf die richtigen Bitmuster im Speicher als seine Daten zugreift.

---

[2]auch Bitmuster genannt

2 Konstruktion von Algorithmen

In diesem Kapitel nähern wir uns der Beantwortung der Frage an, wie man für ein gegebenes Problem einen Algorithmus findet. Leider gibt es auf diese Frage keine einfache Antwort, schon gar nicht können irgendwelche „Kochrezepte" angegeben werden, die es ermöglichten, zielsicher vom Problem zum Programm zu gelangen. Es gibt in der Software-Technik bis heute auch keine wohl definierte Konstruktionslehre, wie das in reiferen Ingenieurwissenschaften eine Selbstverständlichkeit ist. Vielmehr gibt es verschiedene Formen von Handlungsanleitungen, die den Programmierer bei seiner Tätigkeit unterstützen und die Wahrscheinlichkeit erhöhen sollen, dass die entstehenden Programme bestimmte Qualitätskriterien, wie z. B. *Korrektheit* und *Lesbarkeit*, erfüllen. Nähere Hinweise dazu werden im Abschnitt 2.4 gegeben.

Die Konstruktion von Algorithmen kann man in zwei Teilaufgaben zerlegen: Der erste Schritt besteht darin, zu einer Problemstellung die Methode zu finden, mit der es gelöst werden kann. Diese Lösungsmethode – der Algorithmus im eigentlichen Sinne – kann zunächst unabhängig davon formuliert werden, welche Sprache der Automat versteht, der zur automatischen Lösung des Problems letztlich herangezogen werden soll. Im zweiten Schritt muss dann aber die maschinengerechte Formulierung des Algorithmus in Form eines Programms, aufgeschrieben in einer für den gewählten Automaten verständlichen Programmiersprache, erfolgen. Zunächst werden zwei einfache Beispiele betrachtet, bei denen der erste Schritt kein Problem darstellt. Im ersten Beispiel soll das Problem gelöst werden, einen bestimmten Betrag von einer Währung in eine andere umzurechnen. Hier ist die Lösungsmethode offensichtlich. Das zweite Beispiel betrachtet das Problem der Lösung quadratischer Gleichungen, dessen Lösungsmethode uns die Mathematik schon liefert. In beiden Fällen können wir uns daher auf den zweiten Schritt konzentrieren, nämlich die Lösungsmethode „nur" noch maschinengerecht zu formulieren.

2.1 Fallbeispiel Währungsumrechnung

In Zeiten vor Einführung des Euro war man als Tourist in Europa gerne mit kleinen Pappkärtchen unterwegs, auf denen eine Umrechnungstabelle von einer Währung in eine andere für ausgewählte Beträge abgedruckt war. So konnte man z. B. – ein wenig umständlich zwar – DM-Beträge in Österreichische Schillinge umrechnen, wobei der Wechselkurs natürlich nicht tagesaktuell war. In Zeiten, wo Wechselkurse ubiquitär online verfügbar sind, wird man hierfür wohl eher das Mobiltelefon benutzen.

An dieser Stelle soll nun das konkrete Problem gelöst werden, einen vorzugebenden Betrag in Schwedischen Kronen in Euro umzurechnen. Der Wechselkurs sei fest: 1 Schwedische Krone entspricht 0,108 Euro[1]. Zur Berechnung des Euro-Betrags kann

---

[1] Wechselkurs gültig am 12. Mai 2008

also die folgende simple Formel herangezogen werden:

$$F : euBetrag = skBetrag \cdot 0,108$$

An dieser Stelle muss nun klargestellt werden, über welche Fähigkeiten unser Automat eigentlich verfügt bzw. durch welche programmiersprachlichen Formulierungen diese Fähigkeiten nutzbar gemacht werden können. Die einzige Rechenoperation, die hier notwendig ist, die Multiplikation, gehört selbstverständlich zum Repertoire der Maschine, die wir benutzen werden.

Zu den Eigenheiten unseres Automaten zählt jedoch, dass er nur Programme verarbeiten kann, die in Form eines Textes aufgeschrieben sind, der ausschließlich Zeichen enthält, die auf einer „normalen" Schreibmaschinentastatur (oder PC-Tastatur) zu finden sind. Zu diesem Zeichenvorrat gehört nicht der Malpunkt. Stattdessen wird das Zeichen „*" verwendet. Außerdem muss noch das Dezimalkomma durch den Dezimalpunkt ersetzt werden. Unsere Formel sieht jetzt also so aus:

$$F : euBetrag = skBetrag * 0.108$$

Die „Konstruktion" des Algorithmus für die Währungsumrechnung ist damit bereits abgeschlossen. Er ist insofern universell verwendbar, als er die Umrechnung jedes beliebigen Betrags von Schwedischen Kronen in Euro erlaubt. Für eine konkrete Berechnung muss für die Variable *skBetrag* ein konkreter Zahlenwert eingesetzt werden.

Im folgenden Abschnitt wird nun gezeigt werden, wie dieser Algorithmus auf einem konkreten Automaten zur Ausführung gebracht werden kann.

2.2 Das erste Smalltalk-Programm

SmaViM Der Automat, den wir für die Ausführung von Algorithmen benutzen, soll vorerst den Namen *SmaViM* erhalten, was als Akronym für *Smalltalk Virtual Machine* steht. Was hat es nun mit diesem Namen auf sich?

In Kapitel 1 wurde darauf hingewiesen, dass Computer letztlich nur mit binären Symbolfolgen umgehen können. Das bedeutet, dass auch Programme selbst binär codiert werden müssen. Der Binärcode, den ein Computer unmittelbar als Handlungsanweisung interpretieren kann, wird auch als Maschinensprache bezeichnet. Das direkte Programmieren in Maschinensprache ist, weil Binärcodes für den Menschen schwer lesbar sind, nicht nur außerordentlich mühsam und fehleranfällig, sondern weist auch das Problem auf, dass jeder Rechnertyp seine eigene Maschinensprache besitzt. Wollte man also ein Programm, das für einen Maschinentyp entwickelt wurde, auf einem anderen bereitstellen, müsste es erst mühsam umcodiert werden. Daher hat schon in den fünfziger Jahren des 20. Jahrhunderts eine Entwicklung hin zu so genannten *höheren* oder *problemorientierten* Programmiersprachen eingesetzt. Bekannte Beispiele solcher Sprachen sind das schon erwähnte *ALGOL* sowie *FORTRAN, COBOL, PASCAL, C,* aber natürlich auch *Java* und *Smalltalk.* Problemorientiert nannte man diese Sprachen deshalb, weil sie den Programmierer nicht mehr zwangen, sich bei der Programmierung des Befehlssatzes der konkreten Maschine zu bedienen, sondern Problemlösungen in einer gewohnten, z. B. mathematischen, Notation aufschreiben zu können. Das Beispiel der Formel F macht dies deutlich.

Übersetzung von Programmen

Damit Programme, die in einer höheren Programmiersprache geschrieben sind, auf einem konkreten Rechner ablaufen können, müssen sie aber in die jeweilige Maschinensprache übersetzt werden. Dieser Übersetzungsvorgang kann nun seinerseits automatisiert werden, d. h. für diesen Vorgang gibt es Programme, so genannte *Compiler*. Der deutsche Begriff *Übersetzer* ist nicht sehr gebräuchlich. Diese müssen ihrerseits natürlich in Maschinensprache vorliegen, damit sie von dem Rechner ausgeführt werden können. Für jede Programmiersprache und jeden Maschinentyp braucht man einen eigenen Compiler.

    Eine etwas andere Vorgehensweise wird für die Ausführung von Smalltalk- und Java-Programmen verwendet. Um Programme, die von vornherein auf verschiedenen Maschinentypen bereitgestellt werden sollen, nicht durch die jeweils speziellen Compiler übersetzen lassen zu müssen, definiert man zunächst einen universellen, maschinenunabhängigen Befehlssatz[2]. Programme werden dann nur noch in diese Quasi-Maschinensprache übersetzt, unabhängig davon, auf welcher konkreten Maschine sie letztlich ablaufen sollen. Für jeden konkreten Maschinentyp braucht man dann aber ein Programm, das Befehle der Quasi-Maschinensprache interpretiert und für jeden dieser Befehle jeweils eine binäre Befehlsfolge der konkreten Maschine erzeugt. Dieses Programm lässt damit den Rechner *scheinbar* den universellen Befehlssatz verstehen, deswegen werden derartige Programme als *virtuelle Maschinen* bezeichnet. Wegen der eben beschriebenen Arbeitsweise werden sie aber auch *Interpreter* genannt. *SmaViM* ist also die virtuelle Maschine, die Smalltalk-Programme (übersetzt in den Byte-Code) ausführen kann.

    Ein Smalltalk-System besteht seit jeher nicht nur aus einer Programmiersprache und einer virtuellen Maschine, sondern auch aus einer integrierten Entwicklungsumgebung mit einer modernen graphischen Bedienoberfläche, die es dem Programmierer erlaubt, Smalltalk-Programme zu schreiben, übersetzen und ausführen zu lassen sowie darüber hinaus auch Fehlersuche zu betreiben. Solche Smalltalk-Entwicklungsumgebungen gibt es von verschiedenen Herstellern, die sich in Art und Umfang der mitgelieferten Komponenten sowie deren Bedienung unterscheiden. Für unsere Zwecke genügt es, auf elementare Funktionen zurückzugreifen, die sich zumindest in ähnlicher Form in allen Entwicklungsumgebungen wieder finden lassen. Die Bildschirmfotos, die im Folgenden zur Illustration der Arbeitsweise bei der Programmierung in Smalltalk gezeigt werden, wurden unter Verwendung des Produkts *VisualWorks*[3] der Firma *Cincom* erstellt, das in einer Ausbildungsversion frei erhältlich ist.

    Die Benutzung von *VisualWorks* wird in Kapitel 5. Im Abschnitt 5.3.2 werden die erforderlichen Grundeinstellungen erläutert, damit das Erscheinungsbild von *Visual-Works* den in diesem Band gezeigten Bildschirmfotos entspricht.

2.2.1 Eingabe von Programmtexten

Jede Smalltalk-Entwicklungsumgebung stellt einen so genannten *Workspace* zur Verfügung. Dabei handelt es sich um ein Fenster zur Eingabe und Modifikation von Smalltalk-Programmtexten, das wie ein entsprechendes Fenster in einem Textverarbeitungs-

---

[2]häufig als Byte-Code bezeichnet
[3]in der Version 7.10

programm benutzt werden kann. Abbildung 2.1 zeigt einen solchen Workspace. Das Erscheinungsbild des dargestellten Fensters entspricht demjenigen, das man erhält, wenn man *VisualWorks* unter dem Betriebssystem *Mac OS X* auf einem Macintosh-Rechner der Firma Apple betreibt.

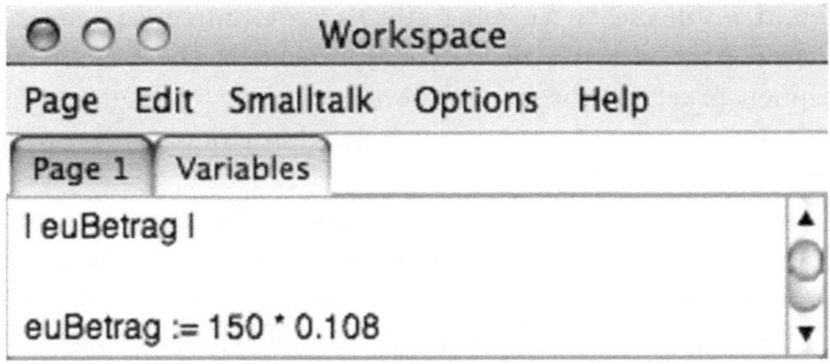

Abbildung 2.1: Workspace (Mac OS-Version)

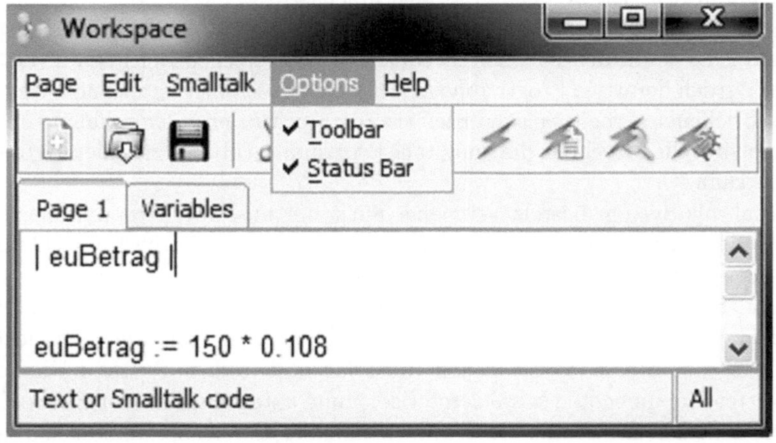

Abbildung 2.2: Workspace (Windows-Version)

Zum Vergleich zeigt Abbildung 2.2 das gleiche Workspace-Fenster unter dem Betriebssystem *Microsoft Windows 7*. Hier sind zusätzlich die Tools- und die Status-Zeile mit dargestellt, die über das **Options**-Menü ausgewählt werden können. Im weiteren Verlauf wird nur jeweils die Mac OS-Variante gezeigt.

Der Text in dem Fenster zeigt das Smalltalk-Programm für die Währungsumrechnung gemäß dem im vorigen Abschnitt besprochenen Algorithmus. Gegenüber dem dort gezeigten Text ist allerdings die Variable *skBetrag* durch den Zahlenwert 150 ersetzt worden. Das Programm soll hier also ausrechnen, wieviel Euro 150 Schwedische Kronen sind. Außerdem sind noch weitere kleine Textänderungen vorgenommen worden, die der Syntax von Smalltalk geschuldet sind:

1. In der ersten Zeile steht der Name der im Programm benutzten Variablen (`euBetrag`) eingeschlossen zwischen zwei senkrechten Strichen. Hierbei handelt es sich um die so genannte *Deklaration* der Variablen. Generell gilt, dass Varia-

Variablen-
deklaration

blen deklariert werden müssen, bevor sie verwendet werden können. Zwischen den senkrechten Strichen können beliebig viele Variablen deklariert werden, die durch Leerzeichen, Tabulatoren oder Zeilenwechsel voneinander getrennt werden. Genauer gesagt, handelt es sich hier um so genannte *temporäre* oder *lokale* Variablen. Andere Arten von Variablen werden wir später kennen lernen.

temporäre, lokale Variable

> Anmerkung für Kenner konventioneller höherer Programmiersprachen, wie z. B. PASCAL: In Smalltalk haben Variablen keinen Typ. Einer Variablen kann somit ein beliebiger Wert zugewiesen werden.

2. Anstelle von „ `euBetrag = ...`" schreiben wir hier „ `euBetrag := ...`" . Durch die Zeichenfolge „:=" wird die so genannte *Zuweisung* ausgedrückt. Der links stehenden Variablen wird der Wert des rechts stehenden Ausdrucks zugeordnet (zugewiesen). Das Gleichheitszeichen (ohne Doppelpunkt davor) dient in Smalltalk dem Vergleich von Ausdrücken (vgl. Abschnitt 2.3.3).

Zuweisung

2.2.2 Ausführung von Programmen

Ein im Workspace eingegebener Programmtext kann sofort *SmaViM* zur Ausführung übergeben werden. Dazu muss dieser zunächst mit der linken Maustaste selektiert werden. Für die Ausführung des ausgewählten Textes gibt es in *VisualWorks* zwei Möglichkeiten. Die eine besteht darin, im Workspace-Menü **Smalltalk** den Menüpunkt **Do it** zu wählen (s. Abbildung 2.3). Den gleichen Effekt kann man durch

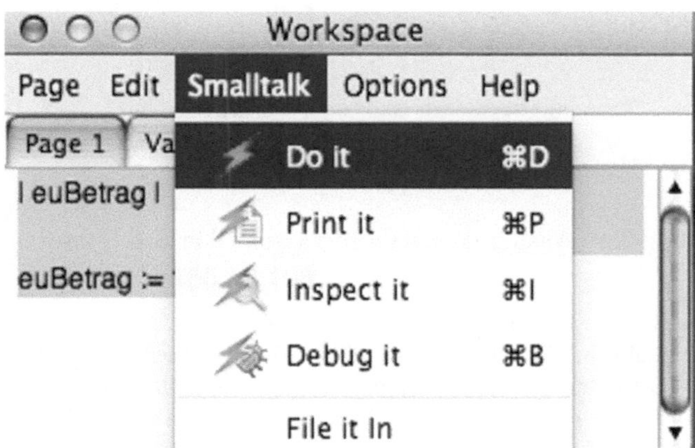

Abbildung 2.3: Das Menü **Smalltalk** im *VisualWorks*-Workspace

Aktivieren des Kontext-Menüs[4] erzielen. Dies enthält ebenfalls einen gleichnamigen Menüpunkt (s. Abbildung 2.4).

> Anmerkung: Klassische Smalltalk-Entwicklungsumgebungen, wie sie z. B. schon in der „Smalltalk-80-Bibel" Goldberg und Robson (1989) beschrieben werden,

---

[4]unter Windows durch Betätigen der rechten Maustaste; falls unter Mac OS nur eine Eintasten-Maus zur Verfügung steht, kann das Kontext-Menü durch Ctrl-Klick aktiviert werden

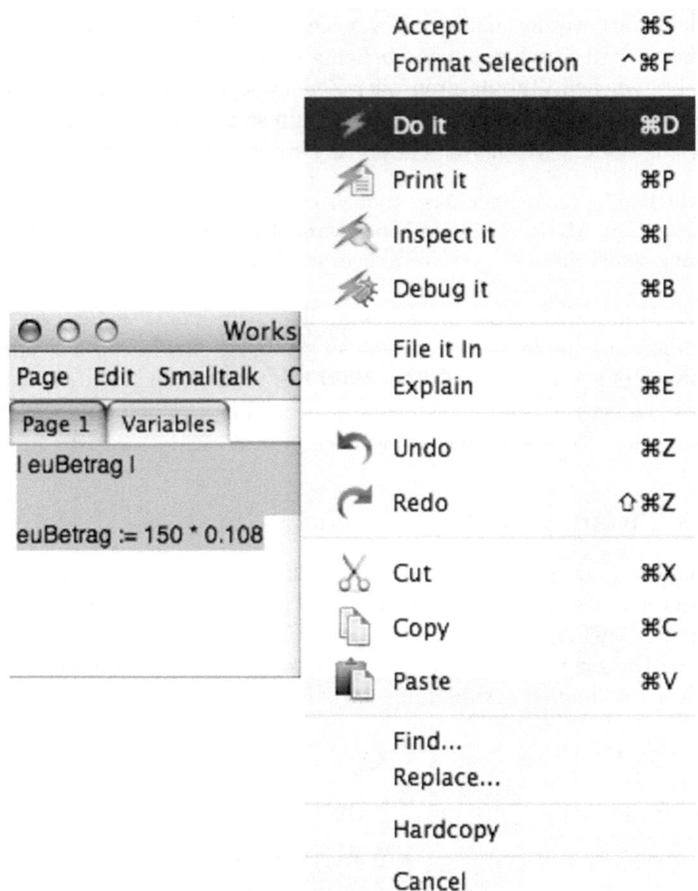

Abbildung 2.4: Ausführen eines Programms über das Kontext-Menü

setzen i. d. R. eine Drei-Tastenmaus voraus. Die linke Maustaste (*select button*) hat die „übliche" Funktion (Auswahl von Menüpunkten, Selektion von Text usw.). Das Betätigen der rechten Maustaste (*operate button*) lässt ein kontextabhängiges Menü, das so genannte *Operate-Menü*[5], mit smalltalkspezifischen Einträgen aufklappen (vgl. Abbildung 2.4). Die mittlere Maustaste (*window button*) ruft ein Aufklapp-Menü mit fensterspezifischen Aktionen (Vergrößern, Verkleinern, Umbenennen usw.) hervor.

Welche der beiden Methoden man auch wählt, in jedem Fall erhält man den in Abbildung 2.5 gezeigten Warnhinweis, der den Entwickler des Programms darauf hinweisen soll, dass hier ein Wert berechnet und der Variablen **euBetrag** zugewiesen wird, der Wert dieser Variablen aber im weiteren Verlauf des Programms nicht benutzt wird. Das muss uns hier an dieser Stelle nicht stören. Das Betätigen der **proceed**-Schaltfläche hat dann aber keinen weiteren sichtbaren Effekt. Das Programm wird

---

[5]Im Folgenden werden wir in der Regel vom *Kontextmenü* sprechen.

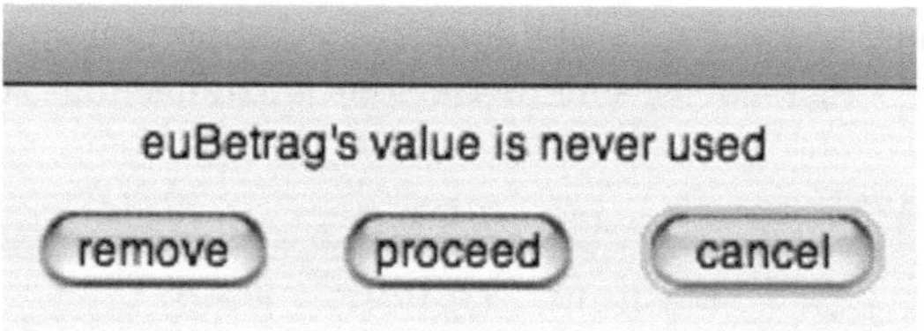

Abbildung 2.5: Warnhinweis

zwar ausgeführt und die Lösung wird der Variablen **euBetrag** zugewiesen, um deren Wert aber sichtbar zu machen, bedarf es aber weiterer Vorkehrungen. Es gibt vielfältige Möglichkeiten, die Werte von Variablen oder Ausdrücken von *SmaViM* ausgeben zu lassen. Die erste besteht darin, den Menüpunkt **Print it** anstelle von **Do it** zu wählen. Das Ergebnis zeigt Abbildung 2.6.

Anzeigen von Variablenwerten

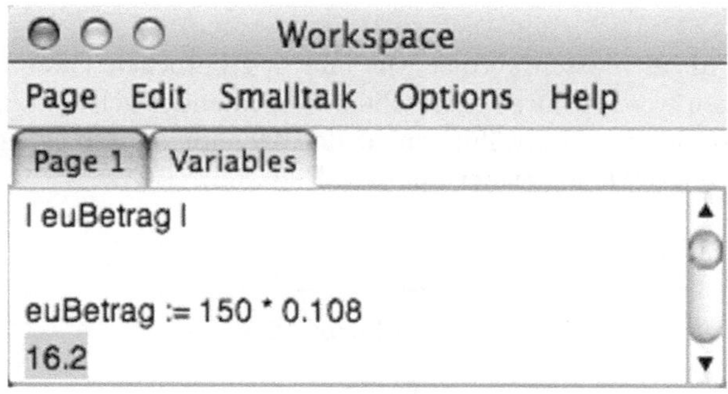

Abbildung 2.6: Ausführung des Programms mit dem Menüpunkt **Print it**

Bei der Ausführung mit **Print it** wird immer der Wert des zuletzt berechneten Ausdrucks in den Workspace ausgegeben. Abbildung 2.6 zeigt daher den Wert der Variablen **euBetrag** als selektierten Text an.

Eine weitere Möglichkeit von *SmaViM* besteht darin, die Ergebnisanzeige in einem kleinen Dialogfenster vorzunehmen. Dies muss aber programmiert werden, d. h. unser kleines Programm muss um eine Anweisung an *SmaViM* ergänzt werden, die ein solches Dialogfenster öffnet und darin die Ergebnisse darstellt. Die Anweisung hierfür könnte z. B. so aussehen:

Dialogfenster

```
Dialog warn: 'Betrag in Euro:', euBetrag printString
```

Form und Inhalt dieser Anweisung werden wir erst zu einem späteren Zeitpunkt genauer analysieren können. Zum Verständnis sei hier vorweg nur Folgendes gesagt: Die Anweisung **Dialog warn:** öffnet ein Dialogfenster und zeigt darin den Text an, der hinter dem Doppelpunkt angegeben wird. Texte, die auf diese Art unmittelbar angezeigt werden können, sind beliebige in einfache Hochkommata eingeschlossene Zeichenfolgen (z. B. **'Betrag in Euro:'**). Zahlenwerte, also z. B. der Wert der Variablen **euBetrag**, müssen durch Anhängen der Anweisung **printString** erst in einen Text umgewandelt werden. Das Komma dient dazu, die beiden Teiltexte zu einem Text zusammenzufügen. Dies ist notwendig, weil die Anweisung **Dialog warn:** eben genau einen Text als Parameter erwartet. Abbildung 2.7 zeigt unser entsprechend erweitertes Programm. Um die Ausgabeanweisung der ersten hinzufügen zu können, muss diese

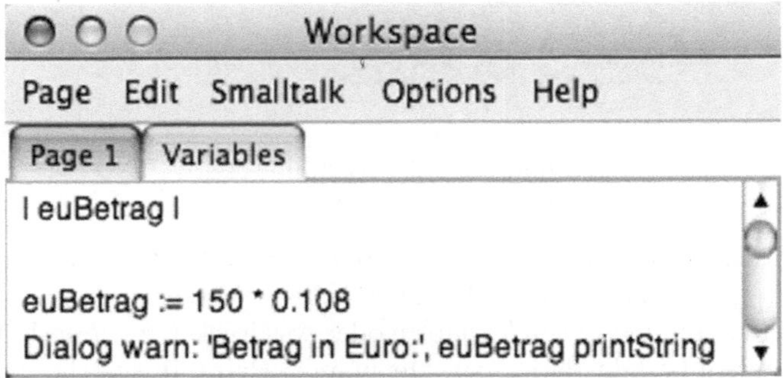

Abbildung 2.7: Programmergänzung für die Ergebnisausgabe im Dialogfenster

mit einem Punkt abgeschlossen werden. Vereinfacht gesprochen: Zwei aufeinander folgende Anweisungen werden durch einen Punkt voneinander getrennt. Selektiert man den Programmtext wieder und wählt erneut den Menüpunkt **Do it**, erscheint das in Abbildung 2.8 gezeigte Dialogfenster auf dem Bildschirm.

Abbildung 2.8: Ergebnisausgabe im Dialogfenster

Somit haben wir es nun geschafft, das Problem der Währungsumrechnung für einen konkreten festen Wechselkurs und einen bestimmten Betrag in Schwedischen Kronen zu lösen. Diese Lösung ist insofern unbefriedigend, als eine Änderung des Wechselkurses oder des umzurechnenden Betrags eine Programmänderung erfordert.

2.2.3 Flexibilisierung der Währungsumrechnung

Es ist offenkundig, dass ein Programm, das einen bestimmten Betrag zu einem fest stehenden Wechselkurs umrechnen kann, nicht besonders nützlich ist. Um das Programm flexibler einsetzen zu können, betrachten wir zunächst eine verallgemeinerte Umrechnungsformel:

$$F' : nachBetrag = vonBetrag \cdot wechselkurs$$

In dieser Formel spielt es jetzt keine Rolle mehr, welche Währungen beteiligt sind, es muss nur der passenden Umrechnungskurs verwendet werden. Das führt dann zu folgendem Smalltalk-Programm:

```
| nachBetrag vonBetrag wechselkurs |
nachBetrag := vonBetrag * wechselkurs.
Dialog warn: 'umgerechneter Betrag: ' nachBetrag printString
```

Dieses ist durch *SmaViM* so natürlich nicht ausführbar, da die Variablen **vonBetrag** und **wechselkurs** keinen Wert besitzen und damit das Produkt aus beiden undefiniert ist. Letztlich muss der Anwender sagen, welcher Betrag zu welchem Wechselkurs umgerechnet werden soll. Dazu werden nun Anweisungen benötigt, die, wenn sie von *SmaViM* ausgeführt werden, dem Anwender die Eingabe eines Zahlenwerts ermöglichen und den eingegebenen Wert dann einer der Variablen **vonBetrag** bzw. **wechselkurs** zuordnen. Für diesen Zweck stehen auch wieder einfache Dialogfenster zur Verfügung. So wird z. B. durch die Anweisung

Dialogfenster für Eingabe

```
Dialog request: 'umzurechnender Betrag: ' initialAnswer:'0'
```

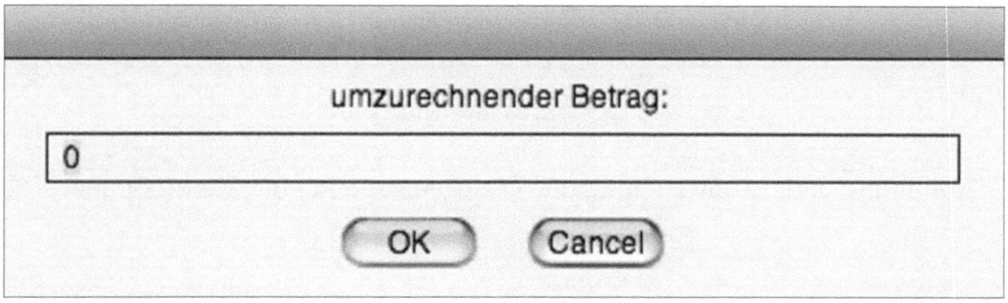

umzurechnender Betrag:

0

OK   Cancel

Abbildung 2.9: Eingabedialog

das in Abbildung 2.9 dargestellte Dialogfenster aufgeblendet. Hinter **request:** kann ein beliebiger Text (wiederum einzuschließen in einfache Hochkommata) angegeben werden, der hier – als Eingabeaufforderung verstanden – im oberen Teil des Dialogfensters erscheint. Das darunter liegende umrandete Feld dient der Benutzereingabe. Es enthält den hinter dem Schlüsselwort **initialAnswer:** angegebenen Text als Voreinstellung, die als Eingabewert übernommen würde, wenn der Benutzer keine weitere Eingabe vornähme. Führt man die obige Anweisung im Workspace mit dem Kommando **Print it** aus, und gibt in das Eingabefeld dann z. B. 250 ein, erscheint nach der Bestätigung des Dialogs durch Betätigen der **OK**-Schaltfläche mit der Maus im Workspace als Ergebnis der Ausführung der Text **'250'** (s. Abbildung 2.10).

Das Ergebnis einer Eingabe in einem Dialogfenster ist immer ein Text. Da wir aber nur mit Zahlen rechnen können, muss dieser Text noch in eine Zahl verwandelt werden, was natürlich nur dann möglich ist, wenn der eingegebene Text als Zahlenwert betrachtet werden kann. Was das genau heißt, d. h. welche syntaktischen Regeln für das Aufschreiben von Zahlen gelten, wird in Abschnitt 8.1.2 betrachtet. Die Umwandlung eines Textes in eine Zahl ist mithilfe der Anweisung **asNumber** möglich. Abbildung 2.11 zeigt die entsprechend ergänzte Anweisung und wiederum das Ergebnis ihrer Ausführung mit **Print it**. Dieses ist jetzt die *Zahl* 250 und kein Text mehr; man beachte die fehlenden Hochkommata (vgl. Abbildung 2.10).

Auf diese Art eingegebene Zahlen können nun den Variablen **vonBetrag** und **wechselkurs** zugewiesen werden. Dazu dient das folgende Programmstück:

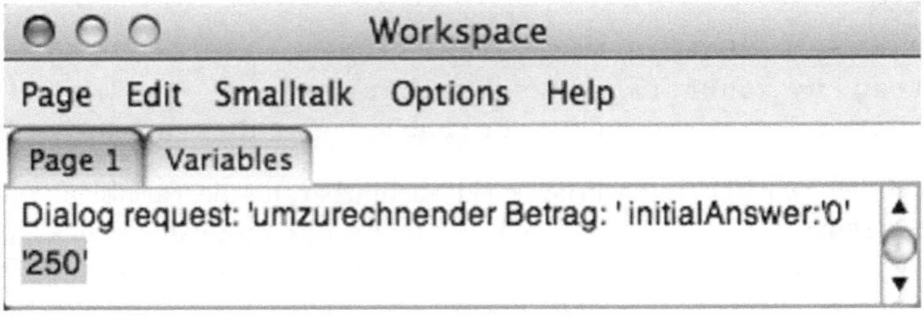

Abbildung 2.10: Ergebnis der Eingabe in das Dialogfenster

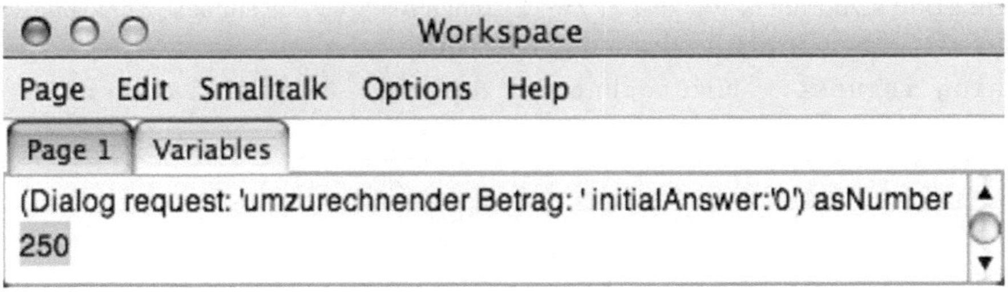

Abbildung 2.11: Umwandlung der Dialogeingabe in eine Zahl (Number)

```
vonBetrag := (Dialog request: 'umzurechnender Betrag: '
                    initialAnswer: '0') asNumber.
wechselkurs := (Dialog request: 'Wechselkurs: '
                    initialAnswer: '1') asNumber
```

Man beachte hier, dass die Anweisungen für die Dialogeingabe hier über zwei Zeilen geschrieben sind. Das ist nicht notwendig, aber erlaubt. Leerraum und Zeilenwechsel sind in Smalltalk-Programmen in der Regel bedeutungslos.

Damit können wir nun unser Programm für die Währungsumrechnung vervollständigen:

```
| nachBetrag vonBetrag wechselkurs |
vonBetrag := (Dialog request: 'umzurechnender Betrag: '
                    initialAnswer: '0') asNumber.
wechselkurs := (Dialog request: 'Wechselkurs: '
                    initialAnswer: '1') asNumber.
nachBetrag := vonBetrag * wechselkurs.
Dialog warn: 'umgerechneter Betrag: ' ,nachBetrag printString
```

Mit diesem Programm können nun beliebige Beträge zu beliebigen Wechselkursen umgerechnet werden. Es ist hier an dieser Stelle darauf hinzuweisen, dass die Ein- und Ausgabe über primitive Dialogboxen, wie hier geschehen, natürlich nichts mit einer ergonomisch akzeptablen Benutzungsoberfläche, wie man sie von modernen Programmen erwartet, zu tun hat. Ein „professionell" gemachtes Programm präsentierte sich dem Bediener eher wie in Abbildung 2.12 gezeigt. Ein solches Programm holte sich

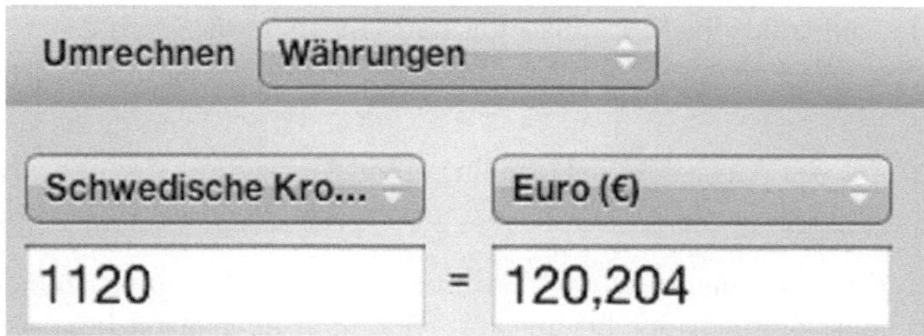

Abbildung 2.12: Umrechnungsprogramm mit graphischer Benutzungsoberfläche

natürlich den aktuellen Wechselkurs aus dem Internet und wäre auch in der Lage, mit Werten in anderen Einheiten als Währungen zu rechnen.

Selbstverständlich ist es mit Smalltalk auch möglich, Programme mit graphischen Benutzungsoberflächen und Zugriffen auf das Internet oder Datenbanken zu entwickeln. Kapitel 16 bietet einen Einstieg in diese Thematik.

2.3 Beispiel: Lösung einer quadratischen Gleichung

In diesem Abschnitt wird die Konstruktion von Algorithmen an einem zweiten, etwas komplexeren Beispiel dargestellt. Es geht hier um die Entwicklung eines Programms für die Lösung quadratischer Gleichungen.

2.3.1 Der Algorithmus

Betrachten wir zunächst die folgende quadratische Gleichung:

$$G : x^2 + 2,1x - 5,4 = 0$$

Gesucht sind alle Lösungen von G.

Aus der Mathematik wissen wir, dass wir zur Lösung von G die bekannte „p-q-Formel" heranziehen können:

$$L : x_{1,2} = -\frac{2,1}{2} \pm \sqrt{\frac{2,1^2}{4} + 5,4}$$

Um die Auswertung dieser Formel von *SmaViM* auswerten lassen zu können, müssen wir seine Fähigkeiten erweitern. Verfügten wir über einen Automaten, der eine mathematische Formelsprache (wie in *L* benutzt) versteht, wären wir bereits fertig, da die Formel dann selbst schon die maschinengerechte Formulierung der Problemlösungsmethode darstellte. Wir wollen hier aber annehmen, dass *SmaViM* über derartige Fähigkeiten nicht verfügt. Dies ist aber auch nicht notwendig, denn die Formel selbst zeigt ja auf der rechten Seite, wie die Lösung der quadratischen Gleichung unter Anwendung der vier Grundrechenarten und des Wurzelziehens gelöst werden kann. Wir nehmen daher zunächst an, dass unser Automat genau diese Operationen (Die Verwendbarkeit der Multiplikation hatten wir ja bereits im ersten Beispiel gebraucht.) beherrscht und Formeln auswerten kann, die diese Operationen enthalten.

- Addition, Subtraktion, Multiplikation und Division

- Wurzelziehen aus einer nicht negativen Zahl

- Auswertung von Ausdrücken (Formeln) unter Anwendung der o. g. Operationen
  sowie unter Berücksichtigung von Klammern (wie in der Mathematik üblich)

Weiter setzen wir voraus, dass der Automat zu einem Zeitpunkt immer nur eine
Formel ausrechnen kann. In der Lösungsformel L sind aber eigentlich zwei Formeln
für die Berechnung der beiden Lösungen der quadratischen Gleichung enthalten. Wir
notieren daher für jede Lösung eine eigene Formel, die dann vom Automaten in der
angegebenen Reihenfolge ausgewertet werden:

$$x_1 = \frac{-2,1 + \sqrt{2,1 \cdot 2,1 + 4 \cdot 5,4}}{2}$$

$$x_2 = \frac{-2,1 - \sqrt{2,1 \cdot 2,1 + 4 \cdot 5,4}}{2}$$

Neben einer einfachen algebraischen Umformung wurde die Bildung des Quadrats
durch eine Multiplikation ersetzt.

Wie in Abschnitt 2.1 bereits erläutert, müssen wir uns beim Erfassen des Programmtextes auf die Zeichen beschränken, die auf einer „normalen" Schreibmaschinentastatur (oder PC-Tastatur) zu finden sind. Wie schon der Malpunkt gehören zu
diesem Zeichenvorrat auch nicht das Wurzelzeichen und der Bruchstrich. Anstatt des
Bruchstrichs verwenden wir als Divisionszeichen den Schrägstrich („/"). Anstelle des
Wurzelzeichens benutzen wir das *Wortsymbol* „sqrt" [6]. Schließlich ersetzen wir wieder
das Dezimalkomma durch den Dezimalpunkt, verzichten auf indizierte Variablen, was
auf der Tastatur auch nicht möglich ist, ersetzen das Gleichheitszeichen wieder durch
„:=" und erhalten so:

```
x1 := (-2.1 + (2.1*2.1 + 4*5.4) sqrt)/2.
x2 := (-2.1 - (2.1*2.1 + 4*5.4) sqrt)/2
```

Man beachte, dass das Wortsymbol **sqrt** hinter den (in Klammern stehenden) Ausdruck geschrieben wird, aus dem die Wurzel gezogen werden soll. Mit dieser Schreibweise wird schon der Grammatik der Sprache Smalltalk Rechnung getragen, in der
wir letztlich unsere Algorithmen formulieren werden.

> Anmerkung für Kenner konventioneller höherer Programmiersprachen, wie z. B.
> PASCAL: In diesen Sprachen ist meistens die *funktionale* Schreibweise gebräuch-
> lich, bei der das Wortsymbol **sqrt** (der Funktionsname) vor die Klammer ge-
> schrieben wird:
>
> ```
> x1 := (-2.1 + sqrt(2.1*2.1 + 4*5.4))/2;
> x2 := (-2.1 - sqrt(2.1*2.1 + 4*5.4))/2
> ```

Damit haben wir den Algorithmus nahezu in eine Form gebracht, in der wir ihn einem konkreten Automaten zur Ausführung übergeben könnten. Bevor wir dies tun,
soll noch ein kleiner „Schönheitsfehler" beseitigt werden. Der Algorithmus berechnet

---

[6]sqrt steht für square root, Quadratwurzel

nämlich die gleiche Wurzel zweimal, was vermieden werden sollte. Denn die Wurzelberechnung erfolgt selbst durch ein numerisches Verfahren, einen Algorithmus. Dies
erfordert einen Arbeitsaufwand, der nicht unnötigerweise zweimal erbracht werden
sollte. Wir modifizieren den Algorithmus daher in der Weise, dass zunächst der Wert
der Wurzel berechnet wird. Dieses Zwischenergebnis bezeichnen wir mit der Variablen
wurzel und benutzen es anschließend für die Berechnung von **x1** und **x2**:

```
wurzel := (2.1*2.1 + 4*5.4) sqrt.
x1 := (-2.1 + wurzel)/2.
x2 := (-2.1 - wurzel)/2
```

2.3.2 Das Programm

Den obigen Algorithmus ergänzen wir wieder durch die Variablendeklarationen für
wurzel, **x1** und **x2** sowie um eine Ausgabeanweisung. Das Ergebnis ist dann:

```
| wurzel x1 x2 |
wurzel := ((2.1 * 2.1) + (4 * 5.4)) sqrt.
x1 := (-2.1 + wurzel) / 2.
x2 := (-2.1 - wurzel) / 2.
Dialog warn: 'x1 = ', x1 printString, ' x2 = '
         , x2 printString
```

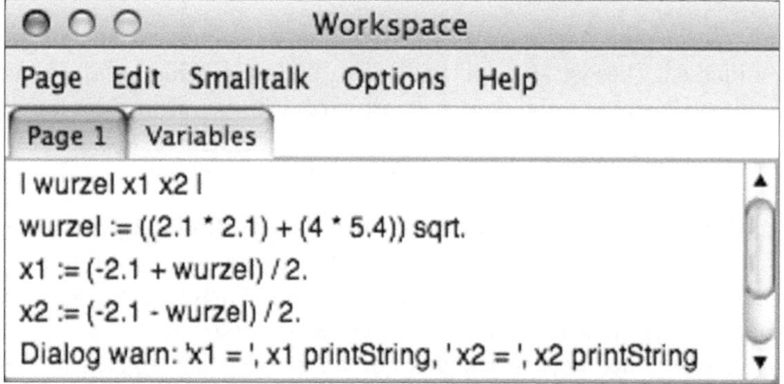

Abbildung 2.13: Das Programm für die Lösung der quadratischen Gleichung im
Workspace

Man beachte, dass in der Anweisung für die Ausgabe des Dialogfensters durch die
drei Kommata die vier Teiltexte wieder zu einem Text zusammengefügt werden, weil –
wie bereits erläutert – die Anweisung **Dialog warn:** genau einen Text als Parameter
erwartet.

Gibt man den Programmtext wieder in einen Workspace ein (vgl. Abbildung 2.13)
und führt es durch Auswahl des Menüpunkts **Do it** im **Smalltalk**-Menü aus, erhält
man das in Abbildung 2.14 gezeigte Resultat.

Somit haben wir es nun geschafft, das Problem der Lösung einer quadratischen
Gleichung unserem Automaten *SmaViM* zu übertragen. Selbstverständlich ist es jetzt

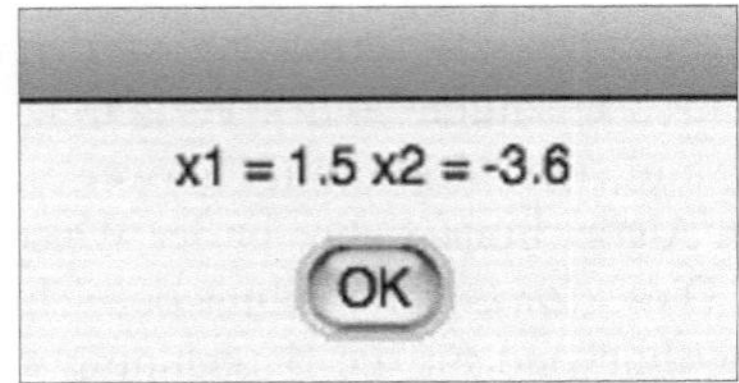

Abbildung 2.14: Die Lösung der quadratischen Gleichung

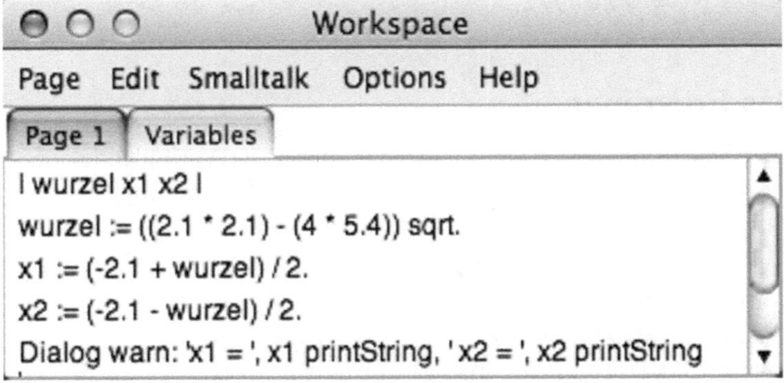

Abbildung 2.15: (fehlerhaftes) Programm für die Lösung von G'

auch möglich, durch eine Änderung des Programms eine andere Gleichung von *Sma-ViM* lösen zu lassen. Dies ist aber ein mühsames und auch fehleranfälliges Verfahren, wie an folgendem Beispiel einmal demonstriert wird. Für die Lösung der quadratischen Gleichung

$$G' : x^2 + 2,1x + 5,4 = 0$$

entstünde nach dem gleichen Verfahren wie oben das in Abbildung 2.15 gezeigte Programm. Ein Versuch, dieses ausführen zu lassen, führt zu der in Abbildung 2.16 gezeigten Fehlermeldung von *SmaViM*. Da *SmaViM* keine Wurzeln aus negativen Zahlen ziehen kann, kann die Gleichung G' so nicht gelöst werden.

Im nächsten Abschnitt werden wir uns deshalb wieder der Algorithmik zuwenden und systematisch der Frage nachgehen, wie wir das Problem der Lösung quadratischer Gleichungen so verallgemeinern können, dass wir nicht für jede neue Berechnung das Programm modifizieren müssen.

2.3.3 Verallgemeinerung der Lösung quadratischer Gleichungen

Die allgemeine Form der quadratischen Gleichung wird in der Mathematik üblicherweise so angegeben:

$$Q : ax^2 + bx + c = 0$$

Gesucht ist nun eine Methode, die alle Lösungen von Q für beliebige reelle Zahlen (Koeffizienten) a, b und c ermittelt.

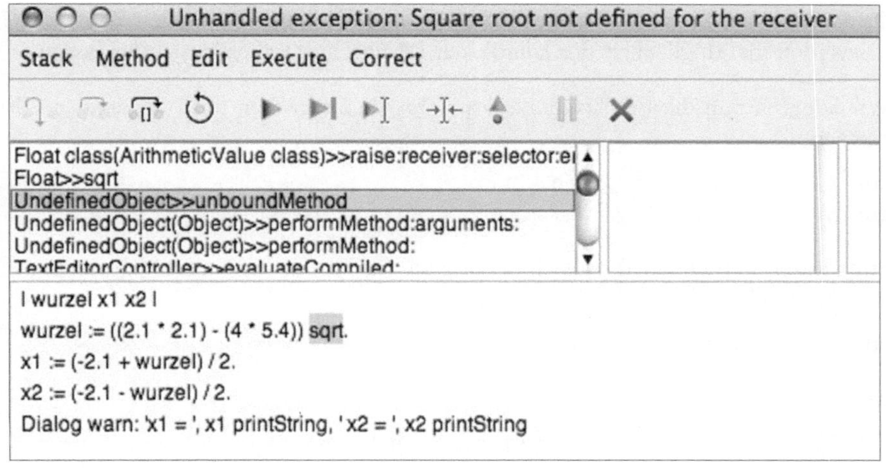

Abbildung 2.16: Fehlermeldung von *SmaViM*

Die p-q-Formel darauf angewendet lautet:

$$L_q : x_{1,2} = \frac{-b \pm \sqrt{b^2 - 4ac}}{2a}$$

Die Übertragung von L_q in ein Programm kann nun nicht mehr in der gleichen Weise wie im obigen Spezialfall geschehen: Was passiert z. B., wenn $a = 0$ gilt? Auf das Problem, dass der Radikand (der Ausdruck unter der Wurzel) negativ werden kann, wurde im vorigen Abschnitt schon hingewiesen. Soll *SmaViM* in die Lage versetzt werden, die Gleichung in dieser Allgemeinheit, also für alle Werte von a, b und c automatisch lösen zu können, muss *SmaViM* das Prinzip *der Fallunterscheidung* beherrschen, da nicht für alle Werte der Koeffizienten die gleiche Lösungsformel anwendbar ist. D. h. *SmaViM* muss die Ausführungen von Programmschritten von Bedingungen abhängig machen können.

Für die automatische Lösung eines Problems mittels Fallunterscheidung ist es stets erforderlich, dass diese vollständig ist. Das bedeutet, dass im Programm stets alle aus dem Problem resultierenden Fälle unterschiedlicher Teillösungen zu derartigen, an Bedingungen geknüpften Programmschritten führen.

Im Falle $a = 0$ „entartet" die Gleichung Q zu einer linearen:

$$bx + c = 0$$

Diese Gleichung zu lösen, ist anscheinend kein Problem. Die Bedingung $a = 0$ berücksichtigend, schreiben wir auf:

```
wenn a = 0 dann x = -c/b
```

Für den Fall $a \neq 0$ sind die folgenden Unterfälle zu unterscheiden, die auf der Untersuchung des Radikanden ($b^2 - 4ac$) beruhen:

1. *radikand* ≥ 0: Wir erhalten eine gewöhnliche quadratische Gleichung mit zwei reellwertigen Lösungen (durch Anwenden der Lösungsformel L_q). Für den Fall *radikand* $= 0$ sind die beiden Lösungen identisch.

2. *radikand* < 0: Es gibt keine Lösungen in der Menge der reellen Zahlen. Wir werden die Möglichkeit der komplexen Lösung hier unberücksichtigt lassen.

Wir könnten nun die Beschreibung des Algorithmus in dem oben begonnenen Stil fortsetzen:

```
wenn a = 0 dann x = -c/b
wenn a > 0 dann x1 = ...
```

Stattdessen werden wir ihn gleich in einer an der Syntax von Smalltalk orientierten Form aufschreiben. Statt

```
wenn a = 0 dann x = -c/b
```

schreiben wir:

```
(a = 0) ifTrue: [x := c negated / b]
```

ifTrue: Es wird also zuerst die Bedingung (hier: `a = 0`) eingeschlossen in runde Klammern aufgeschrieben, gefolgt von der Anweisung `ifTrue: [ ... ]`. Diese bewirkt, dass die in den eckigen Klammern stehende Anweisungsfolge (in diesem Fall nur die einzige Zuweisung `x := c negated / b`) dann und nur dann ausgeführt wird, wenn die vor **ifTrue:** stehende Bedingung erfüllt ist. Ist sie nicht erfüllt, passiert nichts. Eine **Block** in eckige Klammern eingeschlossene Anweisungsfolge heißt *Block.*Das vorangestellte Minuszeichen muss in Smalltalk durch ein nachgestelltes **negated** ersetzt werden.

Anmerkung: Man beachte hier die unterschiedlichen Bedeutungen des Gleichheitszeichens für die Formulierung einer Bedingung und des Zuweisungssymbols „:=" für die Zuordnung eines Wertes zu einer Variablen. Man beachte weiterhin, dass in Smalltalk große und kleine Buchstaben wohl unterschieden werden und dass der Doppelpunkt an **ifTrue:** zum Namen der Anweisung gehört und nicht abgetrennt werden darf (d. h. **iftrue:** oder **ifTrue :** wären ungültige Aufschreibungen). Im Übrigen kann vereinfacht gesagt werden, dass außer innerhalb von Namen oder Anweisungen beliebig Leerzeichen oder Zeilenwechsel gesetzt werden dürfen.

Ergänzen wir nun die Fallunterscheidung gemäß den oben angestellten Überlegungen:

```
1   (a = 0) ifTrue: [x := c negated / b].
2   (a ~= 0) ifTrue: [
3           radikand := (b * b) - (4 * a * c).
4           (radikand >= 0)
5               ifTrue: [
6                   wurzel := radikand sqrt.
7                   x1 := (b negated + wurzel) / (2 * a).
8                   x2 := (b negated - wurzel) / (2 * a)].
9           (radikand < 0)
10              ifTrue: ["keine reelle Lösung"]]
```

Die Programmzeilen sind hier für die Erleichterung der folgenden Erläuterungen nummeriert worden.

In Zeile 1 wird – wie gehabt – der Fall „lineare Gleichung" behandelt. Die Zeichenfolge ~= in Zeile 2 steht für $\neq$. Wenn $a \neq 0$ ist, haben wir es mit einer „echten" quadratischen Gleichung zu tun und es sind die o. g. Unterfälle zu behandeln. Dies geschieht in dem zur Bedingung `(a ~= 0)` gehörenden `ifTrue:`-Block, der mit der öffnenden eckigen Klammer am Ende von Zeile 2 beginnt und mit der letzten schließenden eckigen Klammer am Ende von Zeile 10 endet. Da die für die Lösung der quadratischen Gleichung zu behandelnden Unterfälle durch den Wert des Radikanden bestimmt sind, wird dieser in Zeile 3 zunächst berechnet und der Variablen `radikand` zugewiesen. In Zeile 4 wird dann geprüft, ob der Radikand größer oder gleich 0 ist. Falls ja, werden die Anweisungen des zugehörigen `ifTrue:`-Blocks ausgeführt, der mit der öffnenden eckigen Klammer am Ende von Zeile 5 beginnt und mit der schließenden eckigen Klammer am Ende von Zeile 8 endet.

> Anmerkung: Der Punkt dient in Smalltalk dazu, aufeinander folgende Anweisungen zu trennen. Aus diesem Grunde braucht grundsätzlich hinter der letzten Anweisung einer Folge kein Punkt zu stehen. Das gilt auch für Anweisungsfolgen innerhalb von eckigen Klammern. Deswegen steht vor der schließenden Klammer in Zeile 8 kein Punkt.

Für den Fall, dass der Radikand negativ ist – die Prüfung erfolgt in Zeile 9 –, wird hier zunächst keine Anweisungsfolge programmiert. Der `ifTrue:`-Block (Zeile 10) enthält hier vorerst nur einen Kommentar. Kommentare sind in doppelte Hochkommata eingeschlossene Zeichenfolgen, die zur Erläuterung des Programmtextes an beliebiger Stelle eingefügt werden können. Sie werden von *SmaViM* bei der Ausführung des Programms aber einfach ignoriert.

        Kommentar

Man beachte hier die „Schachtelung" der Fallunterscheidungen. Der Block der `ifTrue:`-Anweisung für die Bedingung `(a ~= 0)` enthält weitere `ifTrue:`-Anweisungen für die Unterfälle.

Eine genaue Betrachtung des Programms macht nun aber deutlich, dass schon in der ersten Zeile gegen die Forderung der Vollständigkeit der Fallunterscheidung verstoßen wird: Was passiert nämlich, wenn $b = 0$ gilt? Der Wert des Ausdrucks `c negated / b` ist undefiniert.

Was wir brauchen, ist offenbar eine systematische Aufzählung aller relevanten Fälle. Welche Fälle relevant sind, d. h. hinsichtlich der Angabe einer Lösungsmethode zu unterscheiden sind, ist natürlich vom zu lösenden Problem abhängig und keinesfalls immer offensichtlich. In unserem Fall handelt es sich aber um eine mathematisch wohl bekannte Problemstellung, bei der die relevanten Fälle zu finden, nicht sehr schwer fällt:

$a = b = c = 0$: Das ist der Trivialfall, da jeder Wert für x die Gleichung löst.

$a = b = 0$ **und** $c \neq 0$: Da c nicht zugleich 0 und ungleich 0 sein kann, besteht hier ein Widerspruch, d. h. die Gleichung hat keine Lösung.

$a = 0$ **und** $b \neq 0$: Hier handelt es sich um eine lineare Gleichung mit der Lösung $x = -c/b$.

$a \neq 0$: Jetzt haben wir eine quadratische Gleichung. Hinsichtlich möglicher reeller Lösungen muss weiter anhand des Radikanden in Formel

L_q unterschieden werden, wie oben bereits erläutert. Es soll nun aber
zusätzlich berücksichtigt werden, dass der Radikand gleich 0 ist, da
in diesem Fall die Berechnung der Wurzel aus 0 vermieden werden
kann. Wir erhalten demnach folgende drei Unterfälle:

$radikand = 0$: die Lösung lautet $x = -b/2a$.

$radikand > 0$: zwei reelle Lösungen nach Formel L_q.

$radikand < 0$: keine reelle Lösung.

Wir erhalten damit folgenden Algorithmus zur Lösung von Q:

```
(a = 0)
   ifTrue:
      [b = 0
         ifTrue:
            [c = 0 ifTrue: ["Lösung trivial"].
             c ~= 0 ifTrue: ["Gleichung unlösbar"]].
         b ~= 0 ifTrue: [x := c negated / b]].
(a ~= 0)
   ifTrue:
      [radikand := b * b - (4 * a * c).
       radikand = 0 ifTrue: [x := b negated / (2 * a)].
       radikand > 0
          ifTrue:
             [wurzel := radikand sqrt.
              x1 := b negated + wurzel / (2 * a).
              x2 := b negated - wurzel / (2 * a)].
       radikand < 0 ifTrue: ["keine reelle Lösung"]].
```

Anmerkungen: Für die Fälle, bei denen keine explizite Lösung zu berechnen
ist, enthält der Algorithmus vorläufig noch Kommentare. Um die Lesbarkeit
der geschachtelten Fallunterscheidung zu verbessern, wird von Einrückungen im
Programmtext Gebrauch gemacht. Die zu einer Alternative gehörenden Anweisungen sind zwar durch den Einschluss in eckige Klammern für *SmaViM* eindeutig, für den menschlichen Leser ist es aber zweckmäßig, diese Anweisungen
auf die gleiche Einrückposition zu setzen.

Treten in einem Algorithmus Fälle auf, die sich gegenseitig ausschließen (wie z. B.
$c = 0$ und $c \neq 0$), so können diese in Smalltalk durch die Anweisung `ifTrue:ifFalse:`
in einer Alternative zusammengefasst werden. Statt

```
(c = 0)
   ifTrue: ["Lösung trivial"].
(c ~= 0)
   ifTrue: ["Gleichung unlösbar"]
```

schreiben wir dann

```
(c = 0)
   ifTrue: ["Lösung trivial"]
   ifFalse: ["Gleichung unlösbar"]
```

Dies erhöht nicht nur die Lesbarkeit des Programms, sondern erspart *SmaViM* auch das zweimalige Prüfen des Wertes der Variablen c.

Wenden wir diese Technik auf den ganzen Algorithmus an, erhalten wir schließlich:

```
(a = 0)
   ifTrue:
      [(b = 0)
         ifTrue:
            [(c = 0)
               ifTrue: ["Lösung trivial"]
               ifFalse: ["Widerspruch"]]
         ifFalse: [x := c negated / b]]
   ifFalse:
      [radikand := (b*b) - (4 * a * c).
      (radikand = 0)
         ifTrue: [x := b negated / (2 * a)]
         ifFalse:
            [(radikand > 0)
               ifTrue:
                  [wurzel := radikand sqrt.
                  x1 := (b negated + wurzel) / (2 * a).
                  x2 := (b negated - wurzel) / (2 * a)]]
               ifFalse: ["keine reelle Lösung"]]
```

Man beachte auch hier die Schachtelung der Fallunterscheidungen. Der Leser möge sich klar machen, dass – abhängig von den konkreten Werten für a, b und c – in dem Algorithmus nur genau eine Alternative zum Tragen kommt, d. h. nur ein ifTrue:- bzw. ifFalse:-Zweig des Programms durchlaufen wird. Um dies zu verdeutlichen, ist

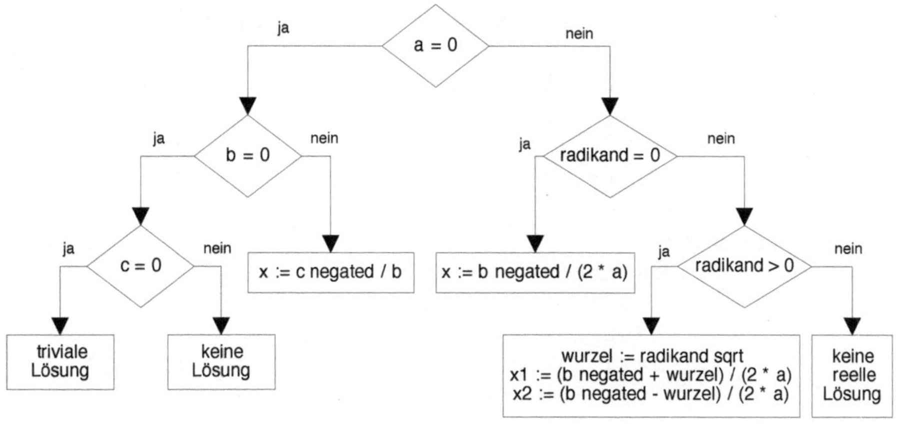

Abbildung 2.17: Entscheidungsbaum

in Abbildung 2.17 ein so genannter Entscheidungsbaum[7] dargestellt. An den durch Entscheidungsbaum

---

[7]In der Informatik werden Bäume i. d. R. mit der Wurzel nach oben gezeichnet.

Rauten dargestellten „Verästelungen" werden die jeweiligen Entscheidungen gefällt,
bis letztlich genau eine der durch Rechtecke dargestellten Aktionen ausgewählt wird.
Diese Rechtecke stellen die Blätter des Entscheidungsbaums dar.

Lesbarkeit des Programm- textes   Für die Lesbarkeit des Programmtextes ist es wiederum unerlässlich, Einrückungen
zu verwenden, die die Struktur des Algorithmus, die im Wesentlichen durch die Fallunterscheidungen bestimmt ist, deutlich hervortreten lassen. Dazu gehört dann auch,
dass die Wörter `ifTrue:` und `ifFalse:`, die zu einer Alternative gehören, in die gleiche Spalte gesetzt werden. Es sei aber nochmals darauf hingewiesen, dass das Layout
des Programmtextes nur für den menschlichen Leser wichtig ist, für die Ausführung
des Programms durch *SmaViM* ist es völlig bedeutungslos.

Um aus dem Algorithmus ein verwendbares Programm zu machen, müssen Anweisungen für die Eingabe der Koeffizienten und für die Ausgabe der Ergebnisse eingefügt
werden. Dazu sollen wieder die in den Abschnitten 2.2.2 und 2.2.3 besprochenen Dialogfenster eingesetzt werden. Damit erhalten wir das folgende Programm:

```
| a b c x radikand wurzel x1 x2 |
a := (Dialog request: 'a=' initialAnswer: '0') asNumber.
b := (Dialog request: 'b=' initialAnswer: '0') asNumber.
c := (Dialog request: 'c=' initialAnswer: '0') asNumber.
(a = 0)
    ifTrue:
       [(b = 0)
           ifTrue:
              [(c = 0) ifTrue: [Dialog warn: 'Lösung trivial']
                       ifFalse: [Dialog warn: 'Widerspruch']]
           ifFalse:
              [x := c negated / b.
               Dialog warn: 'x = ', x printString]]
    ifFalse:
       [radikand := (b * b) - (4 * a * c).
        (radikand = 0)
           ifTrue:
              [x := b negated / (2 * a).
               Dialog warn: 'x = ', x printString]
           ifFalse:
              [(radikand > 0)
                  ifTrue:
                     [wurzel := radikand sqrt.
                      x1 := (b negated + wurzel) / (2 * a).
                      x2 := (b negated - wurzel) / (2 * a).
                      Dialog warn: 'x1 = ', x1 printString,
                                   'x2 = ', x2 printString]]
                  ifFalse: [Dialog warn: 'keine reelle Lösung']]
```

Die erste Zeile enthält wieder die Deklarationen der benötigten temporären Variablen.

2.4 Zusammenfassung

Vergleichen wir die beiden Möglichkeiten, das gegebene Problem entweder durch den Menschen oder durch den Automaten lösen zu lassen, können wir festhalten:

Der Mensch muss die Methode, mittels derer die Lösung ermittelt werden kann, selbst herausfinden. Dies geschieht entweder dadurch, dass er durch Analyse des Problems, also durch Nachdenken, die Methode selbst erschließt, oder dass er in einem geeigneten Lehrbuch nachschaut oder sich daran erinnert, dass er das Problem schon einmal gelöst hat. Prinzipiell muss die Methode aber durch den Menschen wenigstens einmal erschlossen worden sein.

Ist die Methode bekannt, so kann sie als Lösungsprinzip zur Lösung des konkreten Problems angewandt werden.

Der Automat hingegen braucht sich um die Methode nicht zu kümmern: Sie wird ihm in Form eines Programms mitgeteilt. Anschließend erledigt er das konkrete Problem, indem er die Methode auf die Eingabewerte anwendet: Er führt das Programm aus.

Der Mensch erhält also seinen Problemlösungsauftrag in Form einer Problembeschreibung, die festlegt, was erledigt werden soll. Dem Auftraggeber ist es dabei prinzipiell gleichgültig, wie das Problem gelöst wird. Wird die Lösung des Problems ökonomisch verwertet, so ist die einzige wesentliche Nebenbedingung, dass die Problemlösung möglichst schnell geschieht und möglichst wenig Personen beschäftigt: Sie soll also möglichst wenig Arbeitskraft kosten.

Der Automat weiß nicht, was für ein Problem er erledigt; das Programm schreibt ihm aber genau vor, wie er es lösen soll.

Ökonomisch lohnt sich daher der Einsatz eines Automaten, wenn seine Anschaffung und Nutzung während seiner „Lebenszeit" weniger kostet als die Arbeitskraft, die er kraft seiner Fähigkeiten, also seiner maschinellen Funktion, ersetzt. Das wird stets dann der Fall sein, wenn die Problemlösungen (=Programmausführungen)

- regelmäßig verlangt werden (z. B. Lohnabrechnung),

- rechenintensiv sind (z. B. Statik).

Technologisch erschließt der Automat zudem stets neue Gebiete der Problemlösung, bedingt durch folgende Umstände:

- Automaten sind sehr schnell und sehr sicher; sie ermöglichen daher z. B. die Lösung von Problemen der Raumfahrt (Mondansteuerung und -landung), der Militärtechnik oder der Wettervorhersage.

- Schließlich sind die Automaten von der Art moderner Computer funktional universell, d. h. sie können prinzipiell alle automatisch lösbaren Probleme lösen.

Die letztgenannte Eigenschaft - ihre Fähigkeit, alle automatisch lösbaren Probleme lösen zu können - nennt man Programmierbarkeit. Sie besagt, dass der Automat prinzipiell, d. h. bedingt durch seinen Aufbau und den damit realisierten Maschinenfunktionen, jede maschinengerecht formulierte Problemlösungsmethode beherrscht. Mit anderen Worten: Der Automat kann beliebige Programme ausführen. Auch *SmaViM* besitzt diese Eigenschaft.

Wie findet man einen Algorithmus?

Auf die Schwierigkeiten, für ein gegebenes Problem die korrekte Lösungsmethode zu finden und diese dann noch fehlerfrei als Programm zu formulieren, ist bereits zu Beginn des Kapitels hingewiesen worden. Es ist der Wissenschaftsdisziplin Informatik bislang allerdings nicht gelungen, für diesen Vorgang eine Methodik zu entwickeln, die fehlerfreie Programme garantiert. Jeder, der häufiger Computer benutzt, hat schon die Erfahrung gemacht, dass Software keineswegs immer die an sie gestellten Anforderungen erfüllt, geschweige denn immer korrekt funktioniert. Auch Raketen hat man schon kurz nach ihrem Start in die Luft sprengen müssen, weil ein Software-Fehler sonst eine noch schlimmere Katastrophe verursacht hätte, um nur einmal ein spektakuläres Beispiel zu nennen. Dieser Tatsache sollte man sich immer bewusst sein und den Computereinsatz kritisch hinterfragen, insbesondere dann, wenn von der korrekten Funktionsweise eines computergesteuerten Systems die körperliche Unversehrtheit von Menschen abhängt.

schrittweise Verfeinerung

Zu den Verfahren, die den Programmierer bei der Entwicklung von Algorithmen unterstützen sollen, gehört die so genannte *schrittweise Verfeinerung* [Wirth (1971)]. Ausgehend von der Gesamtaufgabe wird diese in Teilaufgaben zerlegt. Diesen Prozess wiederholt man nun schrittweise auch für die Teilaufgaben, bis deren Lösungen in einfacher Weise in der gewählten Programmiersprache ausgedrückt werden können. Wir werden auf diese Vorgehensweise anhand eines Beispiels im Abschnitt 4.1 zurückkommen. Eine Entsprechung dieser Methodik im Rahmen des objektorientierten Entwurfs von Software ist das *Composed-method*-Muster [Beck (1997)], das in Abschnitt 14.3 behandelt wird.

Composed Method

Trennung von Algorithmus und Benutzerinteraktion

Die endgültige Version des Programms für die Lösung der quadratischen Gleichung, wie sie am Ende von Abschnitt 2.3.3 formuliert wurde, enthält neben den Anweisungen, die der eigentlichen Berechnung der Lösungen dienen, auch solche, die eine Interaktion mit dem Benutzer durchführen, d. h. ihm die Eingabe von Daten ermöglichen und die Ergebnisse präsentieren. Beides hat nur bedingt etwas miteinander zu tun. Das Lösungsverfahren ist unabhängig davon, wo die Eingabedaten herkommen und was mit den Ergebnissen hinterher geschehen soll. Es spricht daher viel dafür, diese beiden Programmkomponenten voneinander zu trennen, denn dann kann das Lösungsverfahren auch in einem anderen Kontext benutzt werden, wo vielleicht die Eingabedaten von einem anderen Programmteil geliefert und die Ergebnisse von einem weiteren verarbeitet werden, ohne dass dabei eine Benutzerinteraktion stattfindet.

In den folgenden Kapiteln werden wir uns überwiegend auf die Umsetzung von Lösungsverfahren mit den Mitteln der objektorientierten Programmiersprache Smalltalk konzentrieren. Das Thema Benutzerinteraktion wird nur in Kapitel 16 eine Rolle spielen. Eine von Ein-/Ausgabe-Anweisungen „befreite" Programmversion der Lösung einer quadratischen Gleichung wird in Kapitel 7 vorgestellt werden. Auf die Trennung von Lösungsverfahren und Benutzerinteraktion werden wir in Abschnitt 14.4 sowie in Kapitel 16 noch einmal zurückkommen.

3 Grundzüge der objektorientierten Programmierung mit Smalltalk

Die hervorstechendste Eigenschaft der Sprache Smalltalk könnte in dem Satz zusammengefasst werden: Programme bestehen ausschließlich aus *Nachrichten*, die an *Objekte* gesandt werden. Damit sind zwei elementare Begriffe der objektorientierten Programmierung benannt, deren Bedeutung für die Programmiersprache Smalltalk in Abschnitt 3.1 detailliert behandelt wird. Hier werden zunächst einige einführende Betrachtungen in die Motivation, den objektorientierten Programmierstil zu benutzen, angestellt.

Objekte
empfangen
Nachrichten

Naturgemäß taucht der Begriff *Objekt* immer wieder auf. Was aber meint der Software-Techniker damit? Wenn man sich in seiner Umgebung umschaut, findet man viele Objekte der realen Welt. Da sind z. B. Gegenstände, die man sehen und anfassen kann: ein Fahrzeug, ein Fernsehapparat, ein Möbelstück. Aber auch eine Katze oder eine Person bezeichnen wir – vielleicht etwas respektlos – als Objekt. Allen diesen Objekten ist gemeinsam, dass sie einen Zustand besitzen, der durch bestimmte Merkmalsausprägungen gegeben ist, und ein Verhalten aufweisen. Der Zustand einer Hauskatze könnte z. B. durch ihren Namen, ihre Fellzeichnung und den Grad ihres Wachseins bestimmt sein. Zu ihrem Verhalten zählt u. a. Fressen, Jagen und das Spitzen der Ohren. Der Zustand eines Fahrzeuges wird vielleicht durch seine Antriebsart, die Anzahl der Räder und seine momentane Geschwindigkeit beschrieben, das Verhalten durch Beschleunigen, Abbremsen und Richtungsänderung. Objekte können aber auch abstrakter Natur sein, wie z. B. Ereignisse, Geldbeträge oder Kaufverträge.

Eine wesentliche Aufgabe bei der Entwicklung von Software besteht nun darin, die reale Welt im Computer gewissermaßen zu rekonstruieren, indem der Zustand und das Verhalten realer Objekte durch Programme nachgebildet werden. Dieses Abbild der realen Welt bezeichnet man auch als *Modell*, den Vorgang es zu erstellen als *Modellierung* oder *Modellbildung*. Es ist vielleicht hier schon einleuchtend, dass eine Programmiersprache, die über ein Objekt-Konzept verfügt, das dem realer Objekte nachempfunden ist, diese Rekonstruktion der Realität erleichtert. Objektorientierte Programmiersprachen kennen daher Software-Objekte, die ebenfalls Zustand und Verhalten besitzen. Wie diese technisch genau ausgestaltet werden, wird im folgenden Abschnitt erläutert.

Modellierung

Rekonstruktion
der Realität

Eine wichtiger Aspekt der Modellbildung ist die *Abstraktion*. Das Abbild eines Objekts der realen Welt im Computer wird in der Regel weniger Eigenschaften aufweisen als das Realwelt-Objekt selbst. Die Gesamtheit aller Merkmale von Hauskatzen ist so vielfältig, dass sie in einem Modell kaum erfasst werden könnten. Auch das Verhalten eines lebenden Organismus ist viel zu komplex, um vollständig technisch nachgebildet werden zu können. Die Reaktion einer Hauskatze auf bestimmte äußere Reize ist weder exakt vorhersagbar noch überhaupt vollständig determiniert.

Abstraktion

Die exakte Nachbildung von Realwelt-Objekten ist daher häufig nicht möglich, aber auch gar nicht notwendig. Denn die Modellierung geschieht ja immer vor dem Hintergrund der Entwicklung eines bestimmten Anwendungsprogramms, so dass von denjenigen Eigenschaften der Realwelt-Objekte *abstrahiert* werden kann, die für die jeweilige Anwendung bedeutungslos sind. Wenn Kraftfahrzeuge für die Verwaltung eines Fuhrparks modelliert werden sollen, spielt das Merkmal *momentane Geschwindigkeit* keine Rolle und auch Verhaltensweisen wie *Lenken* oder *Beschleunigen* sind bedeutungslos. Will man hingegen die Steuerungs-Software für einen Fahrsimulator entwickeln, darf von diesen Objekteigenschaften gerade nicht abstrahiert werden.

Abstraktion ist ein wichtiges Prinzip, das ganz allgemein im menschlichen Zusammenleben eine wichtige Rolle spielt. Man denke nur daran, wie sich die Durchführung von Bezahlvorgängen verändert hat. Der Übergang vom Tauschhandel zum Bezahlen mit Geld war schon ein bedeutender Abstraktionsprozess. Der bargeldlose Zahlungsverkehr, der sich erst durch seine technische Umsetzung in dem heute festzustellenden Ausmaß hat durchsetzen können, stellt eine weitere Abstraktionsstufe dar. Bestimmte Eigenschaften eines Bargeldbetrags – z. B. seine Stückelung in bestimmte Münzsorten oder Geldscheine – spielen nun keine Rolle mehr.

Da die Automatisierung von menschlicher Arbeit immer mit Modellbildung verknüpft ist, stellt Abstraktionsvermögen eine der wichtigsten Fähigkeiten dar, die von einem Software-Entwickler verlangt werden müssen. Die objektorientierte Programmierung soll den Programmierer dabei unterstützen, indem sie ihm sozusagen dadurch entgegenkommt, dass sie ihm mit den Software-Objekten ein mächtiges Modellierungsmittel an die Hand gibt. Damit verbindet man die Hoffnung, dass sich das Ziel, anforderungsgerechte Software wirtschaftlich zu erstellen, leichter erreichen lässt als mit anderen Programmierstilen.

objekt-
orientiertes
Programm
Nachrichten-
sequenz

In der objektorientierten Programmierung wird ein Programm als eine geordnete, zielgerichtete Abfolge von Nachrichten, die an geeignete Objekte gesandt werden, gesehen. Das Verhalten der Objekte als Reaktion auf den Empfang von Nachrichten kann in einer Zustandsänderung der Objekte oder auch in dem Versenden von Nachrichten an andere Objekte bestehen.

3.1 Objekte, Nachrichten, Methoden

Gegenüber der herkömmlichen Programmierung ist mit der Objektorientierung eine neue Terminologie verbunden, zum großen Teil für Konzepte und Techniken, die auch schon vorher bekannt waren. Dessen ungeachtet werden jetzt die grundlegenden Begriffe der Objektorientierung im Vordergrund stehen, so wie sie mit Smalltalk eingeführt und für die meisten anderen objektorientierten Sprachen übernommen wurden.

Nun wurde in Kapitel 2 bereits ein vollständiges Smalltalk-Programm vorgestellt, ohne dass einer der beiden Begriffe *Objekt* oder *Nachricht* dabei verwendet worden wäre. Im Währungsumrechner und in dem Programm für die Lösung einer quadratischen Gleichung wurde eigentlich nur mit Zahlen operiert. Zu den typischen Eigenschaften von Smalltalk gehört, dass auch Zahlen als Objekte betrachtet werden. Das mag auf den ersten Blick insofern überraschen, als wir mit Zahlen normalerweise kein Verhalten verbinden. Smalltalk ist nun aber sehr konsequent objektorientiert: Alles ist ein Objekt, also auch Zahlen. Was es dann mit dem Verhalten solcher Zahl-Objekte auf sich hat, wird im Verlaufe dieses Abschnitts deutlich werden.

Bevor wir die im Kapitel 2 entwickelten Programme unter dem Blickwinkel der Objektorientierung noch einmal anschauen, werden hier die Betrachtungen zur „Natur" von Objekten im Sinne der objektorientierten Programmierung vertieft werden. Ein Objekt besteht aus zwei Teilen:

- der *Zustand* des Objekts, repräsentiert durch eine Datenstruktur

- das *Verhalten* des Objekts, das die Art und Weise festlegt, in der das Objekt auf den Empfang einer Nachricht reagiert.

Der Ablauf eines objektorientierten Programms besteht also darin, dass Objekte Nachrichten austauschen. Reaktionen von Objekten auf den Empfang von Nachrichten können z. B. sein:

- das Objekt gibt Auskunft über seinen Zustand

- das Objekt verändert seinen Zustand

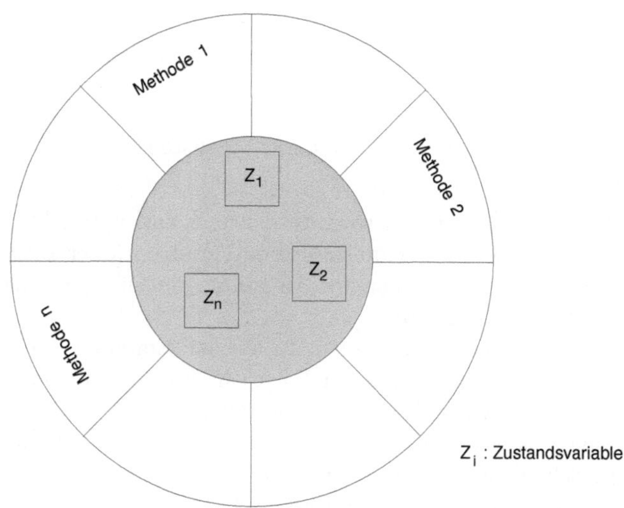

Abbildung 3.1: Objektaufbau

Grundsätzlich gilt, dass der Zustand eines Objektes von außen nicht direkt sichtbar ist, sondern nur durch das Senden von Nachrichten sichtbar gemacht, bzw. verändert werden kann. Dieses Merkmal von Objekten bezeichnet man als *Geheimnisprinzip* (engl.: information hiding), das zu den wichtigsten Kennzeichen der Objektorientierung gehört. Dies wird durch die Darstellung in Abbildung 3.1 verdeutlicht. Ein Objekt verfügt für jede Nachricht, die es versteht, über eine so genannte *Methode*[1], in der die Reaktion des Objekts auf den Empfang der entsprechenden Nachricht festgelegt (programmiert) ist. Die Methoden bilden sozusagen die nach außen sichtbare „Schale" – auch *Schnittstelle* (engl.: interface) genannt – des Objekts. Die Datenstruktur, die

---

[1]vergleichbar mit einer Prozedur in einer herkömmlichen, imperativen Programmiersprache

Zustand

Verhalten

Geheimnis-
prinzip

Methode

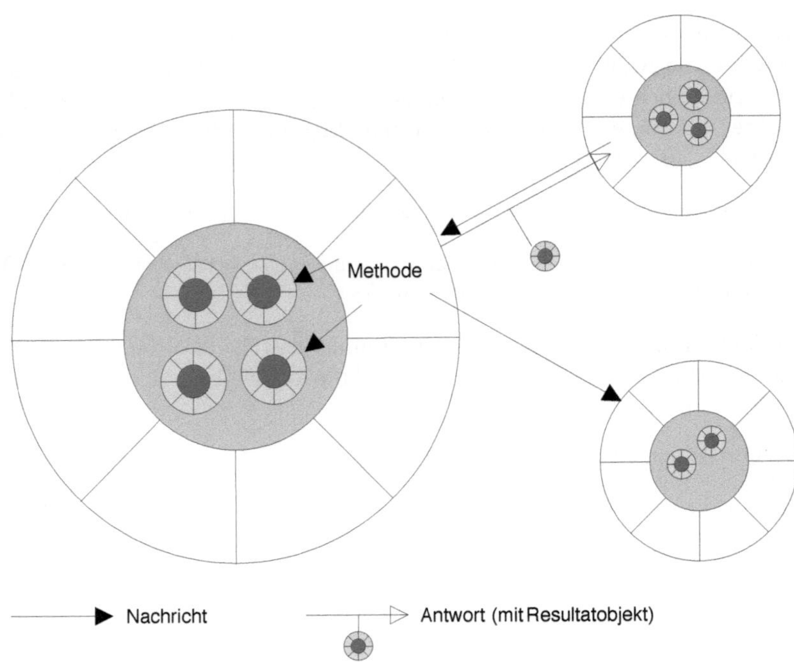

Abbildung 3.2: Nachrichtenaustausch

durch die Zustandsgrößen z_i gebildet wird, ist der nach außen unsichtbare „Kern" des Objekts. Die Zustandsgrößen heißen auch interne Variablen (oder *Exemplarvariablen* (engl.: instance variables)) und dienen zur Aufnahme der Objekte , die den internen Zustand des Objektes repräsentieren.

Exemplar-
variablen

Die Ausführung einer Methode als Reaktion auf den Empfang einer Nachricht besteht nun wiederum im Versenden weiterer Nachrichten an andere Objekte einschließlich der durch die internen Variablen repräsentierten. Am Ende wird immer ein Objekt als Resultat an den Sender der Nachricht zurückgeliefert. In Abbildung 3.2 wird dieser Vorgang veranschaulicht. Die internen Variablen der Objekte sind hier auch als Objekte (mit „Schale" und „Kern") dargestellt. Aus Gründen der Übersichtlichkeit ist nur eine Rückantwort eingezeichnet, obwohl das Versenden jeder Nachricht die Rücksendung eines Objekts zur Folge hat.

Anmerkung zur Terminologie: In Kapitel 2 haben wir den Begriff *Methode* im umgangssprachlichen Sinn als Synonym für Verfahren, Vorgehensweise, Algorithmus o. ä. verwendet. Hier haben wir jetzt einen speziellen Begriff eingeführt, wie er in der Terminologie der objektorientierten Programmierung üblich ist. Um Verwechslungen der jeweiligen Bedeutung des Begriffs Methode zu vermeiden, wird er im Folgenden nur noch im speziellen, objektorientierten Sinn verwendet werden. Ist die umgangssprachliche Bedeutung gemeint, wird stattdessen der Begriff *Verfahren* benutzt. Wie oben erläutert, hat das Senden einer Nachricht die Ausführung einer Methode zur Folge. Diesen Vorgang bezeichnet man als *Methodenaktivierung* oder in Anlehnung an den in der prozeduralen Programmierung benutzten Begriff des Prozeduraufrufs auch als *Methodenaufruf.*

Betrachten wir nun noch einmal Teile unserer im Kapitel 2 entwickelten Programme. Dort traten z. B. arithmetische Ausdrücke der Art

```
((2.1 * 2.1) + (4 * 5.4)) sqrt
```

auf. Der Teilausdruck **4 * 5.4** ist in objektorientierter Terminologie folgendermaßen zu lesen: Dem Objekt „4" wird die Nachricht (engl: message) „* 5.4" gesendet. Das Empfängerobjekt „4" antwortet auf den Empfang der Nachricht mit dem Ergebnis der Multiplikation, dem Objekt „21.6". Selbstverständlich ist auch „5.4" ein Objekt, das hier als so genanntes *Argument*[2] Bestandteil der Nachricht „* 5.4" ist. Das Zeichen „*" bildet hier den so genannten *Nachrichtenselektor* (oder kurz: Selektor), der dem Empfänger der Nachricht letztlich sagt, welche Art von Operation (hier die Multiplikation) ausgeführt werden soll, d. h. welche Methode des Empfängerobjekts zum Einsatz kommt. Dem Objekt „4" wird durch die Nachricht also die Aufforderung übermittelt: „Multipliziere deinen Wert mit 5.4 und gib das Ergebnis der Multiplikation als Antwort zurück."

> **Merke:** In Smalltalk ist ein wichtiges Merkmal der Reaktion von Objekten auf den Empfang von Nachrichten, dass das Empfängerobjekt immer eine Antwort in Form eines Objektes zurück liefert.

Betrachten wir nun, wie der gesamte Ausdruck

```
((2.1 * 2.1) + (4 * 5.4)) sqrt
```

durch *SmaViM* abgearbeitet wird. Grundsätzlich gilt in Smalltalk für zusammengesetzte Nachrichtenausdrücke, dass die darin enthaltenen Nachrichten strikt von links nach rechts abgearbeitet werden, sofern nicht durch Setzen von Klammern eine abweichende Ausführungsreihenfolge erzwungen wird. Es gibt auch für die Nachrichtenselektoren wie „*" oder „+", die für die Grundrechenarten stehen, keine Vorrangregeln der Art „Punktrechnung geht vor Strichrechnung". Damit ergibt sich für den Ausdruck folgende Ausführungssequenz:

1. Dem Objekt „2.1" wird die Nachricht „* 2.1" geschickt. Das Objekt antwortet mit dem Resultatobjekt „4.41". Den Ausdruck kann man sich nun ersetzt denken durch **(4.41 + (4 * 5.4)) sqrt**.

2. Aufgrund der Klammersetzung wird als nächstes dem Objekt „4" die Nachricht „* 5.4" gesendet, was wiederum mit dem Objekt „21.6" antwortet. Der Ausdruck hat nun die Form **(4.41 + 21.6) sqrt**.

3. Das Objekt „4.41" tritt nun als Empfänger der Nachricht „+ 21.6" auf. Das Antwortobjekt ist also „26.01".

4. Der resultierende Ausdruck lautet nun **26.01 sqrt**. Der Nachrichtenselektor heißt hier „sqrt". Durch ihn wird das Empfängerobjekt aufgefordert, die Wurzel seines Wertes zu berechnen und mit dem Ergebnis zu antworten.

5. Das Objekt „5.1" stellt das Endergebnis dar ($\sqrt{26.01} = 5.1$).

---

[2]gebräuchlich ist hier auch der Begriff *Parameter*

3.1.1 Nachrichten

Nachrichten-
ausdruck

Die Grundform des Nachrichtenausdrucks in Smalltalk lautet:

```
<objekt> <nachricht>
```

Dabei benennt `<objekt>` das Empfängerobjekt der Nachricht `<nachricht>`. Das Empfängerobjekt kann aber seinerseits das Ergebnis eines Nachrichtenausdrucks sein. Im obigen Beispiel ist das Antwortobjekt des Ausdrucks „2.1 * 2.1" der Empfänger der Nachricht „+ (4 * 5.4)".

Wie wir in dem Beispiel bereits gesehen haben, gibt es Nachrichten, die keine Argumente benötigen. Diese heißen *unäre Nachrichten* (engl.: unary messages). „sqrt" ist ein Beispiel für eine unäre Nachricht. Nachrichten, die mit genau einem Argument versehen werden müssen, wie z. B. „*" oder „+", heißen *binäre Nachrichten* (engl.: binary messages).

unäre
Nachrichten
binäre
Nachrichten

Hier einige weitere Beispiele für unäre Nachrichten:

2 negated   Ergebnis: -2
25 factorial   Ergebnis: 25! $= 15511210043330985984000000$
Window new   Ergebnis: eine neues Fenster auf dem Bildschirm
alpha sin   Ergebnis: *sin alpha*, wobei alpha eine Variable sein
                 muss, der ein numerischer Wert zugewiesen wurde, der
                 als Winkel im Bogenmaß interpretiert wird

Kennzeichnend für unäre Nachrichten ist, dass sie immer durch ein einzelnes Wortsymbol (z. B. **negated**) dargestellt werden.

Zu den binären Nachrichten in Smalltalk gehören die Grundrechenarten Addition, Subtraktion, Division und Multiplikation (`+`, `-`, `/`, `*`). Hinzu kommen die so genannten Vergleichsoperationen ($=, <, >, <=, >=, \sim=$). Diese wurden im Programm für die Lösung der quadratischen Gleichung schon mehrfach benutzt, z. B. um zu prüfen, ob einer der Koeffizienten gleich 0 ist:

```
(a = 0)  ifTrue: [x := c negated / b]
```

Die Nachricht „= 0" bedeutet also dem Empfängerobjekt „a" zu prüfen, ob sein Wert gleich 0 ist. Das Objekt antwortet mit ja oder nein. Genauer: Das Antwortobjekt heißt entweder **true** oder **false**. Bei **true** und **false** handelt es sich um so genannte Pseudovariablen, deren Wert nicht verändert werden kann. Die Pseudovariable **true** steht für den Wahrheitswert „wahr", während **false** den Wahrheitswert „falsch" repräsentiert. **true** und **false** werden auch als boolesche Objekte bezeichnet.

true, false

Das Argument einer binären Nachricht kann wiederum ein beliebiger Nachrichtenausdruck sein, dessen Auswertung ja ein Objekt ist, das dann letztlich als Argument der Nachricht zum Tragen kommt. In dem Ausdruck **4.41 + (4 * 5.4)** ist der geklammerte Ausdruck das Argument der Nachricht „+". Wie schon erläutert, wird dieser ausgewertet und das Ergebnisobjekt mit der Nachricht „+" an das Empfängerobjekt „4.41" übergeben.

Weitere binäre Nachrichten werden in späteren Kapiteln behandelt. Kennzeichnend für binäre Nachrichten ist, dass sie immer durch einfaches (z. B. +) oder zusammengesetztes (z. B. <=) Operationszeichen dargestellt werden.

Schlüsselwort-
nachricht

Die dritte und letzte Nachrichtenform ist die *Schlüsselwortnachricht* (engl.: keyword message). Schlüsselwörter sind einfache Wortsymbole mit angehängtem Doppelpunkt.

In

```
(a = 0)  ifTrue: [x := c negated / b]
```

ist `ifTrue:` ein solches Schlüsselwort. Zu jedem Schlüsselwort gehört ein Argument. Hier ist es der in eckige Klammern eingeschlossene Block. Die Schlüsselwortnachricht in diesem Beispiel lautet

```
ifTrue: [x := c negated / b]
```

Das Empfängerobjekt ist das aus der Auswertung von `(a = 0)` resultierende boolesche Objekt. Die Wirkung von „`ifTrue:`" ist ja in Kapitel 2 bereits erläutert worden. Genauer wird dies noch einmal in Abschnitt 3.1.2 behandelt.

Ein weiteres einfaches Beispiel für die Anwendung einer Schlüsselwortnachricht ist:

```
a max: b
```

Vorausgesetzt, die beiden Variablen repräsentieren Objekte, die hinsichtlich ihrer Größe vergleichbar sind, also z. B. Zahlen, liefert dieser Ausdruck als Ergebnisobjekt **a**, falls a größer als b ist, sonst liefert er **b**.

Wichtig ist, dass Schlüsselwortnachrichten aus mehreren Schlüsselwörtern bestehen können. Die Nachricht `ifTrue:ifFalse:` ist ein Beispiel dafür, das wir bereits kennen. Zu jedem Schlüsselwort gehört ein Argument, das hinter den jeweiligen Doppelpunkt geschrieben wird. Ein Anwendungsbeispiel aus Kapitel 2 ist:

```
(c = 0)
  ifTrue: [Dialog warn: 'Lösung trivial']
  ifFalse: [Dialog warn: 'Widerspruch']
```

Die Anzahl der Schlüsselwörter für eine Schlüsselwortnachricht ist in Smalltalk nicht begrenzt.

Zu klären bleibt noch, in welcher Reihenfolge Nachrichten an Objekte gesendet werden, wenn in einem komplexen Nachrichtenausdruck mehrere Nachrichten unterschiedlichen Typs auftreten. Grundsätzlich gelten folgende Regeln:

1. Nachrichten in Klammern werden zuerst ausgewertet.

2. Unäre Nachrichten werden vor binären ausgewertet.

3. Binäre Nachrichten werden vor Schlüsselwortnachrichten ausgewertet.

4. Treten mehrere Nachrichten der gleichen Art auf, werden sie strikt von links nach rechts abgearbeitet.

Beispiele:

- In `3 + 4 sqrt` wird wegen Regel 2 erst die Wurzel aus 4 berechnet und diese anschließend auf 3 addiert.

- In `7 + 2 * 3` wird wegen Regel 4 zuerst die Summe gebildet und anschließend multipliziert.

- In `6 max: 3 + 4` wird wegen Regel 3 zuerst `3 + 4` ausgeführt und anschließend die Nachricht `max: 7` an `6` gesendet.

- In der folgenden Tabelle wird die Auswertung des Ausdrucks

```
2 + 4 * (6 negated max: 8 - 3) negated
```

verdeutlicht. Dabei wird in der linken Spalte die innerhalb des Ausdrucks als nächste auszuwertende Nachricht hervorgehoben dargestellt. Die mittlere Spalte zeigt das Resultat dieser Nachrichtenauswertung. Dieses Resultat erscheint innerhalb des Ausdrucks in der jeweils nachfolgenden Zeile anstelle der Nachricht. Die dritte Spalte gibt die Regeln an, die der Hervorhebung der Nachricht zugrunde liegen.

nächste auszuwertende Nachricht	Antwort	Regel(n)
2 + 4 * (**6 negated** max: 8 - 3) negated	-6	1 und 2
2 + 4 * (-6 max: **8 - 3**) negated	5	3
2 + 4 * (**-6 max: 5**) negated	5	1
2 + 4 * **5 negated**	-5	2
2 + 4 * -5	6	4
6 * -5	-30	-

Eine kleine Schwierigkeit ergibt sich, wenn in einem Ausdruck mehrere Schlüsselwort-Nachrichten auftreten. Nehmen wir an, wir wollten das Maximum aus einer Variablen **z** und dem Minimum der Variablen **x** und **y** ermitteln. Naiverweise könnte der Ausdruck dann folgendermaßen aussehen:

```
x min: y max: z
```

Die Annahme, dass die Nachrichten **min:** und **max:** von links nach rechts abgearbeitet werden ist aber falsch. Versucht man den Ausdruck im Workspace auszuführen, erscheint die in Abbildung 3.3 gezeigte Fehlermeldung. *SmaViM* ist nämlich nicht in der

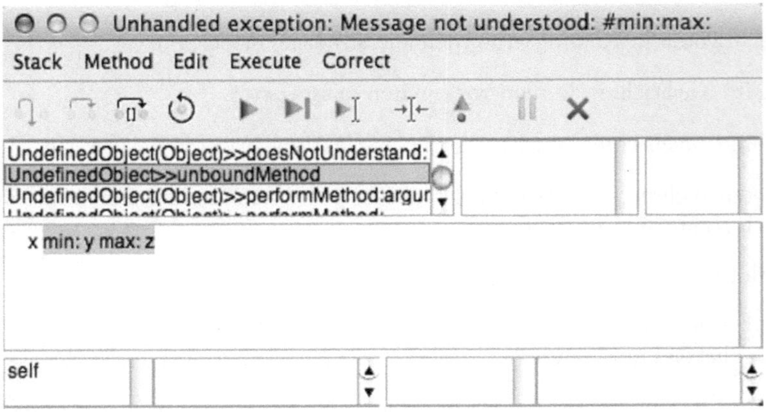

Abbildung 3.3: Fehler: Empfänger versteht die Nachricht **min:max:** nicht.

Lage, die Hintereinanderausführung von zwei Schlüsselwort-Nachrichten, die jeweils

aus einem Schlüsselwort (hier `min:` und `max:`) bestehen, von einer Schlüsselwort-Nachricht, die aus zwei Schlüsselwörtern besteht (hier `min:max:`), zu unterscheiden. Hintereinander auszuführende Schlüsselwort-Nachrichten müssen daher immer geklammert werden. Das obige Beispiel muss daher so aufgeschrieben werden:

```
(x min: y) max: z
```

3.1.2 Fallunterscheidung

Fallunterscheidungen werden in Smalltalk durch eine der vier Nachrichten `ifTrue:`, `ifFalse:`, `ifTrue:ifFalse:` oder `ifFalse:ifTrue:` programmiert, wovon in den vorangegangenen Beispielen ja schon Gebrauch gemacht worden ist.

> Anmerkung für Kenner konventioneller höherer Programmiersprachen, wie z. B. PASCAL: In diesen Sprachen steht für Fallunterscheidungen in der Regel ein eigener Anweisungstyp mit spezieller Syntax zur Verfügung (z. B. die if-then-else-Anweisung in PASCAL). In Smalltalk hingegen werden Fallunterscheidungen als gewöhnliche Schlüsselwortnachrichten realisiert.

Diese Nachrichten werden nur von den beiden booleschen Objekten, die durch die Pseudo-Variablen `true` und `false` repräsentiert werden, verstanden. Betrachten wir noch einmal das Beispiel

```
(a = 0) ifTrue: [x := c negated / b].
```

Etwas präziser als bisher formuliert, wäre die Wirkung folgendermaßen zu beschreiben: Ist `true` das Empfängerobjekt von `ifTrue:`, so antwortet dieses mit dem Objekt, das aus der Auswertung des Blocks resultiert. Ist das Empfängerobjekt hingegen `false`, ignoriert dieses den als Parameter übergebenen Block – d. h. er wird nicht ausgewertet – und antwortet mit dem undefinierten Objekt, das durch die Pseudo-Variable `nil` repräsentiert wird. Die Wirkung der Nachrichten `ifFalse:`, `ifTrue:ifFalse:` und `ifFalse:ifTrue:` ergibt sich aus einer analogen Überlegung.

nil repräsentiert das undefinierte Objekt

3.1.3 Blöcke

Die Argumente der Nachrichten für die Fallunterscheidungen sind Blöcke. Ein Block ist eine in eckige Klammern eingeschlossene Sequenz von Nachrichten, wobei diese Nachrichten zunächst nicht ausgewertet werden. Ob der Block einer `ifTrue:`-Nachricht ausgewertet werden darf, kann nur das Empfängerobjekt entscheiden, wie im vorigen Abschnitt erläutert wurde. Blöcke werden also immer dann verwendet, wenn Nachrichtensequenzen bedingt oder – wie wir später noch sehen werden – wiederholt ausgeführt werden sollen.

Blöcke sind aber – wie alles in Smalltalk – Objekte, die einer Variablen zugewiesen werden können und denen man auch Nachrichten schicken kann. Insbesondere versteht ein Block die Nachricht **value**, die ihn veranlasst, die Nachrichtensequenz in seinem Innern abzuarbeiten. Betrachten wir die folgenden Anweisungen:

```
x := 0.
einBlock := [x := 7].
einBlock value.
```

Blöcke sind   In der zweiten Zeile wird der Variablen **einBlock** der Block **[x := 7]** zugewiesen.
Objekte   Da die Anweisungen dieses Blocks aber nicht ausgeführt werden, behält die Variable
x den Wert 0. In der dritten Zeile wird nun dem Block die Nachricht **value** geschickt.
Die Anweisungen des Blocks werden daraufhin ausgeführt, die Variable **x** erhält den
Wert 7.

Weitere Anwendungen für Blöcke werden in späteren Kapiteln behandelt.

3.1.4 Erzeugung von Objekten – Klassen

Bisher haben wir drei Arten von Objekten kennen gelernt, nämlich Zahlen, die durch
die Pseudo-Variablen **true** und **false** repräsentierten booleschen Objekte und Zeichenketten, die wir bisher lediglich zur Anzeige von Texten in Dialogfenstern benutzt
haben. Inzwischen wissen wir auch, wie wir Objekten Nachrichten schicken können.
Gelegentlich ist davon gesprochen worden, dass ein Objekt bestimmte Nachrichten
versteht. So verstehen Zahlen z. B. die Nachrichten „+" oder **negated**. Es ist aber offensichtlich sinnlos, einem booleschen Objekt die Nachricht **sqrt** zu schicken oder zwei
Zeichenketten multiplizieren zu wollen. D. h. es stellt sich die Frage: Welche Objekte
verstehen welche Nachrichten?

Klassen   In der objektorientierten Programmierung werden „gleichartige" Objekte in so genannten *Klassen* zusammengefasst. Objekte einer Klasse weisen die gleiche innere
Struktur auf und verstehen dieselben Nachrichten. Jede Klasse hat einen Namen, der
vereinbarungsgemäß mit einem großen Anfangsbuchstaben beginnt. Z. B. trägt die
Klasse der ganzen Zahlen den Namen **Integer**; die Klasse **String** steht für die Zeichenketten. Die innere Struktur der Objekte der Klasse **Integer** besteht aus einem
einzigen Zahlenwert, während die Struktur der Objekte der Klasse **String** aus den
die Zeichenkette bildenden Einzelzeichen besteht.

Welche Nachrichten ein Objekt nun versteht, richtet sich nach der Klassenzugehörigkeit. Für jede Nachricht steht in der Klassendefinition eine Methode bereit, d. h.
zu jedem Nachrichtenselektor, der von den Objekten einer Klasse verstanden wird,
gehört eine Methode, deren Name mit dem Nachrichtenselektor übereinstimmt. Die
Methoden-   Liste aller Methoden einer Klasse heißt auch das *Methodenprotokoll* der Klasse.
protokoll   Es kann durchaus der Fall eintreten, dass Objekte verschiedener Klassen den gleichen Nachrichtenselektor akzeptieren, aber jeweils eigenständige Methoden ausführen.
Z. B. können sowohl ganze Zahlen als auch Zeichenketten mit der Nachricht „<" miteinander verglichen werden, wie die folgenden Beispiele zeigen:

> 3 < 4 **Print it** liefert: **true**

> 'Karl' < 'Otto' **Print it** liefert: **true**

> 'Rosa' < 'Luise' **Print it** liefert: **false**

Im Methodenprotokoll beider Klassen taucht also der Nachrichtenselektor „<" auf,
die hierfür in den Klassen definierten Methoden sind aber verschieden, da ganze Zahlen anders verglichen werden als Strings[3].

---

[3]Vereinfacht gesprochen ist ein String kleiner als ein anderer String, wenn er in der alphabetischen
Reihenfolge zuerst kommt

Es gibt aber auch Nachrichten, die von Strings verstanden werden, von ganzen Zahlen aber nicht. Zeichenketten können durch die Nachricht „," aneinandergehängt (zu einer Zeichenkette verschmolzen) werden:

'Karl', ' und ', 'Rosa'. **Print it** liefert: 'Karl und Rosa'

Versuchte man etwas ähnliches mit Zahlen, antwortet *SmaViM* mit der Meldung, dass der Empfänger die Nachricht nicht versteht (s. Abbildung 3.4).

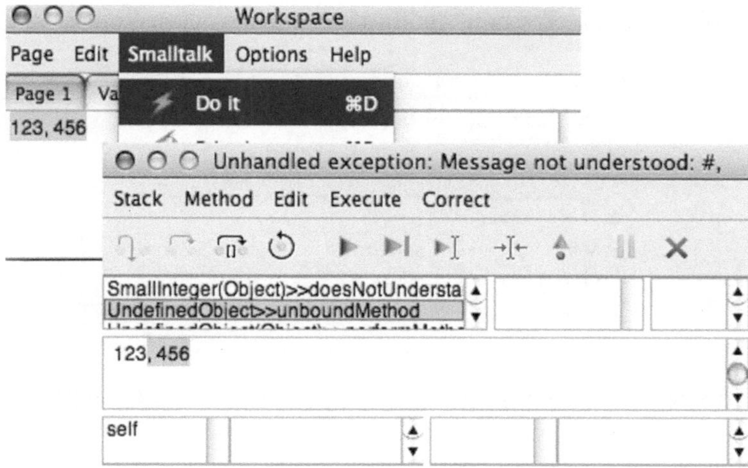

Abbildung 3.4: Fehler: Empfänger versteht die Nachricht „," nicht.

Nun wenden wir uns der Frage zu: Wie entstehen eigentlich Objekte? In den bisherigen Beispielen haben wir Objekte meistens dadurch erzeugt, dass wir sie einfach „hingeschrieben" haben. Insbesondere bei Zahlen und Zeichenketten sind wir so verfahren. Die so aufgeschriebenen Konstanten werden auch *Literale* genannt. Es gibt aber nur einige wenige Klassen, von denen wir Exemplare durch Aufschreiben von Literalen erzeugen können (vgl. dazu Abschnitt 3.2).   Literale

In den meisten Fällen werden Objekte durch Nachrichten, die an die entsprechende Klasse geschickt werden, erzeugt. Dies ist möglich, weil in Smalltalk auch Klassen Objekte sind, die über Methoden verfügen. Diese bezeichnet man gemeinhin als *Klassenmethoden*.   Klassenmethoden

Betrachten wir als Beispiel die Klasse **Rectangle**, deren Objekte achsenparallele Rechtecke in einem zweidimensionalen, kartesischen Koordinatensystem darstellen. Ein Rechteck wird dabei durch die Angabe der Endpunkte einer Diagonalen bestimmt. Die einfachste Art, ein Objekt der Klasse **Rectangle** zu erzeugen, besteht darin, ihr die Nachricht **new** zu schicken. Führt man einen entsprechenden Ausdruck im Workspace – wie in Abbildung 3.5 gezeigt – mit **Inspect it** aus, so wird von *Visual-Works* ein so *genannter Inspector* gestartet, der es ermöglicht, in das „Innere" eines   Inspector Objekts zu schauen. Das Ergebnis ist in Abbildung 3.6 zu sehen. Der Inspector zeigt mit seinem Fenstertitel „a Rectangle" an, dass es sich bei dem betrachteten Objekt um ein Exemplar der Klasse **Rectangle** handelt. Der linke Teil des Fensters beschreibt die

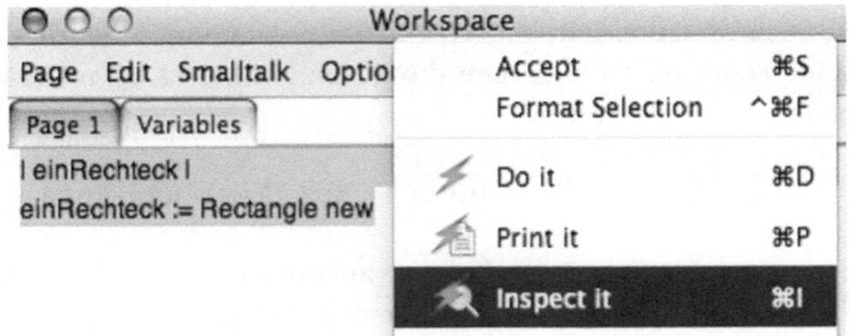

Abbildung 3.5: Erzeugen und Inspizieren eines neuen Rechtecks

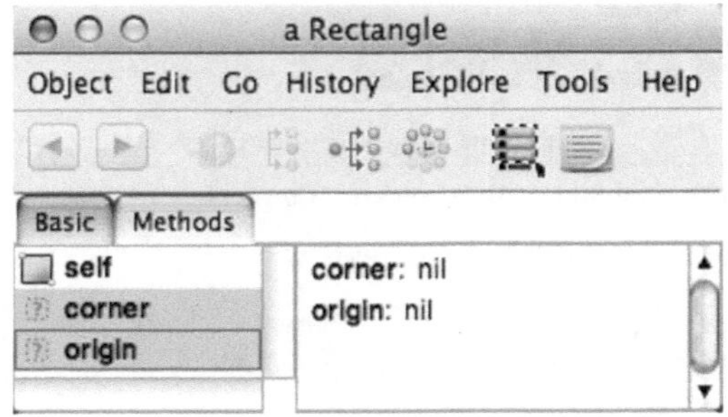

Abbildung 3.6: Inspector für ein Objekt der Klasse **Rectangle**

Struktur eines **Rectangle**-Objekts[4]. Wie oben erwähnt, wird ein Rechteck hier durch die Endpunkte der Diagonalen bestimmt, diese beiden Endpunkte heißen **origin** und **corner**. Dabei handelt es sich um die Exemplarvariablen der Klasse **Rectangle**.

> Anmerkung: Ein konkretes Objekt einer Klasse wird auch in der deutschsprachigen Literatur häufig mit dem Begriff *Instanz* bezeichnet. Die Verwendung dieses Begriffes rührt aber von einer unzulänglichen Übersetzung des englischen Fachbegriffs *instance* her. Wir werden dieser Praxis hier nicht folgen, sondern entweder von einem *Objekt*, einem *Exemplar* oder einer *Ausprägung* einer Klasse sprechen. Diese Begriffe können als Synonyme betrachtet werden. Konsequenterweise werden wir auch nur von *Exemplarvariablen* anstatt, wie vielfach üblich, von „Instanzvariablen" sprechen.

Durch Auswählen einer Exemplarvariablen im linken Teil des Inspector-Fensters wird in seinem rechten Teil der Wert dieser Exemplarvariablen angezeigt. Der Wert ist immer ein Objekt. In Abbildung 3.6 erscheint als Wert der **origin**-Variablen das so genannte *undefinierte Objekt*, das durch die Pseudovariable **nil** repräsentiert wird. Die Ursache hierfür besteht darin, dass mit der Nachricht **new** keine Angaben über die Dimensionen des zu erzeugenden Rechtecks gemacht werden können.

Für ein „richtiges" Rechteck müssen die beiden Exemplarvariablen aber zwei Punkte sein. Punkte werden in Smalltalk als Exemplare der Klasse **Point** dargestellt. Ein **Point**-Objekt repräsentiert ein Paar aus Zahlen, von denen eine die x-Koordinate, die andere die y-Koordinate des Punktes darstellt. Üblicherweise ist der Nullpunkt

---

[4]Die erste mit **-self** gekennzeichnete Zeile werden wir vorerst ignorieren

des Koordinatensystems die linke obere Ecke des Bildschirms, eines Fensters oder eines anderen graphischen Kontexts, wobei die x-Werte nach rechts und die y-Werte nach unten größer werden. Ein Exemplar der Klasse **Point** kann auf verschiedene Arten erzeugt werden. Eine Möglichkeit ist, einer Zahl die binäre Nachricht „@" mit einer weiteren Zahl als Argument zu schicken. Die Auswertung des Ausdrucks

```
120 @ 230
```

liefert ein **Point**-Objekt mit der x-Koordinate 120 und der y-Koordinate 230. Wertet

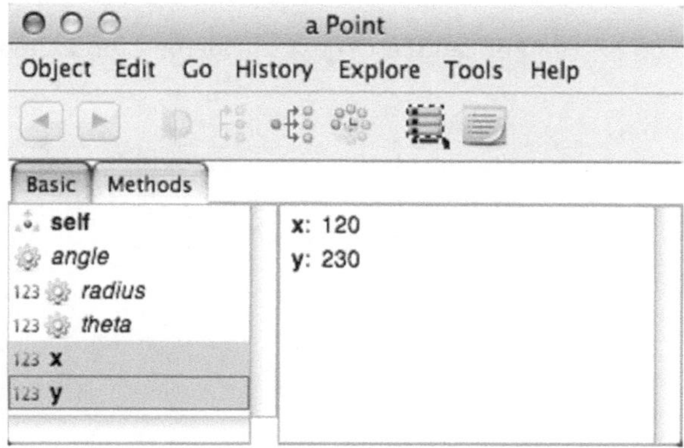

Abbildung 3.7: Ein **Point**-Objekt

man diesen Ausdruck im Workspace mit **Inspect it** aus, so erhält man den in Abbildung 3.7 gezeigten Inspector. Man erkennt hier, dass Exemplare der Klasse **Point** über die Exemplarvariablen **x** und **y** verfügen.

Eine weitere Möglichkeit, einen Punkt zu erzeugen, ist die Verwendung der Schlüsselwortnachricht **x:y:**, die an die Klasse **Point** geschickt wird. Die Klasse **Point** kennt also eine gleichnamige Klassenmethode. Der Ausdruck

```
Point x: 120 y: 230
```

liefert also den gleichen Punkt wie oben.

Nun können wir auch ein Rechteck erzeugen, indem wir für die Endpunkte der Diagonalen tatsächlich **Point**-Objekte angeben. Auch hier gibt es wieder verschiedene Möglichkeiten. Man kann einem **Point**-Objekt die Nachricht **corner:** mit einem weiteren Punkt als Argument schicken. Die Auswertung des Ausdrucks

```
120 @ 230 corner: 240 @ 350
```

mit **Inspect it** liefert das in Abbildung 3.8 gezeigte **Rectangle**-Objekt. In der Abbildung sind beide Exemplarvariablen, **corner** und **origin**, selektiert, deren Werte **Point**-Objekte sind.

Das gleiche Rechteck kann man auch mit der Klassenmethode **origin:corner:** der Klasse **Rectangle** erzeugen:

```
Rectangle origin: 120 @ 230 corner: 240 @ 350
```

Zur Veranschaulichung ist in Abbildung 3.9 die Lage des Rechtecks im Smalltalk-Koordinatensystem gezeigt.

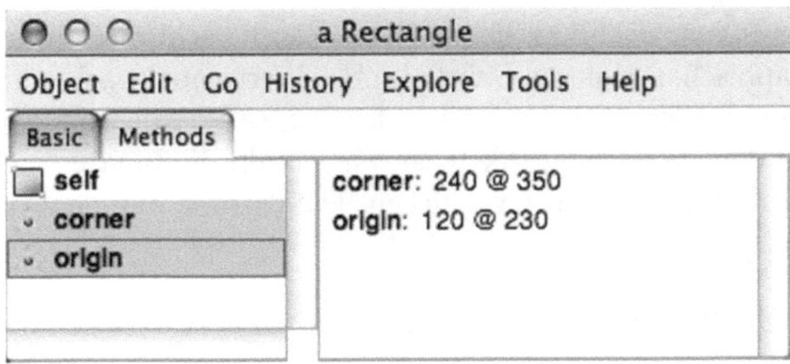

Abbildung 3.8: Ein **Rectangle**-Objekt mit definierten Eckpunkten

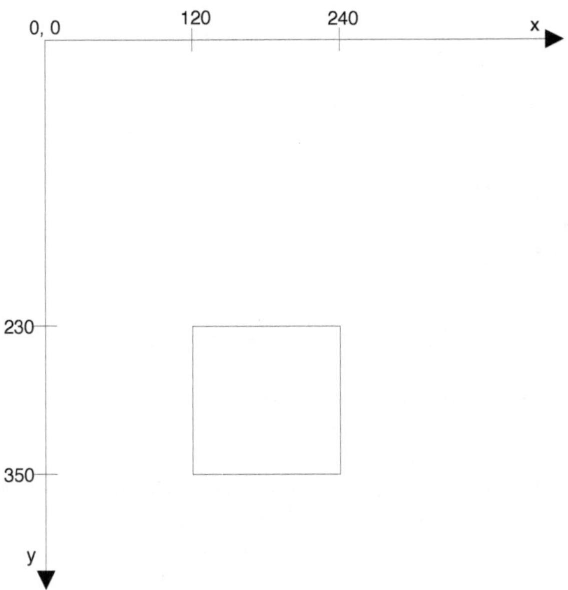

Abbildung 3.9: Das Smalltalk-Koordinatensystem mit Rechteck

Graphische Darstellung geometrischer Objekte

An dieser Stelle wird einmal exemplarisch gezeigt werden, mit welch einfachen Mitteln es in *VisualWorks* möglich ist, ein geometrisches Objekt, wie z. B. unser Rechteck, in einem Fenster zu zeichnen. Dazu muss, vereinfacht gesprochen, ein „Fensterobjekt" – genauer gesagt ein Exemplar der Klasse **ScheduledWindow** – erzeugt werden. Diesem Objekt muss dann das zu zeichnende Objekt als Komponente hinzugefügt werden und schließlich das Fenster „geöffnet" und damit auf dem Bildschirm sichtbar gemacht werden. Dies wird durch die folgende Sequenz von Smalltalk-Ausdrücken bewerkstelligt:

```
| aScheduledWindow |
aScheduledWindow := ScheduledWindow new.
aScheduledWindow
    component: (Rectangle
```

```
                     origin: (120 @ 230)
                     corner: (240 @ 350))
            asVisualComponent.
   aScheduledWindow open.
```

Abbildung 3.10: Das in einem ScheduledWindow gezeichnete Rechteck

Die Klassenmethode **new** der Klasse `ScheduledWindow` erzeugt ein neues Exemplar dieser Klasse. Mit der Nachricht **component:** kann einem Fenster ein (später darzustellendes) Objekt als Komponente hinzugefügt werden. Damit das Rechteck später tatsächlich gezeichnet werden kann, muss es, bevor es dem Fenster als Komponente bekannt gemacht wird, mit der Nachricht `asVisualComponent` in eine „visuelle Komponente", d. h. in ein Objekt, das sich auf dem Bildschirm zeichnen lässt, umgewandelt werden. Mit der Nachricht **open** wird schließlich das Fenster mit den darin enthaltenen Komponenten auf dem Bildschirm dargestellt. Wenn die oben angegebene Smalltalk-Sequenz im Workspace eingegeben und mit **Do it** ausgeführt wird, wird das Fenster höchstwahrscheinlich von *SmaViM* zu klein dargestellt, um das darin enthaltene Rechteck sehen zu können. Mithilfe der Maus lässt es sich aber leicht vergrößern. Das Ergebnis ist in Abbildung 3.10 gezeigt.

3.2 Literale

Zu den grundlegenden Elementen einer Programmiersprache gehören die Objekte, auf die durch einfaches „Hinschreiben" Bezug genommen werden kann. Diese so alleine und vollständig bezeichneten Objekte heißen *Literale*. Zu den einfachsten Literalen in jeder Programmiersprache gehören die Zahlen. Zahlobjekte wie 5 oder -3.14 einfach hinschreiben zu können, davon haben wir von Anfang an Gebrauch gemacht (vgl. Kapitel 2). Derartige Objekte existieren sozusagen von Anfang an, sie müssen nicht erzeugt werden. Man könnte auch sagen, sie werden vom Compiler, wenn er auf ein solches Literal trifft, automatisch erzeugt. Im Folgenden wird nun etwas systematischer betrachtet werden, Objekte welcher Klassen eine Literaldarstellung besitzen.

In *Smalltalk* gibt es fünf Arten von Literalen:

1. Zahlen

2. Einzelzeichen

3. Zeichenketten

4. Symbole

5. Arrays

Zahlen

Zahl-Literale haben wir bisher in zwei Formen kennen gelernt:

Integer-Literale

- als ganze Zahlen; ganze Zahlen sind Exemplare der Klasse **Integer**; Beispiele: 15, -23, 20345698763512345

Float-Literale

- als so genannte Gleitkommazahlen (engl.: floating point numbers); Gleitkommazahlen sind Exemplare der Klasse **Float**; Beispiele: 3.14159, -2.1828, 3.34E-10. In mathematischer Schreibweise entspricht der letzten Zahl $3,3 \cdot 10^{-10}$.

Es gibt noch weitere Zahlenklassen und damit auch weitere Formen von Zahl-Literalen. Darauf werden wir in Abschnitt 8.1.2 genauer eingehen.

Einzelzeichen

Einzelzeichen (engl.: characters) sind Exemplare der Klasse **Character** und repräsentieren einzelne Zeichen eines Alphabets. Einzelzeichen-Literale werden durch ein Dollarzeichen unmittelbar gefolgt von dem darzustellenden Zeichen aufgeschrieben. So stehen

Klasse Character

```
$g
$3
```

für den Buchstaben „g" bzw. die Ziffer „3". Wohlgemerkt, es handelt sich bei der Ziffer um ein Zeichen eines Alphabets, das nichts mit der Zahl 3 zu tun hat.

Das Alphabet umfasst mindestens:

- die Kleinbuchstaben `$a` ... `$z`

- die Großbuchstaben `$A` ... `$Z`

- die Ziffern `$0` ... `$9`

- eine Reihe von Sonderzeichen:

  - `$+ $/ $\ $~ $< $> $= $@ $% $| $& $? $! $,`

  - `$[ $] ${ $} $; $$ $# $: $. $'`

Vereinfacht gesprochen kann man sagen, dass zum Alphabet alle Zeichen gehören, die über die Tastatur eingegeben werden können. Das bedeutet, dass man auch davon ausgehen kann, dass `$ä` und die anderen Umlaute ebenfalls benutzt werden können.

Zeichenketten

Zeichenketten (engl.: strings) sind Exemplare der Klasse `String` und stellen Folgen von Einzelzeichen dar. Wir haben sie bisher benutzt, um Texte darzustellen, die in Dialogfenstern auszugeben sind (vgl. Kapitel 2). Zeichenketten-Literale werden als Zeichenfolgen eingeschlossen in einfache Hochkommata aufgeschrieben. Beispiele sind

Klasse `String`

```
'dies ist eine Zeichenkette'
'345'
'John''s car'
```

Soll ein Hochkomma innerhalb einer Zeichenkette verwendet werden, so muss es doppelt geschrieben werden. Die dritte Zeichenkette besteht also aus den zehn Zeichen

```
$J, $o, $h, $n, $', $s, $ , $c, $a, $r.
```

Man beachte auch hier wieder, dass die zweite Zeichenkette aus den Einzelzeichen `$3`, `$4` und `$5` besteht und nichts mit der Zahl 345 zu tun hat.

   `$a` und `'a'` sind zwei verschiedene Objekte. Das erste ist ein Exemplar der Klasse *Character* und das zweite eines der Klasse *String*, das als einziges Zeichen `$a` enthält.

   Die Auswertung des Ausdrucks

```
'a' = $a
```

liefert `false`. Man kann eine Zeichenkette fragen, ob sie ein bestimmtes Zeichen enthält, indem man ihr die Schlüsselwortnachricht `includes:` schickt. Die Auswertung von

```
'a' includes: $a
```

liefert `true`.

Symbole

Symbole sind Exemplare der Klasse `Symbol`. Symbole sind nahe Verwandte der Zeichenketten, die von *SmaViM* besonders behandelt werden. Jedes Symbol wird im Speicher von *SmaViM* nur einmal abgelegt, auch wenn es an verschiedenen Stellen als Literal auftaucht. Symbole werden im System für Namen von Klassen und Methoden verwendet. Aufgrund der speziellen Behandlung kann in effizienter Weise geprüft werden, ob ein bestimmtes Symbol schon existiert, um beispielsweise zu verhindern, dass ein Klassenname doppelt vergeben wird.

Symbol-Literale werden durch Zeichenfolgen dargestellt, denen das Zeichen „#"
(Doppelkreuz) vorangestellt wird. Enthält die Zeichenfolge außer Buchstaben und Ziffern noch andere Zeichen, wird sie zusätzlich in einfache Hochkommata eingeschlossen.

Symbol-Literal   Beispiele für Symbole sind:

```
#Januar
#Symbol
#'dies ist auch ein Symbol'
```

Hinter der unterschiedlichen Behandlung von Zeichenketten und Symbolen steckt
das allgemeinere Prinzip der Identität bzw. Gleichheit von Objekten, das in Abschnitt 11.4 ausführlich behandelt wird.

Arrays

Exemplare der Klasse **Array**[5] sind Behälter zur Aufnahme einer bestimmten, bei der
Erzeugung des Objektes festzulegenden Anzahl von Objekten beliebiger Art. Eine
Zeichenkette kann man demnach als ein spezielles Array ansehen, dessen enthaltene
Objekte Exemplare der Klasse **Character** sein müssen. Zwischen Strings und Arrays bestehen weit reichende Ähnlichkeiten, beides sind so genannte Behälterklassen
(engl.: collection classes oder auch container classes), die eine bedeutende Rolle in
der Programmierung spielen. Diese Klassen werden daher in Kapitel 10 eingehend
behandelt.

Hier werden Arrays behandelt, weil es möglich ist, von ihnen Literale zu bilden.
Array-Literal   Ein Array-Literal wird durch das Doppelkreuz eingeleitet, gefolgt von einer in runde
Klammern eingeschlossenen Aufzählung der Objekte, die in dem Array enthalten sein
sollen. Das Array

```
#(123 $x 'hallo' #Sonntag)
```

enthält vier Objekte: eine Zahl, ein Einzelzeichen, eine Zeichenkette und ein Symbol. Die Elemente (oder Komponenten) eines Arrays können grundsätzlich Exemplare beliebiger Klassen sein, in Array-Literalen ist aber nur die Angabe von Elementen
möglich, die selbst wieder durch ein Literal bezeichnet werden können. Wir werden
später andere Methoden zum Erzeugen von Arrays und zum Hinzufügen beliebiger
Elemente kennen lernen. Dazu gehören aber auch die Arrays selbst, d. h. es können
Array-Literale aufgeschrieben werden, die selbst wieder Array-Literale enthalten. Das
folgende Array-Literal enthält eine Zahl, ein Zeichen, eine Zeichenkette und ein Array,
das wiederum eine Zahl und ein Zeichen enthält:

```
#(4 $4 'vier' #(5 $5))
```

Innerhalb von Array-Literalen kann das #-Zeichen weggelassen werden, das gilt sowohl für eingeschlossene Array-Literale als auch für Symbole. Das folgende Array
enthält eine Zahl, ein Array und ein Symbol:

```
#(7 ($7 'sieben') sieben)
```

Eine erste Anwendung für Arrays wird in Kapitel 4 behandelt.

---

[5]In der deutschsprachigen Literatur werden auch die Begriffe *Feld* oder *Reihung* benutzt.

3.3 Variablen und Zuweisungen

Variablen dienen dazu, Objekten einen Namen zu geben, um über diesen Namen jederzeit auf sie Bezug nehmen zu können, d. h. insbesondere, ihnen eine Nachricht schicken zu können. Davon wurde schon im Programm für die Lösung einer quadratischen Gleichung aus Kapitel 2 wiederholt Gebrauch gemacht.

Im folgenden Smalltalk-Programm wird die Wurzel aus 2 berechnet:

```
|wurzel radikand|
radikand := 2.0.
wurzel := radikand sqrt
```

Wie schon erläutert wurde, müssen in Smalltalk temporäre Variablen (hier: **wurzel** und **radikand**) zunächst deklariert werden, bevor sie verwendet werden dürfen. Die durch die Zeichenfolge „:=" ausgedrückte Zuweisung (engl.: assignment) bewirkt, dass dem Zahlobjekt 2.0 hier der Name **radikand** zugeordnet wird. Man sagt auch, dass durch die Zuweisung die Variable an das Objekt *gebunden* wird oder dass die Variable auf das Objekt *verweist*.[6]

In der dritten Zeile schließlich erfolgt eine Bezugnahme auf das Zahlobjekt 2.0. Die Nachricht **sqrt** wird nämlich nicht der Variablen **radikand** geschickt, sondern dem Objekt, an das die Variable gebunden ist. Außerdem wird in der gleichen Zeile durch die Zuweisung das Ergebnis der Wurzelberechnung (das Zahlobjekt 1.41421) an die Variable **wurzel** gebunden.

Variable verweist auf Objekt

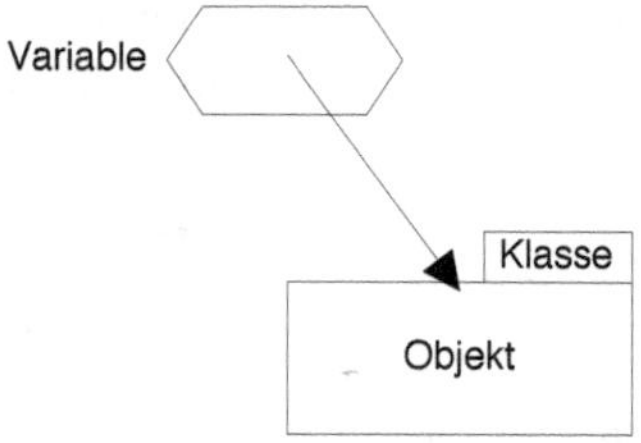

Abbildung 3.11: Darstellung von Variablen und Objekten

Zur Veranschaulichung und zum besseren Verständnis der Funktionsweise der Zuweisung wird nun noch eine mehr technisch orientierte Betrachtungsweise vorgenommen. *SmaViM* muss Buch darüber führen, welche Variablen zu einem bestimmten Zeitpunkt gültig sind und welche Objekte existieren. Diese Buchführung geschieht letztlich dadurch, dass Variablen und Objekte im Speicher *SmaViM* abgelegt werden. Im Folgenden wird die in Abbildung 3.11 gezeigte Symbolik für die Darstellung von Variablen und Objekten verwendet werden. Danach wird eine Variable durch ein Sechseck dargestellt, wobei der Variablenname daneben geschrieben wird. Ein Objekt wird als ein Rechteck gezeichnet, in das eine geeignete Darstellung des Objekts geschrieben wird. Zusätzlich kann oben rechts noch die Klassenzugehörigkeit des Objekts vermerkt werden. Der Pfeil repräsentiert die Bindung der Variablen an ein Objekt.

---

[6]In der englischsprachigen Literatur heißt es: a variable *references* an object.

Betrachten wir nun noch einmal des obige Programm zur Berechnung von $\sqrt{2}$. Nach der Interpretation der ersten Zeile durch *SmaViM* werden im Speicher die beiden Variablen angelegt. Durch die Variablendeklaration wird nur der Name der Variablen festgelegt. Solange nicht durch eine Zuweisung eine explizite Bindung an ein Objekt hergestellt wird, bleibt eine Variable an das durch die Pseudovariable **nil** repräsentierte undefinierte Objekt gebunden. Nach der Deklaration der beiden Variablen ergibt sich also der in Abbildung 3.12 gezeigte Zustand im Speicher. Man erkennt, dass

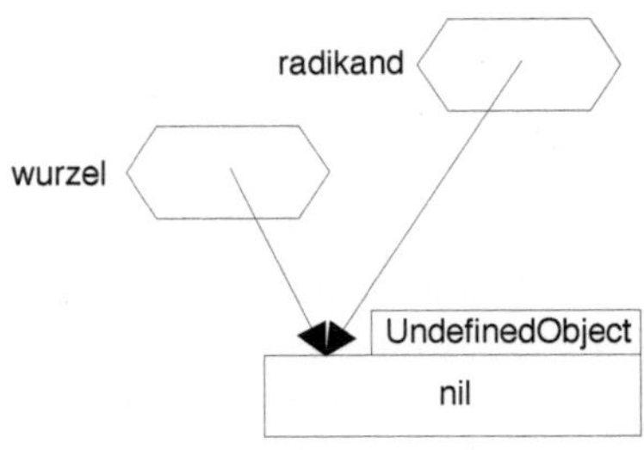

Abbildung 3.12: Variablen verweisen auf das undefinierte Objekt

zwei verschiedene Variablen an dasselbe Objekt gebunden werden können. Das durch die Pseudovariable **nil** repräsentierte Objekt ist das einzige Exemplar der Klasse **UndefinedObject**. Dieses existiert im Speicher genau einmal.

Durch die zweite Zeile des Programms wird an die Variable **radikand** die Zahl 2.0 gebunden. Die bisherige Bindung an das undefinierte Objekt geht verloren und es ergibt sich die in Abbildung 3.13 gezeigte Situation im Speicher.

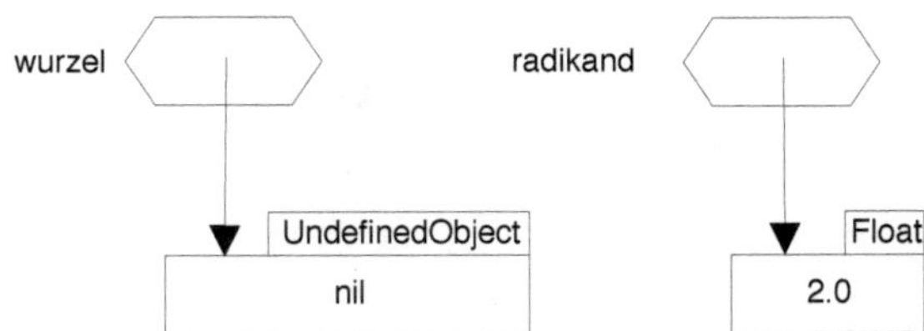

Abbildung 3.13: Variable **radikand** an ein Float-Objekt gebunden

Die dritte Zeile des Programms bewirkt dann analog die Bindung der Variablen **wurzel** an das Ergebnis der Auswertung des Ausdrucks **radikand sqrt**, womit sich schließlich der Zustand von Abbildung 3.14 ergibt.

Lebensdauer von Objekten

Die temporären Variablen existieren im Speicher nur für die Dauer der Ausführung des Smalltalk-Programms. D. h. in dem Augenblick, wo die Ausführung der im Workspace selektierten Zeilen, z. B. mit **Do it**, gestartet wird, werden die Variablen von *SmaViM* im Speicher angelegt und nach Beendigung der Ausführung wieder entfernt. Dies hat auch Folgen für die an diese Variablen gebundenen Objekte. Grundsätzlich gilt, dass

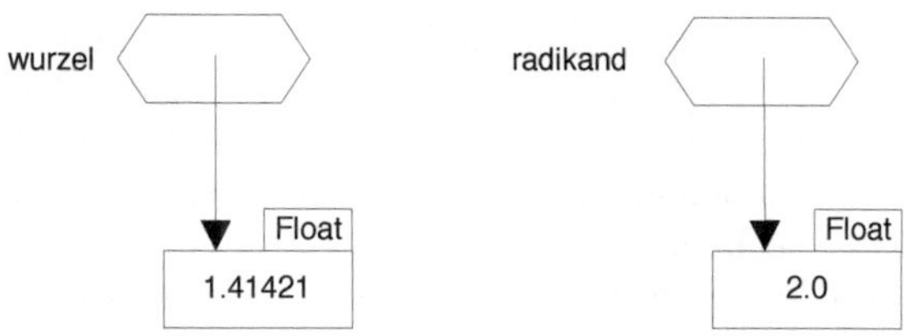

Abbildung 3.14: Variable **wurzel** an ein Float-Objekt gebunden

ein Objekt im Speicher nur solange existiert, wie es mindestens einen Verweis auf dieses Objekt gibt. Wenn auch der letzte Verweis verschwindet z. B. dadurch, dass eine temporäre Variable aufhört zu existieren, endet auch die Lebensdauer des Objektes. Der von dem Objekt belegte Speicherplatz wird damit automatisch wieder dem freien (unbelegten) Speicher zugeordnet und steht wieder zur Erzeugung neuer Objekte zur Verfügung.

Weitere Konsequenzen aus der Tatsache, dass in Smalltalk Variablen immer Verweise auf Objekte enthalten, werden im Abschnitt 3.4 behandelt.

> Anmerkung: Diese automatische Speicherverwaltung (engl.: automatic garbage collection) ist von Anfang an ein wesentliches Merkmal der virtuellen Maschinen für Smalltalk gewesen. Inzwischen hat sich diese Technik auch in der Implementierung anderer objektorientierter Sprachen wie z. B. *Java* durchgesetzt. Die Alternative zur automatischen Speicherverwaltung besteht darin, diese Aufgabe dem Anwendungsprogrammierer zu übertragen, der dann für die korrekte Reservierung und Freigabe von Speicherplatz verantwortlich ist. Erfahrungen, die über Jahrzehnte in der Software-Entwicklung gemacht wurden, haben aber gezeigt, dass viele Programmierer mit dieser Aufgabe überfordert sind. Es sei aber nicht verschwiegen, dass die automatische Speicherverwaltung ein viel Rechenzeit erfordernder Vorgang ist, die für die Ausführung des Anwendungsprogramms verloren geht. Damit werden hohe Anforderungen an die Leistungsfähigkeit der Hardware gestellt. Dies hat sicherlich dazu beigetragen, dass sich dieses Konzept nur allmählich durchsetzen konnte und es noch heute viele Software-Systeme gibt, die aus Effizienzgründen darauf verzichten.

Gültigkeitsbereich von Variablen

Man kann Variablenarten danach unterscheiden, in welchem Kontext sie gültig sind bzw. wo sie benutzt werden können. Danach kann man Smalltalk-Variablen grob in zwei Kategorien unterteilen:

- private Variablen – sind nur für ein einziges Objekt zugänglich

- nicht private Variablen (engl.: shared variables) – sind für mehr als ein Objekt zugänglich

Private Variablen sind z. B. die Exemplarvariablen, die – wie schon erläutert wurde – nur aus den Methoden der Klasse des Objekts heraus direkt zugänglich sind. Jedes Exemplar einer Klasse hat seinen eigenen, privaten Satz von Exemplarvariablen. Private Variablen treten auch als so genannte *lokale Variablen* innerhalb von Methoden auf (vgl. Kapitel 6 und Kapitel 7). Eine ähnliche Rolle spielen die temporären Variablen, wie wir sie für Smalltalk-Programme im Workspace verwenden. Diese Variablen können nur innerhalb eines solchen Programmstücks verwendet werden, das man auch als *freie Methode* (engl.: unbound method) bezeichnet, da sie nicht wie eine „normale" Methode an eine Klasse gebunden ist.

Klassen-
variablen

Nicht private Variablen können z. B. so genannte *Klassenvariablen* sein, auf die von allen Exemplaren der Klasse zugegriffen werden kann. Klassenvariablen werden in Abschnitt 7.3 behandelt.

Den größten Gültigkeitsbereich haben die so genannten *globalen Variablen*, die überall verwendet werden können. Ein Beispiel ist die Variable **Transcript**, über die auf ein spezielles immer vorhandenes Fenster der Entwicklungsumgebung zugegriffen

globale
Variablen

werden kann. Hier werden vom System Nachrichten für den Programmierer hineingeschrieben. Dieser kann aber auch selbst Ausgaben in das **Transcript**-Fenster erzeugen (vgl. Abschnitt 5.3).

Namespaces

> Anmerkung: In *VisualWorks* ist es seit der Version 5 möglich, eigene Gültigkeitsbereiche für Bezeichner für Variablen und Klassen zu definieren. Diese heißen **Namespaces**. Dieses Konzept ist in anderen Entwicklungsumgebungen so nicht anzutreffen. Für die eher kleinen Programmbeispiele dieses Bandes haben Namespaces zwar keine große Bedeutung. Einige grundsätzliche Bemerkungen dazu finden sich in Abschnitt 7.1.1.

Variablenbezeichner

Die Namen von Variablen müssen nach den für Smalltalk gültigen Regeln für die Bildung so genannter *Bezeichner* (engl.: identifier) aufgebaut sein. Diese sehen vor, dass Bezeichner aus beliebig vielen Buchstaben und Ziffern bestehen, wobei das erste Zeichen ein Buchstabe sein muss. Einige Smalltalk-Dialekte lassen auch den Unterstrich („_") als Namensbestandteil zu.

Einige Bezeichner haben in Smalltalk eine festgelegte Bedeutung und sind als Namen für Variablen nicht erlaubt:

```
nil, true, false, self, super, thisContext
```

Typisch für die Smalltalk-Kultur sind eine Reihe von Konventionen für die Namensgebung von Bezeichnern, z. B. die folgenden:

- Bezeichner privater Variablen beginnen immer mit einem Kleinbuchstaben.

- Bezeichner nicht privater Variablen beginnen immer mit einem Großbuchstaben. Das Gleiche gilt auch für Klassenbezeichner, da diese ebenfalls einen globalen Gültigkeitsbereich haben.

- In Bezeichnern, die aus einer Aneinanderreihung mehrerer Wörter bestehen, wird jedes Wort mit einem Großbuchstaben begonnen, z. B. **MonthNames** oder **rechteckSeite**.

Es wird hier noch einmal darauf hingewiesen, dass in Smalltalk bei der Deklaration einer Variablen nur deren Name vereinbart wird. Es wird aber keinerlei Einschränkung bezüglich der Art von Objekten, die an sie gebunden werden können, gemacht. Man sagt auch, Smalltalk-Variablen sind nicht *statisch typisiert*. Eine Variable kann demnach grundsätzlich auf jedes beliebige Objekt verweisen und diese Bindung kann durch erneute Zuweisung jederzeit geändert werden. Im folgenden Smalltalk-Programm wird die Variable `all` der Reihe nach an Exemplare der Klassen `Integer`, `Character` und `Array` gebunden:

```
| all |
all := 25.
all := $f.
all := #('hallo' 123 $e)
```

3.4 Verweissemantik

Betrachten wir die folgende Smalltalk-Sequenz:

```
| x y |
x := 2.0 sqrt.
y := x
```

Nach der ersten Zuweisung verweist die Variable **x** auf ein `Float`-Objekt und **y** auf das undefinierte Objekt (s. Abbildung 3.15). Für die Ausführung der Zuweisung `y := x`

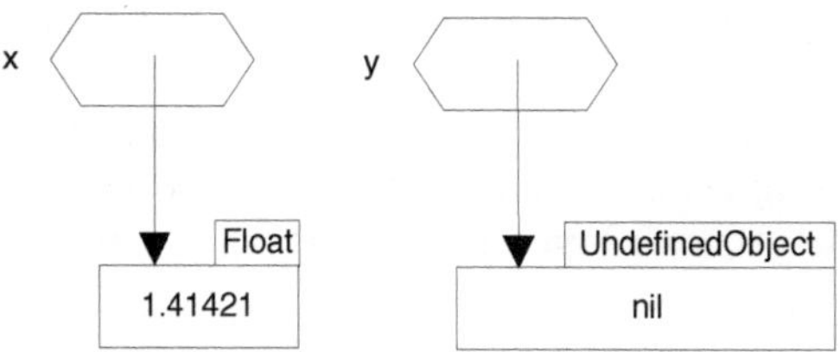

Abbildung 3.15: Variable **x** an ein Float-Objekt gebunden

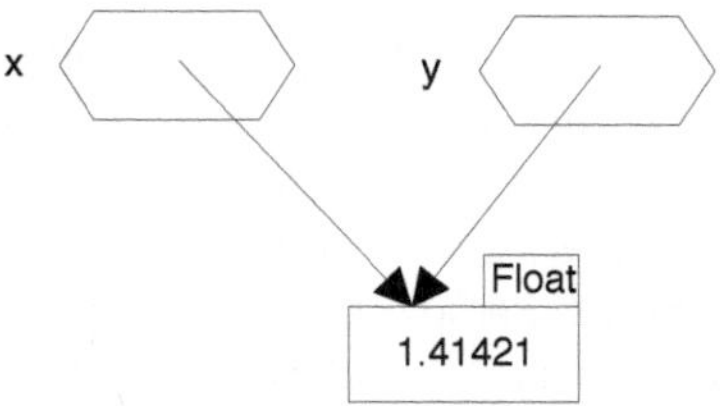

Abbildung 3.16: **x** und **y** sind an dasselbe Objekt gebunden

gibt es nun zwei Möglichkeiten:

1. Es wird eine Kopie des an **x** gebundenen Objekts erzeugt und dieses wird dann an die Variable **y** gebunden. Ein solches Verhalten bei der Zuweisung bezeichnet man als *Wertesemantik*.

2. Es wird der in der Variablen **x** befindliche Verweis in die Variable **y** kopiert, so dass anschließend beide Variablen auf dasselbe Objekt verweisen. Dies bezeichnet man als *Verweissemantik*.

In Smalltalk gibt es grundsätzlich nur Verweissemantik. Das Ergebnis der Zuweisung **y := x** ist in Abbildung 3.16 dargestellt.

Wenn die obige Anweisungsfolge durch die Zuweisung

```
x := x sqrt
```

fortgesetzt wird, entsteht durch die Auswertung des Ausdrucks auf der rechten Seite der Zuweisung ein neues Objekt ($\sqrt{\sqrt{2.0}} \approx 1.18921$). Die Zuweisung selbst bindet dann die Variable **x** an dieses Objekt, die Bindung von **y** bleibt unverändert (s. Abbildung 3.17).

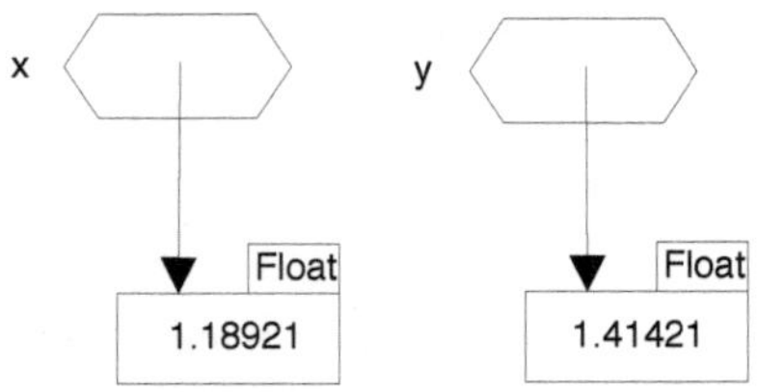

Abbildung 3.17: Resultat von **x := x sqrt**

Etwas komplizierter ist die Situation, wenn der Zustand eines Objektes, auf das mehrere Variablen Bezug nehmen, verändert wird. Diese Veränderung ist dann über alle Variablen sichtbar. Dies wird an folgendem Beispiel verdeutlicht:

```
| p1 p2 |
p1 := Point x: 100 y:200.
p2 := p1.
p2 x: 150.
p1 x
```

Wird diese Sequenz im Workspace mit **Print it** ausgeführt, erscheint als Ergebnis der Auswertung des letzten Ausdrucks, der die x-Koordinate des an **p1** gebundenen **Point**-Objekts liefert, der Wert 150. (Der Bezeichner **x** steht hier für eine unäre Nachricht, die, an ein **Point**-Objekt geschickt, dessen x-Koordinate liefert.) Wie kommt dies zustande? Nach Ausführung der dritten Zeile entsteht der in Abbildung 3.18 gezeigte Speicherzustand. Die Struktur des **Point**-Objektes ist durch die beiden Exemplarvariablen **x** und **y** gegeben, die hier auf die beiden **Integer**-Objekte 100 und 200 verweisen.

In der vierten Zeile wird nun an das an die Variable **p2** gebundene Objekt die Schlüsselwortnachricht **x: 150** gesendet. Diese Nachricht wird von dem Objekt mit einer Änderung seines internen Zustands beantwortet, es wird nämlich die Exemplarvariable **x** an die Zahl 150 neu gebunden. Durch den Ausdruck wird aber weder die Bindung von **p1** noch die von **p2** beeinflusst, so dass sich die in Abbildung 3.19 gezeigte Situation ergibt.

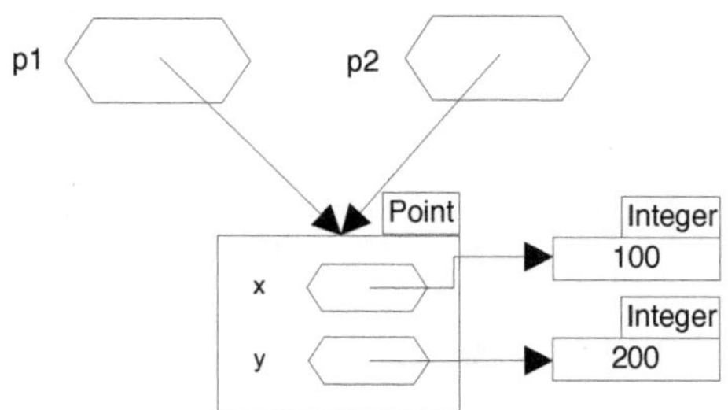

Abbildung 3.18: **p1** und **p2** verweisen auf denselben Punkt

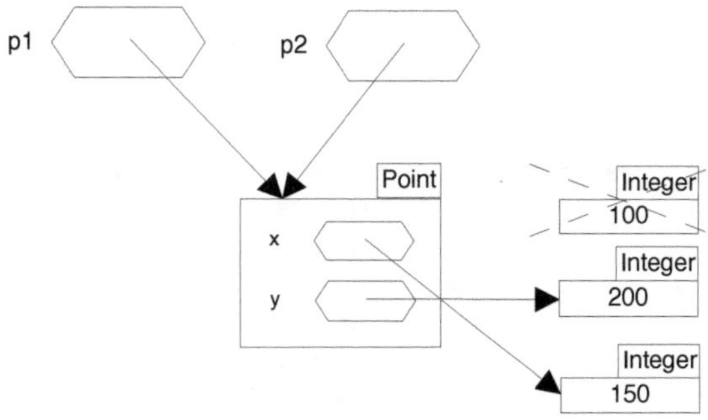

Abbildung 3.19: Die x-Koordinate des Punktes wurde geändert

Da also nach wie vor nur ein einziges **Point**-Exemplar existiert, an das beide Variablen gebunden sind, ist klar, dass das an **p1** gebundene Objekt mit 150 antwortet, wenn es nach seiner x-Koordinaten gefragt wird, was in der letzten Zeile des Programms geschieht.

Die Tatsache, dass die Veränderung des Zustands eines Objekts wie im obigen Beispiel über mehrere Variablen sichtbar ist, bezeichnet man als *Neben-* oder *Seiteneffekt*. Diese sind eine häufige Quelle von Programmierfehlern, die bei der Manipulation von Objekten auftreten können, wenn man sich nicht darüber im Klaren ist, dass ein Objekt noch an anderer Stelle im Programm an eine andere Variablen gebunden ist.

Hätte man im obigen Beispiel zwei eigenständige, wenn auch anfangs gleiche Punkte haben wollen, hätte man dies durch die folgende Anweisungsfolge erreichen können:

Seiteneffekt

```
| p1 p2 |
p1 := Point x: 100 y:200.
p2 := Point x: 100 y:200.
```

Dies führt zu der in Abbildung 3.20 gezeigten Speicherstruktur. Jede anschließende Manipulation des an **p1** gebundenen Punktes lässt den an **p2** gebundenen unverändert. Eine anschließende Ausführung des Ausdrucks **p1 x: 150** ergibt schließlich den Speicherzustand in Abbildung 3.21.

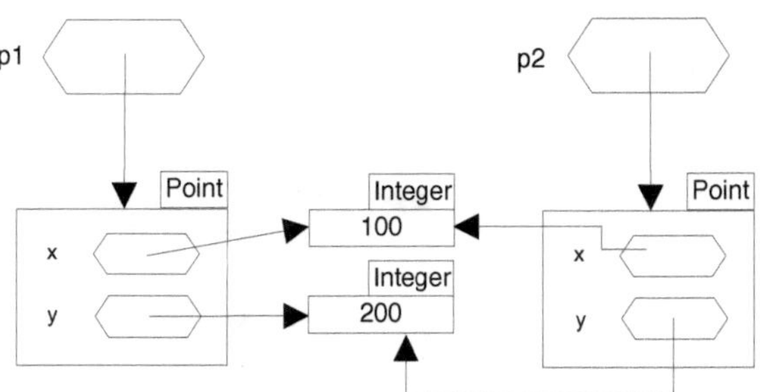

Abbildung 3.20: Zwei gleiche Punkte

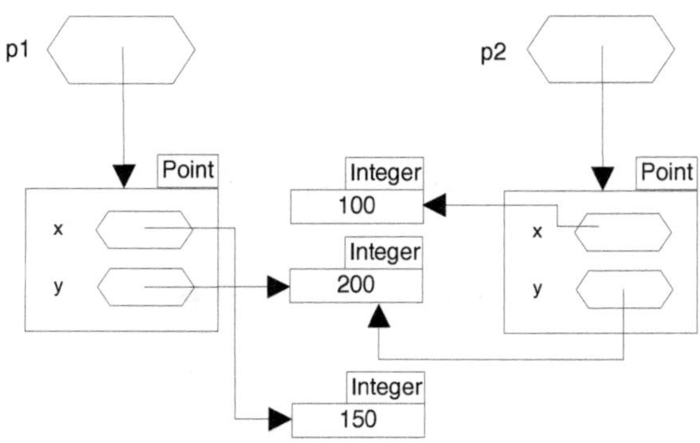

Abbildung 3.21: Zwei verschiedene Punkte

3.4.1 Nutzung des Object Explorers

Der *Object Explorer* ist eine Erweiterung der Entwicklungsumgebung von *Visual-Works*, die ursprünglich von Kent Beck entwickelt wurde und in *VisualWorks* enthalten ist. Er steht aber erst zur Verfügung, wenn man das entsprechende Package nachgeladen hat[7]. Wenn das erfolgt ist, verstehen alle Objekte die Nachricht **explore**.

Der Object Explorer erlaubt es, Objektstrukturen in einer Form graphisch darstellen zu lassen, die der in den vorangegangenen Abbildungen (z. B. 3.19 oder 3.20) ähnelt und ist damit gerade für Anfänger gut geeignet, sich Objektstrukturen zu veranschaulichen. Gibt man im Workspace z. B. den **(100@200) explore** ein, erscheint zunächst eine Darstellung wie sie Abbildung 3.22 zeigt. Der Object Explorer stellt ein Objekt durch einen Kasten dar, wobei in der ersten Zeile der Name der Klasse des Objekts steht und darunter erscheinen die Exemplarvariablen. Wenn man die Exemplarvariablen anklickt, erscheinen die Objekte, auf die sie verweisen, in unserem Beispiel die Zahlen 100 und 200. Wie man in Abbildung 3.23 erkennt, werden Objekte, für die eine Literaldarstellung existiert, als Literale angezeigt.

Das im Inspector in Abbildung 3.8 dargestellte **Rectangle**-Objekt kann im Object Explorer mithilfe des folgenden Ausdrucks sichtbar gemacht werden:

---

[7]wie das geht wird im Anhang A.2 beschrieben

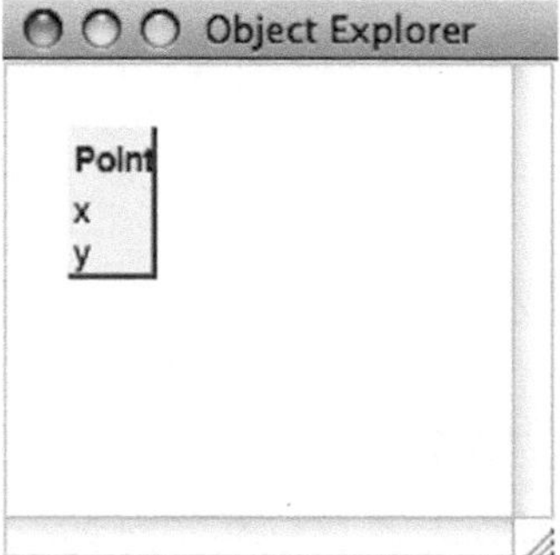

Abbildung 3.22: Darstellung eines **Point**-Objekts durch den Object Explorer

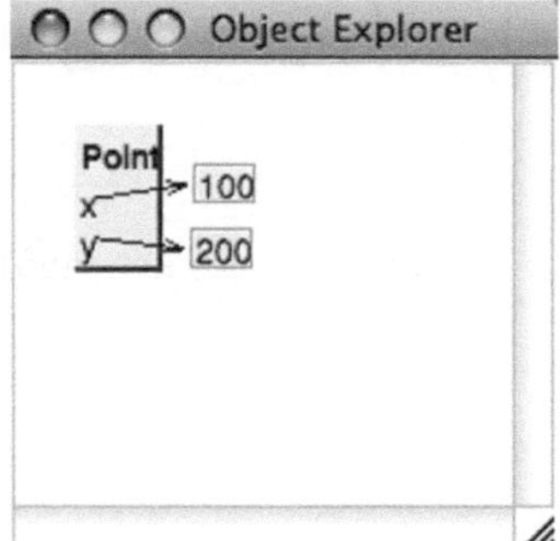

Abbildung 3.23: **Point**-Objekt mit den gebundenen Exemplarvariablen

```
(Rectangle origin: 120 @ 230 corner: 240 @ 350) explore
```

Das Ergebnis ist in Abbildung 3.24 zu sehen.

Das letzte Beispiel diene noch einmal der Veranschaulichung der Verweissemantik. Durch den Programmcode

```
| p |
    p := 100@200.
    (Rectangle origin: p corner: p) explore
```

wird zunächst ein **Point**-Objekt erzeugt und in der Variable **p** gespeichert. Diese Variable wird dann zur Definition beider Endpunkte der Rechteckdiagonalen benutzt. Die Darstellung im Object Explorer (s. Abbildung 3.25) macht deutlich, dass tatsächlich nur ein einziges **Point**-Objekt existiert, auf das beide Exemplarvariablen (**origin** und **corner**) verweisen. Ein **Rectangle**-Objekt so zu bauen, ist natürlich nicht besonders sinnvoll.

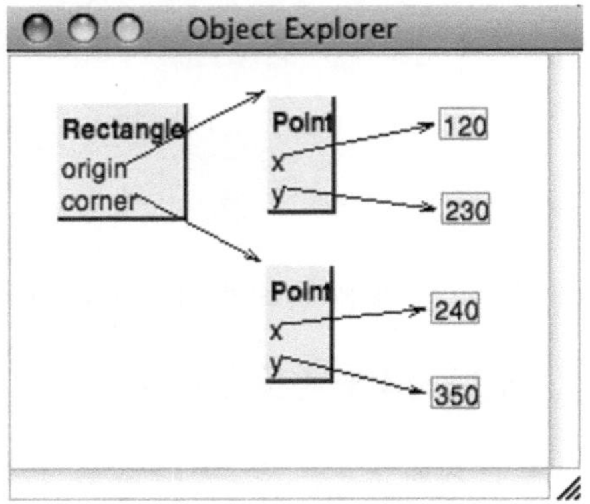

Abbildung 3.24: Darstellung eines **Rectangle**-Exemplars

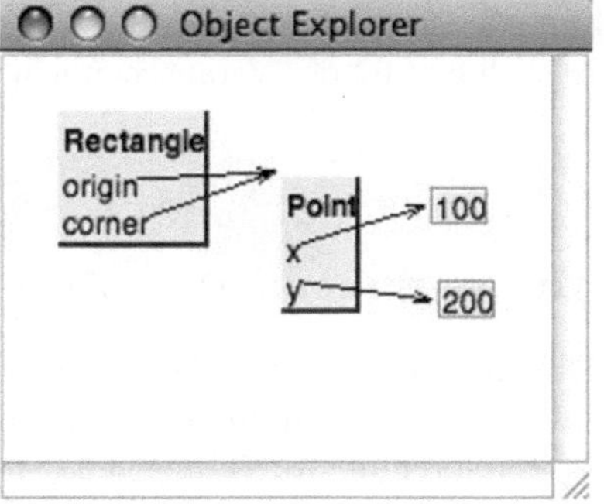

Abbildung 3.25: Darstellung eines unsinnigen **Rectangle**-Exemplars

4 Wiederholungen

In Kapitel 2 wurde in die Konstruktion von Algorithmen eingeführt, wobei der Schwerpunkt der Betrachtung auf der systematischen Entwicklung der bezüglich der Lösung eines gegebenen Problems zu berücksichtigenden Fallunterscheidungen lag. Daraus ergaben sich für die Beschreibung des Algorithmus zwei Grundelemente für die Anordnung von Anweisungen:

- die *Sequenz*, d. h. die einfache Hintereinanderausführung von Anweisungen

- die *Fallunterscheidung*[1], d. h. die Ausführung von Anweisungen in Abhängigkeit von der Gültigkeit einer Bedingung

Von beiden Elementen ist im Algorithmus für die Lösung der quadratischen Gleichung (vgl. Abschnitt 2.3) mehrfach Gebrauch gemacht worden.

Für die Lösung vieler Probleme ist aber ein weiteres algorithmisches Grundmuster erforderlich, die *Wiederholung*[2]. Solche Wiederholungen kommen auch in Algorithmen des täglichen Lebens vor. In Zeiten, als es noch keine elektrischen Handrührgeräte gegeben hat, könnte z. B. der folgende Algorithmus für die Bereitung von Eischnee in einem Kochbuch gestanden haben:

Wiederholung

„Das Eiweiß mit dem Schneebesen solange schlagen, bis es schnittfest ist."

Betrachtet man in diesem Algorithmus einen „Schlag mit dem Schneebesen" als elementare Anweisung, so ist diese zu wiederholen, bis eine bestimmte Bedingung eingetroffen ist. Man könnte den Algorithmus auch etwas abwandeln:

```
solange: Eiweiß nicht schnittfest
wiederhole: führe einen Schlag mit dem Schneebesen aus
```

Eine solche Wiederholungsstruktur besteht also aus zwei Teilen:

- einer Bedingung

- einer Anweisung (oder Anweisungsfolge), die zu wiederholen ist, solange die Bedingung gilt.

Während bei einer Fallunterscheidung die Bedingung einmal geprüft und dann ggf. die Anweisungsfolge genau einmal durchgeführt wird, wird bei einer Wiederholung die Bedingung – solange sie gilt – nach der Ausführung der Anweisungsfolge immer aufs Neue geprüft. Dieser Vorgang endet, wenn die Bedingung nicht mehr gilt. Der Algorithmus wird dann mit der auf die Wiederholungsstruktur folgenden Anweisung fortgesetzt.

---

[1] häufig auch als *Verzweigung* bezeichnet
[2] häufig auch als *Schleife* bezeichnet

Im nächsten Abschnitt wird ein typisches, dv-technisches Problem betrachtet werden, dessen Lösungsalgorithmus eine Wiederholungsstruktur erfordert. Dabei wird auch noch einmal auf die Vorgehensweise der *schrittweisen Verfeinerung* zur Konstruktion von Algorithmen eingegangen.

4.1 Maximumsuche

Das Maximum einer Menge ganzer Zahlen soll ermittelt werden. Zunächst soll die Problemstellung präzisiert werden.

Problem:

> **gegeben:** eine endliche nicht leere Menge von *anzahl* ganzen Zahlen
>
> **gesucht:** das Maximum dieser Menge, also die größte Zahl.

Da *anzahl* zwar endlich ist, aber beliebig groß sein kann, veranschaulichen wir das Problem durch ein

Beispiel:

> Der Übersicht halber wählen wir eine Menge mit 10 Elementen, also *anzahl* = 10. Die Menge heiße *zahlen*. Sei nun:
>
> $$zahlen = \{3, 2, 17, -9, 81, 14, 5, 23, 8, -12\}$$
>
> Nennen wir das Maximum *groessteZahl*, so gilt
>
> $$groessteZahl = 81$$

Diese Feststellung ist zwar korrekt, aber sie verrät uns nicht, wie wir zu ihr gelangt sind. Ein Algorithmus für eine automatische Lösung des Problems verlangt

- die Angabe eines Verfahrens und

- dessen maschinengerechte Formulierung, also die Niederschrift eines Programms.

schrittweise Verfeinerung — Wir geben zunächst ein Verfahren an und überführen es anschließend in immer maschinengerechtere Formulierungen. Diese Vorgehensweise bezeichnet man auch als *schrittweise Verfeinerung* [Wirth (1971)].

Wenn wir nach einem Verfahren suchen, also ein allgemeines Lösungsprinzip herausfinden wollen, müssen wir zunächst das zu lösende Problem genau beschreiben. Eine solche Beschreibung *heißt Spezifikation* des automatisch zu lösenden Problems. In einer an die Mathematik angelehnten Schreibweise formulieren wir:

> E: Der Algorithmus verlangt als Eingabe die nicht leere Menge
>
> $$zahlen \subseteq \mathbf{Z}$$
>
> $\mathbf{Z}$ steht für die Menge der ganzen Zahlen .

A: Der Algorithmus liefert als Ausgabe das Maximum von *zahlen*, also

$$groessteZahl = maximum(zahlen)$$

Die Spezifikation des automatisch zu lösenden Problems ist also genügend präzise formuliert, wenn das Eingabe-Ausgabe-Verhalten desjenigen Automaten, der das Problem nach den Vorschriften des Algorithmus lösen soll, beschrieben ist. Wir reden daher von der Spezifikation der Eingabe-Ausgabe-Relation (kurz: Ein-Ausgabe-Relation oder E-A-Relation).

Diese Relation beschreibt das Eingabe-Ausgabe-Verhalten eines Algorithmus in folgender Weise:

> Wenn die Eingabe-Voraussetzung E vor Ausführung des Algorithmus erfüllt ist, dann gilt nach Ausführung die Ausgabezusicherung A.

Die Spezifikation der Ein-Ausgabe-Relation für das Problem Maximumsuche verlangt die genaue Beschreibung der Funktion *maximum*. Sei M eine nicht leere Menge ganzer Zahlen. Dann ist das Maximum $maximum(M)$ die größte zu M gehörende Zahl; sie kann durch folgende Eigenschaft beschrieben werden:

$$maximum(M) \in M \land \forall x(x \in M \rightarrow x \leq maximum(M))$$

Damit haben wir eine präzise mathematische Spezifikation des zu lösenden Problems. Dies stellt generell eine gute Grundlage für die Programmentwicklung dar, die in der Praxis der Software-Entwicklung leider nur selten anzutreffen ist.

Wenn der Automat, der das Problem letztlich lösen soll, nun *SmaViM* ist, könnten wir als ersten Lösungsansatz die mathematische Problemspezifikation „smalltalkgerecht" umformulieren. Eine Zahlenmenge könnte durch ein Array dargestellt werden. Um die o. g. Beispielmenge anzulegen, formulieren wir in Smalltalk:

```
| zahlen |
zahlen := #(3 2 17 -9 81 14 5 23 8 -12)
```

Wenn nun von einem Array-Objekt z. B. die Nachricht **maximum** verstanden würde, wäre das die Lösung des Problems:

```
| zahlen |
zahlen := #(3 2 17 -9 81 14 5 23 8 -12).
zahlen maximum
```

Eine zu dieser Nachricht passende Methode existiert aber nicht. Da Arrays in Smalltalk nicht nur Zahlen enthalten können, sondern beliebige Objekte, könnte eine solche Methode ohnehin nur funktionieren, wenn für die Elemente des Arrays ein Maximum mathematisch definiert ist.

Wir müssen also den Algorithmus verfeinern und wählen folgendes

Verfahren:

Grundsätzlich müssen alle Elemente der Menge betrachtet werden, da jedes das Maximum sein könnte.

Wir machen uns zunächst zunutze, dass das Maximum der Menge eines ihrer Elemente ist und nehmen daher zunächst willkürlich an, dass das erste Element der Menge das Maximum ist. Wir merken uns dieses Element als das bisherige Maximum (bezogen auf die bisher geprüften Elemente der Menge) und nennen es *zwerg*.

Wir betrachten nun nacheinander die übrigen Elemente der Menge und prüfen dabei, ob das gerade betrachtete Element größer als das bisherige Maximum (*zwerg*) ist, das wir uns gemerkt haben. Hier können zwei Fälle auftreten:

- Ist es größer, so merken wir uns dieses Element, nennen es wieder *zwerg* und vergessen dasjenige Element, das wir uns bisher gemerkt hatten.

- Ist es nicht größer, brauchen wir hier nichts zu tun.

Anschließend fahren wir mit der Betrachtung des nächsten Elements fort.

Dieser Vorgang wird wiederholt, solange es noch zu prüfende Elemente in der Menge *zahlen* gibt. Danach setzen wir *groessteZahl* auf *zwerg*.

Wenn auch den meisten Lesern an dieser Stelle der soeben in normaler Prosa formulierte Algorithmus hinreichend plausibel erscheint, werden wir, bevor wir ein Programm formulieren, nachweisen, dass dieser Algorithmus eine korrekte Lösungsvorschrift für das Problem der Maximumsuche darstellt.

Gemäß Voraussetzung enthält *zahlen* mindestens ein Element. Weiter werden wir annehmen, dass wir die Elemente der Menge durchnummerieren. Dann können wir folgenden Induktionsbeweis führen:

Behauptung: Nach Ausführung des Algorithmus steht in *zwerg* das Maximum der *anzahl* Elemente der Menge *zahlen*.

Induktionsvoraussetzung: Seien $n = 1$ und *zwerg* das erste Element von *zahlen*. Dann gilt: *zwerg* ist das Maximum der ersten n ($n = 1$) Elemente der Menge *zahlen*.

Falls *anzahl* $= 1$ ist damit alles gezeigt. Andernfalls argumentieren wir wie folgt:

Induktionsannahme: Seien *anzahl* > 1, $n <$ *anzahl* und *zwerg* das Maximum der ersten n Elemente der Menge *zahlen*.

Induktionsschluss: Gemäß dem Algorithmus prüfen wir das $n + 1 - ste$ Element von *zahlen* und vergleichen es mit *zwerg*. Ist es größer, dann setzen wir *zwerg* auf dieses $n + 1 - ste$ Element. Damit ist *zwerg* das Maximum der ersten $n + 1$ Elemente von *zahlen*.

Damit haben wir gezeigt, für $n = anzahl$ gilt:

$$zwerg = maximum(zahlen)$$

Wenn der Algorithmus auf eine endliche, nicht leere Menge ganzer Zahlen angewendet wird, dann liefert er das Maximum dieser Zahlenmenge, falls er terminiert.

Der Algorithmus schreibt vor, dass die Ausführung zu beenden ist, wenn das letzte Element (das mit der Nummer *anzahl*) betrachtet worden ist; wir sagen: der Algorithmus bricht ab oder er *terminiert*. Damit können wir festhalten, dass der Algorithmus bezüglich der spezifizierten E-A-Relation korrekt ist.

Wir wenden uns jetzt dem Problem einer maschinengerechten Formulierung unseres Verfahrens zu. Wir entnehmen dem Verfahren, dass zu Beginn das erste Element der Menge als vorläufiges Maximum (`zwerg`) zu wählen ist, da `zahlen` als nicht leer vorausgesetzt wird.

Diese Anweisung stellt eine so genannte *Initialisierung* für die nachfolgende Wiederholung dar.

Der Initialisierung folgt eine Anweisungsfolge, deren Ausführung wiederholt wird, solange eine vorgegebene Bedingung gilt, nämlich solange noch nicht alle Elemente der Menge betrachtet worden sind.

Die Anweisung, die diese Vorschrift beschreibt, heißt *Wiederholung* oder *Schleife*.

Wir erhalten die erste Annäherung an eine maschinengerechte Formulierung:

```
waehle das erste Element aus der Menge zahlen und
nenne es zwerg.
solange noch nicht alle Elemente von zahlen geprueft
wiederhole
    nimm das naechste Element der Menge zahlen und
    nenne es element.
    wenn element > zwerg
    dann merke element als Maximum von geprueft und
        nenne es zwerg.
groessteZahl = zwerg.
```

Diese Form, den Algorithmus aufzuschreiben, bezeichnet man auch als *stilisierte Prosa*, womit ausgedrückt werden soll, dass es sich um normalen Text handelt, in dem aber Strukturelemente wie „wenn … dann …" oder „wiederhole … solange …" verwendet werden und Texteinrückungen eine Bedeutung haben (s. u.).

Die bisherige Formulierung des Algorithmus gibt Anlass zu einigen Überlegungen. Da wir bei der Beschreibung des Algorithmus schließlich eine maschinengerechte Formulierung anstreben, müssen wir festlegen, welche Anweisungen unser Automat *Sma-ViM* beherrschen soll und wie diese Anweisungen formuliert werden.

Zunächst fällt auf, dass unser Algorithmus ein Wiederholungsschema enthält:

```
solange Bedingung wiederhole Anweisung}
```

Ist die Bedingung vor der ersten Ausführung der Wiederholung erfüllt, so wird die nachfolgende Anweisung ausgeführt. Daraufhin wird die Bedingung erneut geprüft; ist sie wiederum erfüllt, so wird die folgende Anweisung ein weiteres Mal ausgeführt usw.

Die Ausführung der Wiederholung wird genau dann beendet, wenn zum ersten Mal die vorangestellte Bedingung nicht erfüllt ist.

Sind – wie in unserem Beispiel – mehrere Anweisungen zu wiederholen, schreiben wir diese in die auf **solange** folgenden Zeilen etwas eingerückt. Die erste nicht mehr eingerückte Zeile enthält demnach die erste Anweisung, die nicht mehr zur Schleife gehört. In unserem Beispiel ist dies die letzte Zeile.

Iteration Jede Ausführung der der Bedingung folgenden Anweisung heißt *Iteration*. Wird eine Wiederholung nach einer endlichen Anzahl von n Iterationen verlassen, so sagen wir: die Wiederholung terminiert nach n Durchläufen. Ist die Bedingung der Wiederholung zu Beginn ihrer Ausführung nicht erfüllt, so terminiert die Schleife nach 0 Durchläufen. Wir fordern von *SmaViM* die Fähigkeit zur korrekten Ausführung von Schleifen. Dazu steht in Smalltalk das folgende Konstrukt zur Verfügung:

```
[ <bedingung> ] whileTrue: [ <anweisungsfolge> ]
```

Im ersten Block wird die Bedingung aufgeschrieben, deren Gültigkeit die Ausführung der im zweiten Block angegebenen Anweisungsfolge bewirken soll. Die Schlüsselwortnachricht **whileTrue:** verlangt also sowohl als Empfänger als auch als Argument einen Block. Nach Ausführung der Anweisungsfolge wird die Bedingung erneut ausgewertet. Ist sie erfüllt, wird die Anweisungsfolge ein weiteres Mal ausgeführt. Ist sie nicht erfüllt, ist die Ausführung der **whileTrue:**-Nachricht beendet.

Nun betrachten wir die Bedingung

```
noch nicht alle Elemente von zahlen geprueft
```

Da die Menge **zahlen** endlich ist, genügt es, die Elemente, die bereits betrachtet wurden, fortlaufend zu zählen und den Stand des Zählers mit der fest vorgegebenen Anzahl der Elemente der Menge **zahlen** zu vergleichen. Nennen wir einen solchen Zähler **zaehler**, so können wir die obige Bedingung gleichwertig durch

```
zaehler <= anzahl
```

ersetzen.

Der Algorithmus geht von einer festen Anzahl von Elementen der Menge aus. Benutzen wir – wie oben schon getan – ein Array zur Darstellung der Zahlenmenge, so gibt es in Smalltalk eine einfache Möglichkeit, die Anzahl der Elemente eines Arrays zu ermitteln. Ein Array-Objekt versteht nämlich die unäre Nachricht **size**, so dass wir

```
anzahl := zahlen size
```

schreiben können, um die Anzahl der Elemente zu ermitteln.

Sodann verlangt der Algorithmus, dass wir auf die Elemente einzeln der Reihe nach zugreifen. Hier können wir uns zunutze machen, dass in Smalltalk die Elemente eines Arrays bei 1 beginnend durchnummeriert werden und dass wir auf sie durch Angabe Array-Zugriff ihrer Nummer, die auch *Index* genannt wird, zugreifen können. Dies geschieht mit durch Hilfe der Schlüsselwortnachricht **at:**, der als Argument der Index des Elements, auf Indizieren das zugegriffen werden soll, mitgegeben wird.

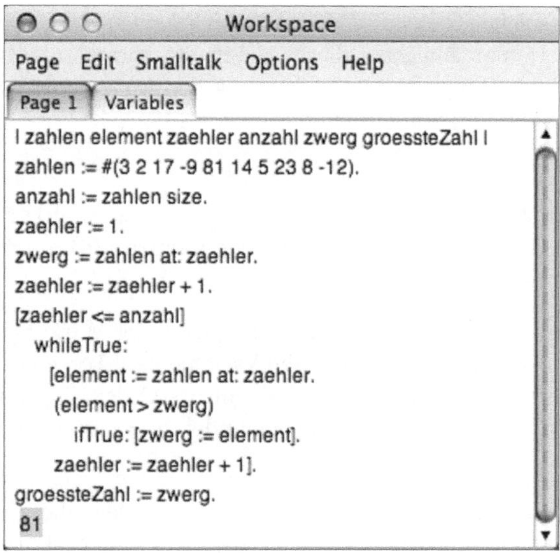

Abbildung 4.1: Bestimmung des Maximums eines Zahlen-Arrays

Mit

```
element := zahlen at: 1
```

wird der Variablen **element** das erste Element des Arrays **zahlen** zugewiesen.

Damit können wir nun als zweite Verfeinerung des Algorithmus die folgende small-talkgerechte Formulierung angeben:

```
| zahlen element zaehler anzahl zwerg groessteZahl |
zahlen := #(3 2 17 -9 81 14 5 23 8 -12).
anzahl := zahlen size.
zaehler := 1.
zwerg := zahlen at: zaehler.
zaehler := zaehler + 1.
[zaehler <= anzahl]
    whileTrue:
        [element := zahlen at: zaehler.
         (element > zwerg)
              ifTrue: [zwerg := element].
          zaehler := zaehler + 1].
groessteZahl := zwerg.
```

Die Ausführung dieses Algorithmus im Workspace mit **Print it** führt zu dem in Abbildung 4.1 gezeigten Ergebnis.

In dem Smalltalk-Programm wird nebenbei auch deutlich, dass Zuweisungen nichts mit Gleichungen im mathematischen Sinne zu tun haben. Sonst wäre die Anweisung

```
zaehler := zaehler + 1
```

auch sinnlos. Eine solche „Gleichung" könnte durch keinen Wert für **zaehler** erfüllt werden. Interpretiert man hingegen diese Anweisung korrekt als Zuweisung, ist die Bedeutung sofort klar. Hat z. B. vor Ausführung der Anweisung **zaehler** den Wert 6, so liefert die Auswertung des Ausdrucks

```
zaehler + 1
```

den Wert 7. Dieser Wert wird anschließend der Variablen **zaehler** zugewiesen. Die Zuweisung bewirkt daher, dass der alte Wert von **zaehler** (6) durch den neu errechneten Wert (7) ersetzt wird.

> **Anmerkung**: Eine präzisere Formulierung bzgl. der Wirkung der Zuweisungen lautet: Vor Ausführung war die Variable **zaehler** an das Objekt 6 gebunden, durch die Zuweisung wird sie an das Objekt 7 gebunden. Dieselbe Variable wird benutzt, um nacheinander zwei verschiedene Objekte zu benennen.

Das oben beschriebene Lösungsverfahren setzt voraus, dass die Zahlenmenge nicht leer ist, dass also in dem Smalltalk-Programm das Array mindestens ein Element enthält. Dies ist bei der Angabe des Arrays als Literal natürlich leicht zu gewährleisten. Man stelle sich aber vor, dass die Maximumbestimmung in einem Kontext benutzt wird, in dem der Inhalt des Arrays berechnet wird. In diesem Fall möchte man sich auf die geforderte Eigenschaft des Arrays, mindestens ein Element zu besitzen, nicht unbedingt verlassen. Bevor wir eine Möglichkeit besprechen, mit diesem Problem umzugehen, werden wir uns anschauen, wie *SmaViM* reagiert, wenn wir ein leeres Array vorgeben und das Programm im Übrigen aber unverändert lassen. Das sähe dann so aus:

```
| zahlen element zaehler anzahl zwerg groessteZahl |
zahlen := #( ).
anzahl := zahlen size.
zaehler := 1.
zwerg := zahlen at: zaehler.
zaehler := zaehler + 1.
[zaehler <= anzahl]
    whileTrue:
        [element := zahlen at: zaehler.
         (element > zwerg)
             ifTrue: [zwerg := element].
         zaehler := zaehler + 1].
groessteZahl := zwerg.
```

Der Versuch, dieses Programm im Workspace auszuführen, endet mit der in Abbildung 4.2 gezeigten Fehlermeldung. Der Fehlermeldungstext „subscript[3] out of bounds" bedeutet, dass versucht wurde, auf ein Array mit einem Index zuzugreifen, für den es kein Array-Element gibt.

Es ist hier leicht erkennbar, dass der Fehler in der fünften Zeile des Programms auftritt, wo in dem Ausdruck

---

[3] die englische Bezeichnung für Index

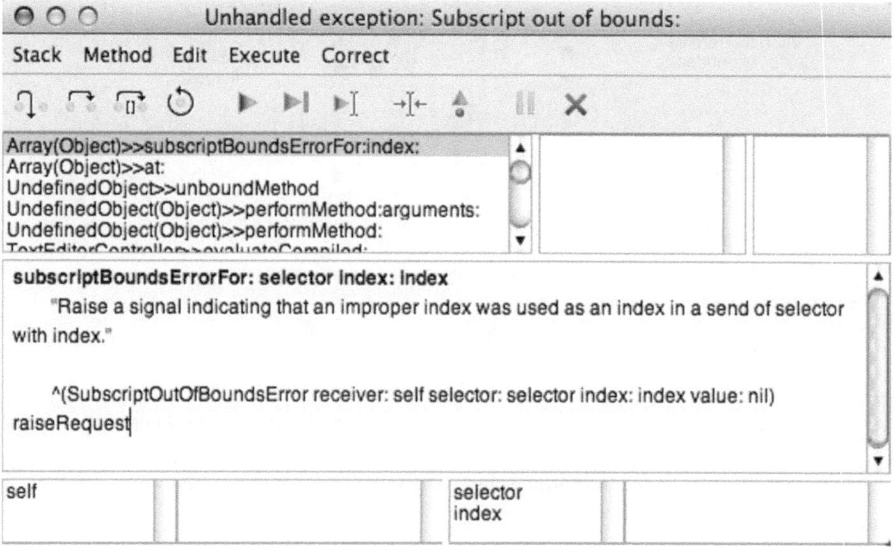

Abbildung 4.2: Startfenster des Debuggers

```
zahlen at: zaehler
```

die Variable **zaehler** den Wert 1 hat und mit diesem Index auf das Array **zahlen** zugegriffen wird, das keine Elemente enthält.

Man kann sich aber auch das Werkzeug der *VisualWorks*-Entwicklungsumgebung zunutze machen, welches die Fehlermeldung anzeigt: den so genannten *Debugger*[4]. Dieses Werkzeug bietet vielfältige Möglichkeiten der Fehlersuche.

Nutzung des Debuggers

An dieser Stelle wird nicht die Vielfalt der Nutzungsmöglichkeiten des Debuggers erörtert, sondern nur gezeigt, wie man die Stelle im Programm aufspüren kann, die zu dem Laufzeitfehler geführt hat. Abbildung 4.3 zeigt eine schematische Darstellung der Struktur des Debugger-Fensters.

Im Feld 1 wird die so genannte Aufrufverschachtelung (engl.: context stack) der Methoden, die zum Fehlerzeitpunkt aktiv waren, angezeigt. Hier erscheinen alle Nachrichtensendungen, die noch auf ihren Rückgabewert warteten, als die Unterbrechung des Programms passierte. Die oberste Zeile enthält dabei die Nachricht, die letztlich für das Aufblenden des Debugger-Fensters gesorgt hat, die Schlüsselwortnachricht **subscriptBoundsErrorFor:index:**. Diese Zeile ist für die Fehlersuche daher in der Regel uninteressant, weil sie noch nicht viel über die Fehlerursache aussagt. Die Nachrichtenselektoren bzw. Methodennamen stehen rechts von dem doppelten Größerzeichen (>>), links davon steht die Klasse des Empfängers dieser Nachricht.

Aufrufverschachtelung der Methoden

Geht man nun in der Liste weiter nach unten, wird man auf eine Nachricht stoßen, die zu einer Methode gehört, die man selbst geschrieben und die wahrscheinlich zu dem Fehler geführt hat. Ein Smalltalk-Programmstück, das im Workspace ausgeführt

---

[4]aus dem Englischen to debug = entwanzen. Der deutsche Begriff „Entwanzer" ist ungebräuchlich, so dass wir beim englischen Fachbegriff bleiben.

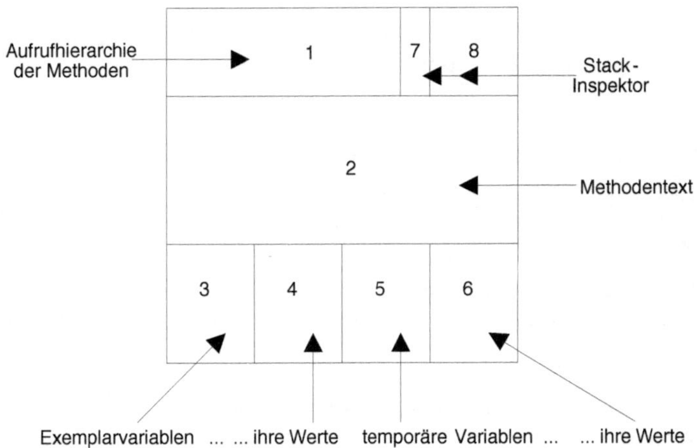

Abbildung 4.3: Schematischer Aufbau des Debugger-Fensters

wird, ist keine „echte" Methode, da sie zu keiner Klasse gehört. Solche Workspace-Programme erhalten ersatzweise den Namen **unboundMethod** und werden der Klasse **UndefinedObject** zugeordnet. Diese Methode befindet sich in der dritten Zeile.

Die Zeilen darunter brauchen den Programmierer meist auch nicht zu interessieren. Sie haben etwas mit dem Aufrufmechanismus von Methoden zu tun, der zwar selbst auch in Smalltalk programmiert ist, aber höchstwahrscheinlich nicht für den aufgetretenen Fehler ursächlich ist.

Selektiert man – wie in Abbildung 4.4 gezeigt – nun diese Methode, passiert zweierlei. Zum einen wird im Feld 2 (vgl. Abbildung 4.3) der Methodentext – in diesem Fall also die Anweisungssequenz aus dem Workspace – angezeigt, wobei die Nachricht, die zum Fehler geführt hat, markiert ist. Außerdem werden im unteren Teil des Debugger-Fensters im Feld 5 alle temporären Variablen aufgeführt, deren Werte man sich im Feld 6 daneben durch Anklicken ansehen kann. Abbildung 4.4 zeigt hier den Wert der Variablen **zaehler**.

Auf diese Art kann man den Fehlerort sehr schnell lokalisieren. Weitere Nutzungsmöglichkeiten des Debuggers werden in Kapitel 9 behandelt.

Um nun das Programm nicht unkontrolliert in diese Fehlersituation geraten zu lassen, falls ein leeres Array bereit gestellt wird, könnte man den Algorithmus noch um die Prüfung

```
anzahl > 0
```

ergänzen. Allerdings ist eine Fortsetzung des Programms kaum sinnvoll, falls diese Bedingung nicht erfüllt ist. Man hat allerdings die Möglichkeit, das Programm mit einer aussagekräftigen Fehlermeldung abzubrechen, indem wir es folgendermaßen modifizieren:

```
| zahlen element zaehler anzahl zwerg groessteZahl |
zahlen := #( ).
anzahl := zahlen size.
(anzahl > 0)
```

```
ifTrue:
   [zaehler := 1.
    zwerg := zahlen at: zaehler.
    zaehler := zaehler + 1.
    [zaehler <= anzahl]
       whileTrue:
          [element := zahlen at: zaehler.
           (element > zwerg)
                ifTrue: [zwerg := element].
            zaehler := zaehler + 1].
    groessteZahl := zwerg]
ifFalse:
   [self error:
       'leere Zahlenmenge hat kein Maximum']
```

Unhandled exception: Subscript out of bounds:

Stack Method Edit Execute Correct

```
Array(Object)>>subscriptBoundsErrorFor:index:
Array(Object)>>at:
UndefinedObject>>unboundMethod
UndefinedObject(Object)>>performMethod:arguments:
UndefinedObject(Object)>>performMethod:
TextEditorController>>evaluateCompiled:
optimized [] in TextEditorController>>evaluateSelection
BlockClosure>>ensure:
Cursor>>showWhile:
TextEditorController>>evaluateSelection
```

```
I zahlen element zaehler anzahl zwerg groessteZahl I
zahlen := #().
anzahl := zahlen size.
zaehler := 1.
zwerg := zahlen at: zaehler.
zaehler := zaehler + 1.
[zaehler <= anzahl]
  whileTrue:
    [element := zahlen at: zaehler.
    (element > zwerg)
      ifTrue: [zwerg := element].
    zaehler := zaehler + 1].
groessteZahl := zwerg.
```

| self | | | zahlen
element
zaehler
anzahl
zwerg
groessteZahl | 1 |

Abbildung 4.4: Anzeige von Methodentext und Variablenwerten im Debugger

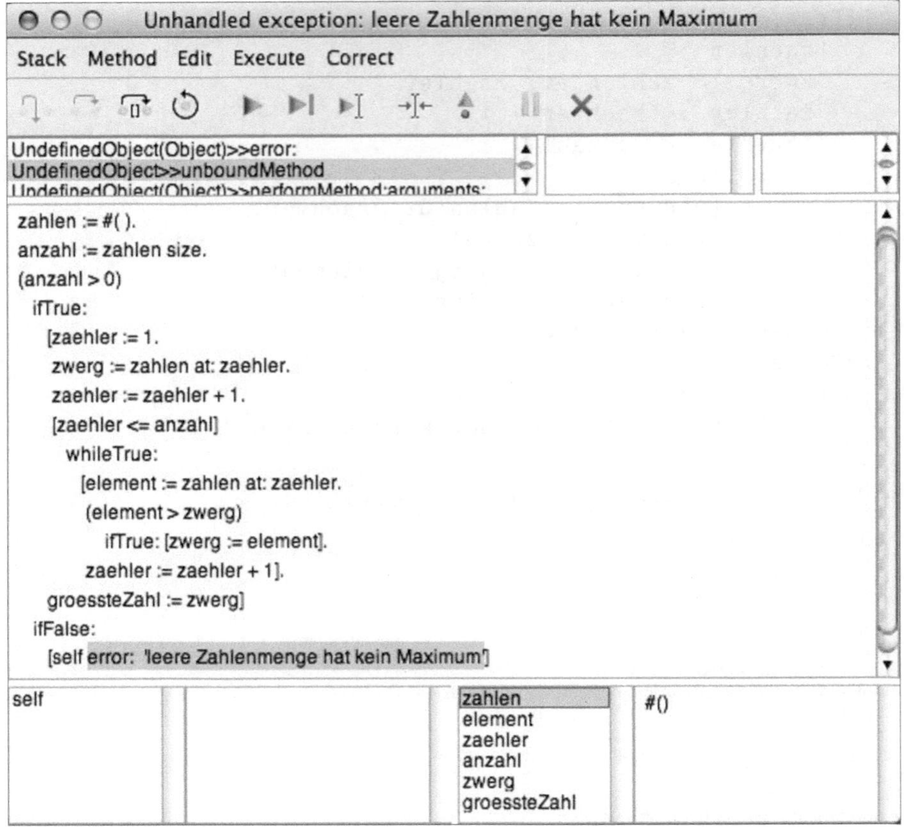

Abbildung 4.5: Debugger-Fenster mit eigener Fehlermeldung

Führt man dieses Programm im Workspace aus, wird das in Abbildung 4.5 dargestellte Debugger-Fenster angezeigt. Hervorgerufen wird dies durch die Nachricht **error:**, die als Argument einen String erwartet und die von jedem Objekt verstanden wird. Wir benutzen hier die Pseudovariable **self**, die immer zur Verfügung steht und das Objekt repräsentiert, das Empfänger der Nachricht ist, deren Methode gerade ausgeführt wird (vgl. Abschnitte 6.2 und 11.2.2).

Für die Prüfung von Algorithmen bzw. den Test der zugehörigen Programme ist es wichtig, bestimmte Sonderfälle zu betrachten und für diese das korrekte Verhalten des Programms zu prüfen. Für die Maximumsuche wären dies die folgenden:

- Die Zahlenmenge ist leer; dies haben wir gerade ausführlich betrachtet.

- Die Zahlenmenge enthält genau 1 Element. Der Leser mache sich die korrekte Funktionsweise des Programms klar. Die Anweisungsfolge der Schleife (der Argumentblock der whileTrue:-Nachricht) wird in diesem Fall keinmal durchlaufen.

Im Abschnitt 3.3 wurde bereits dargelegt, dass die Variablen und ihre Werte, die Objekte, auf die sie verweisen, im Speicher von *SmaViM* abgelegt werden. Die Menge der in einem Programm benutzten Variablen könnte man als sein Gedächtnis ansehen. Der Inhalt des Gedächtnisses zu einem bestimmten Zeitpunkt spiegelt den Stand der Abarbeitung des Programms zu diesem Zeitpunkt dar. Dieser Bearbeitungsstand wird fortwährend durch die Zuweisungen des Programms verändert.

Gedächtnis von *SmaViM*

In Abbildung 4.6[5] ist z. B. der Zustand des Gedächtnisses für unsere Maximumsuche, angewendet auf die Zahlenmenge

```
#(3 2 17 -9 81 14 5 23 8 -12),
```

nach dem vierten Schleifendurchlauf, also unmittelbar nach der Anweisung

```
zaehler := zaehler + 1
```

dargestellt. Der Wert von **groessteZahl** ist (noch) undefiniert.

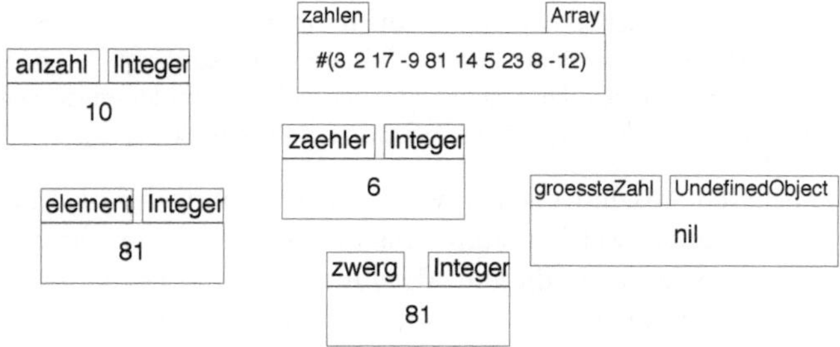

Abbildung 4.6: Speicherinhalt nach vier Schleifendurchläufen des Programms Maximumsuche

Ein Schnappschuss einer Ausführung eines Programms, der die Variablen mitsamt ihren jeweiligen Werten notiert, ist ein Teil des Gedächtniszustands des Automaten. Er heißt *Ausführungszustand*. Die Folge aller Ausführungszustände von Beginn einer Ausführung eines Algorithmus an heißt *Ausführungsfolge* des betreffenden Algorithmus.

Wir reden in diesem Zusammenhang auch von *Ausführungen, Ausführungszuständen* und *Ausführungsfolgen* von Programmen und meinen damit die Ausführungen, Ausführungszustände und Ausführungsfolgen der durch die jeweiligen Programme beschriebenen Algorithmen. In Abschnitt 9.5 werden wir lernen, wie der Debugger dazu genutzt werden kann, die einzelnen Ausführungszustände einzeln Schritt für Schritt zu durchlaufen und dabei jeweils den Gedächtniszustand zu überprüfen.

Zusammenfassung

In diesem Kapitel haben wir als drittes algorithmisches Grundmuster die Wiederholung eingeführt. Dabei haben wir sie in der Form

```
solange Bedingung wiederhole Anweisung
```

oder in seiner Smalltalk-Entsprechung

---

[5]Aus Gründen der „Platzersparnis" sind hier Variablen nicht durch Sechsecke, wie z. B. in Abbildung 3.11, dargestellt sondern direkt an die Objekte heran geschrieben.

```
[ <bedingung> ] whileTrue: [ <anweisungsfolge> ]
```

kennen gelernt. Diese Form ist insofern allgemein gültig, als damit alle Algorithmen,
die eine Wiederholungsstruktur erfordern, formuliert werden können. Das bedeutet,
dass auch für die Programmierung in Smalltalk die `whileTrue:`-Nachricht ausreichend ist. Da es aber eine Reihe von speziellen Wiederholungsmustern gibt, stehen
dafür in Smalltalk eine Reihe weiterer Nachrichten zur Verfügung. Einige davon werden im nächsten Abschnitt behandelt. Diese Nachrichten erlauben es, Programme
kürzer, prägnanter und meistens auch besser lesbar zu formulieren. Sie sind im Gegensatz zur `whileTrue:`-Nachricht aber nicht immer anwendbar.

> Anmerkung für Kenner konventioneller höherer Programmiersprachen, wie z. B.
> PASCAL: Auch in den meisten herkömmlichen Programmiersprachen gibt es für
> die Formulierung von Schleifen verschiedene Sprachelemente. So gibt es in der
> Regel eine so genannte `while`-Anweisung, die in ihrer Bedeutung der Smalltalk-
> Nachricht `whileTrue:` entspricht. Darüber hinaus gibt es aber meistens weitere
> – aus algorithmischer Sicht allerdings nicht notwendige – Schleifenanweisungen,
> wie z. B. die `for`-Anweisung für die so genannte Zählschleife (s. u.).

Wir werden im nächsten Abschnitt sehen, wie der Algorithmus für die Maximumsuche
wesentlich kürzer formuliert werden kann. Aus der Sicht eines erfahrenen Smalltalk-
Programmierers ist die von uns in diesem Abschnitt gewählte Formulierung eigentlich
„unmöglich". Wir entschuldigen das hier mit dem Hinweis auf den algorithmischen
Schwerpunkt der Betrachtung, der zunächst die Einführung einer universell verwendbaren Wiederholungsstruktur nahe legte.

4.2 Weitere Smalltalk-Nachrichten für Wiederholungen

4.2.1 Zählschleifen

Eine weitere Art der Iteration, die wir kurz *Zählschleife* nennen, kann immer dann verwendet werden, wenn die Anzahl der Schleifendurchläufe dem Programmierer bekannt
ist bzw. vor Eintritt in die Schleife feststeht. Im Algorithmus für die Maximumsuche
aus dem vorhergehenden Abschnitt wird die Schleife `(anzahl-1)`-mal durchlaufen,
denn in ihr werden – falls die Menge `zahlen` mehr als ein Element enthält – `das 2.`,
`3.`, `...`, `anzahl-te` Element verarbeitet.

Um in Smalltalk die n-malige Wiederholung einer Anweisungsfolge auszudrücken,
kann die `timesRepeat:`-Nachricht benutzt werden:

```
n timesRepeat: [ <Anweisungsfolge> ]
```

Empfänger dieser Nachricht ist eine ganze Zahl n, die auf den Empfang mit der n-
maligen Auswertung des als Argument übergebenen Blocks reagiert. Damit können
wir das Programm Maximumsuche folgendermaßen umschreiben:

```
1  | zahlen element zaehler anzahl zwerg groessteZahl |
2  zahlen := #(3 2 17 -9 81 14 5 23 8 -12).
3  anzahl := zahlen size.
```

```
 4  (anzahl > 0)
 5    ifTrue:
 6        [zaehler := 1.
 7         zwerg := zahlen at: zaehler.
 8         zaehler := zaehler + 1.
 9         anzahl - 1
10            timesRepeat:
11                [element := zahlen at: zaehler.
12                 (element > zwerg)
13                        ifTrue: [zwerg := element].
14                 zaehler := zaehler + 1].
15         groessteZahl := zwerg]
16    ifFalse:
17        [self error:
18            'leere Zahlenmenge hat kein Maximum']
```

Das Programm hat sich nur in der neunten und zehnten Zeile verändert, ist auch nicht kürzer geworden. Die Verwendung der **timesRepeat:**-Nachricht bringt hier nicht wirklich einen Vorteil. Dies ist im Grunde genommen nur dann der Fall, wenn tatsächlich n-mal der exakt gleiche Vorgang zu wiederholen ist. Dies ist in dem Beispiel nicht wirklich der Fall, da sich von Schleifendurchlauf zu Schleifendurchlauf der Wert der Variablen **zaehler** ändert und immer auf ein anderes Element von **zahlen** zugegriffen wird. Damit ist die Verwendbarkeit der **timesRepeat:**-Nachricht auf wenige Spezialfälle beschränkt.

4.2.2 Intervalldurchlauf

Wie bei der Zählschleife setzt man auch beim *Intervalldurchlauf* voraus, dass die Anzahl der Schleifendurchläufe dem Programmierer bekannt ist, bzw. vor Eintritt in die Schleife feststeht.

Ein Merkmal der Schleife des Programms Maximumsuche ist, dass sie für aufsteigende Werte der Variablen **zaehler** mit dem Wert 2 beginnend durchlaufen wird. In der Schleife muss der Wert dabei jeweils um 1 erhöht werden. Dies ist eine häufig anzutreffende Situation, die mithilfe der **to:do:**-Nachricht etwas einfacher bewältigt werden kann. (In vielen gängigen Programmiersprachen steht hierfür die **for**-Anweisung zur Verfügung.) Sie wird folgendermaßen benutzt:

n to: m do: [:i | <Anweisungsfolge>]

Die Bezeichner **n** und **m** stehen für zwei ganze Zahlen, die die Grenzen eines geschlossenen Intervalls mit der Schrittweite 1 bilden. Das Schlüsselwort **do:** sorgt dafür, dass der als Argument übergebene Block je einmal für jedes Element des Intervalls durchlaufen wird. Dabei bekommt bei jedem Schleifendurchlauf die *Blockvariable* **i** den aktuellen Wert des Intervalls.

Hier lernen wir ein neues syntaktisches Element der Sprache Smalltalk kennen: die Blockvariable. Blockvariablen werden in einem Block hinter der öffnenden eckigen Klammer deklariert, wobei jede Variable in der Deklaration mit einem vorangestellten Doppelpunkt notiert wird. Der Gültigkeitsbereich einer Blockvariablen ist auf die

Blockvariablen

hinter dem senkrechten Strich beginnende Anweisungsfolge beschränkt. Nur dort kann sie verwendet werden, wobei dann der Doppelpunkt nicht gesetzt wird.

Mit dem folgenden Programm kann beispielsweise die Summe der ganzen Zahlen von 1 bis 100 berechnet werden:

```
| sum |
sum := 0.
1 to: 100 do: [ :i | sum := sum + i].
sum
```

Führt man dies im Workspace mit **Print it** aus, erhält man 5050 als Ergebnis. Innerhalb des Blocks wird also die Blockvariable **i** der Reihe nach mit den Werten $1, 2, 3, \ldots, 100$ belegt. Man beachte, dass Zuweisungen an eine Blockvariable nicht zulässig sind.

Wenden wir nun den Intervalldurchlauf auf unser Programm Maximumsuche an:

```
| zahlen element anzahl zwerg groessteZahl |
zahlen := #(3 2 17 -9 81 14 5 23 8 -12).
anzahl := zahlen size.
(anzahl > 0)
   ifTrue:
      [zwerg := zahlen at: 1.
       2 to: anzahl do: [ :zaehler |
             element := zahlen at: zaehler.
             (element > zwerg)
                   ifTrue: [zwerg := element]].
       groessteZahl := zwerg]
   ifFalse:
      [self error:
          'leere Zahlenmenge hat kein Maximum']
```

Damit wird es nun wesentlich kompakter: Die Variable **zaehler** wird nun nur noch als *Blockvariable* benötigt. Damit entfällt die Initialisierung der Variablen vor Eintritt in die Schleife und innerhalb der Schleife braucht man nicht mehr für die Erhöhung des Wertes von **zaehler** sorgen. Das erledigt die **to:do:**-Nachricht, die ihr der Reihe nach die Werte des Intervalls von 2 bis **anzahl** zuweist.

Eine Variable, die der Reihe nach sozusagen automatisch die Werte eines vorgegebenen Intervalls durchläuft, bezeichnet man auch als *Laufvariable*.

Anstelle der in unserem Beispiel notierten Zahl 2 und der Variablen **anzahl** für die Festlegung des Intervalls dürfen im Allgemeinen Ausdrücke verwendet werden, die – nicht zwingend ganzzahlige – Zahlenwerte liefern. In diesen Ausdrücken darf die Laufvariable nicht vorkommen, da sie nur innerhalb des durch den Parameterblock definierten Schleifenrumpfs gültig ist. Die Werte der Ausdrücke werden nicht bei jedem Schleifendurchlauf neu berechnet. Die Auswertung erfolgt einmalig vor der eigentlichen Ausführung der Schleife. Daraus folgt, dass eine Änderung des Wertes dieser Ausdrücke durch Zuweisungen innerhalb des Schleifenrumpfs an die in dem Ausdruck vorkommenden Variablen keinen Einfluss auf die Anzahl der Schleifendurchläufe hat.

4.2.3 Behälterdurchlauf

Eine weitere, in Smalltalk sehr häufig benutzte Wiederholungskonstruktion beruht auf der Tatsache, dass alle Behälterobjekte, wie z. B. die Exemplare der Klasse **Array** die Nachricht **do:** verstehen. Sie kann z. B. folgendermaßen benutzt werden:

```
anArray do: [ :e | <Anweisungsfolge> ]
```

Die Wirkung besteht darin, dass die im Parameterblock angegebene Anweisungsfolge je einmal für jedes Element des Behälters **anArray** durchlaufen wird. Dabei wird der Blockvariablen **e** immer das aktuelle Element des Behälters zugewiesen.

Die Anwendung dieser Technik führt zu folgender Variante des Programms Maximumsuche:

```
| zahlen anzahl zwerg groessteZahl |
zahlen := #(3 2 17 -9 81 14 5 23 8 -12).
anzahl := zahlen size.
(anzahl > 0)
    ifTrue:
        [zwerg := zahlen at: 1.
         zahlen do: [ :element |
                (element > zwerg)
                    ifTrue: [zwerg := element]].
        groessteZahl := zwerg ]
    ifFalse:
        [self error:
            'leere Zahlenmenge hat kein Maximum']
```

Die **do:**-Nachricht sorgt hier also dafür, dass die Blockvariable **element** der Reihe nach die Elemente des Arrays **zahlen** annimmt. Man beachte, dass beim ersten Schleifendurchlauf das erste in **zwerg** gespeicherte Element mit sich selbst verglichen wird, was zwar überflüssig ist, aber die korrekte Funktionsweise des Programms nicht beeinträchtigt.

Zusammenfassung

In diesem Abschnitt wurden einige Varianten behandelt, mithilfe von Smalltalk-Nachrichten Schleifen zu konstruieren:

- Die **timesRepeat:**-Nachricht wird für die n-fache Wiederholung einer Anweisungsfolge benutzt, die durch einen parameterlosen Block angegeben wird.

- Die **to:do:**-Nachricht erlaubt die Wiederholung eines Blocks mit einem Blockparameter, wobei dieser bei jedem Schleifendurchlauf durch den aktuellen Wert des Intervalls ersetzt wird.

- Die **do:**-Nachricht dient dem Durchlaufen aller Komponenten eines Behälters (z. B. eines Arrays), wobei die jeweilige Komponente den Blockparameter ersetzt.

Die Smalltalk-Klassenbibliothek enthält insbesondere für die Bearbeitung von Behältern eine Vielzahl weiterer Nachrichten. Die wichtigsten davon werden im Kapitel 10, das sich mit den Behälterklassen (engl.: collection classes) beschäftigt, behandelt.

5 Die Entwicklungsumgebung VisualWorks

Bereits in Abschnitt 2.2 wurde darauf hingewiesen, dass die Entwicklung von Smalltalk-Programmen von Anfang an unter Verwendung einer Entwicklungsumgebung vorgenommen wurde. Eine solche Entwicklungsumgebung besteht aus folgenden Komponenten:

- eine graphische Benutzungsoberfläche, durch die dem Programmierer verschiedene Werkzeuge, die für die Programmentwicklung benötigt werden, zur Verfügung gestellt werden. Dazu gehören u. a. *Workspace*, *Inspector* und *Debugger*;

- eine virtuelle Maschine (von uns bisher *SmaViM* getauft), die für die Ausführung der Smalltalk-Programme zuständig ist;

- ein Objektspeicher, der alle Objekte einschließlich der Klassen und ihrer Methoden enthält, die von der virtuellen Maschine verarbeitet werden. Dieser Objektspeicher wird als *Image* bezeichnet.

Die Smalltalk-Programme liegen im Objektspeicher in dem vom Compiler erzeugten Byte-Code vor. Der Compiler wird gestartet, wenn man einer Klasse eine neue Methode hinzufügt oder ein Programmstück im Workspace (die sog. unbound method) zur Ausführung bringt.

In den folgenden Abschnitten wird beispielhaft ein Einblick in die Entwicklungsumgebung *VisualWorks* gegeben werden. Viele der dargestellten Aspekte sind sinngemäß auch auf andere Systeme übertragbar. Wenn man sich ernsthaft mit Smalltalk-Programmierung beschäftigen will, führt aber letztlich kein Weg daran vorbei, die Originaldokumentation des Herstellers heranzuziehen. Um den Beispielen in diesem Buch zu folgen und eigene praktische Übungen mit *VisualWorks* durchzuführen, sollten die Ausführungen in diesem Kapitel zunächst genügen.

> **Anmerkung zur Terminologie:** Die englischen Fachbegriffe, die innerhalb von *VisualWorks* eine spezifische Bedeutung haben, werden nicht übersetzt. Dazu gehören z. B. Begriffe wie *Package*, *Launcher*, *Namespace*, *Workspace* oder *Transcript*.

5.1 Überblick

Wie schon in Abschnitt 2.2 erwähnt wurde, ist die virtuelle Maschine ein Programm, das auf der konkreten Hardware, auf der man die Entwicklungsumgebung einsetzen will, lauffähig sein muss. Sie ist damit die einzige plattformabhängige Komponente der

Entwicklungsumgebung. Die virtuelle Maschine von *VisualWorks* gibt es in Varianten für mehrere Plattformen[1].

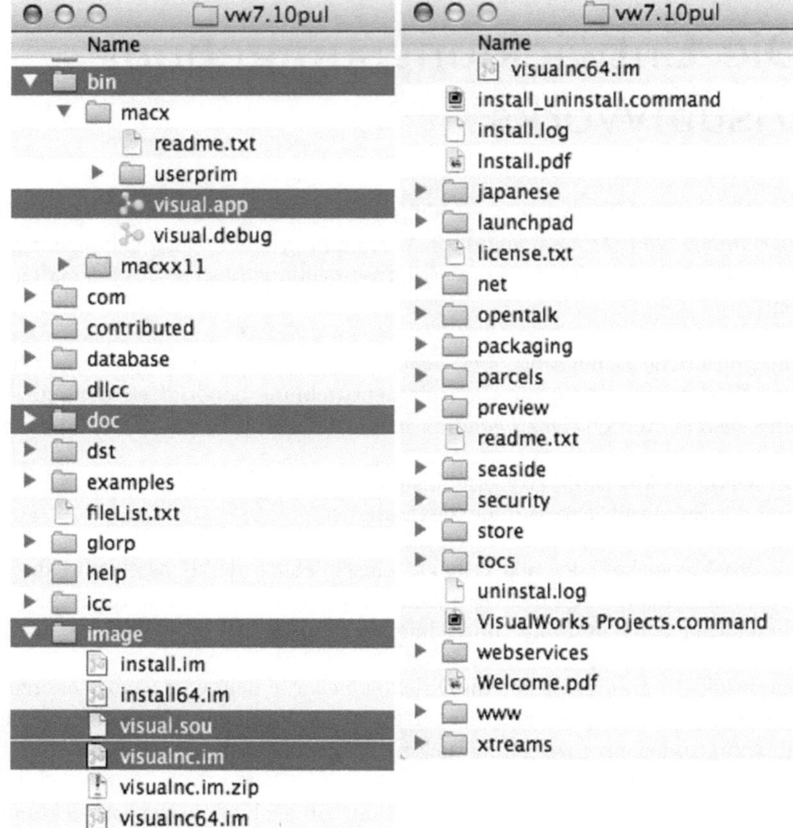

Abbildung 5.1: Verzeichnisstruktur der *VisualWorks*-Installation

Nach der Installation von *VisualWorks* findet man am Installationsort eine Verzeichnisstruktur, die der in Abbildung 5.1 gezeigten zumindest ähnlich sein sollte. Der Name des Basisverzeichnisses einer *VisualWorks*-Installation (hier: `vw7.10pul`) kann vom Anwender im Verlaufe des Installationsprozesses frei gewählt werden.

Um ein *VisualWorks*-System betreiben zu können, benötigt man vier Dateien:

1. Eine Image-Datei (hier `visualnc.im` im Unterverzeichnis `image`) – enthält den Objektspeicher, das Image.

2. `visual.sou` (im Unterverzeichnis `image`) – hier liegen alle Klassen und Methoden, die in der mitgelieferten Original-Image-Datei enthalten sind, im Smalltalk-Quellcode vor.

---

[1] u. a Apple Mac OS, Microsoft Windows, Linux

3. In einer Datei, die den gleichen Namen wie die Image-Datei aber die Datei-endung `.cha` trägt, werden alle vom Programmierer am Image vorgenommenen Änderungen protokolliert. Insbesondere steht in dieser Datei der Quellcode der vom Programmierer hinzugefügten Klassen und Methoden. Eine Datei **visualnc.cha** existiert im Unterverzeichnis **image** aber nicht, da sich nach der Installation das Image noch im Originalzustand befindet. Wenn die `.cha`-Datei einmal angelegt wurde, muss sie immer mit der Image-Datei gemeinsam aufbewahrt bzw. transportiert werden. Diese beiden Dateien dürfen nie voneinander getrennt werden.

4. Die Datei, die das ausführbare Programm der virtuellen Maschine enthält, befindet sich im Unterverzeichnis `.bin`. Sie hat auf verschiedenen Plattformen auch unterschiedliche Namen, z. B.

   - `visual.exe` unter Microsoft Windows
   - `visual.app` unter Mac OS X

Ein weiteres wichtiges Unterverzeichnis trägt den Namen **doc** und enthält alle Handbücher der *VisualWorks*-Dokumentation im PDF-Format.

5.2 Starten der Entwicklungsumgebung

In der Datei **install.pdf** befindet sich das Dokument *Cincom Smalltalk Installation Guide*, in dem unter der Überschrift *Starting VisualWorks the First Time* der Startvorgang für die verschiedenen Systemplattformen beschrieben wird. Unter Microsoft Windows oder Mac OS X ist es am Einfachsten, *VisualWorks* durch Doppelklick auf die Image-Datei zu starten.

Nach dem Start zeigt der Bildschirm (vgl. Abbildung 5.2) zwei Fenster:

1. Das Fenster mit dem Titel „VisualWorks NonCommercial ..." beherbergt den so genannten *Launcher*, die „Schaltzentrale" von *VisualWorks*. Sie wird im nächsten Abschnitt genauer erläutert.

   Launcher

2. Das mit „Welcome to VisualWorks" betitelte Fenster ist ein Workspace, der auf mehreren Seiten nützliche Hinweise zum Umgang mit der Entwicklungsumgebung und zu Smalltalk enthält.

Auf den Inhalt dieses Workspace wird im Folgenden nicht näher eingegangen. Er enthält aber einige interessante Informationen rund um Smalltalk und *VisualWorks*, die durchaus lesenswert sind. Um Platz auf dem Bildschirm zu sparen, kann man diesen Workspace aber auch getrost schließen. Seine Inhalte kann man sich jederzeit über das Menü **Help** des Launchers zurück holen.

5.3 Launcher mit Transcript

Das Fenster des *VisualWorks Launcher* (dargestellt im oberen Teil von Abbildung 5.2) enthält eine Menüleiste, die dem Programmierer grundlegende Funktionen der Entwicklungsumgebung bietet. Hierzu gehören u. a.

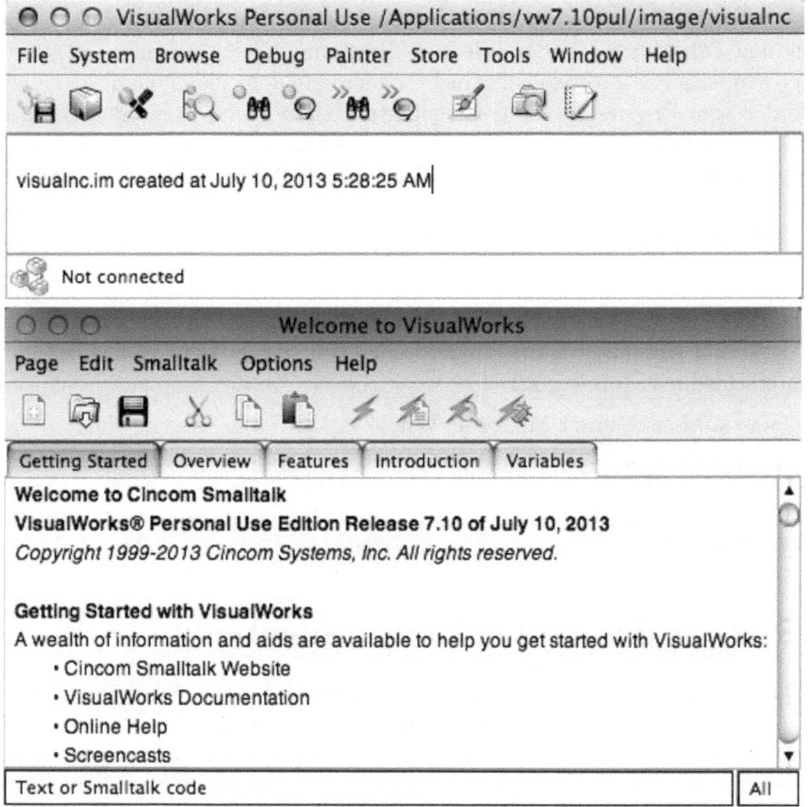

Abbildung 5.2: Startbildschirm von *VisualWorks*

- das Sichern der eigenen Arbeit durch Speichern des Images,

- das Einstellen von Konfigurationsparametern,

- das Starten von Werkzeugen, wie z. B. dem Workspace,

- das Aufrufen der Online-Hilfe.

Einige der über die Menüs erreichbaren Funktionen können auch mithilfe der mit Ikonen versehenen Schaltflächen unterhalb der Menüleiste ausgelöst werden. Das Schließen dieses Fensters ist gleichbedeutend mit der Beendigung der Arbeit mit der Entwicklungsumgebung.

Transcript   Untrennbar mit dem Launcher ist das so genannte *Transcript* verbunden, das den unteren Teil des Launcher-Fensters einnimmt. Das Transcript dient zur Ausgabe von Nachrichten des Systems, kann aber auch vom Programmierer für Ausgaben benutzt werden. Bevor auf die Benutzung des Transcripts näher eingegangen wird, werden noch ein paar Hinweise zum praktischen Umgang mit *VisualWorks* gegeben.

5.3.1 Anlegen eines eigenen Images

Die Arbeit des Smalltalk-Programmierers besteht im Wesentlichen darin, das Original-Image um neue Objekte (Klassen, Methoden) anzureichern. Diese Arbeit wird dadurch konserviert, dass von Zeit zu Zeit eine neue Version des Images auf die Festplatte geschrieben wird. Da man das Original-Image auf keinen Fall verändern sollte, um in „Notfällen" leicht wieder darauf zurück greifen zu können, ist es ratsam, als erstes das Image unter einem eigenen Namen in ein gegebenenfalls neu anzulegendes Arbeitsverzeichnis an einem beliebigen Ort anzulegen.

Zu diesem Zweck benutzt man den Menüeintrag **Save As...** im Menü **File** des Launchers. In das dann erscheinende Dialogfenster gibt man den selbst gewählten Namen für das neue Image ein (z. B. `myImage`) und wählt ein geeignetes Verzeichnis aus. Das auf diese Weise erzeugte Image erscheint mit seinem Namen im Fenstertitel des Launchers und wird bei weiteren Speichervorgängen als Dateiname für das zu speichernde Image automatisch angeboten. Dies passiert auch dann, wenn man mit dem Menüpunkt **File→Exit VisualWorks...** *VisualWorks* verlassen will. Wenn man schließlich die Arbeit an einem eigenen Image wieder aufnehmen will, startet man die virtuelle Maschine mit diesem Image, z. B. durch ein Doppelklick auf die Image-Datei (in unserem Beispiel `myImage.im`).

In Abbildung 5.3 ist der Inhalt eines solchen Arbeitsverzeichnisses (mit dem Namen `work`) gezeigt. Hier sieht man, dass neben der Image-Datei auch eine `.cha`-Datei angelegt wurde, in der von nun an alle Änderungen am Image `myImage` automatisch gespeichert werden.

Name	Änderungsdatum ▲	Größe
myImage.cha	Heute, 16:11	4 KB
myImage.im	Heute, 16:11	16,3 MB

Abbildung 5.3: Ein Arbeitsvereichnis

5.3.2 Einstellen von Systemparametern

Normalerweise kann *VisualWorks* nach der Installation ohne weitere Konfiguration sofort benutzt werden. Trotzdem seien dem Leser einige wenige Einstellungen empfohlen. Die wichtigsten Grundeinstellungen, die die Arbeitsweise bzw. das Erscheinungsbild von *VisualWorks* beeinflussen, werden mithilfe des *Settings*-Werkzeugs vorgenommen, das über den Launcher-Menüpunkt **System→Settings** aufgerufen wird und sich wie in Abbildung 5.4 gezeigt präsentiert.

Das *VisualWorks home directory*

Zunächst sollte überprüft werden, ob der Pfad auf das Basisverzeichnis – das Verzeichnis, in das *VisualWorks* installiert worden ist – richtig gesetzt ist. Dies geschieht mithilfe der **System**-Seite im **Settings**-Werkzeug (vgl. Abbildung 5.5). Dort erscheint rechts ein Eingabefeld, in dem der vollständige Pfad zum Basisverzeichnis

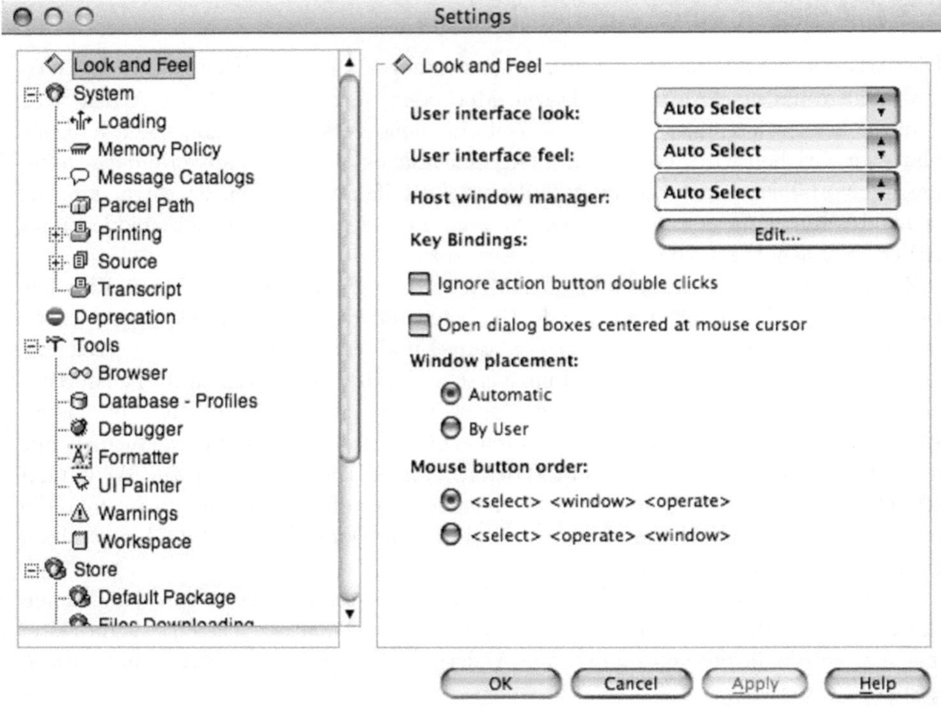

Abbildung 5.4: Hier wird *VisualWorks* konfiguriert

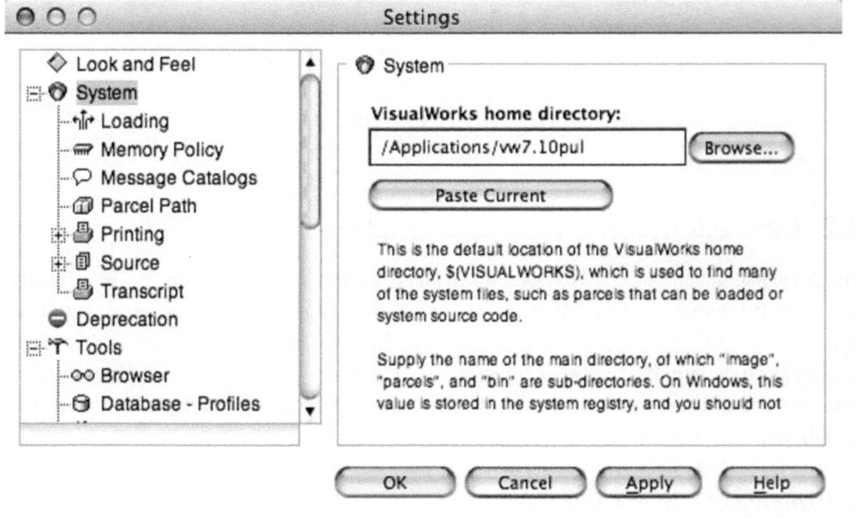

Abbildung 5.5: Das *VisualWorks home directory*

(hier: ... vw7.10pul) eingetragen sein muss. Dieser Eintrag muss eigentlich nur dann neu gesetzt werden, wenn man die gesamte *VisualWorks*-Installation an einen anderen Speicherort transportiert hat. In diesem Punkt verhält sich *VisualWorks* aber nicht ganz plattformunabhängig. Auf Unix-Systemen ist es zweckmäßig, eine Umgebungsvariable VISUALWORKS zu definieren, die den Pfad auf das Basisverzeichnis enthält, weil man sonst den Eintrag für jede *VisualWorks*-Sitzung erneut vornehmen muss.

Ist der Pfad auf das Basisverzeichnis nicht korrekt gesetzt, findet *VisualWorks* bestimmte, für den Betrieb erforderliche Dateien (z. B. die Datei **visual.sou**, s. o.) nicht. Falls man hier Änderungen vorgenommen haben sollte, ist es ratsam, das Image zu speichern (im Launcher mit **File→Save**).

Konfiguration des Workspace-Werkzeugs

Über den Menüpunkt **File→Settings** können eine Vielzahl von Einstellungen, die das Verhalten von *VisualWorks* beeinflussen, vorgenommen werden, die aber eher etwas für „Profis" sind und vom Anfänger nicht unbedingt verändert werden sollten. Es gibt allerdings eine wichtige Ausnahme, was das Verhalten des Workspace-Werkzeugs betrifft.

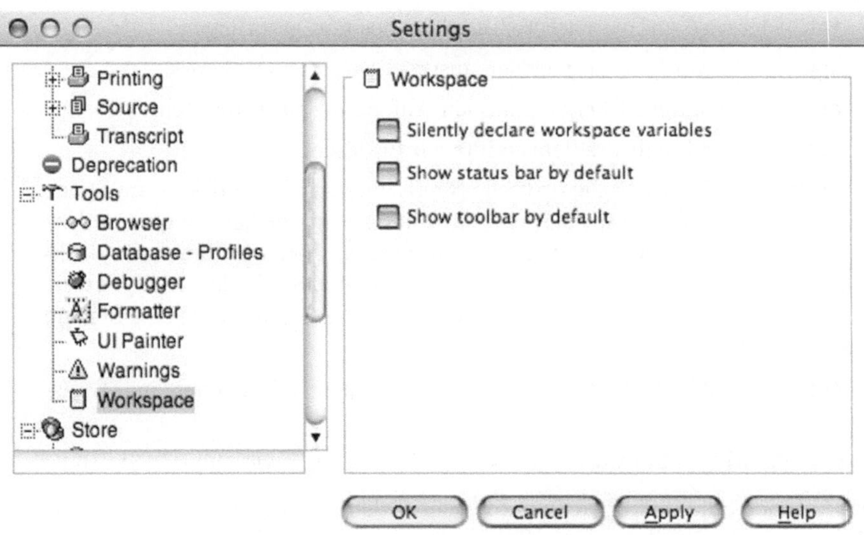

Abbildung 5.6: Workspace-Einstellungen

Dazu wähle man im linken Teil des Settings-Fensters den Eintrag **Workspace**, wie in Abbildung 5.6 gezeigt. Hier deaktiviere man alle drei Optionen. Dies bewirkt ein Verhalten und Erscheinungsbild von Workspaces, die den Beispielen in diesem Buch zugrunde liegen. Insbesondere die Option „Silently declare workspace variable" führt, falls sie eingeschaltet wird, leicht zu Verwirrungen. Eine in einem Workspace-Programm benutzte, aber nicht deklarierte Variable wird nämlich ohne Zutun des Benutzers automatisch als so genannte *Workspace-Variable* eingeführt. Dies ist eine   Workspace-
spezifische Eigenschaft von *VisualWorks*, die in anderen Entwicklungsumgebungen   Variable

unbekannt ist. Ist diese Option nicht gesetzt, wird der Benutzer in jedem Fall gefragt, was mit einer nicht deklarierten Variablen geschehen soll. Damit ist für den Anwender immer transparent, was geschieht.

5.3.3 Benutzung des Transcripts

`Transcript` ist eine globale Variable, die auf ein Exemplar der Klasse `TextCollector` verweist. Diesem Objekt können eine Reihe von Nachrichten für die Textausgabe geschickt werden. Geben Sie im Workspace z. B. Folgendes ein:

```
Transcript show: 'Smalltalk ist wunderbar!'
```

Wenn das mit dem Kommando **Do it** ausgeführt wird, erscheint der als Argument der Nachricht **show:** übergebene Text im Transcript-Fenster.

Ausgaben in das Transcript erfolgen immer sequentiell, d. h. jede neue Ausgabe wird immer unmittelbar hinter die vorhergehende geschrieben. Hier eine kurze Übersicht über die wichtigsten Nachrichten, die vom Transcript verstanden werden:

show: aString – Der String **aString** wird in das Transcript geschrieben. Bei längeren Texten erfolgt aber ein automatischer Zeilenumbruch.

tab – Es wird auf die nächste Tabulatorposition gesprungen.

space – Es wird ein Leerzeichen ausgegeben.

cr – Es erfolgt ein Übergang an den Anfang der nächsten Zeile.

clear – Der Inhalt des Transcripts wird gelöscht.

print: anObject – Die textuelle Repräsentation des Objektes **anObject** wird im Transcript ausgegeben. Diese Nachricht hat die gleiche Wirkung wie **show: anObject printString**. Hier wird durch die Nachricht **printString** die String-Darstellung des Objekts **anObject** erzeugt, da die Nachricht **show:** immer ein Exemplar der Klasse **String** als Argument verlangt.

nextPut: aCharacter – Schreibt das Zeichen **aCharacter** ins Transcript.

nextPutAll: aString – Hat die gleiche Wirkung wie **show: aString**.

Das folgende Smalltalk-Programm berechnet die Quadratwurzeln der Zahlen von 1 bis 5 und erstellt eine Ausgabe in Tabellenform (vgl. Abbildung 5.7):

```
Transcript clear.
1 to: 5 do: [:i |
            Transcript
                print: i; tab;
                print: i sqrt; cr].
```

In den Zeilen vier und fünf wird hier von einer syntaktischen Möglichkeit von Smalltalk Gebrauch gemacht, die bisher nicht benutzt worden ist, der so genannten *Nachrichtenkaskade*. Möchte man mehrere Nachrichten hintereinander an denselben Empfänger senden, braucht man diesen nur einmal hinzuschreiben und trennt die zu sendenden Nachrichten durch ein Semikolon voneinander. Der Ausdruck

Nachrichten-kaskade (Randnotiz)

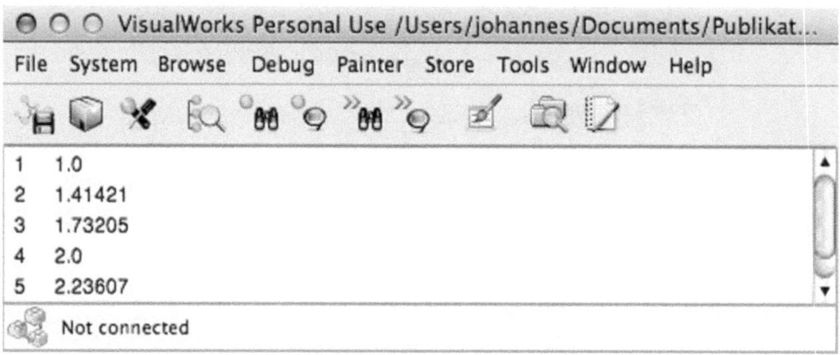

Abbildung 5.7: Quadratwurzeln der Zahlen von 1 bis 5

```
Transcript
    print: i; tab;
    print: i sqrt; cr
```

hat also die gleiche Wirkung wie die folgende Ausdruckssequenz:

```
Transcript        print: i.
Transcript tab.
Transcript print: i sqrt.
Transcript cr
```

5.4 Workspace

Den Workspace haben wir von Anfang an als Werkzeug kennen gelernt, mit dem
Smalltalk-Programme eingegeben und getestet werden können. Hier werden noch einige ergänzende Bemerkungen zu den Besonderheiten der Workspaces von *VisualWorks*
gemacht werden.

Ein neues Workspace-Fenster kann mit dem Menüpunkt **Workspace** des Launcher-
Menüs **Tools** erzeugt werden. Man kann gleichzeitig mehrere Workspace-Fenster geöffnet haben. Wenn man die im Abschnitt 5.3.2 empfohlenen Konfigurationseinstel-
lungen für den Workspace vorgenommen hat, erscheint ein neuer leerer Workspace so
wie in Abbildung 5.8 dargestellt. In ähnlicher Form ist er auch in anderen Entwicklungsumgebungen anzutreffen. Allerdings sind damit einige Fähigkeiten des *Visual-
Works*-Workspaces deaktiviert bzw. nicht so einfach zugänglich. Da diese von uns hier
nicht verwendet werden, seien dazu nur ein paar kurze Anmerkungen gemacht.

Wenn man alle Optionen der Workspace-Konfiguration (vgl. Abbildung 5.6) aktiviert, stellt sich ein Workspace, wie in Abbildung 5.9 gezeigt, dar. Unterhalb der
Menüleiste befindet sich ähnlich wie im Launcher-Fenster eine Reihe von Schaltflächen, die einige häufig benutzte Menüfunktionen auszulösen erlauben.

Außerdem erkennt man, dass ein Workspace mehrere durch Reiter gekennzeichnete
Seiten besitzen kann. Eine davon enthält die bereits erwähnten Workspace-Variablen,
sofern welche deklariert wurden.

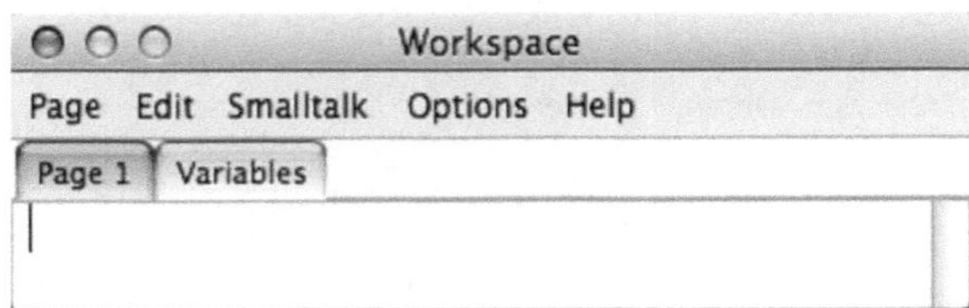

Abbildung 5.8: Ein einfacher Workspace

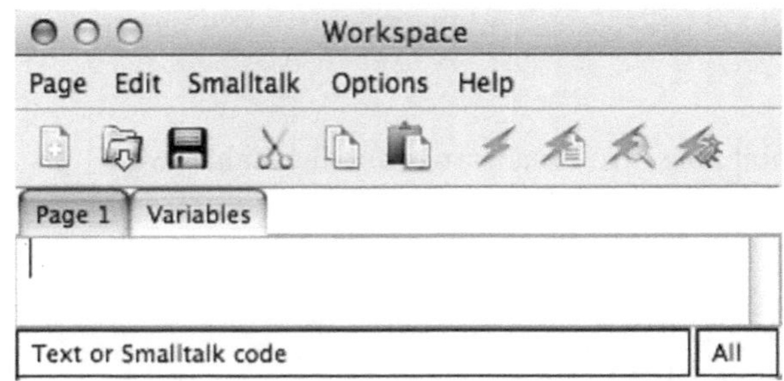

Abbildung 5.9: Ein „vollständiger" *VisualWorks*-Workspace

Schließlich befindet sich unterhalb des Texteingabefelds eine Statuszeile, die Informationen über die Art der ausgewählten Workspace-Seite und die von diesem Workspace importierten *Namespaces* enthält. *Namespaces* werden in Abschnitt 7.1.1 näher erläutert.

Wer eine Zwei- oder Dreitastenmaus benutzt, kann auf die Verwendung der Menüleiste des Workspace fast vollständig verzichten. Mit dem über die rechte Maustaste erreichbaren Kontextmenü können alle wichtigen Funktionen im Workspace ausgelöst werden. Es gibt zwei Ausnahmen: Das Sichern des Inhalts einer Workspace-Seite in eine Textdatei geht nur über den Menüpunkt **Page→Save** ()oder die entsprechende Schaltfläche); das Gleiche gilt für den Menüpunkt **Page→Open** zum Öffnen einer Textdatei als Workspace.

Um eine Folge von Smalltalk-Ausdrücken im Workspace auszuwerten, d. h. ein Programm durch die virtuelle Maschine ausführen zu lassen, gibt es vier Möglichkeiten, die in den vorangegangenen Kapiteln auch alle schon benutzt wurden.

Do it wertet die im Workspace selektierte Ausdrucksfolge gewissermaßen „stumm" aus. D. h. es erfolgt keinerlei Ergebnisausgabe, es sei denn eine Ausgabe wird durch den ausgewerteten Smalltalk-Code selbst hervorgerufen, z. B. durch eine Ausgabe ins Transcript oder das Aufblenden eines Dialogfensters, wovon z. B. in Abschnitt 2.2.2 wiederholt Gebrauch gemacht wurde.

Print it wertet ebenfalls die selektierte Ausdrucksfolge aus. Zusätzlich wird die textuelle Repräsentation des Ergebnisobjekts des letzten Ausdrucks der Folge in den Workspace geschrieben.

Inspect it wertet die selektierte Ausdrucksfolge aus und startet für das Ergebnisobjekt des letzten Ausdrucks einen Inspector.

Debug it wertet die Ausdrucksfolge aus, wobei der Debugger mit der ersten gesendeten Nachricht gestartet wird. In Abschnitt 5.6 werden wir darauf näher eingehen.

All dies ist selbstverständlich auch mit einem „einfachen" Workspace, wie in Abbildung 5.8 gezeigt, möglich. Da wir die erweiterten Möglichkeiten nicht nutzen werden, beschränken wir uns hier auf deren Verwendung.

5.5 Inspector

Die Nutzung von Inspectoren zur Betrachtung des Innenlebens eines Objekts ist bereits in Abschnitt 3.1.4 dargelegt worden. Hier werden einige ergänzende Hinweise gegeben, die für die praktische Arbeit nützlich sein können.

Betrachten wir zunächst noch einmal das Inspector-Fenster aus Abbildung 3.8. Es zeigt u. a. die beiden Exemplarvariablen **origin** und **corner** des **Rectangle**-Objekts. Beide verweisen jeweils auf ein **Point**-Objekt. Um nun das an eine Exemplarvariable gebundene Objekt zu inspizieren, selektiert man die Variable und wählt im Kontextmenü die Funktion **Dive**[2]. Der Inspector wechselt dann sein Erscheinungsbild

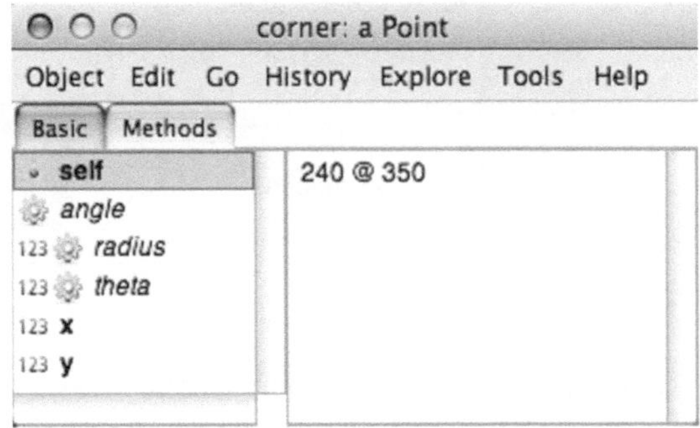

Abbildung 5.10: „Eintauchen" in die **corner**-Komponente eines **Rectangle**-Objekts

(s. Abbildung 5.10). Der Fenstertitel „**corner: aPoint**" deutet an, dass jetzt die **corner**-Komponente des Rechtecks betrachtet wird, bei der es sich um ein **Point**-Objekt handelt. Auch hier kann man nun weiter in die Objektstruktur eintauchen, indem man z. B. die **y**-Komponente des Punktes selektiert und wieder den Menüpunkt **Go→Dive** auswählt. Der Inspector zeigt dann das Innenleben eines Objekts der Klasse **SmallInteger** (s. Abbildung 5.11).

Durch Anwenden des Menüpunkts **Go→Back** kann man sukzessive aus der Objektstruktur wieder „auftauchen". Die zweimalige Anwendung führt dann wieder zurück zur Sicht aus Abbildung 3.8.

Inspizieren von Behältern

Häufig möchte man auch die Komponenten eines Behälters, z. B. eines Arrays, im Inspector betrachten. In diesem Zusammenhang werden wir auch gleich eine weitere

---

[2]Den gleichen Effekt erzielt man mit dem Menüpunkt **Go→Dive**.

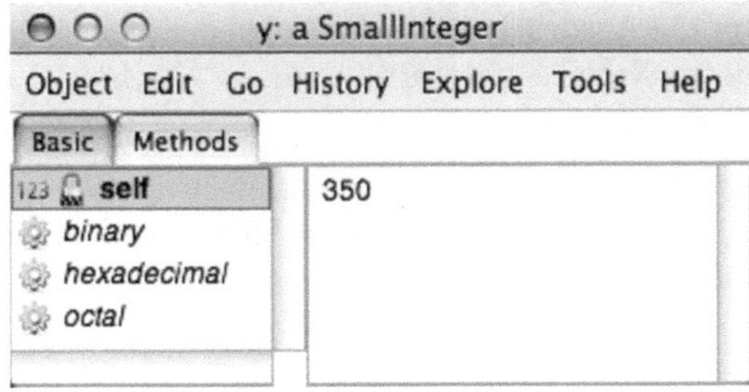

Abbildung 5.11: Inspizieren der y-Komponente des Punktes aus Abbildung 5.10

Möglichkeit, einen Inspector zu starten, kennen lernen. Man kann nämlich jedem
Objekt die Nachricht **inspect** senden, was dazu führt, dass für dieses Objekt ein
Inspector gestartet wird. Wird der folgende Smalltalk-Ausdruck im Workspace mit
Do it ausgeführt, erscheint das in Abbildung 5.12 gezeigte Fenster.

```
#(13 $c 'ein String') inspect
```

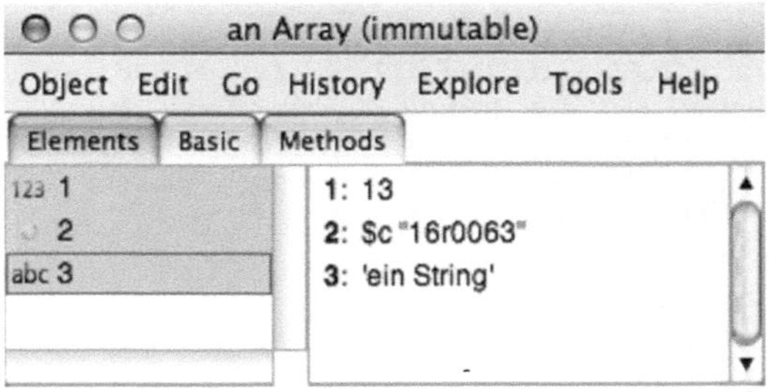

Abbildung 5.12: Inspizieren eines Arrays

Hier erkennt man, dass der Inspector unter dem Reiter **Elements** eine vereinfachte
Sicht auf die Struktur eines Behälters anbietet. Statt der sonst im linken Feld sichtbaren Exemplarvariablen werden hier die Indizes der drei Komponenten dargestellt,
deren Inhalt durch Anwählen dann im rechten Feld betrachtet werden kann.

Man kann diese Sicht auch dazu benutzen, per Drag-and-Drop-Technik die Elemente
des Behälters umzuordnen, indem man ein Element mit der Maus an eine andere
Position bewegt.

Generell kann ein Inspector auch dazu verwendet werden, die Werte von Exemplarvariablen eines Objekts zu manipulieren. Dies ist eine Technik, die bei der Fehlersuche
in Programmen gelegentlich nützlich sein kann, auf die hier aber nicht näher eingegangen wird.

5.6 Debugger

Ein erster Einblick in den Aufbau und die Nutzung des Debuggers wurde bereits in
Abschnitt 4.1 gegeben. Den wirklichen Nutzen wird man erst bei der Fehlersuche in
komplexen Anwendungen durch praktische Übung erfahren können.

Eine wichtige Anwendung des Debuggers besteht in der schrittweisen Ausführung von Methoden. Diese Technik werden wir im Kapitel 9 aufgreifen, da für das Verständnis der diesbezüglichen Arbeitsweise des Debuggers Kenntnisse über den Aufbau von Klassen und ihrer Methoden hilfreich sind, was erst in den folgenden Kapiteln behandelt werden wird.

5.7 System–Browser

Zu den wichtigsten Werkzeugen einer Smalltalk-Entwicklungsumgebung gehören verschiedene so genannte *Browser*. Sie dienen dazu, die Klassenbibliothek – man könnte auch sagen: das Image – zu durchstöbern. Dies ist eine wichtige Tätigkeit, da ein Großteil der Arbeit bei der objektorientierten Programmierung darin besteht, für die Lösung eines gegebenen Problems so weit wie möglich bereits vorhandene Teillösungen in Form im Image existierender Klassen wieder zu verwenden. Da solche Klassenbibliotheken sehr umfangreich sind, benötigt man leistungsfähige Werkzeuge, um sich über das, was bereits da ist, einen Überblick zu verschaffen. Letztlich sind dazu aber die Werkzeuge nicht wirklich in der Lage. Es braucht viel Erfahrung und Übung, um einigermaßen zielsicher die für die Lösung des Problems nützlichen Klassen und Methoden zu finden.

Durchstöbern der Klassen-bibliothek

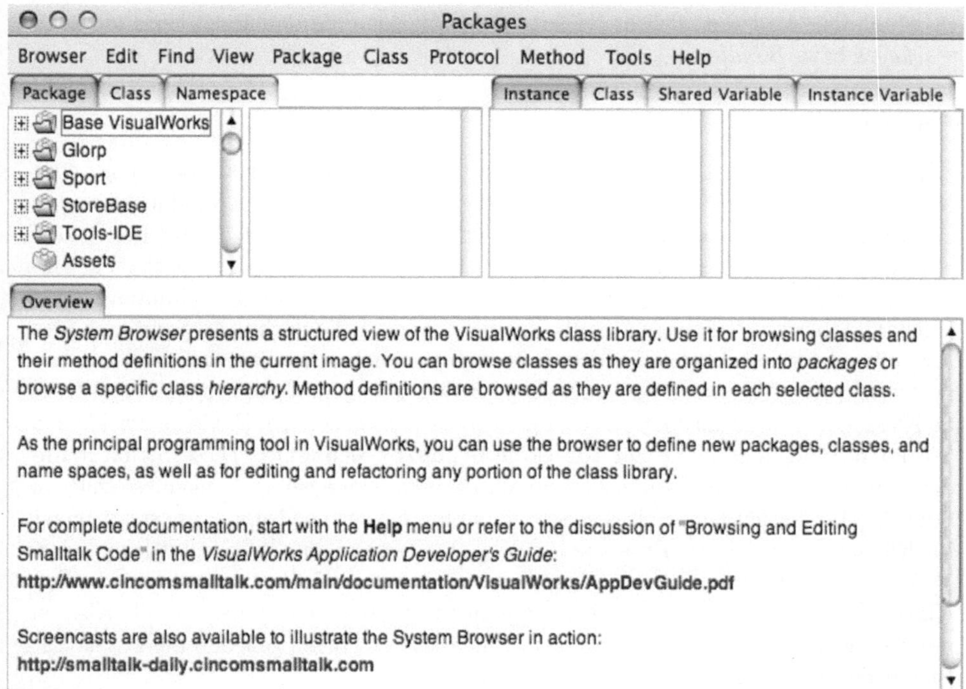

Abbildung 5.13: System-Browser in *VisualWorks*

In *VisualWorks* startet man den System-Browser aus dem Launcher heraus mit dem Menüpunkt **Browse→System** bzw. der entsprechenden Schaltfläche 🔍. Abbildung 5.13 zeigt den System-Browser mit seinem Startfenster, in dem im unteren großen Feld (mit dem Reiter **Overview**) eine kurze Erläuterung der Funktion des System-Browsers gezeigt wird. Hier werden wichtige Begriffe wie *Package* und *Namespace* benutzt werden, die im Folgenden näher erläutert werden.

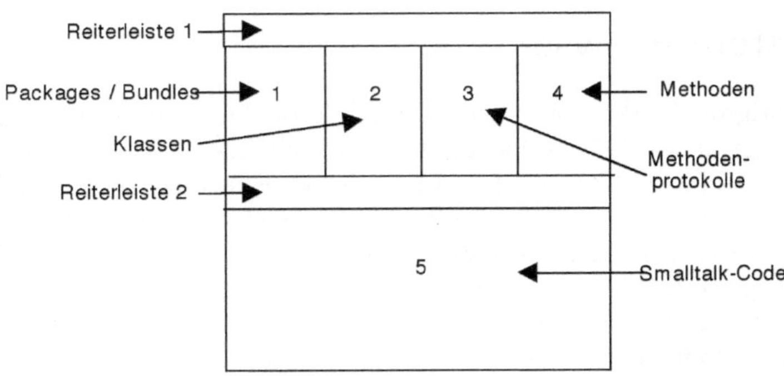

Abbildung 5.14: Aufteilung des System-Browser-Fensters

Der Aufbau des System-Browser-Fenster wird durch die schematische Darstellung in Abbildung 5.14 verdeutlicht.[3] Feld 1 zeigt die Liste der im Image existierenden *Packages* bzw. *Bundles*.

Packages

In der Programmiersprache Smalltalk selbst gibt es oberhalb der Klassen kein weiteres Strukturierungsmittel. Ein Smalltalk-Programm besteht also letztendlich aus einer Sammlung von Klassen. Allein in der Klassenbibliothek von *VisualWorks* findet man aber Hunderte von Klassen. Da ist es natürlich sehr schwer, einen Überblick zu gewinnen. Um diesem Problem zu Leibe zu rücken, wurde schon in dem berühmten blauen Buch [Goldberg und Robson (1989)], das nach wie vor die wichtigste Sprachreferenz darstellt, ein klassenübergreifendes Ordnungsschema beschrieben, das insbesondere in den Browsern Verwendung findet. Danach werden thematisch zusammengehörende Klassen in *Klassenkategorien* zusammengefasst. So gehören z. B. Geometrieklassen wie **Point** und **Rectangle** zur Kategorie **Graphics-Geometry**. Diese Struktur findet man nach wie vor in manchen Smalltalk-Entwicklungsumgebungen, so z. B. in Squeak. Man beachte aber, dass es sich dabei um ein reines Gruppierungsinstrument für Klassen innerhalb des Browsers handelt. Die Sprache Smalltalk kennt keine Klassenkategorien. Klassenkategorien kann man sich wie „Aufkleber" vorstellen, die den Klassen angeheftet werden. Damit kann man einen Browser veranlassen, alle Klassen mit dem gleichen Aufkleber anzuzeigen. Eine darüber hinaus gehende Funktionalität ist mit den Klassenkategorien aber nicht verbunden.

Eine solche kategorienorientierte Sicht auf die Klassen im Image existiert im System-Browser von *VisualWorks* seit Einführung der Version 7 nicht mehr. Klassenkatego-

Klassen-
kategorien

---

[3]Für diese und alle folgenden Darstellungen des System-Browsers wird angenommen, dass im Menü **Tools** die Optionen **Toolbar** und **Status Bar** deaktiviert sind.

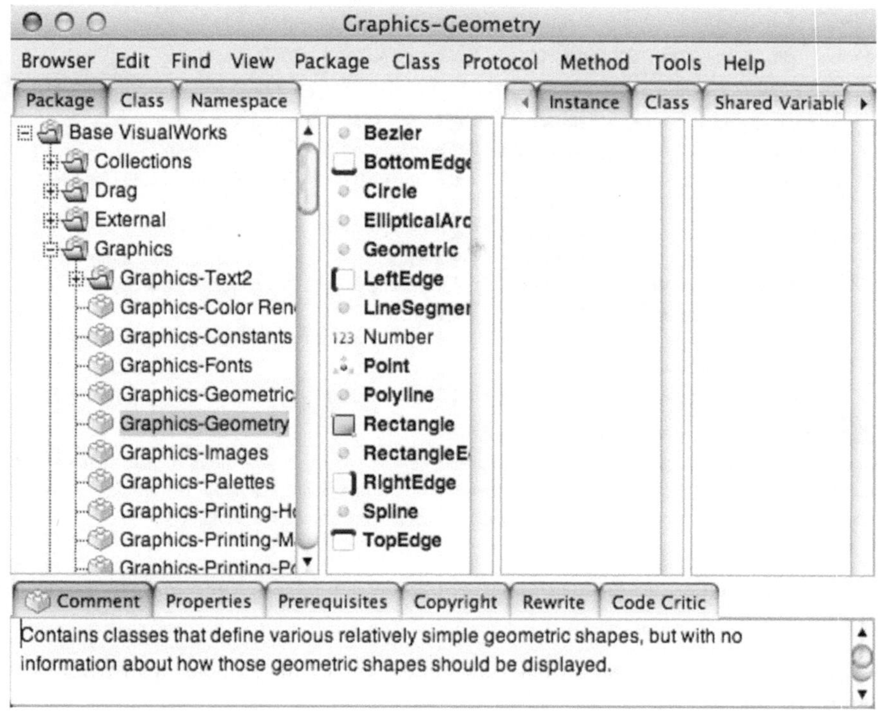

Abbildung 5.15: Klassen des Package `Graphics-Geometry`

rien gibt es in *VisualWorks* zwar noch, sind aber praktisch bedeutungslos geworden. Stattdessen sind die Packages das wichtigste Konzept, thematisch zusammengehörige Klassen zu gruppieren. Eine *VisualWorks*-Smalltalk-Anwendung wird daher in der Regel aus einem oder mehreren Packages bestehen, die dann auch noch zu Bundles zusammengefasst werden können. Packages müssen aber nicht Bestandteil eines Bundles sein. Neben der Strukturierung der Klassen im Image dienen Packages und Bundles als Einheiten, die vom *VisualWorks*-eigenen Quellcode-Verwaltungssystem *Store* verwaltet werden. Damit wird insbesondere die Arbeit von Entwickler-Teams unterstützt.[4]

In Abbildung 5.15 ist in Feld 1 das Package `Graphics-Geometry` ausgewählt. Es ist Bestandteil des Bundles `Graphics` und das wiederum befindet sich im Bundle `Base VisualWorks`. Wenn man in Feld 1 ein Package markiert hat, erscheint im Feld 2 die Liste der Klassen, die diesem Package angehören und in Feld 5 ein Package-Kommentar, der Zweck und Inhalt des Package kurz beschreibt.

Selektiert man nun in Feld 2 eine Klasse (z. B. `Rectangle`, vgl. Abbildung 5.16) erscheint in Feld 3 die Liste der so genannten *Methodenprotokolle* der ausgewählten Klasse. Bei Methodenprotokollen handelt es sich um Kategorien zur thematischen Gliederung der Gesamtheit der Methoden einer Klasse. Auch für Methodenprotokolle gilt – wie für Packages oder Klassenkategorien –, dass sie nicht Bestandteil der Sprache

Package

Bundle

Methoden-protokolle

---

[4]Einige Hinweise zu *Store* finden sich Kapitel 17.

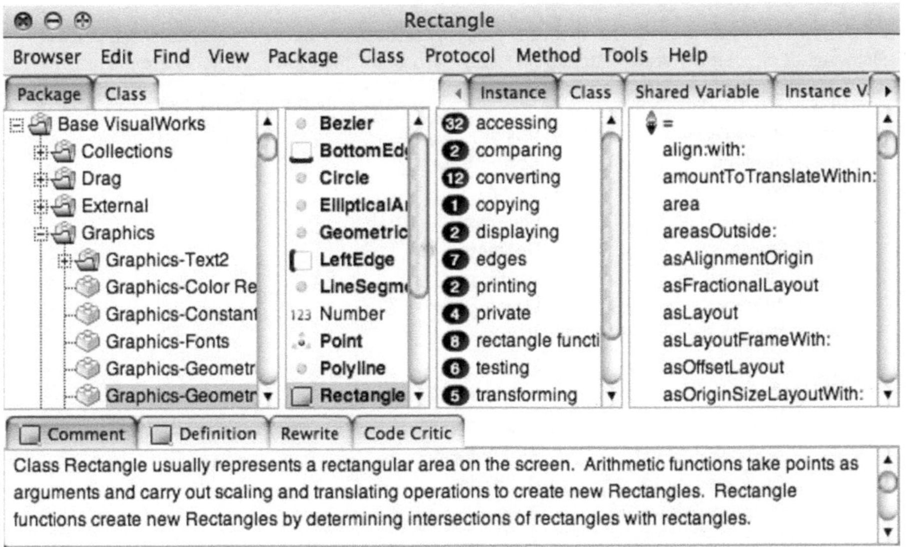

Abbildung 5.16: Methodenprotokolle der Klasse `Rectangle`

Smalltalk sind. Es handelt sich wiederum um ein reines Instrument des Browsers zur besseren Übersicht.

> Anmerkung zur Terminologie: In Abschnitt 3.1 haben wir den Begriff *Methoden-protokoll* in einem etwas anderen Sinne gebraucht, nämlich als die Menge aller Exemplar- bzw. Klassenmethoden einer Klasse. Mitunter ist mit diesem Begriff auch die Menge aller von Objekten einer Klassen verstandenen Nachrichten gemeint. Hier ist mit Methodenprotokoll eine einzelne Methodenkategorie gemeint. Die diesbezügliche Terminologie ist in der einschlägigen Literatur leider nicht einheitlich. Von nun an werden wir den Begriff im letzt genannten Sinne verwenden.

Solange in Feld 3 kein Methodenprotokoll ausgewählt ist, erscheinen in Feld 4 die Namen aller Exemplarmethoden aus allen Protokollen (in Abbildung 5.16 nur teilweise sichtbar).

Oberhalb von Feld 5 ist der Reiter **Comment** aktiviert. Feld 5 zeigt jetzt den Klassenkommentar, der ebenfalls nur teilweise dargestellt ist. Er beschreibt in kurzen Worten den Sinn und Zweck der Klasse.

Klassenkom-
mentar

Aktiviert man den Reiter **Definition** erscheint in Feld 5 (vgl. Abbildung 5.17) der Smalltalk-Ausdruck, der zur Erzeugung der Klasse `Rectangle` geführt hat. Klassen sind in Smalltalk „normale" Objekte, die – wie alle Objekte – durch Senden von Nachrichten an geeignete Empfänger erzeugt werden. Empfänger der Nachricht ist mit `Smalltalk.Graphics` ein `Namespace`-Objekt. Auf Namespaces und die die Einzelheiten der Erzeugung von Klassen werden wir in Kapitel 7 eingehen.

An dieser Stelle sei nur auf die fünfte Zeile mit dem Inhalt

```
instanceVariableNames: 'origin corner '
```

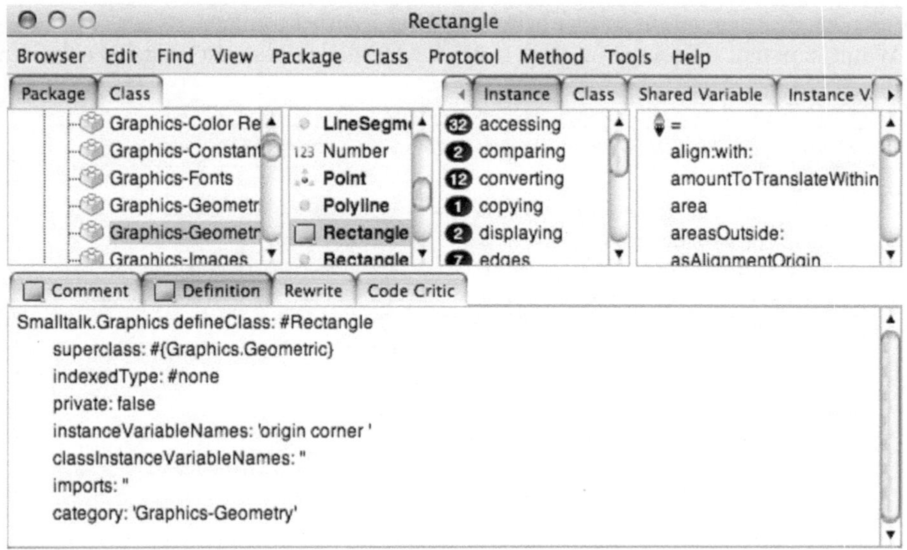

Abbildung 5.17: Definition der Klasse `Rectangle`

verwiesen, durch die festgelegt wird, dass die Exemplare der Klasse über die Exemplarvariablen **origin** und **corner** verfügen, was bereits in Abschnitt 3.1.4 behandelt
worden war.

Exemplar-
variablen

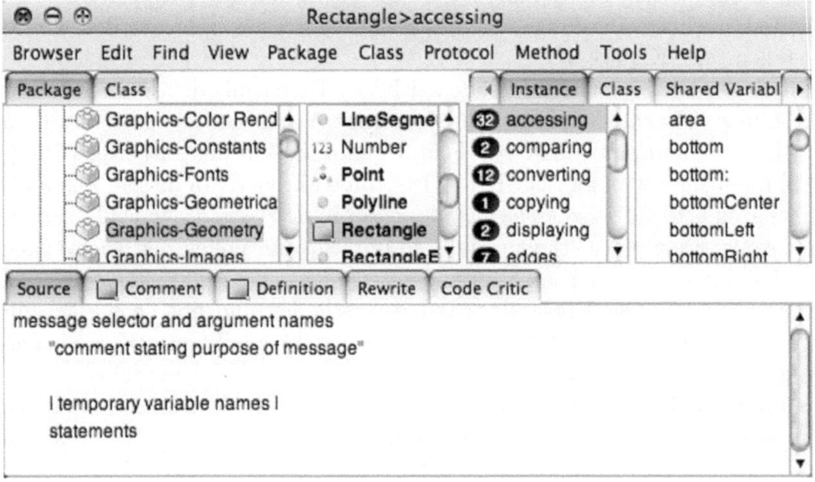

Abbildung 5.18: Selektion eines Methodenprotokolls der Klasse `Rectangle`

Markiert man eines der Methodenprotokolle (z. B. **accessing**) zeigt der Browser
die Abbildung 5.18. In Feld 4 erscheinen nun die Namen der Methoden, die zum
selektierten Protokoll gehören. Gleichzeitig ändert sich der Inhalt von Feld 5 in eine
Schablone, die als Ausgangspunkt für die Definition einer neuen Methode genutzt

werden kann. Auch darauf werden wir in Kapitel 7 zurückkommen.

Methoden-implemen-tierung

Wählt man nun schließlich im Feld 4 eine der Methoden aus, erscheint in Feld 5 der

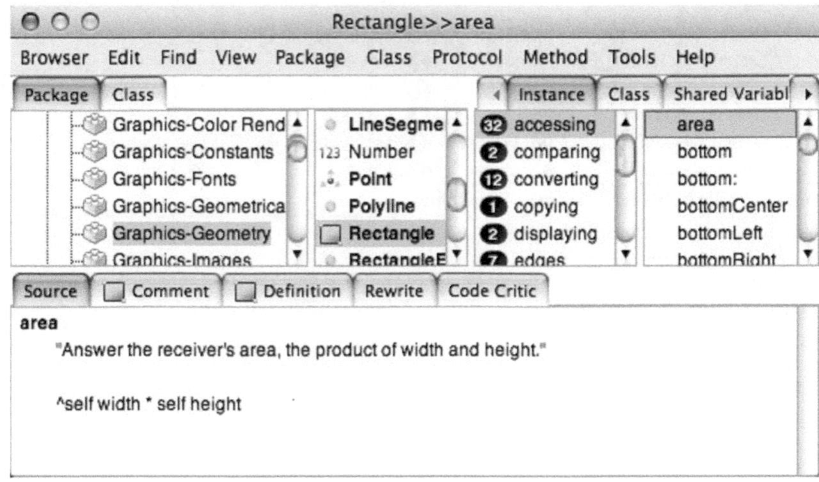

Abbildung 5.19: Die Methode **area** der Klasse **Rectangle**

Smalltalk-Code, der die Implementierung dieser Methode darstellt, d. h. die Folge von Smalltalk-Ausdrücken, die ausgeführt wird, wenn ein Exemplar der Klasse **Rectangle** eine gleichnamige Nachricht empfängt. Abbildung 5.19 zeigt die Implementierung der Methode **area**, die den Flächeninhalt des Rechtecks durch Multiplikation von Höhe und Breite berechnet. Die Frage, wie das genau vonstatten geht, werden wir vorerst zurückstellen (vgl. Kapitel 6).

Oberhalb der Felder 3 und 4 befinden sich vier Reiter mit den Bezeichnungen **Instance**, **Class**, **Shared Variable** und **Instance Variable**. Die Aktivierung dieser Reiter wirkt sich auf den Inhalt von Feld 3 und 4 aus. In den bisherigen Beispielen bzw. Abbildungen war immer der Reiter **Instance** aktiviert. In diesem Zustand zeigt

Exemplar-methoden

der Browser im Feld 4 die *Exemplarmethoden* der Klasse bzw. des in Feld 3 ausgewählten Protokolls. Exemplarmethoden sind die Implementierungen der Nachrichten, die von den Exemplaren einer Klasse verstanden werden. Die Nachricht **area** z. B. wird von einem Exemplar der Klasse **Rectangle** verstanden und mit dem Flächeninhalt beantwortet. In Abschnitt 3.1.4 haben wir darüber hinaus bereits *Klassenmethoden* kennen gelernt. Diese entsprechen Nachrichten, die von der Klasse selbst verstanden

Klassen-methoden

werden und in erster Linie der Objekterzeugung dienen. In Abschnitt 3.1.4 haben wir z. B. mit der Nachricht **origin:corner:** ein neues Exemplar der Klasse **Rectangle** erzeugt.

Klassen-methoden-protokoll

Aktivieren wir nun den Reiter **Class** so zeigt der Browser (s. Abbildung 5.20) in Feld 3 ein *Klassenmethodenprotokoll*, das mit seinem Namen **instance creation** darauf hindeutet, dass es die Methoden zur Exemplarerzeugung zusammenfasst. In der Methodenliste in Feld 4 ist die Methode **origin:corner:** ausgewählt, deren Implementierung demnach in Feld 5 zu sehen ist. Deren Einzelheiten werden wiederum erst in Kapitel 6 behandelt.

Der dritte Reiter dient zur Inspektion bzw. Definition nicht privater Variablen, z. B.

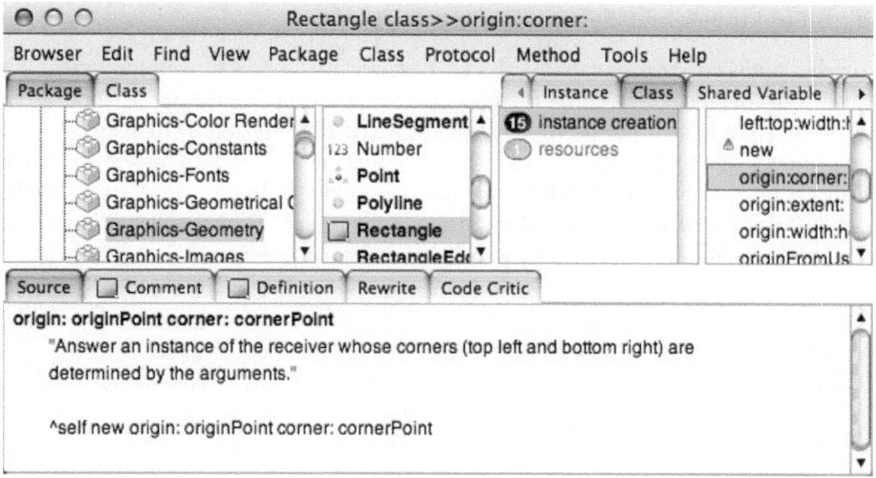

Abbildung 5.20: Die Klassenmethoden der Klasse `Rectangle`

Klassenvariablen (vgl. Abschnitt 7.3). Davon werden wir vorerst keinen Gebrauch machen, deswegen wird hier auf eine weitergehende Erläuterung verzichtet. Aktiviert man diesen Reiter für die Klasse `Rectangle`, bleibt das Feld 3 leer, d. h. diese Klasse besitzt keine Klassenvariablen.

Die Aktivierung des Reiters **Instance Variable** bewirkt, dass in Feld 3 die Exemplarvariablen der in Feld 2 ausgewählten Klasse (s. Abbildung 5.21) angezeigt werden. Die Auswahl einer Variablen schränkt die Liste der Methoden in Feld 4 auf diejenigen ein, in denen die Variable benutzt wird.

Klassen-
variablen

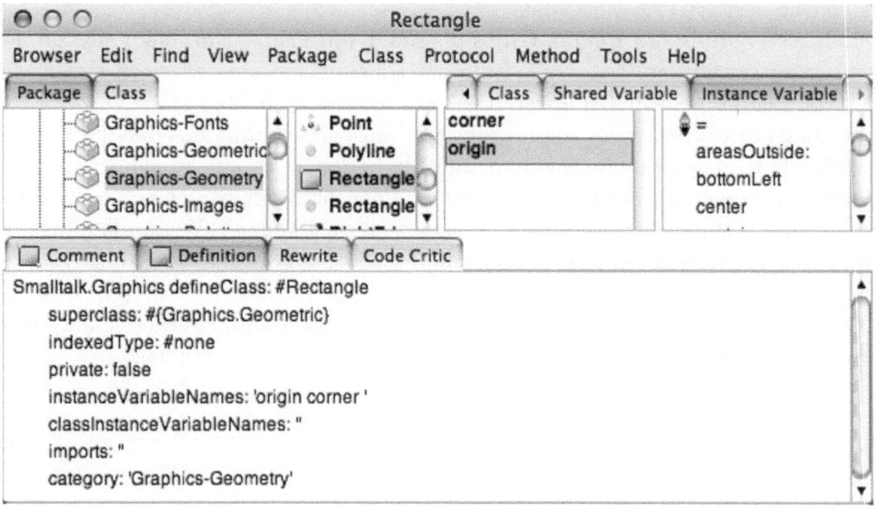

Abbildung 5.21: Die Exemplarvariablen der Klasse `Rectangle`

Weitere Funktionen des System-Browsers

Wie in den anderen Werkzeugen der *VisualWorks*-Entwicklungsumgebung auch, können die Funktionen des System-Browsers entweder über die Menüs der Menüleiste des Browser-Fensters oder über die Kontextmenüs abgerufen werden. Dabei ist zu beachten, dass jedes der fünf Felder sein eigenes Kontextmenü besitzt. Das Kontextmenü von Feld 5 entspricht dem **Edit**-Menü, die der Felder 1 bis 4 den Menüs **Package**, **Class**, **Protocol** und **Method** in dieser Reihenfolge. Die einzelnen Funktionen werden wir jeweils dann behandeln, wenn sie benötigt werden.

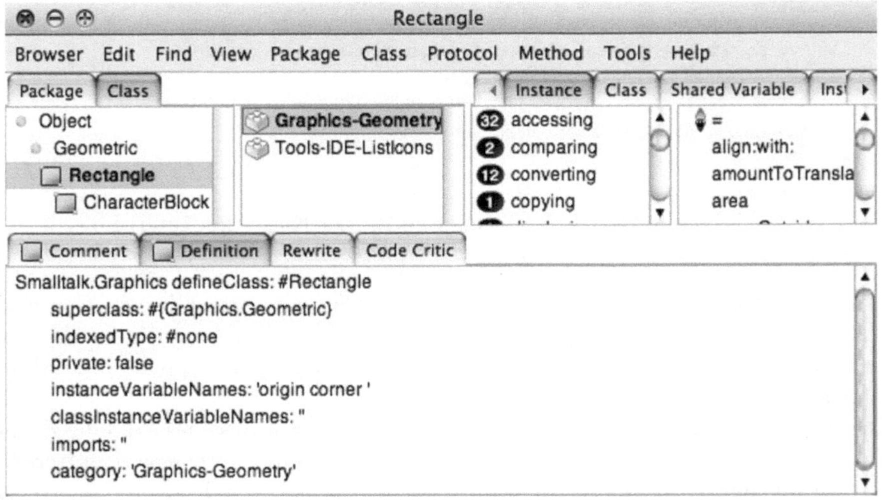

Abbildung 5.22: Die Position der Klasse `Rectangle` innerhalb der Klassenhierarchie

Durch Aktivierung des Reiters **Class** oberhalb von Feld 1 kann man sich die Position der ausgewählten Klasse innerhalb der Klassenhierarchie anzeigen lassen. Der Inhalt von Feld 5 bleibt dabei unverändert (s. Abbildung 5.22).

Am Ende dieses Abschnitts sei noch darauf hingewiesen, dass mithilfe des System-Browsers alle Klassen des Images und ihre Methoden – bis auf wenige so genannte primitive Methoden, die aus Effizienzgründen in der virtuellen Maschine direkt implementiert sind – eingesehen und auch verändert werden können. Wenn allerdings der Programmierer Klassen oder Methoden, die für die Funktionsfähigkeit der Entwicklungsumgebung wichtig sind, fehlerhaft verändert, kann dies dazu führen, dass mit der Entwicklungsumgebung anschließend nicht mehr gearbeitet werden kann. Daher ist es wichtig, jederzeit auf ein Original-Image zurückgreifen zu können.

6 Betrachten einer Beispielklasse: Circle

Nachdem in Kapitel 3 im Zusammenhang mit der Erzeugung von Objekten über die Rolle der Klassen erste Aussagen getroffen wurden und im Kapitel 5 mithilfe des System-Browsers ein erster Blick in die Struktur einer Smalltalk-Klasse und ihre Einbettung in die Klassenbibliothek geworfen wurde, werden nun einige der in diesen Kapiteln offen gebliebenen Fragen beantwortet. Dazu ziehen wir die Klasse **Circle** als Beispiel heran. Dabei werden aber wiederum neue Fragen auftauchen, deren Beantwortung den nachfolgenden Kapiteln vorbehalten bleibt.

Zu den bisher unbeantworteten Fragen gehören z. B.:

1. In Abschnitt 5.7 wurde davon gesprochen, dass in der Hierarchie-Sicht des System-Browsers die Einbettung einer Klasse in die Klassenhierarchie zu sehen ist. Was ist eine Klassenhierarchie?

2. Im Kapitel 2 haben wir gelernt, dass z. B. die ganze Zahl 2, ein Exemplar der Klasse **SmallInteger**, die Nachricht **sqrt** versteht. Warum gibt es dann in den Methodenprotokollen der Klasse **SmallInteger** keine Methode mit dem Namen **sqrt**?

Im nächsten Abschnitt wenden wir uns zunächst der Beantwortung dieser beiden Fragen zu. Anschließend wird eine Methodenimplementierung etwas genauer unter die Lupe genommen, um die Grundlage dafür zu schaffen, eigene neue Klassen mit Methoden zu versehen.

Zum Schluss dieses Kapitels werden wir ein Gedankenexperiment vornehmen, anhand dessen die Bedeutung und die Vorteile des Geheimnisprinzips in der objektorientierten Programmierung noch einmal unterstrichen werden sollen. Die Implementierung einer in der Smalltalk-Klassenbibliothek vorhandenen Klasse **Circle** wird so modifiziert werden, dass nach außen hin keine Verhaltensänderung sichtbar wird.

6.1 Klassenhierarchien und Vererbung

Wie in Abschnitt 5.7 erläutert, erhalten wir im System-Browser die Hierarchie-Sicht einer Klasse durch Aktivierung des Reiters **Class**. Abbildung 6.1 zeigt die Hierarchie-Sicht der Klasse **Circle**. In Smalltalk gilt:

> Jede Klasse hat genau eine *Oberklasse*, von der sie abgeleitet ist. Einzige Ausnahme ist die Klasse **Object**, sie hat keine Oberklasse.

Oberklasse

Abbildung 6.1 ist nun folgendermaßen zu interpretieren. Die Klasse **Circle** hat die Oberklasse (engl: superclass) **Geometric**. Anders herum gesagt: Die Klasse **Circle** ist

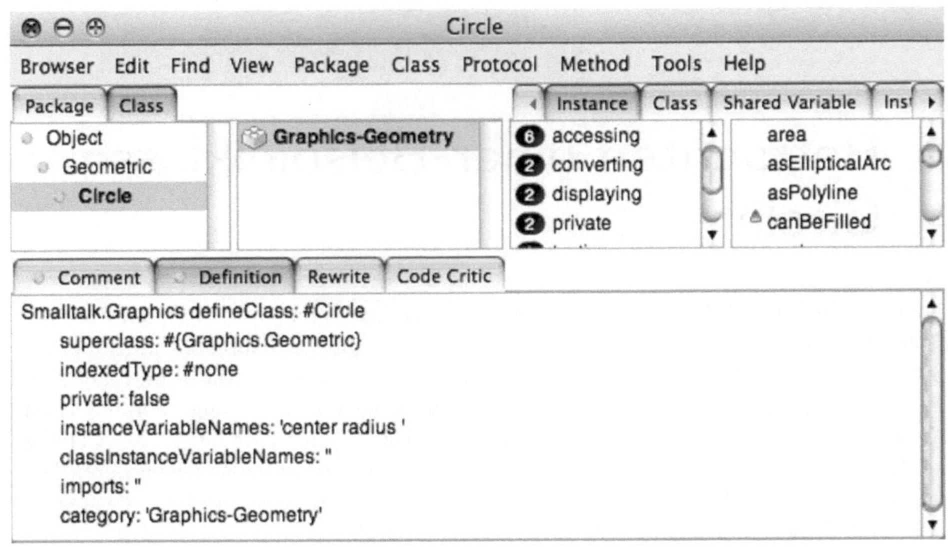

Abbildung 6.1: Die Position der Klasse `Circle` in der Klassenhierarchie

Unterklasse(engl.: subclass) der Klasse `Geometric`. Diese wiederum ist Unterklasse
Unterklasse der Klasse `Object`. Damit ist `Circle` indirekt auch Unterklasse von `Object`. Man sagt
auch: Eine Klasse ist aus ihrer Oberklasse *abgeleitet*. Die Klasse `Circle` hat außerdem
ihrerseits keine Unterklasse. In der Hierarchiesicht sind also Klassen gegenüber ihrer
Oberklasse eingerückt dargestellt.

In Smalltalk gilt außerdem:

Klassen-   Jede Klasse ist direkt oder indirekt aus der Klasse `Object` abgeleitet. D. h.
hierarchie   alle Klassen sind Bestandteil einer gemeinsamen, als Baum darstellbaren
Klassenhierarchie .

Man kann sich im System-Browser selbstverständlich auch die Hierarchie-Sicht der
Klasse `Object` ansehen. Man findet die Klasse im Package *Kernel-Objects*. Dabei
wird die gesamte Klassenhierarchie des aktuellen Images angezeigt, eine aufgrund der
großen Anzahl von Klassen ziemlich unübersichtliche, kaum brauchbare Darstellung.
Zur Veranschaulichung der Baumstruktur ist stattdessen in Abbildung 6.2 ein kleiner
Ausschnitt der Klassenhierarchie dargestellt.

Welche Bedeutung hat nun diese hierarchische Anordnung der Klassen? Auf diese
Frage gibt es zwei Antworten:

Klassifikations- 1. Die Klassenhierarchie stellt ein Klassifikationsschema dar, dessen Zweck darin
schemata   besteht, die Klassen bezüglich eines Oberbegriffs-/Unterbegriffs-Schemas anzuordnen und damit in ein übersichtliches System zu bringen.

Wieder- 2. Eine Klasse *erbt* von ihrer Oberklasse die Struktur (gegeben durch die Exem-
verwendung   plarvariablen) und das Verhalten (gegeben durch die Methoden). Dadurch können Struktur und Verhalten der Oberklasse in der Unterklasse *wiederverwendet*
werden.

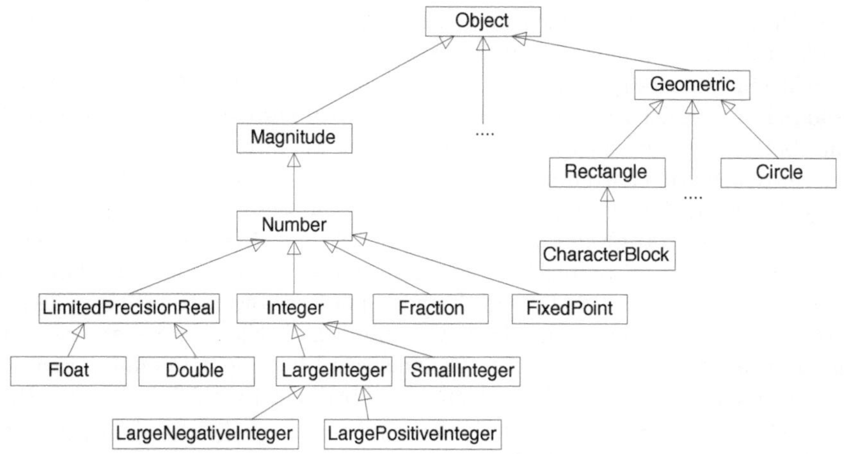

Abbildung 6.2: Ein Ausschnitt aus der Smalltalk-Klassenhierarchie

Klassifikationsschemata sind auch aus anderen Wissenschaftsdisziplinen bekannt. An dieser Stelle wird immer gern das System der Tierarten, wie es in der Biologie verwendet wird, als Vergleich herangezogen. Wenn man z. B. die Klassifikation der Säugetiere betrachtet, könnte man diese durch eine Klassenhierarchie gemäß Abbildung 6.3 darstellen. Die durch den Pfeil dargestellte Beziehung zwischen zwei Klassen ist von der Art „ist ein". Ein Affe *ist ein* Herrentier. Ein Herrentier *ist ein* Höherer Säuger usw. Damit ist auch ein Affe ein Höherer Säuger und letztendlich ein Säugetier.

Ist-ein-
Beziehung

Übertragen auf die Smalltalk-Klassenhierarchie in Abbildung 6.2 bedeutet das: Ein Exemplar der Klasse `SmallInteger` ist ein `Integer`-, ein `Number`-, ein `Magnitude`-Objekt und schließlich auch ein `Object`-Objekt.

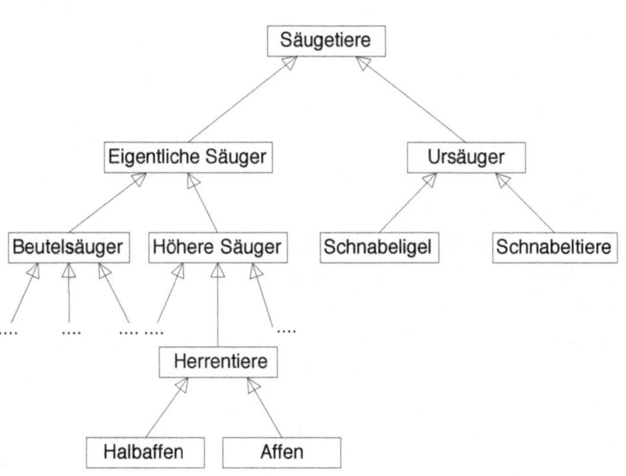

Abbildung 6.3: Ein Ausschnitt aus dem Klassifikationsschema der Säugetiere

Derartige in Klassenhierarchien übertragene Schemata haben ihren Ursprung im Gegenstand der Anwendung, für die ein Programm entwickelt werden soll. Im Idealfall steht eine so entstandene Struktur im Einklang mit dem Aspekt der Wiederverwendung, wie in der zweiten Antwort auf die oben gestellte Frage zum Ausdruck kommt. Betrachten wir dazu einmal den Teil der Smalltalk-Klassenhierarchie, der die verschiedenen Zahlenarten beinhaltet. Die Klasse **Number** kann mathematisch als Oberbegriff für alle Zahlenarten angesehen werden. So werden konsequenterweise die Brüche (Klasse **Fraction**) und die reellen Zahlen (Klasse **LimitedPrecisionReal**[1]) als spezielle Zahlenarten betrachtet und damit als Unterklassen von **Number** in die Klassenhierarchie eingeordnet. Eine strikt mathematische Sichtweise führte allerdings zu einer anderen Klassenhierarchie. Dort wäre nämlich die Klasse **Integer** eine Unterklasse von **Fraction**. Aus technischen Gründen wird hier die anwendungsorientierte Sicht nicht in eine isomorphe Klassenhierarchie übertragen (vgl. dazu Kapitel 8).

In der Klasse **Number** sind nun Methoden implementiert, die auf alle Zahlenarten, die durch die Unterklassen von **Number** repräsentiert sind, angewendet werden können. Dazu gehört z. B. eine Reihe von mathematischen Funktionen, wie die Logarithmus- und die Wurzelfunktion sowie die trigonometrischen Funktionen. Diese Funktionen können nun auf Exemplare der Unterklassen angewendet werden, da das Verhalten der Oberklasse an ihre Unterklassen vererbt wird. So liefern z. B. die folgenden Smalltalk-Ausdrücke:

```
4 sqrt
(12/3) sqrt
4.0 sqrt
```

alle das korrekte Ergebnis 2.0. In der ersten Zeile wird die Nachricht an ein Exemplar der Klasse **SmallInteger**, in der zweiten an ein Exemplar der Klasse **Fraction** und in der dritten an ein Exemplar der Klasse **Float** gesendet. Keines der Methodenprotokolle dieser Klassen enthält eine entsprechende Methode. In diesem Fall sucht *SmaViM* in der Klassenhierarchie aufwärts, bis sie eine Klasse findet, die eine entsprechende Methode enthält. Dies ist in diesem Fall die Klasse **Number**. Auf diese Weise wird also das Verhalten einer Klasse an ihre Unterklassen vererbt. Damit kann der Programmcode für die Wurzelberechnung in der Klasse **Number** einmal erstellt und im Wege der Vererbung von den Unterklassen wiederverwendet werden.

Nun ist auch die zweite der eingangs dieses Kapitels gestellten Fragen beantwortet, warum Objekte der Klasse **SmallInteger** die Nachricht **sqrt** verstehen, obwohl ihre Methodenprotokolle keine gleichnamige Methode enthalten.

Wenn *SmaViM* beim Durchsuchen der Klassenhierarchie nach einer für eine Nachricht passende Methode bei der Klasse **Object** anlangt und auch dort die gesuchte Methode nicht vorhanden ist, wird die Bearbeitung des Programms mit einem Laufzeitfehler abgebrochen und es erscheint die Fehlermeldung, die wir aus Abbildung 3.4 bereits kennen. Man beachte, dass das Durchsuchen der Klassen strikt entlang der Klassenhierarchie erfolgt, d. h. von einer Klasse zu deren Oberklasse von dort zu deren Oberklasse usw. bis zur Klasse **Object**. Das Vererbungsprinzip gilt übrigens nicht

---

[1] Tatsächlich stellen die Exemplare dieser Klassen nur eine sehr grobe Annäherung an die reellen Zahlen dar.

nur für die Struktur und das Verhalten der Exemplare einer Klasse, sondern auch für die Klassen selbst. D. h. eine Klasse vererbt auch ihre Klassenmethoden an ihre Unterklassen. Vererbung von Klassenmethoden

Obwohl das aus implementierungstechnischen Gründen, die hier nicht erläutert werden können, nicht wirklich so ist, stellen wir uns der Einfachheit halber vor, dass die Klasse `Object` eine Klassenmethode **new** enthält, in der das Wissen, wie im Speicher der virtuellen Maschine ein neues Objekt anzulegen ist, ein für allemal programmiert ist. Dann versteht insbesondere jede neue Klasse die Nachricht **new**, da jede Klasse direkt oder indirekt aus `Object` abgeleitet ist.

Zum Schluss dieses Abschnitts sei angemerkt, dass die Vererbung zu den wichtigen, konstituierenden Prinzipien der objektorientierten Programmierung gehört.

6.2 Methodenimplementierungen

Wir untersuchen nun den Aufbau einer Methodendefinition, wie man sie im System-Browser vorfindet bzw. dann auch selbst vornimmt, wenn man neue Klassen und Methoden dem Image hinzufügen möchte. Im Abschnitt 5.7 haben wir bereits ein Beispiel gesehen, nämlich die Methode **area** der Klasse `Rectangle`, die in Abbildung 5.19 auf Seite 92 zu sehen ist.

Auch die Klasse `Circle` enthält eine Methode **area**, die selbstverständlich anders implementiert ist. Bevor wir diese Methode genauer betrachten, sehen wir uns zunächst noch einmal die in Abbildung 6.1 gezeigte Definition der Klasse `Circle` an. Aus der Benennung der Exemplarvariablen ist erkennbar, dass ein Kreis durch seinen Mittelpunkt (`center`) und seinen Radius definiert ist.

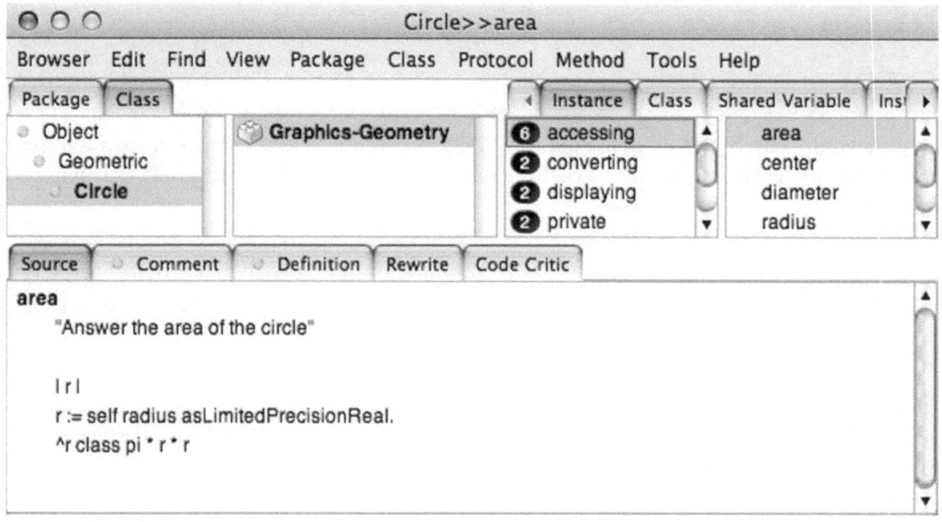

Abbildung 6.4: Die **area**-Methode der Klasse `Circle`

Die Abbildung 6.4 zeigt nun die Implementierung der Methode **area**. Die erste Zeile enthält das so genannte *Nachrichtenmuster* (engl.: message pattern) oder

Nachrichten-
muster
Nachrichten-
selektor

Aufrufmuster, das zeigt, wie die der Methode entsprechende Nachricht aufzuschreiben ist, wenn sie an ein Objekt gesendet werden soll. Da es sich hier um eine unäre Nachricht handelt, besteht das Nachrichtenmuster einfach aus dem Bezeichner der Methode, dem so genannten *Nachrichtenselektor* (engl.: message selector). In den folgenden Zeilen steht dann üblicherweise ein Kommentar, der die Aufgabe und das Ergebnis der Methode beschreibt.

Deklaration
von lokalen
Variablen

Auf den Kommentar folgt dann, falls benötigt, die Deklaration von temporären (lokalen) Variablen, die – wie schon vom Workspace her bekannt – zwischen zwei senkrechten Strichen zu deklarieren sind.

Methoden-
rumpf

Schließlich folgen die Smalltalk-Ausdrücke, die für die Implementierung der Aufgabe, d. h. für ihren Algorithmus, erforderlich sind. Diesen Teil bezeichnet man auch als *Methodenrumpf* (engl.: method body).

Bedeutung der Pseudovariablen `self`

Durch die erste Zeile des Methodenrumpfs

```
r := self radius asLimitedPrecisionReal.
^r class pi * r * r
```

wird der lokalen Variablen **r** der Radius des Kreises zugewiesen. In der zweiten Zeile wird dieser Radius quadriert und mit π multipliziert.

Um zu verstehen, was dort genau passiert, betrachten wir zunächst einmal wie die Methode **area** z. B. im Workspace aufgerufen werden könnte:

```
| kreis flaeche |
kreis := Circle center: 100@100 radius: 50.
flaeche := kreis area
```

Zunächst wird ein Kreis durch Angabe von Mittelpunkt und Radius erzeugt und der Variablen **kreis** zugewiesen. Anschließend wird diesem Objekt die Nachricht **area** gesendet und das Resultat dann der Variablen **flaeche** zugewiesen. Das Senden der Nachricht **area** führt nun zur Ausführung der gleichnamigen Methode der Klasse **Circle**.

Da nun der Radius des Kreises in der Exemplarvariablen **radius** gespeichert ist, könnte innerhalb der Methode **area** auch direkt darauf zugegriffen werden. Stattdessen sehen wir in der ersten Zeile auf der rechten Seite der Zuweisung den Ausdruck

```
self radius
```

Hierdurch wird die Nachricht **radius** an dasselbe Objekt geschickt, das auch Empfänger der Nachricht **area** ist. Der Möglichkeit, während der Ausführung einer Methode für ein Objekt, innerhalb der Methode genau diesem Objekt – also sich selbst – eine Nachricht schicken zu können, dient die Pseudovariable **self**. Sie wird von der virtuellen Maschine für die Dauer der Ausführung einer Methode automatisch immer an das Objekt gebunden, das Empfänger dieser Methode ist. Für unser Beispiel bedeutet dies, dass in dem Augenblick, in dem die Ausführung von **area** beginnt, **self** an dasselbe Objekt, wie die Variable **kreis** gebunden ist. Dieser Sachverhalt ist in Abbildung 6.5 veranschaulicht. Man nennt **self** eine Pseudovariable, weil im Gegensatz zu

self wird an
Nachrichten-
empfänger
gebunden

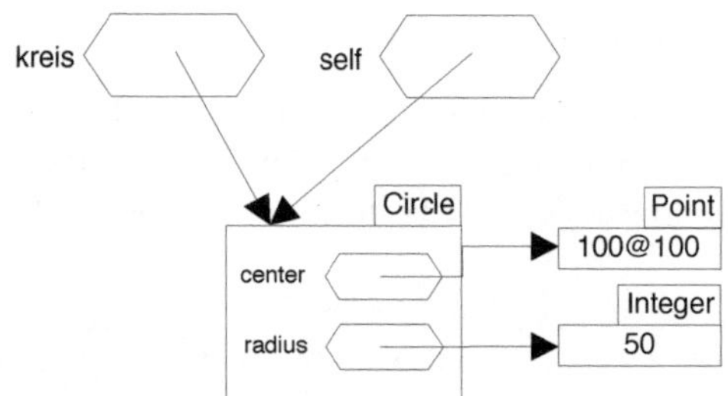

Abbildung 6.5: Speicherzustand während der Ausführung der Methode **area**

„normalen" Variablen eine Veränderung des Verweises in **self** durch eine Zuweisung nicht erlaubt ist.

Durch den Ausdruck **self radius** wird also an das **Circle**-Objekt die Nachricht **radius** geschickt, die ihrerseits nichts weiter tut, als den Wert der gleichnamigen Exemplarvariablen zu liefern. Den gleichen Effekt hätte man an dieser Stelle durch den direkten Zugriff auf die Exemplarvariable erreichen können. Die erste Zeile des Methodenrumpfs von **area** sähe dann so aus:

```
r := radius asLimitedPrecisionReal.
```

Warum anstelle dieses durchaus schnelleren, direkten Zugriffs auf die Exemplarvariable ein Methodenaufruf verwendet wird, darauf werden wir in Abschnitt 6.3 zurückkommen.

Durch die Nachricht **asLimitedPrecisionReal** wird übrigens das Radius-Objekt, das in unserem Beispiel ein **Integer**-Objekt ist, in ein **Float**-Objekt umgewandelt, damit es anschließend – etwas vereinfacht gesagt – einfacher mit der Float-Zahl π multipliziert werden kann. Die Zahl π kann mit Hilfe der Klassenmethode **pi** der Klassen **Float** oder **Double** ermittelt werden. In der zweiten Zeile der Methode **area** wird durch den Ausdruck **r class** zunächst die Klasse ermittelt, der das an **r** gebundene Objekt (hier: **Float**) angehört. Dieser Klasse wird dann die Nachricht **pi** geschickt und das Ergebnis wird dann mit dem Radius multipliziert.

Definition des Ergebnisobjekts einer Methodenaktivierung

Dieses Ergebnis, der Flächeninhalt des Kreises, muss nun von der Methode **area** als Resultat der Nachricht **kreis area** zurückgeliefert werden. Wir haben bereits in Kapitel 3 gelernt, dass das Senden einer Nachricht immer die Rückgabe eines Objekts zur Folge hat. Man braucht nun eine Möglichkeit, innerhalb einer Methode das Resultatobjekt zu kennzeichnen. Dies geschieht durch eine so genannte *Rückgabeanweisung*. Eine Rückgabeanweisung ist ein Smalltalk-Ausdruck, dem das Zeichen „^", der so genannte *Rückgabeoperator*, vorangestellt ist (vgl. Abbildung 6.4). Mit der Ausführung der Rückgabeanweisung wird die Ausführung der Methode abgebrochen und dasjenige Objekt als Ergebnis der Methodenaktivierung zurückgeliefert, das aus der Auswertung des hinter dem Rückgabeoperator stehenden Ausdrucks resultiert. In unserem Beispiel ist dies das Ergebnis der Berechnung von $\pi * r * r$.

Rückgabe-
anweisung

Rückgabe-
operator

Zugriff auf Exemplarvariablen

Betrachten wir als zweites Beispiel einer Methodenimplementierung die Methode
radius, die in **area** ja verwendet wird, um den Radius des Kreises zu ermitteln.
Abbildung 6.6 zeigt die Methode **radius** im System-Browser. Sie liefert also das Er-

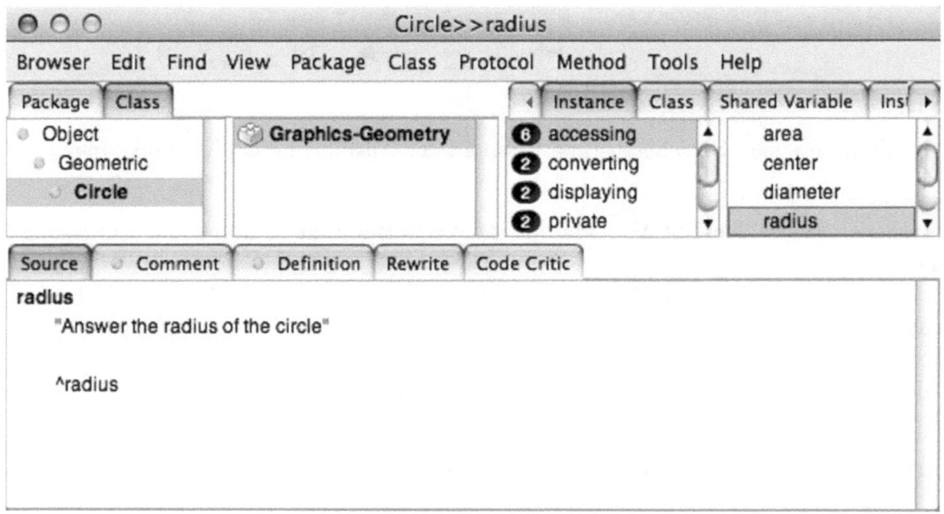

Abbildung 6.6: Implementierung der Methode **radius**

gebnis der Auswertung des Ausdrucks

```
radius
```

als Resultatobjekt zurück. In diesem Ausdruck wird auf die Exemplarvariable **radius**
zugegriffen. Das ist hier möglich – und auch notwendig –, weil die Exemplarvariablen
generell in allen Exemplarmethoden der Klasse, zu der sie gehören, sichtbar sind.

Da dem Ausdruck wieder der Rückgabeoperator vorangestellt ist, ist der Radius
des Kreises das Ergebnis einer Aktivierung der Methode.

Beim Zugriff auf Exemplarvariablen einer Klasse gibt es zwei Lehrmeinungen:

1. Man verwendet den direkten Zugriff auf die Exemplarvariablen überall dort, wo
   es möglich ist – also in allen Exemplarmethoden der Klasse.

2. Der direkte Zugriff auf eine Exemplarvariable wird auf eine gleichnamige Methode (z. B. **radius**) – eine so genannte *Get-Methode* – und eine so genannte
   Set-Methode (z. B. **radius:**, s. u.), mit der der Wert der Exemplarvariablen gesetzt werden kann, beschränkt.

Welche der beiden Varianten vorzuziehen ist, ist umstritten. Die erste Variante
vermeidet eine weitere Methodenaktivierung und ist damit etwas schneller. Der Vorteil
der zweiten Variante besteht darin, zukünftige Änderungen der Struktur einer Klasse
(Änderung der Exemplarvariablen) mit geringem Aufwand durchführen zu können.
Wenn man diese Strategie konsequent verfolgt, ist es in der Regel erforderlich, für alle

Exemplarvariablen auch die Get- und Set-Methoden zu definieren. Damit wird aber das Geheimnisprinzip „durchlöchert", da zumindest in Smalltalk die Verwendung von Methoden durch andere Objekte nicht eingeschränkt werden kann. Wir werden auf dieses Thema in Abschnitt 6.3 zurückkommen.

Definition einer Schlüsselwortmethode

Bisher haben wir nur unäre Methoden betrachtet. Eine Schlüsselwortmethode von `Circle` ist z. B. `radius:`. Diese ermöglicht es, den Radius eines Kreises neu auf den Wert, der der Nachricht als Argument mitgegeben wird, zu setzen. Abbildung 6.7 zeigt die Implementierung dieser Methode. (Anmerkung: Diese Methode ist im Original-Image von *VisualWorks* nicht enthalten, die hier gezeigte ist vom Autor hinzugefügt worden.) Die Methode könnte z. B. folgendermaßen angewendet werden:

```
| kreis |
kreis := Circle center: 120@200 radius: 35.
Transcript cr; show: kreis radius printString.
kreis := kreis radius: 75.
Transcript cr; show: kreis radius printString.
```

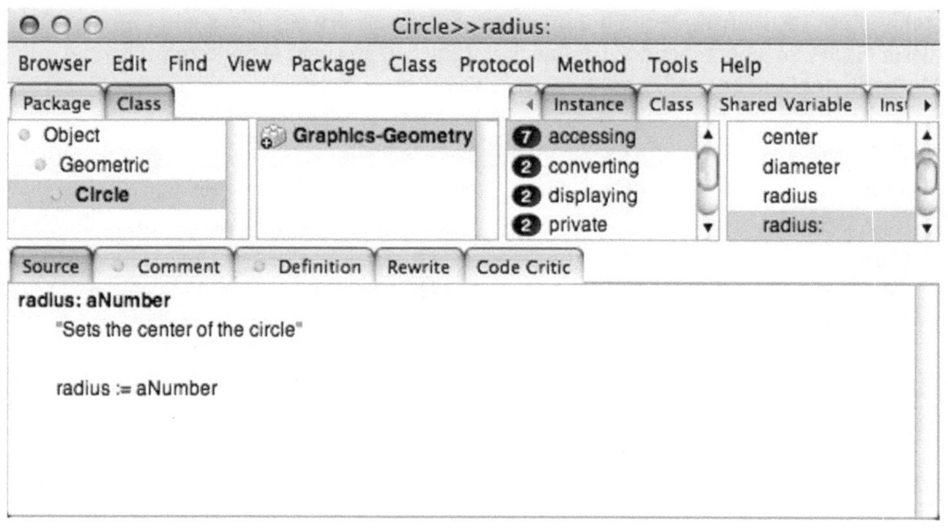

Abbildung 6.7: Implementierung der Methode `radius:`

In der vierten Zeile wird der Radius des Kreises auf den neuen Wert gesetzt. Unmittelbar davor und danach wird sein aktueller Wert ins Transcript geschrieben. Dort erscheinen nacheinander die Werte 35 und 75.

Die `radius:`-Nachricht wird also mit dem Argument 75 an das an `kreis` gebundene Objekt gesendet. Innerhalb der Methodenimplementierung benötigt man nun eine Möglichkeit, auf den Wert dieses Argumentes zuzugreifen. Zu diesem Zweck wird in der ersten Zeile des Methodentexts, dem Aufrufmuster, ein Platzhalter – hier mit

Platzhalter
im
Aufrufmuster

formaler
Parameter

dem Namen **aNumber** – angegeben. Derartige Platzhalter für beim Senden der Nachricht zu übergebende Argumente werden auch als *formale Parameter* bezeichnet. Die Namen der Platzhalter können vom Programmierer frei gewählt werden. Es ist in der Smalltalk-Programmierung allerdings üblich, Namen zu benutzen, die andeuten, von welcher Art (welcher Klasse) das Argument sein sollte.

Während des Ablaufs der Methode kann man sich den Platzhalter durch das übergebene Argument ersetzt denken. In unserem Beispiel könnte man also überall dort, wo der Bezeichner **aNumber** auftritt, die Zahl 75 einsetzen.

Es fällt auf, dass die Methode **radius:** keinen Rückgabeoperator enthält. In einem solchen Fall wird von der Methode automatisch das Empfängerobjekt auch als Resultatobjekt zurückgegeben. Der Zweck der Methode besteht ja hier auch nicht darin, ein neues Ergebnisobjekt zu ermitteln, sondern das Empfängerobjekt soll seinen Zustand, d. h. den Wert einer Exemplarvariablen, ändern. Durch die **radius:**-Methode bekommt die Exemplarvariable **radius** des Empfängerobjekts einen neuen Wert. Eine Methode ohne Rückgabeoperator wirkt also so, als ob in der letzten Zeile der Ausdruck

```
^self
```

stünde.

Für Schlüsselwortmethoden, deren Selektor aus mehr als einem Schlüsselwort besteht, muss im Aufrufmuster hinter jedem Schlüsselwort ein Platzhalter für das an dieser Stelle zu übergebende Argument vorgesehen werden. Abbildung 6.8 zeigt die Methode **setCenter:radius:** der Klasse **Circle** als Beispiel.

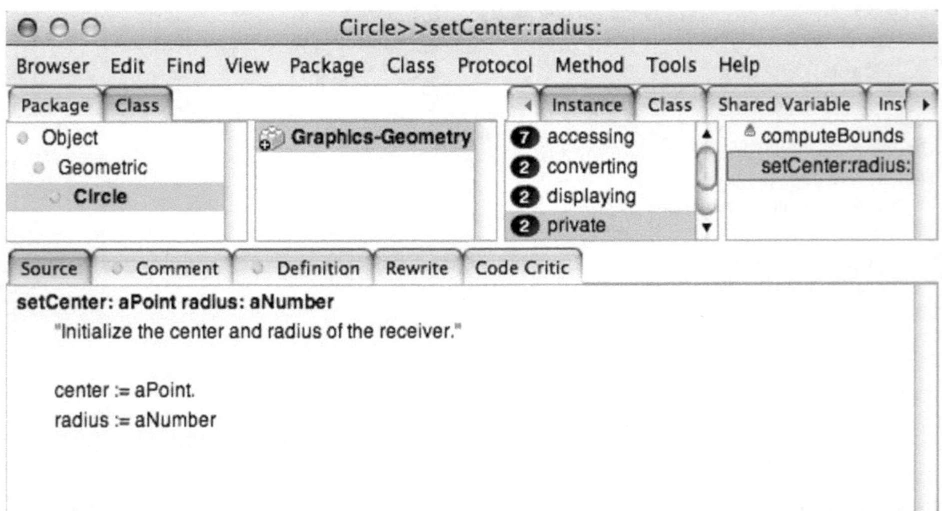

Abbildung 6.8: Implementierung der Exemplarmethode **setCenter:radius:**

Gültigkeits-
bereich
formaler
Parameter

Der Gültigkeitsbereich der formalen Parameter erstreckt sich über den Text der Methode und ist damit identisch mit dem von lokalen Variablen. Die Namen der formalen Parameter müssen selbstverständlich untereinander, aber auch von den Namen lokaler Variablen verschieden sein, sofern innerhalb der Methode welche definiert werden. Außerdem gilt sowohl für die lokalen Variablen als auch die formalen Parameter, dass ihre Namen nicht mit Namen von Variablen aus einem den Methodentext umgebenden Gültigkeitsbereich kollidieren dürfen. Das sind z. B. die Exemplarvariablen, deren Gültigkeitsbereich alle Exemplarmethoden der Klasse umfasst. D. h. der Name eines Platzhalters oder einer temporären Variablen darf nicht gleich lautend mit dem einer Exemplarvariablen sein.

Die in Abbildung 6.8 gezeigte Methode erlaubt, Mittelpunkt und Radius eines existierenden **Circle**-Objekts neu zu setzen. Es handelt sich also um eine Exemplarmethode, die nicht mit der oben schon benutzten Klassenmethode **center:radius:** verwechselt werden darf, die zum Erzeugen eines neuen Exemplars der Klasse **Circle** dient. Der Exemplarmethode **setCenter:radius:** hätte man sogar den gleichen Namen wie der Klassenmethode geben können. *SmaViM* kann die entsprechenden Nachrichten dadurch auseinander halten, dass eine Klassenmethode immer eine Klasse als Empfänger hat, eine Exemplarmethode hingegen ein Exemplar der Klasse. Abbildung 6.9 zeigt die Klassenmethode **center:radius:**. Diese erzeugt durch den

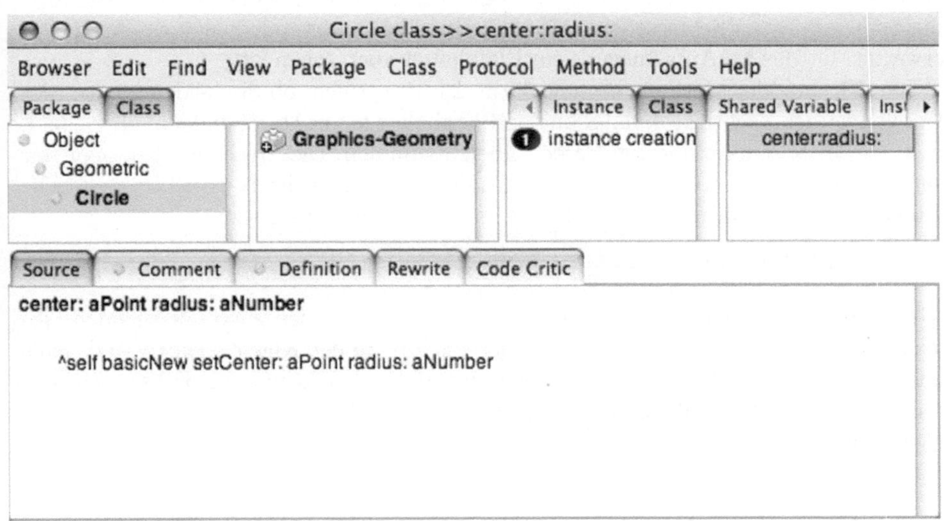

Abbildung 6.9: Implementierung der Klassenmethode **center:radius:**

Teilausdruck

```
self basicNew
```

zunächst ein neues Exemplar der Klasse **Circle**, bei dem die beiden Exemplarvariablen zunächst den Wert **nil** haben, der für das undefinierte Objekt steht. Man beachte, dass in dieser Methode die Pseudovariable **self** für die Klasse **Circle** steht, die ja Empfänger einer Klassenmethode ist. An das so erzeugte Exemplar wird nun die Nachricht

```
setCenter: aPoint radius: aNumber
```

geschickt, womit die Exemplarvariablen **center** und **radius** initialisiert werden.

Definition einer binären Methode

Betrachten wir schließlich noch die Definition einer binären Methode. Wie bereits im Abschnitt 3.1.1 erläutert wurde, werden binäre Nachrichten durch Operationssymbole dargestellt, die durch Sonderzeichen repräsentiert werden. Eine Methode =, die zwei Kreise auf Gleichheit zu überprüfen erlaubt, könnte folgendermaßen aussehen:

```
= aCircle
  "Answer whether the receiver's species, center and radius
   match those of the argument, aCircle."

  self species = aCircle species
     ifTrue: [^self center = aCircle center
                 and: [self radius  = aCircle radius]]
     ifFalse: [^false]
```

(Anmerkung: Das Original-Image von *VisualWorks* enthält für die Klasse **Circle** keine =-Methode.) Das Aufrufmuster entspricht weitgehend dem einer Schlüsselwortmethode mit einem Schlüsselwort, da auch eine binäre Methode genau ein Argument erwartet, für das im Aufrufmuster ein Platzhalter vorzusehen ist.

Die Wirkung der Methode besteht darin, zu überprüfen, ob die beiden Kreise (der Empfänger der Nachricht und das an den Platzhalter **aCircle** gebundene) gleich sind, d. h. die Mittelpunkte und die Radien übereinstimmen. Die Methode kann aber nur sinnvoll angewendet werden, wenn das mit dem Argument der Nachricht übergebene Objekt ein Exemplar der Klasse **Circle** ist. Durch den Ausdruck

```
  self species = aCircle species
```

wird (etwas vereinfacht gesprochen) überprüft, ob die beiden zu vergleichenden Objekte beide von der gleichen Art, d. h. hier Exemplare der Klasse **Circle** sind. Falls das nicht so sein sollte, ist das Ergebnis der Methodenaktivierung **false**. Ansonsten wird überprüft, ob die **center**- und die **radius**-Komponenten der beiden Kreise gleich sind.

6.3 Alternativimplementierung der Klasse Circle

In Abschnitt 3.1 wurde bereits das Geheimnisprinzip – vielfach auch als Kapselungsprinzip bezeichnet – als ein Wesensmerkmal der objektorientierten Programmierung erläutert. Dieses besagt, dass ein Objekt nach außen hin nur ein bestimmtes Verhalten offenbart, das durch die Nachrichten, die es versteht, bzw. die dahinter liegenden Methoden definiert ist. Die innere Struktur der Objekte bleibt hingegen nach außen unsichtbar. Dadurch wird es grundsätzlich möglich, diese innere Struktur zu verändern, ohne dass das nach außen sichtbare Verhalten der Objekte sich ändert. Diese Möglichkeit schafft eine wichtige Voraussetzung dafür, einmal getroffene Implementierungsentscheidungen revidieren zu können, ohne dadurch umfangreiche Anpassungsarbeiten in einem komplexen, aus vielen Klassen bestehenden Software-System vornehmen zu müssen. Solche Änderungsanforderungen können z. B. daher rühren, dass sich das ursprüngliche Implementierungskonzept als ineffizient herausgestellt hat.

Solange die vorzunehmende Änderung nur die Struktur der Objekte einer Klasse betrifft, deren Verhalten aber unverändert lässt, kann eine entsprechend modifizierte Klasse ohne weiteres die ursprüngliche ersetzen. Anhand eines Gedankenexperiments werden im Folgenden die Grundzüge dieser Technik skizziert. Und zwar werden wir eine alternative Implementierung der Klasse `Circle` betrachten.

Die Klasse `MyCircle`

Die Struktur der Objekte der Klasse `Circle` besteht aus den beiden Exemplarvariablen `center` und `radius`. Man könnte einen Kreis aber auch durch den Mittelpunkt und einen zweiten Punkt, der auf dem Umfang des Kreises liegt, definieren. Die Exemplarvariable (`center`) würde also beibehalten und die Exemplarvariable `radius` durch eine neue, z. B. mit dem Namen `circuitPoint`, ersetzt. Es soll hier nicht darüber nachgedacht werden, warum eine derartige Modifikation vorgenommen werden sollte. Ein Vorteil gegenüber der Struktur der Originalklasse ist sicherlich kaum erkennbar. Aber an dieser Stelle soll nur die prinzipielle Möglichkeit, so etwas zu tun, verdeutlicht werden. Abbildung 6.10 zeigt die Definition der Klasse `MyCircle` im System-Browser.

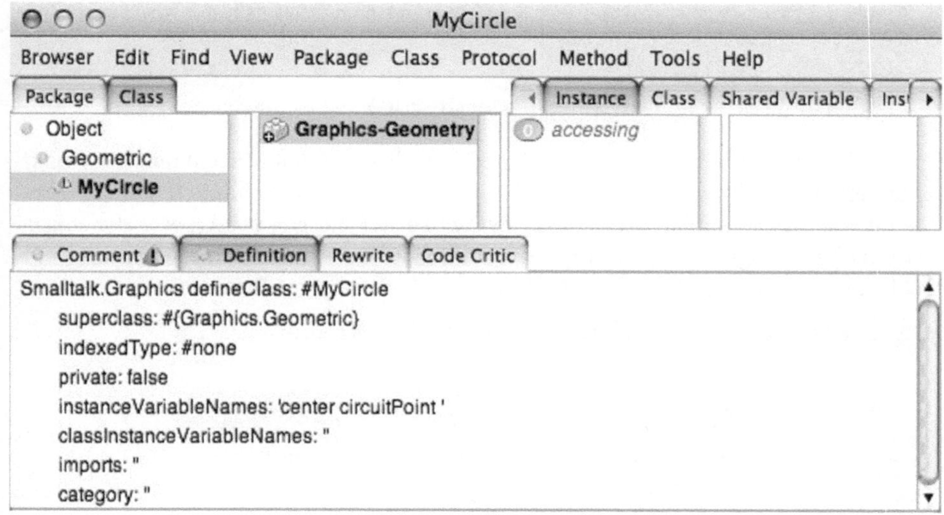

Abbildung 6.10: Die Klasse `MyCircle`

Wenn diese Klasse die Originalklasse tatsächlich ersetzen soll, muss sie auch den selben Namen tragen. Die Originalklasse direkt zu modifizieren ist aber nicht ratsam, da es während der Arbeiten an der neuen Klasse zweckmäßig ist, mit der Originalklasse noch Tests zum Vergleich des Verhaltens mit der neuen Klasse durchführen zu können. Daher ist es besser, die Entwicklung erst einmal in einer neuen Klasse vorzunehmen, die dann am Schluss umbenannt werden könnte.

Exemplare der Klasse `MyCircle` sollen sich nun genauso verhalten, wie diejenigen der Klasse `Circle`. Dazu gehört z. B., dass es weiterhin möglich sein muss, einem Exemplar der Klasse `MyCircle` die Nachricht `radius` zu senden, um den Halbmesser des Kreises zu ermitteln. Die entsprechende Methode der Originalklasse greift zu diesem Zweck einfach auf die entsprechende Exemplarvariable zu. Über die verfügen die **MyCircle**-Objekte aber nicht mehr. Der Radius muss also aus der Entfernung von Mittelpunkt und Umfangspunkt erst errechnet werden. Die Methode **radius** könnte dazu folgendermaßen umprogrammiert werden:

```
radius
   "Answer the radius of the circle"


  ^center dist: circuitPoint
```

Die Exemplarmethode **dist:** der Klasse **Point** berechnet die Entfernung zweier Punkte.

Es muss natürlich auch weiterhin möglich sein, einen neuen Kreis mithilfe der Klassenmethode **center:radius:** zu erzeugen. Wie wir im vorigen Abschnitt gesehen haben, benutzt die Klassenmethode (vgl. Abbildung 6.9) die Exemplarmethode **setCenter:radius:** (vgl. Abbildung 6.8), die demnach entsprechend der neuen Klassenstruktur modifiziert werden muss:

```
setCenter: aPoint radius: aNumber
  "Initialize the center and circuitPoint of the receiver."


  center := aPoint.
  circuitPoint := aPoint + (aNumber@0)
```

Der Umfangspunkt wird hier dadurch berechnet, dass auf den Mittelpunkt ein Punkt (**aNumber@0**) mit dem Radius als x-Koordinate und der y-Koordinate 0 addiert wird.

Jetzt können Exemplare der Klasse **MyCircle** auf die gleiche Art wie diejenigen von **Circle** erzeugt werden. Führt man den folgenden Ausdruck im Workspace mit **Do it** aus, wird der in Abbildung 6.11 gezeigte Inspector geöffnet:

```
(MyCircle center: 100@120 radius:50) inspect
```

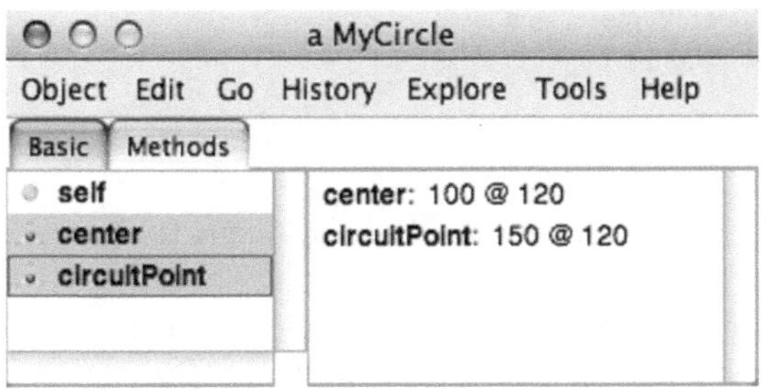

Abbildung 6.11: Ein Exemplar der Klasse **MyCircle**

Einem **MyCircle**-Objekt können wir nun auch die Nachricht **radius** senden. Die Ausführung des Ausdrucks

```
(MyCircle center: 100@120 radius:50) radius
```

mit **Print it** liefert die korrekte Ausgabe **50.0**.

Das Verhalten bezüglich der Erzeugung neuer Exemplare und der Reaktion auf die Nachricht **radius** ist also für beide Klassen identisch. Man muss jetzt nur noch die übrigen Methoden der Klasse **MyCircle** daraufhin untersuchen, ob sie die weggefallene Exemplarvariable **radius** benutzen. Dies wäre übrigens gar nicht notwendig, wenn bei der Implementierung der Methoden (außer den Get- und Set-Methoden) generell darauf verzichtet worden wäre, auf die Exemplarvariablen direkt zuzugreifen, anstatt z. B. die Nachricht **radius** zu verwenden, um den Halbmesser des Kreises zu erhalten. Wenn also in allen Methoden von **Circle** der Ausdruck **self radius** anstelle von **radius** stünde, wären wir jetzt schon fast fertig, nachdem wir die Methode **radius** neu definiert haben. In diesem Punkt ist die Implementierung der Klasse **Circle**, so wie sie im Original-Image vorgenommen ist, aber nicht ganz konsequent. Während in den meisten Methoden tatsächlich direkte Zugriffe auf die Exemplarvariablen vermieden werden, gibt es zwei Ausnahmen: die Methoden **displayFilledOn:** und **displayStrokedOn:** im Methodenprotokoll **displaying**. Abbildung 6.12 zeigt die Methode **displayFilledOn:**. Hier wird in den ersten Zeilen auf die Exemplarvariablen **radius** und **center** direkt zugegriffen. Eine plausible Begründung, warum gerade hier von der Regel, die entsprechenden Get-Methoden zu verwenden, abgewichen wurde, ist dem Autor nicht bekannt.

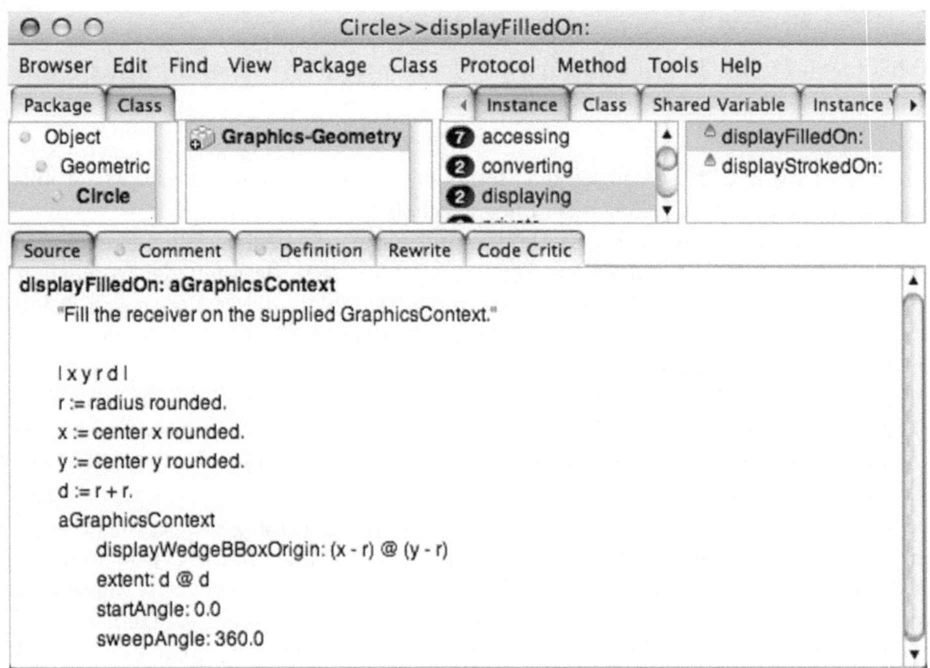

Abbildung 6.12: Die Implementierung der Methode **displayFilledOn:** in der Originalklasse **Circle**

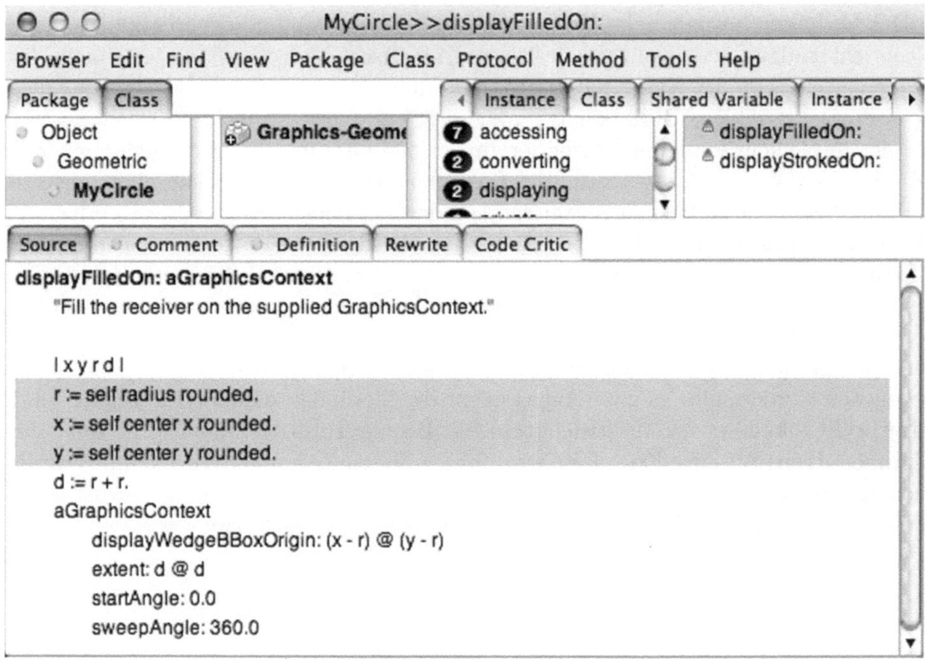

Abbildung 6.13: Die Implementierung der Methode `displayFilledOn:` in der Klasse
`MyCircle`

In der Klasse `MyCircle` wurden die Methoden entsprechend angepasst (vgl. Abbildung 6.13, die geänderten Zeilen sind hervorgehoben).

Weitere Anpassungen an den Methoden sind nicht erforderlich. Ohne den Beweis hier im Einzelnen führen zu wollen, können wir festhalten, dass mit den vorgenommenen Änderungen an der Klasse `MyCircle` die Exemplare dieser Klasse sich genau so verhalten, wie diejenigen der Originalklasse `Circle`. Diese könnte nun eliminiert werden und durch `MyCircle` ersetzt werden.

Zusammenfassend stellen wir fest, dass es durch die strikte Kapselung der Objektstruktur möglich ist, eine Klasse durch eine andere zu ersetzen. Dies bleibt ohne Auswirkungen auf die übrigen Klassen einer Anwendung, solange das Verhalten der Objekte der neuen Klasse sich von dem der Objekte der alten Klasse nicht unterscheidet, d. h. die neuen Objekte die gleiche Reaktion auf die gleichen Nachrichten zeigen. Wenn, wie oben erläutert, alle Methoden der Klasse `MyCircle` konsequent an die veränderte Struktur, die durch die Exemplarvariablen gegeben ist, angepasst werden, kann diese Klasse die Originalklasse `Circle` ohne weiteres ersetzen. Dies ist insbesondere dann mit geringem Aufwand verbunden, wenn der direkte Zugriff auf Exemplarvariablen konsequent auf die Get- und Set-Methoden, deren einzige Aufgabe ja gerade im Zugriff auf die Exemplarvariablen besteht, beschränkt wird. Hier wird noch einmal die Bedeutung des Prinzips der objektorientierten Programmierung hervorgehoben, dass Objekte ausschließlich über das Versenden von Nachrichten miteinander kommunizieren, ohne irgendwelche Annahmen über den inneren Aufbau der jeweiligen Kommunikationspartner besitzen zu müssen.

7 Definition neuer Klassen

Eine der Kernaufgaben bei der Entwicklung eines objektorientierten Anwendungsprogramms besteht in der Definition geeigneter Klassen und ihrer Methoden, deren Objekte in ihrem Verhalten die Gegenstände der realen Welt in geeigneter Weise nachbilden. In einer kaufmännischen Anwendung könnte es sich bei solchen Gegenständen z. B. um Produkte, Verträge, Angebote und Kunden handeln, bei einer geometrischen Anwendung z. B. um Geraden, Kreise, Rechtecke, bei einem CAD-System[1] für den Maschinenbau z. B. um Schrauben, Muttern, Zahnräder aber auch komplexe Objekte wie Getriebe und Motoren.

Die Aufgabe, Gegenstände der Realwelt durch programmtechnische Artefakte, wie Klassen und Methoden, geeignet zu rekonstruieren, ist durchaus komplex und erfordert einen intensiven Dialog zwischen den Programmentwicklern einerseits und den Fachleuten des jeweiligen Anwendungsgebiets andererseits. Möglicherweise werden bei der Entwicklung komplexer Softwaresysteme bei dieser Übertragung des Anwendungswissens in eine Software-Architektur die meisten Fehler gemacht, die häufig aus Verständigungsschwierigkeiten zwischen den beteiligten Gruppen resultieren.

Diese Fragen der Systemanalyse und des Entwurfs von Software sind Gegenstand des Fachgebiets *Software-Engineering* und werden hier nur ansatzweise behandelt.

Zunächst geht es um die technischen Fertigkeiten, die für die Definition neuer Smalltalk-Klassen benötigt werden. Dabei lässt es sich nicht vermeiden, auf die diesbezüglichen Besonderheiten der verwendeten Entwicklungsumgebung einzugehen.

Die folgenden Betrachtungen werden anhand von zwei Fallbeispielen erfolgen:

1. In Abschnitt 7.1 greifen wir das Problem der Währungsumrechnung aus den Abschnitten 2.1 bzw. 2.2 auf. Hier steht dann die Technik der Definition von Klassen und Methoden in *VisualWorks* im Vordergrund.

2. In Abschnitt 7.2 soll eine kleine Problemstellung analysiert und einer objektorientierten Lösung zugeführt werden.

Auf das Beispiel der Lösung quadratischer Gleichungen (s. Abschnitt 2.3) kommen wir in Kapitel 8 zurück, nachdem die Themen *Klassenhierarchien* und *Vererbung* eingeführt wurden.

7.1 Fallbeispiel Währungsumrechnung

Stellen wir uns für einen Augenblick vor, wir hätten die Aufgabe, ein Programm für einen international agierenden „Web-Shop" zu entwickeln. Innerhalb dieser Anwendung tritt das Teilproblem auf, Preise in verschiedenen Währungen anzeigen zu können und daher Beträge von einer Währung in eine andere umrechnen zu können.

---

[1]CAD = computer aided design, rechnergestützter Entwurf

Es besteht also die Anforderung im Programm mit verschiedenen „Währungsumrech-
nern" arbeiten zu können. Wir könnten sie als Exemplare einer Klasse ansehen, die
jeweils ihren Wechselkurs kennen.

Diese Überlegungen können zu folgendem „Testprogramm" im Workspace führen:

```
| euroNachDollar dollars |
euroNachDollar := Umrechner mitWechselkurs: 1.55.
dollars := euroNachDollar rechneUm: 227.0
```

In der zweiten Zeile wird der Klasse **Umrechner** die Nachricht **mitWechselkurs:**
1.55 geschickt. Die Klasse soll damit ein Exemplar erzeugen, das dann Beträge mit
dem Wechselkurs 1.55 umrechnet. In der dritten Zeile wird dann dieses **Umrechner**-
Exemplar benutzt um 227 Euro in Dollar umzurechnen. Wenn unser Währungsumrechner fertig ist, sollte die Auswertung des Testprogramms mit **Print it** den Wert
351.85 liefern.

> **Anmerkung**: Wir beschränken uns hier aus Gründen der Vereinfachung
> darauf, Geldbeträge als Gleitkommazahlen (engl.: floating point numbers)
> darzustellen. Das ist aus programmiertechnischer Sicht fast ein „Kunstfeh-
> ler", da Gleitkommazahlen[2] für technische-wissenschaftliche Berechnun-
> gen vorgesehen sind. Sie bieten eine gleich bleibende relative Genauigkeit.
> Beim Rechnen mit Geldbeträgen benötigt man aber eine gleich bleiben-
> de absolute Genauigkeit (z. B. auf hundertstel). Durch die Rundungsfeh-
> ler, die beim Rechnen mit Gleitkommazahlen entstehen, ist unser Wäh-
> rungsumrechner für einen Devisenhändler, der Milliardenbeträge von einer
> Währung in eine andere transferiert, ungeeignet.
>
> In Smalltalk[2] wäre es, um Rundungsfehler zu vermeiden, auch möglich,
> statt mit Gleitkommazahlen mit Brüchen (Exemplare der Klasse **Frac-**
> **tion**) zu arbeiten. Dann müsste man den Wechselkurs mit (155/1000)
> anstellen von 1.55 angeben. Dann erscheinen aber auch die umgerechneten
> Beträge als Brüche, die dann für die Ausgabe für bessere Lesbarkeit in eine
> Dezimaldarstellung umgewandelt werden könnten.
>
> Für ein realistisches kaufmännisches Anwendungsprogramm wäre es aller-
> dings sinnvoll, Geldbeträge nicht einfach als Zahlen sondern als Exempla-
> re einer Währungsklasse darzustellen, mit denen dann auch kaufmännisch
> korrekt gerechnet werden könnte.

Für Umrechnungen zwischen anderen Währungen können jederzeit weitere Exemplare
der Klasse **Umrechner** angelegt werden.

Im Folgenden sollen nun nach und nach alle Schritte durchgeführt werden, damit
das o. g. Testprogramm ablaufen kann.

7.1.1 Anlegen einer neuen Klasse

Der bevorzugte Weg, eine neue Klasse zu erzeugen, führt über den System-Browser.
In *VisualWorks* müssen wir uns als erstes entscheiden, in welchem Package die neue

---

[2]vgl. hierzu Abschnitt 8.1.2

Klasse angelegt werden soll. In der Regel wird man für neue anwendungsspezifische Klassen ein oder mehrere neue Packages anlegen. Nur selten dürfte es sinnvoll sein, die im Original-Image bestehenden Packages um eigene Klassen zu erweitern. Die Wahl eines eigenen Packages erleichtert es auch später, die zugehörigen Klassen im Image aufzufinden.

Anlegen eines neuen Package

Für unsere kleine Anwendung führen wir einfach ein Package ein, das wir **Waehrungen** nennen werden. Wählt man **New Package ...** aus dem Menü **Package** des System-Browsers, erscheint ein Dialogfenster, in das der Name des neuen Package eingetragen wird. Danach bietet der System-Browser das in Abbildung 7.1 gezeigte Bild. In Feld 5[3]

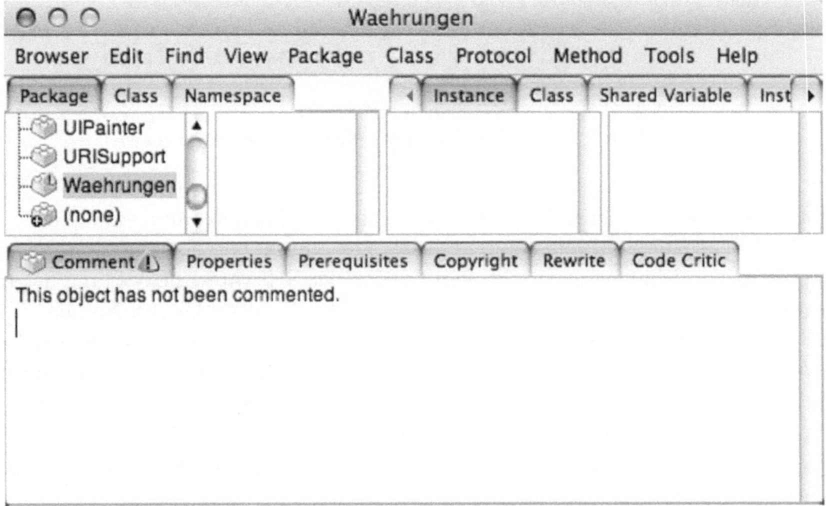

Abbildung 7.1: Nach dem Anlegen eines neuen Package

wird der Programmierer daran erinnert, dass für dieses Package noch kein Kommentar angelegt wurde.

Anlegen eines neuen Namespace

Wie schon in Abschnitt 5.7 erläutert wurde, geschieht das Anlegen einer neuen Klasse in *VisualWorks* programmtechnisch durch Senden einer geeigneten Nachricht an einen Namespace.

Namespaces sind eine Besonderheit der neueren *VisualWorks*-Versionen. Bis Version 3 gab es – wie in anderen Smalltalk-Dialekten auch – nur einen einzigen Namespace mit dem Namen **Smalltalk**. Dieser existiert weiterhin, sollte aber nur in Ausnahmefällen für das Anlegen eigener Klassen benutzt werden.

Namespaces stellen Namensräume für Bezeichner (z. B. für Klassen und globale Variablen) dar. Das heißt, innerhalb eines Namensraums darf ein Bezeichner nur einmal

---

[3]vgl. Abbildung 5.14

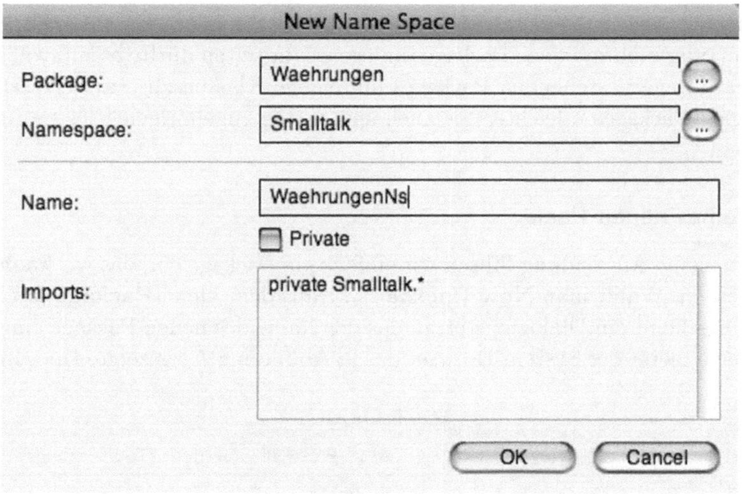

Abbildung 7.2: Eingabe eines Namespace-Namens

definiert werden. Mit anderen Worten: Innerhalb eines Namensraums müssen die Bezeichner eindeutig sein, ein Klassenname kann nur einmal vergeben werden. Wenn es nur einen einzigen Namensraum gibt, kann es bei der Software-Entwicklung in größeren Teams zu Problemen kommen, da man sich über die Vergabe von Namen einigen muss. Stehen mehrere Namensräume zur Verfügung, könnte man z. B. jedem Team einen Namensraum zuordnen. Über die Namensvergabe muss man sich dann nur noch innerhalb des Teams verständigen. Man könnte aber auch jedem einzelnen Entwickler einen Namensraum zuordnen, um so Namenskonflikte auszuschließen. Detailliertere Hinweise zur Bedeutung und Anwendung von Namespaces in *VisualWorks* sind in Cincom Systems (2013a) zu finden.

Bevor man mit der Entwicklung einer Anwendung beginnt, sollte man mindestens einen Namespace anlegen. Dieser wird üblicherweise als Sub-Namespace des Namespace **Smalltalk** definiert. Für die kleinen Anwendungen in diesem Band ist die Definition eines einzigen eigenen Namespace immer ausreichend.

Bevor man einen Namespace anlegt, sollte man darauf achten, dass im System-Browser auch das richtige Package markiert ist. Der Dialog für das Erzeugen eines neuen Namespace ist über den Menüpunkt **Class**→**New**→**Namespace ...** erreichbar. In Abbildung 7.2 wurde bereits **WaehrungenNs** als Name für den anzulegenden Namespace eingetragen. Weitere Eingaben bzw. Änderungen sind in dem Dialog nicht erforderlich. Nach Bestätigung des Dialogs zeigt der System-Browser die Definition des neuen Namespace (vgl. Abbildung 7.3). Daraus kann man erkennen, dass

1. der Namespace **WaehrungenNs** im Package **Waehrungen** angelegt wurde und

2. die Definition des Namespace durch Senden der Nachricht
   ```
   defineNameSpace: #WaehrungenNs
   private: false imports: 'private Smalltalk.*' category: ''
   ```
   an den Namespace **Smalltalk** erfolgt ist.

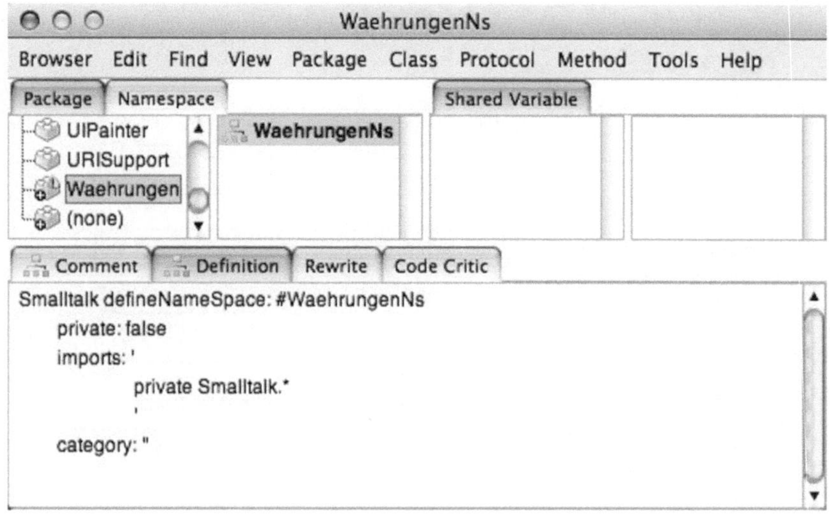

Abbildung 7.3: Definition des Namespace `WaehrungenNs`

Anlegen der Klasse **Umrechner**

Wir haben nun alle technischen Vorkehrungen getroffen, um die Klasse **Umrechner** in unserem Package **Waehrungen** und im Namespace **WaehrungenNs** zu definieren. Wir erinnern uns an die zu Beginn des Abschnitts 7.1 genannte Anforderung, dass die **Umrechner**-Exemplare den jeweiligen Wechselkurs kennen, bzw. bei ihrer Erzeugung mitgegeben bekommen. Diese Anforderung setzen wir dadurch um, dass wir eine Exemplarvariable **wechselkurs** bei der Definition der Klasse **Umrechner** angeben. **Umrechner**-Exemplare besitzen als vorerst einziges Merkmal den Wechselkurs.

In Abbildung 7.4 ist das Dialogfenster für das Anlegen einer neuen Klasse gezeigt. Um diesen aufzublenden, markiert man im System-Browser zunächst das gewünschte Package und den gewünschten Namespace und aktiviert dann den Menüpunkt **Class→New Class . . . .**

Für unser Beispiel sind in dem Dialog die folgenden Angaben zu machen:

1. Es ist zuerst zu prüfen, ob in den beiden oberen Eingabefeldern die Einträge für Package und Namespace korrekt sind.

2. In dem mit **Name:** gekennzeichneten Eingabefeld ist der Name der anzulegenden Klasse einzutragen, hier **Umrechner**.

3. Im Eingabefeld **Superclass:** ist die Klasse `Object` als Oberklasse bereits eingetragen[4]. Dieser Eintrag bleibt unverändert.

4. In das Eingabefeld **Instance Variables:** werden, ggf. durch Leerzeichen getrennt, die Namen der Exemplarvariablen eingetragen, hier **wechselkurs**.

---

[4]Die Notation `Core.Object` weist darauf hin, dass die Klasse `Object` im Namespace `Core` definiert ist.

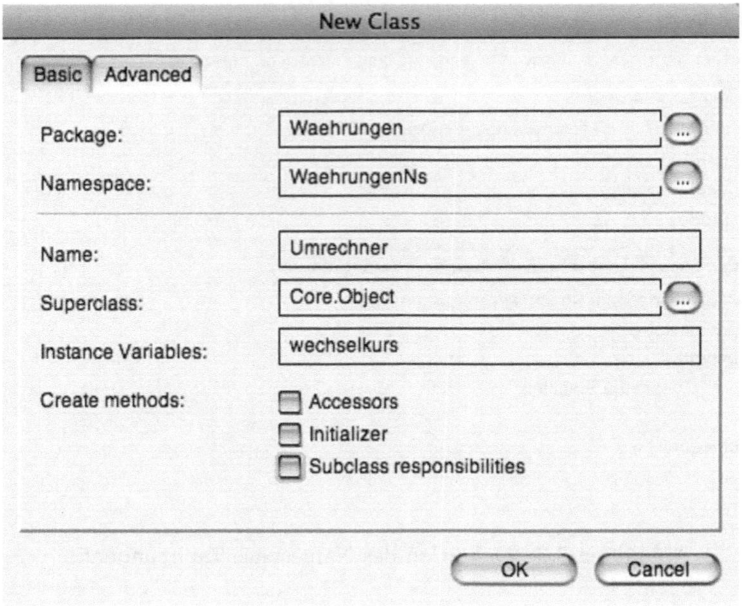

New Class

Basic | Advanced

Package: Waehrungen

Namespace: WaehrungenNs

Name: Umrechner

Superclass: Core.Object

Instance Variables: wechselkurs

Create methods: ☐ Accessors
                    ☐ Initializer
                    ☐ Subclass responsibilities

OK   Cancel

Abbildung 7.4: Dialog für das Anlegen einer neuen Klasse

5. Schließlich sollten noch die Haken von den drei Ankreuzfeldern **Accessors**, **Initializer** und **Subclass responsibilities** entfernt werden. Andernfalls würden eine Reihe von Methoden automatisch erzeugt, worauf wir aber vorerst verzichten.

Nach Bestätigung des Dialogs zeigt der System-Browser die Definition der Klasse **Umrechner** (vgl. Abbildung 7.5). Im Feld 5 ist wieder die Smalltalk-Nachricht zu sehen, die das Erzeugen der Klasse bewirkt hat. Der Empfänger der Nachricht ist unser Namespace **Smalltalk.WaehrungenNs**. Die Nachricht selbst ist eine Schlüsselwortnachricht mit dem Selektor:

#defineClass:superclass:indexedType:private:instanceVariableNames:classInstanceVariableNames:imports:category:.

Klassen-
erzeugung
durch
Programm-
ausführung
Es handelt sich also um eine Nachricht mit insgesamt acht Schlüsselwörtern. An dieser Stelle ist zu bemerken, dass in Smalltalk – im Gegensatz zu anderen objektorientierten Programmiersprachen – Klassen nicht deklariert, sondern als Objekte (auch Klassen sind Objekte) durch Programmausführung erzeugt werden. Das Senden einer solchen Nachricht muss keineswegs im System-Browser erfolgen, sondern das kann grundsätzlich überall dort geschehen, wo Smalltalk-Ausdrücke ausgewertet werden, z. B. im Workspace oder innerhalb einer Methode. Es ist also ohne weiteres möglich, Smalltalk-Programme zu schreiben, die zur Laufzeit neue Klassen erzeugen. Von dieser Möglichkeit wird in den Beispielen dieses Buches aber kein Gebrauch gemacht.

Hinter den Schlüsselwörtern sind für die Erzeugung einer Klasse die folgenden Argumente anzugeben:

Klassenname **defineClass:** Name der neuen Klasse als Symbol (vgl. Abschnitt 3.2), für unser Beispiel also **#Umrechner**.

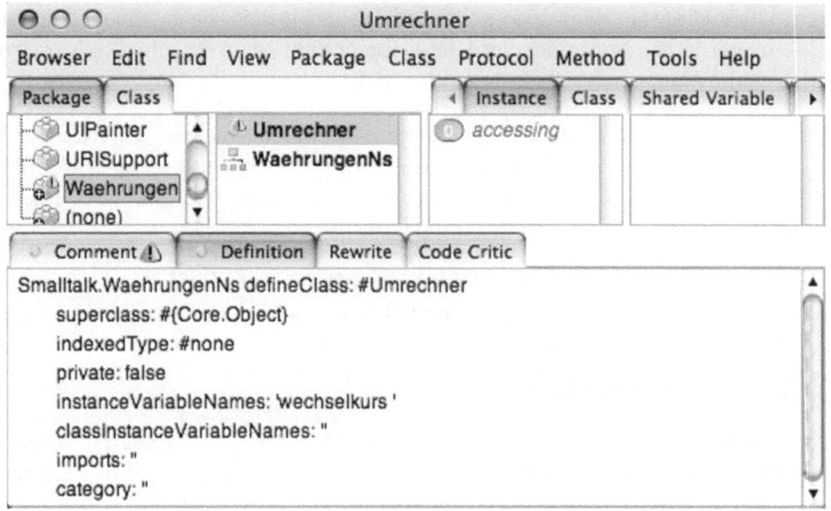

Abbildung 7.5: Definition der Klasse **Umrechner**

superclass: Name der Oberklasse der neu anzulegenden Klasse; die spezielle Syntax – der Name steht innerhalb der geschweiften Klammern – erlaubt es vor den eigentlichen Klassennamen einen Namespace bzw. einen Namespace-Pfad anzugeben.
Oberklasse

indexedType: Mit dem Symbol **#none** als Argument wird festgelegt, dass unsere Klasse einzeln benannte Exemplarvariablen hat. In der Definition der Klasse **Array** steht an dieser Stelle das Symbol **#objects**, wodurch ausgedrückt wird, dass Exemplare der Klasse unterschiedlich groß sein können (Arrays können mit einer beliebigen Anzahl von Komponenten erzeugt werden.) und dass die Komponenten so genannte indizierte Exemplarvariablen sind, die über eine Nummer (einen Index) angesprochen werden.

private: Auch dieses Argument lassen wir unverändert. Durch **private:true** könnte verhindert werden, dass auf die Klasse aus einem fremden Namespace heraus Bezug genommen wird.

instanceVariableNames: Das Argument dieses Schlüsselworts ist eine Zeichenkette mit den Namen der Exemplarvariablen, wobei die einzelnen Namen durch jeweils einen Zwischenraum voneinander getrennt werden müssen. Die Reihenfolge ist bedeutungslos.
Namen der Exemplar-variablen

classInstanceVariableNames: In ähnlicher Weise könnten in der nächsten Zeile so genannte *Klassenexemplarvariablen* (class instance variables) definiert werden. Dabei handelt es sich um private Variablen einer Klasse (nicht ihrer Exemplare). Auf diese kann nur in den Klassenmethoden einer Klasse zugegriffen werden. Wir werden von ihnen keinen Gebrauch machen.
Klassen-exemplar-variablen

imports: Hier könnten Namespaces angegeben und damit die in ihnen definierten Bezeichner in den Methoden der Klasse **Umrechner** ohne Angabe des Namespace (d. h. ohne Namespace-Pfad) benutzt werden.

category: Dieses Schlüsselwort ist gewissermaßen ein Überbleibsel aus früheren Versionen von *VisualWorks*, als Klassenkategorien noch ein wichtiges Ordnungsmittel des System-Browsers waren. Sie sind inzwischen bedeutungslos (vgl. Abschnitt 5.7).

Klassen-
methode
new

Nachdem die neue Klasse erzeugt worden ist, können nun durch Senden der Nachricht **new** sofort Exemplare der Klasse **Umrechner** gebildet werden. Da die Klassenmethode **new** von der Klasse **Object** geerbt wird, kann der Ausdruck

```
Umrechner new inspect
```

mit **Do it** ausgewertet werden, was zu dem in Abbildung 7.6 gezeigten Inspector-Fenster führt. Man kann sich dort überzeugen, dass die Exemplarvariable **wechselkurs** an das undefinierte Objekt **nil** gebunden ist.

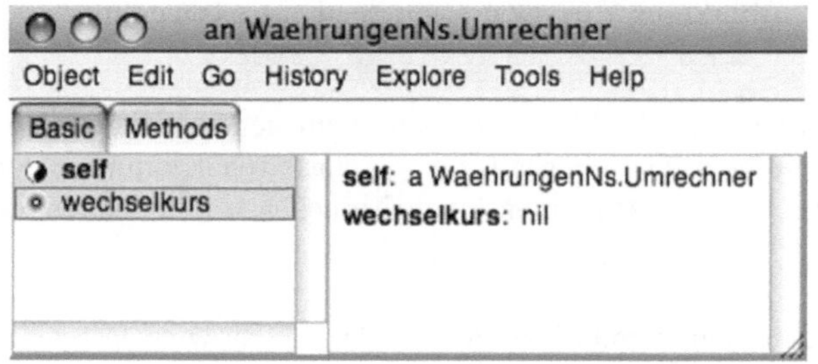

Abbildung 7.6: Ein **Umrechner**-Exemplar

Die Klasse **Object** verfügt in ihrer Klassenmethode **new** sozusagen über das Wissen, wie uninitialisierte Exemplare beliebiger Klassen erzeugt werden. Dies ist ein gutes Beispiel für den Nutzen der Vererbung im Sinne der Wiederverwendung von Programmcode. Das, was in der Methode **new** einmal implementiert wurde, kann nun von allen anderen Klassen genutzt werden. Das Kapselungsprinzip bedeutet hier, dass man sich auch keine Gedanken darum machen muss, wie das Erzeugen von Objekten bewerkstelligt wird.

7.1.2 Eigene Klassenmethoden für die Exemplarerzeugung

Exemplare der Klasse **Umrechner**, die mit **new** erzeugt wurden, sollte es aus anwendungsorientierter Sicht gar nicht geben, da die Exemplarvariable **wechselkurs** undefiniert ist und somit ein Versuch, ein solches Exemplar für die Umrechnung eines Betrags zu verwenden, fehl schlagen muss. Es wäre wohl möglich, durch Senden einer geeigneten Nachricht, den Wechselkurs eines **Umrechner**-Objekts nachträglich zu setzen, besser wäre es allerdings, wenn beim Erzeugen des Exemplars der Wechselkurs gleich mitgegeben werden könnte. Genau dies ist der Sinn des Ausdrucks **Umrechner mitWechselkurs: 1.55** in unserem kleinen „Testprogramm“:

```
| euroNachDollar dollars |
euroNachDollar := Umrechner mitWechselkurs: 1.55.
dollars := euroNachDollar rechneUm: 227.0
```

Damit dieser Ausdruck ausgewertet werden kann, müssen wir dafür sorgen, dass die Nachricht **mitWechselkurs:** vom Empfänger, also der Klasse **Umrechner** verstanden wird. Damit eine Nachricht von einer Klasse verstanden wird, muss sie entweder selbst über eine gleichnamige Methode verfügen oder sie muss ihr auf dem Wege der Vererbung zugänglich sein. In diesem Fall müssen wir demnach in der Klasse **Umrechner** eine entsprechende Klassenmethode definieren.

Der Kopf der Methode könnte nun folgendermaßen aussehen:

```
mitWechselkurs: aNumber
    "erzeugt ein Exemplar des Empfaengers mit dem
    Wechselkurs aNumber"
```

Die erste Zeile stellt das Aufrufmuster dar. Der formale Parameter, der als Platzhalter für den beim Senden der Nachricht übergebenen Wert (im obigen Beispiel die Zahl 1.55) trägt hier den Namen **aNumber**, weil damit ausgedrückt werden soll, dass hier eine Zahl als Argument erwartet wird. Grundsätzlich sind die Namen von formalen Parametern aber frei wählbar.

Der in der zweiten Zeile beginnende Kommentar beschreibt kurz den Zweck der Methode. Man beachte hier die Formulierung „... ein Exemplar des *Empfaengers* ...“. Da die Nachricht **mitWechselkurs:** an die Klasse **Umrechner** geschickt wird, ist sie natürlich der Empfänger der Nachricht. Die Formulierung „...ein Exemplar der *Klasse Umrechner* ...“ wäre auch korrekt gewesen. Es gilt unter Smalltalk-Programmierern aber als guter Stil, auf die direkte Bezugnahme auf Klassennamen möglichst zu verzichten, weil dann z. B. obiger Kommentar invariant gegenüber Änderungen des Klassennamens ist. Dass im Laufe der Entwicklung der Name einer Klasse auch mal geändert wird, kommt vor und wird auch von der Entwicklungsumgebung durch eine entsprechende Funktion unterstützt, die dann nach allen Vorkommen des Klassennamens im Image sucht. Kommentare werden aber in die Suche nicht mit einbezogen, so dass dann dort der alte Name stehen bliebe.

Im Rumpf der Methode **mitWechselkurs:** muss nun als erstes ein Exemplar der Klasse **Umrechner** erzeugt werden. Das könnte mit dem Ausdruck **Umrechner new** bewerkstelligt werden. Besser ist es auch hier, den direkten Bezug auf den Klassennamen zu vermeiden und stattdessen **self new** zu schreiben. Auf die Bedeutung der Pseudovariablen **self** ist schon in Abschnitt 6.2 hingewiesen worden. Sie steht zum Zeitpunkt der Ausführung der Methode stellvertretend für das Objekt, das die Nachricht empfangen hat, die zur Aktivierung der Methode geführt hat. In unserem Fall ist **self** demnach an die Klasse **Umrechner** gebunden.

Der Ausdruck **self new** liefert also, wenn er in einer Klassenmethode der Klasse **Umrechner** ausgewertet wird, ein Exemplar eben dieser Klasse. Diesem Exemplar muss nun noch mitgeteilt werden, dass sein Wechselkurs **aNumber** sein soll. D. h. wir müssen diesem Exemplar eine entsprechende Nachricht senden. Wir erweitern den Ausdruck daher wie folgt:

```
self new wechselkurs: aNumber
```

Da hier die Exemplarvariable **wechselkurs** gesetzt werden soll, benutzen wir hierfür
entsprechend den Namenskonventionen von Smalltalk (vgl. Abschnitt 6.2) die Set-
Methode **wechselkurs:**, die als Exemplarmethode allerdings noch angelegt werden
muss.

Unsere Klassenmethode **mitWechselkurs:** sieht nun wie folgt aus:

```
mitWechselkurs: aNumber
    "erzeugt ein Exemplar des Empfaengers mit dem
    Wechselkurs aNumber"

    ^self new wechselkurs: aNumber
```

Man beachte, dass dem Ausdruck in der letzten Zeile noch der Rückgabeoperator
voran gestellt wurde. Damit wird erreicht, dass das neu erzeugte Exemplar als Antwort auf den Empfang der Nachricht **mitWechselkurs:** zurück gegeben wird. Diesen
Rückgabeoperator zu vergessen, gehört zu den „beliebtesten" Programmierfehlern in
Smalltalk überhaupt. Fehlt er, ist das so, als würde als letzter Ausdruck **^self** ausgewertet. In unserem Falle bedeutete dies, dass die Antwort die Klasse **Umrechner**
anstatt das neu erzeugte Exemplar wäre.

Anlegen der Klassenmethode im System-Browser

Um unsere Klassenmethode **mitWechselkurs:** der Klasse **Umrechner** hinzuzufügen,
sind zunächst vorbereitend die folgenden Schritte im System-Browser erforderlich.

1. Markieren der Klasse **Umrechner**

2. Auswahl des Reiters **Class** oberhalb von Feld 3[5]

3. Auswahl des Methodenprotokolls **instance creation** (hier vom System-Browser schon automatisch angelegt, da Exemplarerzeugung (engl. instance creation)
   die Hauptaufgabe von Klassenmethoden ist)

Danach zeigt der System-Browser (s. Abbildung 7.7) in Feld 5 eine Art Schablone
für das Schreiben neuer Methoden. Der Aufbau unserer Methode **mitWechselkurs:**
entspricht dieser Schablone mit Ausnahme der Tatsache, dass wir keine temporären
Variablen benötigen.

Um unsere Methode nun in das Image aufzunehmen, sind noch die folgenden Schritte erforderlich:

1. Die Code-Schablone in Feld 5 ist durch den Code der Methode **mitWechselkurs:**
   zu ersetzen.

2. Der Menüpunkt **accept** (aus dem Menü **Edit** oder dem Kontextmenü von
   Feld 5) muss aktiviert werden. Dadurch wird die Methode in den Byte-Code
   übersetzt, falls der Methodentext keine syntaktischen Fehler enthält. Der Compiler wird allerdings in einer Dialogbox den Hinweis geben, dass es sich bei
   wechselkurs: um eine neue Nachricht handelt. Eine entsprechende Set-Methode

---

[5]vgl. Abbildung 5.14

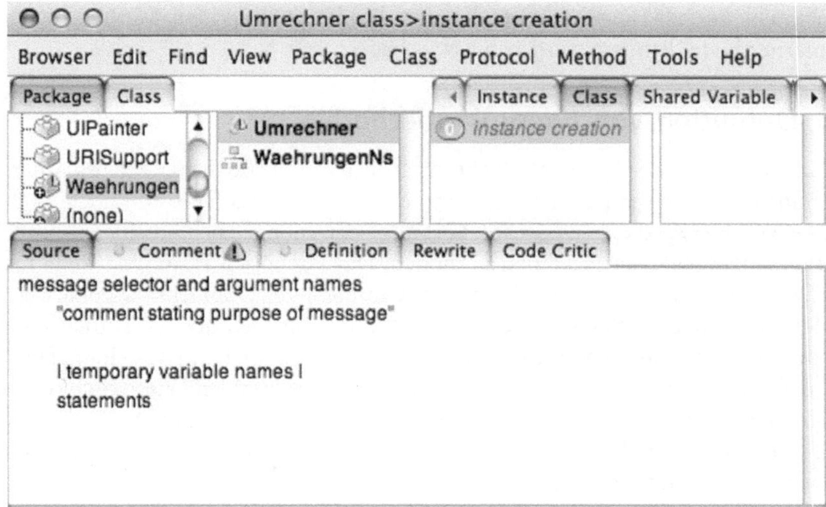

Abbildung 7.7: Code-Schablone für neue Methoden

ist von uns ja auch noch nicht definiert worden. Die Dialogbox kann aber durch Betätigen der Schaltfläche **proceed** bestätigt werden, was dann letztlich zu dem in Abbildung 7.8 gezeigten Ergebnis führt.

Man beachte, dass, wenn die Methode erfolgreich übernommen wurde, der Methodenname (message selector) in Feld 4 erscheint.

Der Ausdruck **Umrechner mitWechselkurs: 155** aus unserem kleinen Testprogramm ist jetzt noch nicht auswertbar, da die Klassenmethode **mitWechselkurs:** ja

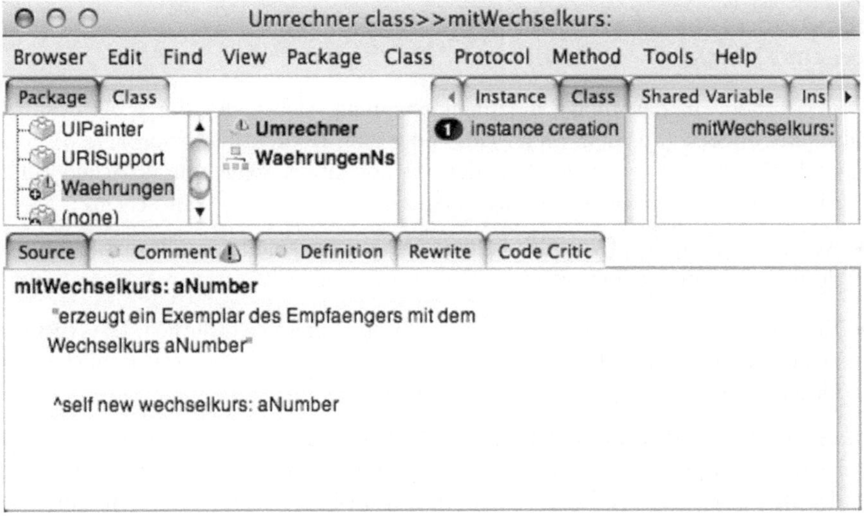

Abbildung 7.8: Die Klassenmethode **mitWechselkurs:**

die Nachricht **wechselkurs:** verwendet, für die die passende Set-Methode noch als
Exemplarmethode definiert werden muss.

7.1.3 Definition von Exemplarmethoden

Durch das Erzeugen der Klasse **Umrechner** ist u. a. die Struktur der Exemplare durch
die Definition ihrer Exemplarvariablen festgelegt worden. Es fehlt nun noch, den Exemplaren der Klasse das gewünschte Verhalten zu geben. Dies geschieht durch die
Definition entsprechender Exemplarmethoden. Dazu gehört z. B. die Methode für die
Nachricht **rechneUm:**, die wir im Testprogramm benutzen. Zunächst werden wir aber
eine Methode mit dem Selektor **wechselkurs:** definieren, die wir ja innerhalb der
Klassenmethode **mitWechselkurs:** schon benutzt haben. Es handelt sich um eine Methode, deren einziger Zweck das Setzen einer Exemplarvariablen (hier: **wechselkurs**)
ist, also eine Set-Methode. Dies ist an dieser Stelle eigentlich nur insofern von Bedeutung, als es in Smalltalk die Konvention gibt, Get- und Set-Methoden in einem
Methodenprotokoll **accessing** unterzubringen.

Exemplarme-
thoden

Set-Methoden

Anlegen einer Exemplarmethode im System-Browser

Um unsere Exemplarmethode **wechselkurs:** der Klasse **Umrechner** hinzuzufügen,
sind zunächst vorbereitend die folgenden Schritte im System-Browser erforderlich.

1. Markieren der Klasse **Umrechner**

2. Auswahl des Reiters **Instance** oberhalb von Feld 3

3. Auswahl des Methodenprotokolls **accessing** (hier vom System-Browser schon
   automatisch angelegt, da fast jede Klasse über Get- und Set-Methoden verfügt).

Danach zeigt der System-Browser – ähnlich wie in Abbildung 7.7 gezeigt – in Feld
5 eine Code-Schablone, die wir durch die folgende Methodendefinition ersetzen:

```
wechselkurs: aNumber
    wechselkurs := aNumber
```

Um die Methode in das Image aufzunehmen, muss sie wieder durch Auswahl des
Menüpunkts **accept** (aus dem Menü **Edit** oder dem Kontextmenü von Feld 5) in den
Byte-Code übersetzt werden. Enthält der Methodentext keine syntaktischen Fehler,
führt die Aktion zu dem in Abbildung 7.9 gezeigten Ergebnis. Man beachte:

- Kommentare im Kopf von Get- und Set-Methoden sind in Smalltalk nicht üblich,
  da ihre Wirkung keiner weiteren Erläuterung bedarf.

- Ein Rückgabeoperator ist in einer Set-Methode nicht erforderlich. Die Rückgabe
  des Empfängers (durch das implizite **^self**) ist die angemessene Reaktion eines
  Objekts auf den Empfang einer Set-Nachricht.

Nun kann der Ausdruck **Umrechner mitWechselkurs: 1.55** aus unserem kleinen
Testprogramm ausgewertet werden. Führt man ihn im Workspace mit **Inspect it** aus,
zeigt der Inspector (s. Abbildung 7.10) ein initialisiertes, d. h. mit einem sinnvollen
Anfangswert für die Exemplarvariable belegtes, **Umrechner**-Objekt.
Um das Testprogramm

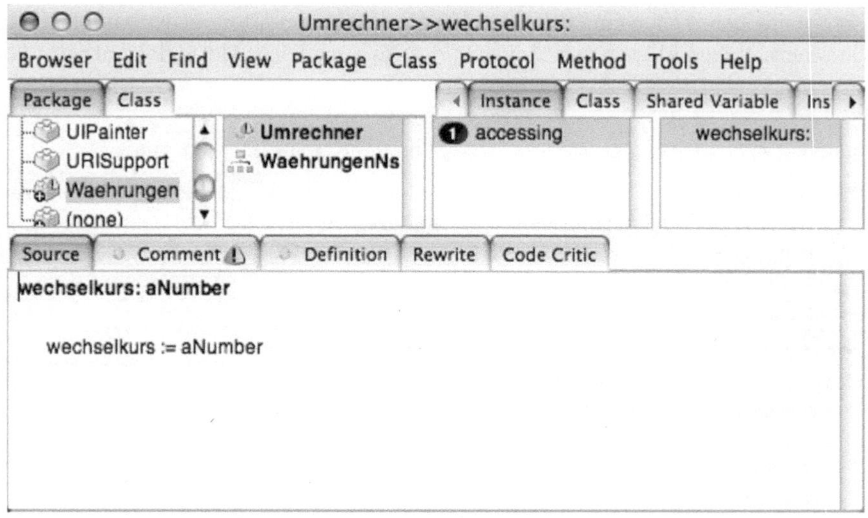

Abbildung 7.9: Die Exemplarmethode **wechselkurs:**

Abbildung 7.10: Ein initialisiertes **Umrechner**-Objekt

```
| euroNachDollar dollars |
euroNachDollar := Umrechner mitWechselkurs: 155.
dollars := euroNachDollar rechneUm: 227
```

ausführen zu können, fehlt uns noch die

Definition der Methoden **rechneUm:** und **wechselkurs**

Bei **rechneUm:** handelt sich wieder um eine Exemplarmethode, für die wir im System-Browser aber ein neues Methodenprotokoll anlegen sollten, damit das einzige Protokoll, das unsere Klasse **Umrechner** für Exemplarmethoden besitzt, nämlich **accessing**, den Get- und Set-Methoden vorbehalten bleibt. Zum Erzeugen eines neuen Methodenprotokolls wählen wir im System-Browser (bei ausgewähltem Klassenbezeichner in Feld 2) den Menüeintrag **Protocol→New...** oder den entsprechenden Befehl im Kontextmenü von Feld 3 und geben anschließend in das Dialogfenster den Namen des Methodenprotokolls ein. Der System-Browser zeigt anschließend das in Abbildung 7.11

Methoden-
protokoll

gezeigte Aussehen. Der Name des Protokolls erscheint vorläufig in Kursivschrift und
in Klammern eingeschlossen zum Zeichen, dass es noch keine Methoden enthält. Nun

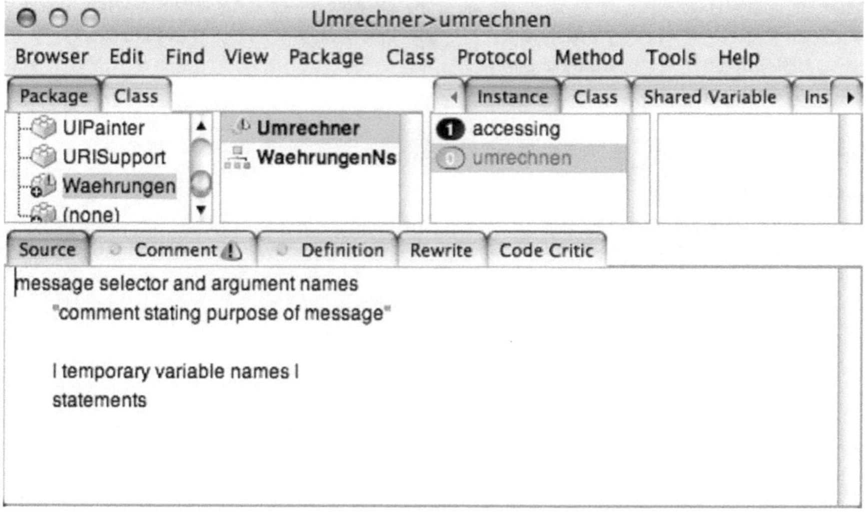

Abbildung 7.11: Ein neues Methodenprotokoll

ersetzen wir die in Feld 5 vorgegebene Methodenschablone durch diesen Text:

```
rechneUm: aNumber
  "rechnet den Betrag aNumber zum aktuellen Wechselkurs um"

  ^aNumber * self wechselkurs
```

Für den Zugriff auf die Exemplarvariable **wechselkurs** benutzen wir in dem Ausdruck **self wechselkurs** die gleichnamige Get-Methode, die wir bisher aber nicht
angelegt haben. Daher liefert der Versuch, die Methode **rechneUm:** mit **accept** zu
übersetzen, zu einer entsprechenden Warnung, die aber wieder einfach bestätigt werden kann. Der System-Browser zeigt sich dann, wie in Abbildung 7.12 dargestellt.
    Die Get-Methode **wechselkurs** muss nun noch im Protokoll **accessing** – wie in
Abbildung 7.13 dargestellt – angelegt werden. Bei Set-Methoden ist wieder darauf zu
achten, den Rückgabeoperator nicht zu vergessen.
    Nun haben wir alle Methoden definiert, um die

Ausführung des Testprogramms

zu ermöglichen. Wenn man dieses – um eine Ausgabe ins Transcript erweiterte –
Programm

```
| euroNachDollar dollars |
euroNachDollar := Umrechner mitWechselkurs: 1.55.
dollars := euroNachDollar rechneUm: 227.0 .
Transcript show: '227 Euro sind ',
              dollars printString, ' Dollar'
```

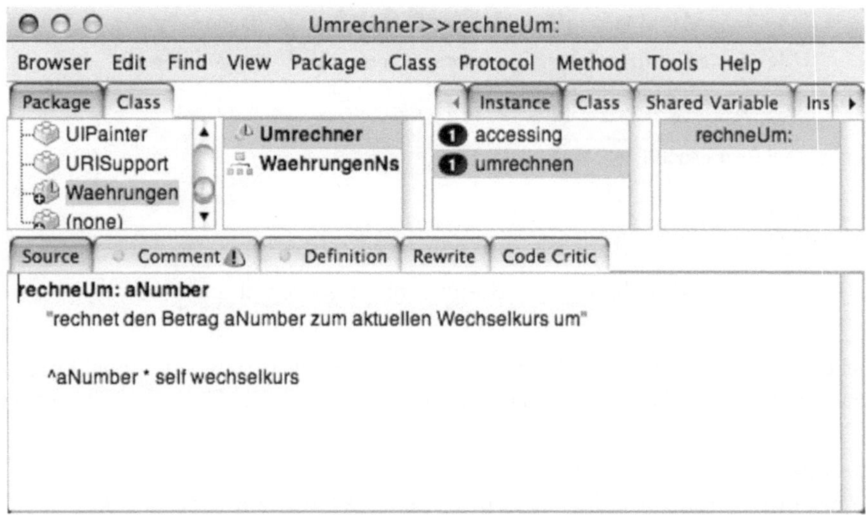

Abbildung 7.12: Die Exemplarmethode `rechneUm:`

Abbildung 7.13: Die Exemplarmethode `wechselkurs`

im Workspace eingibt, markiert und mit **Do it** ausführt, sollte die Ausgabe in der letzten Zeile des in Abbildung 7.14 gezeigten Transcripts erscheinen.

7.1.4 Erweiterung des Umrechners

Eine kleine Erweiterung der Funktionalität unser **Umrechner**-Exemplare wäre sicher noch sinnvoll. Ein Währungsumrechner, der Euro in Dollar umrechnen kann, ist auch in der Lage, die inverse Berechnung durchzuführen. Um Dollar in Euro umzurechnen,

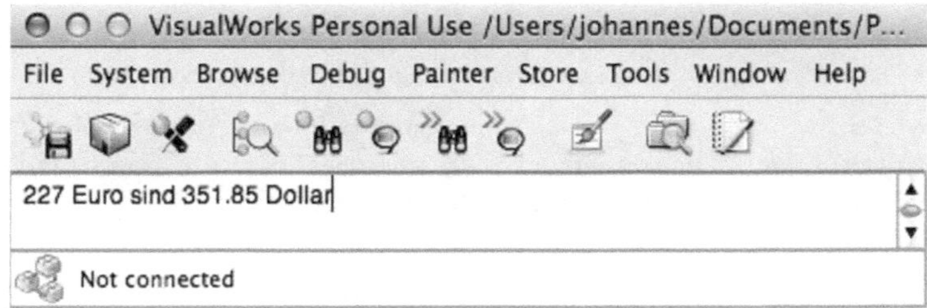

Abbildung 7.14: Resultat des Testprogramms

braucht der Dollar-Betrag nur durch den in der Exemplarvariablen **wechselkurs** gespeicherten Wert dividiert werden. Dazu führen wir eine zweite Umrechnungsmethode ein:

```
rechneUmInvers: aNumber
  "rechnet den Betrag aNumber zum aktuellen Wechselkurs
   invers um"

  ^aNumber / self wechselkurs
```

Nachdem die Methode (wieder im Protokoll **umrechnen**) angelegt wurde, können wir sie z. B. mit der folgenden Sequenz testen:

```
| euroNachDollar euros |
euroNachDollar := Umrechner mitWechselkurs: 1.55.
euros := euroNachDollar rechneUmInvers: 351.85 .
Transcript show: '351.85 Dollar sind ',
                euros printString, ' Euro'
```

Im Transcript sollte dann der Text

```
  351.85 Dollar sind 227.0 Euro
```

erscheinen.

Nachbetrachtung

Spätestens hier wird deutlich, dass die Lesbarkeit des Programms dadurch beeinträchtigt wird, dass Währungsbeträge einfach als Zahlen dargestellt werden. Der Zahl 351.85 ist nicht anzusehen, dass sie für 351,85$ steht. In unseren Testprogrammen wird dies nur dadurch abgemildert, dass „sprechende" Variablenbezeichner, wie **euros** oder **dollars** benutzt werden. Auf die Probleme, Geldbeträge durch Gleitkommazahlen darzustellen, wurde schon zu Beginn von Abschnitt 7.1 eingegangen. Es spricht also einiges dafür, eine eigene Klasse zu schaffen, deren Exemplare dann Geldbeträge sind und für die eine eigene, kaufmännisch korrekte Arithmetik geschaffen werden könnte. An dieser Stelle werden wir das Thema aber nicht weiter vertiefen. Eine weitere Alternative, die die Klassenbibliothek von *VisualWorks* für diese Zweck besitzt, ist die Verwendung der Klasse **FixedPoint**, wovon im nächsten Abschnitt Gebrauch gemacht werden wird.

7.2 Fallbeispiel Kinobetrieb

In diesem Abschnitt soll eine (sehr) kleine Anforderungsdefinition aus dem „realen
Leben" analysiert und einer objektorientierten Lösung zugeführt werden. Die Analyse
der Anforderungsdefinition im Rahmen einer objektorientierten Software-Entwicklung
wird als *objektorientierte Analyse* und die Entwicklung eines geeigneten Systems von
Klassen und Objekten als *objektorientierter Entwurf* bezeichnet. Die hierbei anzuwen-
denden Verfahren und zu beachtenden Prinzipien werden in Lehrbüchern zum Thema
objektorientierte Software-Entwicklung in der Regel eingehend behandelt. Stellvertretend sei hier auf Oestereich (2005) oder Seemann und Wolff von Gudenberg (2006)
verwiesen.

objekt-
orientierte
Analyse und
Entwurf

Hier werden wir nur ein stark vereinfachtes Verfahren andeuten, wie auf der Grundlage einer Textanalyse Objekte und Klassen gefunden werden können. Dabei wird vorausgesetzt, dass die Anforderungen an das zu entwickelnde Programm in Form einer
(möglichst präzise formulierten) Prosa vorliegen, eine Voraussetzung, die in der Praxis
häufig nicht gegeben ist. Gerade in größeren Software-Projekten müssen die Anforderungen in einem aufwändigen Prozess erst von Auftraggeber und Auftragnehmer
gemeinsam erarbeitet werden.

Wir betrachten die folgende

Problembeschreibung

> Der Eigentümer eines Vorstadtkinos kann seine Preise für Eintrittskarten
> frei festlegen. Er hat einen exakten Zusammenhang zwischen dem Kar-
> tenpreis und der durchschnittlichen Besucheranzahl empirisch festgestellt:
> Bei einem Preis von 5 € pro Karte kommen im Schnitt 120 Zuschauer.
> Reduziert er den Preis um 0,10 €, erhöht sich die Besucherzahl um 15.
> Aber mehr Besucher verursachen höhere Kosten. Jede Veranstaltung kos-
> tet 180 € plus 0,05 € für jeden Zuschauer. Der Eigentümer möchte nun
> wissen, wie groß der Profit bei einem bestimmten Kartenpreis ist.

7.2.1 Analyse der Problembeschreibung

Vorweg sei angemerkt, dass die Problembeschreibung keinesfalls zwingend nahe legt,
ein objektorientiertes Programm zu entwickeln. Andere Programmierstile[6] – wie z. B.
die *funktionale Programmierung* – könnten hier eben so gut zum Einsatz kommen.

Dem letzten Satz der Problembeschreibung ist zu entnehmen, dass der Zusammenhang zwischen dem Kartenpreis und dem Profit gesucht ist. Darüber hinaus können
dem Text die folgenden Zusammenhänge entnommen werden:

1. Der Profit ist die Differenz aus Einnahmen und Kosten. Das steht streng genommen im Text gar nicht drin, sondern ist eher gemeines Wissen. Der Text liefert
   aber zumindest keine Hinweise auf eine andersartige Berechnung des Profits.

2. Die Einnahmen sind das Produkt aus Kartenpreis und Besucherzahl.

---

[6]auch *Programmierparadigmen* genannt

3. Die Kosten sind die Summe aus den Fixkosten (180 €) und dem Produkt aus Besucheranzahl und den Kosten pro Besucher(0,05 €).

Bezüglich des Zusammenhangs zwischen der Besucheranzahl und dem Kartenpreis ist der Text nicht sehr präzise. So kann ihm weder entnommen werden

1. was mit der Besucherzahl passiert, wenn der Kartenpreis vermindert wird, noch,

2. ob der Zusammenhang überhaupt linear ist.

Um diese Unklarheiten zu beseitigen, müsste der Auftraggeber gefragt werden. Hier nehmen wir der Einfachheit halber an, dass der Zusammenhang zwischen Besucherzahl z und dem Kartenpreis p durch die Formel

$$z = 120 + \frac{(5,0 - p) \cdot 15}{0,1} = 120 + (5,0 - p) \cdot 150$$

gegeben ist. D. h., wir nehmen einen linearen Zusammenhang mit den Parametern aus dem Text an. Das bedeutet z. B., dass die Besucherzahl um 30 sinkt, wenn der Kartenpreis um 0,20 € erhöht wird.

Finden von Objekten, Klassen und Methoden

Ein erster Ansatz – und auf den werden wir uns hier beschränken – aus der Problembeschreibung Hinweise auf geeignete Klassen und Methoden abzuleiten, besteht in einer „grammatikalischen" Analyse des Textes:

1. Substantive im Text deuten auf Objekte, Klassen bzw. ihre Merkmale hin.

2. Verben bzw. Satzprädikate hingegen stehen eher für Vorgänge oder Funktionen, die das Verhalten der Objekte beschreiben und vielleicht durch Methoden implementiert werden.

Substantive in dem Text sind: *Eigentümer, Vorstadtkino, Kartenpreis, Besucherzahl, Karte, Zuschauer, Kosten, Profit, Veranstaltung*. Nicht problemspezifische Substantive, wie z. B. *Schnitt* oder *Zusammenhang* und Synonyme (*Karte, Eintrittskarte*) sind dabei schon „aussortiert" worden. Hinsichtlich der weiteren „Verwendung" dieser Substantive sind die folgenden Fragen zu beantworten:

1. Welche Begriffe sind für die Problemlösung tatsächlich relevant?

2. Bezeichnen Begriffe einen Sachverhalt wirklich eindeutig?

3. Welche Begriffe bezeichnen Objekte oder eher Merkmale von Objekten?

zu Frage 1: Der Begriff der *Karte* hat für die Ermittlung des Profits sicherlich ohne Bedeutung, da es nur auf den Preis ankommt, den ein Zuschauer entrichten muss. Damit ist aber auch der *Zuschauer* ohne Bedeutung. Es zeigt sich hier, dass die Frage aber nicht wirklich beantwortet werden kann, ohne auch den zweiten Teil der Textanalyse hinsichtlich der zu realisierenden Funktionen zu betrachten. Die beiden Phasen der Analyse können also nicht strikt getrennt voneinander durchgeführt werden.

zu Frage 2: Der Begriff *Kosten* z. B. ist nicht eindeutig, da aus dem Text hervorgeht, dass es offenbar variable und feste Kosten für jede Veranstaltung gibt.

zu Frage 3: Bezogen auf Smalltalk könnten man sagen: Die Frage ist falsch gestellt. Denn in Smalltalk sind Merkmale natürlich auch Objekte, die in den Exemplarvariablen des Objekts, dessen Merkmale sie beschreiben, gespeichert sind. mit der Bezeichnung *Merkmale* sind hier „atomare" Objekte, die ihrerseits keine „zerlegbare" Struktur besitzen, gemeint. So kann man sich fragen, ob z. B. der Kartenpreis einfach durch eine Zahl oder vielleicht als Exemplar einer Klasse für Geldbeträge betrachtet wird.[7]

Als **Ergebnis von Teil 1** der Textanalyse halten wir fest:

- Relevante Begriffe sind *Kartenpreis, Besucherzahl, Kosten, Profit* und *Veranstaltung.* Der Begri ff *Vorstadtkino* könnte erst dann interessant werden, wenn wir den Kinoeigentümer (unseren Auftraggeber) davon überzeugen können, dass er in Zukunft sicher mehrere Kinos besitzen wird und er dann den zu erwartenden Profit für die verschieden Kinos wird getrennt ermitteln wollen.

- Der Kartenpreis, die Kosten und der Profit sind Attribute einer Veranstaltung.

- Der Text enthält eine Reihe von Konstanten (z. B. 120 Zuschauer, 180 €). Wie damit umzugehen ist, gibt der Text nicht her. Wir gehen hier davon aus, dass die Zahlenangaben nur exemplarisch zu verstehen sind. Wir wollen unser Programm so flexibel halten, dass sie geändert werden könnten, ohne das Programm ändern zu müssen. Man kann schließlich davon ausgehen, dass z. B. Kosten sich in der Zukunft ändern werden. Daraus ergeben sich zusätzliche Merkmale für die Veranstaltung:

  - die Basis-Besucherzahl (120)

  - der Kartenpreis der Basis-Besucherzahl (5 €)

  - der Besucher-Preis-Faktor (15 / 0,10 €)

  Die Merkmale von Kosten sind demnach

  - Fixkosten pro Veranstaltung (180 €)

  - Kosten pro Besucher (0,05 €)

Das (vorläufige) Ergebnis von Teil 1 der Textanalyse kann dann durch das in Abbildung 7.15 gezeigte Klassendiagramm zusammengefasst werden. Zu diesem Diagramm ist folgendes anzumerken:

- Als Attributklassen für Preise wird die Klasse **FixedPoint** benutzt. Exemplare dieser Klassen sind Zahlen mit einer definierten Genauigkeit und damit grundsätzlich für das Rechnen mit Geldbeträgen gut geeignet. Diese Klasse steht zwar in *VisualWorks,* aber nicht notwendig in anderen Smalltalk-Klassenbibliotheken zur Verfügung.

---

[7] vgl. hierzu auch die Nachbetrachtung in Abschnitt 7.1.4

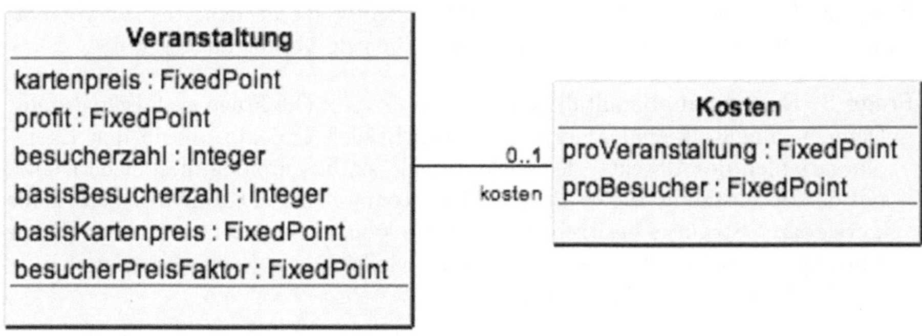

Abbildung 7.15: Klassendiagramm für das „Kinoproblem"

- Die Zusammenfassung der *Kosten* in einer eigenen Klasse ist keinesfalls zwingend. Es dient hier der Modularisierung der Anwendung. Damit ist gemeint, dass das „Kostenmodul" leichter durch ein anderes ersetzt werden kann, wenn sich die Ermittlung der Kosten in der Zukunft anderes gestaltet, als das der Fall wäre, wenn die Kostenermittlung in die Klasse **Veranstaltung** integriert würde. Das Entwurfsprinzip, das hier zum Tragen kommt, bezeichnet man auch als *Trennung der Verantwortlichkeiten*[8]. Eine wohldefinierte, abgegrenzte Teilaufgabe wird in einem eigenen Modul (einer eigenen Klasse) untergebracht.

Trennung der
Verantwortlich-
keiten

Teil 2 der Textanalyse: Aus dem Text der Problembeschreibung sind im Wesentlichen drei Aktivitäten herauszulesen:

- Die Hauptaktivität (anscheinend die einzige, die den Auftraggeber interessiert) ist die Ermittlung des Profits in Abhängigkeit vom Kartenpreis.

- Dafür muss unterstützend die Besucherzahl nach der empirischen Formel berechnet werden, ebenfalls in Abhängigkeit vom Kartenpreis.

- Schließlich müssen Einnahmen und Kosten – beide abhängig von Kartenpreis und Besucherzahl – ermittelt werden, deren Differenz der Profit ist.

An dieser Stelle fällt auf, dass in der Klasse **Veranstaltung** die Merkmale **besucherzahl** und **profit** nicht benötigt werden, da beide Größen aus den übrigen errechnet werden können. Abbildung 7.16 zeigt deshalb ein entsprechend reduziertes Klassendiagramm.

7.2.2 Implementierung

Die hier vorgestellte Implementierung beschränkt sich darauf, die Anforderung des Kinobesitzers genau so umzusetzen, wie es die Problembeschreibung vorsieht. Der einzige Parameter, der geändert bzw. eingegeben werden kann, ist der Kartenpreis, der dann beim Erzeugen eines **Veranstaltung**-Exemplars mit angegeben werden kann. Die

---

[8]engl.: separation of concerns

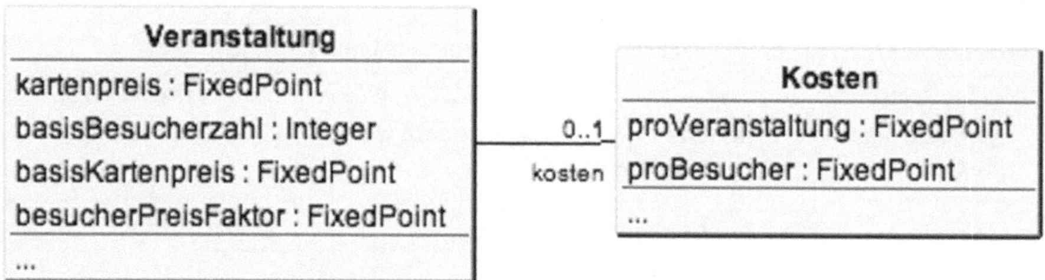

Abbildung 7.16: Vereinfachtes Klassendiagramm für das „Kinoproblem"

einzige Berechnung, die durchgeführt werden kann, ist die des Profits. Im Workspace könnte das dann so aussehen:

```
(Veranstaltung mitKartenpreis: 5.00s) profit
```

Es wird also ein Exemplar der Klasse **Veranstaltung** mit dem Kartenpreis von 5,00 € erzeugt und diesem anschließend die Nachricht **profit** geschickt. Die Auswertung dieses Ausdrucks müsste, sofern unsere Methoden korrekt implementiert sind, 414.00s liefern, was man mit dem Taschenrechner leicht überprüfen kann.

> **Anmerkung**: Literale der Klasse **FixedPoint** werden mit einem angehängten Kleinbuchstaben „s" aufgeschrieben. Die Anzahl der Stellen hinter dem Dezimalpunkt, gibt dann die absolute Genauigkeit der Konstanten vor. Die Angabe **5.00s** bezeichnet also eine auf zwei Stellen hinter dem Komma genaue Festkommazahl.

Literale der
Klasse
FixedPoint

Exemplarerzeugung der Klasse **Veranstaltung**

Abbildung 7.17 zeigt die Definition der Klasse **Veranstaltung** im System-Browser. Die Exemplarvariablen entsprechen den Merkmalen aus Abbildung 7.16. Es ist bereits zu erkennen, dass die Klassenmethode **mitKartenpreis:** im Protokoll **instance creation** abgelegt ist. Darüber hinaus ist aus der Abbildung ersichtlich, dass ein Package **Kinos** und ein Namespace **KinoNs** angelegt wurden.

Die Implementierung der Klassenmethode **mitKartenpreis:**

```
mitKartenpreis: aFixedPoint
   "erzeugt ein Exemplar mit kartenpreis aFixedpoint"

   ^self new initialize kartenpreis: aFixedPoint
```

erzeugt erst ein Exemplar der Klasse, dem anschließend die Nachrichten **initialize** und **kartenpreis: aFixedPoint** geschickt werden.

Die Implementierung der Exemplarmethode **initialize**

```
initialize
   self
      basisBesucherzahl: 120;
      basisKartenpreis: 5.00s;
      besucherPreisFaktor: 150.00s;
      kosten: Kosten new
```

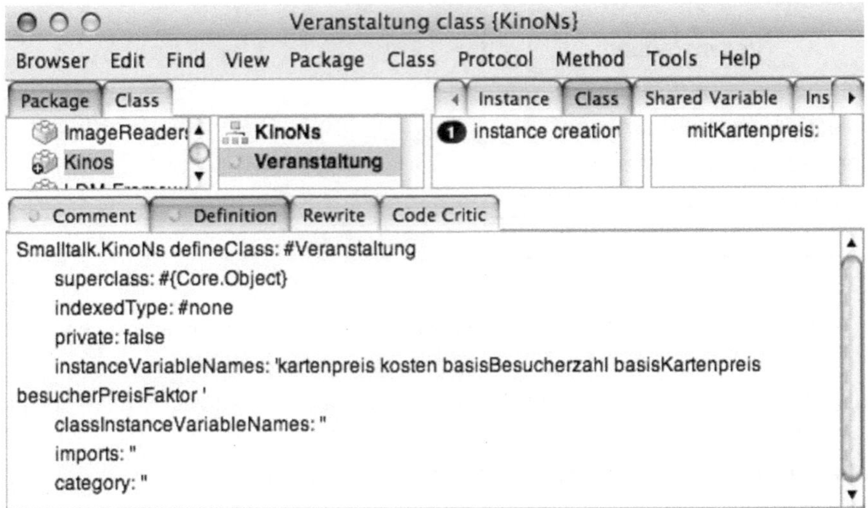

Abbildung 7.17: Klassendefintion `Veranstaltung`

benutzt die Set-Methoden der Exemplarvariablen, um diese mit den Konstanten aus der Problembeschreibung zu belegen. In der Exemplarvariablen **kosten** wird ein Exemplar der Klasse **Kosten** gespeichert. Dieses wird beim Erzeugen ebenfalls mit den Konstanten für die Fixkosten und den Kosten pro Besucher aus der Problembeschreibung versorgt (s. u.).

Vorausgesetzt, alle Set-Methoden sind angelegt, liefert die Auswertung des Ausdrucks

```
Veranstaltung mitKartenpreis: 5.00s
```

mit **Inspect it** das in Abbildung 7.18 gezeigte Exemplar der Klasse **Veranstaltung**.

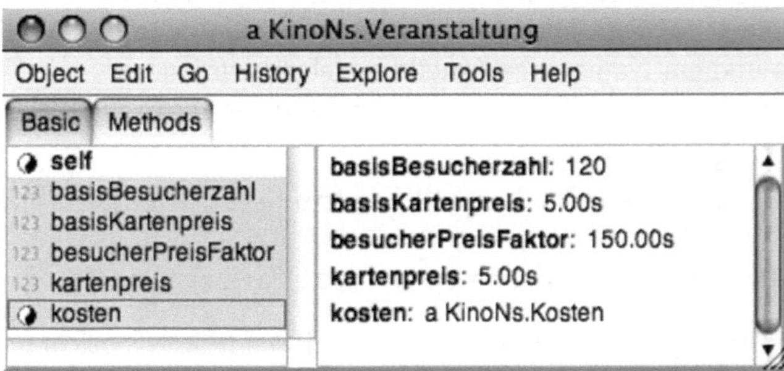

Abbildung 7.18: Eine Veranstaltung

Berechnung von Besucherzahl und Profit

Top-down-   Im folgenden wird mit der Implementierung der Methode **profit** begonnen. Damit
Entwurf   folgen wir der Methodik des Top-down-Entwurfs bzw. der schrittweisen Verfeinerung.

Die folgende Implementierung der Exemplarmethode `profit`

```
profit
  ^(self einnahmenBei: self besucherzahl)
  - (self kostenBei:  self besucherzahl)
```

berechnet den Profit aus den Einnahmen und den Kosten, für deren Berechnung jeweils die Besucherzahl benötigt wird. Diese wird in einer Methode `besucherzahl` (nach der vom Kinobesitzer empirisch ermittelten Formel) berechnet. Wie die genau aussieht, ist hier aber nicht von Bedeutung. Allerdings wird die Besucherzahl unnötigerweise zweimal berechnet, was die folgende alternative Implementierung vermeidet

```
profit
  |anzahlBesucher|
  anzahlBesucher := self besucherzahl.
  ^(self einnahmenBei: anzahlBesucher)
  - (self kostenBei: anzahlBesucher)
```

Die Implementierungen der Exemplarmethoden `einnahmenBei:` und `kostenBei:` sind nun sehr einfach:

```
einnahmenBei: anzahlBesucher
  ^anzahlBesucher * self kartenpreis

kostenBei: anzahlBesucher
  ^self kosten kostenBei: anzahlBesucher
```

Da entschieden wurde, die Berechnung der Kosten einer Veranstaltung in die Klasse **Kosten** „auszulagern", wird in der Methode **kostenBei:** die Berechnung an das in der Exemplarvariablen **kosten** gespeicherte **Kosten**-Objekt delegiert.

Die Implementierung der Exemplarmethode **besucherzahl**

```
besucherzahl
  ^(self basisBesucherzahl
    + (self besucherPreisFaktor
      * (self basisKartenpreis - self kartenpreis)))
    rounded
```

stellt die Umsetzung der vom Kinobesitzer empirisch ermittelten Formel dar. Dem Ergebnis der Formel wird hier noch die Nachricht **rounded** geschickt, womit die Besucherzahl durch Rundung in eine ganze Zahl umgewandelt wird. Dies ist allerdings nicht zwingend erforderlich. Denn

1. könnte man anstatt zu runden auch abschneiden (mit der Nachricht **truncated**). wodurch dann mit der nächst kleineren ganzen Zahl weiter gerechnet würde. Oder man könnte

2. auch mit einer nicht ganzen Besucherzahl weiter rechnen, da die Berechnung des Profits ohnehin auf Erfahrungs- und Durchschnittswerten basiert.

Man beachte, dass die Entwicklung der Methoden für die Profitberechnung ohne Kenntnis von Details der Kostenermittlung, die in der Klasse **Kosten** „versteckt" ist, erfolgen kann.

Die Klasse **Kosten**

Abbildung 7.19 zeigt neben der Definition der Klasse **Kosten**, die dem in Abbildung 7.16 dargestellten Klassendiagramm folgt, dass im Protokoll **instance creation** eine **new**-Methode existiert.

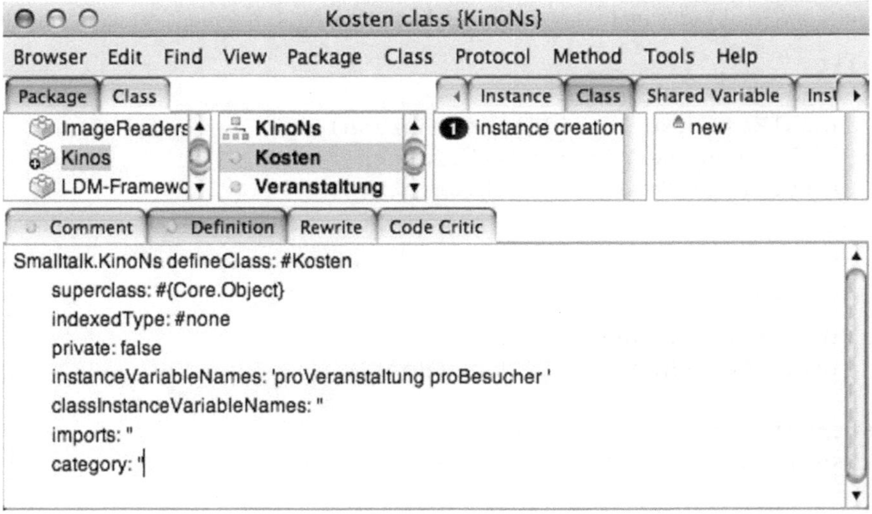

Abbildung 7.19: Klassendefintion **Kosten**

Die Implementierung der Klassenmethode **new**

```
new
    ^super new initialize
```

sieht neben der Exemplarerzeugung nur die Initialisierung des neuen Objektes vor.

> **Anmerkung:** Der Ausdruck **super new** bewirkt die Erzeugung eines uninitialisierten Objekts der Klasse **Kosten**. Die Verwendung der Pseudovariablen **super** anstelle von **self** sorgt dafür, dass die Suche nach der Methode **new** in der Oberklasse von **Kosten**, d. h. in **Object** begonnen wird. Detailliertere Ausführungen zur Verwendung der Pseudovariablen **self** und **super** sind in Abschnitt 11.2 zu finden.

Die Implementierung der Exemplarmethode **initialize**

```
initialize
    self
        proVeranstaltung: 180.00s;
        proBesucher: 0.05s
```

setzt wiederum mithilfe der entsprechenden Set-Methoden die Exemplarvariablen auf die Konstanten aus der Problembeschreibung. Darüber hinaus ist nur noch die

Implementierung der Exemplarmethode `kostenBei:`

```
kostenBei: anzahlBesucher
  ^self proVeranstaltung
        + (anzahlBesucher * self proBesucher)
```

von Bedeutung.[9]

Überprüfung der Implementierung

Damit ist die Implementierung der beiden Klassen und ihrer Methoden abgeschlossen. Wenn alles korrekt programmiert wurde, liefert die Auswertung des Ausdrucks

```
(Veranstaltung mitKartenpreis: 5.00s) profit
```

den Wert **414.00s**.

Zur weiteren Überprüfung kann man die folgenden Ausdrücke verwenden:

- `(Veranstaltung mitKartenpreis: 4.90s) profit` liefert: **474.75s**

- `(Veranstaltung mitKartenpreis: 5.10s) profit` liefert: **350.25s**

- `(Veranstaltung mitKartenpreis: 4.00s) profit` liefert: **886.50s**

Zum Schluss dieses Abschnitts sei noch einmal darauf hingewiesen, dass anhand dieses kleinen Fallbeispiels natürlich bei weitem nicht alle Aspekte des Entwurfs objektorientierter Programme behandelt werden konnten. Das ist aber in diesem Band auch nicht beabsichtigt. Zum weiteren Studium dieser Thematik findet der interessierte Leser umfangreiche Literatur.

7.3 Definition von Klassenvariablen

An dieser Stelle wird der Vollständigkeit halber darauf eingegangen werden, wie Klassenvariablen definiert werden können, obwohl es dafür in den in diesem Kapitel betrachteten Beispielklassen eigentlich keine sinnvolle Anwendung gibt. Klassenvariablen werden in *VisualWorks* als eine spezielle Kategorie von nicht privaten oder gemeinsamen Variablen (engl.: *shared variables*) betrachtet. Eine Klassenvariable ist eine gemeinsame Variable einer Klasse und all ihrer Exemplare. Auf sie kann sowohl in den Klassenmethoden als auch in den Exemplarmethoden der Klasse zugegriffen werden. Die Klasse und all ihre Exemplare „sehen" beim Zugriff auf die Klassenvariable dasselbe Objekt.

Klassenvariablen werden an die Unterklassen der Klasse, in der sie definiert worden sind, vererbt und sind damit auch den Exemplaren dieser Unterklassen zugänglich. Objekte anderer, „fremder" Klassen können hingegen nicht darauf zugreifen.

Klassen- variablen sind shared variables

---

[9]Auf die Angabe der Get- und Set-Methoden wird – wie schon bei der Klasse `Veranstaltung` – verzichtet.

Eine sinnvolle Anwendung von Klassenvariablen findet sich z. B. in der Klasse `Date`, deren Exemplare Datumsangaben repräsentieren: Eine Klassenvariable `MonthNames` verweist auf ein Array mit Symbolen für die Monatsnamen. Es wäre sicherlich Verschwendung von Speicherplatz, wollte man in jedem Datumsobjekt die Information speichern, wie die Monate heißen. Weitere Beispiele sinnvoller Anwendungen für Klassenvariablen finden sich in Abschnitt 8.1.9.

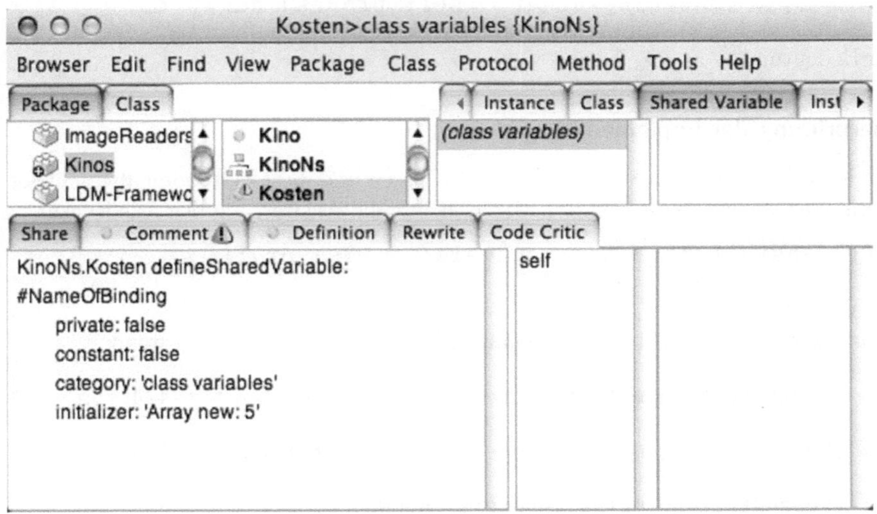

Abbildung 7.20: Vorlage für die Definition einer Klassenvariablen im System-Browser

Hier beschränken wir uns darauf, die Technik für das Anlegen neuer Klassenvariablen zu zeigen. Hierfür sind in *VisualWorks* die folgenden Schritte auszuführen:

1. Zuerst wählt man im System-Browser die Klasse aus, für die eine Klassenvariable definiert werden soll und wählt anschließend den Reiter **Shared Variable** aus.

2. Im Feld 3 des System-Browser fügt man nun eine Kategorie hinzu, z. B. mit dem Namen `class variables`. Der Browser zeigt dann die Darstellung wie in Abbildung 7.20.

3. In der im Feld 5 des System-Browsers nun erscheinenden Vorlage für die Definition einer Klassenvariablen ersetzt man in der ersten Zeile den Parameter des Schlüsselworts `defineSharedVariable:` durch das Symbol für die eigene Klassenvariable, z. B. `#Fixkosten`. Nach Smalltalk-Konvention beginnen Klassenvariablen immer mit einem Großbuchstaben.

Anlegen neuer Klassenvariablen

4. Die Parameter der Schlüsselwörter `private:`, `constant:` und `category:` bleiben unverändert.

5. Als Parameter des Schlüsselworts `initializer:` kann eine Zeichenkette angegeben werden, die einen Smalltalk-Ausdruck enthält. Die Klassenvariable wird dann mit dem Ergebnis-Objekt der Auswertung dieses Ausdrucks initialisiert. Will man keine Initialisierung vornehmen, ersetzt man die Zeichenkette durch `'nil'`.

6. Schließlich wählt man **Accept** aus dem Kontextmenü des System-Browsers, um die Klassenvariable zu erzeugen.

Das Ergebnis der Definition der Klassenvariablen **Fixkosten** zeigt Abbildung 7.21. Die dort gezeigte Initialisierung der Variablen mit dem Wert 180.00s erfolgt, nachdem man im System-Browsers der Menüeintrag **Method→Shared Variable→Initialize** ausgewählt hat.

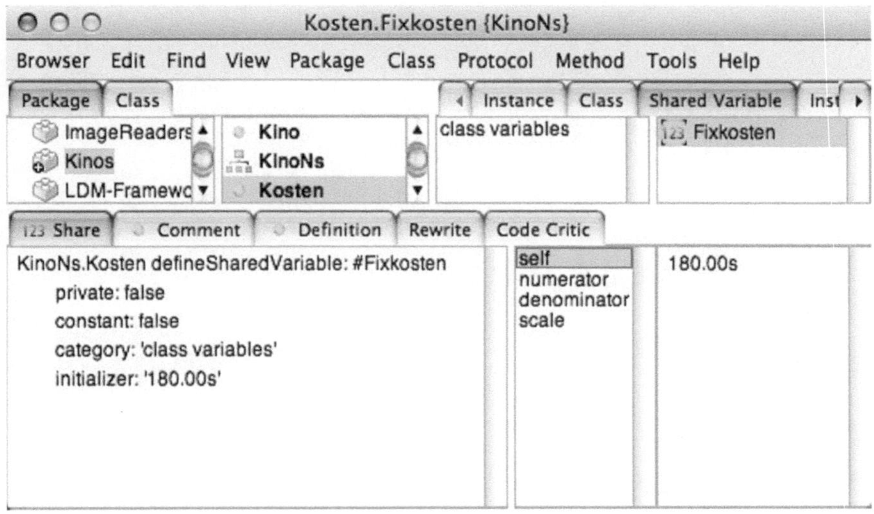

Abbildung 7.21: Definition der Klassenvariablen **Fixkosten**

Eine Klassenvariable **Fixkosten** könnte in der Kino-Anwendung aus Abschnitt 7.2 z. B. dann sinnvoll sein, wenn es viele Veranstaltungen und damit viele **Kosten**-Objekte gibt, die Fixkosten aber immer die gleichen sind. Dann wäre es nicht sinnvoll, sie in jedem einzelnen **Kosten**-Objekt in einer Exemplarvariablen zu speichern.

8 Klassenhierarchien – Vererbung – Polymorphie

Der Umfang der Programmiersprache Smalltalk ist – verglichen mit anderen, auch objektorientierten Sprachen – sehr klein, wenn man die dem Programmierer durch die Syntax der Sprache zur Verfügung gestellten Ausdrucksmittel als Maßstab heranzieht. Es gibt im Wesentlichen drei Arten von Nachrichten und einige wenige reservierte Wörter wie z. B. `nil`, `self`, `true` und `false`. Zu einem leistungsfähigen Werkzeug für den Programmierer wird die Sprache erst zusammen mit der Klassenbibliothek, also sozusagen mit der Menge an Programmcode, die schon existiert und für die eigenen Zwecke auf geeignete Weise wieder zu verwenden ist.

Klassen-
bibliothek

Die Klassenbibliothek der Version von *VisualWorks*, die bei der Erstellung dieses Textes verwendet wurde, umfasst mehr als 1700 Klassen. In dem großen Umfang dieser Bibliothek steckt zum einen die Leistungsfähigkeit der Entwicklungsumgebung zum anderen auch die Schwierigkeit für den Programmierer, sich darin zurecht zu finden. Es ist für einen einzelnen Menschen kaum möglich, für die Anwendungsentwicklung aber auch nicht notwendig, alle Klassen zu kennen, zumal sie auch außer im Quelltext nirgendwo lückenlos dokumentiert sind.

Ein wichtiges Hilfsmittel beim Erlernen der Programmierung in Smalltalk besteht aber im Studium der vorhandenen Klassen und ihrer Methoden, die zum größten Teil im Quelltext vorliegen. Die folgenden Abschnitte sollen als Orientierungshilfe dienen, indem eine Auswahl von für die Anwendungsentwicklung wichtigen Klassen besprochen wird.

In diesem Kapitel werden auch zwei essentielle Prinzipien der objektorientierten Programmierung, *Vererbung* und *Polymorphie* eingehender betrachtet. Beide Begriffe stehen in enger Wechselbeziehung zum Klassenprinzip und zur Klassenhierarchie. Die Verinnerlichung dieser Prinzipien ist unabdingbar, um gute *objektorientierte* Programme zu schreiben.

Als Hilfestellung dafür wird in Abschnitt 8.5 das Problem „Lösung einer quadratischen Gleichung" aus Abschnitt 2.3 aufgegriffen. Dort stand eine eher algorithmische Betrachtung des Problems im Vordergrund, während in diesem Kapitel Überlegungen angestellt werden, wie eine *objektorientierte* Implementierung unter Verwendung von Klassenhierarchien, Vererbung und Polymorphie aussehen könnte.

8.1 Die Smalltalk-Klassenhierachie

8.1.1 Aufbau

Der grundsätzliche Aufbau einer Smalltalk-Klassenbibliothek ist durch die folgenden Grundregeln bestimmt:

Die Smalltalk-
Klassen-
hierarchie ist
ein Baum

1. Die Klasse **Object** ist gemeinsame Oberklasse aller Klassen. Sie stellt damit die Wurzel des Klassenbaums dar. Sie hat keine Oberklasse.

2. Jede Klasse außer **Object** hat genau eine Oberklasse. Die so genannte Mehrfachvererbung – eine Klasse kann mehrere Oberklassen haben – gibt es in Smalltalk nicht.

Die Bibliothek enthält eine Reihe von Klassen, die für den „normalen" Programmierer nicht von Bedeutung sind. Dazu zählen u. a.

- Klassen, die für die Implementierung der Entwicklungsumgebung selbst, also für interne Zwecke von *VisualWorks*, benötigt werden. Alle Komponenten, die wir kennen gelernt haben (Browser, Inspector, Debugger usw.) sind in Smalltalk implementiert.

- die so genannten Metaklassen, die Klassen der Klassen. Diese sind notwendig, da in Smalltalk auch Klassen Objekte und damit Exemplare einer Klasse, nämlich ihrer jeweiligen Metaklasse, sind. Die Entwicklungsumgebung ist aber so konstruiert, dass dem Programmierer die Existenz dieser Metaklassen weitgehend vorenthalten wird. Wir kommen auf diesen Aspekt in Abschnitt 11.3 zurück.

- Klassen, die die Schnittstelle zur virtuellen Maschine bilden. Hierzu gehören insbesondere solche, die zur Implementierung des Compilers gehören, der Smalltalk-Methoden in den von der virtuellen Maschine interpretierbaren Byte-Code übersetzt.

Abbildung 8.1 zeigt einen Ausschnitt aus der Smalltalk-Klassenbibliothek mit für die Anwendungsentwicklung besonders wichtigen Klassen. Hierzu gehören u. a.

- die Zahlenklassen (**Number** und ihre Unterklassen),

- die Klassen **Date** und **Time** für den Umgang mit Datums- und Zeitangaben,

- die Klassen **Boolean**, **True** und **False** für die Wahrheitswerte,

- die Behälterklassen (**Collection** und ihre Unterklassen),

- die Klassen für Zeichen (**Character**) bzw. Zeichenketten (**String** und **Symbol**)

Es sei hier betont, dass das Klassendiagramm in Abbildung 8.1 selbstverständlich nur einen sehr kleinen Ausschnitt aus der gesamten Klassenhierarchie zeigt. Es umfasst auch keinesfalls alle Klassen, mit denen der Anwendungsprogrammierer sich beschäftigen muss. So sind z.B. für die Entwicklung moderner interaktiver Programme die Klassen ebenfalls wichtig, die die Realisierung von graphischen Benutzungsoberflächen erlauben. Ein Beispiel für die Anwendung dieser Klassen ist die Entwicklungsumgebung von *VisualWorks* selbst. Da die Programmierung von graphischen Benutzungsoberflächen in diesem Text nicht behandelt wird, werden wir auch auf die entsprechenden Klassen nicht eingehen.

In weiteren Abschnitten dieses Kapitels werden Klassen für die elementaren Objekte wie Zahlen (Abschnitt 8.1.2), die Wahrheitswerte (Abschnitt 8.1.7), Zeichen und Zeichenketten (Abschnitt 8.1.8) sowie Datums- und Zeitangaben (Abschnitt 8.1.9) behandelt. Die Beschreibung der Collection-Klassen findet sich in Kapitel 10.

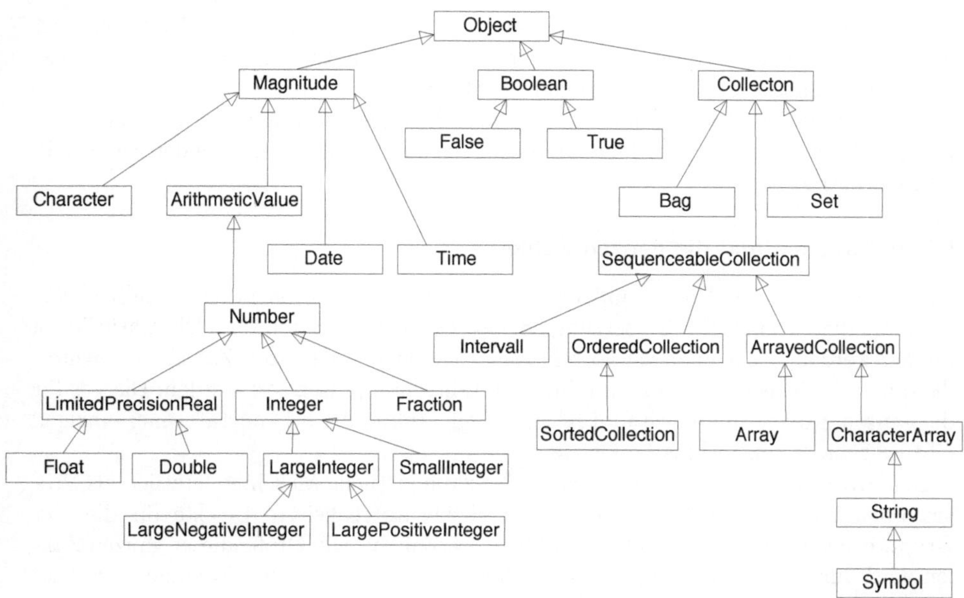

Abbildung 8.1: Ein Ausschnitt aus der Smalltalk-Klassenhierarchie

8.1.2 Das Zahlen-Konzept von Smalltalk

Unter einem mathematischen Blickwinkel sind die verschiedenen Zahlenarten durch
unendlich große Mengen von Zahlen mit jeweils kennzeichnenden Merkmalen definiert.
Hier wird bereits eine erste Schwierigkeit deutlich: Prinzipiell können unendlich große
Mengen in einer endlichen Maschine, wie einem Computer, nicht dargestellt werden.
Aus technischen Gründen sind also gewisse Beschränkungen der maschinell repräsentierten Zahlenarten gegenüber ihren mathematisch-konzeptionellen Gegenstücken
unvermeidlich. In der Art und Weise, wie mit diesem Problem umgegangen wird,
unterscheiden sich die verschiedenen Programmiersprachen teilweise recht deutlich.

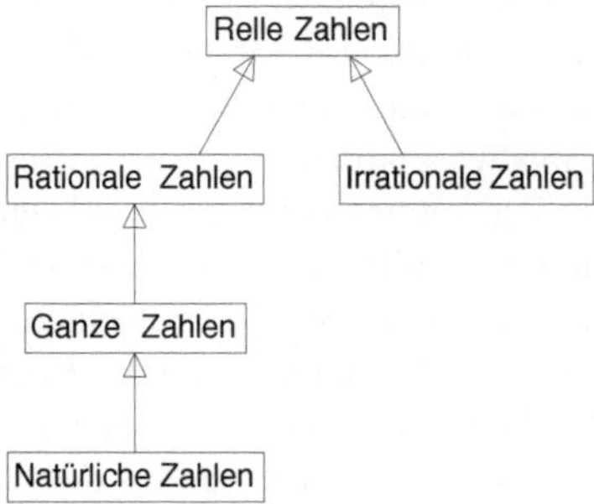

Abbildung 8.2: Die Hierarchie der mathematischen Zahlenarten

Lassen wir die komplexen Zahlen einmal unberücksichtigt, können, mathematisch
betrachtet, die Zahlenarten durch die in Abbildung 8.2 dargestellte „Klassenhierar-

chie" klassifiziert werden. Die Beziehung zwischen Unter- und Oberklasse ist hier immer im Sinne von „ist eine" zu interpretieren. Eine natürliche Zahl *ist eine* ganze Zahl. Eine ganze Zahl *ist eine* rationale Zahl usw.

Im Folgenden werden wir für die mathematischen Zahlenarten in der Hierarchie „von unten nach oben" die technische Realisierung durch die korrespondierenden Smalltalk-Klassen betrachten.

Die natürlichen und die ganzen Zahlen

Nur in sehr wenigen Programmiersprachen gibt es für die natürlichen Zahlen eine eigenständige technische Umsetzung. So ist es auch in Smalltalk. Die natürlichen Zahlen werden, mathematisch korrekt, als Teilmenge der ganzen Zahlen betrachtet, die durch die Klasse `Integer` und ihre Unterklassen repräsentiert werden. Dass es für die ganzen Zahlen nun gleich fünf Klassen (vgl. Abbildung 8.1) anstatt einer einzigen gibt, hat wiederum technische Gründe.

Der Prozessor der realen Maschine, auf der die virtuelle Maschine letztlich als Programm abläuft, verfügt nämlich über in Hardware realisierte Befehle für die vier Grundrechenarten insbesondere auch für ganze Zahlen. Die Größe dieser ganzen Zahlen wird durch die Länge (gemessen in Bits) eines so genannten Maschinenworts beschränkt. Die Wortlänge heutiger Rechner beträgt häufig 32 oder 64 Bits. Mit anderen Worten: Bei einer Wortlänge von 32 Bits kann die Prozessor-Hardware nur ganze Zahlen verarbeiten, die mit 32 Bits dargestellt werden können, wobei 31 Bits für den Betrag und 1 Bit für das Vorzeichen verwendet werden. Die größte auf diese Weise darstellbare, positive, ganze Zahl ist dann:

$$2^{31} - 1 = 2147483647$$

Für die negativen, ganzen Zahlen gibt es eine entsprechende Beschränkung nach unten.

Diese Realisierung der ganzen Zahlen durch die Prozessor-Hardware führt dazu, dass bei arithmetischen Operationen, deren Ergebnis dazu führt, dass der darstellbare Zahlenbereich verlassen würde, dies von der Hardware durch Setzen entsprechender Signal-Bits angezeigt wird. Es ist dann Aufgabe der Software, auf ein solches Ereignis adäquat zu reagieren. Ein solches Ereignis wird als *arithmetischer Überlauf* bezeichnet.

Viele Programmiersprachen begnügen sich damit, ganze Zahlen durch einen meist *Integer* genannten Datentyp bereitzustellen, der exakt der maschineninternen Repräsentation entspricht. D. h. es gibt eine kleinste und eine größte Integer-Zahl, deren Beträge von der Prozessor-Hardware abhängen. Ein arithmetischer Überlauf bedeutet dann, dass das Ergebnis nicht mehr als Integer-Zahl darstellbar ist. Dies führt je nach Programmiersprache bzw. Compiler entweder zu einem Abbruch des Programms oder – schlimmer noch – das Programm rechnet mit einem falschen Resultat einfach weiter. Damit liegt es letztlich in der Verantwortung des Programmierers, dass es nicht zu arithmetischen Überläufen kommt. Er muss insbesondere darauf achten, dass bei komplexen arithmetischen Ausdrücken kein zu großes oder zu kleines Zwischenergebnis auftritt.

Nehmen wir der Einfachheit halber einmal an, die größte Integer-Zahl wäre 100. Dann kann der Ausdruck

$$60 + (50 + (-40)) = 60 + 10 = 70$$

problemlos ausgewertet werden, während der Ausdruck mit dem, mathematisch gesehen, gleichen Wert

$$(60 + 50) + (-40)$$

undefiniert ist, weil mit $60 + 50$ ein zu großes Zwischenergebnis auftritt. Dieses sehr unbefriedigende Verhalten der Integer-Arithmetik wird nur dadurch gemildert, dass die Beträge der kleinsten und größten Integer-Zahl in Wirklichkeit sehr viel größer sind.

Die Klasse `Integer` und ihre Unterklassen

In Smalltalk wird ein anderer Weg beschritten. Grundsätzlich gilt: Der Betrag einer ganzen Zahl kann beliebig groß werden, wenn nur für die Speicherung der Ziffern im Arbeitsspeicher noch Platz zur Verfügung steht. Sollte das einmal nicht mehr der Fall sein, ist die reale Maschine aber für die Ausführung des Programms ohnehin nicht geeignet.

Solange nun eine ganze Zahl den durch die Wortlänge der Prozessor-Hardware darstellbaren Bereich nicht verlässt, wird sie der Klasse `SmallInteger` zugeordnet. Damit kann die virtuelle Maschine betragsmäßig entsprechend „kleine" Zahlen dann auch sehr effizient direkt durch die Prozessor-Hardware verarbeiten lassen.

Das Rechnen mit größeren Beträgen wird von der virtuellen Maschine softwaretechnisch realisiert. Dazu muss sie insbesondere das Überlaufsignal der Hardware abfangen. Zahlen, die außerhalb des `SmallInteger`-Bereichs liegen, werden automatisch den Klassen `LargePositiveInteger` bzw. `LargeNegativeInteger` zugeordnet. Die Verarbeitung von `LargeInteger`-Zahlen kostet zwar sehr viel mehr Rechenzeit als der Umgang mit `SmallInteger`-Zahlen. Aber dies ist sicher der Alternative, solche Zahlen überhaupt nicht verarbeiten zu können und einen Programmabbruch in Kauf zu nehmen, vorzuziehen. Dabei muss der Programmierer sich nicht darum kümmern, in welche der Unterklassen von `Integer` eine ganze Zahl fällt. Das wird von der virtuellen Maschine automatisch bewerkstelligt. Auch wenn man es in der Regel nicht benötigt, kann man *SmaViM* fragen, welche Werte die kleinste und die größte `SmallInteger`-Zahl haben, indem man der Klasse `SmallInteger` die Nachrichten `minVal` bzw. `maxVal` sendet. In *VisualWorks* liefert z.B. die Auswertung des Ausdrucks

```
SmallInteger maxVal
```

den Wert 536870911. Addiert man zu diesem Wert 1 hinzu, ist das Resultat ein Exemplar der Klasse `LargePositiveInteger` (vgl. Abbildung 8.3).

Weitere Einzelheiten der `Integer`-Klassen werden in Abschnitt 8.1.3 behandelt.

Die rationalen Zahlen

Rationale Zahlen lassen sich immer durch einen Bruch bestehend aus einem ganzzahligen Zähler und einem ganzzahligen Nenner aufschreiben. Ganze Zahlen sind spezielle rationale Zahlen, bei denen der Nenner immer 1 ist. Dieser Tatsache ist in Abbildung 8.2 dadurch Rechnung getragen, dass die Klasse der ganzen Zahlen als Unterklasse der rationalen Zahlen dargestellt ist.

Für das Arbeiten mit Brüchen steht in Smalltalk die Klasse `Fraction` zur Ver-

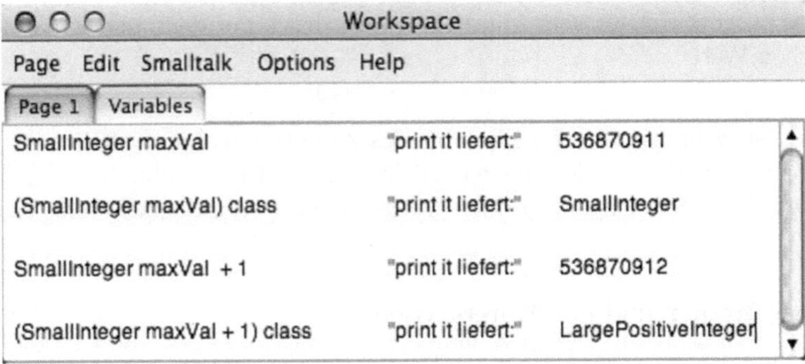

Abbildung 8.3:   Automatische Zuordnung von ganzen Zahlen zu den passenden
`Integer`-Klassen

fügung. Objekte dieser Klasse haben zwei Exemplarvariablen: **numerator** für den
Zähler und **denominator** für den Nenner eines Bruches (vgl. Abbildung 8.4). Dabei
sind Zähler und Nenner Exemplare einer der **Integer**-Klassen.

Für **Fraction**-Zahlen gibt es eine eigene Literaldarstellung. So liefert die Auswertung des Ausdrucks

```
3 / 4
```

das **Fraction**-Objekt

```
(3/4).
```

Dabei werden Brüche von der virtuellen Maschine immer so weit wie möglich gekürzt.
Dies kann man z. B. durch Auswertung des Ausdrucks

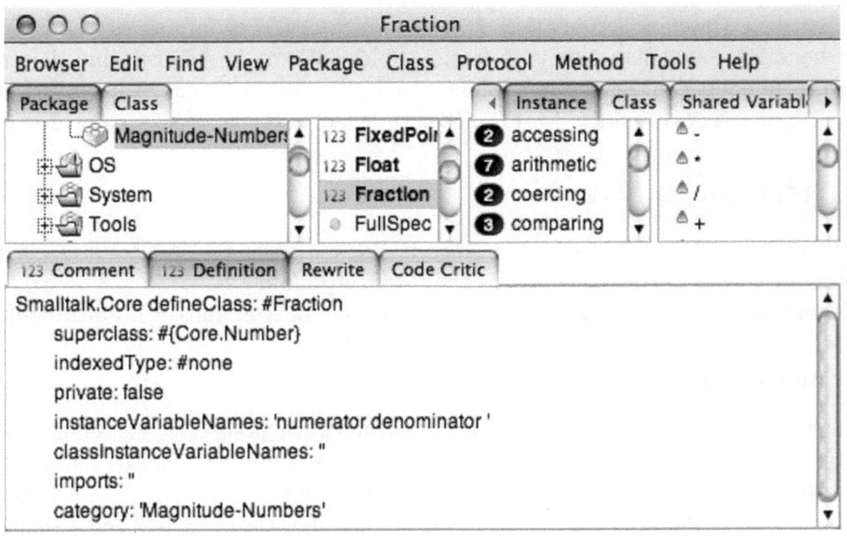

Abbildung 8.4:   Definition der Klasse **Fraction**

```
((6/8) + (3/4)) inspect
```

sichtbar machen. Als Resultat erscheint das in Abbildung 8.5 gezeigte **Fraction**-Objekt mit **numerator** = 3 und **denominator** = 2.

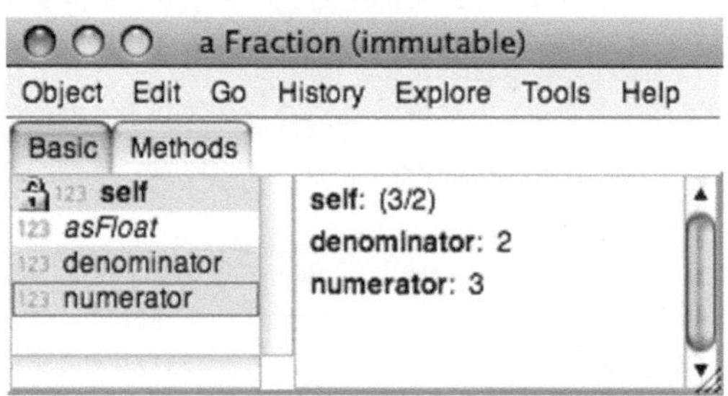

Abbildung 8.5: Brüche werden immer gekürzt: das Ergebnis von **(6/8) + (3/4)**

In der Smalltalk-Klassenhierarchie (vgl. Abbildung 8.1) ist die Klasse **Integer** nicht – wie entsprechend der mathematischen Klassifikation zu erwarten wäre – als Unterklasse von **Fraction** angesiedelt, sondern steht mit **Fraction** auf der gleichen Ebene. Diese Abweichung von der mathematischen Sichtweise hat technische Gründe. Ordnete man nämlich **Integer** als Unterklasse von **Fraction** ein, hätte aufgrund der Strukturvererbung jedes **Integer**-Objekt auch die beiden Exemplarvariablen **numerator** und **denominator**, wobei der Nenner immer 1 sein müsste. Dies führte dazu, dass für jede ganze Zahl zwei **Integer**-Objekte gespeichert werden müssten, was eine enorme Verschwendung von Speicherplatz bedeutete.

Wir sehen an diesem Beispiel, dass es aus technischen Gründen nicht immer sinnvoll ist, eine aus dem Anwendungskontext stammende Begriffshierarchie direkt in eine isomorphe Klassenhierarchie zu übertragen.

Weitere Einzelheiten der Klasse **Fraction** werden in Abschnitt 8.1.4 behandelt.

Die reellen Zahlen

Mathematisch gesehen umfassen die reellen Zahlen neben den rationalen Zahlen die irrationalen Zahlen. Letztere sind dadurch gekennzeichnet, dass sie nicht als abbrechende bzw. periodische Dezimalbrüche dargestellt werden können. Das heißt aber, dass sie in dieser Form niemals exakt, sondern nur näherungsweise aufgeschrieben werden können. Beispiele irrationaler Zahlen sind $\sqrt{2}$, π oder e. Aufgrund der endlichen Natur der Rechner können die von ihnen implementierten reellen Zahlen auch immer nur eine mehr oder weniger grobe Annäherung an das gewünschte mathematische Konzept sein. Reelle Zahlen werden im Rechner normalerweise durch so genannte *Gleitkommazahlen* (engl.: floating point numbers) angenähert.

Da reelle Zahlen im Rechner nur näherungsweise dargestellt werden können, sind alle arithmetischen Operationen mit einem Rundungsfehler behaftet. Daher ist beim Umgang mit den Ergebnissen von Gleitkomma-Operationen besondere Sorgfalt notwendig. So ist es z. B. in der Regel unsinnig, sie auf Gleichheit zu überprüfen.

Gleitkommazahlen stellen also neben den Brüchen eine zweite Art der Repräsentation von nicht ganzen Zahlen dar. Während aber **Fraction**-Objekte immer exakt sind,

Gleitkomma-
zahlen

können Gleitkommazahlen mit einem Rundungsfehler behaftet sein. Dies sei durch das in Abbildung 8.6 gezeigte Zahlenbeispiel verdeutlicht. Die Nachricht **asFloat** wandelt einen Bruch in eine Gleitkommazahl um, während die Nachricht **asRational** eine Gleitkommazahl in einen Bruch umwandelt. Da die Gleitkommazahl **0.380952** eben nicht exakt gleich **(8/21)** ist, ergibt die Differenz mit **-3.8743e-7** $(= -3.874 \cdot 10^{-7})$ zwar eine sehr kleine Zahl, aber nicht **0.0**.

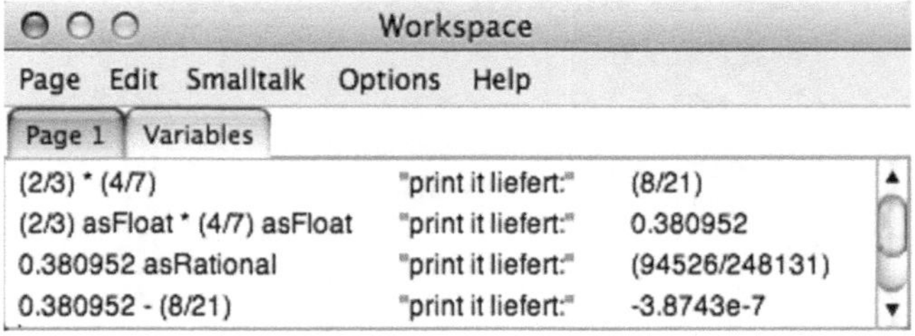

Abbildung 8.6: Das Rechnen mit Gleitkommazahlen ist ungenau.

Klassen **Float** und **Double** Klasse **Limited-Precision-Real**   Gleitkommazahlen werden in modernen Smalltalk-Klassenbibliotheken durch die beiden Klassen **Float** und **Double** mit der gemeinsamen Oberklasse **LimitedPrecisionReal** dargestellt (vgl. Abbildung 8.1). Aufgrund der vorangegangenen Überlegungen ist es auch nicht sinnvoll, die Klasse **LimitedPrecisionReal** als Smalltalk-Entsprechung der reellen Zahlen anzusehen und die übrigen Zahlenklassen darunter anzuordnen.

Weitere Einzelheiten zu den Klassen **Float** und **Double** sind in Abschnitt 8.1.4 zu finden.

8.1.3 Die **Integer**-Klassen

Literale

Ganze Zahlen werden als einfache Folgen von Dezimalziffern mit oder ohne Vorzeichen, aber in jedem Fall ohne Dezimalpunkt aufgeschrieben. (Ziffernfolgen, die einen Dezimalpunkt enthalten, sind Exemplare der Klassen **Float** oder **Double**.) Dabei wird Zahlenbasis davon ausgegangen, dass die Zahlenbasis 10 ist, d. h. die Ziffern sind von rechts nach links die Einer-, Zehner-, Hunderterziffern usw. Es ist in Smalltalk aber auch möglich, Ganzzahl-Literale bezüglich einer anderen Zahlenbasis anzugeben. Dabei wird die Zahlenbasis gefolgt von dem Buchstaben „r" der eigentlichen Ziffernfolge vorangestellt. So ist z. B.

- 2r11110111 eine Dualzahl,

- 8r367 eine Oktalzahl und

- 16rF7 eine Hexadezimalzahl.

Alle drei haben den gleichen dezimalen Wert **10r247**. Das Präfix „10r" für Zahlen zur Basis 10 kann natürlich weggelassen werden. Von der Gleichheit der Zahlen kann man sich überzeugen, indem man die Zahl 247 mit dem Inspector betrachtet (vgl. Abbildung 8.7).

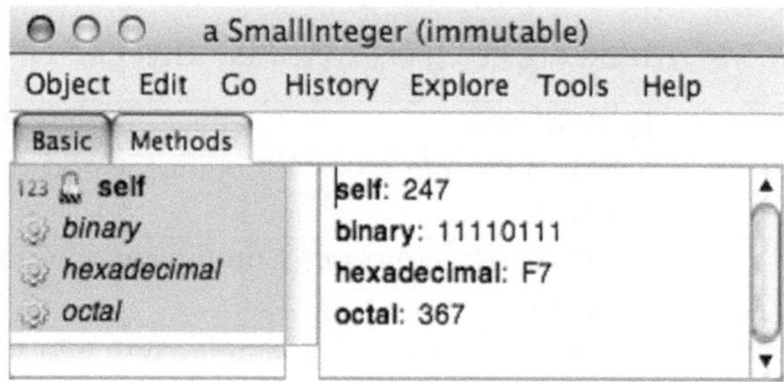

Abbildung 8.7: Eine Zahl dargestellt zu verschiedenen Zahlenbasen.

Als Zahlenbasis kann jede beliebige, positive, ganze Zahl größer als 2 verwendet werden. Ist sie größer als 10, werden für die Ziffern größer als 9 die Buchstaben in alphabetischer Reihenfolge benutzt.

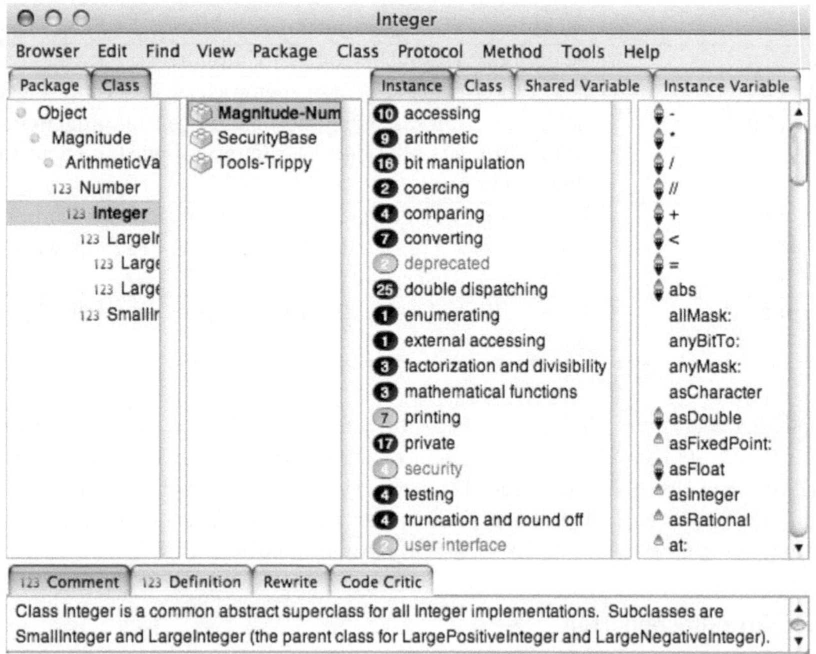

Abbildung 8.8: Die Exemplarmethoden-Protokolle der Klasse `Integer`

Methoden

Abbildung 8.8 zeigt die Protokolle für die Exemplarmethoden der Klasse `Integer`. Verschiedene Protokolle und ihre Methoden haben nur implementierungstechnische Bedeutung und sind für den Anwendungsprogrammierer in der Regel uninteressant. Deswegen werden wir hier nur ausgewählte Beispiele betrachten.

Tabelle 8.1: Arithmetische Operationen für **Integer**-Objekte

Nachrichtenmuster	Bedeutung
+ aNumber	liefert die Summe des Empfängers und des Arguments aNumber
- aNumber	liefert die Differenz des Empfängers und des Arguments aNumber
* aNumber	liefert das Produkt des Empfängers und des Arguments aNumber
/ aNumber	liefert den Quotienten des Empfängers und des Arguments aNumber
// aNumber	liefert den ganzzahligen Quotienten des Empfängers und des Arguments aNumber. Der Quotient wird in Richtung $-\infty$ abgeschnitten.
\\ aNumber	liefert den Rest der ganzzahligen Division des Empfängers und des Arguments aNumber. Das Ergebnis wird in Richtung $-\infty$ abgeschnitten.
abs	liefert den Absolutbetrag des Empfängers
negated	liefert die Negation (Vorzeichenwechsel) des Empfängers
quo: aNumber	liefert den ganzzahligen Quotienten des Empfängers und des Arguments aNumber. Der Quotient wird in Richtung 0 abgeschnitten.
rem: aNumber	liefert den Rest der ganzzahligen Division des Empfängers und des Arguments aNumber. Das Ergebnis wird in Richtung 0 abgeschnitten.
reciprocal	liefert den Kehrwert des Empfängers, der nicht 0 sein darf.

Tabelle 8.1 zeigt eine Übersicht über die arithmetischen Operationen für **Integer**-Objekte als Empfänger. Die Tabelle enthält auch die Operationen \\, **rem:** und **reciprocal**, die im Protokoll **arithmetic** der Klasse **Integer** nicht auftauchen (vgl. Abbildung 8.8). Diese Operationen sind in der Klasse **Number** definiert und damit wegen der Vererbung auch auf **Integer**-Objekte anwendbar.

Die vier Grundrechenarten

Die ersten vier Operationen der Tabelle stellen die „normalen" vier Grundrechenarten dar und sprechen insoweit für sich. Bezüglich der Klassenzugehörigkeit des Ergebnisobjekts sind aber ein paar Erläuterungen erforderlich. Grundsätzlich gilt für alle Operationen, die ein Argument verlangen, dass dieses ein Objekt einer beliebigen Zahlenklasse sein kann. Es ist also z. B. auch ein Ausdruck der Form **1 + 1.0** zulässig. Es stellt sich aber die Frage: Ist das Ergebnis dieser Operation ein **Integer**- oder ein **LimitedPrecisionReal**-Objekt?

Für die Addition, Subtraktion und Multiplikation mit einem **Integer**-Objekt als Empfänger kann diese Frage in gleicher Weise beantwortet werden: Ist die Klassenzugehörigkeit des Arguments **aNumber**

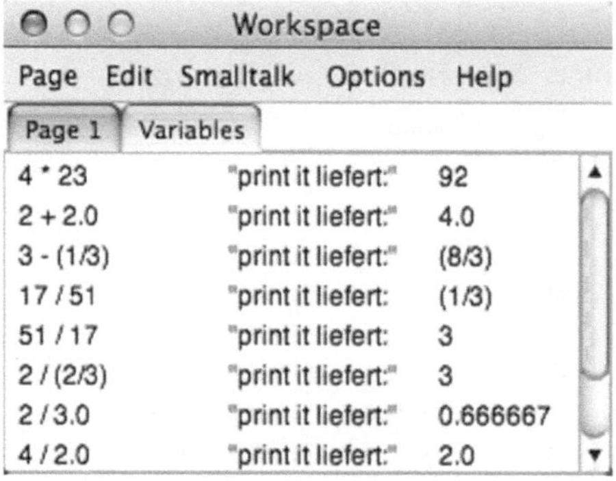

Abbildung 8.9: Beispiele arithmetischer Operationen mit **Integer**-Empfängern

Integer, so ist das Resultat ein **Integer**-Objekt.

LimitedPrecisionReal, so ist das Resultat ein **LimitedPrecisionReal**-
Objekt.

Fraction so ist das Resultat ein **Fraction**-Objekt, falls der Ergebnisbruch
sich nicht zu einer Ganzzahl kürzen lässt, sonst ein **Integer**-Objekt.

Für die Division (/) gelten im Grundsatz die obigen Regeln. Für den Fall, dass das
Argument ein **Integer**-Objekt ist, muss hinzugefügt werden, dass, falls die Division
nicht aufgeht, das Ergebnis ein **Fraction**-Objekt ist. Abbildung 8.9 demonstriert die
Anwendung dieser Regeln.

Die ganzzahlige Division

Die Operationen // und **quo:** liefern den Quotienten einer ganzzahligen Division, die
Operationen \\ und **rem:** den jeweils zugehörigen Rest. Das Ergebnis einer ganzzahligen Division ist immer eine ganze Zahl. Sie ist sozusagen die Antwort auf die Frage:
Wie oft ist der Divisor (das Argument der Nachricht) im Dividenden (dem Empfänger
der Nachricht) enthalten und welcher Rest bleibt dabei? 7 ganzzahlig geteilt durch 3
ergibt demnach als Quotienten 2 und als Rest 1. Diese anschauliche Erklärung ver-
sagt leider, wenn einer oder beide Operanden der Division ein negatives Vorzeichen
haben. Die Frage, wie oft die Zahl -3 in der Zahl 7 enthalten ist, erscheint abwegig.
Gleichwohl kann man selbstverständlich kraft Willkür der Definition mathematisch
festlegen, wie das Ergebnis von „7 ganzzahlig geteilt durch -3" lauten soll. Es gibt
aber in der Mathematik zwei verschiedene Definitionen, was dazu führt, dass es in
Smalltalk (und auch in anderen Programmiersprachen) zwei Paare von Operationen
für die Quotienten- und die Restbildung gibt. Für den Fall, dass beide Operanden
positiv oder beide negativ sind, verhalten sich beide Operationenpaare gleich.

Beiden Definitionen gemeinsam ist, dass immer die folgende Gleichung gelten muss:

$$Dividend = Quotient * Divisor + Rest$$

Für das Beispiel *Dividend* = 7 und *Divisor* = -3 lässt sich diese Gleichung aber

```
 ⊖ ○ ○              Workspace
 Page   Edit   Smalltalk   Options   Help
┌─────────┬───────────┐
│ Page 1  │ Variables │
├─────────┴───────────┴──────────────────────┐
│  7 // 3        "print it liefert:"    2     │▲│
│  7 \\ 3        "print it liefert:"    1     │ │
│  7 quo: 3      "print it liefert:"    2     │ │
│  7 rem: 3      "print it liefert:"    1     │ │
│  7 // -3       "print it liefert:"   -3     │ │
│  7 \\ -3       "print it liefert:"   -2     │ │
│  7 quo: -3     "print it liefert:"   -2     │ │
│  7 rem: -3     "print it liefert:"    1     │ │
│ -7 // 3        "print it liefert:"   -3     │ │
│ -7 \\ 3        "print it liefert:"    2     │ │
│ -7 quo: 3      "print it liefert:"   -2     │ │
│ -7 rem: 3      "print it liefert:"   -1     │ │
│ -7 // -3       "print it liefert:"    2     │ │
│ -7 \\ -3       "print it liefert:"   -1     │ │
│ -7 quo: -3     "print it liefert:"    2     │ │
│ -7 rem: -3     "print it liefert:"   -1     │▼│
└─────────────────────────────────────────────┘
```

Abbildung 8.10: Quotienten und Reste ganzzahliger Divisionen

erfüllen mit den Ergebnissen:

$$Quotient = -2 \quad \text{und} \quad Rest = 1$$

sowie

$$Quotient = -3 \quad \text{und} \quad Rest = -2$$

Die erste Variante trägt der in der Mathematik gelegentlich anzutreffenden Regel Rechnung, wonach der Rest einer Division immer positiv ist. Sie wird in Smalltalk durch das Operationenpaar **quo:** und **rem:** realisiert, die zweite Variante dem zu Folge durch das Operationenpaar // und \\.

Betrachtet man den nicht ganzzahligen Quotienten

$$7/-3 = -2.33333$$

so wird deutlich, dass die Operation // für den ganzzahligen Quotienten die nächste ganze Zahl in Richtung $-\infty$, also -3, nimmt, während die Operation **quo:** in Richtung 0 abschneidet, wie in Tabelle 8.1 erläutert. In Abbildung 8.10 finden sich weitere Beispiele für ganzzahlige Divisionen. Die Anwendung von ganzzahligen Divisionen auf nicht ganzzahlige Divisoren ist nicht dargestellt, da dies in der praktischen Anwendung in der Regel nicht vorkommt.

Mathematische Funktionen

Auf **Integer**-Objekte ist auch eine Vielzahl mathematischer Funktionen anwendbar, die meisten davon gelten aber für alle Zahlenarten. Diese werden in Abschnitt 8.1.5 behandelt. **Integer**-spezifische Funktionen sind z. B. die im Protokoll **factorization and divisibility** zusammengefassten Operationen für die Berechnung

- der Fakultät (**factorial**),

- des größten gemeinsamen Teilers (**gcd:**) und des

- kleinsten gemeinsamen Vielfachen (**lcm:**).

Die Methoden des Protokolls **bit manipulation** nutzen die Tatsache aus, dass ganze Zahlen maschinenintern als Folgen von Bits realisiert sind, und stellen eine Reihe von Bitmanipulations-Operationen zur Verfügung, die insbesondere für die Systemprogrammierung von Bedeutung sind.

Konvertierungsoperationen

Im Protokoll **converting** sind Methoden zusammengefasst, die es erlauben, eine **Integer**-Zahl in ein anderes **Magnitude**-Objekt zu verwandeln:

- **asFloat** und **asDouble** konvertieren eine **Integer**-Zahl in eine **Real**-Zahl.

- **asCharacter** wandelt ein **SmallInteger**-Objekt in ein **Character**-Objekt (vgl. Abschnitt 8.1.8) um.

- Die Methoden **asInteger** und **asRational** geben den Empfänger unverändert zurück. **Integer**-Zahlen werden auch als rationale Zahlen aufgefasst, obwohl es eine entsprechende Oberklasse für **Integer** und **Fraction** nicht gibt.

Die Methode **timesRepeat:**

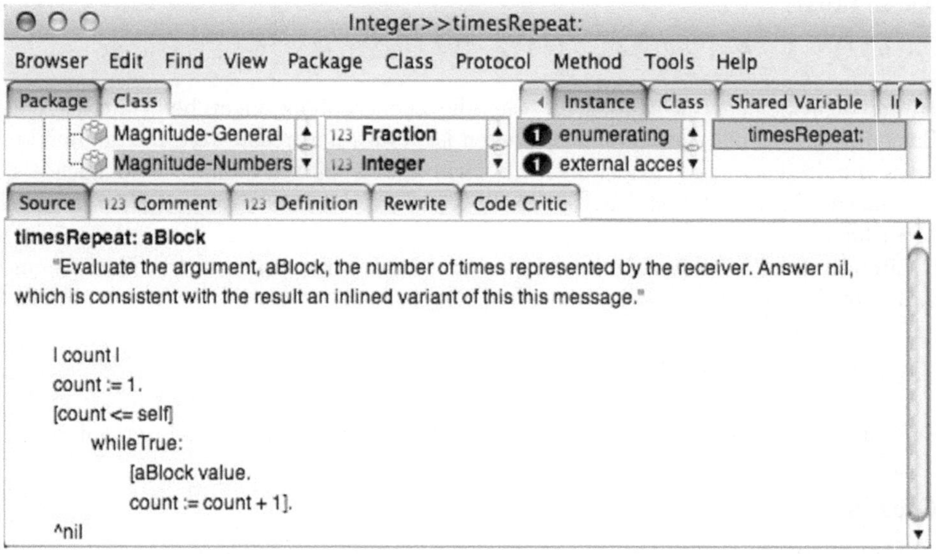

Abbildung 8.11: Die Implementierung von **timesRepeat:**

Bereits in Abschnitt 4.2.1 haben wir als eine Art von Wiederholungsstruktur die so genannten Zählschleifen kennen gelernt. Die einfachste Form wird mithilfe der   Zählschleife

Nachricht `timesRepeat:` programmiert, die ein `Integer`-Objekt als Empfänger hat. Abbildung 8.11 zeigt nun die Implementierung der Methode innerhalb der Klasse `Integer`.

Hier wird sichtbar, dass eine lokale Variable `count` als Zähler benutzt wird und die wiederholte Ausführung des Argumentblocks (`aBlock`) mithilfe der allgemeineren Wiederholungsnachricht `whileTrue:` (vgl. Abschnitt 8.1.7) bewerkstelligt wird. Die Auswertung des Blocks erfolgt durch die Nachricht `aBlock value`. Die Zählvariable `count` wird so lange hochgezählt, bis sie den Wert des Empfängers erreicht hat, der ja die Anzahl der Wiederholungen angibt.

8.1.4 Die Klassen `Float`, `Double` und `Fraction`

Diese Klassen dienen der Darstellung nicht ganzer Zahlen und weisen daher einige Gemeinsamkeiten auf. Zunächst werden wir aber auf einige Unterschiede eingehen. Diese liegen z. B. in der Schreibweise für Literale.

Literale

Klasse `Fraction`   Konstanten der Klasse `Fraction` werden einfach als Divisionsausdruck „Zähler durch Nenner" aufgeschrieben. Es handelt sich also nicht wirklich um eine eigenständige Literaldarstellung. Eine bevorzugte Schreibweise schließt den Divisionsausdruck in runde Klammern ein. Beispiele dafür finden sich in den Abbildungen 8.9 und 8.6.

Klasse `Float`   Literale von Gleitkommazahlen hingegen sind immer daran erkennbar, dass die Ziffernfolge einen Dezimalpunkt enthält. Hier einige Beispiele gültiger Literale der Klasse `Float`:

```
8.0   13.3   0.3   2.5e6   1.27e-30   1.27e-31   -12.987654e12
```

wissenschaftliche Notation Exponentialdarstellung   Hinter dem kleinen Buchstaben „e" wird die Zehnerpotenz angegeben, mit der die links davon stehende Zahl zu multiplizieren ist. Links und rechts vom Dezimalpunkt muss mindestens eine Ziffer stehen. Die Schreibweise mit Exponent wird auch als *wissenschaftliche Notation* (engl: scientific notation) oder als *Exponentialdarstellung* bezeichnet.

Klasse `Double`   Literale der Klasse `Double` verwenden statt des kleinen „e" ein „d". Wenn man z. B. erreichen möchte, dass die Konstante 3.1415926535898 als Exemplar von `Double` gespeichert wird muss, man sie so

```
3.1415926535898d
```

aufschreiben. Ansonsten unterscheiden sich `Double`- nicht von `Float`-Literalen.

Genauigkeit

`Fraction`-Objekte sind immer exakt und auch beim Rechnen mit Brüchen entstehen immer exakte Ergebnisse. Nur wenn in einem Ausdruck Brüche und Gleitkommazahlen gemeinsam auftreten, ist das Ergebnis in jedem Fall eine Gleitkommazahl, und es kann zu Rundungsfehlern kommen.

Gleitkommazahlen einfacher …   Exemplare der Klasse `Float` sind Gleitkommazahlen einfacher Genauigkeit (engl.:

single precision). Sie bieten eine Genauigkeit von circa sechs bis sieben Dezimalstellen. Der darstellbare Zahlenbereich reicht von 10^{-38} bis 10^{+38}. Mit Exemplaren von **Double** erreicht man eine Genauigkeit von circa 14 bis 15 Dezimalstellen und einen Größenbereich von 10^{-307} bis 10^{+307}. Sie heißen Gleitkommazahlen doppelter Genauigkeit (engl.: double precision).

...und doppelter Genauigkeit

Float pi	"print it liefert:"	3.14159	
Double pi	"print it liefert:"	3.1415926535898d	

Abbildung 8.12: Der Wert von π in einfacher und doppelter Genauigkeit

Beide Klassen verstehen die Nachricht **pi** (s. Abbildung 8.12).

Gleitkommazahlen garantieren aufgrund ihrer internen Darstellung einen über den darstellbaren Größenbereich hinweg gleich bleibenden *relativen* Fehler. Dies entspricht einer Anforderung, wie sie insbesondere bei technisch-wissenschaftlichen Berechnungen auftritt. Für kaufmännische Anwendungen benötigt man jedoch in der Regel einen gleich bleibenden *absoluten* Fehler. Man möchte z. B. immer auf zwei oder drei Stellen hinter dem Komma genau rechnen. Dies ist mit Gleitkommazahlen prinzipiell nicht durchführbar. Eine Möglichkeit für die Erreichung einer absoluten Genauigkeit besteht darin, alle Geldbeträge als ganzzahlige Vielfache einer kleinsten Einheit (z. B. Zehntelcent) darzustellen und dann nur mit Integer-Zahlen zu rechnen. *Visual-Works* kennt noch eine weitere Zahlenklasse **FixedPoint** (vgl. Abbildung 6.2), die in Abschnitt 7.2 bereits verwendet wurde. Zahlen dieser Klasse sind immer auf eine definierbare Anzahl von Stellen hinter dem Dezimalpunkt genau und daher für kaufmännische Berechnungen am besten geeignet. Diese Klasse gibt es aber nicht in allen Smalltalk-Systemen.

relativer Fehler

absoluter Fehler

Klasse **FixedPoint**

Methoden

Die meisten Methoden werden von der Klasse **Number** geerbt und in Abschnitt 8.1.5 behandelt.

Spezielle Methoden sind zum einen

integerPart liefert den ganzzahligen Anteil einer **Real**-Zahl

fractionPart liefert den gebrochenen Anteil einer **Real**-Zahl

aus dem Protokoll **truncation and round off** der Klasse **LimitedPrecisionReal**. Zum anderen kann eine **LimitedPrecisionReal**-Zahl mit der Nachricht **asRational** in einen Bruch bzw. eine ganze Zahl umgewandelt werden (s. Abbildung 8.13).

8.1.5 Gemeinsame Methoden der Zahlenklassen

Die wesentliche Aufgabe der Klasse **Number** ist die Zusammenfassung der Gemeinsamkeiten aller Zahlenarten. Dabei handelt es sich um Methoden, die auf alle Zahlenarten

Klasse **Number**

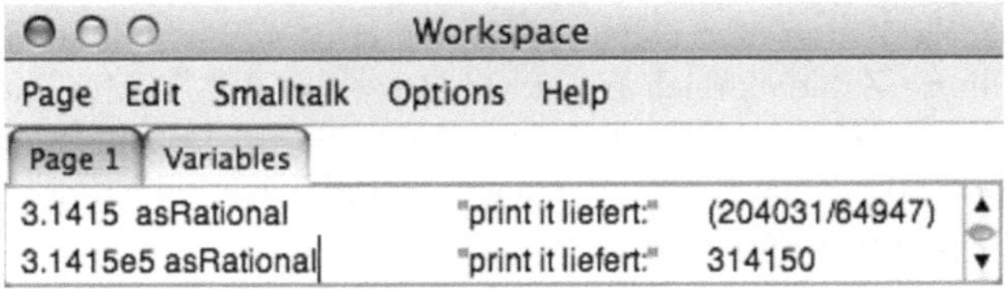

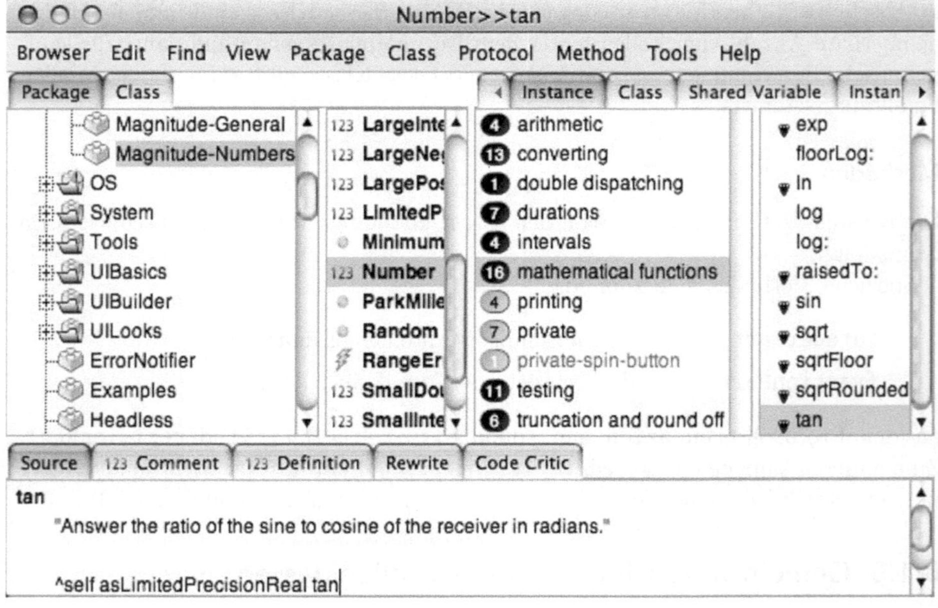

Abbildung 8.13: Umwandlung einer **Float**-Zahl in ein **Fraction**- oder **Integer**-
Objekt

anwendbar sind und die im Wege der Vererbung dann allen Unterklassen von **Number**
zur Verfügung stehen.

Mathematische Funktionen

Abbildung 8.14 zeigt die Protokolle der Exemplarmethoden der Klasse **Number**. Hierzu
gehören u. a. die mathematischen Funktionen. Die Abbildung gewährt auch einen Einblick in die Technik der Implementierung der Tangensfunktion. Das Empfängerobjekt
wird mit der Nachricht **asLimitedPrecisionReal** zunächst in ein **Float**-Objekt umgewandelt und anschließend wird für dieses Objekt die in der Klasse **Float** definierte
Methode **tan** aktiviert. Diese Technik, das Empfängerobjekt zunächst in ein **Float**-
Objekt zu verwandeln, wird auch für die übrigen trigonometrischen Funktionen, die
Logarithmusfunktionen sowie die Wurzel- und die *e*-Funktion (**exp**) angewendet.

   Die Operationen „******" und **raisedTo:** liefern beide das gleiche Resultat: Das Emp-

Abbildung 8.14: Die Exemplarmethoden-Protokolle der Klasse **Number** fängerobjekt wird zur Potenz des Arguments erhoben.

Für die trigonometrischen Funktionen gilt, dass alle Winkel im Bogenmaß angegeben werden. D. h. der Empfänger der Funktionen **sin**, **cos** und **tan** wird als Winkel im Bogenmaß vorausgesetzt. Das Gleiche gilt für das Resultat der Umkehrfunktionen **arcSin**, **arcCos** und **arcTan**. Mithilfe der Methoden **radiansToDegrees** und **degreesToRadians** (im Protokoll **converting**) gibt es aber eine einfache Möglichkeit, Winkel vom Bogen- ins Gradmaß bzw. umgekehrt zu verwandeln. Um z. B. den Kosinus von 180° zu berechnen, kann man den Ausdruck

```
180 degreesToRadians cos
```

benutzen.

Abfragen verschiedener Eigenschaften

Tabelle 8.2: Prüfoperationen für Zahlen

Nachrichtenmuster	Bedeutung
even	liefert **true**, falls der Empfänger eine gerade Zahl ist
odd	liefert **true**, falls der Empfänger eine ungerade Zahl ist
positive	liefert **true**, falls der Empfänger größer oder gleich 0 ist
strictlyPositive	liefert **true**, falls der Empfänger größer als 0 ist
negative	liefert **true**, falls der Empfänger kleiner als 0 ist
sign	liefert 1, falls der Empfänger größer als 0, -1, falls er kleiner als 0, 0, falls er gleich 0 ist

In Tabelle 8.2 sind die wichtigsten Methoden zusammengefasst, die es ermöglichen, Zahlen auf bestimmte Eigenschaften hin zu überprüfen. Sie sind im Protokoll **testing** zu finden.

Bis auf **even** und **odd** sind alle Methoden der Tabelle 8.2 in der Oberklasse **ArithmeticValue** angesiedelt.

Rundung

Das Protokoll **truncation and round off** enthält verschiedene Verfahren (Runden und Abschneiden), mit deren Hilfe nicht ganze Zahlen durch Entfernen der Stellen hinter dem Dezimalpunkt in ganze Zahlen umgewandelt werden können. Die Wirkung der Operationen im Einzelnen ist in Tabelle 8.3 beschrieben.

In Abbildung 8.15 sind einige Anwendungsbeispiele wiedergegeben.

Intervalle

In Abschnitt 4.2.2 wurde zur Realisierung von Wiederholungen mit Hilfe des Intervalldurchlaufs auf die Möglichkeit, Intervalle zu definieren, hingewiesen. Die Methoden hierfür sind im Protokoll **intervals** der Klasse **Number** implementiert. Abbildung 8.16 zeigt die einfachste Methode (**to:**), ein Intervall beginnend beim Empfänger mit der Schrittweite 1 bis zum Argument (**stop**) zu erstellen. Dazu wird in der Methode mit dem Ausdruck

```
Interval from: self to: stop by: 1
```

Tabelle 8.3: Runden und Abschneiden

Nachrichtenmuster	Bedeutung
`ceiling`	liefert die kleinste ganze Zahl, die größer oder gleich dem Empfänger ist
`floor`	liefert die größte ganze Zahl, die kleiner oder gleich dem Empfänger ist
`rounded`	liefert die ganze Zahl, die dem Empfänger am nächsten ist
`roundTo: aNumber`	liefert die ganze Zahl, die als ganzzahliges Vielfaches von `aNumber` dem Empfänger am nächsten ist
`truncated`	liefert die ganze Zahl, die dem Empfänger am nächsten ist und auf der Zahlengeraden zwischen der 0 und dem Empfänger liegt
`truncateTo: aNumber`	liefert die ganze Zahl, die als ganzzahliges Vielfaches von `aNumber` dem Empfänger am nächsten ist und auf der Zahlengeraden zwischen der 0 und dem Empfänger liegt

Abbildung 8.15: Beispiele für die Anwendung von Methoden des Protokolls `truncation and round off`

eine `from:to:by:`-Nachricht an die Klasse `Interval` geschickt. Dies ist eine `Collec-`
Klasse   `tion`-Klasse (vgl. Kapitel 10), wie Abbildung 8.17 zeigt. In dieser Abbildung ist auch
`Interval`   die Implementierung der Klassenmethode `from:to:` zu sehen. Auf die Einzelheiten

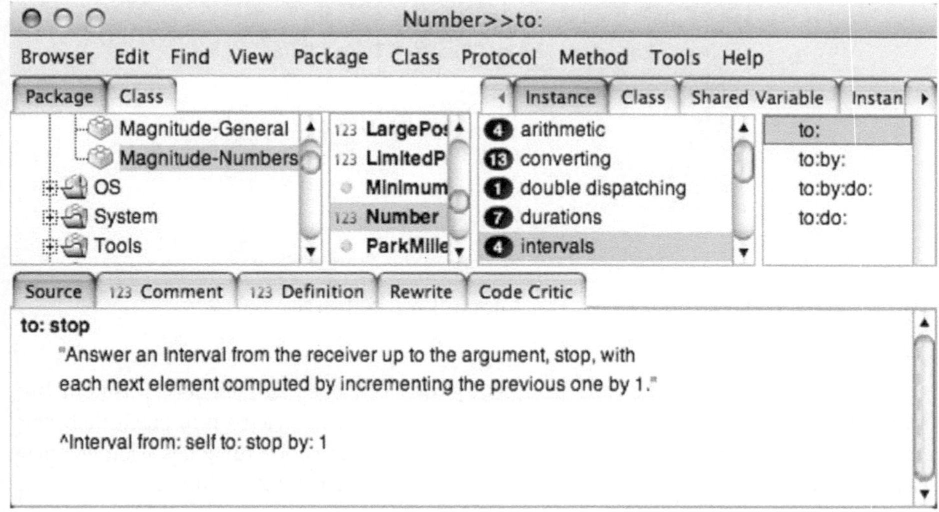

Abbildung 8.16: Das Protokoll **intervals** der Klasse **Number**

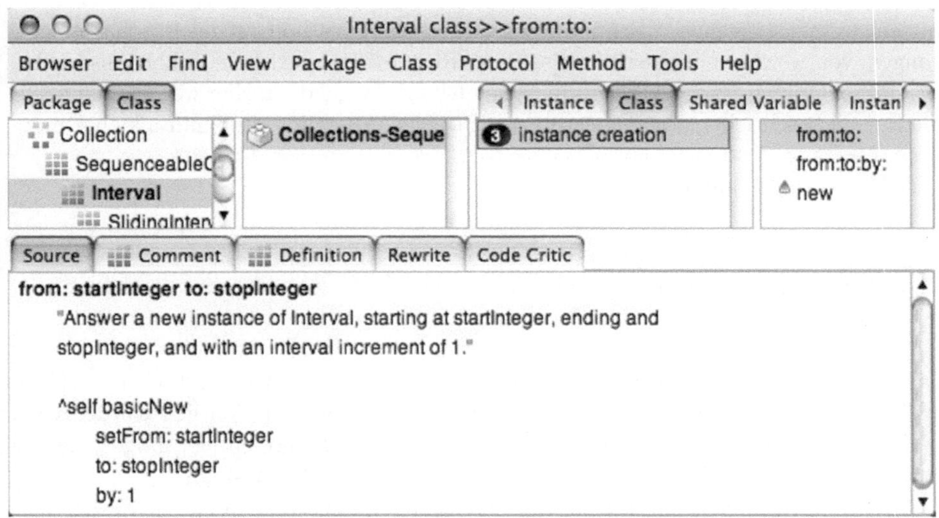

Abbildung 8.17: Die Klasse **Interval** mit der Klassenmethode **from:to:**

der Klasse **Interval** wird hier aber nicht weiter eingegangen werden.

Mit der Nachricht **to:by:** kann ein Intervall mit einer beliebigen Schrittweite erzeugt werden. Wertet man den Ausdruck

```
2.0 to: 3.5 by: 0.2
```

im Workspace mit **Inspect it** aus, erscheint das in Abbildung 8.18 gezeigte Inspector-Fenster. Die letzte Zahl innerhalb des Intervalls ist 3.4.

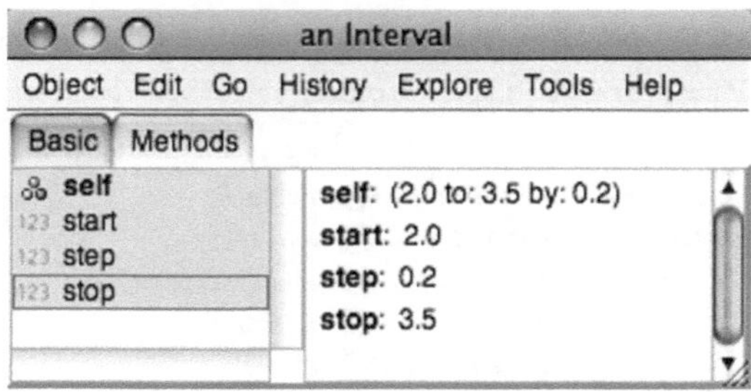

Abbildung 8.18: Ein Intervall mit Schrittweite 0.2

Die beiden Nachrichten `to:do:` und `to:by:do:` erzeugen in gleicher Weise ein Intervall, wie die Nachrichten ohne das Schlüsselwort `do:`. Hier wird nun zusätzlich der hinter dem Schlüsselwort `do:` als Argument mitgegebene Block für jedes Element des Intervalls ausgewertet. Ein Beispiel dafür ist in Abschnitt 4.2.2 zu finden.

8.1.6 Gemischte Ausdrücke

In den voran gegangenen Abschnitten wurde gelegentlich schon auf das Problem eingegangen, von welcher numerischen Klasse das Resultat eines arithmetischen Ausdrucks ist, dessen Operandenobjekte verschiedenen Klassen angehören. Hier werden nun noch die Regeln beschrieben, die der Auswertung solcher Ausdrücke in Smalltalk zugrunde liegen.

Die erste Regel lautet:

> Wenn zwei an einer numerischen Operation beteiligte Objekte unterschiedlichen Klassen angehören, muss eines in die Klasse des anderen konvertiert werden.

Diesen Umwandlungsprozess benennt man in Smalltalk mit dem englischen Fachbegriff *Coercion*. Wie schon aus den bereits gezeigten Beispielen deutlich wurde, wird in dem Ausdruck $2 * 3.5$ die `SmallInteger`-Zahl 2 in ein `Float`-Objekt umgewandelt, anschließend wird multipliziert, und das Ergebnis ist eine `Float`-Zahl.

Die zweite Regel legt nun fest, in welche Klasse Objekte in gemischten Ausdrücken umzuwandeln sind:

> Es wird das Objekt mit der Klasse der höchsten „numerischen Allgemeinheit" (engl. *highest generality*) bestimmt. Alle anderen Objekte werden in diese Klasse konvertiert.

Generality-Konzept Das Generality-Konzept von Smalltalk ist so beschaffen, dass jede Klasse in der Lage sein muss, ihre Exemplare in ein Exemplar mit der nächst höheren Generality so umzuwandeln, dass sein numerischer Wert so weit wie möglich erhalten bleibt. Die in diesem Kapitel behandelten Zahlenklassen sind folgendermaßen nach der Generality geordnet (beginnend bei der höchsten):

```
Double
Float
Fraction
LargePositiveInteger, LargeNegativeInteger
SmallInteger
```

Es ist nun immer möglich, eine `SmallInteger`-Zahl je nach Vorzeichen in eine `LargePositiveInteger`- bzw. eine `LargeNegativeInteger`-Zahl „verlustfrei" zu konvertieren. Bei der Umwandlung von `Integer`- oder `Fraction`-Zahlen nach `Float` bzw. `Double` kann es aber zu einem Verlust an Genauigkeit kommen, wenn die ganze Zahl mehr Dezimalstellen besitzt als in der jeweiligen `Real`-Klasse zur Verfügung stehen.

Es kann auch passieren, dass sich eine `LargePositiveInteger`-Zahl, wenn sie nur groß genug ist, überhaupt nicht in eine `Real`-Klasse umwandeln lässt. So ist z. B. der arithmetische Ausdruck

```
170 factorial + 1.0d
```

auswertbar, weil sich 170! gerade noch als `Double`-Zahl darstellen lässt. Das Ergebnis der Auswertung ist:

```
7.257415615308d306
```

Der Versuch den Ausdruck

```
171 factorial + 1.0d
```

auszuwerten, wird mit der Fehlermeldung quittiert, dass 171! nicht mehr als `Double`-Zahl ausgedrückt werden kann.

Wann immer in gemischten Ausdrücken `Real`-Zahlen auftauchen, muss man sich der Probleme, die durch ihre begrenzte Genauigkeit und ihren begrenzten Größenbereich entstehen, bewusst sein. Wenn Exaktheit verlangt ist, dürfen diese Zahlen nicht verwendet werden. Die Entscheidung der Entwickler von Smalltalk, den `Real`-Klassen eine höhere Generality als der Klasse `Fraction` zu geben, erscheint vor diesem Hintergrund willkürlich.

8.1.7 Die Wahrheitswerte

Schon in Abschnitt 2.3.3 bei der Besprechung der allgemeinen Lösung einer quadratischen Gleichung, sind wir dem Problem begegnet, Fallunterscheidungen in einem Algorithmus vornehmen zu müssen. In Smalltalk werden diese z. B. durch Bedingungen in Form von Vergleichsausdrücken (z. B. `a>0`) aufgeschrieben, an die dann eine der Nachrichten `ifTrue:`, `ifFalse:` usw. geschickt wird. Die Auswertung eines Vergleichsausdrucks führt immer auf ein boolesches Objekt. Davon gibt es genau zwei, die durch die Pseudovariablen `true` und `false` bezeichnet werden. Dabei ist `true` das einzige Exemplar der Klasse `True`, `false` das einzige Exemplar der Klasse `False` (s. Abbildung 8.1). Inspiziert man z. B. den Ausdruck `5=5`, so sieht man am Fenstertitel des Inspector-Fensters (s. Abbildung 8.19), dass es sich dabei um ein Exemplar der Klasse `True` handelt.

Beiden Klassen dient die Klasse `Boolean` als gemeinsame Oberklasse, die die logischen Operationen Äquivalenz (`eqv:`) und Antivalenz (`xor:`) implementiert, während

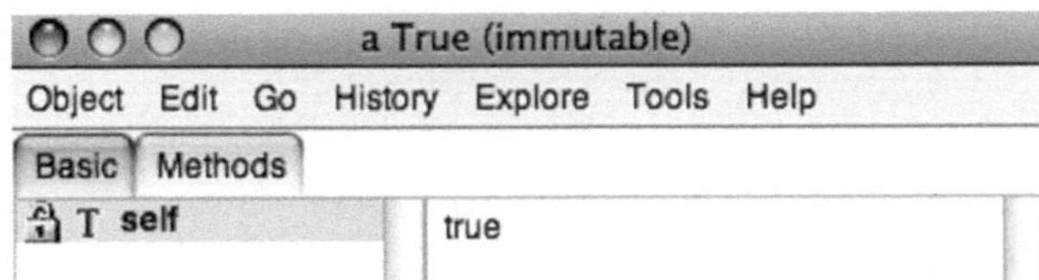

Abbildung 8.19: true ist ein Exemplar der Klasse **True**

die booleschen Operationen Konjunktion (Und-Verknüpfung: **&**), Disjunktion (Oder-Verknüpfung: **|**) und Negation (**not**) jeweils in **True** und **False** implementiert werden.

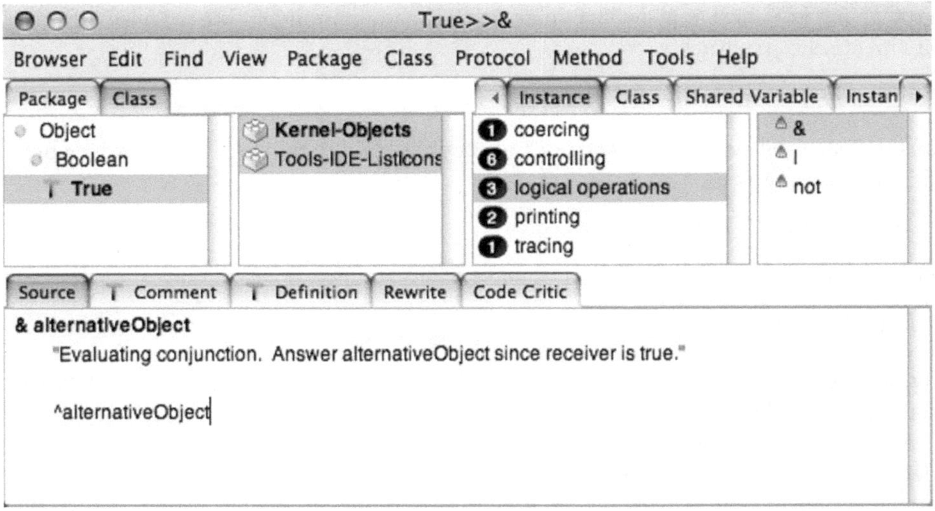

Abbildung 8.20: Implementierung der Konjunktion in der Klasse **True**

Stellvertretend für die anderen wird in den Abbildungen 8.20 und 8.21 jeweils die Implementierung der Konjunktion gezeigt. Wenn in dem Ausdruck **a & b** der Empfänger **a** den Wahrheitswert **true** hat, kommt die **&**-Methode der Klasse **True** zur Ausführung. Das Ergebnis der Konjunktion hängt dann aber nur noch vom Argument **b** ab, weswegen die Methode dann das Argument als ihr Resultat zurückliefert. Für den Fall, dass der Empfänger **a** den Wahrheitswert **false** hat, kommt die **&**-Methode der Klasse **False** zur Ausführung. Das Ergebnis der Konjunktion ist, in diesem Fall unabhängig vom Wert des Arguments, in jedem Fall **false**.

Im Protokoll **controlling** (s. Abbildung 8.22) der beiden Klassen sind neben den Nachrichten für die Fallunterscheidungen zwei alternative Methoden für die Konjunktion (**and:**) und die Disjunktion (**or:**) vorhanden. Deren Bedeutung wird anhand des folgenden Beispiels kurz erläutert:

```
| a b |
a := 4.
b := 0.
((b ~= 0) & (a/b >2))
    ifFalse: [ Transcript show: 'so funktioniert es nicht']
```

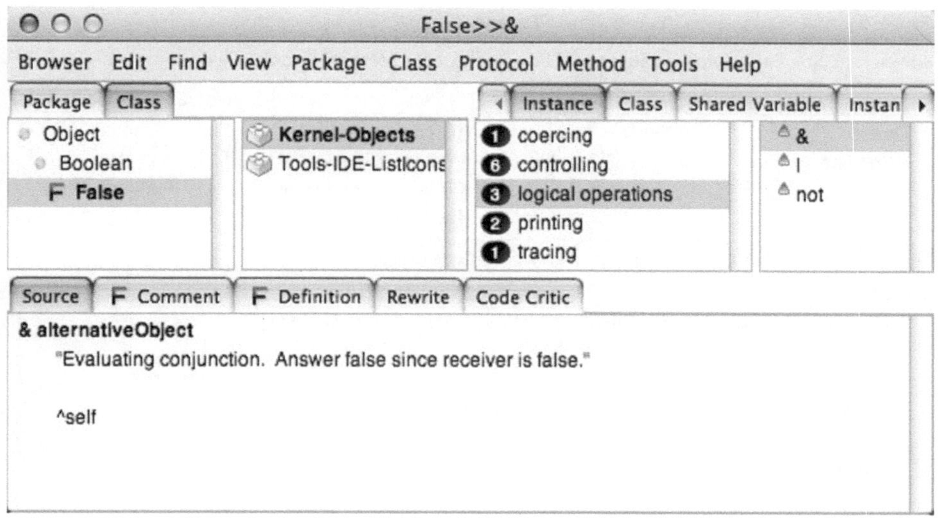

Abbildung 8.21: Implementierung der Konjunktion in der Klasse `False`

Wenn man versucht obiges Programm ausführen zu lassen, entsteht bei der Auswertung der Bedingung von `ifFalse:` folgendes Problem: Bevor die Nachricht `&` an den Empfänger `(b ~= 0)` geschickt wird, wird ihr Argument `(a/b >2)` ausgewertet, was wegen `b=0` zu einem Programmabbruch führt. Andererseits ist in diesem Fall das Ergebnis der Und-Verknüpfung ohnehin `false`, da `b` gleich 0 ist. Um dieses Ergebnis zu ermitteln, müsste das Argument der `&`-Nachricht gar nicht ausgewertet werden. Für Fälle dieser Art stehen die *nicht auswertenden* Methoden `and:` bzw. `or:` zur Verfügung. Sie erwarten als Argument einen Block, der innerhalb der Methode eben nur dann ausgewertet wird, falls das notwendig ist. Obiges Programm kann man damit wie folgt umschreiben:

```
| a b |
a := 4.
b := 0.
((b ~= 0) and: [(a/b >2)])
    ifFalse: [ Transcript show: 'so funktioniert es']
```

Da der Empfänger der Nachricht `and:` hier `false` ist, wird der als Argument übergebene Block `[(a/b >2)]` in diesem Fall nicht ausgewertet und damit wird auch keine Division durch 0 ausgeführt.

Die Implementierung der Methoden für die Fallunterscheidung wird hier am Beispiel der Methode `ifTrue:ifFalse:` aus der Klasse `False` erläutert, wie sie in Abbildung 8.23 gezeigt ist. Da der Empfänger der Nachricht, wenn die Methode in `False` aktiviert wurde ja `false` ist, muss der hinter dem Schlüsselwort `ifFalse:` übergebene Argumentblock, dessen Platzhalter in der Methode mit `falseAlternativeBlock` bezeichnet ist, ausgewertet werden. Deshalb wird diesem Block die Nachricht `value` geschickt, was die Auswertung bewirkt.

Nach diesem Muster sind auch die drei übrigen Nachrichten realisiert.

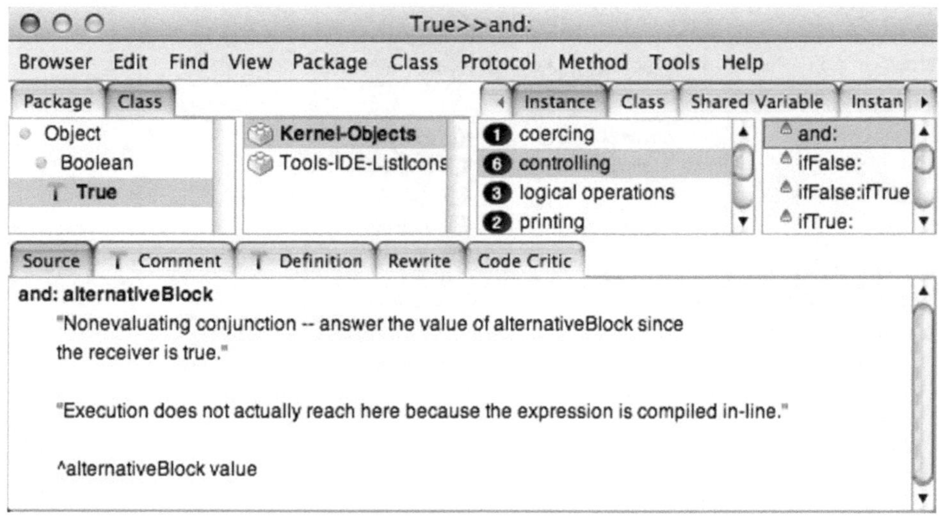

Abbildung 8.22: Implementierung der *nicht auswertenden* Konjunktion in der Klasse
True

8.1.8 Zeichen und Zeichenketten

Die Klasse **Character**

Die Exemplare der Klasse **Character** repräsentieren darstellbare und nicht darstellbare Zeichen. Zu den darstellbaren Zeichen gehören insbesondere diejenigen, die über die Tastatur eingegeben werden können: die Buchstaben, die Ziffern sowie eine Reihe von Sonderzeichen wie Klammern, Satzzeichen etc.

darstellbare Zeichen

Bereits in Abschnitt 3.2 wurde darauf hingewiesen, dass es für die darstellbaren Zeichen eine Literaldarstellung gibt, die aus dem Dollarzeichen gefolgt von dem darzustellenden Zeichen besteht.

nicht druckbare Zeichen

Für verschiedene nicht druckbare Zeichen stehen Nachrichten zur Verfügung, die an die Klasse **Character** geschickt, das jeweilige Zeichen liefern. Um welche es sich dabei handelt, kann dem Klassenprotokoll **accessing untypeable characters** entnommen werden (vgl. Abbildung 8.24). So kann z. B. durch die Nachricht

```
Character space
```

das **Character**-Objekt für das Leerzeichen erzeugt werden.

Jedes Zeichen wird intern durch eine ganze Zahl codiert. Abbildung 8.24 zeigt, dass z. B. für das Leerzeichen die Zahl 32 benutzt wird.

Zeichencodes sind in der diesem Buch zugrunde liegenden Version von *VisualWorks* ganze Zahlen zwischen 0 and 65535 (16rFFFF). Die Zuordnung erfolgt dabei gemäß dem international genormten Unicode Character Code Standard.

Zeichencodes

Mit der Nachricht **asInteger** aus dem Methodenprotokoll **converting** kann der zu einem **Character**-Objekt gehörende Code ermittelt werden. So liefert z. B. die Auswertung des Ausdrucks

```
Character space asInteger
```

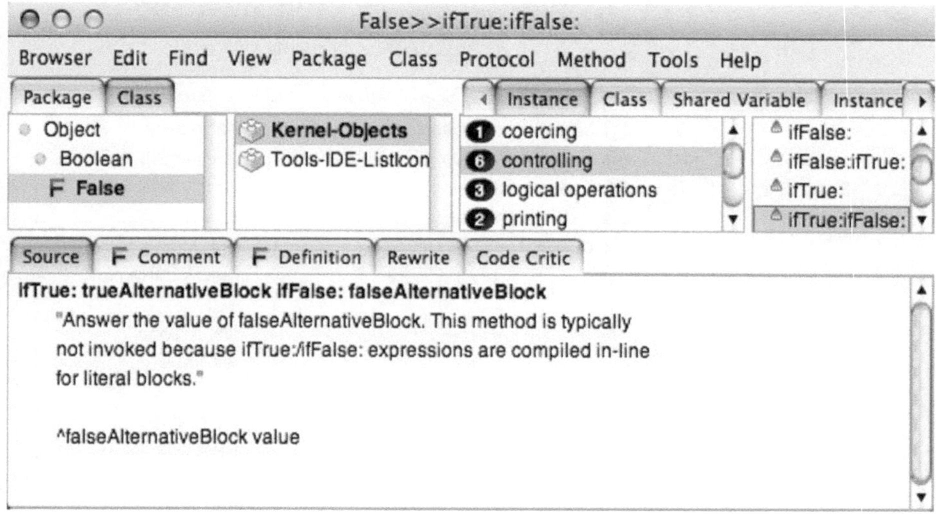

Abbildung 8.23:   Implementierung der Methode `ifTrue:ifFalse:` in der Klasse
`False`

den Wert 32. Umgekehrt kann, wie Abbildung 8.24 zeigt, mit der Klassenmethode
`value:` ein Zeichen mit einem bestimmten Code erzeugt werden.

Das Protokoll **converting** stellt noch zwei Methoden zur Verfügung, die einen
Kleinbuchstaben in einen Großbuchstaben (`asUppercase`) und umgekehrt (`asLower-`
`case`) umzuwandeln erlauben.

Die Methode `digitValue` wandelt ein Zeichen in ein numerisches Äquivalent um.
Dies ist insbesondere für die Zeichen `$0` bis `$9` interessant. So liefert der Ausdruck

```
$5 digitValue
```

das `SmallInteger`-Objekt 5.

Eine weitere wichtige Eigenschaft der Objekte der Klasse **Character** ist, dass auf
sie aufgrund der internen Codierung durch ganze Zahlen auch die Vergleichsoperatoren (<, = usw.) anwendbar sind. Dabei ist der Zeichencode so gewählt, dass für
die Buchstaben die alphabetische Reihenfolge gilt, d. h. es gilt z. B.: `$f < $g`. Die
Großbuchstaben sind „kleiner" als die Kleinbuchstaben, d. h. es gilt `$A < $a`. Für die
den Dezimalziffern entsprechenden Zeichen `$0` bis `$9` gilt die numerische Ordnung.

Im Protokoll **testing** stehen einige nützliche Prüfmethoden zur Verfügung, die
z. B. erlauben, zu fragen, ob ein Zeichen

- ein Vokal (`isVowel`),

- ein Buchstabe (`isLetter`) oder

- eine Ziffer (`isDigit`) ist.

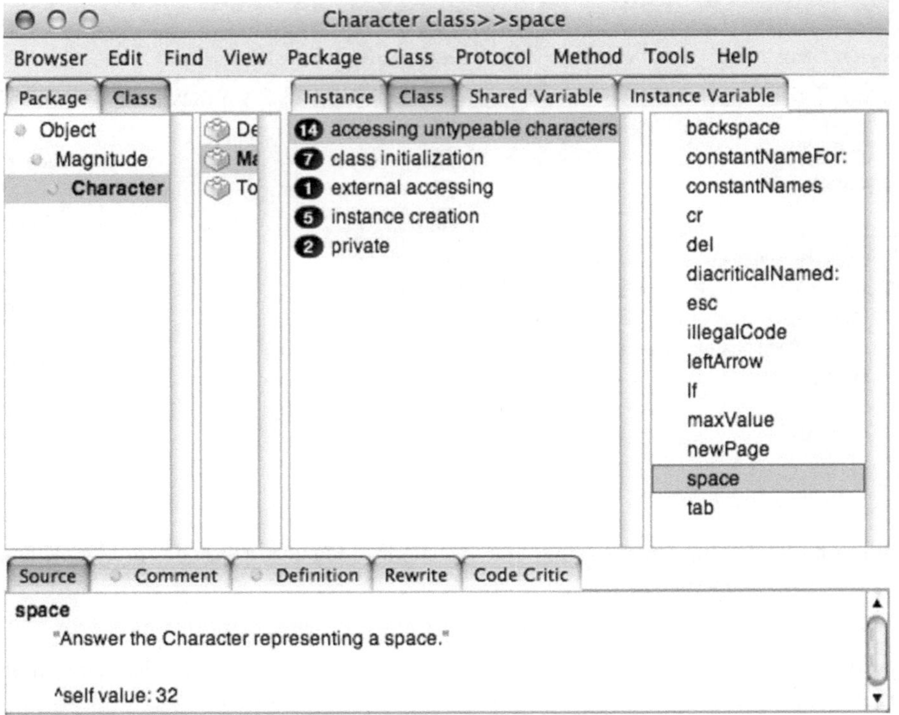

Abbildung 8.24: Klassenmethoden zur Erzeugung nicht druckbarer Zeichen

Die Klasse `String`

Ebenfalls in Abschnitt 3.2 sind Zeichenketten-Literale eingeführt worden. Es handelt sich dabei um Exemplare der Klasse **String**. Wie aus Abbildung 8.1 ersichtlich, ist die Klasse eine Unterklasse von **Collection**. Gemeinsamkeiten der Collection-Klassen werden in Kapitel 10 behandelt. Hier werden nur einige spezielle Methoden, die für die Verarbeitung von Zeichenketten interessant sind, vorweggenommen werden.

Eine Zeichenkette stellt einen Behälter für Zeichen dar. Mit anderen Worten, die Zeichen sind die Komponenten einer Zeichenkette. Auf jede Komponente kann wie bei einem Array mithilfe eines Index zugegriffen werden. Der Ausdruck

```
'hallo' at:2
```

liefert das Zeichen **$a** als Resultat. Mithilfe der Nachricht **at:put:** kann ein Zeichen innerhalb einer Zeichenkette durch ein anderes ersetzt werden:

```
'hallo' at:2 put: $e
```

Führt man das Programm

```
| s |
s := 'hallo'.
s at: 2 put: $e.
s
```

im Workspace mit **Print it** aus, erhält man die Zeichenkette `'hello'`.

> Anmerkung: Mit Version 7 von *VisualWorks* ist eingeführt worden, dass Literale grundsätzlich nicht änderbar sind (so genannte *immutables*). Damit führt die obige Smalltalk-Sequenz zu einem Laufzeitfehler. Man kann allerdings von einem **String**-Literal mithilfe der Nachricht **copy** eine Kopie erzeugen, die dann ein „normales", änderbares Objekt darstellt. Der Ausdruck

Literale sind
nicht änderbar

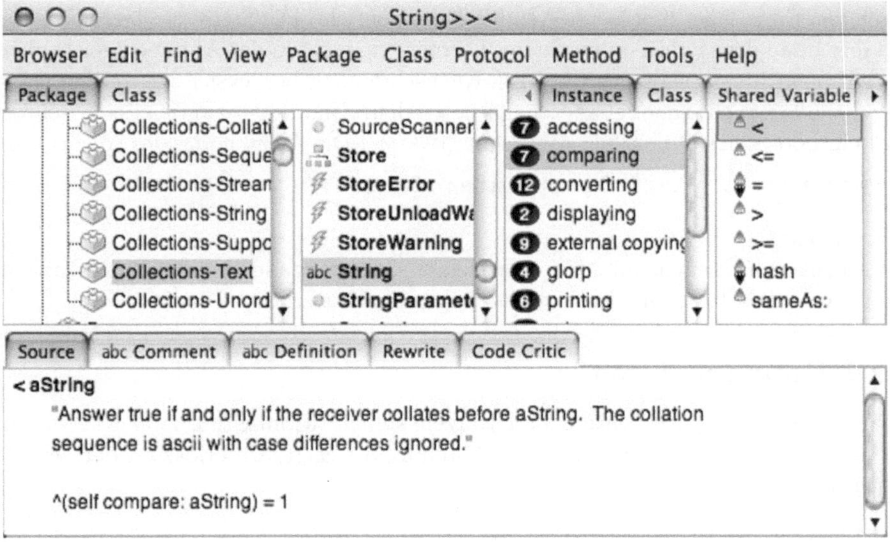

```
'hallo' copy at:2 put: $e
```

liefert dann das gewünschte Ergebnis.

Abbildung 8.25: Vergleichsmethoden der Klasse **String**

Wie aus Abbildung 8.25 ersichtlich, werden in der Klasse **String** eigene Vergleichsmethoden definiert. Dabei gilt für alle Methoden außer „=", dass Groß-Kleinschreibung unberücksichtigt bleibt. So liefert z. B. der Vergleich

```
'karla' < 'Karlo'
```

true, obwohl das Zeichen `$k` in der Code-Reihenfolge hinter dem Zeichen `$K` kommt.

Die Methode „=" führt hingegen einen exakten Vergleich der beiden Zeichenketten Zeichen für Zeichen durch. Die Prüfung auf Gleichheit ohne Berücksichtigung der Groß-Kleinschreibung kann mit der Methode **sameAs:** erreicht werden. Der Ausdruck

```
'String' = 'string'
```

liefert **false**,

```
'String' sameAs: 'string'
```

hingegen **true**.

Mustervergleich

Neben dem einfachen Vergleich von Zeichenketten ist auch der so genannte *Mustervergleich* (engl.: pattern matching) möglich. Hier stehen zwei spezielle Stellvertreterzeichen (engl.: wildcards) zur Verfügung:

$# steht stellvertretend für genau ein beliebiges Zeichen.

$* steht stellvertretend für eine beliebige Zeichenfolge (einschließlich der leeren Zeichenfolge).

Eine Methode für den Mustervergleich heißt **match:**. Tabelle 8.4 zeigt einige Anwendungen. Aus der ersten Zeile ist ersichtlich, dass Groß-Kleinschreibung keine Rolle spielt. Die Methode prüft also, ob die als Argument mitgegebene Zeichenkette dem durch den Empfänger repräsentierten Muster entspricht. Die Stellvertreterzeichen haben ihre besondere Funktion nur in der Empfänger- nicht in der Argumentzeichenkette. Soll beim Mustervergleich die Groß-Kleinschreibung berücksichtigt werden, kann die Methode **match:ignoreCase:** benutzt werden. Hinter dem zweiten Schlüsselwort wird ein boolesches Objekt als Argument erwartet. Die Auswertung des Ausdrucks

```
'xyz' match: 'Xyz' ignoreCase: false
```

liefert **false**.

Zeichenketten können mit den Nachrichten **asLowercase:** und **asUpperCase** in Kleinbuchstaben bzw. Großbuchstaben umgewandelt werden.

8.1.9 Datum und Zeit

Für die Darstellung von Datum und Uhrzeit stehen in Smalltalk zwei Klassen zur Verfügung (**Date** und **Time**), die wie Abbildung 8.1 zeigt, Unterklassen der Klasse **Magnitude** sind.

Die Klasse **Date**

Ein Datum wird durch eine Jahreszahl und die Nummer des Tages, vom Jahresbeginn gezählt, dargestellt. Hierzu dienen die Exemplarvariablen **year** und **day** (vgl. Abbildung 8.26). Abbildung 8.27 zeigt als Beispiel die Repräsentation des 25. Juli 2013.

Es gibt zahlreiche Möglichkeiten, mithilfe von Klassenmethoden der Klasse **Date** ein Datum zu erzeugen. Das aktuelle Tagesdatum wird durch den Ausdruck

Tabelle 8.4: Beispiele für Mustervergleichsoperationen

Nachrichtenmuster	Auswertung liefert ...
'xyz' match: 'Xyz'	true
'x#z' match: 'xyz'	true
'x*z' match: 'x abc? z'	true
'*x' match: 'x'	true
'#x' match: 'x'	false

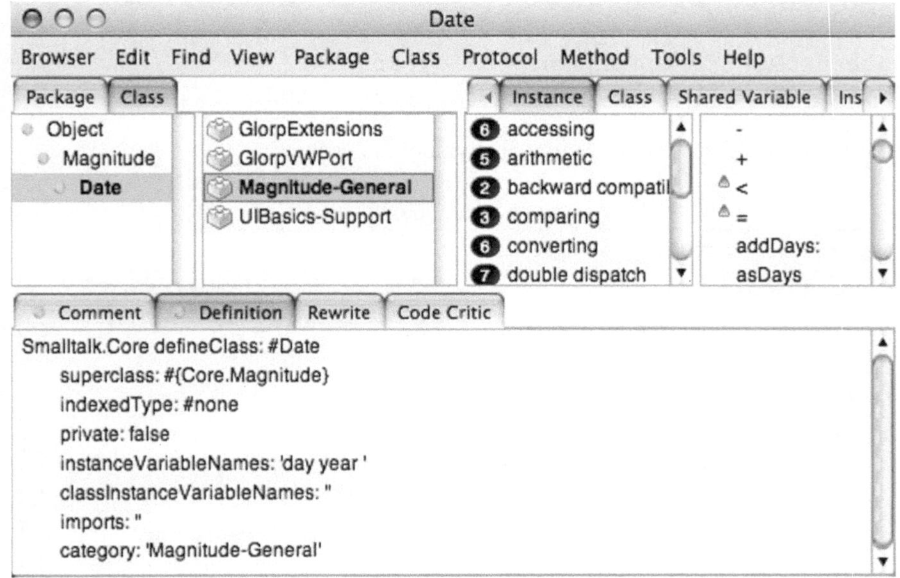

Abbildung 8.26: Die Klasse `Date`

Abbildung 8.27: Der 1. Dezember 2002 als Exemplar der Klasse `Date`

```
Date today
```

geliefert. Eine häufig genutzte Möglichkeit besteht darin, eine Zeichenkette mit der Nachricht **readFromString:** in ein **Date**-Objekt umzuwandeln. Dabei kann die Zeichenkette das Datum in verschiedenen Formaten enthalten. Hier einige Beispiele:

```
Date readFromString: 'December 1, 2002'.
Date readFromString: '1 December 2002'.
Date readFromString: '12.1.2002'.
Date readFromString: '12-1-2002'.
```

Auf die Möglichkeiten, die Akzeptanz landestypischer Datumsformate einzustellen, wird hier nicht eingegangen werden.

Ein Datum kann auch durch die Angabe von Tag, Monat und Jahr spezifiziert werden:

```
Date newDay: 1 monthNumber: 12 year: 2002.
Date newDay: 1 month: #December year: 2002.
```

Im zweiten Fall ist der Monatsname als Symbol anzugeben.

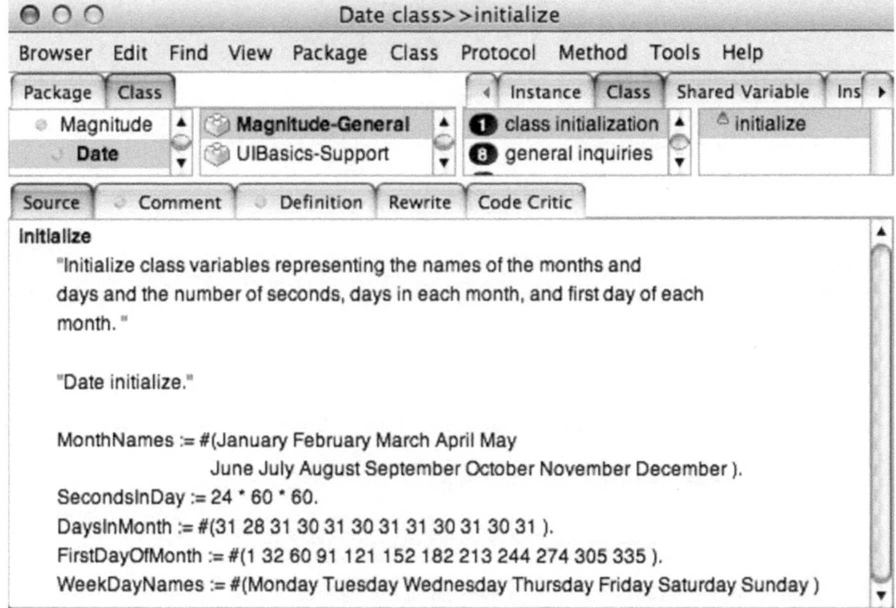

Abbildung 8.28: Die Initialisierung der Klassenvariablen der Klasse `Date`

Die Klasse `Date` verfügt über eine Reihe von Klassenvariablen, in denen kalendarische Informationen gespeichert sind. Deren Aufbau und Bedeutung zeigt Tabelle 8.5. Abbildung 8.28 zeigt die Klassenmethode `initialize`, die die Klassenvariablen setzt. Bei Bedarf könnte diese Methode selbstverständlich modifiziert werden.

`Date`-Objekte antworten auf die binären Vergleichsnachrichten (=, ~=, <, <=, >, >=), wobei die Nachricht „<" als „früher" und „>" als „später" zu interpretieren ist.

Tabelle 8.5: Wichtige Klassenvariablen der Klasse `Date`

Klassenvariable	Struktur	Bedeutung
DaysInMonth	Array aus Integers	die Anzahl der Tage jedes Monats
FirstDayOfMonth	Array aus Integers	Die Nummer des ersten Tages eines Monats gerechnet vom Jahresbeginn
MonthNames	Array aus Symbols	die Namen der 12 Monate
SecondsInDay	Integer	Anzahl der Sekunden eines Tages
WeekDayNames	Array aus Symbols	die Namen der Wochentage

Mit Datumsangaben kann auch gerechnet werden:

- Mit der Nachricht `addDays:` kann eine Anzahl von Tagen auf ein Datum addiert werden.

- Die Nachricht `subtractDays:` subtrahiert eine Anzahl von Tagen von einem Datum.

- Die Nachricht `subtractDate:` berechnet die Differenz in Tagen zwischen dem Empfänger und dem Argument.

Ein `Date`-Objekt weiß darüber hinaus z. B.,

- wie seine Tagesnummer, Monatsnummer und Jahreszahl zu berechnen ist (Protokoll `accessing`).

- wie der Wochentag und der Monat heißen (Protokoll `accessing`).

- ob es in einem Schaltjahr liegt (Protokoll `accessing`).

- wieviele Tage bzw. Sekunden zwischen dem 1. Januar 1901 und ihm selbst liegen (Protokoll `converting`).

- wieviele Tage sein Monat bzw. sein Jahr hat und wieviele Tage im Jahr noch verbleiben (Protokoll `inquiries`).

Die Klasse `Time`

Ein Exemplar der Klasse `Time` stellt die Anzahl der Sekunden dar, die seit Mitternacht vergangen sind, wobei die Zeit in den Exemplarvariablen `hours`, `minutes` und `seconds` ganzzahlig in Stunden, Minuten und Sekunden repräsentiert wird. Auf diese Exemplarvariablen kann mithilfe der im Protokoll `accessing` angesiedelten gleichnamigen Methoden zugegriffen werden.

Ähnlich wie bei der Klasse `Date` können Exemplare von `Time` mit den Klassenmethoden aus dem Protokoll `instance creation` erzeugt werden:

- `now` liefert die aktuelle Uhrzeit.

- `fromSeconds:` erwartet ein ganzzahliges Argument, das als Anzahl der seit Mitternacht vergangenen Sekunden interpretiert wird.

- `readFromString:` erwartet eine Zeichenkette, die im Format

```
'Stunde:Minute:Sekunde'
```

angegeben werden muss. Beispielsweise liefert die Auswertung des Ausdrucks

```
(Time readFromString: '14:25:13') inspect
```

das in Abbildung 8.29 gezeigte `Time`-Objekt.

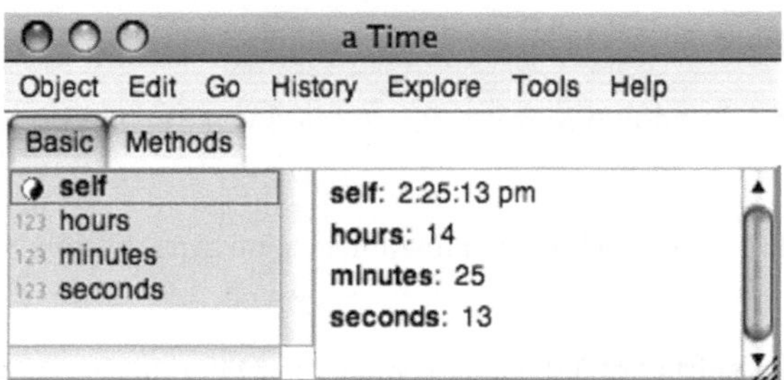

Abbildung 8.29: Ein `Time`-Objekt

Der Vergleich von Uhrzeiten ist ebenso möglich wie der von Datumsangaben.

Die Nachrichten `asSeconds`, `asMilliseconds` und `asNanoseconds` (Protokoll `converting`) erlauben es, ein `Time`-Objekt in eine ganze Zahl zu verwandeln, die die seit Mitternacht vergangenen Zeiteinheiten wiedergibt. Die Nachricht `asNanoseconds` wird z. B. für das Rechnen mit Uhrzeiten benutzt. Hierfür stehen die Exemplarmethoden `addTime:` (vgl. Abbildung 8.30) und `subtractTime:` aus dem Protokoll `arithmetic` zur Verfügung.

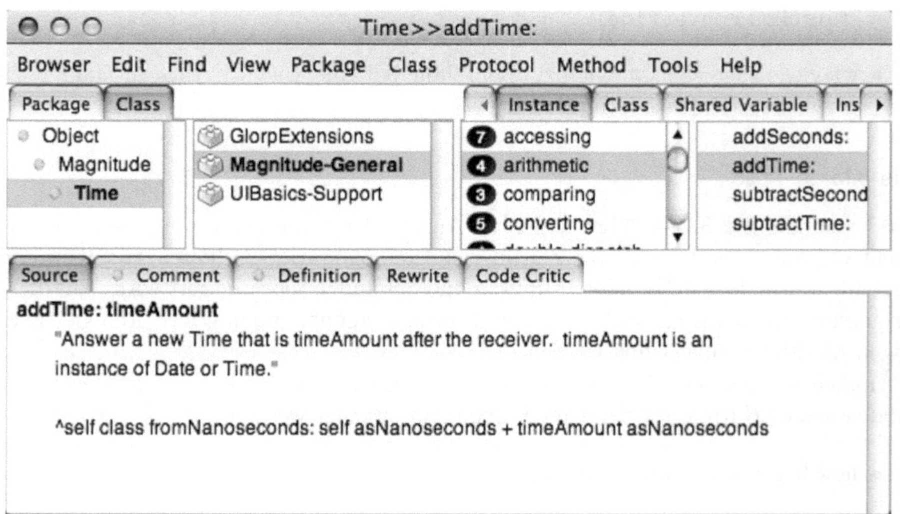

Abbildung 8.30: Methode zum Addieren von Uhrzeiten

8.2 Abstrakte, konkrete Klassen

Wenn man die in Abbildung 8.1 dargestellte Klassenhierarchie unter Berücksichtigung der vorangegangenen Abschnitte dieses Kapitels betrachtet, fällt dem Leser vielleicht auf, dass offenbar nicht alle Klassen dazu dienen, Exemplare von ihnen zu erzeugen. So ist beispielsweise jede ganze Zahl ein Exemplar genau einer der Klassen `SmallInteger`, `LargePositiveInteger` oder `LargeNegativeInteger`. Deren gemeinsame Oberklasse `Integer` hat hingegen keine „eigenen" Exemplare. Eine Klasse, von der keine Exemplare gebildet werden, nennt man *abstrakt*. Die Klassen, von denen Exemplare erzeugt werden, heißen *konkret*.

Der Zweck einer abstrakten Oberklasse besteht darin, gemeinsame Aspekte ihrer Unterklassen zusammenzufassen und ihnen durch Vererbung zur Verfügung zu stellen. (Man vergleiche hierzu auch Abschnitt 6.1.) Dabei können sowohl Struktur (Daten, die durch Exemplarvariablen repräsentiert werden) als auch Verhalten, das durch die Methoden bestimmt ist, vererbt werden. Man darf aber nicht umgekehrt den Schluss ziehen, dass Klassen, die Unterklassen besitzen, abstrakt sein müssen. So hat z. B. die Klasse `String` die Unterklasse `Symbol`, die selbstverständlich Methoden von `String` erbt. Beide Klassen sind aber konkrete Klassen.

Die Klasse `Number` ist ein weiteres Beispiel einer abstrakten Klasse. Sie stellt u. a. im Protokoll `mathematical functions` eine Reihe von mathematischen Funktionen für alle Zahlenarten bereit.

Die abstrakte Klasse `ArithmeticValue` ist Oberklasse für all die Klassen, deren Objekte die vier Grundrechenarten verstehen. Hierzu gehören neben den Exemplaren der Unterklassen von `Number` auch diejenigen der Klasse `Point`, die ebenfalls Unterklasse von `ArithmeticValue` ist. Damit die arithmetischen Operationen mit Exemplaren verschiedener Unterklassen von `ArithmeticValue` ausgeführt werden können, wird von diesen verlangt, dass sie das in Abschnitt 8.1.6 beschriebene Coercion-Konzept umsetzen.

Zweck einer abstrakten Oberklasse

abstrakte Klasse `Arithmetic-Value`

Die Klasse `Magnitude`

Um den Nutzen abstrakter Klassen noch besser zu verstehen, betrachten wir als Beispiel die Klasse `Magnitude` etwas genauer. Abbildung 8.31 zeigt einen Ausschnitt aus dem Klassenkommentar der Klasse `Magnitude`, der besagt, dass diese Klasse die gemeinsame, abstrakte Oberklasse aller der Klassen ist, für deren Objekte eine lineare Ordnung auf der Basis der Vergleichsoperationen „<" und „=" definiert ist. Aus Abbildung 8.1 ist ersichtlich, dass neben `ArithmeticValue` die Klassen `Date`, `Time` und `Character` Unterklassen von `Magnitude` sind. In diesen Klassen sind die beiden Vergleichsoperationen implementiert. Wollte man eigene Klassen als Unterklassen von `Magnitude` der Klassenhierarchie hinzufügen, wäre man gehalten, diese dort ebenfalls zu realisieren.

Abbildung 8.32 zeigt nun, dass auch die Klasse `Magnitude` selbst eine <-Methode enthält. Die Auswertung des Ausdrucks

```
^self subclassResponsibility
```

im Methodenrumpf führte aber zu einem Programmabbruch. Der Debugger erscheint mit der Fehlermeldung:

Unhandled Exception: My subclass should have overridden one of my messages.

Diese besagt nichts anderes, als dass die <-Methode aus der Klasse `Magnitude` nur deshalb ausgeführt wurde, weil es in einer der Unterklassen versäumt wurde, die <-Methode dort zu implementieren. Da `Magnitude` als abstrakte Klasse keine eigenen

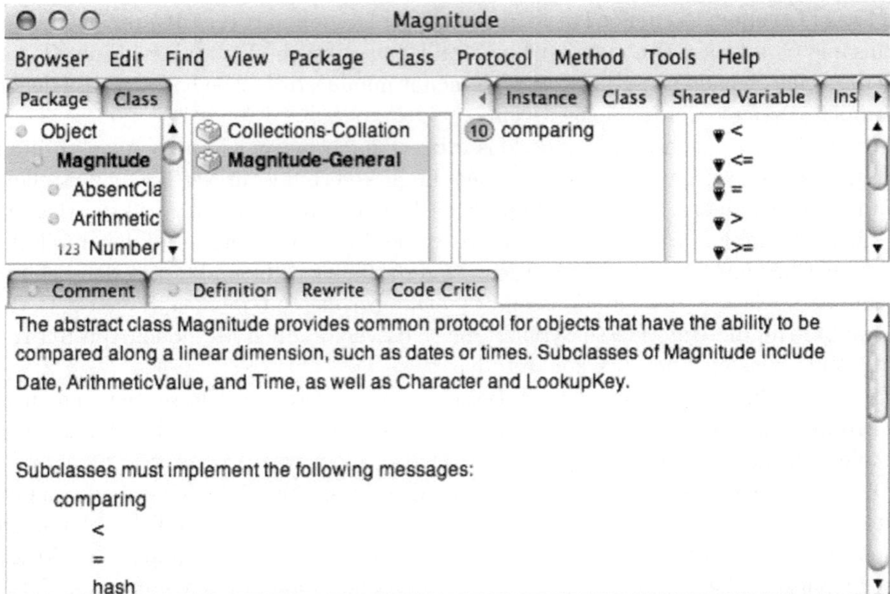

Abbildung 8.31: Ausschnitt aus dem Klassenkommentar der Klasse `Magnitude`

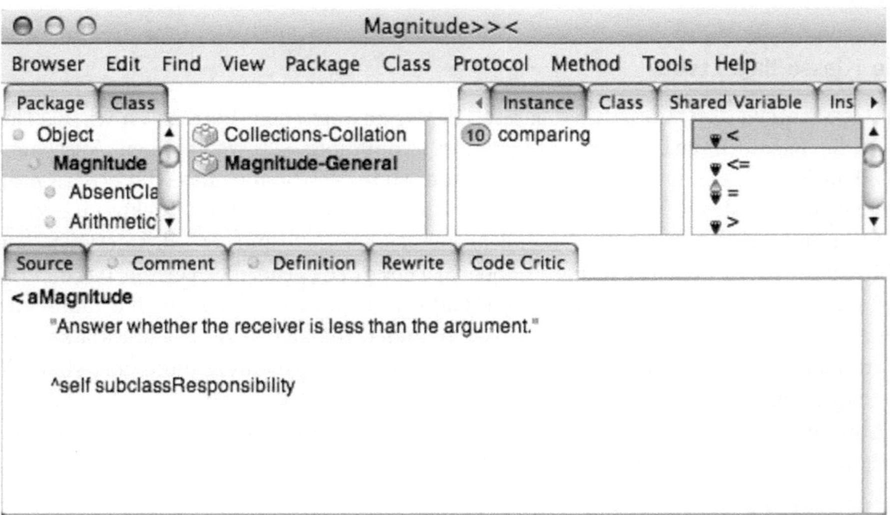

Abbildung 8.32: Die abstrakte Methode <

Exemplare besitzt, kann die <-Methode aus `Magnitude` nur durch Senden einer <-
Nachricht an ein Exemplar einer Unterklasse aktiviert werden, die über keine eigene
<-Methode verfügt. Auf dem Weg der Vererbung wird dann die <-Methode der Ober-
klasse ausgeführt.

Die <-Methode ist nämlich in der Klasse `Magnitude` als so genannte *abstrakte Me-*

thode definiert. Eine abstrakte Methode innerhalb einer abstrakten Klasse dient als
Platzhalter, der darauf hindeuten soll, dass diese Methode in allen Unterklassen implementiert, sozusagen „konkretisiert" werden muss. Die Implementierung der <-Methode
in der Klasse `Magnitude` als abstrakte Methode bedeutet: Die Methode ist für alle
`Magnitude`-Objekte zwingend vorgeschrieben. Sie kann aber erst in den konkreten
Unterklassen implementiert werden Aus der „Sicht" der Klasse `Magnitude` könnte
dieser Sachverhalt in objektorientierter Sprechweise auch so formuliert werden:

> „Alle von mir – der Klasse `Magnitude` – erbenden Klassen müssen die
> Methode „<" definieren. Ich selbst habe keine Ahnung, wie dies geht.
> Aber, wenn die Methode nicht definiert ist, dann ist dies ein Fehler. Dafür
> jedenfalls sorge ich."

Es gibt in Smalltalk – anders als z. B. in Java – keine syntaktische Möglichkeit, eine
Methode als abstrakt zu kennzeichnen. Stattdessen gilt die Konvention, dass abstrakte
Methoden immer so wie die <-Methode in `Magnitude` implementiert werden. Die
Methode „=" ist ebenso als abstrakte Methode definiert.

abstrakte
Methode

8.3 Generische Methoden

Betrachten wir nun die Implementierung der übrigen Vergleichsmethoden in der Klasse `Magnitude`. Als Beispiel greifen wir die <=-**Methode** heraus:

```
<= aMagnitude
    "Answer whether the receiver is less than or equal to the
            argument."

    ^(self > aMagnitude) not
```

Diese Methode ist nicht abstrakt, sondern vollständig mithilfe der Methode „>",
deren Resultat negiert wird, programmiert. Die >-Methode selbst sieht so aus:

```
> aMagnitude
    "Answer whether the receiver is greater than the
    argument."

    ^aMagnitude < self
```

Sie ist unter Verwendung der abstrakten <-Methode definiert. Methoden einer abstrakten Klasse, die direkt (>) oder indirekt (<=) unter Verwendung einer abstrakten
Methode definiert werden, bezeichnet man auch als *generische* Methoden.

Man beachte, dass auch alle übrigen Vergleichsoperationen als generische Methoden
in der Klasse `Magnitude` bereits allgemein gültig für alle `Magnitude`-Objekte definiert
werden. Weitere generische Methoden sind `between:and:`, `min:` und `max:`.

Ein wichtiger Nutzen abstrakter Klassen besteht also darin, dass auf der Grundlage
von in den Unterklassen zu konkretisierenden abstrakten Methoden generische Methoden einmal in der abstrakten Klasse implementiert werden können und demzufolge
auf deren Implementierung in den Unterklassen verzichtet werden kann.

Um den Ablauf der Methodenaktivierung bei der Anwendung einer generischen Methode zu veranschaulichen, werden wir als Beispiel die Prüfung zweier **Character**-Objekte auf „<=" betrachten. In Abbildung 8.33 können wir uns zunächst überzeugen, dass die Klasse **Character** nur – wie von einer **Magnitude**-Unterklasse verlangt – die Vergleichsoperatoren „<" und „=" implementiert, aber keine weiteren.

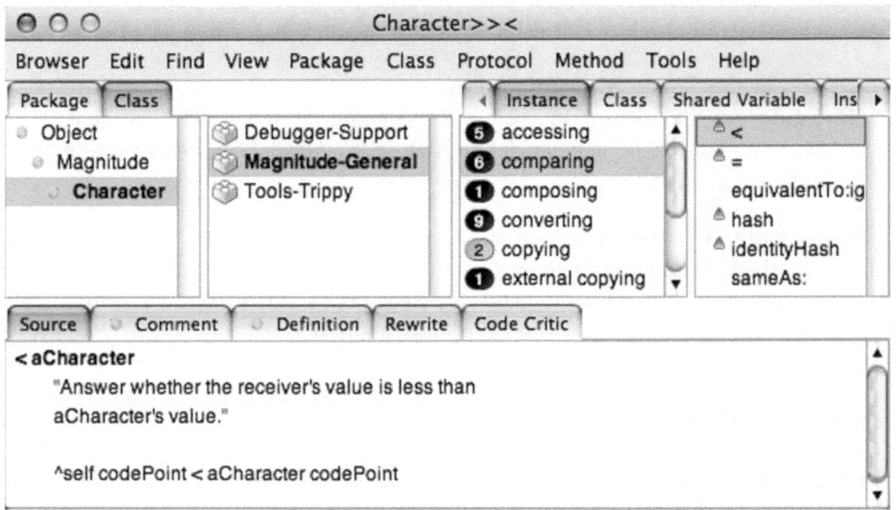

Abbildung 8.33: Das Protokoll **comparing** der Klasse **Character**

Wertet man im Workspace den Ausdruck **$a <= $f** mithilfe des Debuggers aus, entsteht nach mehrmaligem Betätigen der Schaltflächen **Step** bzw. **Step into** der in Abbildung 8.34 gezeigte Methoden-Stack. Hier steht die vierte Zeile für die Aktivierung

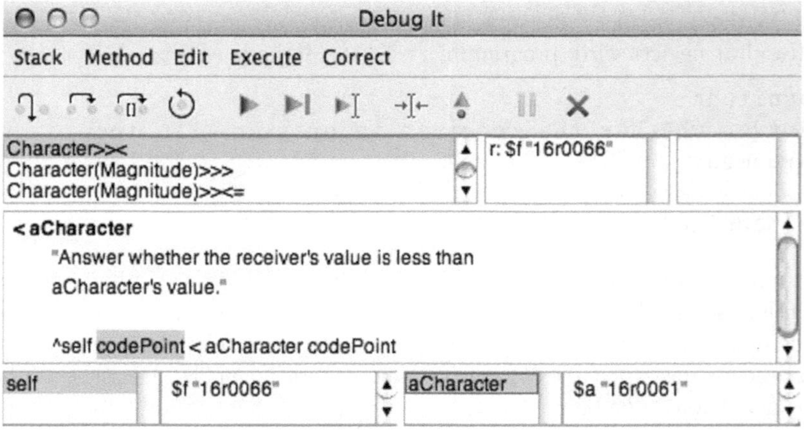

Abbildung 8.34: Momentaufnahme der Ausführung des Ausdrucks „$a <= $f"

der namenlosen Methode im Workspace, die die Nachricht **<= $f** an das **Character**-Objekt **$a** sendet. Da die Klasse **Character** über keine eigene <=-Methode verfügt, wird die aus der Oberklasse `Magnitude` geerbte Methode verwendet. Dies zeigt die dritte Zeile des Methoden-Stacks. Dabei ist die Darstellung

```
Character(Magnitude)>><=
```

folgendermaßen zu interpretieren: Für ein Objekt der Klasse `Character` wird die aus ihrer Oberklasse `Magnitude` geerbte Methode „<=" ausgeführt. Diese generische Methode aktiviert nun ihrerseits (s. o.) die ebenfalls generische Methode „>". Dies zeigt die zweite Zeile des Methoden-Stacks. In der >-Methode wird letztendlich die in der Klasse `Character` konkret programmierte <-Methode aktiviert, wie aus der ersten Zeile ersichtlich ist.

Nebenbei bemerkt zeigt die im mittleren Teil der Abbildung 8.34 wiedergegebene Implementierung der <-Methode, dass der Vergleich von `Character`-Objekten durch Senden der Nachricht `codePoint` auf den Vergleich von ganzen Zahlen zurückgeführt wird. (Vgl. hierzu die Beschreibung der Klasse `Character` in Abschnitt 8.1.8.)

8.4 Polymorphie

In der Terminologie der Objektorientierung sagt man von den generischen Methoden auch, sie seien *polymorph*, was übersetzt *vielgestaltig* bedeutet. Man will hier damit ausdrücken, dass die Aktivierung ein und derselben generischen Methode einer abstrakten Klasse zur Ausführung verschiedener konkreter Methoden führt, je nachdem welcher konkreten Unterklasse der Empfänger der Nachricht angehört, die zur Aktivierung der generischen Methode der abstrakten Oberklasse führt.

generische
Methoden sind
polymorph

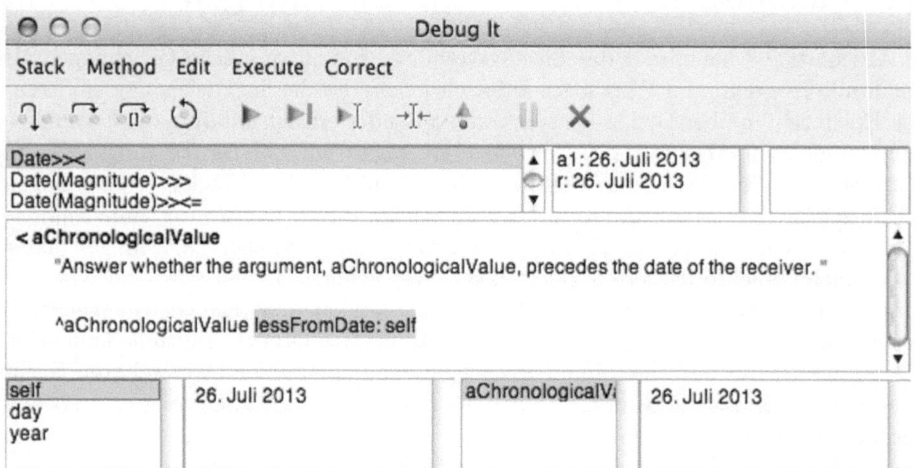

Abbildung 8.35: Momentaufnahme der Ausführung des Ausdrucks „Date today <= Date today"

Zur Verdeutlichung betrachten wir die Klasse `Date`, die wie `Character` Unterklasse von `Magnitude` ist. Wenden wir durch Auswertung des Ausdrucks

```
Date today <= Date today
```

wiederum die generische Methode „<=" an, so zeigt der Debugger den Methoden-Stack in Abbildung 8.35. Dieser unterscheidet sich rein äußerlich von dem in Abbildung 8.34 dargestellten darin, dass überall dort, wo vorher **Character** stand, jetzt **Date** steht, weil der Empfänger der Nachricht <= **Date today** ein Exemplar der Klasse **Date** ist. Dies bedeutet insbesondere, dass die erste Zeile die Aktivierung der konkreten <-Methode der Klasse **Date** zeigt. Bei den in der zweiten und dritten Zeile gezeigten Aktivierungen der von **Magnitude** geerbten generischen Methoden handelt es sich aber um exakt dieselben wie bei dem in Abbildung 8.34 gezeigten Vergleich zweier **Character**-Objekte. Die Aktivierung ein und derselben generischen Methode „<=" aus **Magnitude** führt also im einen Fall zur Ausführung der <-Methode der Klasse **Character** im anderen Fall zur gleichnamigen Methode der Klasse **Date**.

Dies ist eine Form der so genannten Polymorphie in Smalltalk. Eine weitere, allgemeinere Form der Polymorphie besteht einfach darin, dass Objekte unterschiedlicher Klassen die gleichen Nachrichten verstehen, aber unterschiedliche Methoden aktivieren können. So verstehen z. B. Exemplare der Klassen **Date** und **Character** die Nachricht „<", führen aber beim Empfang einer entsprechenden Nachricht jeweils ihre eigene Methode aus.

Es gehört zu einem guten Programmierstil, wenn gleichnamige Methoden verschiedener Klassen zumindest etwas „Ähnliches" tun.

Der Polymorphie wird neben dem Klassenprinzip, der Vererbung und dem Kapselungsprinzip zu den Wesensmerkmalen objektorientierter Programmiersprachen gezählt.

8.5 Fallbeispiel Quadratische Gleichungen

In Abschnitt 2.3 haben wir das Lösungsverfahren für quadratische Gleichungen als Smalltalk-Programm im Workspace aufgeschrieben, das die die Gleichung definierenden Koeffizienten über Dialog-Fenster vom Anwender erfragt und ihm die Ergebnisse auf dem gleichen Wege mitteilt. Dort stand die algorithmische Betrachtungsweise im Vordergrund, nämlich wie entwickelt man einen – durch mehrere Fallunterscheidungen gekennzeichneten – Algorithmus und wie setzt man diesen in ein Programm um.

Wir betrachten jetzt das Problem der Lösung quadratischer Gleichungen unter einem mehr objektorientierten Blickwinkel. Wir nehmen an, dass es eine Klasse – nennen wir sie **QuadrGlchng** – gibt, deren Exemplare quadratische Gleichungen sind, denen man die Nachricht **loeseDich** senden kann. Das Objekt ermittelt dann seine Lösung und merkt sich diese in einer seiner Exemplarvariablen. Mit weiteren Nachrichten sollte es dann z. B. möglich sein, festzustellen, ob die Gleichung eine Lösung besitzt und wenn ja wie viele, und gegebenenfalls auf die einzelnen Lösungen zuzugreifen. Eine Interaktion mit dem Benutzer findet nicht mehr statt.

Bei der Einführung einer neuen Klasse ist zunächst wieder zu klären, durch welche Merkmale ihre Objekte charakterisiert sind. Eine quadratische Gleichung in der Form

$$ax^2 + bx + c = 0$$

ist zum einen durch ihre Koeffizienten a, b und c, zum anderen aber auch durch ihre Lösung bestimmt. Die Klasse **QuadrGlchng** benötigt demnach vier Exemplarvariablen.

Es stellt sich nun aber die Frage, in welcher Form die Lösung in der dafür vorgesehenen Exemplarvariablen abgelegt werden soll. Eine quadratische Gleichung hat entweder keine, eine, zwei oder unendlich viele reelle Lösungen[1]. Das bedeutet, die Lösung einer quadratischen Gleichung ist selbst ein komplexes Gebilde. Das legt die Konsequenz nahe, Lösungsobjekte als Exemplare einer eigenen, ebenfalls noch zu schaffenden Klasse zu betrachten. Nennen wir diese Klasse **Loesung**.

Die Exemplarvariablen der Klasse **QuadrGlchng** für die Koeffizienten sollen **a, b** und **c** heißen. Die Exemplarvariable **loesung** soll zur Aufnahme der Lösung – d. h. eines Objekts der Klasse **Loesung** – dienen.

Unter der Voraussetzung, dass die Klassen **QuadrGlchng** und **Loesung** einschließlich der für die Ermittlung der Lösung erforderlichen Methoden definiert wurden, könnte der folgende Test im Workspace ausgeführt werden:

```
| gl |
gl := QuadrGlchng a: 2.0 b: 3.0 c: -5.0.
gl anzahlLoesungen > 0
   ifTrue:
      [gl anzahlLoesungen = 1
         ifTrue:
            [Transcript cr;
               show: 'Gleichung hat eine Lösung: ',
                  gl loesungEins printString]
         ifFalse:
            [gl anzahlLoesungen = 2
               ifTrue:
                  [Transcript cr;
                     show: 'Gleichung hat zwei Lösungen: ',
                        gl loesungEins printString,
                        ' und ',
                        gl loesungZwei printString]
               ifFalse:
                  [Transcript cr; show:
                     'Gleichung hat unendlich viele Lösungen'
                  ]]]
   ifFalse:
      [Transcript cr;
         show: 'Gleichung hat keine reellen Lösungen']
```

Dabei setzen wir die Existenz folgender Methoden der Klasse **QuadrGlchng** voraus:

- Die Klassenmethode **a:b:c:**
  - erzeugt ein Exemplar der Klasse **QuadrGlchng** mit den angegebenen Koeffizienten und
  - veranlasst die Berechnung der Lösung.

- Die Nachricht **anzahlLoesungen** (Exemplarmethode) liefere die Anzahl der Lösungen.

---

[1]Auf die Bestimmung der komplexen Lösungen werden wir weiterhin verzichten.

- Die Nachrichten `loesungEins` und `loesungZwei` (Exemplarmethoden) sollen die beiden möglichen Lösungen liefern.

Die Implementierung dieser Methoden wird im folgenden Abschnitt erläutert.

8.5.1 Die Klasse `QuadrGlchng`

Aus Abbildung 8.36 ist ersichtlich, dass für dieses Fallbeispiel ein Package mit dem Namen `QuadGleichngn` und ein Namespace mit dem Namen `QuadGlNs` angelegt wurde. Man erkennt, dass

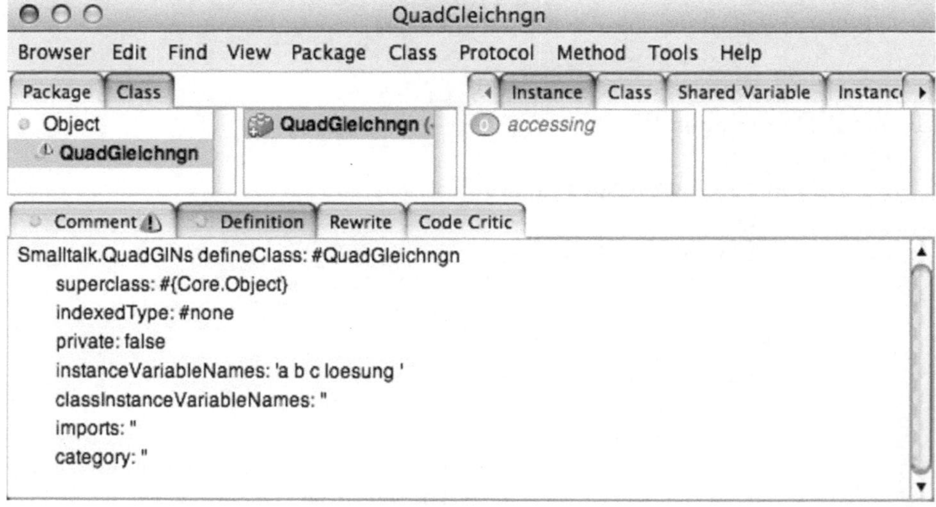

Abbildung 8.36: Die Klasse `QuadrGlchng`

- die Klasse `QuadrGlchng` im Namespace `QuadGlNs` angelegt ist,

- als Oberklasse von `QuadrGlchng` die Klasse `Object` definiert ist und

- die Exemplarvariablen `a`, `b`, `c` und `loesung` heißen.

Methoden der Klasse `QuadrGlchng`

Die Methoden sollen nicht im System-Browser gezeigt werden, sondern hier einfach als Text aufgeschrieben werden. Es gibt allerdings dafür in Smalltalk keine definierte Syntax. Wenn man eine Methodendefinition, so wie sie im Browser dargestellt wird, aus diesem herauslöste, ginge der Kontext verloren, d. h. es wäre nicht mehr klar, zu welcher Klasse die Methode gehört und ob es sich um eine Exemplar- oder eine Klassenmethode handelt. Wir werden hier eine häufig benutzte Notation verwenden:

- „QuadrGlchng>>loeseDich" kennzeichnet die Methode `loeseDich` als Exemplarmethode der Klasse `QuadrGlchng`.

- „QuadrGlchng class>>a: aNumber b: aNumber2 c: aNumber3" definiert die
  Methode a:b:c: als Klassenmethode der Klasse QuadrGlchng.

Damit schreiben wir letztgenannte Methode wie folgt:

```
QuadrGlchng class>>a: aNumber b: aNumber2 c: aNumber3
   "erzeugt ein Exemplar des Empfaengers mit den
    Koeffizienten aNumber, aNumber2 und aNumber3"


   ^self new a: aNumber b: aNumber2 c: aNumber3
```

Man beachte, dass diese Klassenmethode eine gleichnamige Exemplarmethode a:b:c:
verwendet. Das ist kein Problem (und in Smalltalk durchaus üblich), da die Nachricht von der virtuellen Maschine immer richtig zugeordnet werden kann, weil der
Empfänger entweder die Klasse oder ein Exemplar der Klasse ist.

```
QuadrGlchng>>a: aNumber1 b: aNumber2 c: aNumber3
   "definiert die quadratische Gleichung (Empfaenger) durch
    Setzen der Koeffizienten und Berechnen der Loesung"


   a := aNumber1.
   b := aNumber2.
   c := aNumber3.
   self loeseDich


QuadrGlchng>>anzahlLoesungen
   "liefert die Anzahl der Loesungen der quadratischen
    Gleichung (Empfaenger)"


   ^self loesung anzahlLoesungen
```

Die Methode **anzahlLoesungen** sendet hier eine gleich lautende Nachricht an das in
der Exemplarvariablen **loesung** gespeicherte Lösungsobjekt (s. u.). Man spricht auch
davon, dass das **QuadrGlchng**-Objekt die Aufgabe an ein anderes Objekt *delegiert*.   Delegation

```
QuadrGlchng>>loeseDich
   "berechnet alle reellen Loesungen der quadratischen
    Gleichung (Empfaenger)"


   self loesung: (a = 0)
      ifTrue: [self loeseLineareGleichung]
      ifFalse: [self loeseQuadratischeGleichung])
```

Die Behandlung der Methoden

- loeseLineareGleichung und

- loeseQuadratischeGleichung

stellen wir zurück, bis klar ist, wie Lösungsobjekte eigentlich aussehen sollen.
   Die beiden folgenden Methoden lösen ihr „Problem" wieder durch Delegation:

```
loesungEins
   "liefert die erste Loesung der quadratischen Gleichung
   (Empfaenger)"

   ^self loesung loesungEins


loesungZwei
   "liefert die zweite Loesung der quadratischen Gleichung
   (Empfaenger)"

   ^self loesung loesungZwei
```

Schließlich noch die Get- und die Set-Methode für die Exemplarvariable **loesung**:

```
loesung
   ^loesung


loesung: aQuadGlLoesung
   loesung := aQuadGlLoesung
```

8.5.2 Klassen für Lösungsobjekte

Genauere Überlegungen hinsichtlich der Struktur von Lösungen quadratischer Gleichungen führen zu der Erkenntnis, dass der Fall, dass eine quadratische Gleichung zwei reelle Lösungen hat, die man dann in Exemplarvariablen, die z. B. $x1$ und $x2$ heißen könnten, nur einer unter mehreren ist. Falls die Gleichung gar keine Lösung besitzt, ist es eigentlich nicht sinnvoll ein Lösungsobjekt mit zwei Exemplarvariablen zu erzeugen. Da je nachdem, welchen Charakter die Lösung der Gleichung besitzt, verschiedenartige Lösungsobjekte benötigt werden, sollten sie Exemplare verschiedener Klassen sein.

Ein mögliches System von Klassen für quadratische Gleichungen und ihre Lösungen zeigt Abbildung 8.37. Sie zeigt ein Klassendiagramm, das in seiner Darstellung an die Unified Modeling Language (UML[2]) angelehnt ist und folgende Imformationen enthält:

- Die Klasse **QuadrGlchng** besitzt die Exemplarvariablen **a**, **b**, **c** und **loesung**

- Hinter den Exemplarvariablen ist jeweils die Klasse der Objekte angegeben, die in den jeweiligen Exemplarvariablen gespeichert werden sollen. Diese Klasse bezeichnet man auch als *Attributklasse*.

Attributklasse

- Die Attributklasse von **loesung** ist **Loesung**. Da diese Klasse Bestandteil des Diagramms ist, wird die Exemplarvariable Lösung als *Assoziation* durch eine Verbindungslinie zur Attributklasse dargestellt.

Assoziation

---

[2]vgl. auch Abschnitt 14.5

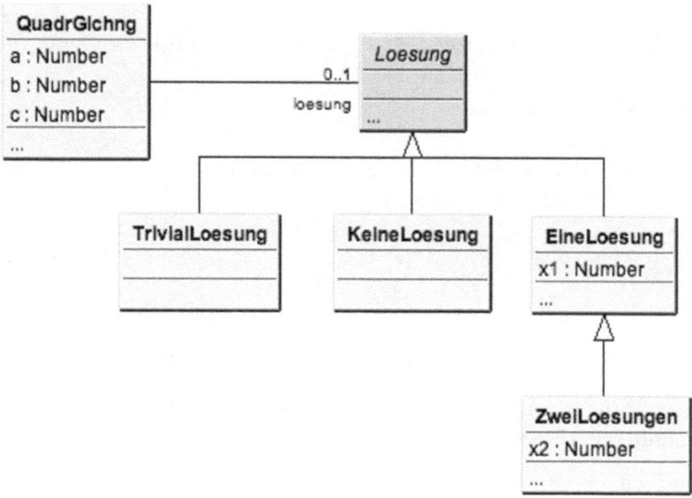

Abbildung 8.37: Klassensystem für quadratische Gleichungen

- Die Kursivschrift im Namen der Klasse **Loesung** zeigt an, dass es sich um eine abstrakte Klasse handeln soll.

- Die abstrakte Klasse **Loesung** besitzt die Unterklassen

  - **TrivialLoesung**,

  - **KeineLoesung** und

  - **EineLoesung**,

  die wiederum Oberklasse von **ZweiLoesungen** ist.

Die vier konkreten Unterklassen von **Loesung** tragen der Tatsache Rechnung, dass es für quadratische Gleichungen vier Lösungsvarianten gibt. Bei der Entscheidung, die Klasse **ZweiLoesungen** als Unterklasse von **EineLoesung** zu definieren, ist der Gedanke der Wiederverwendung von Struktur (die Exemplarvariable **x1** wird vererbt) und Verhalten (Vererbung von Methoden, s. u.) maßgebend. Die Interpretation der Beziehung zwischen diesen beiden Klassen im Sinne von „ist ein" ist hier nicht sinnvoll.

Definition der „Lösungsklassen"

An dieser Stelle soll einmal eine andere Vorgehensweise bei der Definition von Klassen gezeigt werden, die auf den vom System-Browser zur Verfügung gestellten Dialog verzichtet. Stattdessen benutzt man eine vorhandene Klassendefinition und passt sie für die neu zu erstellende Klasse an. Dabei handelt es sich sozusagen um den „klassischen" Weg, der in verschiedenen Smalltalk-Entwicklungsumgebungen ermöglicht und auch schon in der „Smalltalk-80-Bibel"[3] beschrieben wird.

Als Ausgangspunkt benutzen wir die Klassendefinition von **QuadrGlchng**:

---

[3]Goldberg und Robson (1989)

```
Smalltalk.QuadGlNs defineClass: #QuadrGlchng
  superclass: #{Core.Object}
  indexedType: #none
  private: false
  instanceVariableNames: 'a b c loesung '
  classInstanceVariableNames: ''
  imports: ''
  category: ''
```

Für die Definition der Klasse **Loesung** ersetzen wir nun in der

- ersten Zeile das Symbol **#QuadrGlchng** durch **#Loesung** und in der

- fünften Zeile die Zeichenkette `'a b c loesung '` durch die leere Zeichenkette, da **Loesung** keine Exemplarvariablen besitzt.

Damit erhalten wir

```
Smalltalk.QuadGlNs defineClass: #Loesung
  superclass: #{Core.Object}
  indexedType: #none
  private: false
  instanceVariableNames: ''
  classInstanceVariableNames: ''
  imports: ''
  category: ''
```

Wenn nun der Menüpunkt **Edit→accept** ausgewählt wird, wird die Klassendefinition ausgeführt und die Klasse **Loesung** – im selben Package wie die Klasse **QuadrGlchng** – angelegt (vgl. Abbildung 8.38).

Für die Definition der Klasse **EineLoesung** könnten wir nun wie folgt vorgehen:

1. Wir benutzen als Ausgangspunkt die Definition der Klasse **Loesung** und ersetzen den Klassennamen durch **#EineLoesung**.

2. Hinter **superclass:** schreiben wir **{#Loesung}**. (Der Namespace **QuadGlNs** wird durch den System-Browser beim „accept" automatisch ergänzt.)

3. Hinter **instanceVariableNames:** schreiben wir **'x1'**

4. Wir aktivieren den Menüpunkt **Edit→accept**.

Die Defintion der Klasse **EineLoesung** lautet also:

```
Smalltalk.QuadGlNs defineClass: #EineLoesung
  superclass: #{QuadGlNs.Loesung}
  indexedType: #none
  private: false
  instanceVariableNames: 'x1 '
  classInstanceVariableNames: ''
  imports: ''
  category: ''
```

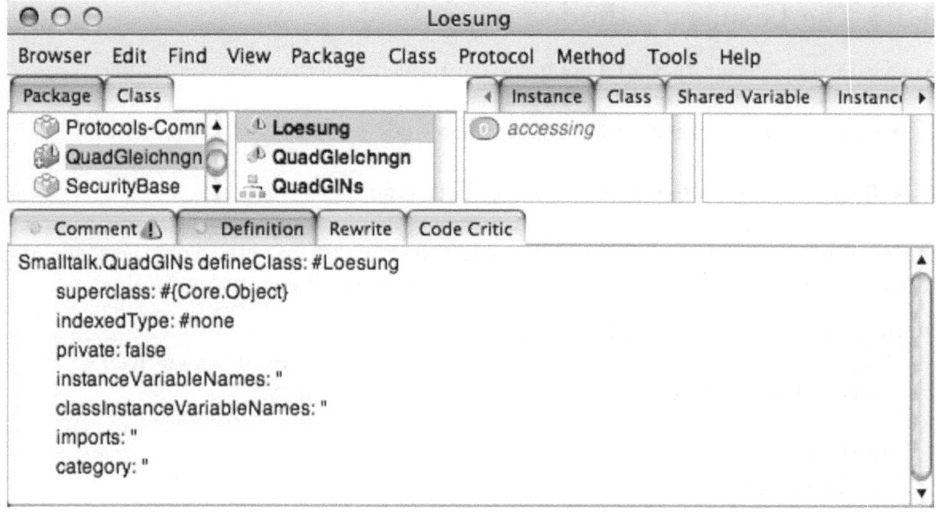

Abbildung 8.38: Definition der Klasse **Loesung**

Analog können nun die übrigen Unterklassen von **Loesung** angelegt werden, deren
Definitionen der Vollständigkeit halber hier angegeben werden:

```
Smalltalk.QuadGlNs defineClass: #KeineLoesung
    superclass: #{QuadGlNs.Loesung}
    indexedType: #none
    private: false
    instanceVariableNames: ''
    classInstanceVariableNames: ''
    imports: ''
    category: ''

Smalltalk.QuadGlNs defineClass: #TrivialLoesung
    superclass: #{QuadGlNs.Loesung}
    indexedType: #none
    private: false
    instanceVariableNames: ''
    classInstanceVariableNames: ''
    imports: ''
    category: ''

Smalltalk.QuadGlNs defineClass: #ZweiLoesungen
    superclass: #{QuadGlNs.EineLoesung}
    indexedType: #none
    private: false
    instanceVariableNames: 'x2 '
    classInstanceVariableNames: ''
    imports: ''
    category: ''
```

8.5.3 Die Lösungsmethoden

Am Ende von Abschnitt 8.5.1 haben wir die Implementierung der Methoden

- `QuadrGlchng»loeseLineareGleichung` und

- `QuadrGlchng»loeseQuadratischeGleichung`

zurückgestellt, um zuvor die Struktur der Lösungsobjekte zu entwickeln. Das ist nun geschehen und wir geben hier nun die Implementierung dieser beiden Methoden an:

```
QuadrGlchng>>loeseLineareGleichung
    "berechnet alle reellen Loesungen der 'quadratischen'
    Gleichung (Empfaenger) fuer den Fall a=0"


    ^b = 0
       ifTrue:
           [c = 0
              ifTrue: [TrivialLoesung new]
              ifFalse: [KeineLoesung new]]
       ifFalse: [EineLoesung mit: c negated / b]


QuadrGlchng>>loeseQuadratischeGleichung
    "berechnet alle reellen Loesungen der quadratischen
    Gleichung (Empfaenger) fuer den Fall a~=0"


    | radikand wurzel |
    radikand := b * b - (4 * a * c).
    ^radikand = 0
       ifTrue: [EineLoesung mit: b negated / (2 * a)]
       ifFalse:
           [radikand > 0
              ifTrue:
                  [wurzel := radikand sqrt.
                   ZweiLoesungen
                       loesungEins: (b negated + wurzel)/(2*a)
                       loesungZwei: (b negated - wurzel)/(2*a)]
              ifFalse: [KeineLoesung new]]
```

Man beachte, dass beide Methoden, je nachdem welche Lösungsalternative zum Tragen kommt, das „passende" Exemplar einer der im vorigen Abschnitt definierten Lösungsklassen als Antwortobjekt zurück liefern. Dieses Lösungsobjekt wird ja von der aufrufenden Methode `QuadrGlchng>>loeseDich` (s. Abschnitt 8.5.1) mit der Set-Methode `loesung:` in die Exemplarvariable `loesung` eines `QuadrGlchng`-Objekts geschrieben.

Die grundsätzliche Struktur des Lösungsalgorithmus aus Abschnitt 2.3.3 ist durch die neue, objektorientierte Implementierung natürlich nicht verändert worden.

Klassenmethoden der Lösungsklassen

Hier ergänzen wir die Implementierungen der Exemplarerzeugungsmethoden der Klassen **EineLoesung** und **ZweiLoesungen**. Für die Erzeugung von Exemplaren der Klassen **TrivialLoesung** und **KeineLoesung** wird einfach die Nachricht **new** verwendet, da ihre Exemplare über keine Exemplarvariablen verfügen.

```
EineLoesung class>>mit: aNumber
   "erzeugt ein Exemplar des Empfaengers und setzt die
   Loesung auf aNumber"

   ^self new x1: aNumber


ZweiLoesungen class>>loesungEins: aNumber
                    loesungZwei: aNumber2
   "erzeugt ein Exemplar des Empfaengers, d.h. eine Loesung
    einer quadratische Gleichung mit den reellen Loesungen
    aNumber1 und aNumber2"

   ^self new
      x1: aNumber1;
      x2: aNumber2
```

Die Methode anzahlLoesungen

In Abschnitt 8.5.1 wurde davon gesprochen, dass die Methode **anzahlLoesungen** der Klasse **QuadrGlchng** die Bestimmung der Anzahl der Lösungen an das Lösungsobjekt delegiert. Dies umzusetzen ist nun sehr einfach, da ein Lösungsobjekt aufgrund seiner Klassenzugehörigkeit „weiß" für wie viele Lösungen es steht. Ein Exemplar der Klasse **ZweiLoesungen** z. B. hat zwei Lösungen. Hier folgen noch die Implementierungen der Methode **anzahlLoesungen** in den Unterklassen von **Loesung**:

```
ZweiLoesungen>>anzahlLoesungen
   ^2


EineLoesung>>anzahlLoesungen
   ^1


anzahlLoesungen
   ^0


TrivialLoesung>>anzahlLoesungen
   ^3
```

In Bezug auf die Anzahl der Lösungen quadratischer Gleichungen gelte hier alles, was
größer als 2 ist, als „unendlich". So ist die Zahl 3 zu verstehen, die das Resultat der
Implementierung von `anzahlLoesungen` in `TrivialLoesung` ist.

8.5.4 Anwendungsbeispiele

Nun sind alle Methoden der sechs Klassen der objektorientierten Implementierung
der Lösung quadratischer Gleichungen fertig gestellt und damit der Ausdruck

```
QuadrGlchng a: 2.0 b: 3.0 c: -4.0
```

auswertbar. Tut man dies mit **Inspect it** zeigt der Inspector das in Abbildung 8.39
gezeigte `QuadrGlchng`-Exemplar Die Gleichung besitzt offenbar zwei Lösungen.

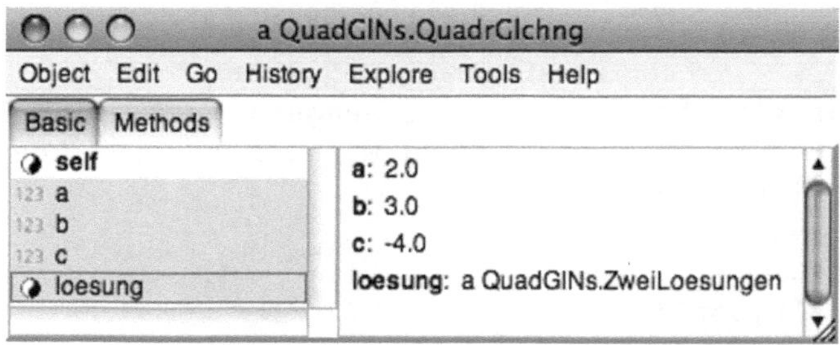

Abbildung 8.39: Ein „gelöstes" Exemplar der Klasse `QuadrGlchng`

Das Lösungsobjekt selbst, das man z. B. mit dem Ausdruck

```
(QuadrGlchng a: 2.0 b: 3.0 c: -4.0) loesung
```

erhält, zeigt Abbildung 8.40 (im Inspector).

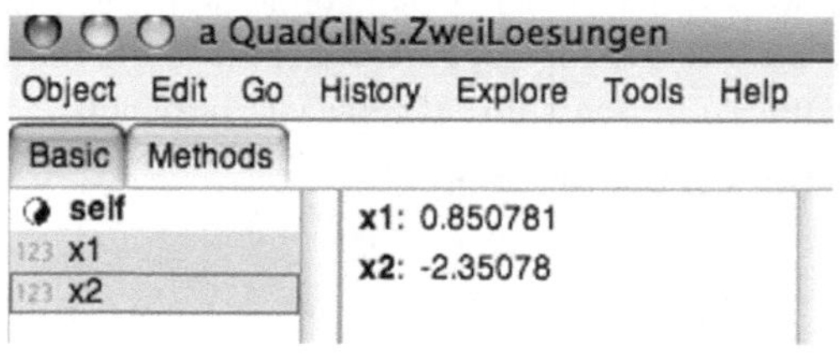

Abbildung 8.40: Exemplar der Klasse `ZweiLoesungen`

Jetzt ist es aber schlussendlich auch möglich, das am Beginn des Abschnitts 8.5
angegebene Testprogramm ablaufen zu lassen, das hier noch einmal wiedergegeben
wird:

```
| gl |
gl := QuadrGlchng a: 2.0 b: 3.0 c: -5.0.
gl anzahlLoesungen > 0
    ifTrue:
        [gl anzahlLoesungen = 1
```

```
            ifTrue:
                [Transcript cr;
                    show: 'Gleichung hat eine Loesung: ',
                        gl loesungEins printString]
            ifFalse:
                [gl anzahlLoesungen = 2
                    ifTrue:
                        [Transcript cr;
                            show: 'Gleichung hat zwei Loesungen: ',
                                gl loesungEins printString,
                                ' und ',
                                gl loesungZwei printString]
                    ifFalse:
                        [Transcript cr; show:
                            'Gleichung hat unendlich viele Loesungen'
                        ]]]
    ifFalse:
        [Transcript cr;
            show: 'Gleichung hat keine reellen Loesungen']
```

Führt man es mit **Do it** aus, erscheint im Transcript der Text

```
Gleichung hat zwei Loesungen: -2.5 und 1.0
```

8.5.5 Nutzung von Vererbung und Polymorphie

Die Nachricht **anzahlLoesungen**, die von allen vier konkreten Lösungsklassen verstanden wird, ist ein typisches Beispiel für die Nutzung von Polymorphie. Jedes Exemplar einer dieser Klassen reagiert gemäß seiner Klassenzugehörigkeit verschieden auf den Empfang der gleichen Nachricht.

Da die Klasse **EineLoesung** Oberklasse von **ZweiLoesungen** ist, vererbt sie auch die Methode von **anzahlLoesungen** an ihre Unterklasse. Die Methode wird hier allerdings von der Unterklasse überschrieben.

Die Nachricht **loesungEins** ist nur in der Klasse **EineLoesung** implementiert, wird aber aufgrund von Vererbung auch von Exemplaren der Klasse **ZweiLoesungen** verstanden und mit dem gleichen Verhalten quittiert wie von **EineLoesung**-Exemplaren.

8.5.6 Testprogramme als Klassenmethoden

Smalltalk-Ausdrücke, die in einem Workspace aufgeschrieben und ausgewertet werden, dienen in erster Linie dazu, Methoden der das Anwendungsprogramm bildenden Klassen zu testen. Workspaces stellen ein eher flüchtiges Medium dar, stehen in keiner formalen Beziehung zu den Klassen der Anwendung und werden üblicherweise nicht aufbewahrt, obwohl sie natürlich beim Speichern des Image erhalten bleiben. Wenn man eine Anwendung in ein Versionsverwaltungssystem speichert, werden in *VisualWorks* Packages als Verwaltungseinheiten behandelt. Packages enthalten aber keine Workspaces. Das gleiche gilt, wenn man ein Package mit dem Menüpunkt

Package→Publish as Parcel des System-Browsers auf die Festplatte sichert, um es z. B. in ein anderes Image zu laden.

Andererseits ist es nicht sinnvoll, die Arbeit, die man in die Erstellung solcher Testsequenzen – wie der obigen für das Testen der Methoden der Klasse `QuadrGlchng` – aufgewendet hat, einfach wegzuwerfen. In der Praxis entsteht immer wieder die Notwendigkeit, einmal durchgeführte Tests zu wiederholen, nachdem die Implementierung einer Klasse verändert worden ist, weil sich Anforderungen verändert haben oder bekannte Fehler behoben worden sind. Es ist daher zweckmäßig, solche Smalltalk-Sequenzen, mit denen die Methoden einer Klasse getestet werden sollen, selbst als Methoden zu definieren. Hier bieten sich insbesondere Klassenmethoden an, da für die Durchführung der Tests in der Regel auch Exemplare der zu testenden Klassen erzeugt werden müssen.

Als Beispiel werden wir den Inhalt des obigen Test-Workspace als Klassenmethode **ka:kb:kc:** der Klasse `QuadrGlchng` (z. B. in einem Methodenprotokoll mit dem Namen **examples**) definieren:

```
QuadrGlchng class>>ka: aFloat kb: bFloat kc: cFloat
   "testet die Loesungsmethoden fuer eine quadratische
    Gleichung mit den Koeffizienten aFloat bFloat cFloat"
   "self ka: 2.0 kb: 3.0 kc: -5.0"

   | gl |
   gl := self a: aFloat b: bFloat c: cFloat.
   gl anzahlLoesungen > 0
      ifTrue:
         [gl anzahlLoesungen = 1
            ifTrue:
               [Transcript cr;
                  show: 'Gleichung hat 1 Loesung: ' ,
                     gl loesungEins printString]
            ifFalse:
               [gl anzahlLoesungen = 2
                  ifTrue:
                     [Transcript cr;
                        show: 'Gleichung hat 2 Loesungen: ',
                           gl loesungEins printString ,
                           ' und ',
                           gl loesungZwei printString]
                  ifFalse:
                     [Transcript cr; show:
                        'Gleichung hat unendlich viele Loesungen'
                     ]]]
      ifFalse:
         [Transcript cr;
            show: 'Gleichung hat keine reellen Loesungen'].
   ^gl
```

Der Rumpf der Methode entspricht dabei weitgehend dem Inhalt des Testprogramms.

Sie liefert zusätzlich als Resultat das in der temporären Variablen `gl` abgelegte Exemplar von `QuadrGlchng`.

Wenn man nun einen Test durchführen möchte, braucht man in einen Workspace lediglich den Ausdruck

```
QuadrGlchng ka: 2.0 kb: 3.0 kc: -5.0
```

einzugeben. Die Auswertung mit **Do it** ruft wieder die oben gezeigte Ausgabe im Transcript hervor. Da die Methode das `QuadrGlchng`-Objekt als Resultat liefert, kann man sich dieses durch die Auswertung mit **Inspect it** auch wieder im Inspector betrachten.

Anstatt den Workspace für die Ausführung der Methode zu benutzen, kann man auch im System-Browser direkt im Code der Methode den Kommentar

```
self ka: 2.0 kb: 3.0 kc: -5.0
```

markieren und dann z. B. mit **Do it** auswerten.

Systematisches Testen

Die Vorteile, einmal entwickelte Testprogramme als Klassenmethoden zu programmieren, sind offensichtlich:

- Sie werden als Bestandteil einer Klassendefinition mit dem Package gesichert.

- Sie können ohne großen Aufwand wiederholt werden.

Es sei hier aber darauf hingewiesen, dass die bisher benutzten Testprogramme keine echten Tests im Sinne der Software-Technik sind. Denn zur Definition eines Tests gehört nicht nur das Schreiben einer Testmethode, die die zu prüfenden Methoden aktiviert, sondern auch die Beschreibung der erwarteten Ergebnisse. Denn nur so kann überprüft werden, ob die tatsächlichen Ergebnisse eines konkreten Testlaufs mit den erwarteten übereinstimmen. Solche Tests zu schreiben, ist eine durchaus zeitraubende Aufgabe, die in Software-Projekten auch gerne dem allgegenwärtigen Zeitdruck zum Opfer fällt. Um so wichtiger ist, die von Entwicklungsumgebungen zur Verfügung gestellten Mittel, die den Programmierer bei der Entwicklung und Durchführung von Tests unterstützen, zu kennen und auch konsequent zu nutzen. Diesem Thema ist das Kapitel 15 gewidmet.

8.5.7 Fehlerbehandlung

Ein Ausdruck der Art

```
(QuadrGlchng ka: 0 kb: 0 kc: 1) loesungZwei
```

ist fachlich gesehen natürlich sinnlos, da die Gleichung offensichtlich keine Lösung besitzt. Programmtechnisch ist es aber durchaus eine Überlegung wert, was in diesem Fall geschehen soll. Ohne weitere Vorkehrungen erleidet das Programm einen Abbruch (Exception) mit der Fehlermeldung:

Unhandled Exception: Message not understood: #loesungZwei

Unhandled exception: Gleichung besitzt nicht zwei Lösungen
Stack   Method   Edit   Execute   Correct
QuadGlNs.KeineLoesung(Object)>>error:
QuadGlNs.KeineLoesung(QuadGlNs.Loesun
QuadGlNs.QuadrGlchng>>loesungZwei
loesungZwei
self error: 'Gleichung besitzt nicht zwei Lösungen'
self

Abbildung 8.41:   Exception ausgelöst durch `Loesung>>loesungZwei`

Damit könnte man sich zufrieden geben, denn von dem obigen **QuadrGlchng**-Objekt kann man schließlich keine Lösung anfordern wollen. Mithilfe der Nachricht **anzahlLoesungen** ist es ja auch möglich, vorher zu prüfen, ob Lösungen existieren. Dennoch scheint es durchaus vernünftig, in diesem Falle nicht die Message-not-understoodException erscheinen zu lassen, sondern einen eigenen, mit einer spezifischen Fehlermeldung ausgestatteten, Programmabbruch zu erzeugen.

Ausnahmebehandlung
Die Möglichkeiten, dies in Smalltalk bzw. in *VisualWorks* zu realisieren, sind vielfältig. Das Thema *Ausnahmebehandlung* (engl. exception handling) ist sehr komplex und auch stark programmmiersprachenabhängig. Für *VisualWorks* wird es in Cincom Systems (2013a) ausführlich behandelt. Hier soll für unsere Beispielanwendung nur ein sehr simples Verfahren angegeben werden, wie dafür gesorgt werden kann, dass alle Nachrichten, für die die Klasse **QuadrGlchng** eine Methode bereit stellt, entweder das korrekte Ergebnis liefern oder einen Programmabbruch mit einer eigens generierten Fehlermeldung zur Folge haben.

Die o. g. Fehlermeldung deutet darauf hin, dass die Nachricht **loesungZwei** von einem **KeineLoesung**-Exemplar nicht verstanden wird. Eine ähnliche Situation entstünde, wenn einem **EineLoesung**-Exemplar diese Nachricht geschickt würde. Um nun einen Programmabbruch mit einer eigenen Fehlermeldung zu erzeugen, definiert man in der Oberklasse **Loesung** eine Methode mit Namen **loesungZwei**, die genau das tut:

```
Loesung>>loesungZwei
    self error: 'Gleichung besitzt nicht zwei Lösungen'
```

Die Nachricht **error:** wird von jedem Objekt verstanden und löst eine Exception mit der als Argument übergebenen Zeichenkette als Fehlermeldung aus.

Wenn man jetzt den Ausdruck

```
(QuadrGlchng ka: 0 kb: 0 kc: 1) loesungZwei
```

auswertet, wird der Debugger mit der in Abbildung 8.41 gezeigten Fehlermeldung geöffnet.

Nach diesem Muster sollte man konsequenter Weise noch die folgende Methode anlegen:

```
Loesung>>loesungEins
    self error: 'Gleichung besitzt keine Lösung'
```

Danach lieferte der Versuch von einem **KeineLoesung**-Exemplar eine Lösung anzufordern die entsprechende Fehlermeldung. Da die Methode aber in der Klasse **Loesung** implementiert ist, träte der gleiche Effekt ein, wenn man den Ausdruck

```
(QuadrGlchng ka: 0 kb: 0 kc: 0) loesungEins
```

auswertet, ebenso für **loesungZwei**. Die Aussage, dass die Gleichung keine Lösung besitzt, ist mathematisch natürlich falsch. Der Leser möge überlegen, wie dieses Problem beseitigt werden kann.

9 Fehlersuche in Smalltalk-Programmen

Bei der Auswertung von Smalltalk-Ausdrücken erhält man Fehlermeldungen, falls die äußere Form des Ausdrucks oder die Art seiner Anwendung nicht korrekt ist. Die Art der Fehlermeldung hängt davon ab, in welchem Stadium der Abarbeitung des Ausdrucks der Fehler gefunden wird. Wir können grob zwischen Fehlern, die vom Compiler entdeckt werden, wenn er versucht, den Smalltalk-Ausdruck in den internen Byte-Code zu übersetzen, und Laufzeitfehlern unterscheiden, die auf fehlerhafte Anwendung von Methoden zurückgehen.

In den folgenden Abschnitten werden folgende Fehlerarten behandelt:

- Syntax-Fehler

- unbekannte Variablen

- unbekannte Nachrichtenselektoren

- Laufzeitfehler (engl.: exceptions)

Zum Schluss des Kapitels wird die Benutzung des Debuggers für die Fehlersuche erläutert.

9.1 Syntaxfehler

Wenn der Compiler versucht, einen Smalltalk-Ausdruck in den internen Byte-Code zu übersetzen, muss er zunächst prüfen, ob er gemäß den syntaktischen Regeln der Sprache Smalltalk aufgeschrieben ist. Zu den häufigsten Syntaxfehlern gehören falsch gesetzte Punkte, Semikolons, runde oder eckige Klammern. In diesen Fällen werden entsprechende Fehlermeldungen vom Compiler direkt in den Programmtext unmittelbar vor den Fehlerort geschrieben. Abbildung 9.1 zeigt ein Beispiel. Der Meldungstext *Nothing more expected* deutet häufig auf einen fehlenden Punkt zur Trennung zweier Smalltalk-Anweisungen hin. In dem Beispiel fehlt der Punkt in der zweiten Zeile. Dass die Fehlermeldung in der dritten Zeile steht, ist darauf zurückzuführen, dass der Compiler hier annimmt, dass der Ausdruck aus der zweiten in der dritten Zeile fortgesetzt wird und dort dann ein deplatziertes Zuweisungssymbol findet.

Weitere Fehlermeldungen dieser Art sind:

- *Period or right bracket expected* – deutet meist auf einen Fehler in der Struktur von Blockklammern hin

- *Right parenthesis expected* – deutet auf eine fehlende runde Klammer hin

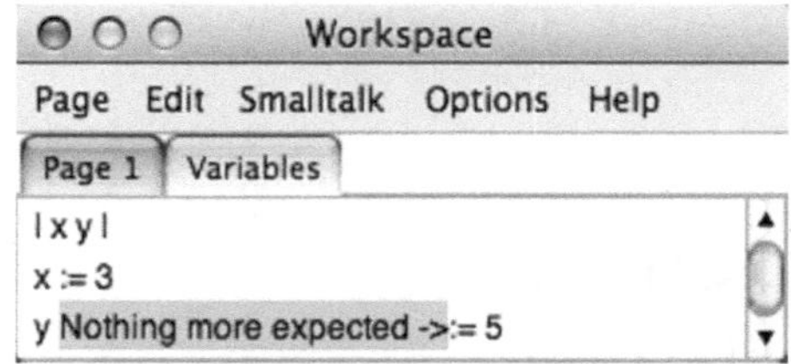

Abbildung 9.1: Anzeige eines Syntaxfehlers im Programmtext

9.2 Unbekannte Variablen

Neben der reinen Syntaxanalyse prüft der Compiler auch, ob alle in den zu übersetzenden Ausdrücken verwendeten Variablen bekannt sind. Trifft er eine nicht deklarierte Variable an (vgl. Abbildung 9.2), erscheint der im linken Teil von Abbildung 9.3 gezeigte Dialog, der verschiedene Korrekturmöglichkeiten eröffnet.

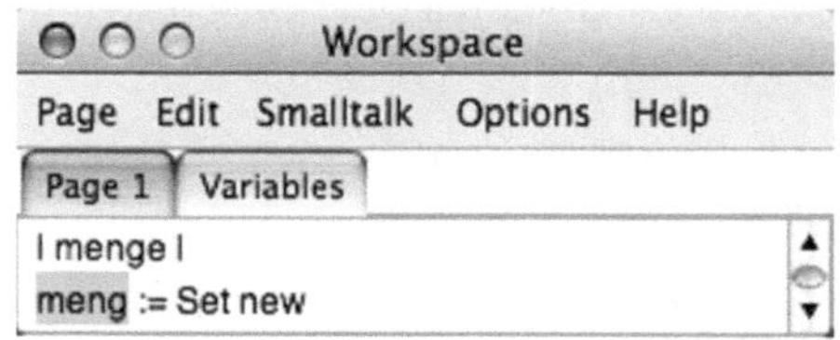

Abbildung 9.2: Die Variable **meng** ist nicht deklariert

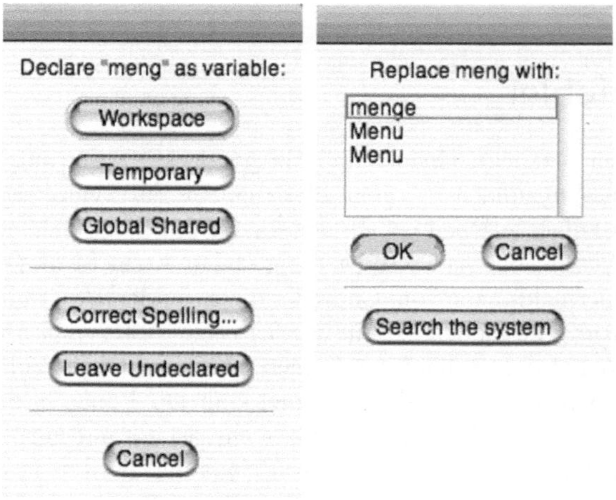

Abbildung 9.3: Korrekturdialog für fehlende Variablendeklarationen

Hat man einfach vergessen, eine temporäre Variable zu deklarieren, wählt man die Schaltfläche **Temporary**, und die fehlende Deklaration wird in den Programmtext eingefügt. Handelt es sich um einen Tippfehler, kann man versuchen, durch Betätigen der Schaltfläche **Correct Spelling ...** eine der im rechten Teil von Abbildung 9.3 angebotenen Korrekturen zu verwenden. Falls hier keine passende Korrektur erscheint, bricht man den Dialog mit **Cancel** ab und korrigiert den Programmtext selbst.

Von der Möglichkeit, Variablen als **global** zu deklarieren, sollte in der Regel kein Gebrauch gemacht werden. Durch die Schaltfläche **undeclared** würde eine Variable dem Namespace `Undeclared` zugeordnet, auch dies ist für die normale Anwendungsprogrammierung irrelevant.

Bei der Deklaration von Variablen kann es zu Konflikten mit bereits definierten kommen. Wird z. B. in einer Methode eine lokale Variable deklariert, die den gleichen Namen wie eine Exemplarvariable besitzt, wird dies vom Compiler erkannt und gemeldet, wie in Abbildung 9.4 zu sehen ist.

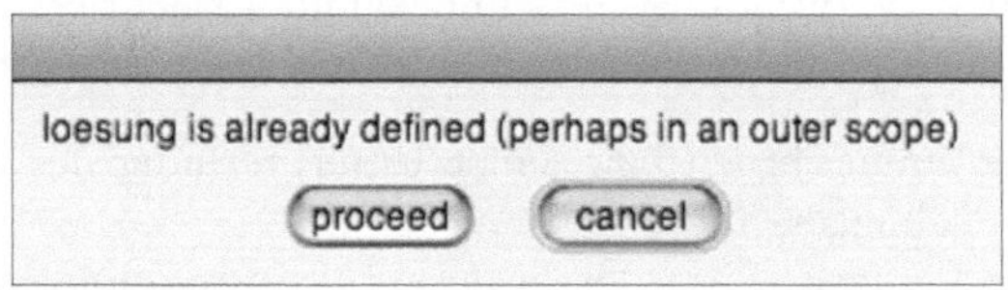

Abbildung 9.4: Fehlermeldung bei in Konflikt stehenden Variablendeklarationen

Jeder Variablenbezeichner darf in seinem Gültigkeitsbereich (engl.: scope), vgl. Abschnitt 3.3, nur einmal deklariert werden. Hierbei ist zu beachten, dass verschiedene Variablenarten unterschiedliche, aber sich möglicherweise überlappende Gültigkeitsbereiche haben können. So erstreckt sich z. B. der Gültigkeitsbereich einer Exemplarvariablen über alle Exemplarmethoden der Klasse und überlappt damit die Gültigkeitsbereiche der in diesen Methoden definierten lokalen Variablen.

Gültigkeitsbereiche von Variablenbezeichnern

9.3 Unbekannte Nachrichtenselektoren

Der Compiler erkennt auch, ob ein Smalltalk-Ausdruck Nachrichtenbezeichner enthält, für die im gesamten Image keine Methodendefinition existiert. In diesem Fall erscheint die in Abbildung 9.5 dargestellte Dialogbox. Diese ermöglicht wiederum durch die Betätigung von **Correct it**, eine Auswahl von ähnlichen Nachrichtenselektoren einblenden zu lassen, was bei Tippfehlern eine bequeme Korrektur ermöglicht.

Durch Benutzung der Schaltfläche **proceed** kann man sich dafür entscheiden, dass das Fehlen der Methode vom Compiler ignoriert werden soll. Der Übersetzungsvorgang wird dann fortgesetzt. Von dieser Möglichkeit wird gerne dann Gebrauch gemacht, wenn eine neue Methode übersetzt wird, die Nachrichtenselektoren für weitere ebenfalls noch zu definierende Methoden enthält. Spätestens, wenn die Methode aktiviert wird, müssen aber für alle in ihr verwendeten Nachrichtenselektoren auch Methoden existieren. Andernfalls kommt es zu einem Laufzeitfehler (vgl. Abschnitt 9.4).

9.4 Laufzeitfehler

Unter Laufzeitfehlern versteht man Fehlersituationen, die zum Zeitpunkt der Ausführung eines Smalltalk-Programms durch die virtuelle Maschine entdeckt werden und

Abbildung 9.5: Verwendung eines unbekannten Nachrichtenselektors

dann zu einem Programmabbruch bzw. einer Unterbrechung des Programms durch die Aktivierung des Debuggers führen.

Zu den häufigsten Laufzeitfehlern, die während der Programmentwicklung auftreten, gehört der Versuch, eine nicht existierende Methode zu aktivieren. Wenn man die in Abbildung 9.5 dargestellte Dialogbox mit **proceed** beantwortet, wird das Programm im Workspace übersetzt und der virtuellen Maschine zur Ausführung übergeben. Diese meldet dann, dass das an die Variable **menge** gebundene Objekt die Nachricht **neu** nicht versteht (s. Abbildung 9.6).

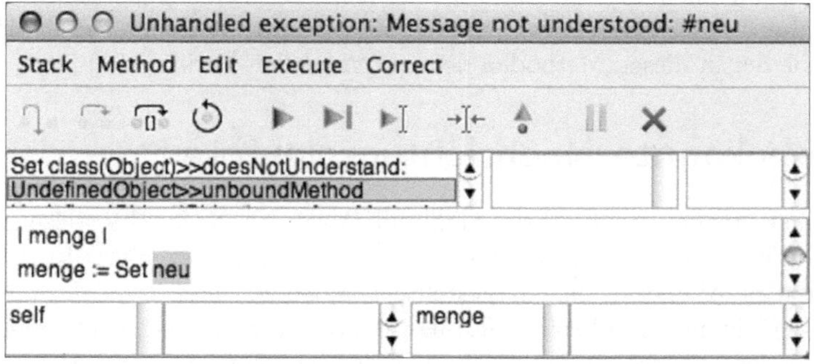

Abbildung 9.6: Das Objekt **menge** kennt die Nachricht **neu** nicht.

Message not understood

Eine weitere Ursache für das Auftreten des Laufzeitfehlers *Message not understood* kann darin bestehen, dass man sich nicht – wie im obigen Beispiel – bei der Wahl des Nachrichtenselektors vertan hat, sondern eine Nachricht an ein ungeeignetes Objekt sendet. Das ist z. B. der Fall, wenn einer Variablen, die an **nil** gebunden ist, eine String-Nachricht geschickt wird.

Weitere typische Laufzeitfehler sind z. B.:

- Division durch 0 (Fehlermeldung: *Can't divide a number by zero*)

- Versuch auf einen Behälter (z. B. **Array**) mit einem ungültigen Index zuzugreifen (Fehlermeldung: *Subscript out of bounds*)

Wenn die Fehlermeldung im Titel des Debugger-Fensters hinreichend Aufschluss über die Fehlerursache gibt, wird man in der Regel die Programmausführung durch Schließen des Fensters oder den Menüpunkt **Execute→Terminate** beenden. Das Programm mit **Execute→Run** weiterlaufen zu lassen, ist nur in seltenen Fällen sinnvoll.

In Abschnitt 4.1 wurde gezeigt, wie man den Debugger dazu benutzen kann, um die Stelle im Programm zu lokalisieren, die zu einem Laufzeitfehler geführt hat. Im folgenden Abschnitt wird die Nutzung des Debuggers für die Ausführung eines Smalltalk-Programms Schritt für Schritt gezeigt.

9.5 Methoden-Debugging

Eine wichtige Nutzungsmöglichkeit des Debuggers besteht darin, ein Smalltalk-Programm Schritt für Schritt, d. h. Nachricht für Nachricht, ausführen zu lassen. Dies wird man z. B. dann anwenden, wenn ein Programm nicht das gewünschte Ergebnis liefert, um so dem Fehler auf die Spur zu kommen. Durch die schrittweise Ausführung lässt sich nach dem Senden jeder Nachricht durch Inspektion der Variablen der bis dahin erreichte Zwischenstand des Programms überprüfen.

Auf diese Weise kann man sich auch den Ablauf eines Programms veranschaulichen. Zu diesem Zweck werden wir hier einmal den Debugger benutzen, indem wir das Programm zur Lösung einer quadratischen Gleichung aus Abschnitt 8.5 schrittweise ablaufen lassen.

Wir benutzen die in Abschnitt 8.5.6 definierte Testmethode als Ausgangspunkt und werten im Workspace den Ausdruck

```
QuadrGlchng ka: 2.0 kb: 3.0 kc: -5.0.
```

aus, wobei wir jetzt den Menüpunkt **Debug it** wählen. Daraufhin erscheint das in Abbildung 9.7 gezeigte Debugger-Fenster.

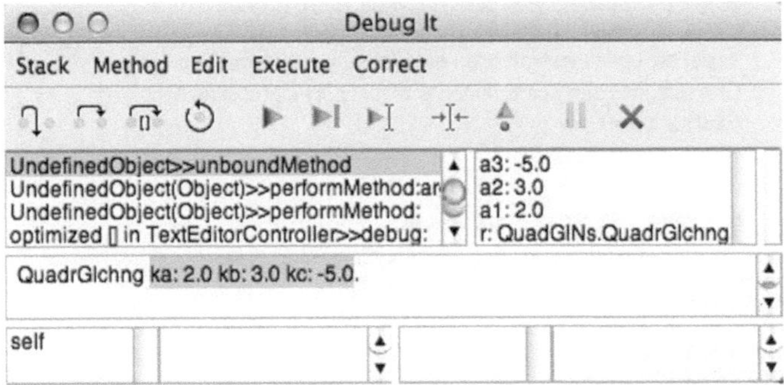

Abbildung 9.7: Start des Debuggers mit einem Programm aus dem Workspace

Der grundsätzliche Aufbau des Debugger-Fensters ist bereits in Abschnitt 4.1 (vgl. auch Abbildung 4.3) erläutert worden. In Feld 1 ist die so genannte **unboundMethod** selektiert, d. h. die Methode im Workspace, die gerade im Begriff ist, abgearbeitet zu werden. Ihr Methodentext erscheint in Feld 2. Auf die Benutzung und Erläuterung des so genannten Stack-Inspectors in den Feldern 7 und 8 verzichten wir.

In Feld 2 ist immer die Nachricht markiert, die als nächste gesendet wird. Für das Senden der nächsten Nachricht stehen drei Schaltflächen oberhalb von Feld 1 zur Verfügung, für die entsprechende Einträge im **Execute**-Menü vorhanden sind:

Step führt die zur Nachricht gehörende Methode in einem Debugger-Schritt aus.

Step into veranlasst den Debugger, in die schrittweise Bearbeitung der zu der Nachricht gehörenden Methode „einzusteigen".

Step over wirkt wie **Step into**, eventuell auftretende Blöcke werden aber in einem Schritt abgearbeitet. Dies kann insbesondere dann nützlich sein, wenn Wiederholungsstrukturen nicht schrittweise abgearbeitet werden sollen.

Betätigte man in der in Abbildung 9.7 gezeigten Situation die Schaltfläche **Step** würde die **unboundMethod** in einem Schritt abgearbeitet und damit wäre in diesem Fall die Ausführung des Programms im Workspace bereits abgeschlossen.

Bei der Betätigung von **Step into** hingegen springt der Debugger an den Anfang der Methode **ka:kb:kc:**. Dies wird jetzt durchgeführt. Ausgehend von der in Abbildung 9.7 dargestellten Situation führt die Betätigung der **Step into**-Schaltfläche zum Debugger-Fenster von Abbildung 9.8.

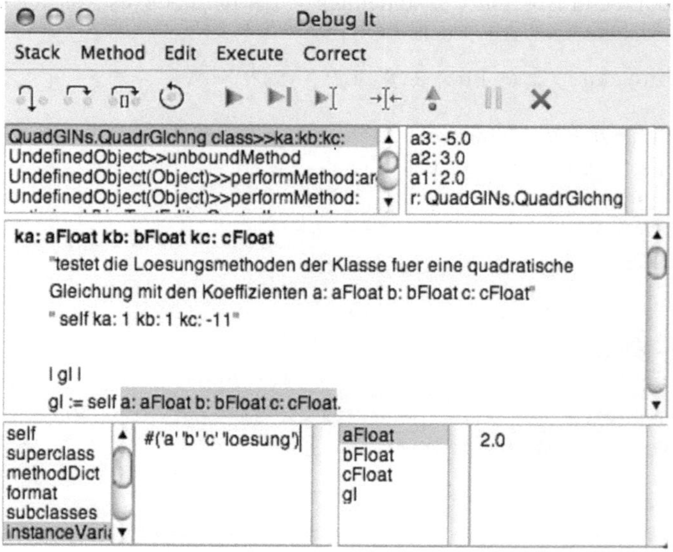

Abbildung 9.8: Start der Klassenmethode **ka:kb:kc:**

In Feld 1 erscheint nun oberhalb der **unboundMethod** die Zeile:

```
QuadrGlchng class>>ka:kb:kc:
```

Das `class` hinter `QuadrGlchng` kennzeichnet die Methode `ka:kb:kc:` als Klassenmethode. Der Text dieser Methode erscheint wiederum in Feld 2, wobei die selektierte Nachricht `a: aFloat b: bFloat c: cFloat` wiederum diejenige ist, die als nächste gesendet wird.

Im Feld 5 erkennt man, dass dort nicht nur die temporären Variablen einer Methode – hier die Variable `gl` – sondern auch die im Aufrufmuster der ersten Zeile verwendeten Platzhalter für die Nachrichtenargumente aufgeführt werden. In Abbildung 9.8 ist exemplarisch der Platzhalter `aFloat` selektiert (mit seinem Wert in Feld 6) dargestellt.

An dieser Stelle sind ein paar grundsätzliche Anmerkungen zu den Feldern 3 und 4 des Debugger-Fensters angebracht. In Feld 3 werden die Exemplarvariablen des Objekts aufgeführt, für das gerade eine Methode ausgeführt wird. Feld 4 zeigt dann den Wert der in Feld 3 selektierten Exemplarvariablen. In unserem Beispiel erscheinen nun aber in Feld 3 nicht die in der Definition der Klasse `QuadrGlchng` eingeführten Exemplarvariablen. Das liegt daran, dass das Objekt, für das gerade die Klassenmethode `ka:kb:kc:` ausgeführt wird, ja kein Exemplar der Klasse ist, sondern die Klasse selbst. Da Klassen Objekte sind, sind sie auch Exemplare einer Klasse, nämlich ihrer jeweiligen so genannten *Metaklasse*. Diese Metaklassen legen für ihre Exemplare, die Klassen, ebenfalls Exemplarvariablen fest. Auf die Bedeutung der Metaklassen wird in Abschnitt 11.3 ausführlicher eingegangen. Etwas vereinfacht gesprochen, erscheinen die Exemplarvariablen, die in der Metaklasse von `QuadrGlchng` definiert wurden, hier in Feld 3. In Abbildung 9.8 ist exemplarisch die Variable `instanceVariables` selektiert. Als Wert erscheint in Feld 4 ein Array mit den Namen der Exemplarvariablen der Klasse `QuadrGlchng` als Zeichenketten.

Fahren wir nun mit der Ausführung der Klassenmethode `ka:kb:kc:` fort. Betätigt man wieder **Step into** zeigt der Debugger die Darstellung von Abbildung 9.9. In Feld

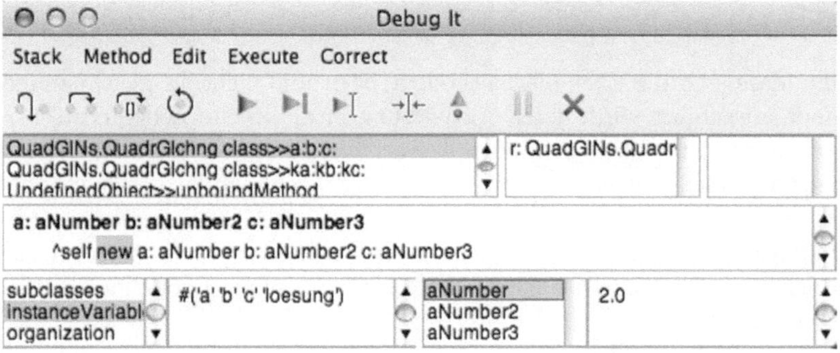

Abbildung 9.9: Nach der Ausführung von `ka: 2.0 kb: 3.0 kc: -5.0`

2 ist zu erkennen, dass die nächste auszuführende Nachricht `new` ist, die an `self`, d. h. an die Klasse `QuadrGlchng` gesendet wird. Die Methode, die zur Ausführung gelangt, stammt aus der Klasse `Object`. Diese kann nicht im Einzelschrittmodus ausgeführt werden, da sie innerhalb der virtuellen Maschine direkt implementiert ist. Das bedeutet, das die Betätigung von **Step** oder **Step into** in diesem Fall die gleiche Wirkung hat.

Führen wir also einmal **Step** und anschließend **Step into** aus, wird erst ein neues Exemplar von `QuadrGlchng` erzeugt und an dieses dann die Nachricht `a: aFloat b:`

bFloat c: cFloat geschickt. Das Resultat sieht man Abbildung 9.10. In der ersten

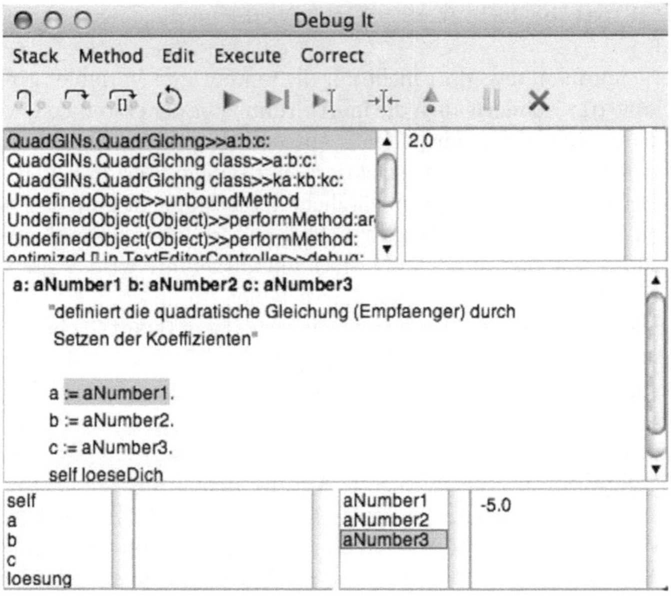

Abbildung 9.10: Aktivierung von **a:b:c:** ist erfolgt.

Zeile von Feld 1 deutet der Eintrag

```
QuadrGlchng>>a:b:c:
```

darauf hin, dass jetzt die Exemplarmethode **a:b:c:** und nicht die gleichnamige Klassenmethode ausgeführt wird, deren Aktivierung in die zweite Zeile gerutscht ist. In Feld 3 sehen wir jetzt auch die Exemplarvariablen des **QuadrGlchng**-Objekts, das Empfänger der Nachricht ist, die zur Aktivierung der Exemplarmethode **a:b:c:** geführt hat.

Abbildung 9.11 zeigt den Zustand der Abarbeitung der Methode nach der Ausführung der ersten drei Zuweisungen. Man erkennt, dass die Exemplarvariable **c** den Wert -5.0 erhalten hat.

In Feld 2 ist die Nachricht **loeseDich** selektiert. Betätigen von **Step into** führt zu dem in Abbildung 9.12 gezeigten Bild. Man sieht, dass hier als erstes die Nachricht „= 0" an **a** geschickt wird. Da diese Exemplarvariable ungleich 0 ist, muss offenbar die Nachricht **loeseQuadratischeGleichung** gesendet werden. Davon kann man sich überzeugen, indem man zwei mal **Step** betätigt. Das Ergebnis zeigt Abbildung 9.13.

Auf das „Eintauchen" in die Methode **loeseQuadratischeGleichung** verzichten wir hier und betätigen zweimal **Step**. Am in Abbildung 9.14 gezeigten Resultat ist zu erkennen, das der Exemplarvariablen **loesung** ein Exemplar der Klasse **ZweiLoesungen** (mithilfe der kennzeichnet Set-Methode **loesung:**) zugewiesen wurde.

Die Methode **loeseDich** ist nun abgearbeitet. Erneutes Betätigen von **Step** führt wieder zurück in die Exemplarmethode **a:b:c:**, die ihrerseits ebenfalls fertig ist, so

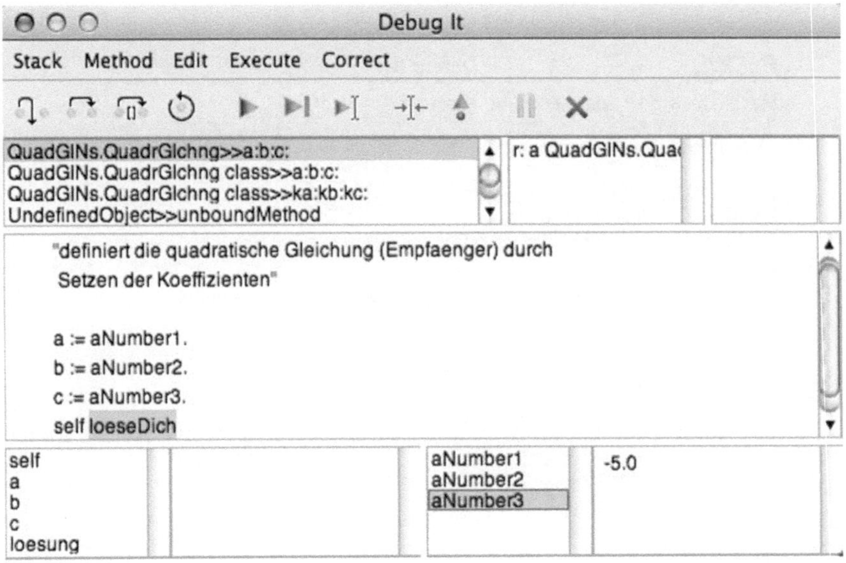

Abbildung 9.11: Die Exemplarmethode `a:b:c:` vor der Aktivierung von `loeseDich`

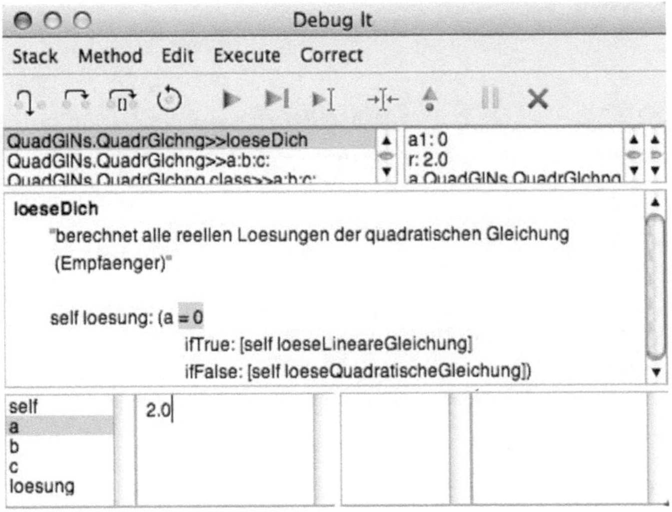

Abbildung 9.12: Aktivierung der Methode `loeseDich`

dass ein weiteres **Step** zurück in die Klassenmethode `a:b:c:` führt, wie in Abbildung 9.15 gezeigt. Diese führt im nächsten Schritt nur noch den Rückgabeoperator aus und liefert damit die (gelöste) quadratische Gleichung an die Klassenmethode `ka:kb:kc:` zurück. Betätigt man wieder zweimal **Step**, erkennt man in Abbildung 9.16, dass der lokalen Variablen `gl` ein Exemplar der Klasse `QuadrGlchng` zugewiesen wurde.

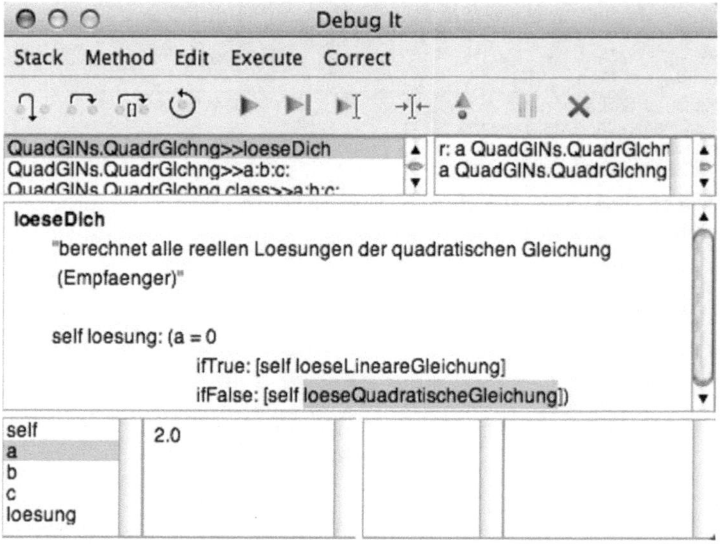

Abbildung 9.13: Ausführung des **ifFalse:**-Blocks wegen $a \neq 0$

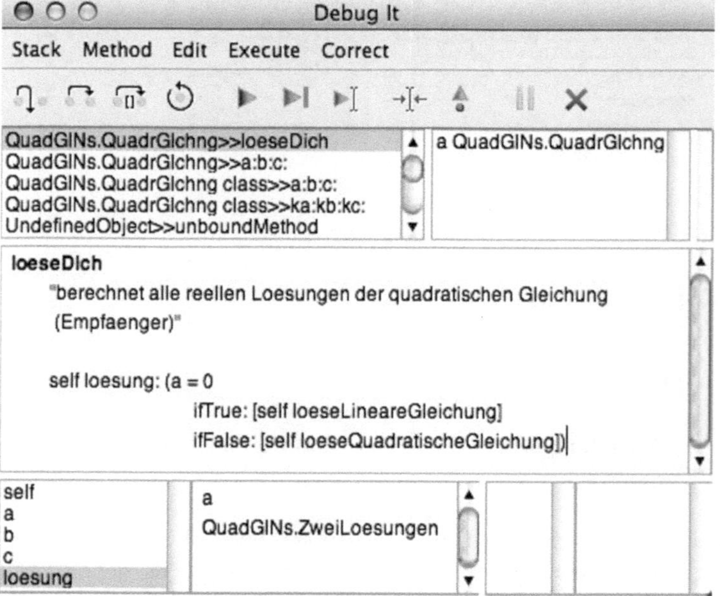

Abbildung 9.14: Ein Exemplar von **ZweiLoesungen** wurde erzeugt

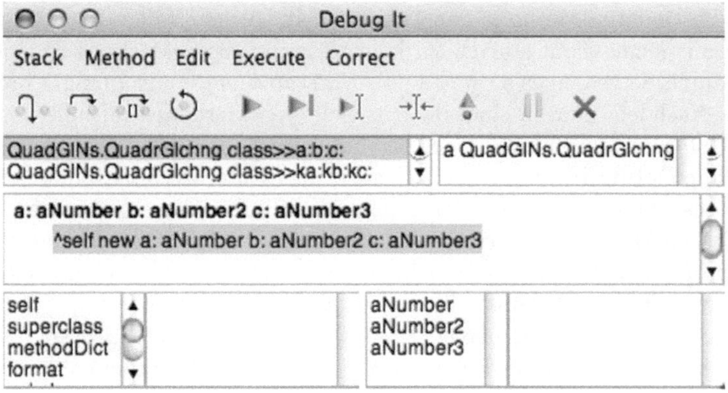

Abbildung 9.15: Klassenmethode `a:b:c:` ist beendet

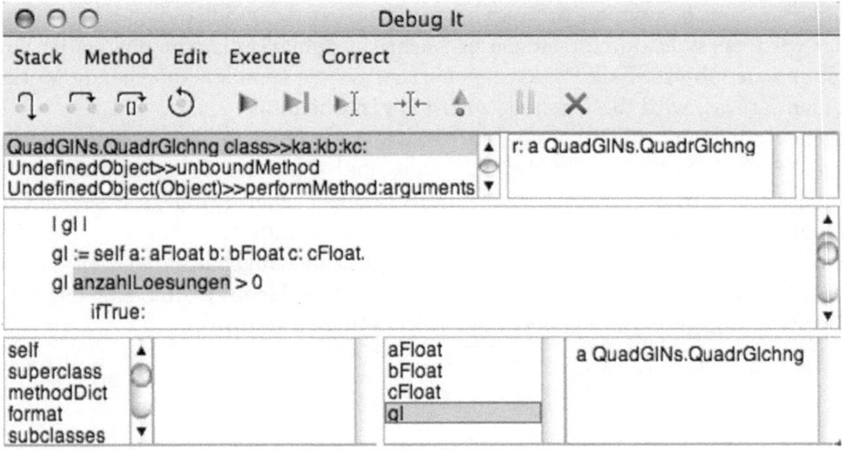

Abbildung 9.16: `gl` verweist auf eine gelöste quadratische Gleichung

Nun kann man die Klassenmethode durch mehrmaliges Betätigen von **Step** durchlaufen und dabei beobachten, wie die Ergebnisausgabe im Transcript erzeugt wird und schließlich der letzte Ausdruck ^gl zur Rückkehr in die **unboundMethod** führt, den Ausgangspunkt der Übung. Damit ist die Einzelschrittausführung des Beispielprogramms abgeschlossen.

Weitere Möglichkeiten des *VisualWorks*-Debuggers

Neben der Einzelschritt-Ausführung von Methoden verfügt der *VisualWorks*-Debugger über weitere Hilfsmittel, die beim Aufspüren von Programmfehlern nützlich sein können. Diese werden hier nur kurz erläutert, für weitergehende Informationen wird auf die Originaldokumentation von *VisualWorks* [Cincom Systems (2013a)] verwiesen.

Gelegentlich kann es etwas mühsam sein, mithilfe der Einzelschrittmethode dem Fehler auf die Spur zu kommen, weil man z. B. nur an der schrittweisen Ausführung einer bestimmten Methode interessiert ist. In solchen Fällen ist es zweckmäßig, den Debugger genau dann starten zu können, wenn diese Methode aktiviert wird.

Breakpoint — Dies wird durch Setzen eines so genannten *Unterbrechungspunkts* (engl.: breakpoint) ermöglicht. Nachdem man in einer oder in mehreren Methoden mithilfe des System-Browsers Unterbrechungspunkte gesetzt hat, startet man das Programm normal, d. h. nicht mit **Debug it**. Sofern eine der mit einem Unterbrechungspunkt versehenen Methoden ausgeführt wird, wird der Debugger aktiviert. Anschließend hat man die Möglichkeit, die Methode im Einzelschrittmodus zu durchlaufen oder das Programm normal fortzusetzen. Das Programm läuft dann ohne Unterbrechung weiter, es sei denn, dass während des Ablaufs erneut ein Unterbrechungspunkt angetroffen wird.

Ein weiteres Hilfsmittel bei der Fehlersuche sind so genannte *Beobachtungspunkte* (engl.: watchpoints). Wird ein Beobachtungspunkt beim Programmablauf angetroffen, wird ein Text in ein spezielles Fenster ausgegeben, ohne dass der Programmablauf unterbrochen wird. Es gibt Beobachtungspunkte z. B. für Exemplarvariablen oder temporäre Variablen, die dann dazu dienen können, den Wert der entsprechenden Variablen in dem Fenster zu protokollieren. Die Textnachricht, die zu diesem Zweck erzeugt wird, entsteht durch Senden der Nachricht `debugString` an das an die Variable gebundene Objekt. Falls in der zugehörigen Klasse keine entsprechende Methode implementiert ist, wird die Methode `printString` benutzt.

Beobachtungspunkte können ebenso wie Unterbrechungspunkte in einer Methode an eine beliebige Stelle gesetzt werden. Jedes mal wenn der Programmablauf diese Stelle passiert, wird die Textnachricht in das Beobachtungsfenster geschrieben.

Um einen Unterbrechungspunkt zu setzen, bewegt man den Cursor in Feld 5 des System-Browsers an die Stelle, an der das Programm angehalten werden soll. Anschließend wählt man den Menüeintrag **Edit→Insert Breakpoint**. Für das Setzen von Beobachtungspunkten benutzt man **Edit→Insert Probe** . . . .

10 Objektbehälter

In der Programmierung tritt häufig das Problem auf, dass man Mengen oder Ansammlungen von Objekten verwalten muss. Man hat es in einer Unternehmensanwendung mit vielen Kunden, Lieferanten, Mitarbeitern oder Produkten zu tun. Die Menge aller Produkte, den Produktkatalog, muss man als Einheit ansprechen können. In objektorientierter Sprechweise bedeutet das, dass es z. B. ein Objekt **produktKatalog** gibt, das die einzelnen Produkt-Objekte als Komponenten enthält.

Objekte, die eine beliebige Anzahl von Objekten als Komponenten enthalten können, haben wir bisher nur in Form von Arrays kennen gelernt. Komponenten eines Objekts werden normalerweise in seinen Exemplarvariablen gespeichert. Es ist aber nicht möglich, eine in ihrer Mächtigkeit nicht vorhersehbare Menge von Komponenten in einzeln zu benennenden Exemplarvariablen zu speichern. Betrachtet man nun die Klassendefinition der Klasse **Array** (s. Abbildung 10.1), erkennt man auch, dass dort überhaupt keine Exemplarvariablen definiert werden. Stattdessen ist hinter dem Schlüsselwort **indexedType:** das Symbol **#objects** angegeben. Andere Klassen mit benannten Exemplarvariablen tragen an dieser Stelle das Symbol **#none**.

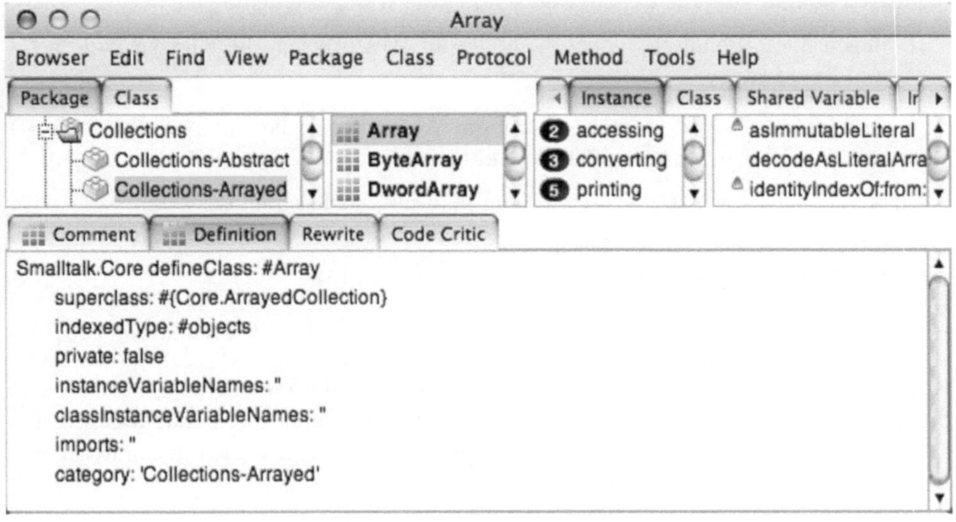

Abbildung 10.1: Definition der Klasse **Array**

Damit wird festgelegt, dass ein Objekt der Klasse **Array** eine beliebige – bei der Erzeugung festzulegende – Anzahl von Exemplarvariablen haben kann, die nun nicht benannt, sondern bei 1 beginnend nummeriert werden.

Ein mit **Array new: 10** erzeugtes **Array**-Exemplar besitzt 10 Exemplarvariablen mit den Nummern (Indizes) 1 bis 10.

Neben der Klasse **Array** gibt es noch eine Vielzahl weiterer so genannter Behälterklassen. Sie sind alle Unterklassen einer gemeinsamen abstrakten Oberklasse **Collection**. Einen Ausschnitt aus der Klassenhierarchie mit den für die Anwendungsprogrammierung wichtigsten Collection-Klassen zeigt Abbildung 10.2.

```
Collection  ()
    Bag ('contents')
    SequenceableCollection    ()
        ArrayedCollection    ()
            Array ()
            CharacterArray    ()
                String ()
                    Symbol ()
                Text ('string' 'runs')
            List ('dependents' 'collection' 'limit' 'collectionSize')
        Interval ('start' 'stop' 'step')
        OrderedCollection    ('firstIndex' 'lastIndex')
            SortedCollection    ('sortBlock')
    Set ('tally')
        Dictionary  ()
```

Abbildung 10.2: Hierarchie wichtiger Collection-Klassen

Obwohl die interne Speicherung der Komponenten für Exemplare all dieser Collection-Klassen nach dem für Arrays erläuterten Prinzip erfolgt, sind dennoch nicht bei allen die Komponenten durch Angabe des Index von außen zugänglich. Daran orientiert, könnte man die Behälterklassen in zwei Kategorien einteilen:

1. ungeordnete Behälter – hierzu gehören im Wesentlichen die Klassen **Bag**, **Set** und **Dictionary**

2. geordnete Behälter – hierzu gehören im Wesentlichen die Unterklassen der abstrakten Klasse **SequenceableCollection**

Nur bei einem geordneten Behälter kann man mit Nachrichten der Form

```
einBehaelter at: einInteger
einBehaelter at: einInteger put: einObjekt
```

auf einzelne Komponenten lesend (**at:**) bzw. schreibend (**at:put:**) direkt zugreifen.

Eine weitere Besonderheit einiger weniger Behälterklassen besteht darin, dass ihre Komponenten nur Exemplare bestimmter Klassen sein dürfen. Hierzu gehören z. B. die Klassen **String** und **Symbol**, deren Komponenten Exemplare von **Character** sind.

Für die weiteren Betrachtungen orientieren wir uns an den beiden genannten Kategorien.

10.1 Ungeordnete Behälter

10.1.1 Die Klasse **Set**

Exemplare der Klasse **Set** sind Behälter, die sich im Grunde genommen wie Mengen im mathematischen Sinne verhalten. Dies bedeutet insbesondere, dass Sets keine Duplikate enthalten und die Elemente keine Ordnung besitzen.

Erzeugen von Mengen

Die leere Menge lässt sich mit dem Ausdruck

```
Set new
```

erzeugen. Weitere Nachrichten zum Erzeugen von **Set**-Objekten sind in nachfolgenden Beispielen zu finden.

Hinzufügen von Elementen zu einer Menge

Mit der Nachricht **add:** lässt sich ein Objekt einer Menge hinzufügen. Betrachten wir das Resultat der folgenden Nachrichtensequenz im Inspector, sehen wir das in Abbildung 10.3 gezeigte **Set**-Objekt.

```
| menge |
menge := Set new.
menge add: 5.
menge add: 'fuenf'.
menge add: $5.
menge add: 5.
menge
```

Man erkennt, dass die Menge drei Elemente enthält. Das erneute Hinzufügen der 5 in der vorletzten Zeile ist wirkungslos geblieben.

Wählt man im Inspector den Reiter **Basic** anstelle von **Elements** (s. Abbildung 10.4) gewinnt man einen Einblick in die tatsächliche Speicherungsform eines Exemplars der Klasse **Set**. Man sieht, dass Sets auch eine benannte Exemplarvariable **tally** besitzen. Hier wird die Anzahl der „gültigen" Elemente des Sets abgelegt. Darüber hinaus erkennt man, dass zur Zeit das betrachtete **Set**-Exemplar sieben Komponenten besitzt, von denen vier den Wert **nil** aufweisen. Vereinfacht gesprochen, sind diese vier „überschüssigen" Komponenten aus Effizienzgründen sozusagen auf Vorrat zur Aufnahme weiterer Elemente angelegt worden.

Prüfen von Eigenschaften einer Menge

Zwei Nachrichten stehen zur Verfügung, um festzustellen, ob ein Set ein bestimmtes Element enthält. Die Nachricht

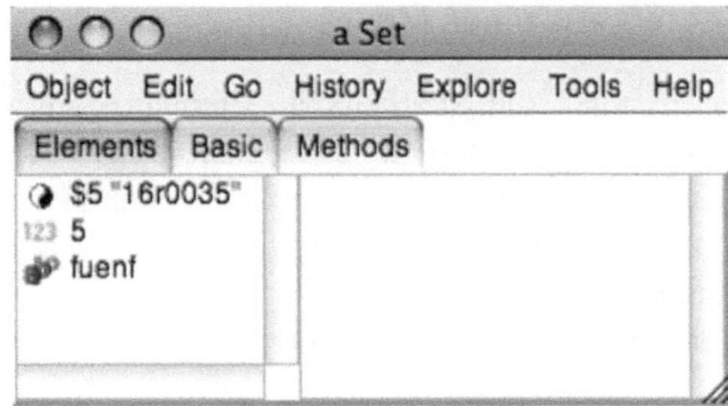

Abbildung 10.3: Eine Menge mit drei Elementen

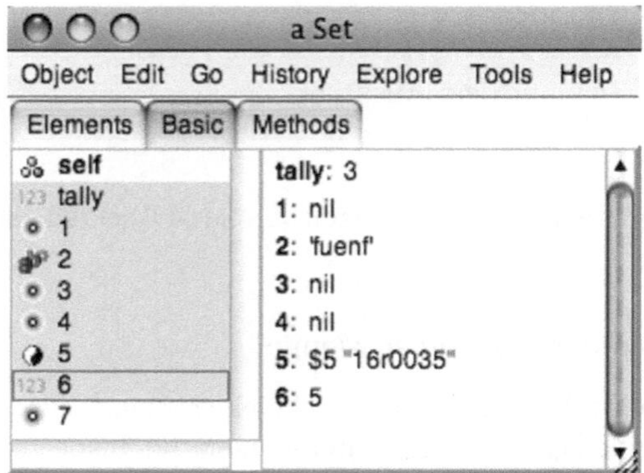

Abbildung 10.4: Die „Innenansicht" des **Set**-Objekts aus Abbildung 10.3

```
einSet includes: einElement
```

liefert **true**, wenn **einElement** in **einSet** enthalten ist, sonst **false**. Die Nachricht

```
einSet occurrencesOf: einElement
```

liefert die Häufigkeit des Auftretens von **einElement** in **einSet**. Bei Sets kann hier natürlich nur 0 oder 1 als Ergebnis herauskommen. Diese beiden Nachrichten werden aber, nebenbei bemerkt, von Exemplaren aller Behälterklassen verstanden.

Außerdem kann geprüft werden, ob eine Menge leer ist (**isEmpty**, **notEmpty**). Der Ausdruck

```
(Set with: (Set new)) isEmpty
```

liefert **false**. Die Nachricht **with:** erlaubt es, eine Menge mit dem als Argument übergebenen Element zu erzeugen. Eine Menge, die als einziges Element die leere Menge enthält, ist aber selbst nicht leer.

Mit der Nachricht **size** kann jede Collection und damit auch ein **Set**-Objekt nach der Anzahl ihrer Komponenten gefragt werden.

Entfernen von Elementen aus einer Menge

Selbstverständlich besteht auch die Möglichkeit, Elemente aus einer Menge wieder zu entfernen. Hierfür steht zum einen die Nachricht **remove:** zur Verfügung, die aber zu einem Laufzeitfehler führt, falls das zu entfernende Element gar nicht in der Menge enthalten ist. Um dies zu vermeiden, kann zum anderen die Nachricht **remove:ifAbsent:** benutzt werden, die hinter dem zweiten Schlüsselwort einen Block erwartet, der genau dann ausgewertet wird, wenn das zu entfernende Element nicht in der Menge ist.

Daneben kann mit der binären Nachricht „-" die Differenz zweier Mengen gebildet werden:

```
| menge1 menge2 |
"Erzeugen einer Menge mit den Elementen 1, 2, 3, 4"
menge1 := Set withAll: #(1 2 3 4).   "Print it: Set (1 2 3 4)"
"Erzeugen einer zweiten Menge:"
menge2 := Set withAll: #(4 5 6 7).   "Print it: Set (7 4 5 6)"
"Mengendifferenz:"
menge1 - menge2                      "Print it: Set (1 2 3)"
```

Interessanterweise ist die Mengendifferenz die einzige Operation der Mengenalgebra, für die es eine Methode gibt. Andere Mengenoperationen, wie Durchschnitt oder Vereinigung, müssten bei Bedarf ergänzt werden.

Durchlaufen der Elemente einer Menge

Bereits in Abschnitt 4.2.3 wurde die Standard-Nachricht **do:** für das Durchlaufen der Elemente eines Arrays eingeführt. Diese Nachricht ist grundsätzlich auf Exemplare aller Collection-Klassen anwendbar.

So können z. B. mit dem Ausdruck

```
(Set withAll: #(1 2 3 4))
    do: [:elem | Transcript show: elem factorial printString;
                        cr]
```

die Fakultäten der Zahlen von 1 bis 4 ins Transcript ausgegeben werden.

Es ist charakteristisch für Smalltalk, dass es für spezielle Anwendungen eine Reihe weiterer Nachrichten für den Behälterdurchlauf gibt, von denen einige auch sinnvoll auf Mengen angewendet werden können. Tabelle 10.1[1] gibt eine Zusammenfassung der Wirkungsweise dieser Nachrichten. Die ersten drei Nachrichten liefern, wenn sie an ein **Set**-Objekt geschickt werden, wiederum ein **Set**-Objekt als Resultat. Tabelle 10.2 zeigt einige Anwendungsbeispiele für diese Nachrichten.

10.1.2 Die Klasse **Bag**

Die Eigenschaften von Bags und Sets unterscheiden sich nur in einem Punkt. In einem Bag kann das gleiche Objekt auch mehrfach vorhanden sein. D. h. die Auswertung der folgenden Nachrichtensequenz

```
| sack |
sack := Bag new.
sack add: 5.
sack add: 'fuenf'.
sack add: $5.
sack add: 5.
sack size
```

liefert 4 als Resultat, weil das Objekt 5 zweimal in dem **Bag**-Objekt enthalten ist.

Im Übrigen sind alle in den vorangegangenen Absätzen gemachten Ausführungen zu Sets sinngemäß auf Bags übertragbar.

---

[1]Darstellung angelehnt an Hopkins und Horan (1995)

Tabelle 10.1: Weitere Nachrichten für das Durchlaufen der Elemente einer Menge

Nachrichten-muster	Bedeutung
`collect: aBlock`	Wertet **aBlock** für jedes Element aus. Antwortet mit einer Collection derselben Größe mit dem Ergebnis der Auswertung des Blocks für jedes Element.
`select: aBlock`	Wertet **aBlock** für jedes Element aus. Antwortet mit einer Collection, welche die Elemente des Empfängers enthält, für welche die Auswertung von **aBlock true** ergab (die Collection kann leer sein).
`reject: aBlock`	Wertet **aBlock** für jedes Element aus. Antwortet mit einer Collection, welche die Elemente des Empfängers enthält, für welche die Auswertung von **aBlock false** ergab (die Collection kann leer sein).
`detect: aBlock`	Wertet **aBlock** für jedes Element aus. Antwortet mit dem ersten Element, für das die Auswertung von **aBlock true** ergibt. Alternativ kann die **Nachricht detect:ifNone:** benutzt werden; hier ist das zweite Argument ein Block, der ausgewertet wird, wenn keine Elemente des Empfängers mit den Kriterien übereinstimmen, die im ersten Argument angegeben wurden, andernfalls antwortet **detect:** mit einem Fehler.
`inject: anObject into: aBlock`	**aBlock** muss zwei Blockparameter besitzen. Im ersten wird ein Wert akkumuliert, der sich aus der Auswertung des Arguments **aBlock** mit dem aktuellen Wert des Empfängers (2. Blockparameter) ergibt. Der Anfangswert ist der Wert des Arguments, **anObject**.

Tabelle 10.2: Anwendungsbeispiele für Nachrichten aus Tabelle 10.1

Ausdruck	Resultat
`(Set with:1 with:3 with:4) collect:[:each | each factorial]`	`Set(1 24 6)`
`(Set with:1 with:3 with:4) collect: [:each | each >= 3]`	`Set(false true)`
`(Set with:1 with:3 with:4) select: [:each | each >= 3]`	`Set(3 4)`
`(Set with:1 with:3 with:4) select: [:each | each > 4]`	`Set ()`
`(Set with:1 with:3 with:4) reject: [:each | each >= 3]`	`Set(1)`
`(Set with:1 with:3 with:4) detect: [:each | each >= 3]`	`3`
`(Set with:1 with:3 with:4) detect: [:each | each>4] ifNone: ['Nicht gefunden']`	`'Nicht gefunden'`
`(Set with:1 with:3 with:4) inject: 0 into: [:sum :each | sum + each]`	`8`

10.1.3 Die Klasse `Dictionary`

Aus Abbildung 10.2 ist ersichtlich, dass `Dictionary` eine Unterklasse von `Set` ist.
D. h. `Dictionaries` sind also Mengen mit speziellen Eigenschaften. Eine Besonderheit besteht darin, dass es sich um eine homogene Collection handelt. Das bedeutet,
dass alle Elemente eines `Dictionary`-Objekts Exemplare derselben Klasse sind. Ein
`Dictionary` ist eine Menge von Exemplaren der Klasse `Association`. `Association`-
Objekte besitzen zwei Exemplarvariablen, `key` und `value`, sie stellen so genannte
Schlüssel-Wert-Paare dar. Eine weitere Besonderheit ist, dass Exemplare der Klasse
`Dictionary` im Gegensatz zu den anderen ungeordneten Behältern die Nachrichten
`at:` bzw. `at:put:` verstehen, allerdings in einem etwas modifizierten Sinne.

Mit Dictionaries lassen sich Verzeichnisse beliebiger Art aufbauen. Ein Dictionary
kann zwar nur Assoziationen als Elemente enthalten, die Komponenten einer Assoziation können aber beliebige Objekte sein. Um einen Eintrag in ein Verzeichnis
vorzunehmen, wird die `at:put:`-Nachricht nach folgendem Muster verwendet:

```
einDictionary at: einSchluessel put: einWert
```

Mit dieser Nachricht wird dem Dictionary `einDictionary` eine Assoziation mit dem
Schlüssel `einSchluessel` und dem Wert `einWert` hinzugefügt. Die Objekte `ein-`
`Schluessel` und `einWert` können dabei – wie gesagt – Exemplare beliebiger Klassen
sein. Häufig werden aber für die Schlüssel Zeichenketten oder Symbole verwendet.

Betrachten wir als Beispiel die Realisierung eines primitiven Wörterbuchs:

```
| dic |
dic := Dictionary new.
dic at: 'Kind' put: 'child'.
dic at: 'Mutter' put: 'mother'.
dic at: 'Vater' put: 'father'.
dic
```

Hier wird also ein Verzeichnis mit drei Assoziationen angelegt. Abbildung 10.5 zeigt
das Resultat im Inspector. Die Darstellung zeigt bei ausgewähltem Reiter **Elements**

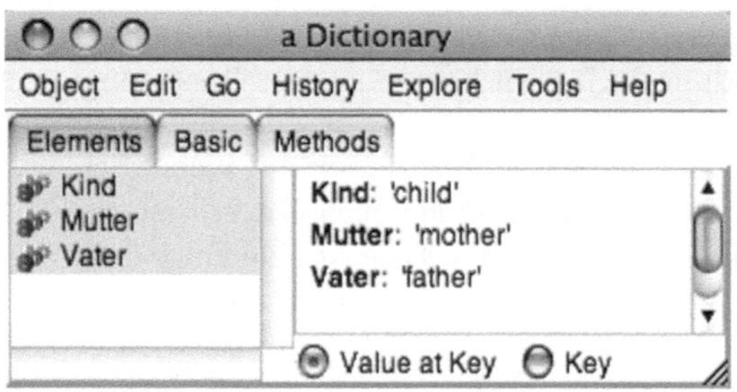

Abbildung 10.5: Ein `Dictionary` mit drei Einträgen

im linken Feld die Schlüssel und im rechten die ihnen zugeordneten Werte. Wählt
man stattdessen wieder den Reiter **Basic** erhält man einen Einblick in die interne
Speicherungsform eines `Dictionary`-Objekts (s. Abbildung 10.6). Die von der Klasse

Set geerbte Exemplarvariable `tally` gibt wieder die Anzahl der gültigen Einträge an.
Die Elemente dieser Menge sind Assoziationen, die nun rechts in der Form

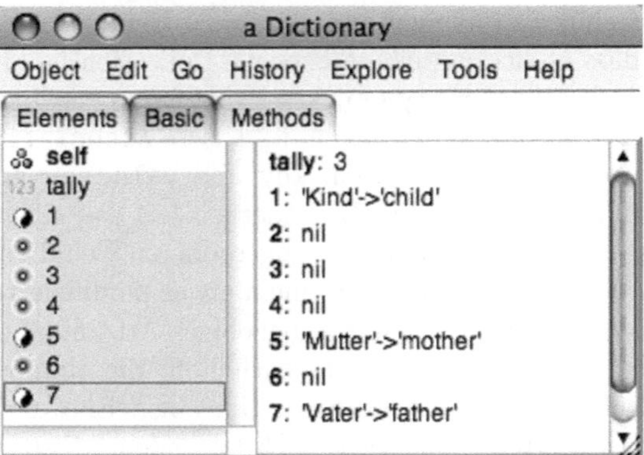

Abbildung 10.6: Die interne Speicherungsform eines **Dictionary**-Objekts

```
Schlüssel ->Wert
```

dargestellt werden. Davon, dass es sich bei diesen Einträgen um Exemplare der Klasse
Association handelt, kann man sich überzeugen, in dem man einen Eintrag mar-
kiert und dann den Menüeintrag **Go**→**Dive** aktiviert. Es erscheint dann z. B. das in
Abbildung 10.7 gezeigte Inspector-Fenster.

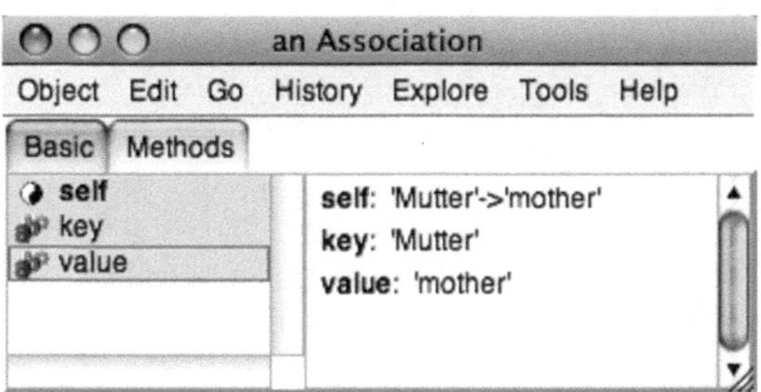

Abbildung 10.7: Ein Exemplar der Klasse **Association**

Fügt man einem Dictionary eine Assoziation mit einem Schlüssel, der bereits existiert, hinzu, wird der alte Wert mit dem neuen überschrieben. Ein Schlüssel kann nur
einmal in einem Verzeichnis existieren. Dies ist eine Folge der Mengeneigenschaft von
Dictionaries. Die Auswertung der Nachrichtensequenz

```
| dic |
dic := Dictionary new.
dic at: 'Kind' put: 'child'.
dic at: 'Mutter' put: 'mother'.
dic at: 'Vater' put: 'father'.
dic at: 'Kind' put: 'bambino'.
dic
```

führt zu dem in Abbildung 10.8 gezeigten `Dictionary`-Objekt.

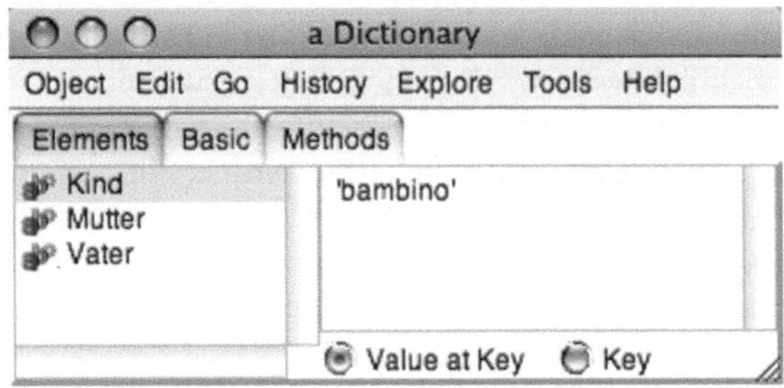

Abbildung 10.8: Die Assoziation `'Kind'->'child'` wurde überschrieben

Hinzufügen von Assoziationen

In den vorangegangenen Absätzen haben wir Beispiele für die Anwendung der Nachricht `at:put:` gesehen. Eine Alternative für das Hinzufügen einer Assoziation zu einem Dictionary besteht in der schon von Sets bekannten Nachricht `add:`. Das Argument muss in diesem Fall eine Assoziation sein. Eine Möglichkeit, eine Assoziation zu erzeugen, ist die Anwendung der binären Nachricht „->“:

```
('Sohn' -> 'son') class   "Print it: Association"
```

Mit

```
dic add: 'Sohn' -> 'son'
```

kann also diese Assoziation unserem Wörterbuch hinzugefügt werden.

Entfernen von Assoziationen

Für das Entfernen von Assoziationen aus einem Dictionary muss eine spezielle Nachricht verwendet werden. Die `remove:`-Nachricht für Sets ist hier nicht anwendbar. Stattdessen stehen die Nachrichten `removeKey:` bzw. `removeKey:ifAbsent:` zur Verfügung. Die zu entfernende Assoziation wird also durch Angabe des Schlüssels identifiziert. Die zweite Nachricht bietet wieder die Möglichkeit, einen Block anzugeben, der ausgewertet wird, falls zu dem angegebenen Schlüssel keine Assoziation im Dictionary existiert.

Zugriff auf Dictionaries

Die einfachste Möglichkeit, auf eine Assoziation in einem Dictionary zuzugreifen, ist die Anwendung der Nachricht `at:` mit dem gewünschten Schlüssel als Argument:

```
| dic |
dic := Dictionary new.
dic at: 'Kind' put: 'child'.
dic at: 'Mutter' put: 'mother'.
dic at: 'Vater' put: 'father'.
dic at: 'Mutter'    "Print it: 'mother'"
```

Wie man sieht, liefert **at:** den zum Schlüssel gehörenden Wert. Falls der Schlüssel nicht existiert, führt das zu einem Laufzeitfehler. Als Alternative steht, um das Auftreten einer Exception zu vermeiden, die Nachricht **at:ifAbsent:** zur Verfügung, die hinter dem zweiten Schlüsselwort wieder einen Block erwartet.

Um als Antwort das zu einem Schlüssel gehörende **Association**-Objekt zu erhalten, kann die Nachricht **asscociationAt:** benutzt werden, die es auch wieder in der Variante mit dem zweiten Schlüsselwort **ifAbsent:** gibt.

Die Nachricht **keys** liefert die in einem Dictionary vorkommenden Schlüssel als **Set**-Objekt, die Nachricht **values** die Werte des Dictionary in einem **OrderedCollection**-Behälter ab (vgl. Abschnitt 10.2).

```
| dic |
dic := Dictionary new.
dic at: 'Kind' put: 'child'.
dic at: 'Mutter' put: 'mother'.
dic at: 'Vater' put: 'father'.
dic keys.        "Print it: Set ('Mutter' 'Vater' 'Kind')"
dic values
    "Print it: OrderedCollection('father' 'mother' 'child')"
```

Prüfen von Eigenschaften eines Dictionary

Mit der Nachricht **includes:** kann ein Dictionary auf das Vorhandensein eines Wertes, mit **includesKey:** auf das Vorhandensein eines Schlüssels untersucht werden:

```
| dic |
dic := Dictionary new.
dic at: 'Kind' put: 'child'.
dic at: 'Mutter' put: 'mother'.
dic at: 'Vater' put: 'father'.
dic includesKey: 'Mutter'    "Print it: true"
dic includes: 'father'       "Print it: true"
```

Durchlaufen der Elemente eines Dictionary

Wie auf alle Behälter, kann auch auf Exemplare der Klasse **Dictionary** die Nachricht **do:** angewendet werden. Hierbei ist aber zu beachten, dass dabei nur die Werte, nicht die Assoziationen durchlaufen werden. Die Nachrichtensequenz

```
| dic |
dic := Dictionary new.
dic at: 'Kind' put: 'child'.
dic at: 'Mutter' put: 'mother'.
dic at: 'Vater' put: 'father'.
dic do: [ : elem | Transcript cr; show: elem printString]
```

erzeugt die in Abbildung 10.9 dargestellte Ausgabe im Transcript. Als Erklärung dafür könnte man die folgende Analogie-Betrachtung anstellen: Auf die Komponenten eines

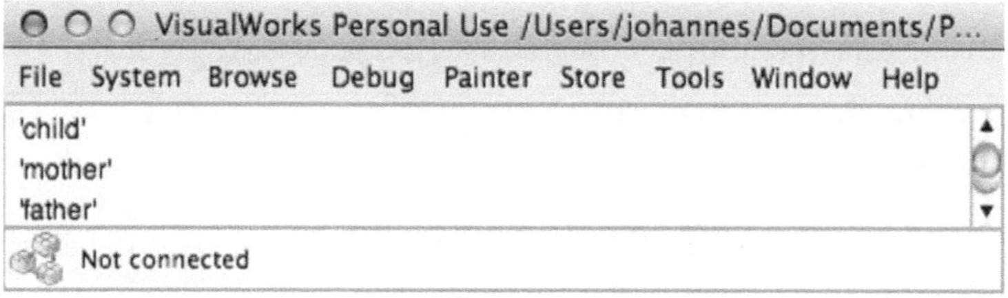

Abbildung 10.9: Die **do:**-Nachricht durchläuft die Werte eines **Dictionary**

Dictionary-Objekts greift man mit der Nachricht **at:** zu und erhält als Ergebnis den unter dem angegebenen Schlüssel gespeicherten Wert. Beim Zugriff auf ein Array gibt man als Argument der Nachricht **at:** den Index des gewünschten Elements an. In einem Array werden gewissermaßen Schlüssel-Wert-Paare gespeichert, wobei die Indizes die Rolle der Schlüssel einnehmen. Bei der Anwendung der **do:**-Nachricht auf ein Array erhält man auch nur die Array-Elemente (die Werte) und keine Index-Wert-Paare.

Dieses Verhalten der **do:**-Nachricht wirkt sich auch auf andere Nachrichten zum Behälterdurchlauf aus, die mithilfe von **do:** implementiert sind. Das gilt für alle in Tabelle 10.1 aufgeführten Nachrichten. So liefert z. B. die Nachrichtensequenz

```
| dic |
dic := Dictionary new.
dic at: 'Kind' put: 'child'.
dic at: 'Mutter' put: 'mother'.
dic at: 'Vater' put: 'father'.
dic collect: [ :elem | elem asUppercase]
    "Print it:
        OrderedCollection ('FATHER' 'MOTHER' 'CHILD')"
```

eine **OrderedCollection** mit den in Großbuchstaben geschriebenen Werten des **Dictionary**-Objekts **dic**.

Für den Fall, dass man anstelle der Werte eines Dictionary die Assoziationen durchlaufen lassen möchte, steht die Nachricht **keysAndValuesDo:** zur Verfügung, die als Argument einen Block mit zwei Blockparametern erwartet. Um z. B. den Inhalt unseres Wörterbuchs als Tabelle im Transcript auszugeben, könnte man folgendermaßen vorgehen:

```
| dic |
dic := Dictionary new.
dic at: 'Kind' put: 'child'.
dic at: 'Mutter' put: 'mother'.
dic at: 'Vater' put: 'father'.
dic keysAndValuesDo:
    [ :deutsch :englisch | Transcript cr; tab; show: deutsch;
                        tab; show: englisch]
```

Man beachte hierbei, dass aufgrund der Tatsache, dass ein **Dictionary** ein **Set** ist, die Reihenfolge, in der die Assoziationen durchlaufen werden, nicht vorhergesagt werden kann.

Tabelle 10.3: Nachrichten für den Zugriff auf Komponenten geordneter Behälter

Nachrichtenmuster	Bedeutung
`at: einIndex`	liefert das Objekt des Behälters mit dem Index `einIndex`
`at: einIndex` `put: einObjekt`	schreibt das Objekt `einObjekt` in den Behälter an die Position `einIndex`
`atAllPut: einObjekt`	schreibt das Objekt `einObjekt` in alle Komponenten des Behälters
`first`	liefert die erste Komponente des Behälters; Fehler, falls Behälter leer ist
`last`	liefert die letzte Komponente des Behälters; Fehler, falls Behälter leer ist
`indexOf: einObjekt`	bestimmt den Index des Objekts `einObjekt` im Behälter; liefert 0, wenn `einObjekt` nicht im Behälter vorhanden ist

`replaceFrom: beginn`
 `to: ende`
 `with: eineCollection`
	ersetzt die Komponenten des Behälters mit den Indizes **beginn** bis **ende** durch die Komponenten von **eineCollection**. Die Anzahl der Komponenten von **eineCollection** muss gleich **ende-beginn+1** sein

Bemerkenswert ist außerdem, dass die Nachricht **keysAndValuesDo:** auch auf alle geordneten Behälter, z. B. Arrays (vgl. Abschnitt 10.2) anwendbar ist, wobei die Indizes die Rolle der Schlüssel übernehmen.

10.2 Geordnete Behälter

Unterklassen von **SequenceableCollection**

Die Klassen der geordneten Behälter sind Unterklassen von **SequenceableCollection** (vgl. Abbildung 10.2). Die charakteristische Eigenschaft dieser Behälter besteht darin, dass auf die Komponenten über einen numerischen Index zugegriffen werden kann. Die Klasse **Array** ist ein typisches Beispiel hierfür. Wir werden hier noch einmal deren wichtigste Eigenschaften zusammenfassen. Darüber hinaus werden die Klassen **OrderedCollection** und **SortedCollection** behandelt werden. Diese drei Behälterklassen sind heterogen, d. h. sie können beliebige Objekte als Komponenten enthalten.

String, **Symbol** und **Interval** sind Beispiele für homogene, geordnete Behälter, ihre Komponenten gehören jeweils der gleichen Klasse an.

Gemeinsame Nachrichten für geordnete Behälter

Tabelle 10.3 gibt einen Überblick über einige wichtige Nachrichten für den Komponentenzugriff, die auf alle geordneten Behälter anwendbar sind. Zum besseren Verständnis sind in Tabelle 10.4 einige Anwendungsbeispiele für diese Nachrichten angegeben. Als Empfänger-Behälter werden dabei Strings verwendet. Diese wären aber auch ersetzbar durch Exemplare anderer Unterklassen von **SequenceableCollection**.

Tabelle 10.4: Anwendungsbeispiele für Nachrichten aus Tabelle 10.3

Ausdruck	Resultat
`'hallo' at: 2`	`$a`
`'hallo' at: 2 put: $e; yourself`	`'hello'`
`'hallo' first`	`$h`
`'hallo' last`	`$o`
`'hallo' indexOf: $o`	`5`
`'123456789' replaceFrom: 3 to: 6 with: 'abcd'`	`'12abcd789'`

Anmerkung: Wie schon in Abschnitt 8.1.8 erwähnt wurde, sind in *VisualWorks* seit Version 7 alle Literale zu so genannten **immutable objects** geworden. Das bedeutet, dass alle Beispiel-Nachrichten aus Tabelle 10.4, die ihren Empfänger modifizieren, zu einem Laufzeitfehler führen. Man kann das vermeiden, indem man von dem zu modifizierenden Objekt mit der Nachricht **copy** vorher eine Kopie erzeugt, die dann veränderbar ist. Die **copy**-Nachrichten sind in Tabelle 10.4 aber weggelassen worden. Die Nachricht **yourself** im zweiten Beispiel ist notwendig, weil die Nachricht **at:put:** als Resultat nicht den veränderten Empfänger sondern ihr zweites Argument liefert.

Für das Erzeugen von Kopien von Behältern stehen einige Nachrichten zur Verfügung (s. Tabelle 10.5), Anwendungsbeispiele zeigt Tabelle 10.6.

Tabelle 10.5: Nachrichten für das Kopieren geordneter Behälter

Nachrichtenmuster	Bedeutung
`copy`	fertigt eine exakte Kopie des Empfänger-Behälters an
`copyFrom: beginn to: ende`	liefert einen neuen Behälter mit den Komponenten des Indexbereiches von **beginn** bis **ende** des Empfänger-Behälters
`copyWith: einObjekt`	kopiert den Empfänger-Behälter in einen neuen Behälter, an den das Objekt **einObjekt** als letztes Element angefügt wird
`copyWithout: einObjekt`	kopiert den Empfänger-Behälter in einen neuen Behälter, wobei jedes Auftreten des Objekts **einObjekt** weggelassen wird
`, einGeordntrBehaelter`	liefert einen neuen Behälter der aus der Aneinanderreihung des Empfängers und des Behälters **einGeordntrBehaelter** besteht

Auch für das Durchlaufen der Elemente gibt es weitere, spezielle Nachrichten. Zusätzlich zur für alle Collection-Klassen verwendbaren **do:**-Nachricht gehören die in Tabelle 10.7 dargestellten dazu. Als Beispiel für die Anwendung der **with:do:**-Nachricht sei der folgende Ausdruck angegeben:

Tabelle 10.6: Anwendungsbeispiele für Nachrichten aus Tabelle 10.5

Ausdruck	Resultat
#(1 2 3) , #(4 5 6) copyFrom: 2 to: 4	#(2 3 4)
'hallo' copyWith: $!	'hallo!'
'Drei Chinesinnen' copyWithout: $i	'Dre Chnesnnen'

```
#(2 4 6)
   with: #(3 5 7)
   do: [ :i :j | Transcript cr; show: (i * j) printString]
```

Im Transcript werden die Produkte der korrespondierenden Array-Elemente ausgegeben. Das Ergebnis ist in Abbildung 10.10 zu sehen.

10.2.1 Die Klasse `Array`

Eine Besonderheit dieser Behälterklasse besteht im Vergleich zu `OrderedCollections` und `SortedCollections` darin, dass ihre Exemplare eine feste Anzahl von Kompo-

Tabelle 10.7: Nachrichten für das Durchlaufen geordneter Behälter

Nachrichtenmuster	Bedeutung
reverseDo: einBlock	die Elemente des Empfänger-Behälters werden beim letzten Element beginnend rückwärts durchlaufen, für jedes Element wird der Block **einBlock**, der einen Blockparameter haben muss, ausgewertet
keysAndValuesDo: einBlock	durchläuft wie **do:** den Empfänger-Behälter, erwartet aber einen Block mit Parametern, wobei dem ersten der Index und dem zweiten das zugehörige Element zugeordnet wird
with: einGeordntrBehaelter do: einBlock	durchläuft „parallel" den Empfänger-Behälter und den Parameter-Behälter **einGeordntrBehaelter**; erwartet einen Block mit 2 Parametern, wobei dem ersten das Element des Empfänger-Behälters und dem zweiten das korrespondierende Element von **einGeordntrBehaelter** zugeordnet wird
findFirst: einBlock	liefert den Index des ersten Elements, für das die Auswertung des Blocks (1 Parameter) **true** ergibt
findLast: einBlock	liefert den Index des letzten Elements, für das die Auswertung des Blocks (1 Parameter) **true** ergibt

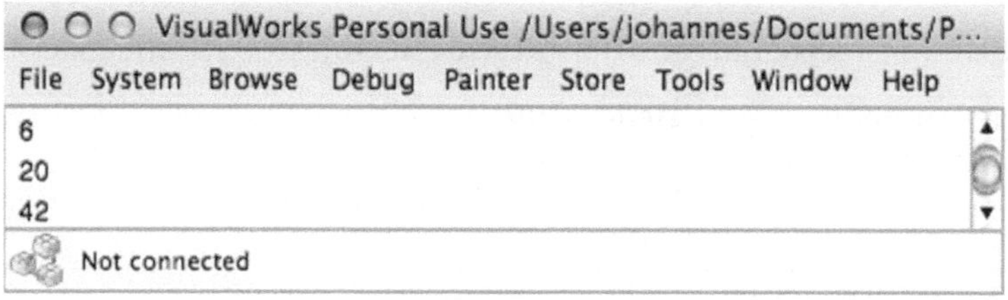

Abbildung 10.10: Resultat der Anwendung einer `with:do:`-Nachricht

nenten haben. Ein Array, einmal erzeugt, kann weder wachsen noch schrumpfen. Dies
ermöglicht eine einfache Speicherverwaltung, weshalb man Arrays eben genau dann
verwendet, wenn die erforderliche Größe im Vorhinein bestimmt und auf die Flexibi-
lität, die Größe variieren zu können, verzichtet werden kann. Nachrichten, wie **add:**
und **remove:**, die wir z. B. für Sets kennen gelernt haben, können auf Arrays nicht
angewendet werden.

Arrays unterscheiden sich von den meisten anderen Behälterklassen (Weitere Ausnahmen sind **String** und **Symbol**.) auch darin, dass es für Array-Exemplare eine
Literal-Darstellung gibt (vgl. Abschnitt 3.2):

```
#('Dies ist ein Array mit ' 3 'Elementen')
```

Damit ist eine Möglichkeit gegeben, Exemplare der Klasse **Array** zu erzeugen.

Erzeugen von Arrays

Es ist zwar möglich, aber wohl nicht sonderlich sinnvoll, ein Array mit dem Ausdruck
Array new zu erzeugen, da dieses Array keine Komponenten hat. Mit

```
Array new: 10
```

hingegen wird ein Array mit 10 Komponenten angelegt, deren Wert **nil** ist. Möchte
man einen anderen Initialwert für die Komponenten haben, benutzt man z. B. die
Nachricht

```
Array new: 10 withAll: 0.
```

Hier bekommen alle Komponenten den Anfangswert 0.

10.2.2 Die Klasse `OrderedCollection`

Ein Exemplar der Klasse `OrderedCollection` kann im Laufe seiner Existenz wachsen,
indem neue Elemente hinzugefügt, und schrumpfen, indem Elemente entfernt werden.
Dabei bewahrt eine OrderedCollection die Reihenfolge, in der Elemente hinzugefügt
worden sind. Für den Komponentenzugriff stehen die in Tabelle 10.3 aufgeführten
Nachrichten zur Verfügung. Zusätzlich gibt es die Nachrichten **after:** und **before:**,
die jeweils ein Element der Empfänger-Collection als Argument erwarten und dann das
Element zurückliefern, das sich unmittelbar hinter bzw. vor dem Argument befindet.
So liefert z. B. der Ausdruck

Tabelle 10.8: Nachrichten für das Hinzufügen von Objekten zu OrderedCollections

Nachrichtenmuster	Bedeutung
`add: obj1 after: obj2`	fügt `obj1` hinter das Element `obj2` ein; es ist ein Fehler, wenn `obj2` nicht in der OrderedCollection enthalten ist
`add: obj1 before: obj2`	fügt `obj1` vor dem Element `obj2` ein; es ist ein Fehler, wenn `obj2` nicht in der OrderedCollection enthalten ist
`addFirst: einObjekt`	schreibt das Objekt `einObjekt` vor alle vorhandenen Komponenten in die OrderedCollection
`addLast: einObjekt`	schreibt das Objekt `einObjekt` hinter alle vorhandenen Komponenten in die OrderedCollection; gleiche Wirkung wie `add:`
`addAllFirst: einGeordntrBehaelter`	schreibt die Elemente von `einGeordntrBehaelter` an den Anfang der Empfänger-Collection
`addAllLast: einGeordntrBehaelter`	schreibt die Elemente von `einGeordntrBehaelter` an das Ende der Empfänger-Collection

```
#(2 4 6 8) asOrderedCollection after: 4
```

als Resultat das Element 6, da sich die 6 hinter der 4 befindet. Es ist ein Fehler, wenn das hinter **after:** angegebene Objekt nicht in der OrderedCollection enthalten ist. In diesem Beispiel ist ein „Trick" angewendet worden, ein **OrderedCollection**-Objekt zu erzeugen, da es für Exemplare dieser Klasse keine Literal-Darstellung gibt. Man kann aber einem Array die Nachricht **asOrderedCollection** schicken, womit das Array in eine **OrderedCollection** umgewandelt wird. Es gibt noch weitere Nachrichten mit denen verschiedene Collection-Arten ineinander verwandelt werden können (vgl. hierzu Abschnitt 10.3).

Hinzufügen von Objekten zu OrderedCollections

Die schon von den ungeordneten Behältern bekannte Nachricht **add:** kann auch hier benutzt werden. Das als Argument übergebene Element wird dabei immer hinten angefügt:

```
| oc |
c := #(2 4 6 8) asOrderedCollection.
c add: 10.
c       "Print it: OrderedCollection (2 4 6 8 10)"
```

Neben **add:** stehen die in Tabelle 10.8 aufgeführten Nachrichten für das Hinzufügen von Elementen zur Verfügung. Man beachte hierbei, dass alle diese Nachrichten als Resultat-Objekt nicht die Empfänger-Collection sondern ihr Argument zurückliefern. Deshalb liefert die Auswertung von

```
| oc |
oc := #(2 4 6 8) asOrderedCollection.
oc add: 10    "Print it: 10"
```

10 als Resultat und nicht `OrderedCollection (2 4 6 8 10)`. In manchen Fällen ist es sinnvoll, die Nachricht **yourself** per Kaskade anzuhängen, die nichts weiter tut, als den Empfänger als Resultat zurückzuliefern:

```
| oc |
oc := #(2 4 6 8) asOrderedCollection.
oc add: 10; yourself
   "Print it: OrderedCollection(2 4 6 8 10)"
```

Die Nachricht **yourself** wird von jedem Objekt verstanden.

Die folgende Sequenz demonstriert einige der in Tabelle 10.8 aufgeführten Nachrichten:

```
| oc |
oc := OrderedCollection new.
oc add: 5.
oc add: 8.
oc add: 6 before: 8.
oc addAllFirst: #(2 3 4).
oc addFirst: 1.
oc add: 7 after: 6.
oc        "Print it: OrderedCollection (1 2 3 4 5 6 7 8)"
```

Abbildung 10.11 zeigt diese OrderedCollection im Inspector. Die Ansicht unter dem Reiter **Basic** gewährt wieder einen Einblick in die interne Verwaltung eines **Ordered-Collection**-Objekts (s. Abbildung 10.12).

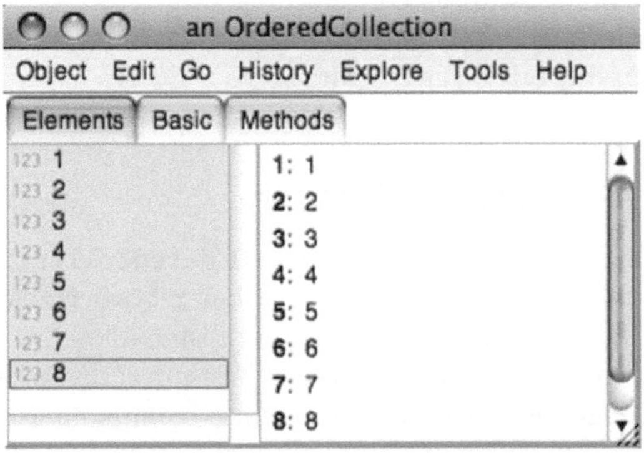

Abbildung 10.11: Ein Exemplar der Klasse `OrderedCollection`

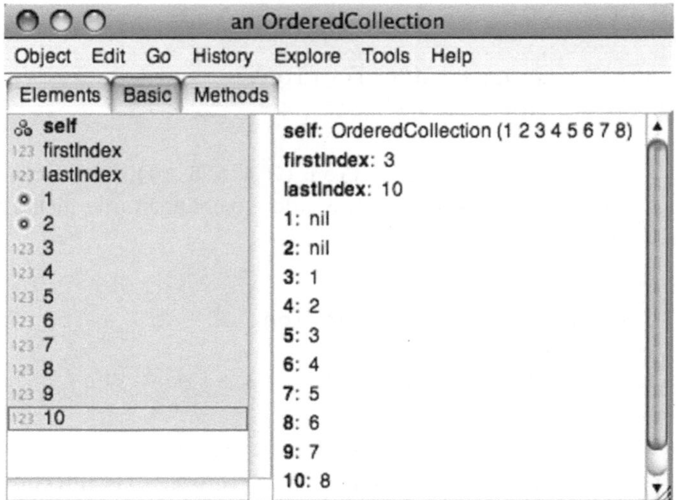

Abbildung 10.12: Die interne Struktur eines Exemplars der Klasse **Ordered-Collection**

Entfernen von Elementen aus einer OrderedCollection

Die schon von den Mengen (s. Abschnitt 10.1) bekannten Nachrichten **remove:** und **remove:ifAbsent:** können hier in gleicher Weise verwendet werden. Zusätzlich existieren die unären Nachrichten **removeFirst** und **removeLast** für das Entfernen des ersten bzw. letzten Elements.

Schließlich können mit der Nachricht **removeAllSuchThat:** alle Elemente aus einer OrderedCollection entfernt werden, für die die Auswertung des Blockarguments **false** ergibt. Die folgende Nachrichtensequenz zeigt eine Anwendung:

```
| oc |
oc := OrderedCollection new.
oc addAllFirst: #(2 4 6 8).
oc removeAllSuchThat: [ :elem | elem>5]
   "Print it: OrderedCollection (6 8)"
```

10.2.3 Die Klasse SortedCollection

Hierbei handelt es sich um eine Unterklasse von **OrderedCollection**, die für Behälter bestimmt ist, deren Elemente in einer definierbaren Sortierreihenfolge gespeichert werden sollen. Diese Behälter können für sortierte Listen aller Art verwendet werden.

Die Sortierreihenfolge wird durch einen Block bestimmt, der in der Exemplarvariablen **sortBlock** abgelegt wird. Beim Erzeugen eines Exemplars wird – falls nichts anderes angegeben – diese Exemplarvariable mit einem so genannten **DefaultSortBlock** belegt. Dieser wird durch die Klassenmethode **initialize** in der Klassenvariablen (shared variable) **DefaultSortBlock** abgelegt (s. Abbildung 10.13) und legt aufsteigende Sortierung fest. Es handelt sich um einen Block mit zwei Parametern und die

Klasse `SortedCollection` gewährleistet, dass die Auswertung dieses Blocks für zwei aufeinander folgende Elemente des Behälters immer **true** liefert. Der Anwender muss dafür Sorge tragen, dass die im **sortBlock** verwendete Vergleichsoperation für die Elemente des Behälters auch definiert ist.

Im folgenden Beispiel wird eine SortedCollection mit DefaultSortBlock angelegt und anschließend werden ganze Zahlen hinzugefügt:

```
| sc |
sc := SortedCollection new.
sc add: 3; add: 1; add: 5.
sc      "Print it: SortedCollection (1 3 5)"
```

Der **sortBlock** kann aber jederzeit mithilfe der Set-Methode **sortBlock:** geändert werden:

```
| sc |
sc := SortedCollection new.
sc add: 3; add: 1; add: 5.
sc sortBlock: [ :i :j | i >= j].
sc      "Print it:  SortedCollection (5 3 1)"
```

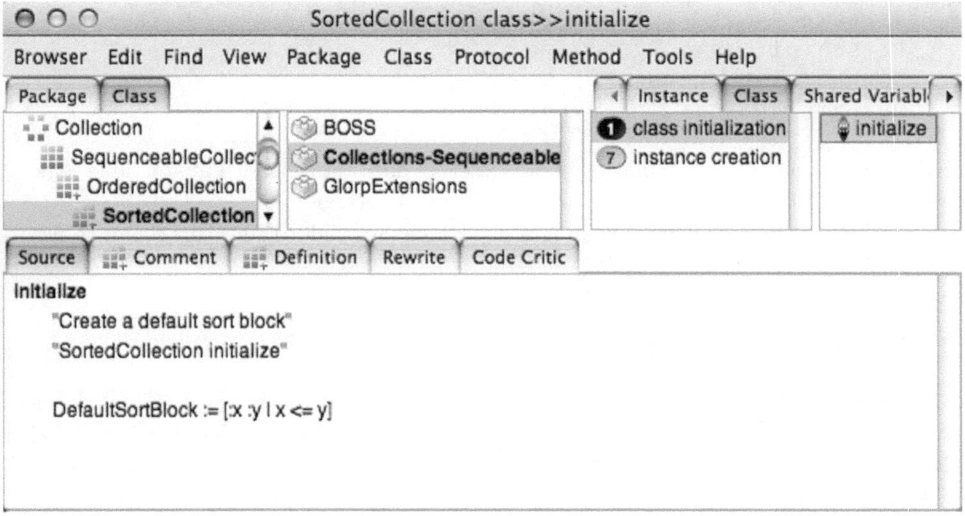

Abbildung 10.13: Der **DefaultSortBlock** definiert aufsteigende Sortierung

Um nun z. B. Exemplare einer Klasse **Person**, die die Exemplarvariablen **vorName** und **nachName** besitzen soll, in einer nach Nachnamen aufsteigend sortierten Liste zu verwalten, könnte die folgende **SortedCollection** definiert werden:

```
| personenListe |
personenListe := SortedCollection new.
personenListe sortBlock: [ :x :y | x nachName <= y nachName]
```

Im **sortBlock** wird dafür gesorgt, dass die Werte der Exemplarvariablen **nachName** für den Vergleich herangezogen werden. Durch eine derartige **sortBlock**-Definition wird im Grunde genommen die **SortedCollection** zu einer homogenen Datenstruktur. Es ist jetzt nur noch möglich, Objekte hinzuzufügen, die die Nachricht **nachName** verstehen.

Anschließend können dann **Person**-Objekte erzeugt und der **SortedCollection** **personenListe** hinzugefügt werden:

```
| personenListe p1 p2 |
personenListe := SortedCollection new.
personenListe sortBlock: [ :x :y | x nachName <= y nachName].
p1 := Person new nachName: 'Luxemburg'; vorName: 'Rosa'.
p2 := Person new nachName: 'Liebknecht'; vorName: 'Karl'.
personenListe add: p1.
personenListe add: p2.
personenListe
```

Wertet man diese Nachrichtensequenz mit **Print it** aus, wird die folgende SortedCollection angezeigt:

```
SortedCollection (Person mit
   Nachname: Liebknecht
   Vorname: Karl,
   Person mit
   Nachname: Luxemburg
   Vorname: Rosa)
```

Hier wird – nebenbei bemerkt – vorausgesetzt, dass die Klasse **Person** über eine geeignete **printOn:**-Methode (vgl. Abschnitt 14.2) verfügt.

Im Übrigen verhalten sich Exemplare der Klasse **SortedCollection** genau so wie diejenigen der Klasse **OrderedCollection**.

10.2.4 Die Klasse **Interval**

Exemplare der Klasse **Interval** sind Zahlenfolgen, die im einfachsten Fall durch Angabe eines Start- und eines Endwertes erzeugt werden. Insofern handelt es sich bei **Interval**-Objekten um homogene Behälter. Mit Arrays haben sie gemeinsam, dass einem einmal erzeugten Behälter keine Elemente hinzugefügt und aus ihm auch keine Elemente entfernt werden können.

Auf die vielfältigen Verwendungsmöglichkeiten von **Interval**-Objekten – insbesondere für die Programmierung von Wiederholungen – ist in den Abschnitten 4.2.2 und 8.1.5 bereits eingegangen worden. Hier sollen lediglich noch einige bisher nicht betrachtete Aspekte hinzugefügt werden.

Die einfachste Art, eine Zahlenfolge zu erzeugen, ist die Verwendung der Nachricht **to:**. Der Empfänger der Nachricht **to:** gibt dabei den Startwert, das Argument den Endwert an, die Schrittweite ist 1. Der Ausdruck

```
1 to: 10
```

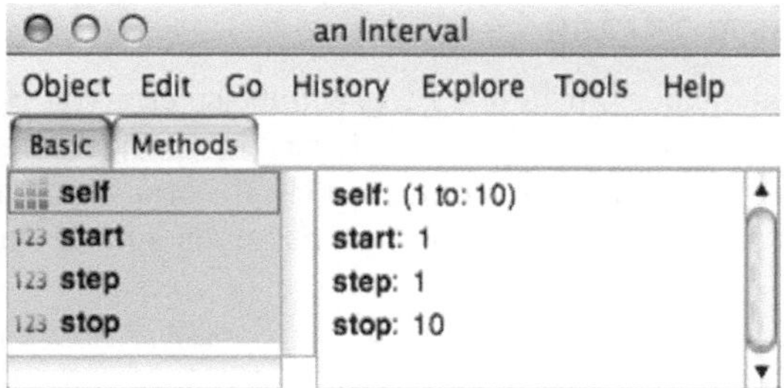

Abbildung 10.14: Das **Interval** der ganzen Zahlen von 1 bis 10

definiert das in Abbildung 10.14 gezeigte **Interval**-Objekt. Es stellt die Folge der **SmallInteger**-Zahlen von 1 bis 10 dar. Wie aus der Abbildung ersichtlich, werden die Zahlenfolgen immer nur durch Angabe von Startwert (**start**), Endwert (**stop**) und Schrittweite (**Step**) gespeichert. Die Schrittweite kann beim Erzeugen eines **Interval**-Objekts durch Verwenden der **to:by:**-Nachricht festgelegt werden. Die Zahlenfolge

Startwert
Endwert
Schrittweite

```
1 to: 10 by: 3
```

enthält die Zahlen 1, 4, 7 und 10.

Die in den **to:**- bzw. **to:by:**-Nachrichten benutzten Zahlenwerte können einer beliebigen **Number**-Klasse entstammen. Die Schrittweite darf auch negativ sein. Dann muss der Endwert aber kleiner als der Startwert sein.

Der Ausdruck

```
((1/3) to: 3 by: (2/3))
       do: [ :bruch | Transcript cr; show: bruch printString]
```

schreibt die Zahlenfolge

```
1
(5/3)
(7/3)
3
```

ins Transcript.

Das letzte Beispiel zeigt, dass man einem Interval selbstverständlich auch die Nachricht **do:** senden kann. In den Abschnitten 4.2.2 und 8.1.5 haben wir Nachrichten der Form

```
n to: m do: [ :i | <Anweisungsfolge> ]
```

benutzt. Dass man hier um das **Interval**-Objekt keine runden Klammern setzen muss, liegt einfach daran, das **Number**-Objekte (vgl. Abschnitt 8.1.5) auch die Nachrichten **to:do:** und **to:by:do:** verstehen. Auch das obige Beispiel kann man dann ohne die Klammern schreiben:

```
(1/3) to: 3 by: (2/3)
      do: [ :bruch | Transcript cr; show: bruch printString]
```

Im Übrigen lassen sich alle Nachrichten für geordnete Behälter auf **Interval**-Objekte anwenden.

10.2.5 Die Klasse `String`

Zeichenketten-Literale haben wir in den Programmbeispielen von Beginn an benutzt.
Die Klasse `String` ist eine Unterklasse von `Array` bzw. `CharacterArray`. `String`-
Objekte haben mit Arrays gemeinsam, dass sie nicht wachsen und schrumpfen können,
außerdem sind es homogene Behälter, die Komponenten sind Exemplare der Klasse
`Character`.

Im Übrigen wird hier auf die Ausführungen in Abschnitt 8.1.8 verwiesen, wo die
wichtigsten Nachrichten, die von `String`-Objekten verstanden werden, bereits erläutert wurden.

10.2.6 Die Klasse `Symbol`

Symbole sind Zeichenketten, die im Speicher der virtuellen Maschine nur jeweils einmal auftreten, während es von Strings auch mehrere gleiche Kopien geben kann.
Grundsätzliche Ausführungen zu Symbolen sind bereits in Abschnitt 3.2 gemacht
worden. Hinter der unterschiedlichen Behandlung von Zeichenketten und Symbolen
steckt das allgemeinere Prinzip der Identität bzw. Gleichheit von Objekten, das in
Abschnitt 11.4 näher betrachtet wird.

Im Übrigen können Symbole wie Strings behandelt werden.

10.3 Umwandlung von Behältern

Gelegentlich haben wir schon von der Möglichkeit Gebrauch gemacht, einen Behälter
in eine andere Art von Behälter umzuwandeln. So kann man z. B. aus einem `Interval`-
Objekt ein Exemplar der Klasse `OrderedCollection` machen:

```
(1 to: 5) asOrderedCollection
    "Print it: OrderedCollection (1 2 3 4 5)"
```

Streng genommen, wird die Empfänger-Collection dabei nicht umgewandelt, sondern es wird eine neue Collection von dem geforderten Typ erzeugt, die dann dieselben Elemente wie das Original enthält. Auf die sich daraus ergebenden Konsequenzen
werden wir in Abschnitt 11.4 zurückkommen.

Jedes `Collection`-Objekt kann mit

     `asArray` in ein Array

     `asBag` in ein `Bag`-Objekt

     `asSet` in eine Menge

     `asOrderedCollection` in eine OrderedCollection

     `asSortedCollection` in eine SortedCollection

umgewandelt werden. Der Nachricht `asSortedCollection:` kann als Argument ein
Block als `sortBlock` mitgegeben werden.

Es ist nicht möglich, irgendeine Collection in ein `Interval`-Objekt umzuwandeln.

Die Nachrichten `asString` und `asSymbol` können benutzt werden, um Zeichenketten in Symbole bzw. umgekehrt zu verwandeln.

10.4 Fallbeispiel Kinobetrieb

In diesem Abschnitt wird das Fallbeispiel aus Abschnitt 7.2 aufgegriffen und erweitert. Inzwischen hat der Eigentümer seinen Betrieb (*BewegteBilder*) erweitert und betreibt nun mehrere Kinos in verschiedenen Städten. Um dem Rechnung zu tragen, erweitern wir zunächst das Klassendiagramm aus Abbildung 7.15 um eine Klasse, die den Betrieb selbst repräsentiert und die hauptsächlich dazu dient, die verschiedenen Kinos zu verwalten. Dazu benötigen wir außerdem eine neue Klasse **Kino**. Aus diesen Überlegungen ergibt sich dann das in Abbildung 10.15 gezeugte Klassendiagramm.

Die Klasse **BewegteBilder** hat zwei Exemplarvariablen:

sitz Hier wird lediglich eine Zeichenkette mit dem Firmensitz abgelegt.

kinos Hier werden in einem Behälter die Kinos von *BewegteBilder* gespeichert. Die Exemplarvariable wird im Diagramm durch eine Assoziation zur Klasse **Kino** dargestellt, wobei das Sternchen an der Assoziations-Linie bedeutet, dass ein Exemplar von **BewegteBilder** beliebig viele **Kino**-Exemplare besitzen kann.

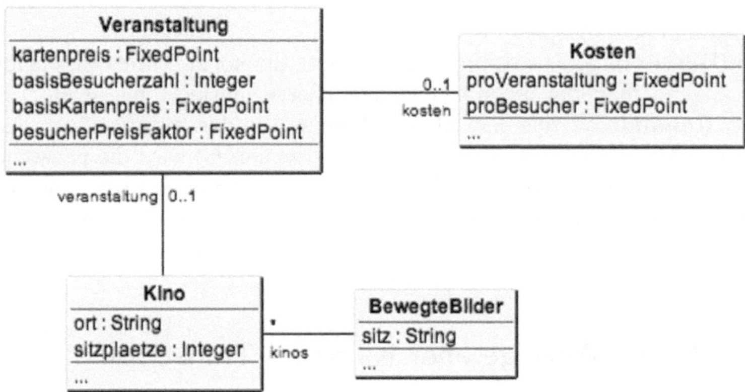

Abbildung 10.15: Klassendiagramm für den Betrieb *BewegteBilder*

Die Klasse **Kino** besitzt drei Exemplarvariablen:

ort Zeichenkette mit der Stadt, in der das Kino angesiedelt ist.

sitzplaetze Anzahl der Sitzplätze des Kinos

veranstaltung Hier soll ein Exemplar der Klasse **Veranstaltung**, wie sie in Abschnitt 7.2 entwickelt wurde, abgelegt werden.

An dieser Stelle ist eine Bemerkung zur Namensgebung der Klassen angebracht. Der Name der Klasse **Veranstaltung** entstammt letztlich aus der Textanalyse der Anforderungsdefinition des Kinoeigentümers für die Berechnung des Profits einer Veranstaltung bei einem bestimmten Kartenpreis. Im Kontext des Klassendiagramms von Abbildung 10.15 ist der Name der Klasse jetzt aber missverständlich. Man könnte mit dem Begriff *Veranstaltung* eher eine Filmvorführung assoziieren. Tatsächlich dienen

Exemplare der Klasse **Veranstaltung** der Berechnung des Profits und darum sollte die Klasse auch einen Namen tragen, der dies erkennen lässt. Die Klasse soll daher in **ProfitRechner** umbenannt werden.

Das Umbenennen einer Klasse dient hier – und in der Regel auch sonst – der Verbesserung der Lesbarkeit des Programmtextes. Eine derartige Maßnahme lohnt sich immer, da Programmtexte sehr viel häufiger gelesen als geschrieben werden. Refactoring Veränderungen am Programm, die „nur" der Verbesserung seiner Lesbarkeit oder seiner Struktur dienen, ohne dabei die Funktionalität zu verändern, bezeichnet man als *Refactoring*[2]. Anlässe, *Refactorings* durchzuführen, können sehr vielfältig sein. Sie können neben der Namensgebung z. B. die Klassenstruktur, die Ansiedlung von Methoden in Klassen oder den Umfang von Methoden betreffen. Dieses Thema soll hier nicht weiter vertieft werden, der interessierte Leser sei auf Fowler (2000) verwiesen.

Es gilt heute als guter Stil in der Software-Technik, Refactorings, wann immer sie notwendig erscheinen, auch durchzuführen. Moderne Entwicklungsumgebungen sollten den Programmierer deshalb auch dabei unterstützen. Für den vergleichsweise einfachen Fall des Umbenennens einer Klasse muss gleichwohl sichergestellt werden, dass dies auch konsistent geschieht. Das heißt, nicht nur die Definition der Klasse muss geändert werden, sondern auch alle Stellen im Programm, wo der Klassenname benutzt wird, müssen angepasst werden.

In *VisualWorks* ermöglicht der System-Browser die konsistente Umbenennung einer Klasse. Wenn man die umzubenennende Klasse markiert hat, wählt man den Menüpunkt **Rename ...** aus dem Menü **Class** und in der erscheinenden Dialogbox kann man den neuen Klassennamen eingeben. Anschließend wird die Klassendefinition geändert und das ganze Image nach Verwendungsstellen des alten Klassennamens durchsucht und der Name auch dort geändert. Abbildung 10.16 zeigt die Definition der Klasse **ProfitRechner** und Abbildung 10.17 das entsprechend modifizierte Klassendiagramm.

10.4.1 Aufgabe: Anzeige aller Kinos im Transcript

Als erste Programmieraufgabe soll die Ausgabe aller Kinos mit Ort und Sitzplatzanzahl im Transcript ermöglicht werden. Sie könnte z. B. so aussehen:

```
Plön      350
Parchim   400
Bottrop   250
Stade     200
```

Wir werden hier die Technik, die in Abschnitt 8.5.6 eingeführt wurden, Klassenmethoden als Testmethoden zu schreiben, anwenden. Die Klassenmethode[3] der Klasse **BewegteBilder**

```
BewegteBilder class>>zeigeKinos
    "self zeigeKinos"
    | bb |
    bb := self new.
    bb erzeugeBeispielKinos.
    bb zeigeAlleKinos
```

---

[2]Der deutsche Begriff *Refaktorisierung* ist weder gebräuchlich noch eine gelungene Übersetzung.
[3]die man wieder in einem Protokoll **examples** anlegen sollte

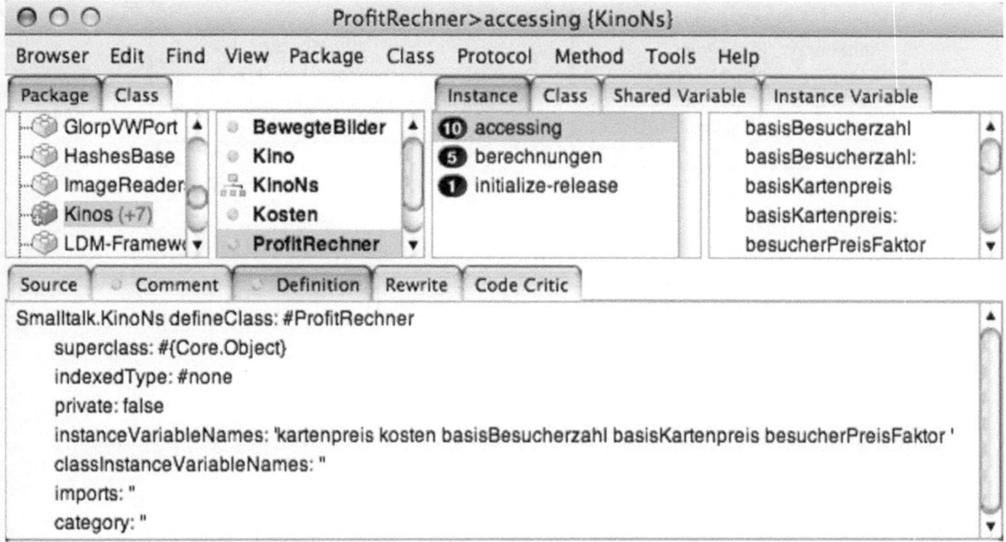

Abbildung 10.16: Klasse `Veranstaltung` umbenannt in `ProfitRechner`

soll also folgendes tun:

1. ein Exemplar der Klasse `BewegteBilder` erzeugen,

2. dann dieses durch Senden der Nachricht `erzeugeBeispielKinos` veranlassen, (die vier oben genannten) Kinos zu erzeugen und

3. schließlich die Ausgabe ins Transcript zu bewerkstelligen.

Für das Erzeugen eines `BewegteBilder`-Exemplars definieren wir eine eigene **new**-Methode

```
BewegteBilder class>>new
    ^super new initialize
```

mit der schon bekannten „Standard-Floskel". Die `initialize`-Nachricht dient dazu, sinnvolle Anfangswerte für die Exemplarvariablen des neu erzeugten Objekts zu setzen. Die entsprechende Exemplarmethode könnte so aussehen:

```
BewegteBilder>>initialize
    self sitz: ''.
    self kinos: OrderedCollection new
```

Sinnvolle Anfangswerte bedeutet mindestens, dass nach der Initialisierung die Exemplarvariablen auf Objekte der Klassen verweisen, die beim Entwurf (im Klassendiagramm) als Attributklassen angegeben wurden. Selbstverständlich könnte man, für die Variable `sitz` statt einer leeren Zeichenkette den Ortsnamen des Firmensitzes eintragen, quasi als Konstante, die nur geändert werden müsste, wenn das Unternehmen umzieht.

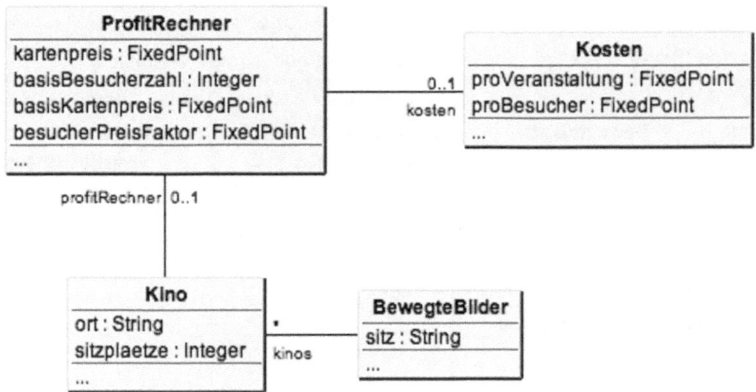

Abbildung 10.17: Modifiziertes Klassendiagramm für den Betrieb *BewegteBilder*

Dem Klassendiagramm aus Abbildung 10.17 ist zu entnehmen, dass die Exemplarvariable **kinos** dazu dient, einem Exemplar von **BewegteBilder** beliebig viele Exemplare von **Kino** zuordnen zu können. Das lässt sich nur bewerkstelligen, indem man die Exemplarvariable als Behälter implementiert. Hier wurde die **Collection**-Klasse **OrderedCollection** gewählt, die es uns ermöglicht, jederzeit Kinos hinzuzufügen oder wieder zu entfernen.

> **Anmerkung**: Die Klasse **OrderedCollection**[4] repräsentiert heterogene Behälter, d. h. die Elemente können Exemplare beliebiger Klassen sein. In unserer Anwendung sollen es natürlich nur **Kino**-Exemplare sein, das sagt zumindest das Klassendiagramm. Es wäre durchaus denkbar eine eigene Collection-Klasse, z. B. mit dem Namen **CollectionOfKino** als Unterklasse von **OrderedCollection**, zu definieren, um auf diese Weise sicherstellen zu können, dass der an die Variable **kinos** gebundene Behälter auch tatsächlich nur **Kino**-Exemplare enthält. Für unser kleines Beispielprogramm verzichten wir darauf, da der Nutzen doch sehr begrenzt wäre.

Definition von Methoden im Debugger

Die nächste Methode, die wir benötigen, ist die Exemplarmethode **erzeugeBeispielKinos**. Solange sie nicht implementiert ist, führt die Anwendung der Methode **zeigeAlleKinos** zu einer Message-not-understood-Exception (s. Abbildung 10.18). Der Debugger ermöglicht nun, die „fehlende" Methode über den Menüpunkt **Define Method** im Menü **Correct** anzulegen. Das Resultat zeigt Abbildung 10.19. Da der Debugger natürlich nicht „wissen" kann, was die Methode tun soll, steht im Methodenrumpf der Ausdruck **self halt**. Würde die Methode so aktiviert, führte das zu einer Exception **Halt encountered**. Wir ersetzen nun aber den Methodenrumpf durch die Ausdruckssequenz

---

[4]vgl. Abschnitt 10.2.2

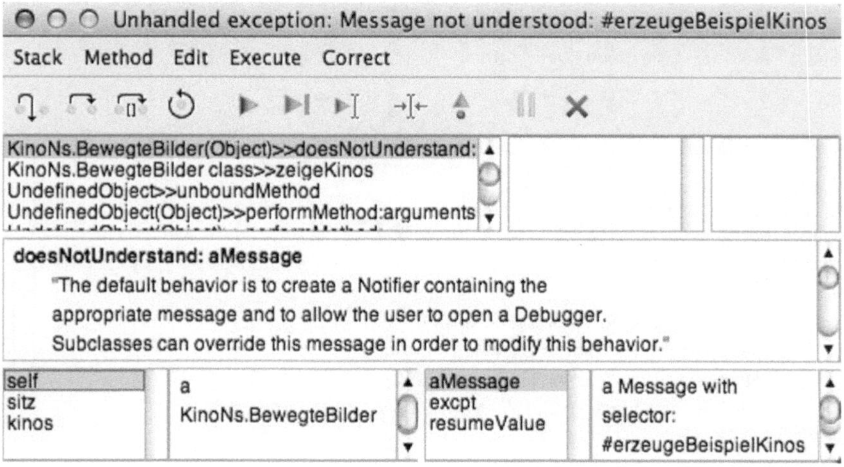

Abbildung 10.18: Die Nachricht **erzeugeBeispielKinos** wurde nicht verstanden

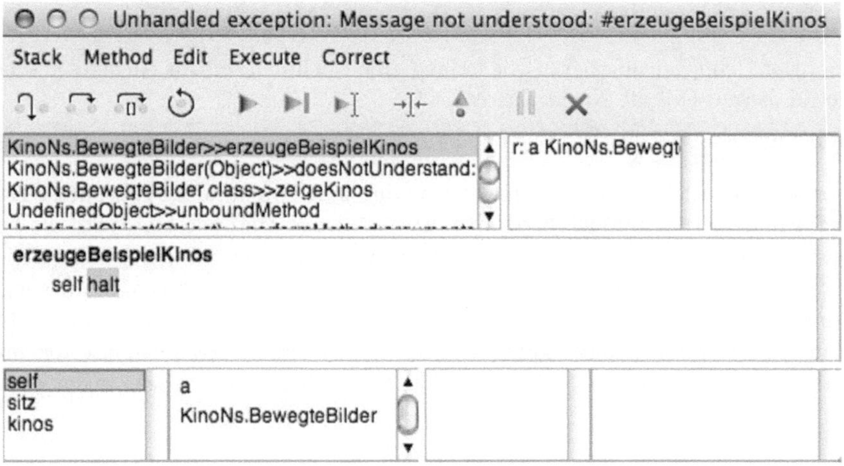

Abbildung 10.19: „Platzhaltermethode" **erzeugeBeispielKinos** wurde angelegt

```
self
    neuesKinoIn: 'Plön' mitSitzplaetzen: 350;
    neuesKinoIn: 'Parchim' mitSitzplaetzen: 400;
    neuesKinoIn: 'Bottrop' mitSitzplaetzen: 250;
    neuesKinoIn: 'Stade' mitSitzplaetzen: 200
```

und wählen den Menüpunkt **Edit→Accept**. Dabei erhalten wir natürlich den Hinweis, dass es sich bei **neuesKinoIn:mitSitzplaetzen:** um eine neue Nachricht handelt; die haben wir ja auch gerade erst „erfunden". Die Bestätigung der Warnung führt dann zum in Abbildung 10.20 gezeigten Debugger-Fenster. Die Exemplarmethode **erzeugeBeispielKinos** ist nun definiert und das Programm kann nun fortgesetzt

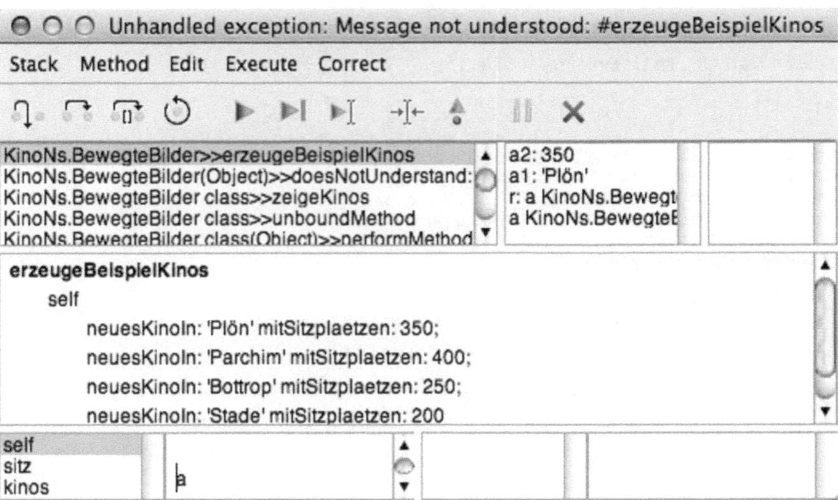

Abbildung 10.20:   Exemplarmethode `erzeugeBeispielKinos` wurde definiert

werden. Der Debugger markiert – wie immer – die Nachricht, die als nächstes gesendet
würde, in diesem Fall die Nachricht:

```
neuesKinoIn: 'Plön' mitSitzplaetzen: 350
```

Die Fortsetzung des Programms erreicht man durch den Menüpunkt **Execute→Run**.
Da es für **neuesKinoIn:mitSitzplaetzen:** noch keine Methode gibt, wird die Fortsetzung des Programms wieder mit einer Message-not-understood-Exception quittiert.
Man kann nun wieder die zugehörige Methode mithilfe des Debuggers anlegen. So
kann man fortfahren, bis alle Methoden definiert sind. Damit unterstützt der Debugger auch die Top-down-Entwicklung von Methoden, eine Vorgehensweise die unter
Smalltalk-Programmierern durchaus beliebt ist. An dieser Stelle beschränken wir uns
darauf die

*Top-down-
Entwicklung*

Programmierung der übrigen Methoden

als Programmtext anzugeben. Wir beginnen mit der Methode

```
BewegteBilder>>neuesKinoIn: aString
            mitSitzplaetzen: anInteger
    self fuegeKinoHinzu:
            (Kino in: aString sitzplaetze: anInteger)
```

Hier werden zwei weitere neue Nachrichten eingeführt. Die Programmierung der Methode

```
BewegteBilder>>fuegeKinoHinzu: einKino
    self kinos add: einKino
```

ist dabei sehr einfach. Wir fügen mit der Nachricht **add:** (vgl. Abschnitt 10.2) der
in der Exemplarvariablen **kinos** bereits angelegten **OrderedCollection** ein Element

hinzu, und zwar ein Exemplar der Klasse **Kino**, das zuvor mithilfe der Nachricht **in:sitzplaetze:** erzeugt wurde. Die zu dieser Nachricht gehörige Klassenmethode

```
Kino class>>in: aString sitzplaetze: anInteger
   ^self new ort: aString; sitzplaetze: anInteger
```

erzeugt ein neues **Kino**-Exemplar und setzt die Exemplarvariablen mithilfe der entsprechenden Set-Methoden. Auch für die Klasse Kino ist es sinnvoll, die **new**-Methode zu definieren:

```
Kino class>>new
   ^super new initialize
```

Die **initialize**-Methode

```
Kino>>initialize
   self
      ort: '';
      sitzplaetze: 0;
      profitRechner: (ProfitRechner mitKartenpreis: 5.00s)
```

initialisiert wiederum die Exemplarvariablen mit sinnvollen Anfangswerten. Dabei wird die Variable **profitRechner** mit einem Exemplar der Klasse **ProfitRechner**, die der Klasse **Veranstaltung** aus Abschnitt 7.2 entspricht, belegt.

Damit die Methode **BewegteBilder class>>zeigeKinos** (s. o.) ablaufen kann, fehlt nun noch die Implementierung der Nachricht **zeigeAlleKinos**:

```
BewegteBilder>>zeigeAlleKinos
   Transcript
      cr;
      show: 'Die Kinos von BewegteBilder befinden sich in: '.
   self kinos
      do:
         [:kino |
         Transcript cr; show: kino zeigeDich]
```

Hier wird zunächst eine Überschrift ins Transcript ausgegeben. Anschließend wird an die in der Exemplarvariablen **kinos** gespeicherte **OrderedCollection** die **do:**-Nachricht geschickt. Der als Parameter übergebene Block wird also je einmal für jedes Kino ausgewertet. Dabei soll mit der Nachricht **kino zeigeDich** eine Zeichenkette mit dem Namen und der Anzahl der Sitzplätze des Kinos erzeugt werden, die dann mit **show:** ins Transcript ausgegeben wird.

Die Methode

```
Kino>>zeigeDich
   ^(self ort copyWith: Character tab)
    , self sitzplaetze printString
```

greift auf den Ortsnamen zu und sendet dieser Zeichenkette die Nachricht **copyWith: Character tab**[5], womit eine Kopie der Zeichenkette, an die das Tabulatorzeichen

---

[5]vgl. Tabelle 10.5

angehängt ist, erzeugt wird. An diese wird dann mit der Nachricht „" die in eine
Zeichenkette umgewandelte Sitzplatzanzahl angefügt.

Nun sind alle erforderlichen Methoden definiert, um die Methode **BewegteBilder
class»zeigeKinos** ablaufen zu lassen. Das Ergebnis sollte dann der Darstellung von
Abbildung 10.21 entsprechen. Selbstverständlich kann das nur dann fehlerfrei ablaufen, wenn auch alle benutzten Get- und Set-Methoden angelegt wurden.

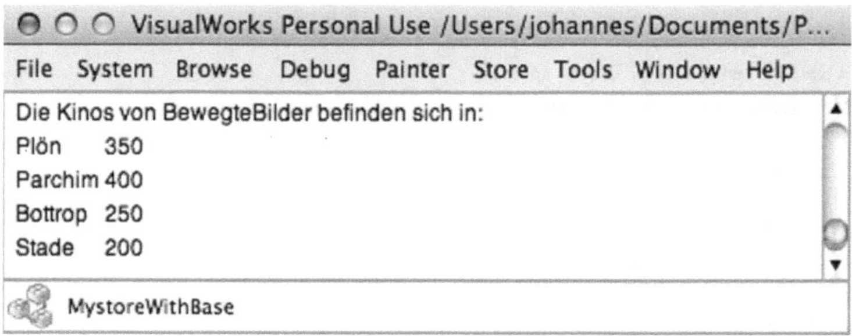

Abbildung 10.21: Liste der Kinos im Transcript

10.4.2 Aufgabe: Anzeige des Profits eines besimmten Kinos

Die Klasse **BewegteBilder** soll eine Nachricht zur Verfügung stellen, mit der der Profit eines Kinos an einem bestimmten Ort bei einem bestimmten Kartenpreis ermittelt
werden kann. Der Nachrichten-Selektor soll so aussehen: **profitIn:beiKartenpreis:**.
Wenn wir die im letzten Abschnitt benutzten „Beispielkinos" weiter verwenden, kommt,
da wir jedes Kino mit dem „Standard-Profitrechner" aus Abschnitt 7.2 versehen haben, für jedes Kino bei gleichem Kartenpreis derselbe Wert heraus, z. B. bei einem
Kartenpreis von 5 € ergab sich ein Profit von 414 €.

Wir beginnen wieder mit einer Klassenmethode der Klasse **BewegteBilder** als Testprogramm:

```
BewegteBilder class>>zeigeProfit
  "self zeigeProfit"


  | bb profitInStade |
  bb := self new.
  bb erzeugeBeispielKinos.
  profitInStade := bb profitIn: 'Stade'
                  beiKartenpreis: 5.00s.
  Transcript
    cr;
    show:
          'Profit in Stade bei Kartenpreis von 5 Euro: '
          , profitInStade printString
```

Es werden also wieder die „Beispielkinos" aus dem vorangegangenen Abschnitt verwendet. Die wichtige (neue) Nachricht hier ist **profitIn:beiKartenpreis:**, die als Exemplarmethode in **BewegteBilder** definiert werden muss:[6]

```
ewegteBilder>>profitIn: aString beiKartenpreis: aFixedPoint
    "ermittelt den Profit des Kinos in aString bei
    Kartenpreis aFixedPoint"

    ^(self kinoIn: aString) profitBeiKartenpeis: aFixedPoint
```

Hier werden gleich zwei neue Nachrichten eingeführt:

kinoIn: soll das Kino-Exemplar liefern, das sich an dem Ort befindet, der als Argument der Nachricht mitgegeben wird.

profitBeiKartenpeis: Die Nachricht wird an das durch **kinoIn:** ermittelte Kino gesendet und soll den Profit bei dem als Argument übergebenen Kartenpreis liefern.

Betrachten wir zunächst die Methode

```
BewegteBilder>>kinoIn: aString
    "liefert das Kino am Ort aString"

    ^self kinos detect: [:kino | kino ort = aString]
```

Es geht darum, aus der in **kinos** gespeicherten **OrderedCollection** das Kino herauszufinden, für das **ort = aString** gilt. Das könnte selbstverständlich mithilfe der **do:**-Nachricht programmiert werden:

```
BewegteBilder>>kinoIn: aString
    "liefert das Kino am Ort aString"

    self kinos do: [:kino| kino ort = aString ifTrue:[^kino]]
```

Wenn ein Kino mit **ort = aString** gefunden wird, wird mit **^kino** die Methode mit **kino** als Rückgabeobjekt verlassen. Es handelt sich bei dem Problem, aus einer Collection ein Element herauszuholen, für das eine bestimmte Bedingung erfüllt ist, um ein typische Anwendung der Nachricht **detect:**[7]. Deshalb benutzen wir die erste Variante der Methode.

Die Berechnung des Profits bei einem bestimmten Kartenpreis delegiert das Kino-Objekt in der Methode

```
Kino>>profitBeiKartenpeis: aFixedPoint
    "berechnet Profit bei Kartenpreis aFixedPoint"

    ^self profitRechner profitBeiKartenpeis: aFixedPoint.
```

---

[6]Bei dieser und den folgenden Methoden wird wieder der guten Gepflogenheit gefolgt, den Zweck einer Methode durch einen kurzen Kommentar zu erläutern.

[7]vgl. Tabelle 10.1

an sein **ProfitRechner**-Objekt, d. h. in der Klasse **ProfitRechner** ist noch eine gleich
lautende Methode zu definieren:

```
ProfitRechner>>profitBeiKartenpeis: aFixedPoint
  "berechnet den Profit bei Kartenpreis aFixedPoint"

  ^(self kartenpreis: aFixedPoint) profit
```

Die Ermittlung des Profits durch die Methode **profit** der Klasse **ProfitRechner**[8]
setzt voraus, dass der Kartenpreis in der entsprechenden Exemplarvariablen des **ProfitRechner**-Objekts gespeichert ist. Genau dafür wird hier mit der Anwendung der
Set-Methode gesorgt. Man könnte nun einwenden, dass die Schnittstelle des **Profit-
Rechners** hier ungeschickt gewählt wurde. Es ist durchaus fraglich, ob es sinnvoll
ist, den Kartenpreis als Bestandteil des Zustands eines **ProfitRechner**-Objekts zu
betrachten. Stattdessen könnte man für die Profitermittlung den Kartenpreis immer
als Argument mitgeben und damit auf die Exemplarvariable **kartenpreis** verzichten.
An dieser Stelle werden wir diese Modifikation aber nicht vornehmen.

Damit ist die Implementierung der Methoden für die Aufgabe abgeschlossen. Die
Anwendung der Methode **zeigeProfit** sollte nun im Transcript den Text

```
Profit in Stade bei Kartenpreis von 5 Euro: 414.00s
```

erscheinen lassen.

10.4.3 Aufgabe: Anzeige aller Kinos der Größe nach geordnet

Wir kommen noch einmal auf die Aufgabe aus Abschnitt 10.4.1 zurück, werden nun
aber die Kinos geordnet nach der Sitzplatzanzahl im Transcript ausgeben. Benutzen
wir wieder die gleichen Kinos, muss das Ergebnis so aussehen:

```
Parchim   400
Plön      350
Bottrop   250
Stade     200
```

Die Testmethode sehe wie folgt aus:

```
BewegteBilder class>>zeigeKinosGeordnet
  "self zeigeKinosGeordnet"

  | bb |
  bb := self new.
  bb erzeugeBeispielKinos.
  bb zeigeKinosGeordnet
```

Nun brauchen wir nur noch die Exemplarmethode **zeigeKinosGeordnet** zu definieren:

---

[8]bzw. **Veranstaltung**, wie die Klasse in Abschnitt 7.2 noch hieß

```
BewegteBilder>>zeigeKinosGeordnet
    Transcript
        cr;
        show: 'Die Kinos von BewegteBilder',
              ' geordnet nach Sitzplatzanzahl: '.
    (self kinos asSortedCollection:
                    [:x :y | x sitzplaetze >= y sitzplaetze])
        do:
            [:kino |
            Transcript
                cr;
                show: kino zeigeDich]
```

Die Methode unterscheidet sich von der in Abschnitt 10.4.1 definierten Methode
zeigeAlleKinos nur im Empfänger der **do:**-Nachricht. Während wir in **zeigeAlle-**
Kinos einfach **self kinos** benutzt haben, wandelt wir hier die **OrderedCollection**
in **kinos** mit der Nachricht **asSortedCollection:** in eine **SortedCollection**[9] um.
Wir können hier aber nicht die unäre Nachricht **asSortedCollection** verwenden,
da für **Kino**-Objekte keine Kleiner-Größer-Relation definiert ist. Mit der Nachricht
asSortedCollection: können wir aber einen Sort-Block als Argument mitgeben, in
dem definiert wird, wie der Vergleich zweier **Kino**-Exemplare durchgeführt werden
soll. Wir wählen als Vergleichsausdruck

```
  x sitzplaetze >= y sitzplaetze
```

womit eine nach Sitzplatzanzahl absteigende Sortierung der **Kino**-Objekte erreicht
wird.

Der so erzeugten **SortedCollection** wird dann ganz gewöhnlich die **do:**-Nachricht
geschickt, um die Kinos auszugeben. Das Ergebnis im Transcript sieht dann so aus:

```
Die Kinos von BewegteBilder geordnet nach Sitzplatzanzahl:
Parchim    400
Plön       350
Bottrop    250
Stade      200
```

---

[9]vgl. Abschnitt 10.2.3

11 Weitere Smalltalk-Grundlagen

Dieses Kapitel greift einige Aspekte von Smalltalk bzw. der Klassenhierarchie auf, die zwar keinen direkten thematischen Zusammenhang aufweisen, denen aber gemeinsam ist, dass sie in den vorangegangenen Kapiteln schon gestreift wurden. In diesem Kapitel werden sie eingehender beleuchtet. Lediglich der letzte Abschnitt greift mit *Objektidentität* ein bisher nicht betrachtetes Thema auf.

So wurden z. B. Blöcke als Bestandteile von Fallunterscheidungen (vgl. Abschnitt 3.1.2) und Wiederholungen (s. Kapitel 4) behandelt. Ihre darüber weit hinaus gehende Bedeutung wird in Abschnitt 11.1 genauer betrachtet. Blöcke

Abschnitt 11.2 erläutert noch einmal eingehend und im Zusammenhang, wie die zu einer Nachricht passende Methode gefunden wird, insbesondere dann, wenn das Methodenverzeichnis der Klasse des Empfängerobjekts selbst keine Methode mit dem Namen des Nachrichtenselektors enthält. Methodensuche

Daran schließt ein Abschnitt an, der der Frage nachgeht: Wie sehen eigentlich die Klassen aus, deren Exemplare Klassen sind? Diese Frage stellt sich infolge des Grundsatzes von Smalltalk, dass auch Klassen Objekte sind. Metaklassen

Schließlich wird in Abschnitt 11.4 der Unterscheidung von Gleichheit und Identität von Objekten und der Möglichkeit, Kopien von Objekten herzustellen, nachgegangen. Objektidentität

11.1 Blöcke

11.1.1 Blöcke als Objekte

Syntaktisch gesehen, ist ein Block eine in eckige Klammern eingeschlossene Sequenz von Nachrichten, wobei die Auswertung des Blocks interessanterweise den Block selbst liefert. Während die Auswertung des Ausdrucks

```
3 * 5
```

selbstverständlich ein Exemplar der Klasse **SmallInteger** liefert, führt die Auswertung von

```
[3 * 5]
```

zu einem Exemplar der Klasse **BlockClosure**, wie man sich mithilfe des Inspektors überzeugen kann (Abbildung 11.1). Die Darstellung in der **Basic**-Ansicht des Inspectors zeigt für **BlockClosure**-Objekte die Aspekte **bytecode**, **decompiled** und **source**. Dabei handelt es sich ebenso wenig wie bei **self**, das für alle Objekte angezeigt wird, um Exemplarvariablen. Unter dem Aspekt **source** findet man den Quelltext, in den der Block eingebettet ist, in diesem Fall die dem Workspace zugeordnete Methode **unboundMethod**. Unter **bytecode** kann man den vom Compiler bei der Übersetzung der Ausdrücke innerhalb des Blocks erzeugten Bytecode betrachten. Klasse
BlockClosure

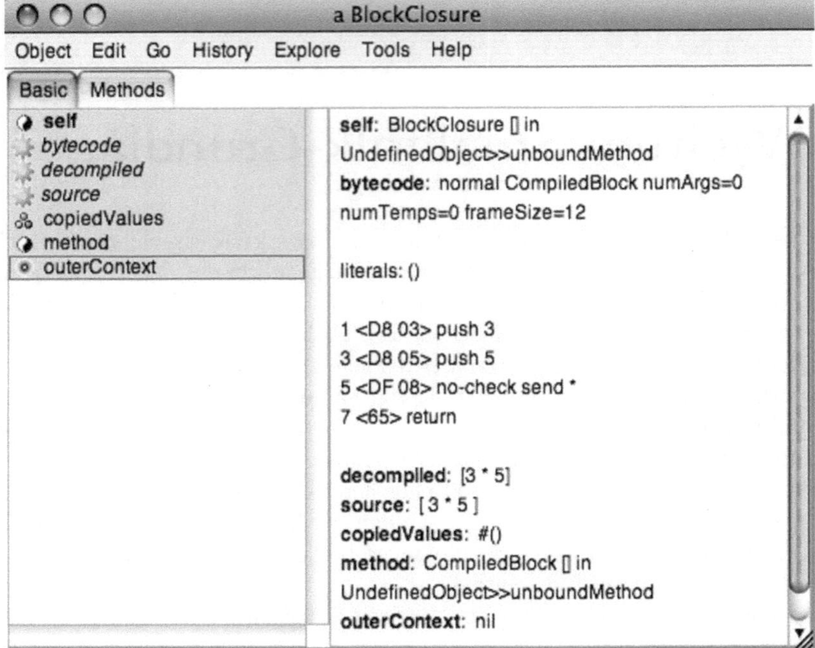

Abbildung 11.1: Ein Block ist ein Exemplar der Klasse `BlockClosure`

Ein `BlockClosure`-Objekt besitzt die Exemplarvariablen `method`, `outerContext` und `copiedValues`. Diese enthalten letztlich die Informationen, die die virtuelle Maschine benötigt, um den Inhalt des Blocks auszuwerten, wenn ihm eine `value`-Nachricht geschickt wird. Die Werte der Exemplarvariablen für den Block `[3 * 5]` sind Abbildung 11.1 zu entnehmen.

Compiled-
Block

Compiled-
Method

Die Variable `method` enthält ein Exemplar der Klasse `CompiledBlock`, das letztlich das Ergebnis der Übersetzung des Blocks durch den Compiler ist. Ohne hier auf weitere Einzelheiten eingehen zu wollen, sei dazu nur so viel gesagt: Übersetzte Nachrichtensequenzen (Blöcke oder Methoden) sind – wie alles in Smalltalk – Objekte. Dabei sind Blöcke Exemplare der Klasse `CompiledBlock`, Methoden Exemplare der Klasse `CompiledMethod`.

Die beiden anderen Exemplarvariablen enthalten – etwas vereinfacht gesprochen – Informationen aus der textuellen Umgebung des Blocks, die im Falle der Auswertung des Blocks beim Empfang einer `value`-Nachricht benötigt werden. In unserem Beispiel ist allerdings keinerlei weitere Information erforderlich, das Ergebnis der Auswertung des Ausdrucks `3 * 5` ist unabhängig von dem Kontext, in dem die Auswertung stattfindet.

Ohne auch hier auf Details eingehen zu können, betrachten wir ein im Übrigen nutzloses Code-Beispiel, das einen Block enthält, bei dem die Variablen `outerContext` und `copiedValues` mit Werten belegt sind:

```
| a  b  block |
a := 2.
b := 4.
block := [^a + b]
```

Betrachtet man die Variable **block** im Inspector (s. Abbildung 11.2), erkennt man, dass in der Variablen **copiedValues** ein Array mit den Werten von **a** und **b** zum Zeitpunkt der Übersetzung des Blocks abgelegt wurde. Unter dem *äußeren Kontext*

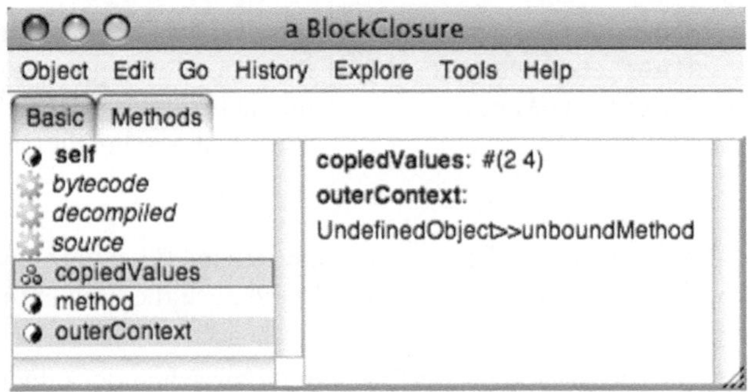

Abbildung 11.2: Block mit Kontextinformationen

(engl. *outer context*) eines Blocks versteht man die Methode oder den Block (Blöcke können auch geschachtelt werden.), in dem der Block sich befindet. Im obigen Beispiel ist dies wiederum die **unboundMethod**. Zu den Kontextinformationen, die ein Block mitführt, gehören z. B. auch die Exemplarvariablen und die lokalen Variablen einer Methode des Objekts, das den Block enthält. Diese Kontextinformationen werden in der Variablen **outerContext** gespeichert. Sie erlauben außerdem, dass aus dem Block heraus ein Return (^) erfolgt. Wird in irgendeiner Methode ein Block ausgewertet, der ein Return-Symbol enthält, wird diejenige Methode verlassen, in welcher der Block definiert wurde.

Blockkontext

11.1.2 Blöcke mit Parametern

Blöcke haben einige Gemeinsamkeiten mit Methoden:

- Sie bilden eine Klammer um eine Nachrichtensequenz, die jederzeit aktiviert werden kann. Methoden werden durch Senden einer gleichnamigen Nachricht, Blöcke durch Senden einer der Varianten der **value**-Nachricht (s. u.) aktiviert.

- Blöcke können wie Methoden Parameter haben, für die bei der Aktivierung Argumente übergeben werden müssen.

- Innerhalb von Blöcken können temporäre Variablen definiert werden.

- Auch liefert die Auswertung ein Resultatobjekt. Es ist dasjenige Objekt, das aus der Auswertung des letzten Ausdrucks innerhalb des Blocks resultiert. Ein Return-Symbol darf gegebenenfalls nur vor dem letzten Ausdruck stehen.

Blöcke mit Parametern haben wir bereits im Zusammenhang mit Wiederholungen (vgl. Kapitel 4) kennen gelernt. In dem Ausdruck

```
#(3 4 5) do: [ :elem | Transcript show: elem printString]
```

Tabelle 11.1: Nachrichten für die Parameterübergabe an Blöcke

Nachrichtenmuster	Bedeutung
`value: anObj`	für ein zu übergebendes Objekt
`value: obj1 value: obj2`	für zwei zu übergebende Objekte
`value: obj1 value: obj2 value: obj3`	für drei zu übergebende Objekte
`valueWithArguments: argArray`	für mehr als drei, aber höchstens 255 zu übergebende Objekte

erwartet die **do:**-Nachricht einen Block mit genau einem Blockparameter als Argument. Diesem Blockparameter werden dann der Reihe nach die Elemente der Empfänger-Collection zugewiesen.

Deklaration der Blockparameter
    Die Deklaration der Blockparameter erfolgt immer zwischen der öffnenden, eckigen Klammer und einem senkrechten Strich. Jeder einzelne Bezeichner trägt in der Deklaration (und nur dort) am Anfang einen Doppelpunkt. Der Gültigkeitsbereich von Blockparametern ist auf den umschließenden Block beschränkt.

In dem folgenden einfachen Beispiel wird einem Block mit einem Parameter die Nachricht **value:** gesendet:

```
| a |
a := 1.
[ :inkrement| a := a + inkrement] value: 3.
Transcript show: a printString.
```

Das mit dieser Nachricht übergebene Argument ersetzt bei der Auswertung des Blocks den Blockparameter, so dass in dem Beispiel im Transcript die Zahl 4 ausgegeben wird.

Blöcke können auch mehr als einen Parameter besitzen. Der folgende Smalltalk-Ausdruck

```
[ :x :y | x@y] value: 100 value: 50
```

erzeugt ein **Point**-Objekt mit den Koordinaten 100 und 50.

Für verschiedene Anzahlen von Blockparametern gibt es die in Tabelle 11.1 gezeigten Varianten der **value**-Nachricht.

Sollen innerhalb eines Blocks temporäre Variablen benutzt werden, deren Gültigkeitsbereich auf den Block beschränkt ist, werden diese wie üblich zwischen zwei senkrechten Strichen – gegebenenfalls hinter den Blockparametern – deklariert. In dem folgenden Beispiel wird eine temporäre Variable mit Namen **aPoint** deklariert:

```
[ :x :y | | aPoint |
 aPoint := x@y.
 aPoint translatedBy: 200@0] value: 100 value: 50
```

Die Auswertung dieses Ausdrucks liefert das **Point**-Objekt **300@50**.

11.1.3 Anwendungen

Grundsätzlich ermöglichen Blöcke die Definition von Nachrichtensequenzen, deren Auswertung verzögert werden soll. Es gibt vielfältige Anwendungsmöglichkeiten für dieses Prinzip.

verzögerte Auswertung

Fallunterscheidungen

Eine wichtige Anwendung sind die Argumente für die Nachrichten, mit denen Fallunterscheidungen vorgenommen werden können (`ifTrue:`, `ifFalse:` etc., vgl. Abschnitt 3.1.2). In dem Ausdruck

```
(a ~= 0) ifTrue: [b := 1.0 / a]
```

kann sinnvollerweise erst innerhalb der Methode `ifTrue:` entschieden werden, ob der Block ausgewertet werden soll.

Normalerweise werden ja die Argumentausdrücke einer Nachricht ausgewertet, bevor die Nachricht gesendet wird. D. h. die Methode erhält die *ausgewerteten* Argumente. Diese Technik bezeichnet man auch als *strikte Auswertung* (engl.: eager evaluation). Mit den Blockklammern wird die Auswertung verhindert, die Methode erhält die *unausgewerteten* Argumente. Diese Technik bezeichnet man auch als *träge* oder *verzögerte Auswertung* (engl.: lazy evaluation).

strikte Auswertung

Die Bedeutung der verzögerten Auswertung geht weit über die Implementierung der Fallunterscheidungen in Smalltalk hinaus. Sie stellt z. B. eine wichtige Technik der funktionalen Programmierung dar. Ein kleines Anwendungsbeispiel hierfür ist im Abschnitt 12.4 zu finden.

Wiederholungen

Einer Methode ein Argument unausgewertet zu übergeben, erlaubt dieser nicht nur zu entscheiden, ob es einmal oder keinmal ausgewertet werden soll, wie dies z. B. bei `ifTrue:` der Fall ist. Sondern es eröffnet auch die Möglichkeit das Argument mehrfach auszuwerten. Darauf basieren die Nachrichten für Wiederholungen, wobei in diesem Fall von einer Technik Gebrauch gemacht wird, die wir bisher nicht kennen gelernt haben. Man kann – wie folgendes Beispiel zeigt – innerhalb eines Blocks dem Block selbst eine `value`-Nachricht senden.

```
|block i|
i:=0.
block:=[i:=i+1.
  Transcript show: i printString; cr.
  block value]
```

Veranlasste man die Auswertung des in der Variablen `block` gespeicherten Blocks durch die Nachricht `block value`, führte dies allerdings zu einer nicht endenden Ausgabe im Transcript, da der Block sich nach der ersten Auswertung fortan beständig wieder selbst auswertet. Diese Endlosschleife könnte nur durch einen User-Interrupt (Eingabe der Tastenkombination *Ctrl-y* bzw. *Strg-y*) abgebrochen werden. Auf dem hier gezeigten Prinzip der *Rekursion* (ein Block „ruft sich selbst auf", vgl. Kapitel 12)

Prinzip der Rekursion

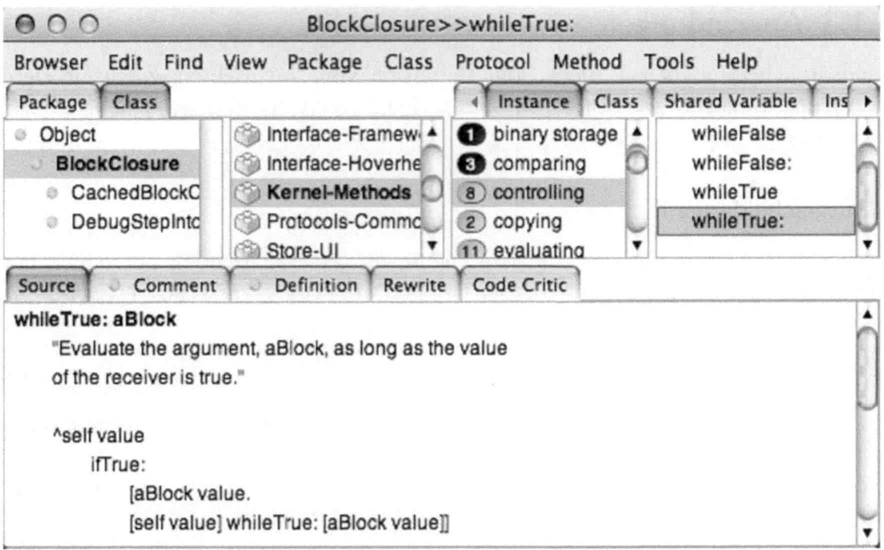

Abbildung 11.3: Die Methode `whileTrue:` in `BlockClosure`

basieren aber letztlich alle Wiederholungsnachrichten in Smalltalk. Abbildung 11.3
zeigt als Beispiel die Methode `whileTrue:` der Klasse `BlockClosure`.

Empfänger einer `whileTrue:`-Nachricht muss ja immer ein Block sein, dessen Auswertung `true` oder `false` ergibt. Man erkennt im Methodenrumpf, dass mit dem Ausdruck `self value` der Empfängerblock zunächst ausgewertet wird. Falls das Resultat
`true` ist, wird der Parameterblock `aBlock`, der ja die zu wiederholende Nachrichtensequenz enthält, einmal ausgewertet. Anschließend wird die `whileTrue:`-Nachricht
rekursiv aufgerufen. Der Vorgang endet, wenn der Ausdruck in der ersten Zeile (`self
value`) `false` liefert.

Individuelles Objektverhalten

Das Verhalten von Objekten ist durch ihre Reaktion auf Nachrichten gegeben, welche für alle Objekte einer Klasse gemeinsam in den Methoden der Klasse festgelegt
ist. Dies ist für die meisten Anwendungen auch gewünscht. Es können aber Situationen eintreten, in denen man einzelnen Objekten einer Klasse ein Verhalten geben
möchte, das von dem anderer Exemplare der gleichen Klasse abweicht. Rein technisch
betrachtet, könnte das folgendermaßen realisiert werden:

1. Man definiert eine oder mehrere Exemplarvariablen, die zur Aufnahme von Blöcken dienen.

2. Für diese Exemplarvariablen definiert man – wie sonst auch üblich – Set-Methoden.

3. Schließlich baut man eine Methode, die das in den Exemplarvariablen gespeicherte Verhalten durch Auswertung der Blöcke auszulösen erlaubt.

Dies wird im folgenden Abschnitt durch ein kleines Anwendungsbeispiel verdeutlicht
werden.

11.1.4 Fallbeispiel Endlicher Automat

Ein endlicher Automat ist ein für die Informatik sehr wichtiges mathematisches Konzept, für das es viele, praktische Anwendungen z. B. im Hardware-Entwurf oder bei der Syntaxanalyse von Programmtexten gibt. Die Automatentheorie kennt endliche Automaten in verschiedenen Varianten. Wir werden uns hier damit begnügen, für eine Variante auf der Grundlage einer anschaulichen Erläuterung eine Smalltalk-Implementierung anzugeben.

Ein endlicher Automat ist eine abstrakte Maschine, die aus einer Menge von Zuständen besteht. Der Automat befindet sich zu einem Zeitpunkt immer in genau einem Zustand. Mit jedem Zustand ist eine Folge von Aktionen verknüpft, die ausgeführt werden, wenn der Automat in diesen Zustand gelangt. Zusätzlich verarbeitet der Automat in jedem Zustand ein so genanntes Eingabesymbol aus einer endlichen Folge solcher Symbole. Das Eingabesymbol bestimmt den Folgezustand, in den der Automat wechselt, nachdem die Aktionsfolge abgearbeitet ist. Das Durchlaufen der Zustandsfolge beginnt immer in einem definierten Startzustand und endet, wenn der Automat die Folge von Eingabesymbolen vollständig abgearbeitet hat.

abstrakte Maschine

Zustände, Aktionen, Eingabe-symbole Startzustand

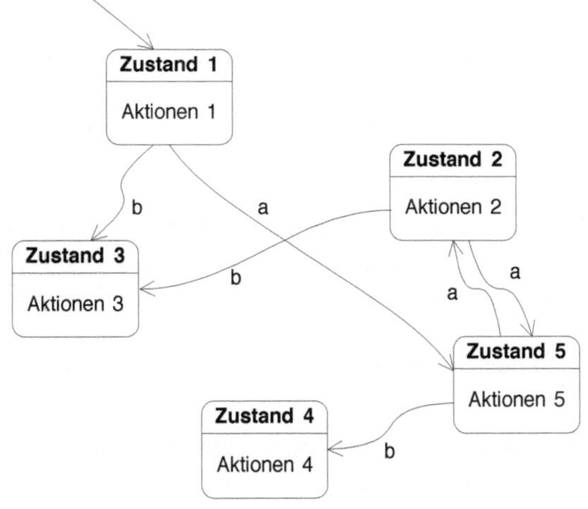

Abbildung 11.4: Ein Zustandsdiagramm

Endliche Automaten werden gerne auch durch so genannte *Zustandsübergangsdiagramme* (oder kurz: *Zustandsdiagramme*) dargestellt. Abbildung 11.4 zeigt ein solches Diagramm. Zustände werden durch abgerundete Rechtecke, Zustandsübergänge durch Pfeile und der Startzustand durch einen einlaufenden Pfeil (Zustand 1) gezeichnet. Das Eingabesymbol, das in einem Zustand einen bestimmten Folgezustand bewirkt, wird dabei an den jeweiligen Pfeil herangeschrieben. Wir nehmen hier und im Folgenden der Einfachheit halber an, dass es sich bei den Eingabesymbolen um Einzelzeichen oder Zeichenketten handelt.

Zustands-diagramme

Man beachte, dass ein Automat nur dann vollständig definiert ist, wenn für jeden Zustand und jedes mögliche Eingabesymbol ein Folgezustand definiert ist. Dies gilt für den Automat aus Abbildung 11.4 nicht. Falls der Automat z. B. in den Zustand

4 gelangt, ist kein Folgezustand mehr definiert, falls die Folge von Eingabesymbolen noch nicht vollständig abgearbeitet ist.

JK-Flipflop   Ein einfaches Anwendungsbeispiel für einen endlichen Automaten ist ein in der Digitaltechnik häufig benutztes Speicherglied, das *JK-Flipflop*. Das JK-Flipflop speichert ein Bit, kann sich also in einem von genau zwei Zuständen befinden. Die Zustandsübergänge werden durch zwei J und K genannte Eingänge gesteuert, die die Werte 0 oder 1 annehmen können. Die Bedingungen für die Zustandsübergänge sind in Abbildung 11.5 dargestellt. Die Zustandssymbole enthalten keine Aktionen, da das Flipflop nichts tut, außer den Zustand zu wechseln.

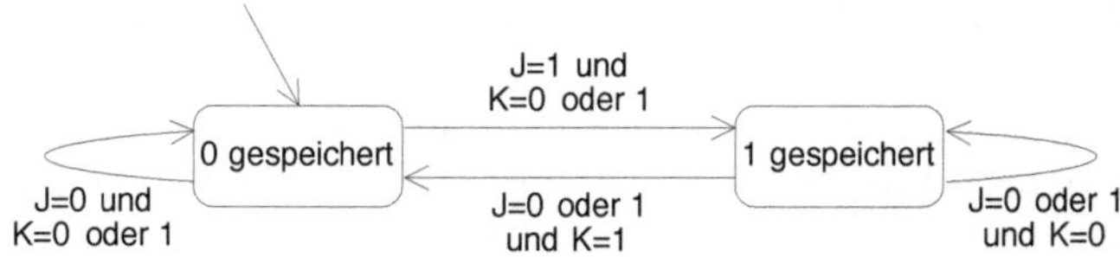

Abbildung 11.5: Das Schaltverhalten des JK-Flipflops als endlicher Automat

Ein endlicher Automat ist durch die folgenden Aspekte definiert:

- die Menge der Zustände mit den ihnen zugeordneten Aktionen

- die aus der Verarbeitung der Eingabesymbole resultierenden Zustandsübergänge

- den Startzustand

Betrachtet man einen bestimmten Zeitpunkt des Ablaufs eines Automaten, kommen als weitere Aspekte der *aktuelle Zustand*, in dem sich der Automat zum betrachteten Zeitpunkt befindet und die Eingabesymbolfolge, die der Automat abarbeiten soll, hinzu.

Aus diesen Überlegungen ergibt sich die folgende Klassendefinition für endliche Automaten:

```
Smalltalk.AutomatenNs defineClass: #Automat
   superclass: #{Core.Object}
   indexedType: #none
   private: false
   instanceVariableNames: 'zusandsMenge startZustand
                           aktuellerZustand '
   classInstanceVariableNames: ''
   imports: ''
   category: ''
```

Bevor wir dazu kommen, für die Klasse Methoden zu definieren, betrachten wir das Wesen von Zuständen etwas genauer. Ein Zustand ist nach den bisherigen Überlegungen durch zwei Aspekte charakterisiert:

- einen Bezeichner (z. B. „Zustand 1" oder „0 gespeichert")

- die Aktionsfolge

- eine Art Tabelle, die für jedes Eingabesymbol angibt, welches der Folgezustand ist.

Ein Zustand ist also selbst ein komplexes Gebilde, so dass es zweckmäßig erscheint, Zustände als Exemplare der folgenden Klasse zu betrachten:

```
Smalltalk.AutomatenNs defineClass: #Zustand
    superclass: #{Core.Object}
    indexedType: #none
    private: false
    instanceVariableNames: 'name aktionen folgeZustaende '
    classInstanceVariableNames: ''
    imports: ''
    category: ''
```

In der Exemplarvariablen **name** speichern wir einen String für den Bezeichner des Zustands. In **aktionen** muss nun eine die Aktionsfolge repräsentierende Smalltalk-Nachrichtensequenz in Form eines Blocks gespeichert werden. Damit wird es möglich, jedem Exemplar dieser Klasse ein individuelles Verhalten zu geben. Dies ist notwendig, da jeder Zustand seine eigene Aktionsfolge ausführen muss, wenn er zum aktuellen Zustand wird.

In der Exemplarvariablen **folgeZustaende** müssen wir die schon erwähnte Tabelle ablegen. Diese Tabelle soll Zuordnungspaare der Form

$$Eingabesymbol \rightarrow Folgezustand$$

aufnehmen. Für die Speicherung einer beliebigen Anzahl solcher Zuordnungspaare – man spricht hier auch von so genannten *Schlüssel-Wert-Paaren* – gibt es in der Smalltalk-Klassenbibliothek eine Standardlösung: die Klasse **Dictionary** (vgl. Abschnitt 10.1.3).

Mit

```
    einDictionary at: $x put: einZustand
```

wird in dem **Dictionary einDictionary** ein neues Zuordnungspaar mit dem Schlüssel **$x** und dem Wert **einZustand** gespeichert. Der Ausdruck

```
    einDictionary at: $x
```

liefert den Wert (den Zustand), der in dem **Dictionary** unter dem Schlüssel **$x** gespeichert ist.

Methoden der Klasse **Automat**

Kommen wir nun zu den Methoden unserer Klasse **Automat**. Als erstes werden wir eine Klassenmethode anlegen, die einen neuen Automaten anzulegen und zu initialisieren gestattet:

```
mitZustandsMenge: arrayMitZustaenden startZustand: einZustand
    "erzeugt einen neuen Automaten mit der Zustandsmenge
     arrayMitZustaenden und dem Startzustand einZustand"
```

```
^self new
    zustandsMenge: einArrayMitZustaenden
    startZustand: einZustand
```

Die Methode benutzt ihrerseits die Exemplarmethode:

```
zustandsMenge: arrayMitZustaenden startZustand: einZustand
  "initialisiert einen Automaten (Empfaenger)"

  self
      zustandsMenge: arrayMitZustaenden;
      startZustand: einZustand
```

Die Exemplarvariable **aktuellerZustand** bleibt hier uninitialisiert, die Initialisierung erfolgt mit dem Start des Automaten (s. u.). Auf die Darstellung der Get- und Set-Methoden für die Exemplarvariablen verzichten wir hier.

Als nächstes betrachten wir die Methode, die den Automaten mit einer Folge von abzuarbeitenden Eingabesymbolen versorgt und die Abarbeitung in Gang setzt:

```
verarbeiteEingabe: arrayMitEingabeSymbolen
    "startet den Ablauf des Automaten für die Folge von
    Eingabesymbolen in arrayMitEingabeSymbolen"

    self aktuellerZustand: self startZustand.
    self aktuellerZustand verarbeite.
    arrayMitEingabeSymbolen do:
        [:aktuellesEingabesymbol |
            self folgeZustand: aktuellesEingabesymbol.
            self aktuellerZustand verarbeite]
```

Dieser Methode liegt der folgende einfache Algorithmus zugrunde: Zunächst wird der aktuelle Zustand des Automaten mit seinem Startzustand initialisiert und dessen Aktionsfolge durch Senden der Nachricht **verarbeite** ausgelöst. Anschließend müssen die folgenden Schritte für jedes Eingabesymbol wiederholt werden:

1. Der Folgezustand für das aktuelle Eingabesymbol muss ermittelt werden. Dazu schickt der Automat an sich selbst die Nachricht **folgeZustand:** mit dem aktuellen Eingabesymbol als Argument.

2. Der neue aktuelle Zustand muss nun wiederum veranlasst werden, seine Aktionen auszuführen. Zu diesem Zweck wird ihm wieder die Nachricht **verarbeite** gesendet.

Der Ablauf des Automaten endet automatisch, wenn die Eingabesymbolfolge erschöpft ist.

Die Methode **folgeZustand:** sieht wie folgt aus:

```
folgeZustand: einObjekt
    "bestimmt den Folgezustand aus dem aktuellen Zustand und
    dem Eingabesymbol einObjekt."

    self aktuellerZustand:
            (self aktuellerZustand folgeZustand: einObjekt)
```

Die Bestimmung des Folgezustands wird hier durch Senden einer gleichnamigen Nachricht an das aktuelle Zustandsobjekt delegiert.

Methoden der Klasse Zustand

Kommen wir damit zu den Methoden der Klasse **Zustand** und betrachten als erste die Klassenmethode zur Erzeugung eines neuen Zustands:

```
new: aString
    "legt einen neuen Zustand mit Namen aString an"

    ^self new initialize: aString
```

Der darin gesendeten Nachricht **initialize:** liegt die Exemplarmethode

```
initialize: aString
    "initialisiert Zustand (Empfaenger) mit dem Namen aString
    und einem leeren Dictionary fuer die Folgezustaende"

    self name: aString.
    self folgeZustaende: Dictionary new
```

zugrunde. Diese setzt schließlich den Namen und initialisiert die Exemplarvariable **folgeZustaende** mit einem leeren Exemplar der Klasse **Dictionary**.

Auf die Darstellung der Get- und Set-Methoden wird auch für diese Klasse verzichtet.

Die Exemplarmethode **folgeZustand:** greift nun mit dem als Argument übergebenen Eingabesymbol auf das **Dictionary folgeZustaende** zu und ermittelt so den Folgezustand:

```
folgeZustand: einObjekt
"bestimmt den Folgezustand fuer das Eingabesymbol einObjekt."

^self folgeZustaende at: einObjekt
```

Schließlich fehlt uns noch die Methode **verarbeite**, die einen Zustand veranlasst, seine individuelle Aktionsfolge abzuarbeiten. Aber auch die ist denkbar einfach:

```
verarbeite
    "fuehrt die in der Exemplarvariablen aktionen
     gespeicherten Nachrichten aus"

    self aktionen value
```

Da wir ja davon ausgehen, dass die Aktionsfolge als Block von Smalltalk-Nachrichten in der Exemplarvariablen **aktionen** abgelegt ist, braucht diesem Block nur die Nachricht **value** gesendet zu werden.

Beispielautomaten

Nun haben wir alle Methoden beisammen, um einen Automaten zu bauen und eine Symbolfolge verarbeiten zu lassen. Als erstes betrachten wir einen simplen aus zwei

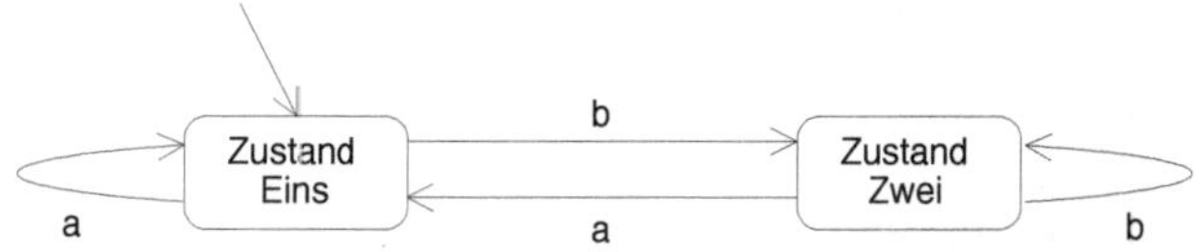

Abbildung 11.6: Ein simpler Automat

Zuständen bestehenden Automaten, der die Eingabesymbole $a und $b verarbeitet
und das in Abbildung 11.6 dargestellte Zustandsdiagramm besitzt. Die Aktionen in
den Zuständen sollen hier nur jeweils eine Ausgabe ins Transcript machen, die hinterher erkennen lässt, welche Zustände der Automat durchlaufen hat.

Um diesen Automaten zu bauen, legen wir die folgende Klassenmethode für die
Klasse **Automat** an:

```
simpelAutomat
    "Automat simpelAutomat"


    | z1 z2 automat |
    z1 := Zustand neu: 'Zustand Eins'.
    z2 := Zustand neu: 'Zustand Zwei'.
    z1 folgeZustand: z1 fuer: $a.
    z1 folgeZustand: z2 fuer: $b.
    z2 folgeZustand: z2 fuer: $b.
    z2 folgeZustand: z1 fuer: $a.
    z1 aktionen:
        [Transcript
            cr; show: 'Ich bin im Zustand: ' , z1 name].
    z2 aktionen:
        [Transcript
            cr; show: 'Ich bin im Zustand: ' , z2 name].
    automat := Automat
                mitZustandsMenge: (Array with:z1 with:z2)
                startZustand: z1.
    automat verarbeiteEingabe: #($b $b $a $a $b)
```

Zunächst werden hier zwei Zustände angelegt und ihre jeweiligen Folgezustände definiert. Die Aktionen der Zustände bestehen hier darin, dass jeder Zustand seinen
Namen ins Transcript schreibt. Zum Schluss wird der Automat angelegt und ihm eine
verarbeiteEingabe:-Nachricht mit der Symbolfolge

```
b b a a b
```

geschickt.

Führt man diese Methode durch Auswertung des Ausdrucks

```
Automat simpelAutomat
```

aus, erscheint die in Abbildung 11.7 gezeigte Ausgabe im Transcript.

Abbildung 11.7: Ergebnis des Ablaufs des simplen Automaten

Das JK-Flipflop (vgl. Abbildung 11.5) könnte mit folgender Klassenmethode getestet werden:

```
jkFlipFlop
    "Automat jkFlipFlop"

    | z1 z2 automat |
    z1 := Zustand neu: '0 gespeichert'.
    z2 := Zustand neu: '1 gespeichert'.
    z1 folgeZustand: z1 fuer: '00'.
    z1 folgeZustand: z1 fuer: '01'.
    z1 folgeZustand: z2 fuer: '10'.
    z1 folgeZustand: z2 fuer: '11'.
    z2 folgeZustand: z2 fuer: '00'.
    z2 folgeZustand: z2 fuer: '10'.
    z2 folgeZustand: z1 fuer: '01'.
    z2 folgeZustand: z2 fuer: '11'.
    z1 aktionen:
            [Transcript
                cr; show: 'Ich bin im Zustand: ' , z1 name].
    z2 aktionen:
            [Transcript
                cr; show: 'Ich bin im Zustand: ' , z2 name].
    automat := Automat
                    mitZustandsMenge: (Array with:z1 with:z2)
                    startZustand: z1.
    automat verarbeiteEingabe: #('10' '11' '01' '11')
```

Das Ergebnis zeigt Abbildung 11.8. Die Eingabesymbole bestehen hier aus Zeichenketten mit jeweils zwei Zeichen – **0** oder **1** –, die jeweils das am J- bzw. K-Eingang des JK-Flipflops anliegende Signal repräsentieren.

Wenn auch die „Individualität" des Verhaltens der Exemplare der Klasse **Zustand** hier nicht sehr ausgeprägt ist, wird doch deutlich, dass die in der Exemplarvariablen **aktionen** abgelegten Blöcke beliebige Nachrichtensequenzen enthalten können,

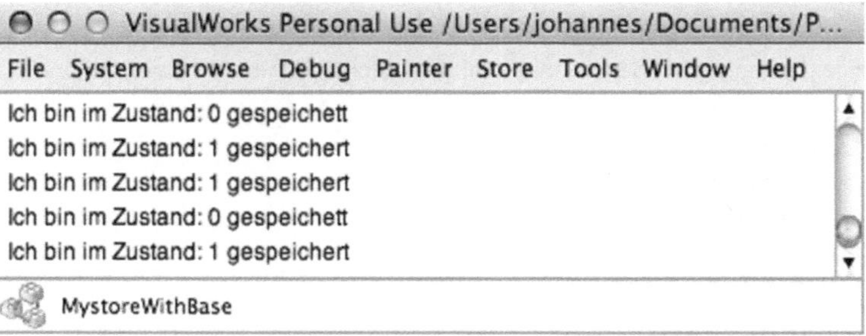

Abbildung 11.8: Beispielablauf für das JK-Flipflop

so dass jeder Zustand auf den Empfang der Nachricht **verarbeite** unterschiedlich
reagieren kann.

11.2 Vererbung – Methodensuche

Zu den schwierigsten Aspekten der objektorientierten Programmierung gehört das
Verständnis des Ablaufs, der die zu einer Nachricht gehörende, zu aktivierende Methode ermittelt. Diesen Vorgang bezeichnen wir als *Methodensuche*.

Bei der Methodensuche gibt es natürlich Trivialfälle. Wenn einem Objekt eine Nachricht geschickt wird, wird im Methodenverzeichnis der Klasse des Empfängerobjekts
nachgeschaut, ob eine Methode mit dem Namen des Nachrichtenselektors existiert.
Falls das der Fall ist, wird diese Methode aktiviert, und die Methodensuche ist abgeschlossen.

Komplizierter wird es erst dann, wenn die Methode im Verzeichnis der Empfänger-
klasse nicht gefunden wird. Dann muss nämlich, da eine Klasse ja die Methoden ihrer
Oberklasse erbt, in deren Verzeichnissen nach der Methode gesucht werden.

Teilaspekte dieses Themas wurden auch bereits in den Abschnitten 8.3 und 8.4
behandelt.

Wir werden hier die Problematik weitergehend anhand einer einfachen in Abbildung 11.9 dargestellten Klassenhierarchie behandeln. Man erkennt, dass hier Personen
im Allgemeinen durch die Merkmale Vor- und Nachname, Geburtstag sowie Adresse beschrieben werden. Für Studierende werden die Merkmale Matrikelnummer und
Studienrichtung hinzugefügt.

Wir definieren nun zunächst für die Klasse **Person** eine Klassenmethode **new**, die
ein neues **Person**-Objekt erzeugen, und die Exemplarvariablen mit „Standardwerten"
belegen soll:

```
Person class>>new
    "erzeugt eine neue Person und initialisiert die
    Exemplarvariablen"

    ^super new initialize
```

Der Ausdruck **super new** bewirkt die Erzeugung eines uninitialisierten Objekts der
Klasse **Person**. Die Verwendung der Pseudovariablen **super** anstelle von **self** sorgt

Abbildung 11.9: Zwei Klassen für Personen und Studierende

dafür, dass die Suche nach der Methode **new** in der Oberklasse von **Person**, d. h. in **Object** begonnen wird. Das ist hier auch notwendig, da andernfalls im Methodenverzeichnis von **Person** die **new**-Methode gefunden würde und sich damit fortwährend selbst aufriefe.

Die Exemplarmethode **initialize** nimmt Initialisierungen der Exemplarvariablen eines **Person**-Objektes vor, über deren Sinn im Einzelnen hier nicht diskutiert werden wird:

```
Person>>initialize
    self nachName: ''.
    self vorName: ''.
    self geburtstag: Date today.
    self adresse: 'nirgends'
```

Führt man also den Ausdruck

```
Person new
```

aus, entsteht ein **Person**-Exemplar wie in Abbildung 11.10 gezeigt.

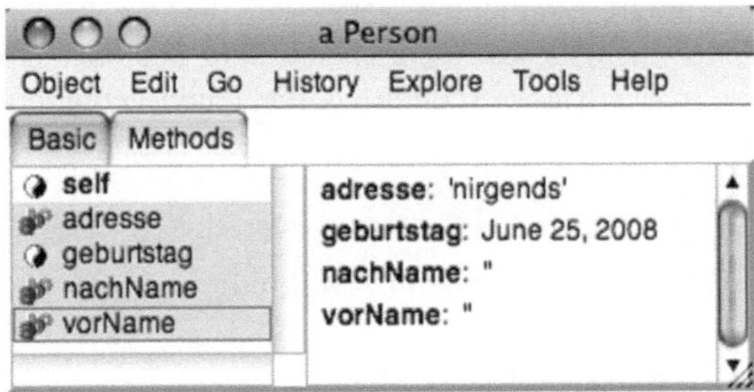

Abbildung 11.10: Ein neues **Person**-Objekt

Betrachten wir nun die Erzeugung und Initialisierung eines Exemplars der Klasse

Student. Die geerbten Exemplarvariablen eines **Student**-Objekts sollen in der gleichen Weise wie Personen initialisiert werden. Zusätzlich sollen – so die hypothetische Anforderung – die Matrikelnummer auf 0 und die Studienrichtung auf einen leeren String gesetzt werden. Dies kann mithilfe der folgenden Methode erreicht werden:

```
Student>>initialize
    super initialize.
    self matrikelNr: 0.
    self studienRichtung: ''
```

Man beachte, dass der Empfänger der Nachricht, die zur Aktivierung dieser Methode führt, ein Exemplar der Klasse **Student** ist. D. h. die beiden Pseudovariablen **self** und **super** verweisen beide auf dieses **Student**-Objekt (s. Abschnitt 11.2.2). Der Ausdruck

```
super initialize
```

bewirkt nun, dass diesem Objekt die Nachricht **initialize** gesendet wird, die Suche nach der passenden Methode aber wegen der Verwendung von **super** statt **self** in der Oberklasse beginnt. Es wird also die in der Klasse **Person** definierte **initialize**-Methode für das **Student**-Objekt ausgeführt, was zur Initialisierung der geerbten Exemplarvariablen führt. Anschließend werden noch die Set-Methoden für die Variablen **matrikelNr** und **studienRichtung** aktiviert.

Das Erzeugen eines neuen, initialisierten **Student**-Exemplars soll nun durch Definition einer geeigneten **new**-Methode erreicht werden:

```
new
    ^super new
```

> **Anmerkung**: Eine derartige **new**-Methode ist eigentlich überflüssig, da sie nur die gleichnamige Methode der Oberklasse aktiviert, was auch passierte, wenn es diese Methode in der Klasse **Student** nicht gäbe. Sie dient uns hier lediglich der besseren Veranschaulichung der Methodensuche, für die ein Beispiel im nächsten Abschnitt schrittweise durchgeführt wird.

Die Verwendung von **super** bewirkt hier die Aktivierung der **new**-Methode aus der Klasse **Person**. Da **super** an die Klasse **Student** gebunden ist, wird dort zunächst ein uninitialisiertes **Student**-Exemplar erzeugt, an das die Nachricht **initialize** gesendet wird. Da Empfänger dieser Nachricht nun ein **Student**-Objekt ist, wird die **initialize**-Methode in der Klasse **Student** gesucht und gefunden.

Führt man also den Ausdruck

```
Student new
```

aus, entsteht ein **Student**-Exemplar wie in Abbildung 11.11 gezeigt.

11.2.1 Regeln für Methodensuche

An dieser Stelle werden nun noch einmal die Regeln dargestellt werden, die zur Anwendung kommen, wenn ein Objekt eine Nachricht erhält und die zu aktivierende Methode bestimmt werden muss.

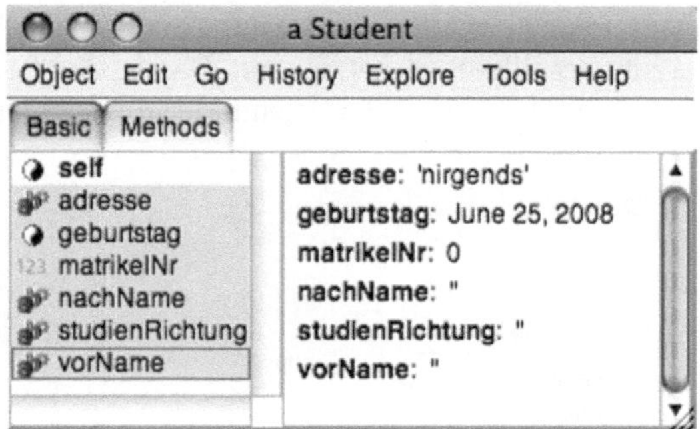

Abbildung 11.11: Ein neues **Student**-Objekt

Gehen wir von dem Ausdruck

```
objekt nachricht
```

aus. Dabei sei **ObjektKlasse** die Klasse des Objekts **objekt**. Dann wird die für den Nachrichtenselektor **nachricht** zu aktivierende Methode nach folgendem Verfahren bestimmt:

1. Enthält das Methodenprotokoll von **ObjektKlasse** eine Methode mit dem Namen **nachricht**?

2. Falls ja, ist die gesuchte Methode gefunden, sie wird aktiviert.

3. Falls nein, prüfe, ob **ObjektKlasse** mit der Klasse **Object** identisch ist.

   a) Falls ja, existiert auch in der Klasse **Object** keine passende Methode. D. h. die Nachricht **nachricht** wird vom Objekt **objekt** nicht verstanden und es wird die Exception „Message not understood" ausgelöst.

   b) Falls nein, ersetze **ObjektKlasse** durch ihre Oberklasse und fahre mit Schritt 1 fort.

11.2.2 Bedeutung der Pseudovariablen **self** und **super**

Hier wird noch einmal systematisch der Einfluss der Verwendung der Pseudovariablen **self** und **super** auf den Vorgang der Methodensuche eingegangen werden.

Grundsätzlich gilt zunächst, dass beide Pseudovariablen immer an dasselbe Objekt gebunden sind, nämlich den Empfänger der Nachricht, für die die Methode aktiviert wurde, in der **self** bzw. **super** verwendet werden.

Betrachten wir dazu folgendes Beispiel. Wir greifen dabei auf die zu Beginn des Abschnitts 11.2 eingeführten Klassen **Person** bzw. **Student** zurück.

```
| p |
  p := Person new.
  p vorName: 'Rosa'
```

Zum Zeitpunkt der Aktivierung der Methode `vorName:` der Klasse **Person** ergibt sich
der in Abbildung 11.12 dargestellte Speicherzustand. Das an die Variable **p** gebundene
Person-Objekt ist nun auch über die beiden Pseudovariablen zugänglich.

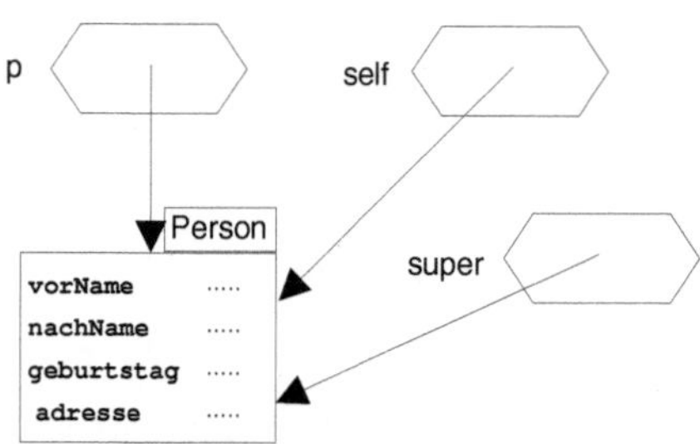

Abbildung 11.12: `self` und **super** verweisen immer auf dasselbe Objekt

Der Unterschied zwischen `self` und **super** bezieht sich nur auf den Vorgang der
Methodensuche, wenn man eine der beiden Pseudovariablen an der Empfängerposition
in einem Nachrichtenausdruck verwendet:

> `self` an der Empfängerposition bewirkt, dass die Methodensuche für die
> Nachricht in der Klasse des Objekts, an das `self` gebunden ist, be-
> ginnt.

> **super** an der Empfängerposition bewirkt, dass die Methodensuche in der
> Oberklasse der Klasse, die die Methode enthält, in der **super** benutzt
> wird, beginnt.

Die Regel für **super** klingt etwas kompliziert. Die Oberklasse der Klasse, die die
Methode enthält, in der **super** benutzt wird, ist in vielen Fällen identisch mit der
Oberklasse der Klasse des Objekts, an das **super** gebunden ist, aber nicht immer.
Der Unterschied wird daher noch einmal anhand eines Beispiels verdeutlicht werden.

Führt man den Ausdruck

```
Student new
```

mit **Debug it** aus und betätigt im Debugger einmal die **Step Into**-Schaltfläche, zeigt
sich Abbildung 11.13. Hier erkennt man, dass `self` – und damit auch **super** – an die
Klasse **Student** gebunden ist, da **new** ja eine Klassenmethode ist. Hier wird nun an
super die Nachricht **new** gesendet. Nach der oben angegebenen Regel wird nun die
Methodensuche in der Oberklasse der Klasse, die die Methode enthält, in der **super**
benutzt wird, begonnen. **super** wird hier in einer Klassenmethode der Klasse Student
benutzt, die Suche beginnt also in den Klassenmethoden der Klasse **Person**. In diesem
Fall ist dies gleichzeitig die Oberklasse der Klasse des Objekts, an das **super** gebunden
ist.

Aktiviert man nun die Klassenmethode **new** (`Step Into`), erkennt man in Abbildung 11.14, dass `self` und **super** weiterhin auf die Klasse **Student** verweisen. In der
ersten Zeile des Methoden-Stacks erkennt man auch, dass gerade die Klassenmethode
new der Klasse **Person** mit der Klasse **Student** als Empfänger ausgeführt wird. Hier
tritt nun erneut der Ausdruck

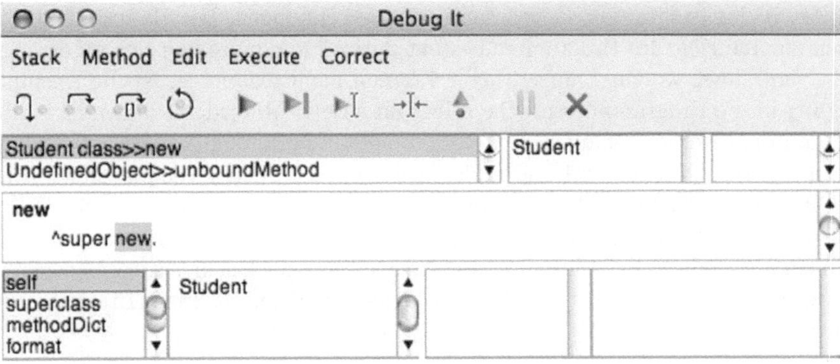

Abbildung 11.13: Aktivierung der Klassenmethode **new** der Klasse `Student`

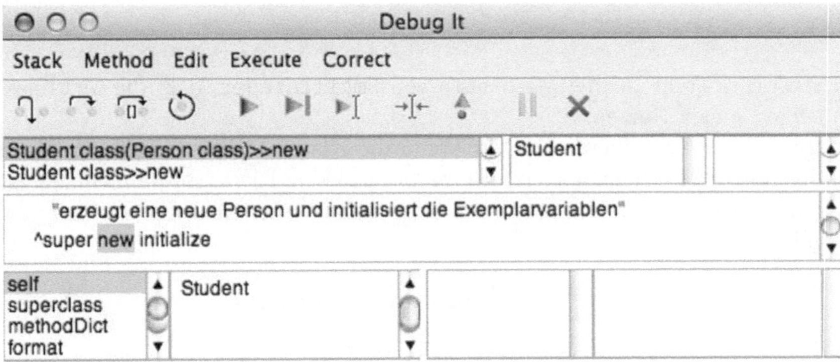

Abbildung 11.14: Aktivierung der Klassenmethode **new** der Klasse `Person`

`super new`

auf und hier wird jetzt deutlich, warum die Regel für die Methodensuche bei **super** so kompliziert erscheint. Die Methode, in der **super** hier verwendet wird, ist eine Klassenmethode der Klasse `Person`, also beginnt die Methodensuche in der Oberklasse von `Person`, nämlich in der Klasse `Object`. Dies ist natürlich auch die gewünschte Methode. Die Klasse `Object` ist aber nicht die Oberklasse der Klasse `Student`, der Klasse des an **super** gebundenen Objekts. Deren Oberklasse ist nämlich `Person`, wobei die Verwendung von deren Klassenmethode **new** hier zu einer nicht endenden Rekursion führte.

11.3 Metaklassen

In Smalltalk sind im Gegensatz zu anderen populären, objektorientierten Programmiersprachen wie C++ oder Java auch Klassen Objekte. Damit sind – wie man in der angelsächsischen Terminologie sagt – Klassen *first class runtime objects*. Das heißt sie können Nachrichten senden und empfangen und sind daher wie andere Objekte auch

zur Laufzeit des Programms Gegenstand von Berechnungen. Die Hauptaufgabe von
Klassen zur Laufzeit des Programms besteht darin, Exemplare von sich zu erzeugen.
In C++ und Java, wo zur Laufzeit keine Klassen mehr existieren, ist die Exemplarerzeugung in die Programmiersprache selbst integriert. Mit jeder Klassendeklaration
werden automatisch so genannte *Konstruktoren* zur Verfügung gestellt.

Metaklassen   Wenn Klassen Objekte sind und andererseits jedes Objekt Exemplar einer Klasse
ist, stellt sich also die Frage: Exemplare welcher Klasse sind die Klassen? Die Antwort
lautet: Jede Klasse ist das einzige Exemplar ihrer Metaklasse.

Man kann mithilfe der Nachricht **class** jedes Objekt nach seiner Klassenzugehörigkeit fragen. So liefert z. B. der Ausdruck **5 class** als Resultat **SmallInteger**. Fragt
man nun durch

```
SmallInteger class
```

die Klasse **SmallInteger** nach ihrer Klassenzugehörigkeit, erhält man als Antwort:

```
SmallInteger class
```

Dieser Ausdruck steht für die Metaklasse von **SmallInteger**, d. h. die Metaklassen
haben keine eigenen Namen.

Bezüglich der Klassenhierarchie gilt: Wenn die Klasse **A** Unterklasse von Klasse **B**
ist, gilt die analoge Beziehung auch für ihre Metaklassen. Dieser Zusammenhang ist in
Abbildung 11.15 exemplarisch für einige ausgewählte Klassen der Klassenhierarchie
dargestellt.

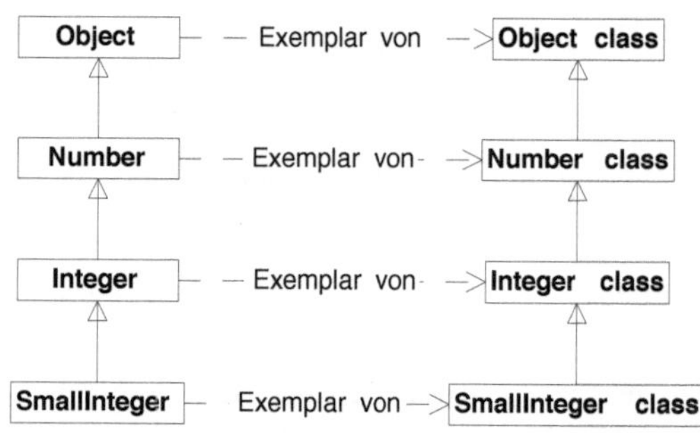

Abbildung 11.15: Einige Klassen und ihre Metaklassen

Einen Unterschied zwischen der Hierarchie der „gewöhnlichen" Klassen und der
Hierarchie ihrer Metaklassen gibt es allerdings. Während die Klasse **Object** keine
Oberklasse besitzt (Der Ausdruck **Object superclass** liefert **nil**.), liefert der Aus-
druck

```
Object class superclass
```

Klasse **Class**   die Klasse mit dem Namen **Class** als Resultat, die ihrerseits Exemplar ihrer Metaklasse **Class class** ist. Dieser Zusammenhang ist in Abbildung 11.16 dargestellt.

Klasse   Da nun auch Metaklassen Objekte sind, können wir auch hier wieder die Frage stel-
Metaclass   len: Exemplare welcher Klasse sind die Metaklassen? Die Antwort lautet: Die Klasse
namens **Metaclass** ist die Klasse aller Metaklassen. **Metaclass** selbst ist wiederum

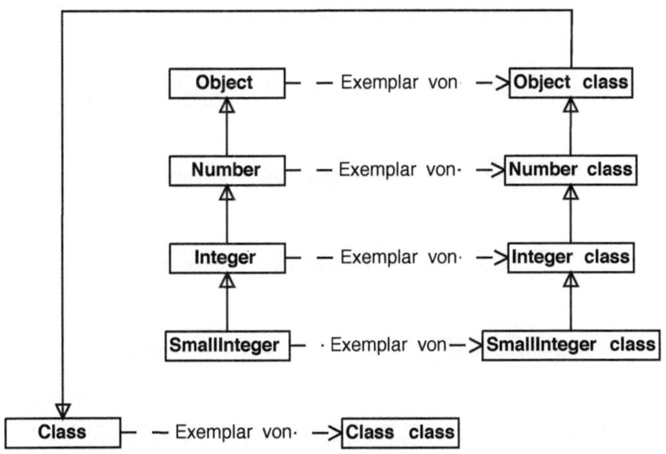

Abbildung 11.16: `Class` ist Oberklasse von `Object class`

Exemplar ihrer Metaklasse **Metaclass class**, die wie alle Metaklassen Exemplar der Klasse **Metaclass** ist (s. Abbildung 11.17). Hier schließt sich sozusagen der Kreis.

Das System der Klassen und Metaklassen in Smalltalk hat etwas von der ästhetischen Vollkommenheit eines der typischen Bilder vom M.C. Escher, wie z. B. in Abbildung 11.18 zu sehen.

Es stellt die Grundlage für etwas dar, was mit den Begriffen *Reflexion* (engl.: reflection) und *Metaprogrammierung* bezeichnet wird. Damit ist die grundsätzliche Möglichkeit gemeint, Programme zu schreiben, die Informationen über sich selbst erfahren und sich damit auch selbst verändern können. Dies wird auch dadurch unterstützt, dass alle Methoden als Objekte zur Laufzeit zugänglich sind. Die Darstellung des Nutzens der Metaprogrammierung geht weit über den Gegenstand dieses Buches hinaus. An dieser Stelle sei nur erwähnt, dass mithilfe dieser Techniken es auch möglich war, die Werkzeuge der Smalltalk-Entwicklungsumgebung, wie Compiler, Browser oder Debugger, selbst in Smalltalk zu programmieren. Sie liegen in der Klassenbibliothek im Quelltext vor und könnten modifiziert, erweitert oder um neue Werkzeuge ergänzt werden. In dem Smalltalk-System Squeak ist sogar die virtuelle Maschine in Smalltalk programmiert.

Reflexion
Metaprogram-
mierung

Das in Abbildung 11.17 gezeigte Klassendiagramm ist insofern noch nicht ganz vollständig, als die Angabe der Oberklassen von **Class** und **Metaclass** sowie ihrer Metaklassen fehlt. Die Klassenhierarchie von Smalltalk ist ein Baum mit der Klasse **Object** an der Wurzel, d. h. alle Klassen sind direkt oder indirekt Unterklassen von **Object**. Um daher das Diagramm von Abbildung 11.17 zu vervollständigen, müssen wir noch die „Systemklassen" **ClassDescription** und **Behavior** sowie ihre Metaklassen hinzunehmen, ohne auf ihre Bedeutung hier eingehen zu können. Mit diesen Klassen ergibt sich dann das in Abbildung 11.19 dargestellte Diagramm. Man kann nun erkennen, dass alle in diesem Diagramm auftauchenden Klassen direkt oder indirekt aus **Object** abgeleitet sind.

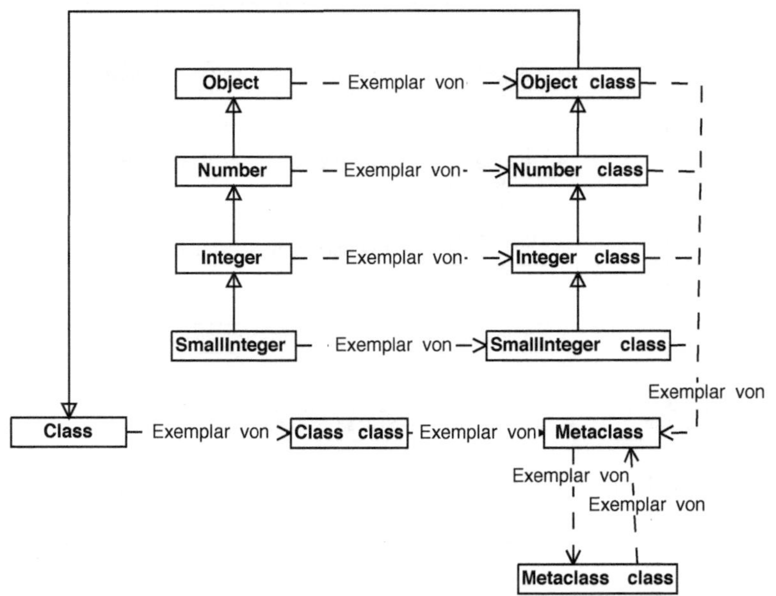

Abbildung 11.17: Alle Metaklassen sind Exemplare von `Metaclass`

Abbildung 11.18: M.C. Escher's „Waterfall" © 2003 Cordon Art B.V.- Baarn-Holland. All rights reserved

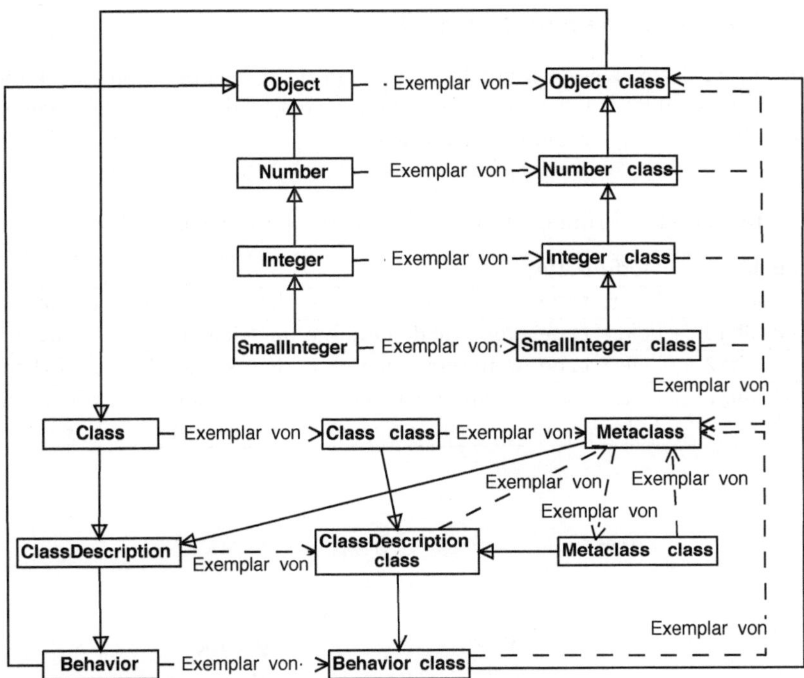

Abbildung 11.19: Einordung der Klassen `ClassDescription` und `Behavior`

11.4 Objektidentität

Objekte müssen im Speicher der virtuellen Maschine eindeutig identifizierbar sein. Dies wird in der Regel dadurch bewerkstelligt, dass Objekte einen eindeutigen Namen haben. Diese Objektnamen bezeichnen wir meistens als Variablen. Durch die Zuweisung eines Objekts an eine Variable wird eine Bindung zwischen dem Objekt und seinem Namen hergestellt. Jeder Objektname (jede Variable) kann immer nur an genau ein Objekt gebunden werden. Ein Objekt ohne Bindung an einen Namen ist nicht mehr ansprechbar, verliert seine Existenzberechtigung und wird aus dem Objektspeicher entfernt.

Es ist aber durchaus möglich, mehrere Namen an ein Objekt zu binden. Dieser Sachverhalt ist in Abschnitt 3.4 schon eingehend betrachtet worden. Wenn zwei Variablen an ein gemeinsames Objekt gebunden sind, verweisen sie eben auf ein und dasselbe (identische) Objekt. Wir sagen hier etwas verkürzt auch: Die Variablen sind identisch.

Zwei Variablen können aber auch auf zwei verschiedene, mit eigener Identität versehene Objekte verweisen, die aber in dem Sinne gleich sind, dass die Werte aller ihrer Exemplarvariablen übereinstimmen. Wir sprechen dann hier davon, dass die Variablen bzw. die an sie gebundenen Objekte gleich sind.

11.4.1 Gleichheit versus Identität

In Smalltalk wird also zwischen der Identität und der Gleichheit von Objekten unterschieden. Das führt dazu, dass es hierfür auch verschiedene Vergleichsoperatoren gibt, die in Tabelle 11.2 zusammengefasst sind.

Tabelle 11.2: Prüfung auf Gleichheit und Identität von Objekten

Ausdruck	Bedeutung
obj1 = obj2	liefert **true**, wenn beide Objekte gleich sind, sonst **false**
obj1 ~= obj2	liefert **true**, wenn beide Objekte ungleich sind, sonst **false**
obj1 == obj2	liefert **true**, wenn beide Objekte identisch sind, sonst **false**
obj1 ~~ obj2	liefert **true**, wenn beide Objekte nicht identisch sind, sonst **false**

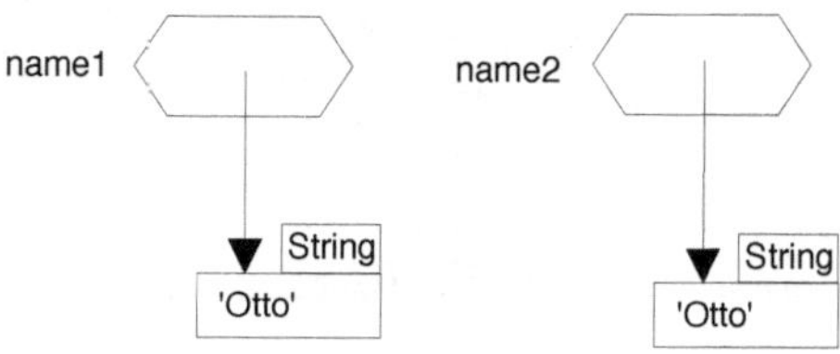

Abbildung 11.20: Zwei gleiche, nicht identische **String**-Objekte

Durch die folgende Nachrichtensequenz wird die in Abbildung 11.20 dargestellte Situation im Objektspeicher geschaffen:

```
| name1 name2 |
name1 := 'Otto'
name2 := 'Otto'
```

Die beiden Variablen verweisen jeweils auf ein **String**-Objekt mit eigener Identität im Objektspeicher. Die Prüfung der Variablen auf Gleichheit bzw. Identität liefert also das folgende Resultat:

```
| name1 name2 |
name1 := 'Otto'.
name2 := 'Otto'.
name1 = name2.    "Print it: true"
name1 == name2.   "Print it: false"
```

Durch eine nachfolgende Zuweisung

```
    name1 := name2
```

entsteht die in Abbildung 11.21 dargestellte Situation im Objektspeicher. Jetzt liefern beide Prüfungen

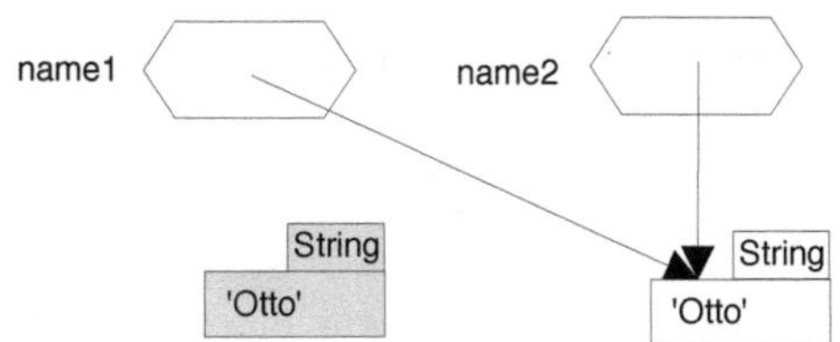

Abbildung 11.21: **name1** und **name2** sind identisch

```
name1 = name2.
name1 == name2.
```

den Wert **true**.

An dieser Stelle werden wir noch einmal auf den in Abschnitt 10.2 erwähnten Unterschied zwischen **String**- und **Symbol**-Objekten eingehen. Jedes Symbol existiert im Objektspeicher genau einmal. Deshalb führt die folgende Nachrichtensequenz zu der in Abbildung 11.22 dargestellten Situation:

```
| name1 name2 |
name1 := #Anna.
name2 := #Anna.
name1 == name2.      "Print it: true"
```

Wenn die Prüfung zweier Variablen auf Identität **true** liefert, gilt das selbstverständlich auch für die Prüfung auf Gleichheit.

Wenn zwei Variablen auf dasselbe Objekt verweisen, spricht man auch davon, dass sie sich das Objekt *teilen*. Gebräuchlicher ist hier allerdings der englische Fachbegriff *Object-sharing*. Aufgrund der in Smalltalk geltenden Verweissemantik (vgl. Abschnitt 3.4) tritt Object-sharing sehr häufig auf. Das kann dann insbesondere bedeuten, dass zwei unterschiedliche Objekte identische Bestandteile besitzen, was leicht zu Verwirrung und Programmierfehlern führen kann.

Wenn z.B. durch die Nachricht **Array new: 3** ein Array mit 3 Elementen erzeugt wird, teilen sich diese drei Elemente das undefinierte Objekt **nil** (s. Abbildung 11.23). Dies liegt auch daran, dass das undefinierte Objekt im Objektspeicher nur einmal existiert und auch nicht kopiert werden kann.

Betrachten wir nun die Situation, die im Objektspeicher entsteht, wenn wir das

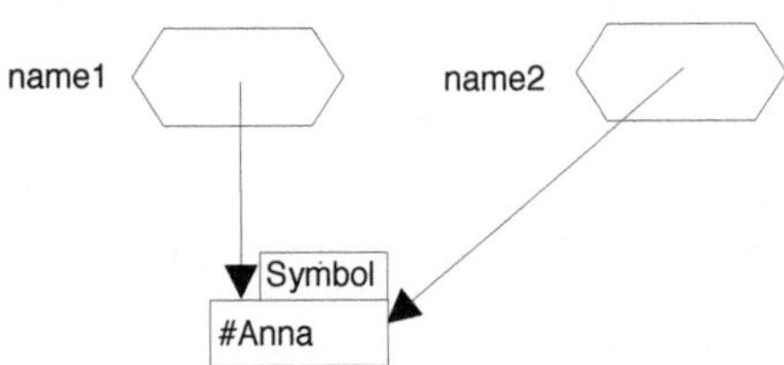

Abbildung 11.22: Gleich lautende Symbole sind immer identisch

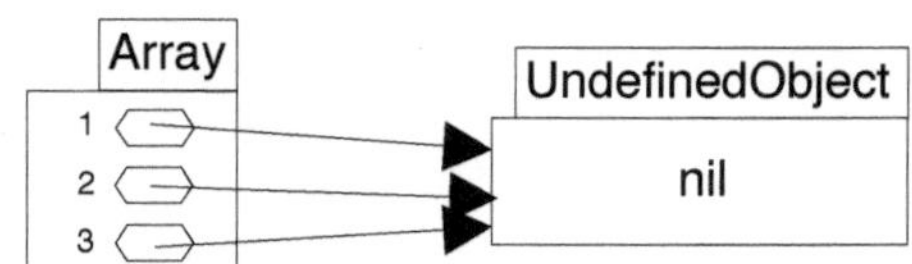

Abbildung 11.23: Ein „leeres" Array mit drei Komponenten

Array mit Werten füllen und es anschließend in eine OrderedCollection verwandeln:

```
| aString anInteger aPoint anArray anOrderedCollection |
aString := 'Hallo'.
anInteger := 25 .
aPoint := 2@3.
anArray := Array with: aString with: anInteger with: aPoint.
anOrderedCollection := anArray asOrderedCollection.
```

In Abbildung 11.24 erkennt man, dass zum einen die drei Variablen **aString**, **anInte-ger** und **aPoint** sich ihre Objekte mit den drei Array-Elementen teilen. Zum anderen sieht man, dass durch die Nachricht **asOrderedCollection** zwar eine neues Behäl-terobjekt angelegt wird, es aber dieselben Komponenten wie das Array hat. So liefern

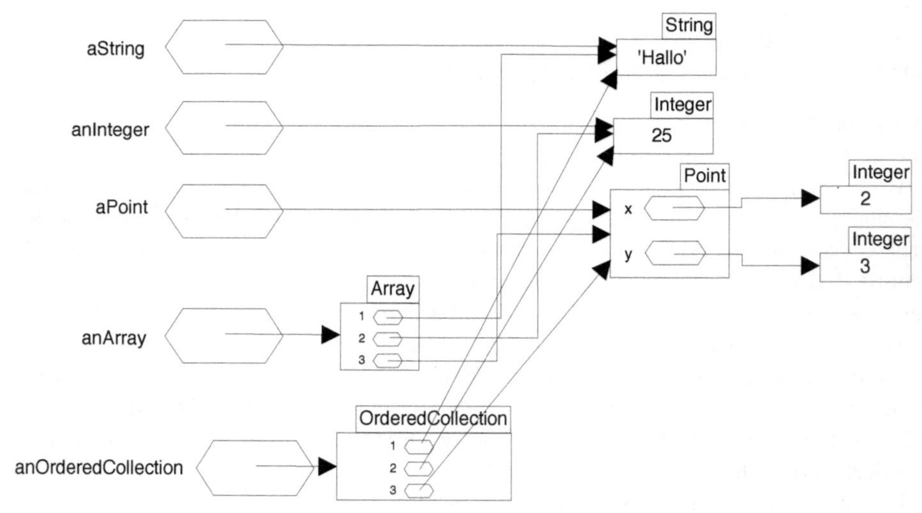

Abbildung 11.24: Die Wirkung von *Object-sharing*

z. B. die beiden folgenden Ausdrücke **true**:

```
anInteger == (anArray at: 2).
(anArray at: 2) == (anOrderedCollection at: 2)
```

Seiteneffekt   Problematisch kann nun Object-sharing werden, wenn eines der beteiligten Objekte verändert wird. Fügen wir der obigen Sequenz die Nachricht

```
aPoint x: 25
```

hinzu, bekommt die x-Koordinate von **aPoint** einen neuen Wert. Dies hat aber zur Folge, dass z. B. auch der Ausdruck

```
(anOrderedCollection at: 3) x
```

den Wert 25 liefert. Die Veränderung des **Point**-Objekts ist über alle drei existierenden Verweise sichtbar, da durch die **x:**-Nachricht der Zustand des vorhandenen **Point**-Objekts verändert wird und nicht etwa ein neues entsteht. So etwas bezeichnet man auch als Neben- oder Seiteneffekt. Diese sind nicht immer erwünscht. In solchen Fällen besteht die Möglichkeit, ein Objekt erst zu kopieren und dann zu verändern.

Nach der oben vorgenommenen Manipulation des **Point**-Objekts liefern auch die beiden folgenden Vergleichsausdrücke **true**:

```
(anOrderedCollection at: 3) x = anInteger.
(anOrderedCollection at: 3) x == anInteger
```

Die x-Koordinate des an **(anOrderedCollection at: 3)** gebundenen Punktes hat wie die Variable **anInteger** den Wert 25. Die beiden sind aber auch identisch, weil alle Zahlobjekte Unikate sind, d. h. von Zahlen existieren keine Kopien.

11.4.2 Gleichheit von Objekten selbst definierter Klassen

Im vorigen Abschnitt haben wir nur Objekte von Klassen aus der mitgelieferten Klassenbibliothek betrachtet. Wie sieht es aber nun mit der Gleichheit von Objekten selbst definierter Klassen aus. Greifen wir dazu noch einmal auf die in Abschnitt 11.2 definierte Klasse **Person** zurück. Wenn wir nun zwei initialisierte **Person**-Objekte erzeugen und auf Gleichheit überprüfen, erhalten wir folgendes Resultat:

```
| p1 p2 |
p1 := Person new.
p2 := Person new.
p1 = p2              "Print it: false"
```

Die beiden Variablen verweisen zwar auf zwei **Person**-Objekte, die in allen Exemplarvariablen übereinstimmen. Da wir aber die Gleichheit von Personen nicht definiert haben – mit anderen Worten: wir haben keine Methode „=" für die Klasse **Person** definiert – kommt die aus der Klasse **Object** geerbte Methode zur Anwendung und die nimmt, wie Abbildung 11.25 zeigt, eine Prüfung auf Identität vor.

Wann zwei Objekte einer benutzerdefinierten Klasse als gleich angesehen werden sollen, kann der Programmierer kraft Willkür der Definition festlegen. Deswegen kann in der Klasse **Object** sinnvoll auch nichts anderes als eine Identitätsprüfung vorgenommen werden. Es wäre z. B. durchaus denkbar, dass man zwei **Person**-Objekte als gleich ansehen möchte, wenn sie nur in bestimmten, aber nicht notwendig in allen Exemplarvariablen übereinstimmen. Dies könnte dann in der Definition der Methode „=" für die Klasse **Person** entsprechend berücksichtigt werden.

Andererseits kann man sich in diesem Fall fragen, warum im Objektspeicher überhaupt Kopien eines **Person**-Objektes existieren sollen. Es ist also keineswegs zwingend, die Gleichheit von Objekten eigener Klassen durch Bereitstellen einer entsprechenden Methode zu definieren.

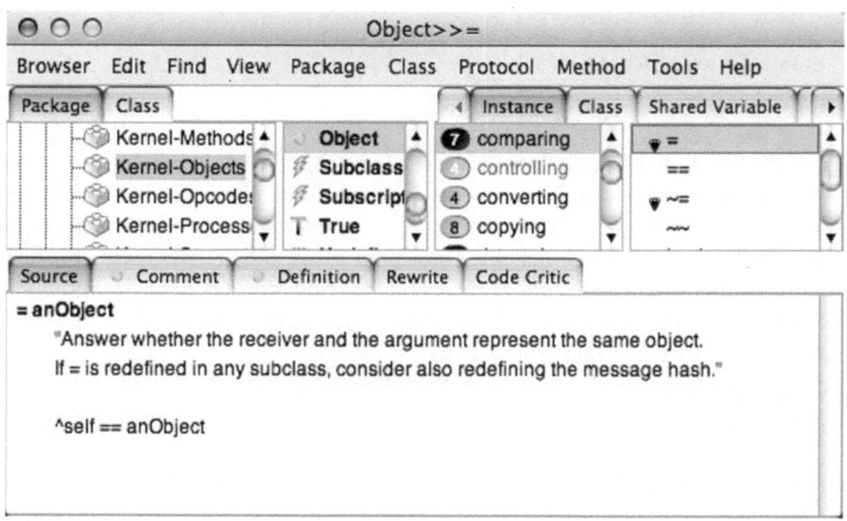

Abbildung 11.25: Die Methode „=" der Klasse `Object`

Falls man es tun möchte, gibt der Kommentar in der Methode „=" der Klasse `Object`
(s. Abbildung 11.25) gleich einen Hinweis: Man sollte in diesem Fall auch die Methode
Methode `hash`   `hash` definieren.

Hash-Funktion   Jedes Objekt versteht die Nachricht `hash`, d. h. es gibt in der Klasse `Object` eine
entsprechende Methode. Sie implementiert eine so genannte *Hash-Funktion*, die Objekte auf eine Teilmenge der ganzen Zahlen abbildet. Die Hash-Funktion muss die
Anforderung erfüllen, dass Objekte, die gleich (=) sind, auf die gleiche ganze Zahl abgebildet werden. In der Regel ist aber der Definitionsbereich der Funktion (die Menge
aller Objekte) größer als ihr Wertebereich (Teilmenge der ganzen Zahlen), so dass
es vorkommen kann, dass auch zwei Objekte, die ungleich sind, auf die gleiche Zahl
abgebildet werden.

Die Anwendung von Hash-Funktionen ist eine häufig verwendete Programmiertechnik für den effizienten Zugriff auf Datenstrukturen. In Smalltalk wird sie z. B. für
das Speichern von Elementen in Mengen (Sets) angewendet. Beim Hinzufügen eines
Elements muss geprüft werden, ob ein gleiches Element schon in der Menge enthalten ist. Wenn man aus dem Hash-Wert eines Objektes den Ablageort innerhalb der
effizienter   Datenstruktur errechnet, kann man für ein neu hinzuzufügendes Element sehr schnell
Zugriff auf   feststellen, ob sich ein gleiches schon darin befindet. Wenn nämlich der aus dem Hash-
Daten-   Wert des neuen Elements ermittelte Ablageort noch nicht belegt ist, bedeutet das,
strukturen   dass sich kein gleiches Objekt in der Datenstruktur befindet. Der umgekehrte Fall ist,
da auch nicht gleiche Objekte den gleichen Hash-Wert haben können, nicht ganz so
einfach abzuhandeln. Auf die Darstellung weiterer Einzelheiten wird hier aber verzichtet. Für die Programmierung in Smalltalk genügt es zu wissen, dass, falls man
für eine benutzerdefinierte Klasse die Gleichheit ihrer Exemplare definieren möchte,
man auch die geerbte Hash-Methode überschreiben sollte. Im Übrigen genügt es in
der Regel, sich an Beispiele für Hash-Methoden, wie sie in der Klassenbibliothek zu
finden sind, anzulehnen.

Nehmen wir als Beispiel an, wir wollten die Gleichheit der Exemplare unserer Klasse **Person** auf die Gleichheit der Nachnamen zurückführen, dann müssten wir folgende Exemplarmethode definieren:

```
= einePerson
    ^self nachName = einePerson nachName
```

Als Argument für die Hash-Funktion verwendet man dann auch nur die Exemplarvariable **nachName**:

```
hash
    ^self nachName hash
```

Hier machen wir davon Gebrauch, dass es sich beim Nachnamen einer Person um eine Zeichenkette handelt und in der Klasse **String** eine Hash-Methode definiert ist.

Mit diesen Ergänzungen liefert der Vergleich zweier mit **new** erzeugter **Person**-Objekte **true**:

```
| p1 p2 |
p1 := Person new.
p2 := Person new.
p1 = p2          "Print it: true"
```

Möchte man mehr als eine Komponente für die Prüfung auf Gleichheit heranziehen, sollte man auch die Hash-Funktion auf eine irgendwie geartete Kombination der Komponenten anwenden bzw. die Hash-Werte der einzelnen Komponenten verknüpfen. Nehmen wir an, zwei Personen sollen nur dann als gleich betrachtet werden, wenn sie in Vor- und Nachnamen übereinstimmen. Dann könnte man zunächst folgende =-Methode implementieren:

```
= einePerson
    ^self nachName = einePerson nachName
        and: [self vorName = einePerson vorName]
```

Für die Hash-Funktion könnte man sich nun z. B. dafür entscheiden, die Verkettung von Vor- und Nachname als Argument zu benutzen:

```
hash
    ^(self nachName, self vorName) hash
```

Oder man orientiert sich an anderen Hash-Funktionen, die zwei Exemplarvariablen der Objekte verknüpfen. Eine in der Klassenbibliothek (z. B. in der Klasse **Fraction**) benutzte Vorgehensweise verknüpft die Hash-Werte der Komponenten bitweise mit Exklusiv-Oder:

```
hash
    ^(self nachName hash) bitXor: (self vorName hash)
```

Welche Variante besser ist, kann ohne einen tieferen Einblick in die Theorie der Hash-Funktionen nicht beurteilt werden, was aber nicht Gegenstand dieses Buches ist.

11.4.3 Objektkopien

In einem inhaltlichen Zusammenhang mit dem Thema Objektidentität steht die Frage, ob, und wenn ja wie, Objekte kopiert werden können. Wir haben bereits gelernt, dass es Klassen gibt, deren Objekte nicht kopiert werden können. Dazu gehören u. a.:

- die Zahlenklassen

- die Klasse `UndefinedObject`, deren einziges Exemplar `nil` ist

- die Klassen `True` und `False`, deren einzige Exemplare `true` bzw. `false` sind

- die Klasse `Symbol`

Jedes Exemplar einer dieser Klassen existiert im Objektspeicher der virtuellen Maschine genau einmal. Von Objekten anderer Klassen können aber durchaus Kopien angefertigt werden. Nach dem Anfertigen einer Kopie kann auf ein Objekt über zwei verschiedene Namen (Variablen) zugegriffen werden. Das Kopieren kann dabei auf drei Ebenen stattfinden:

Zuweisung
   1. Durch die *Variablenzuweisung* werden nur Verweise auf Objekte kopiert, eine Objektkopie im engeren Sinne wird nicht erstellt. Die beiden Variablen verweisen auf dasselbe Objekt.

flache Kopie
   2. Eine so genannte *flache Kopie* ist ein Duplikat des Objektes, das sich aber die an die Exemplarvariablen gebundenen Objekte mit dem Ursprungsobjekt teilt. Das Duplikat ist dem Ursprungsobjekt gleich (=), aber es ist nicht mit ihm identisch (~~). Die an die Exemplarvariablen des Objekts und seines Duplikates gebundenen Objekte sind jedoch identisch (==).

tiefe Kopie
   3. Eine so genannte *tiefe Kopie* ist ein Duplikat des Objektes mit einer flachen Kopie der an die Exemplarvariablen gebundenen Objekte.

Betrachten wir nun diese drei Varianten anhand eines **Array**-Objekts. Abbildung 11.26 veranschaulicht noch einmal die Wirkung einer einfachen Zuweisung. Kopiert wird hier nur der in der Variablen **array1** enthaltene Verweis in die Variable **array2**, so dass hinterher beide Variablen an das eine, einzige Array gebunden sind.

Die Wirkung einer flachen Kopie ist in Abbildung 11.27 dargestellt. Es wird ein zweites **Array**-Objekt erzeugt, wobei die in den Exemplarvariablen des Ursprungs-Array enthaltenen Verweise in die korrespondierenden Exemplarvariablen des neuen Arrays kopiert werden. Auf der Ebene der Exemplarvariablen finden letztlich wieder Zuweisungen (Kopien von Verweisen) statt.

Nachricht
shallowCopy
   Ein solche flache Kopie kann in Smalltalk mit der Nachricht **shallowCopy** erzeugt werden. Der in Abbildung 11.27 dargestellte Vorgang entspricht dem Smalltalk-Ausdruck:

```
array2 := array1 shallowCopy
```

Nach Ausführung dieser flachen Kopie liefern die folgenden Ausdrücke jeweils **true**:

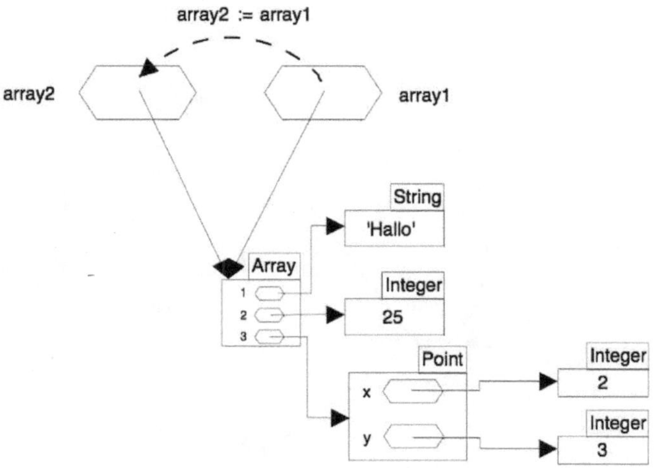

Abbildung 11.26: Zuweisung eines Arrays an eine andere Variable

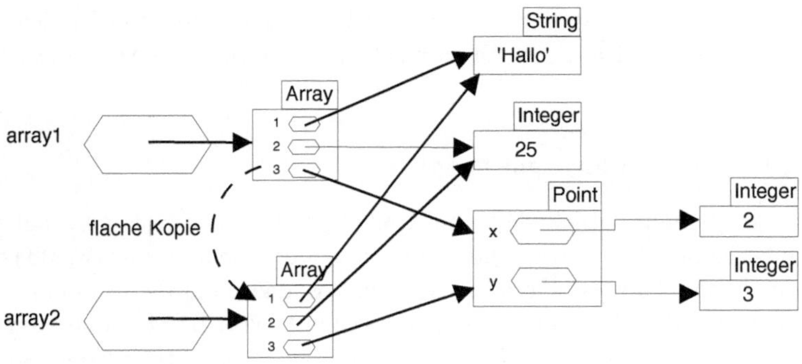

Abbildung 11.27: Flache Kopie eines Arrays

```
array1 = array2.
array1 ~~ array2.
(array1 at: 3) == (array2 at: 3)
```

Ein ähnlicher Vorgang wie eine flache Kopie spielt sich ab, wenn man einem Behälter eine der in Abschnitt 10.3 besprochenen Umwandlungsnachrichten, wie z. B. **asOrderedCollection**, schickt (vgl. auch Abbildung 11.24), obwohl es sich wegen der damit verbundenen Umwandlung nicht um eine echte Kopie handelt.

Abbildung 11.28 schließlich veranschaulicht den Vorgang einer tiefen Kopie. Es wird wie bei der flachen Kopie ein zweites **Array**-Objekt angelegt, zusätzlich werden aber flache Kopien der an das Ursprungs-Array gebundenen Objekte erstellt. Allerdings wird von der zweiten Array-Komponente, der Integer-Zahl 25, keine Kopie erzeugt, da – wie schon erwähnt – Zahlobjekte Unikate sind.

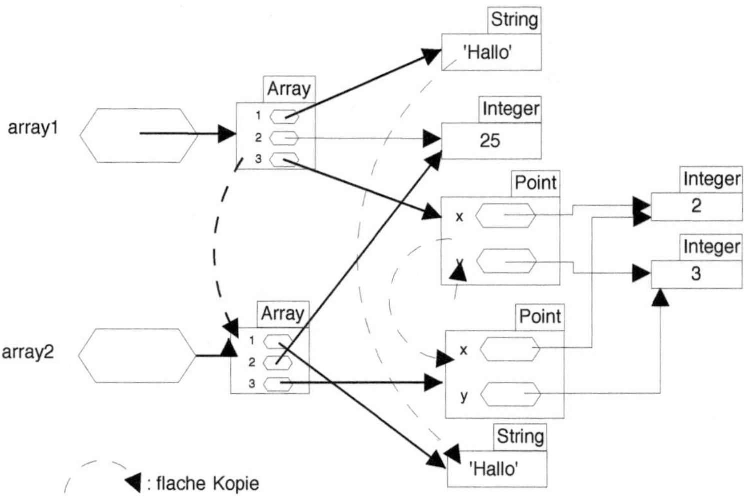

Abbildung 11.28: Tiefe Kopie eines Arrays

Es gibt in der Klassenbibliothek von *VisualWorks* keine Methode für tiefe Kopien. Stattdessen existiert in der Klasse `Object` neben der Methode `shallowCopy` folgende Methode:

```
copy
    ^self shallowCopy postCopy
```

Hier wird also von dem Objekt mit `shallowCopy` eine flache Kopie erzeugt und anschließend der Kopie die Nachricht `postCopy` gesendet. Die in der Klasse `Object` definierte Methode `postCopy` ist allerdings wirkungslos, da sie nur den Empfänger zurück gibt. Man hat aber die Möglichkeit, in einer eigenen Klasse die Methode `postCopy` zu überschreiben und auf diese Weise dafür zu sorgen, dass eine tiefe Kopie angefertigt wird.

Es gibt in der Klassenbibliothek von *VisualWorks* nicht viele Klassen, die die Nachricht `postCopy` implementieren. Eine davon ist die Klasse `Rectangle`, in der die Methode folgendermaßen definiert ist:

```
postCopy
    super postCopy.
    origin := origin copy.
    corner := corner copy
```

Ein Exemplar der Klasse `Rectangle` besitzt die beiden Klassenvariablen `origin` und `corner` (vgl. Abschnitt 5.7), die die Endpunkte einer Diagonalen eines achsenparallelen Rechtecks bilden. Es entspricht der Konvention in einer `postCopy`-Methode zunächst die der Oberklasse zu aktivieren, um auch geerbte Exemplarvariablen zu kopieren. In diesem Fall gibt es aber keine Oberklasse von `Rectangle` außer `Object`, in der die `postCopy`-Methode implementiert ist. Der Ausdruck `super postCopy` ist deshalb hier wirkungslos. In den beiden folgenden Zeilen wird mit `copy` jeweils eine Kopie der in den beiden Exemplarvariablen gespeicherten `Point`-Objekte angefertigt.

Ob es sich dabei wiederum um eine flache oder tiefe Kopie handelt, hängt davon ab, ob **postCopy** in der Klasse **Point** implementiert ist. Dies ist nicht der Fall. Es wäre auch sinnlos, da ein **Point**-Objekt nur auf zwei ganze Zahlen verweist, die ohnehin nicht kopiert werden könnten. Nach Ausführung der folgenden Nachrichtensequenz

```
| r1 r2 |
    r1 := Rectangle origin: 100@200 corner: 300@400.
    r2 := r1 copy.
```

liefern die folgenden Ausdrücke **true**:

```
r1 ~~ r2.
r1 origin ~~ r2 origin.
```

Der Kopiervorgang des Rechtecks ist in Abbildung 11.29 veranschaulicht.

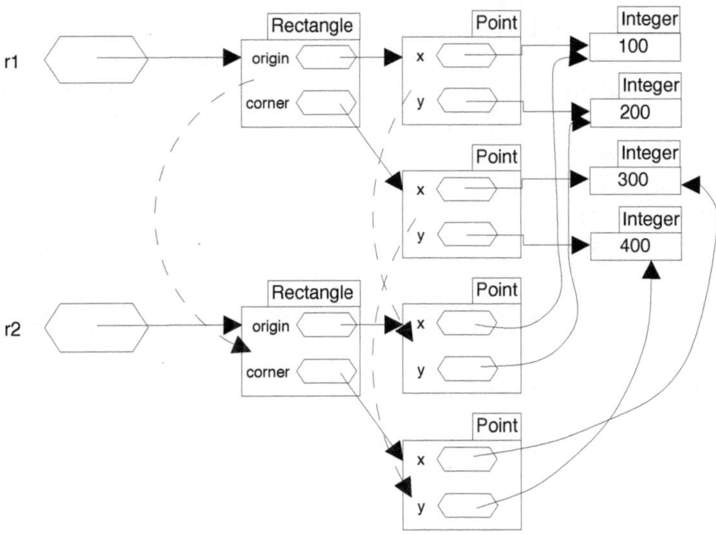

Abbildung 11.29: Tiefe Kopie eines **Rectangle**-Objekts

Tiefe versus flache Kopien

Es stellt sich nun die Frage, wann flache oder tiefe Kopien vorzuziehen sind. Generell lässt sich sagen, dass flache Kopien den geringeren Aufwand verursachen und deshalb, falls nichts anderes dagegen spricht, vorzuziehen sind. Das Problem bei flachen Kopien besteht in dem möglichen Auftreten von Nebeneffekten, da sich das Original und die Kopie die an ihre Exemplarvariablen gebundenen Objekte teilen. Eine Änderung des Zustands eines dieser Objekte wirkt sich dann zwangsläufig auf Original und Kopie aus. Wenn von einem Rechteck eine flache Kopie erzeugt würde, wirkte sich die Veränderung der **origin**- oder **corner**-Komponente der Kopie auch auf das Original aus, d. h. beide Rechtecke veränderten sich. Das dürfte bei Rechtecken in aller Regel ein unerwünschter Effekt sein.

Tiefe Kopien wird man im Allgemeinen dann bevorzugen, wenn die Komponenten eines Objekts untrennbare Bestandteile darstellen – wie z. B. die Endpunkte der Diagonalen eines Rechtecks –, denen vielleicht auch keine eigenständige Existenz zukommt. Ein anderes Beispiel könnte ein Objekt sein, dass ein Buch repräsentiert, dessen an die Exemplarvariablen gebundenen Objekte die Kapitel des Buches sind. Eine Kopie des Buch-Objekts zu erstellen, ohne die Kapitel-Objekte zu kopieren, erscheint nicht besonders sinnvoll. Wenn das Buchobjekt in einer weiteren Exemplarvariablen aber auf den Autor des Buches verweist, so darf beim Anlegen einer Kopie des Buches keinesfalls das den Autor repräsentierende Objekt kopiert werden. Andernfalls existierten für ein und dasselbe Objekt der Realwelt zwei Objekte im Speicher der virtuellen Maschine.

Flache Kopien sind immer dann unproblematisch, wenn Nebeneffekte nicht auftreten können, weil die Objekte, die von Original und Kopie geteilt werden, nicht verändert werden können. Das gilt zum einen für alle Objekte, die nicht kopiert werden können. Hier unterscheidet sich die Wirkung einer flachen von einer tiefen Kopie nicht. In den Abbildungen 11.27 und 11.28 erkennt man dies an dem zweiten Element von **array1** bzw. **array2**, die sowohl nach einer flachen als auch einer tiefen Kopie beide auf dasselbe Integer-Objekt verweisen. Zum anderen gehören in *VisualWorks* seit Version 7 auch die **String**-Objekte zu den nicht änderbaren Objekten. D. h. Ausdrücke der Art

```
aString at: anInteger put: aCharacter
```

führen zu einem Laufzeitfehler. So kann dem zweiten Element von **array2** in Abbildung 11.27 mit

```
array2 at:2 put:'Hello'
```

zwar ein neues **String**-Objekt zugewiesen werden. Dies bliebe aber ohne Wirkung auf das zweite Element von **array1**.

12 Algorithmischer Exkurs: Rekursion

In diesem Kapitel nehmen wir einen Faden wieder auf, der sich insbesondere durch die Kapitel 2 und 4 zog. Dort betrachteten wir grundlegende Prinzipien und Mittel für die Konstruktion von Algorithmen. Außerdem wurde in Abschnitt 11.1.3 bereits angedeutet, wie die Implementierung der Nachrichten für Wiederholungen durch *Rekursion* erfolgt.

Die Rekursion gehört zu den wichtigsten Konstruktionsprinzipien der Informatik für Algorithmen und Datenstrukturen. Unter rekursiven Strukturen versteht man allgemein solche, die sich selbst als Bestandteil enthalten. Da diese abstrakte Beschreibung eher verwirrend als erhellend ist, nähern wir uns dem Verständnis des Rekursionsprinzips anhand von Beispielen.

Rekursion ist keine Erfindung der Informatik, Beispiele für rekursive Definitionen sind z. B. aus der Mathematik bekannt.

Die natürlichen Zahlen können folgendermaßen definiert werden:

- 1 ist eine natürliche Zahl.

- Der Nachfolger einer natürlichen Zahl ist wieder eine natürliche Zahl.

Die Rekursivität der Definition besteht hier einfach darin, dass in ihrem zweiten Teil der zu definierende Begriff verwendet wird. Die Definition impliziert, dass die Menge der natürlichen Zahlen unendlich groß ist, da von jeder natürlichen Zahl wieder der Nachfolger genommen werden kann, der dann auch wieder eine natürliche Zahl ist.

Ein anderes bekanntes Beispiel ist die Definition der Fakultät einer natürlichen Zahl n, geschrieben als $n!$:

$$n! = \begin{cases} n = 1 : & 1 \\ sonst : & (n-1)! \cdot n \end{cases}$$

Charakteristisch für diese Definition ist, dass sie eine Fallunterscheidung enthält. Eine Rekursion ergibt sich nur für den Fall $n \neq 1$. Die Definition stellt auch gleichzeitig eine Berechnungsvorschrift dar. Die Berechnung von 4! sieht danach folgendermaßen aus:

$$\begin{aligned} 4! &= 3! \cdot 4 \\ &= 2! \cdot 3 \cdot 4 \\ &= 1! \cdot 2 \cdot 3 \cdot 4 \\ &= 1 \cdot 2 \cdot 3 \cdot 4 \\ &= 24 \end{aligned}$$

Die Rekursion endet in der vorletzten Zeile, da für den Fall $n = 1$ das Resultat direkt hingeschrieben werden kann.

In Abschnitt 11.1.3 haben wir bereits rekursive Blöcke kennen gelernt. Die obige rekursive Definition der Fakultät lässt sich in den folgenden, rekursiven Block übertragen:

```
| fak |
fak := [:n|
        (n=1)
            ifTrue: [1]
            ifFalse:[(fak value: n-1) * n]].
fak value: 4     "Print it: 24"
```

Innerhalb der Definition des Blocks **fak** wird ihm im **ifFalse:**-Zweig der Fallunterscheidung die Nachricht **value: n-1** geschickt, d. h. er wird innerhalb seiner Definition bereits benutzt. Wir haben damit ein Beispiel für einen rekursiven Algorithmus vor uns.

12.1 Rekursive Algorithmen

Durch die rekursive Auswertung des Blocks in dem obigen Algorithmus für die Berechnung der Fakultät wird ein bestimmter Teil der Berechnung wiederholt ausgeführt.

Rekursion: Ausdrucksmittel für Wiederholungen
Mit der Rekursion haben wir also ein weiteres algorithmisches Ausdrucksmittel für zu wiederholende Teile eines Algorithmus zur Verfügung. In Kapitel 4 haben wir bereits eine Vielzahl anderer Möglichkeiten, Wiederholungen auszudrücken, kennen gelernt. Derartige Wiederholungen bezeichnet man auch als *Iterationen*, bzw. die entsprechenden Algorithmen als *iterativ*. Den folgenden Betrachtungen werden wir die folgende Definition des rekursiven Algorithmus zugrunde legen:

> Wir nennen einen Algorithmus *rekursiv*, wenn einer der Elementarbausteine, durch die er definiert ist, wieder der Algorithmus selbst ist. Sonst nennen wir ihn *iterativ*. Ein Algorithmus heißt *direkt rekursiv*, wenn er in seiner eigenen Definition als Baustein dient. Er heißt *indirekt rekursiv*, wenn er in der Definition eines seiner Bausteine als Baustein dient.

Sowohl in der Mathematik als auch in der Informatik ist eine rekursive Lösung häufig auf sehr elegante Weise aus einer Problemstellung abzuleiten. Zu jedem rekursiven Algorithmus kann man aber einen äquivalenten iterativen Algorithmus angeben und umgekehrt. In Fällen, wo es für eine Problemstellung eine nahe liegende rekursive Lösung gibt, ist häufig die iterative Lösung komplizierter und unübersichtlicher.

unnötige Rekursivität vermeiden
Die Hardware handelsüblicher Prozessoren erlaubt indes nur, iterative Programme zu schreiben, d. h. spätestens vom Compiler oder Interpreter wird ein rekursiver in einen iterativen Algorithmus umgewandelt. Dies ist auch der Grund dafür, dass iterative Programme tendenziell schneller als rekursive sind, so dass man unnötige Rekursivität vermeiden sollte.

Eine Besonderheit von Smalltalk ist sicherlich, dass die von der Klassenbibliothek für Iterationen bereit gestellten Nachrichten auf eine rekursive Implementierung zurückgehen (vgl. Abschnitt 11.1.3). Hier kann man aber davon ausgehen, dass der Compiler hierfür einen sehr effizienten iterativen Code für die virtuelle Maschine erzeugt.

Wie bereits erwähnt, gibt es für manche Algorithmen eine natürliche, rekursive Formulierung. Übersichtlichkeit, Lesbarkeit und damit Pflegbarkeit von Algorithmen stellen wichtige Qualitätskriterien dar, die gegenüber der Effizienz von Fall zu Fall durchaus gleichwertig oder gar höherwertig sein können. Ein weiterer wichtiger Aspekt ist die Beweisbarkeit eines Algorithmus. Rekursive Formulierungen eines Algorithmus eignen sich oft gut für Korrektheitsbeweise mittels vollständiger Induktion.

Unnötige Rekursivität: Fakultät

Der oben betrachtete Algorithmus zur Berechnung der Fakultät ist ein Beispiel für unnötige Rekursivität, da er sich in natürlicher Weise iterativ formulieren lässt. Wir definieren diesmal eine Methode, die wir in der Klasse **Integer** ansiedeln:

```
fakulIterativ
    "berechnet die Fakultaet des Empfaengers nach einem
    iterativen Verfahren. Es wird vorausgesetzt, dass
    der Empfaenger groesser oder gleich 1 ist."

    | tmp |
    tmp := 1.
    2 to: self do: [:i | tmp := tmp * i].
    ^tmp
```

Um einen Eindruck davon zu bekommen, dass die iterative Lösung weniger Aufwand hervorruft, definieren wir zunächst eine entsprechende rekursive Methode:

```
fakulRekursiv
    "berechnet die Fakultaet des Empfaengers nach einem
    rekursiven Verfahren. Es wird vorausgesetzt, dass
    der Empfaenger groesser oder gleich 1 ist."

    self = 1
        ifTrue: [^1]
        ifFalse: [^self * (self - 1) fakulRekursiv]
```

Um $n!$ nach dem rekursiven Algorithmus zu berechnen, muss Folgendes passieren:

- n Aktivierungen der Methode **fakulRekursiv**

- n Ausführungen des Return-Operators

- n Multiplikationen

- n Bedingungsprüfungen

- $n - 1$ Subtraktionen

Für die iterative Formulierung ergibt sich folgender Aufwand:

- 1 Aktivierung der Methode **fakulIterativ**

- $n - 1$ Multiplikationen

- n Zuweisungen

- 1 Ausführung des Return-Operators

- $n - 1$ Schleifenverwaltungen

Das iterative Verfahren dürfte auf den meisten Rechnern bzw. virtuellen Maschinen schneller sein als das rekursive. Das hängt aber sehr stark davon ab, wie gut der Compiler in der Lage ist, die rekursive Methode zu optimieren. Es gibt in der Smalltalk-Klassenbibliothek in der Klasse **Time** die Klassenmethode **microsecondsToRun:**, die die für die Auswertung des als Argument übergebenen Blocks erforderliche Rechenzeit in Mikrosekunden bestimmt. Wir benutzen diese Methode, um exemplarisch die Zeit für die Berechnung von 100! zu ermitteln. Wiederholen wir diesen Vorgang 1000 mal

```
(Time microsecondsToRun:
    [1000 timesRepeat:
        [100 fakulIterativ]]) // 1000 "Print it: 85"
(Time microsecondsToRun:
    [1000 timesRepeat:
        [100 fakulRekursiv]]) // 1000 "Print it: 107"
```

ergeben sich für die durchschnittlichen Berechnungszeiten keine gravierenden Unterschiede. Dieses Ergebnis ist aber nicht repräsentativ für verschiedene Compiler, virtuelle Maschinen oder gar Programmiersprachen.

Algorithmus von der Ordnung n Beide Verfahren sind aber – wie wir sagen – von der Ordnung n. Damit will man ausdrücken, dass für die Ausführung des Algorithmus n Schritte erforderlich sind, wobei man aber die Komplexität des einzelnen Schrittes vernachlässigt.

Gelegentlich kann es unter Effizienzgesichtspunkten sinnvoll sein, über eine ganz andere Lösung der Fakultätsberechnung nachzudenken: Möglicherweise werden in einer Anwendung nur die Fakultäten der Zahlen zwischen 1 und einer oberen Grenze m benötigt. Es ist deshalb viel effizienter, eine Tabelle der Fakultäten von 0 bis m zu bilden, d.h. in einem Array (z.B. mit Namen **fakultaeten**) abzulegen. Mit dieser Vorbereitung berechnet man n! durch den Smalltalk-Ausdruck:

```
fakultaeten at: n
```

Algorithmus von der Ordnung 1 Dieser Algorithmus ist von der Ordnung 1, kostet aber möglicherweise – abhängig von m – viel mehr Speicherplatz. Das Phänomen, dass man die Aufwandsgrößen Rechenzeit und Speicherplatz nur jeweils zulasten der anderen optimieren kann, tritt bei der Entwicklung von Algorithmen durchaus nicht selten auf.

Die Türme von Hanoi

Ein schönes, wenn auch im Übrigen nutzloses Beispiel für einen Algorithmus, der sich verblüffend einfach rekursiv formulieren lässt, geht auf eine Legende zurück, die man sich in der Informatik seit langem erzählt und von der offenbar verschiedene Versionen existieren: die Legende der Türme von Hanoi. Dem Autor ist die Legende vor längerer Zeit etwa so erzählt worden: Vor einem Tempel in Hanoi standen einmal drei Säulen, eine aus Kupfer, eine aus Silber und eine aus Gold. Auf der kupfernen Säule befanden

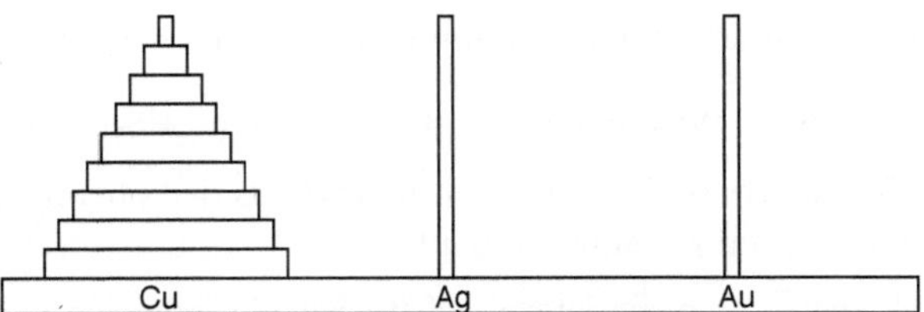

Abbildung 12.1: Türme von Hanoi

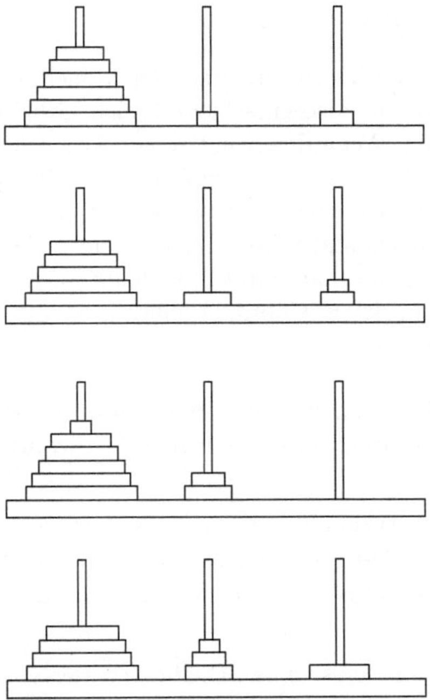

Abbildung 12.2: Das Umstapeln der ersten Scheiben der Türme von Hanoi

sich hundert Scheiben von Porphyr, jedes mal eine kleinere auf einer größeren Scheibe (vgl. Abbildung 12.1).

Ein alter Mönch bekam nun folgende Aufgabe:

> Transportiere den Turm mit den Scheiben von der kupfernen Säule auf die goldene Säule. Nimm dazu jedes mal die oberste Scheibe von einer Säule und lege sie oben auf eine andere Säule, so dass niemals eine größere Scheibe auf eine kleinere kommt.

Die Legende erzählt weiter, wenn der Mönch seine Aufgabe erfüllt haben werde, werde das Ende der Welt gekommen sein.

Um die schwierige Aufgabe des Mönchs zu veranschaulichen, ist in Abbildung 12.2 das Umstapeln der ersten Scheiben dargestellt.

Nach intensivem Nachdenken kamen dem alten Mönch zwei Erkenntnisse:

1. Um die Aufgabe erfüllen zu können, muss die silberne Säule mitbenutzt werden.

2. Die Aufgabe kann im Wesentlichen in drei Schritten gelöst werden:

   Schritt 1: Transportiere den Turm, bestehend aus den oberen 99 Scheiben von der kupfernen auf die silberne Säule.

   Schritt 2: Transportiere die letzte, größte Scheibe von der kupfernen auf die goldene Säule.

   Schritt 3: Transportiere zum Schluss den Turm von 99 Scheiben von der silbernen auf die goldene Säule

Beim Betrachten dieses Verfahrens erkannte der Mönch, dass die Schritte 1 und 3 für ihn zu beschwerlich waren. Also entschloss er sich, Schritt 1 von seinem ältesten Schüler ausführen zu lassen. Wenn dieser mit seiner Arbeit fertig wäre, trüge der alte Mönch selbst die große Scheibe von der kupfernen auf die goldene Säule und dann nähme er nochmals die Dienste seines ältesten Schülers in Anspruch.

Da der Mönch nicht nur alt und weise, sondern auch sehr fair war, hat er seinem ältesten Schüler seinen genialen Plan mitgeteilt, damit auch er bei seiner Aufgabe, 99 Scheiben zu transportieren, davon Gebrauch machen konnte. Er hat deshalb seinen Plan wie folgt verallgemeinert:

Das Verfahren, einen Turm von n Scheiben von der *einen* auf die *andere* Säule zu transportieren unter Verwendung der *dritten* Säule:

Schritt 1: Wenn der Turm aus mehr als einer Scheibe besteht, dann bitte deinen ältesten Schüler, einen Turm von $n-1$ Scheiben von der ersten Säule auf die dritte Säule unter Verwendung der anderen Säule zu transportieren.

Schritt 2: Trage dann selbst eine Scheibe von der einen auf die andere Säule.

Schritt 3: Wenn der Turm aus mehr als einer Scheibe besteht, dann bitte deinen ältesten Schüler, einen Turm von $n-1$ Scheiben von der dritten Säule auf die andere Säule unter Verwendung der einen Säule zu transportieren.

Das Umstapeln der Scheiben beginnt also damit, das der alte Mönch seinen ältesten Schüler bittet, den Turm mit den 99 oberen Scheiben zu transportieren. Der Leser möge nun versuchen, die folgenden Fragen über diesen Algorithmus zu beantworten:

- Was ist die erste Sache, die dieser Schüler jetzt macht?

- Wie viel Mönche bzw. Schüler werden in die Arbeit involviert sein, bevor die erste Scheibe bewegt wird?

- Wie sieht die Arbeit des n-ten Mönchs aus?

- Was tut der alte Mönch, wenn sein Schüler sich bei ihm meldet?

Wir beschreiben jetzt den Algorithmus des alten Mönchs in Smalltalk, wobei wir, statt eine Scheibe zu bewegen, einfach ins Transcript ausgeben werden, welche Scheibe jetzt von welcher Säule auf welche Säule bewegt werden muss. Wir definieren dazu eine Methode **transportTurmVon:nach:mit:** für die Klasse **Integer**, wobei der Empfänger der Nachricht die Höhe des Turms angibt. Die Aufgabe des alten Mönchs wird dann durch den folgenden Smalltalk-Ausdruck gelöst:

```
100 transportTurmVon: 'Kupfer' nach: 'Gold' mit: 'Silber'
```

Die Methode lautet:

```
transportTurmVon: eine nach: andere mit: dritte}
    "... realisiert den Algorithmus 'Tuerme von Hanoi'.
    Empfaenger der Nachricht ist eine ganze Zahl, die die
    Hoehe des Turms angibt."

    "Schritt 1:"
    self > 1
        ifTrue:
            [self - 1
                transportTurmVon: eine
                nach: dritte
                mit: andere].
    "Schritt 2:"
    Transcript
        show: 'Scheibe ';
        show: self printString;
        show: ' von ';
        show: eine;
        show: ' nach ';
        show: andere;
        cr.
    "Schritt 3:"
    self > 1
        ifTrue:
            [self - 1
                transportTurmVon: dritte
                nach: andere
                mit: eine]
```

Es handelt sich hier um eine in der Tat sehr einfache, übersichtliche Methode, von deren korrekter Wirkungsweise sich zu überzeugen, für mit der rekursiven Denkweise wenig Vertraute aber durchaus schwierig ist. Insbesondere die Behauptung, dass der Algorithmus tatsächlich die Regel einhält, dass niemals eine größere auf eine kleinere Scheibe gelegt wird, ist nicht ohne Weiteres einzusehen. Wir werden im nächsten Abschnitt einen Beweis skizzieren, dass diese Behauptung tatsächlich gilt.

Hier begnügen wir uns zunächst damit, den Algorithmus anhand eines kleinen Turms zu testen, so dass man die protokollierten Scheibenbewegungen „von Hand"

nachvollziehen und überprüfen kann. Nachfolgend ist das Protokoll der Scheibenbewegungen im Transcript wiedergegeben, wenn man mit der Nachricht

```
4 transportTurmVon: 'Kupfer' nach: 'Gold' mit: 'Silber'
```

einen Turm mit vier Scheiben transportiert:

```
Scheibe 1 von Kupfer nach Silber
Scheibe 2 von Kupfer nach Gold
Scheibe 1 von Silber nach Gold
Scheibe 3 von Kupfer nach Silber
Scheibe 1 von Gold nach Kupfer
Scheibe 2 von Gold nach Silber
Scheibe 1 von Kupfer nach Silber
Scheibe 4 von Kupfer nach Gold
Scheibe 1 von Silber nach Gold
Scheibe 2 von Silber nach Kupfer
Scheibe 1 von Gold nach Kupfer
Scheibe 3 von Silber nach Gold
Scheibe 1 von Kupfer nach Silber
Scheibe 2 von Kupfer nach Gold
Scheibe 1 von Silber nach Gold
```

Wir kommen nun noch auf eine Bemerkung in der Legende zurück, derzufolge das
Ende der Welt gekommen sein wird, wenn der Mönch seine Aufgabe erledigt haben
wird. Wir fragen uns: Wie lange dauert der Transport eines Turms mit 100 Scheiben? Dazu versuchen wir zunächst zu klären, wie viel Scheibenbewegungen dafür
erforderlich sind. Man kann sich leicht klar machen, dass für 3 Scheiben 7 Bewegungen, für 4 Scheiben bereits 15 (s. o.) und für 5 Scheiben 31 Bewegungen gebraucht
werden. Allgemein braucht man, um einen Turm von n Scheiben zu transportieren,
offenbar $2^n - 1$ Scheibenbewegungen. Für einen Turm mit 100 Scheiben sind das
1267650600228229401496703205375.

Wenn die Mönche sehr flink sind und pro Sekunde eine Scheibe bewegen, dauert
das Ganze ungefähr $4 \cdot 10^{22}$ Jahre.

12.2 Korrektheit von rekursiven Algorithmen

Bei rekursiven Algorithmen kann man versuchen, die Korrektheit mittels einer Art
rekursiver Induktion zu beweisen. Ist die Induktionsvariable bei der iterativen Methode die Zahl der Durchläufe durch einen bestimmten Punkt in dem Algorithmus, so ist
Rekursionstiefe es bei rekursiver Induktion die *Rekursionstiefe*, die ein rekursiver Aufruf verursacht.
Unter dieser Rekursionstiefe verstehen wir:

> Findet beim Ausführen des Aufrufs kein rekursiver Aufruf statt, dann
> ist die Rekursionstiefe 0, und sonst ist sie um 1 größer als die größte
> Rekursionstiefe aller weiteren Aufrufe, die durch diesen Aufruf verursacht
> werden.

Zum Beispiel hat der Aufruf

```
1 transportTurmVon: 'Kupfer' nach: 'Gold' mit: 'Silber'
```

die Rekursionstiefe 0, weil keine weiteren rekursiven Aufrufe verursacht werden. Der Aufruf

```
2 transportTurmVon: 'Kupfer' nach: 'Gold' mit: 'Silber'
```

hingegen verursacht zwei weitere Aufrufe, die jeweils die Rekursionstiefe 0 haben. Er hat also die Rekursionstiefe $0 + 1 = 1$.

Allgemein hat der Aufruf

```
n transportTurmVon: s1 nach: s2 mit: s3
```

die Rekursionstiefe $n - 1$. Dies könnte wiederum mit vollständiger Induktion bewiesen werden. Darauf verzichten wir aber an dieser Stelle.

Ein Beweis mittels rekursiver Induktion läuft nun folgendermaßen ab:

1. Formuliere die Behauptung, die für den Algorithmus gelten muss.

2. Zeige, dass die Behauptung für einen Aufruf mit Rekursionstiefe 0 gilt.

3. Zeige, dass aus der Gültigkeit der Behauptung für Aufrufe mit Rekursionstiefe gleich n die Gültigkeit der Behauptung für Aufrufe mit Rekursionstiefe $n + 1$ folgt.

Korrektheit des Algorithmus *Türme von Hanoi*

Als Grundlage für die Beweisführung nehmen wir die Methode `transportTurmVon:-nach:mit:`.

Behauptung: Bei Ausführung des Aufrufs

```
k transportTurmVon: s1 nach: s2 mit: s3
```

wird nie eine der k Scheiben auf eine kleinere gelegt, und nachher sind die oberen k Scheiben von Säule **s1** nach Säule **s2** transportiert worden. Die Rekursionstiefe beträgt $k - 1$ (s. o.).

Verankerung: Wenn die Rekursionstiefe $k - 1 = 0$ ist, wird genau eine Scheibe transportiert auf die Säule, wo die kleinsten $k - 1$ Scheiben nicht liegen, d. h. die Behauptung gilt für Rekursionstiefe 0.

Induktionsannahme: Die Behauptung gilt für Rekursionstiefe $k - 1 = n$, also $k = n + 1$

Induktionsschluss Wir betrachten jetzt den Aufruf

```
n+2 transportTurmVon: s1 nach: s2 mit: s3
```

Dieser Aufruf wird aufgeführt als

Schritt 1: `n+1 transportTurmVon: s1 nach: s3 mit: s2`

Schritt 2: Transportiere eine Scheibe von **s1** nach **s2**

Schritt 3: `n+1 transportTurmVon: s3 nach: s2 mit: s1`

In den Schritten 1 und 3 werden Aufrufe mit Rekursionstiefe n gemacht, für die laut Induktionsannahme die Behauptung gilt. In Schritt 2 wird die Scheibe $n + 2$ (die größte, wenn wir voraussetzen, dass die Scheiben auf dem Turm von oben nach unten bei 1 beginnend durchnummeriert werden) von Säule s1 nach Säule s2 transportiert, wobei infolge Schritt 1 die $n + 1$ kleineren Scheiben auf Säule s3 liegen, d. h. die Behauptung gilt.

Somit haben wir mittels rekursiver Induktion die Behauptung für jede Rekursionstiefe größer oder gleich 0, d. h. für jede Scheibenzahl größer oder gleich 1 bewiesen.

Termination   Zu einem vollständigen Beweis der Korrektheit eines rekursiven Algorithmus gehört auch, seine *Termination* zu beweisen. Ein Algorithmus terminiert, wenn er nach endlich vielen Schritten beendet ist. Für den Algorithmus *Türme von Hanoi* folgt dies relativ einfach aus der Überlegung, dass die Rekursionstiefe nie kleiner als 0 werden kann, da für den Fall, dass sie 0 ist, kein weiterer rekursiver Aufruf erfolgt.

12.3 Rekursive Denkweise

Eine häufig gerade von Programmieranfängern gestellte Frage lautet: Wie findet man rekursive Lösungen eines Problems? Die Frage kann auch verallgemeinert werden: Wie findet man überhaupt eine Lösung eines Problems? Auf beide einfache Fragen gibt es leider keine einfachen Antworten, schon gar nicht existieren irgendwelche Patentrezepte, die einen von der gegebenen Problemstellung zu einem korrekten Algorithmus führen. Bezüglich der rekursiven Algorithmen sind hier allerdings einige grundsätzliche Anmerkungen zu der Denkweise, die ihnen in der Regel zugrunde liegen, angebracht.

Rekursive Algorithmen beruhen häufig auf dem Prinzip „Teile und herrsche". Mit anderen Worten, rekursive Lösungen bieten sich dann an, wenn ein Problem durch Zerlegung in kleinere Probleme und anschließendem Zusammenfügen der Teillösungen zur Gesamtlösung gelöst werden kann.

Im Hinblick auf die im Abschnitt 12.1 betrachteten Beispiele lässt sich dieser abstrakte Gedanke folgendermaßen konkretisieren: Löse ein Problem der „Größe" n unter der Annahme, dass es für das Problem der Größe $n - 1$ bereits eine Lösung gibt. Die rekursive Methode `fakulRekursiv` berechnet $n!$ unter der Annahme, dass der Wert von $(n - 1)!$ bereits existiert. Das Problem, einen Turm von n Scheiben gemäß den für die *Türme von Hanoi* geltenden Regeln zu transportieren, wird auch unter der Annahme gelöst, dass das Problem für einen Turm der Höhe $n - 1$ bereits gelöst ist.

Durch jeden rekursiven Aufruf wird in diesen Beispielen die Problemgröße um 1 verkleinert. Zu einer vollständigen rekursiven Lösung gehört daher auch immer, die Lösung für eine kleinste Größe (z. B. $n = 1$) direkt angeben zu können.

Um diese Denkweise an einem weiteren Beispiel zu illustrieren, betrachten wir die Aufgabe, die Summe der in einem Array gespeicherten Zahlen zu berechnen. Also soll etwa der Ausdruck

```
#(3 7 11 25) summe
```

als Resultat 46 liefern. Wie kann nun das Problem, die Summe für ein Array der Größe n zu berechnen, auf die Berechnung der Summe eines Arrays mit $n - 1$ Elementen zurückgeführt werden? Nun, wenn die Summe für die ersten $n - 1$ Elemente bekannt ist, braucht für die Gesamtsumme nur das n-te Element hinzuaddiert werden.

Wie sieht nun in diesem Fall die „kleinste" Problemgröße aus? Wenn das Array leer ist, sei die Summe der Elemente 0.

Aus diesen Überlegungen lässt sich die folgende, rekursive Methode ableiten, die wir der Einfachheit halber in der Klasse **Array** ansiedeln:

```
summe
    "berechnet rekursiv die Summe der Elemente
    des Empfaenger-Arrays"

    ^self size = 0
        ifTrue: [0]
        ifFalse: [(self copyFrom: 1 to: self size - 1) summe
                    + (self at: self size)]
```

Im **ifFalse:**-Zweig wird die Methode mit einer um ein Element verkleinerten Kopie des Empfängers aufgerufen und anschließend wird das letzte Element addiert.

In diesem Beispiel geht es – wie gesagt – nur um die Illustration der rekursiven Denkweise. Ansonsten spricht nichts dafür, gerade dieses Problem rekursiv zu lösen.

12.4 Unendliche Strukturen

In diesem Abschnitt werden wir die Möglichkeiten andeuten, die sich zum einen aus dem Rekursionsprinzip und zum anderen aus der Tatsache, dass Blöcke Objekte sind, ergeben. Blöcke können als Objekte selbstverständlich auch als Komponenten in einem Behälter auftreten. Da damit Blöcke neben anderen „Daten" in ein und derselben Datenstruktur auftreten können, verschwimmt hier der Unterschied zwischen Programmen und Daten (siehe auch Abschnitt 11.1.3).

Hier können die sich daraus eröffnenden Möglichkeiten nicht ausführlich behandelt werden. Stattdessen soll nur ein einfaches Beispiel einen Eindruck davon vermitteln.

Nehmen wir an, wir brauchen eine Datenstruktur, die eine unendlich lange, lückenlose Folge ganzer Zahlen beginnend bei einem vorzugebenden Startwert enthält. Ein Smalltalk-Ausdruck der Form

```
n from
```

soll eine solche Folge z. B. als **OrderedCollection** mit dem Startwert **n** liefern. Die Methode **from** definieren wir in der Klasse **Integer**. Wohl wissend, dass eine unendlich lange Liste in keinem realen Speicher untergebracht werden kann, abstrahieren wir für einen Moment von derlei technischen Beschränkungen. Naiverweise schreiben wir folgende rekursive Methode **from**:

```
from
    | list |
    list := OrderedCollection new.
    list add: self.
    list add: (self + 1) from.
    ^list
```

Aktivierte man diese Methode z. B. mit `1 from` tatsächlich, schriebe sie in einem nicht endenden Prozess zunächst ihren Empfänger an den Anfang einer `Ordered-Collection` und riefe sich dann mit dem um eins vergrößerten Empfänger rekursiv auf. Die resultierende Struktur sähe dann etwa so aus:

```
OrderedCollection(1
                  OrderedCollection(2
                                    OrderedCollection (3 ...)
                                    )
                  )
```

Da die Rekursion nicht endet, ist die Methode praktisch unbrauchbar. Deswegen nehmen wir folgende Modifikation vor:

```
from
    | list |
    list := OrderedCollection new.
    list add: self.
    list add: [(self + 1) from].
    ^list
```

Der einzige, aber wesentliche Unterschied besteht darin, dass der rekursive Aufruf als Block in eckige Klammern geschrieben wurde. Die aus einem Aufruf von `from` resultierende `OrderedCollection` enthält nun zwei Elemente. Im ersten steht der Empfänger, also das erste Glied der Zahlenfolge, im zweiten ein Block, der die Berechnungsvorschrift für das nächste Folgenglied enthält. So liefert beispielsweise die Auswertung von `25 from`:

```
OrderedCollection (25 BlockClosure [] in Integer>>from)
```

Damit haben wir also eine Struktur aufgebaut, deren erstes Element ein „einfaches" Zahlobjekt ist – es handelt sich sozusagen um Daten im klassischen Sinne –, während das zweite Element einen Block – ein Stück Programmcode – beinhaltet.

Wann immer das zweite Glied der Folge benötigt wird, muss der Verbraucher dieser „unendlichen" Folge nur dafür sorgen, dass der Block ausgewertet wird. Betrachten wir als Anwendungsbeispiel eine Methode **sum:**, die die ersten n Glieder der als Argument übergebenen Zahlenfolge berechnen soll. Die Zahl n ist der Empfänger der Nachricht. Um die ersten 100 Glieder der mit 25 beginnenden Zahlenfolge zu errechnen, ist dann der folgende Ausdruck auszuwerten:

```
100 sum: 25 from
```

Wir definieren die Methode **sum:** wiederum in der Klasse `Integer`:

```
sum: list
    ^self = 0
        ifTrue: [0]
        ifFalse: [list first
                    + (self - 1 sum: (list at: 2) value)]
```

Das rekursive Prinzip (vgl. Abschnitt 12.3) dieser Methode besteht wiederum darin, dass die Summe durch Addition des ersten Folgenglieds (`list first`) auf die Summe der restlichen Folgenglieder ermittelt wird. Die restlichen Folgenglieder erhält man hier, indem dem im zweiten Element der OrderedCollection **list** stehenden Block die Nachricht **value** geschickt wird. Dadurch werden dann durch den erneuten Aufruf von **from** genau das nächste Element und die Berechnungsvorschrift für das übernächste ermittelt und wiederum in einer **OrderedCollection** gespeichert.

Hier wird nun der Unterschied zwischen der ersten, unbrauchbaren und der zweiten Variante der Methode **from** deutlich. Der in der ersten Variante vorhandene rekursive Aufruf wird in der zweiten durch den Einschluss in die Blockklammer so lange verzögert (träge Auswertung), bis er benötigt wird, wie dies in der Methode **sum** z. B. der Fall ist.

Selbstverständlich kann das hier vorgestellte Problem ohne Rekursion und auch ohne träge Auswertung in einfacher und effizienter Weise gelöst werden. Auf die sich aus der Kombination dieser beiden Prinzipien ergebenden programmiertechnischen Möglichkeiten kann hier nicht weiter eingegangen werden. Nähere Informationen hierzu findet man in Lehrbüchern zum Thema *Funktionale Programmierung*, wie z. B. in Pepper und Hofstedt (2006).

13 Datenströme und Dateien

Die in Kapitel 10 behandelten Nachrichten für das Durchlaufen geordneter Behälter verlangen, dass die Elemente eines Behälters ohne Unterbrechung abgearbeitet werden. Alle Operationen, die auf den Elementen ausgeführt werden sollen, müssen in einem Block zusammengefasst werden, der der jeweiligen Nachricht an das Behälterobjekt als Parameter mitgegeben wird. Gelegentlich ist es aber praktischer, die Abarbeitung der Behälterelemente unterbrechen und zu einem späteren Zeitpunkt – an anderer Stelle im Programm – wieder aufnehmen zu können.

Hierfür wäre es sehr hilfreich, wenn man einem Behälter eine Nachricht der Art

„liefere das nächste Element"

schicken könnte. Man spricht hier vom *sequentiellen Zugriff* auf den Behälter. Um diesen zu ermöglichen, müsste im Behälterobjekt aber mindestens darüber Buch geführt werden, auf welches Element zuletzt zugegriffen wurde. Dies ist in den Behälterklassen aber nicht vorgesehen.

Stattdessen wird in Smalltalk die Möglichkeit geschaffen, einem geordneten Behälter eine Verwaltungsstruktur für den sequentiellen Zugriff „überzustülpen". Diese Verwaltungsstrukturen sind Exemplare der Klasse **Stream** bzw. ihrer Unterklassen **ReadStream** und **WriteStream**. Ein **ReadStream**, der mit einem geordneten Behälter verknüpft wird, verwandelt diesen sozusagen in einen kontinuierlichen Datenstrom, der sequentiell von vorn nach hinten abgearbeitet werden kann. Im **ReadStream**-Objekt wird dabei verwaltet, welches Objekt beim nächsten Zugriff abzuliefern ist. Weitere Einzelheiten sind in Abschnitt 13.1 zu finden.

Immer wieder mal ergibt sich für ein Anwendungsprogramm die Notwendigkeit, Daten zu verarbeiten, die in *Dateien* (engl.: files) auf externen Speichermedien abgelegt sind. Dabei kann es sich z. B. um Texte, Bilder oder Videosequenzen handeln. Die einfachste und am häufigsten vorkommende Art, den Dateiinhalt abzuarbeiten, ist der sequentielle Zugriff. Dies hat die Designer der Smalltalk-Klassenbibliothek dazu bewogen, auch Dateien als externe Datenströme zu betrachten, die mit ähnlichen Nachrichten wie die internen, mit Behältern verknüpften Datenströme bearbeitet werden können. In Abschnitt 13.2 wird der sequentielle Zugriff auf Dateien behandelt.

13.1 Sequentieller Zugriff auf geordnete Behälter

Die Möglichkeit, auf geordnete Behälter sequentiell zugreifen zu können, wird in Smalltalk also durch die Klasse **Stream** geschaffen. Für den Anwendungsprogrammierer wichtige Unterklassen sind **ReadStream** und **WriteStream**. In der Regel wird ein Datenstrom nämlich entweder lesend oder schreibend bearbeitet. Beschäftigen wir uns zunächst mit dem lesenden Zugriff.

Lesender Zugriff

Ausgangspunkt ist hier ein geordneter Behälter, der mit Daten gefüllt ist, die sequentiell lesend abgearbeitet werden sollen. Dazu muss der Behälter mit einem **ReadStream**-
Objekt verknüpft werden. Dies kann wie folgt geschehen:

```
| string readStream zeichen|
string := 'eine beliebige Zeichenkette'.
readStream := ReadStream on: string.
```

Der Behälter ist hier ein **String**-Objekt, die Nachricht **on:**, an die Klasse **ReadStream**
geschickt, verbindet den als Parameter übergebenen Behälter mit einem Exemplar
dieser Klasse. Die Wirkung ist in Abbildung 13.1 schematisch dargestellt.

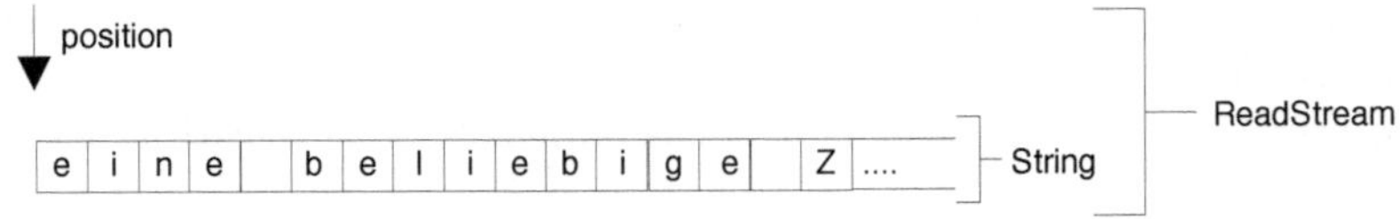

Abbildung 13.1: Verknüpfung eines **ReadStreams** mit einem **String**

Ein **ReadStream**-Objekt verwaltet in einer **position** genannten Exemplarvariablen
den Ort des im Sinne des sequentiellen Zugriffs nächsten aus dem Behälter zu lesenden Objekts. Führt man die obige Sequenz mit **Inspect it** aus, erkennt man (vgl.
Abbildung 13.2), dass die Variable **position** nach dem Erzeugen eines **ReadStream**-
Exemplars den Wert 0 hat.

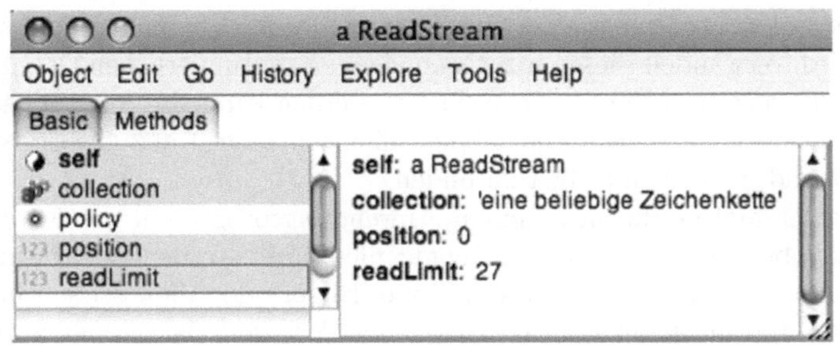

Abbildung 13.2: Ein **ReadStream**-Objekt

Nachricht **next**   Ein lesender Zugriff wird auf einem **ReadStream** mit der Nachricht **next** ausgeführt.
Ergänzt man die obige Anweisungsfolge um

```
zeichen := readStream next.
```

wird mit dem Index **position+1** auf das **String**-Objekt zugegriffen und das Zeichen
$e in der Variablen **zeichen** abgelegt. Anschließend wird der Wert der Exemplarva-
riablen **position** um 1 erhöht, so dass bei erneuter Ausführung von **next** das Zeichen
$i geliefert würde.

Abbildung 13.2 zeigt auch, dass ein **ReadStream**-Objekt in einer Exemplarvariablen **readLimit** die Anzahl der Komponenten des verknüpften Behälters mitführt.

Ein Versuch mit der Nachricht **next** auf das achtundzwanzigste Zeichen zuzugreifen, würde mit einem Laufzeitfehler quittiert. Mit der Nachricht **atEnd** kann geprüft werden, ob der **ReadStream** keine weiteren, noch nicht gelesenen Objekte enthält. Eine Anwendung zeigt die folgende Smalltalk-Sequenz; sie schreibt alle Konsonanten der Zeichenkette ins Transcript:

```
| string readStream  |
string := 'eine beliebige Zeichenkette'.
readStream := ReadStream on: string.
[readStream atEnd]
    whileFalse:
        [ | zeichen |
         zeichen := readStream next.
         zeichen isVowel ifFalse:[Transcript nextPut: zeichen]]]
```

Schreibender Zugriff

Beim schreibenden Zugriff wird ein **WriteStream**-Objekt mit einem in der Regel zu Beginn leeren, geordneten Behälter verknüpft. Dies geschieht wiederum mit der Nachricht **on:**. Anschließend kann mithilfe der Nachricht **nextPut:** – gesendet an das **WriteStream**-Objekt – ein Objekt an das Ende des Behälters geschrieben werden. In der Exemplarvariablen **position** steht immer der Index des zuletzt geschriebenen Objekts. Mit der Smalltalk-Sequenz

Nachricht
nextPut:

```
| array writeStream |
array := Array new.
writeStream := WriteStream on: array.
1 to: 10 do: [ :i | writeStream nextPut: i]
```

werden die Zahlen von 1 bis 15 in das Array geschrieben. In Verbindung mit **Write-Streams** ist es sogar sinnvoll, ein leeres Array-Objekt anzulegen, während mit den Nachrichten für geordnete Behälter einem leeren Array keine Objekte hinzugefügt werden könnten (vgl. Abschnitt 10.2).

Mit der Nachricht **nextPutAll:** kann der Inhalt des als Argument übergebenen Behälters an das Ende des mit dem **WriteStream** verknüpften Behälters geschrieben werden. Damit hat man übrigens ein sehr effizientes Verfahren zur Verfügung, zwei Zeichenketten aneinanderzufügen, wie folgende Anweisungen zeigen:

Nachricht
nextPutAll:

```
| string stream |
string := String new.
stream := WriteStream on: string.
stream nextPutAll: 'eine beliebige'.
stream nextPutAll: ' Zeichenkette'.
stream contents
    "Print it liefert:'eine beliebige Zeichenkette'"
```

Die Nachricht **contents** liefert eine Kopie des mit einem **Stream**-Objekt verknüpften Behälters im Indexbereich 1 bis **readLimit**. Zwei Zeichenketten können auch mit der binären Nachricht „," verkettet werden. Dabei werden aber beide Operanden-Zeichenketten im Speicher kopiert. Dies ist insbesondere dann ein zeitraubendes Verfahren, wenn z. B. innerhalb einer Schleife eine Zeichenkette bei jedem Durchlauf verlängert wird. Hier ist es empfehlenswert mit **Stream**-Objekten zu arbeiten, die über eine besonders effiziente Speicherverwaltung verfügen.

Die Nachrichten **nextPut:** und **nextPutAll:** haben wir bereits in Abschnitt 5.3.3 kennen gelernt. Sie dienen auch dazu, Einzelzeichen bzw. Zeichenketten ins Transcript zu schreiben. Das Transcript ist ein Exemplar der Klasse **TextCollector** und hält in seiner Exemplarvariablen **entryStream** einen Verweis auf ein **WriteStream**-Objekt. Eine an das Transcript gesendete **nextPut:-** oder **nextPutAll:**-Nachricht wird letztlich an dieses Objekt weitergeleitet.

WriteStreams werden auch für die Implementierung der **printOn:**-Methoden verwendet. Darauf kommen wir in Abschnitt 14.2 zurück.

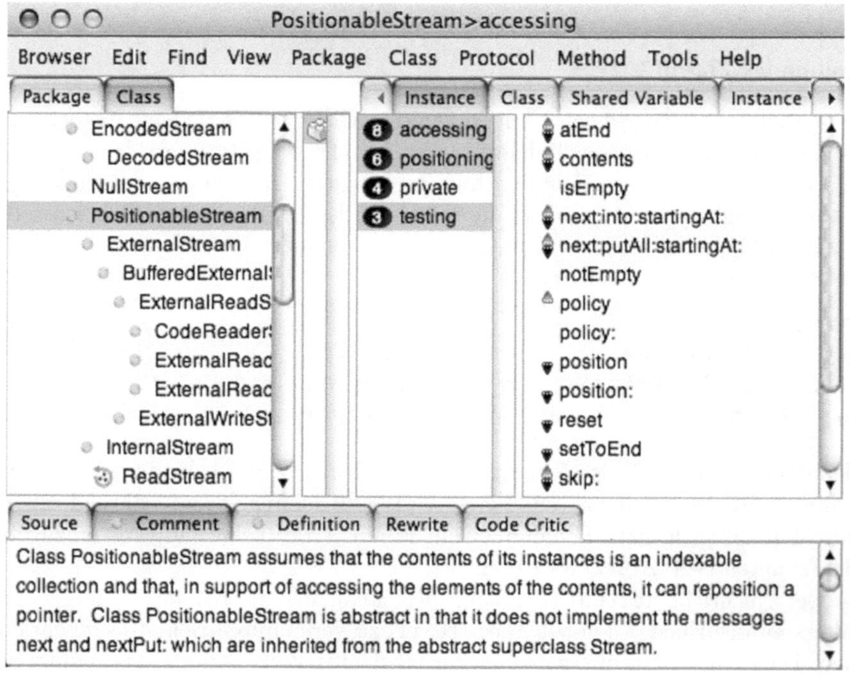

Abbildung 13.3: Die Klasse **PositionableStream**

Gemeinsame Nachrichten für **ReadStreams** und **WriteStreams**

Klasse
Positionable-
Stream

Die Klasse **PositionableStream** ist u. a. gemeinsame abstrakte Oberklasse von **Read-Stream** und **WriteStream** (s. Abbildung 13.3). Sie stellt in den Protokollen **access-ing**, **positioning** und **testing** einige nützliche Nachrichten zur Verfügung, die sowohl auf **ReadStreams** als auch auf **WriteStreams** anwendbar sind und hier teilweise erläutert werden.

Die Nachrichten **atEnd** und **contents** wurden bereits erläutert. Mit **isEmpty** bzw. **isNotEmpty** lässt sich feststellen, ob ein **Stream** bzw. das mit ihm verknüpfte Behälterobjekt leer ist.

Die Nachrichten **position** und **position:** erlauben das Abfragen bzw. Setzen der gleichnamigen Exemplarvariablen, wobei bei letzterer kein Wert kleiner als 0 oder größer als **readLimit** angegeben werden darf. Die Nachricht **reset** setzt **position** auf 0. Die Nachricht **skip:** erlaubt, **position** um den als Argument mitgegebenen Wert zu erhöhen. Diese Nachrichten ermöglichen, von der strikt sequentiellen Arbeitsweise abzuweichen, indem die Lese- oder Schreibposition gezielt gesetzt wird.

13.2 Sequentieller Zugriff auf Dateien

In diesem Abschnitt werden einige grundlegende Operationen für die Bearbeitung von Dateien behandelt, wobei wir uns hier auf Textdateien beschränken, also auf Dateien, die ausschließlich Einzelzeichen (**Characters**) enthalten.

Für den Zugriff auf den Inhalt einer Datei, muss diese in Smalltalk mit einem **Stream**-Objekt verknüpft werden. Die in Abschnitt 13.1 behandelten Datenströme werden auch mit dem Attribut *intern* belegt, während man solche, die mit Dateien verknüpft sind, als *extern* bezeichnet. Dementsprechend gibt es in der *VisualWorks*-Klassenhierarchie die Klassen **InternalStream** und **ExternalStream**, die beide Unterklassen von **PositionableStream** sind (vgl. Abbildung 13.3).

interne und externe Datenströme

Dateien sind in *VisualWorks* Exemplare der Klasse **Filename** und können auf einfache Weise dadurch erzeugt werden, dass einer Zeichenkette, die den Namen der Datei enthält, die Nachricht **asFilename** geschickt wird. So bewirkt z. B. die Ausführung der Smalltalk-Sequenz

Klasse **Filename**

```
| datei |
datei := 'Textdatei.txt' asFilename.
datei edit
```

das Anlegen einer neuen Datei mit dem Namen **Textdatei.txt** im gleichen Verzeichnis, in dem sich auch das aktuelle Image befindet. Die Nachricht **edit** öffnet dann ein Fenster, das einen primitiven Texteditor zur Verfügung stellt. Hiermit kann der Dateiinhalt bearbeitet und gespeichert werden. Falls es sich tatsächlich um eine neue Datei handelt, zeigt dieses Fenster den in Abbildung 13.4 gezeigten Inhalt. Wenn eine

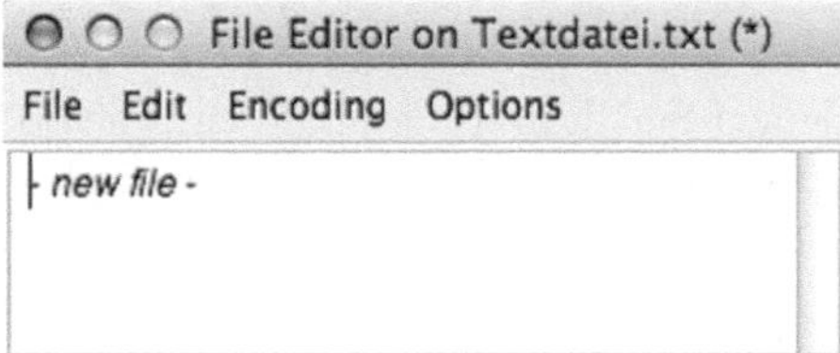

Abbildung 13.4: Ein einfacher File-Editor

Datei mit dem angegebenen Namen in dem Verzeichnis bereits existiert, wird diese durch die Nachricht **asFilename** geöffnet, und im Editor würde ihr aktueller Inhalt angezeigt werden.

Schreibender Zugriff

Um nun den Inhalt einer Datei mit Smalltalk-Nachrichten zu bearbeiten, wird diese entweder zum Lesen oder zum Schreiben geöffnet. Wir beginnen hier mit dem schreibenden Zugriff. Dazu wird die Datei durch

```
| datei stream|
datei := 'Textdatei.txt' asFilename.
stream := datei writeStream
```

Klasse **ExternalWriteStream**
mit einem Exemplar der Klasse **ExternalWriteStream** verknüpft. Falls die Datei bereits existiert haben sollte, wird sie nun überschrieben. Anschließend kann das so erzeugte **Stream**-Objekt im Grunde mit den gleichen Nachrichten wie ein **InternalWriteStream** bearbeitet werden.

Nach Abschluss der „Schreibarbeiten" sollte die Datei mit der Nachricht **close** – gesendet an das **Stream**-Objekt – geschlossen werden. Damit wird sichergestellt, dass eine vom Betriebssystem errichtete Sperre auf der Datei wieder entfernt und damit die Datei anderen Anwendern bzw. Programmen wieder zugänglich gemacht wird.

Die folgende Smalltalk-Sequenz schreibt eine Zeichenkette in die Datei mit dem Namen **Textdatei.txt**:

```
| datei stream|
datei := 'Textdatei.txt' asFilename.
stream := datei writeStream.
stream nextPutAll: 'eine beliebige Zeichenkette'.
stream close.
Transcript show: datei contentsOfEntireFile
```

Mit der Nachricht **contentsOfEntireFile** kann der vollständige Inhalt einer Datei ausgelesen werden.

Lesender Zugriff

Klasse **ExternalReadStream**
Für den lesenden Zugriff auf eine existierende Datei wird diese mit einem Exemplar der Klasse **ExternalReadStream** verbunden:

```
| datei stream|
datei := 'Textdatei.txt' asFilename.
stream := datei readStream
```

Mit dem folgenden kleinen Smalltalk-Programm wird die oben erzeugte Textdatei gelesen und für jeden darin vorkommenden Buchstaben die Häufigkeit seines Auftretens ermittelt:

```
| datei stream dic|
datei := 'Textdatei.txt' asFilename.
stream := datei readStream.
dic := Dictionary new.
[stream atEnd]
   whileFalse:
      [ | zeichen |
```

```
            zeichen := stream next.
            zeichen isLetter
                ifTrue:
                    [(dic includesKey: zeichen)
                        ifTrue: [dic at: zeichen
                                    put: (dic at: zeichen) + 1]
                        ifFalse: [dic at: zeichen put: 1]]].
stream close.
Transcript clear.
Transcript show:'Zeichen'; tab; tab; show:'Haeufigkeit'; cr.
dic keysAndValuesDo:
    [ :zeichen :anzahl |
      Transcript nextPut: zeichen; tab; tab; tab;
                nextPutAll: anzahl printString; cr].
```

Das Ergebnis wird ins Transcript (Abbildung 13.5) ausgegeben.

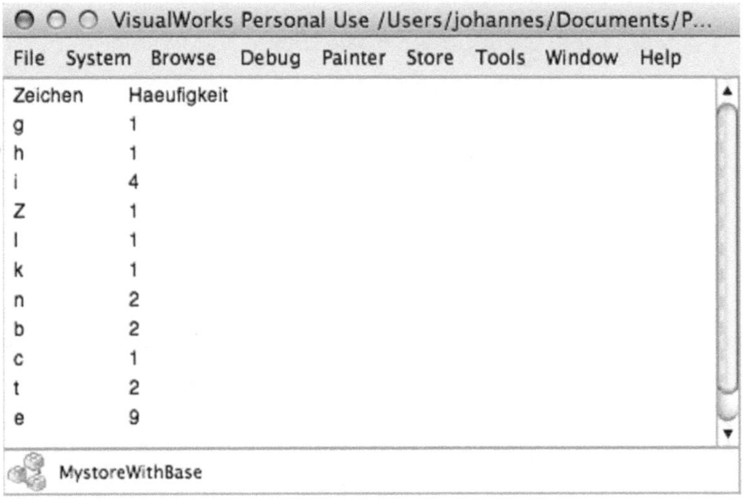

VisualWorks Personal Use /Users/johannes/Documents/P...

File System Browse Debug Painter Store Tools Window Help

Zeichen	Haeufigkeit
g	1
h	1
i	4
Z	1
l	1
k	1
n	2
b	2
c	1
t	2
e	9

MystoreWithBase

Abbildung 13.5: Häufigkeit der Buchstaben in: 'eine beliebige Zeichenkette'

Zum Schluss sei noch erwähnt, dass man eine Datei auch wieder löschen kann, indem man dem **Filename**-Objekt die Nachricht **delete** schickt.

14 Gestaltung von Smalltalk-Programmen

In diesem Kapitel werden wir auf einige ausgewählte, grundlegende Prinzipien eingehen, die einerseits die objektorientierte Programmierung im Allgemeinen aber auch die Gestaltung von Smalltalk-Programmen im Besonderen betreffen.

Gerade in Smalltalk spielen Konventionen für die Programmgestaltung eine wichtige Rolle. Hierzu gehört auch die Frage, wie man die Methodenprotokolle einer Klasse strukturiert. Das wird Gegenstand von Abschnitt 14.1 sein.

Methodenprotokolle

In Abschnitt 14.2 wird die Umwandlung von beliebigen Objekten in eine druckbare Textdarstellung in Form von Zeichenketten behandelt. Auch davon haben wir implizit durch Benutzung der Nachricht **printString** Gebrauch gemacht.

Objekte zu Zeichenketten

Charakteristisch für objektorientierte Programme ist, dass der Programmcode gewöhnlich in viele, kleine Methoden aufgeteilt ist. Mit anderen Worten, jede Methode löst eine klar umrissene, kleine Teilaufgabe. Dies ergibt sich aber durchaus nicht von selbst, sondern der Programmierer muss beim Entwurf seines Programms darauf hinarbeiten. Einige der dabei zu beachtenden Grundregeln werden in Abschnitt 14.3 besprochen.

Grundregeln für den Methodenentwurf

Von einer modernen interaktiven Anwendung erwartet der Benutzer heutzutage eine grafische Bedienoberfläche. Die Gestaltung solcher Oberflächen im Allgemeinen und deren Umsetzung in einem Smalltalk-System wie *VisualWorks* sind nicht Gegenstand dieses Buches. ??? *text muss noch geändert werden* Ohnehin sollte bei der Entwicklung einer Anwendung auf eine strikte Trennung zwischen der eigentlichen Anwendungslogik – auch Geschäftslogik genannt – und ihrer Darstellung auf einer grafischen Benutzungsoberfläche geachtet werden. Dieses Prinzip, das man als *Model-View-Controller-Paradigma* bezeichnet, ist im Zusammenhang mit der Entwicklung der grafischen Oberfläche des Smalltalk-80-Systems entwickelt worden, wird aber heute als ein für die objektorientierte Anwendungsentwicklung grundlegendes Prinzip angesehen. Es wird in Abschnitt 14.4 einführend dargestellt.

Model-View-Controller-Paradigma

Bei der Modellierung eines Ausschnitts der realen Welt durch ein System von Klassen treten verschiedenartige Beziehungen zwischen Klassen bzw. ihren Objekten auf. Bisher haben wir als einzige Beziehung zwischen Klassen die Vererbungsbeziehung kennen gelernt (vgl. Kapitel 6 Abschnitt 6.1 und Kapitel 8 Abschnitt 8.1.1). In Abschnitt 14.5 wird noch einmal kurz auf die Bedeutung der Vererbung bei der objektorientierten Modellierung einer Anwendung eingegangen. Zusätzlich werden die Beziehungsarten *Assoziation* und *Aggregation* behandelt.

Vererbung, Assoziation, Aggregation

14.1 Standard-Methodenprotokolle

In verschiedenen Fallbeispielen und Abschnitt 11.2 (bei der Entwicklung der dort
benutzten Beispielklassen **Person** und **Student**) sind wir schon ansatzweise darauf
eingegangen, wie die Protokolle für Exemplar- und Klassenmethoden gestaltet werden sollten. Hier werden wir dies noch einmal zusammenfassen und ergänzen. Wir
beginnen mit den

Exemplarmethoden

Eine Klasse mit Exemplarvariablen benötigt für diese in der Regel je eine Get- und
Protokoll Set-Methode. Diese werden in einem Protokoll namens **accessing** angeordnet. In
accessing *VisualWorks* steht übrigens ein Mechanismus bereit, der es erlaubt, für eine „frisch"
definierte Klasse die Get- und Set-Methoden automatisch erstellen zu lassen. In Abbildung 14.1 ist die Definition einer Klasse **Dummy** mit drei Exemplarvariablen zu
sehen. Außerdem ist der Reiter **Instance Variable** ausgewählt, so dass im Feld 3
des System-Browsers die Liste der Exemplarvariablen der Klasse erscheint. Aktiviert

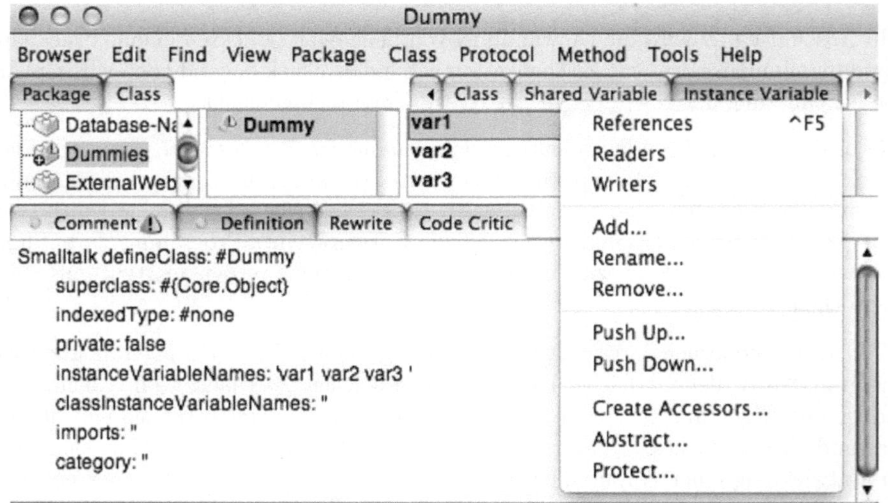

Abbildung 14.1: Vorbereitung der automatischen Erzeugung von Get- und Set-
Methoden

man in diesem Zustand das Kontextmenü von Feld 3 (auch in Abbildung 14.1 gezeigt) findet sich dort der Menüpunkt **Create Accessors...** . Markiert man vorher
eine oder auch mehrere Variablen und wählt diesen Menüpunkt, wird automatisch
im Methodenprotokoll **accessing** je eine Get- und Set-Methode für jede markier-
te Variable angelegt. Wie aus Abbildung 14.2 ersichtlich, erhalten die Methoden die
Standard-Bezeichner: Eine Get-Methode heißt genau so wie die zugehörige Exemplarvariable, für die Set-Methode, die eine Schlüsselwort-Methode sein muss, wird noch
ein Doppelpunkt angehängt.

Benennung der   Die für die Set-Methoden erforderlichen Platzhalter werden, wie ebenfalls in Abbil-
Platzhalter

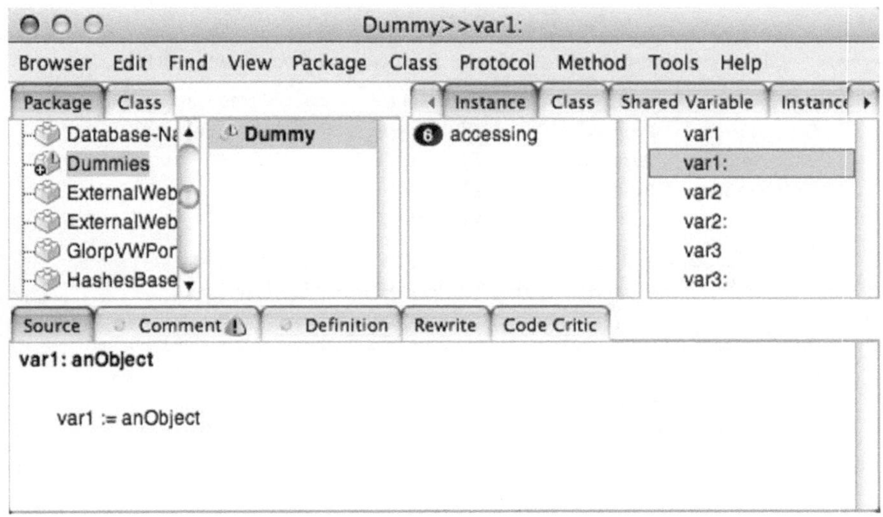

Abbildung 14.2: Sechs automatisch erzeugte Methoden

dung 14.2 erkennbar ist, bei der automatischen Erzeugung mit **anObject** bezeichnet. Es gehört zu den Smalltalk-Konventionen, die Platzhalter möglichst so zu benennen, dass aus dem Namen die Art bzw. Klasse des Objekts erkennbar wird, die an dieser Stelle erwartet wird, also z. B. **anInteger**, **einePerson**, **anArray** o. ä. Die Set-Methoden wären also entsprechend anzupassen.

Generell für alle Exemplarvariablen Get- und Set-Methoden im Protokoll **accessing** anzulegen, kann als eine Verletzung des Geheimnisprinzips angesehen werden. Die Exemplarvariablen sind zwar von außen nur über diese Methoden zugänglich und damit ist das Geheimnisprinzip zwar „formal" gewährleistet, faktisch ist es aber wirkungslos, solange die Get- und Set-Methoden Bestandteil der öffentlichen Schnittstelle eines Objekts sind. Smalltalk sieht – im Gegensatz zu manch anderer objektorientierten Programmiersprache – keine Möglichkeit vor, Methoden als nicht öffentlich zu kennzeichnen. Stattdessen tritt hier wieder eine für Smalltalk typische Konvention in Kraft: Alle Methoden, die nur innerhalb der Methoden der Klasse selbst benutzt werden sollen, werden im Protokoll **private** angelegt. So sollte man gerade auch für die Get- und Set-Methoden überlegen, ob sie nicht eher in dieses Protokoll gehören, weil man z. B. das Setzen einer Exemplarvariablen von außen eigentlich nicht vorsehen möchte.

Protokoll
private

Ein weiteres Standard-Protokoll für Exemplarmethoden trägt üblicherweise den Namen **initializing** oder **intiialize-release** und nimmt Methoden auf, die zum Setzen der Anfangswerte neu erzeugter Exemplare der Klasse dienen. Abbildung 14.3 zeigt das Protokoll **initializing** der Klasse **Person**, das in diesem Fall nur eine einzige Methode enthält. Die Abbildung zeigt zugleich auch ein in der Regel immer vorhandenes Protokoll **printing**, das häufig nur die **printOn:**-Methode enthält, deren Bedeutung in Abschnitt 14.2 ausführlich erläutert wird.

Protokoll
initializing

Protokoll
printing

Weitere Methodenprotokolle sind anwendungsspezifisch festzulegen und zu benennen. Es ist dabei aber durchaus angebracht, sich an den in der Klassenbibliothek

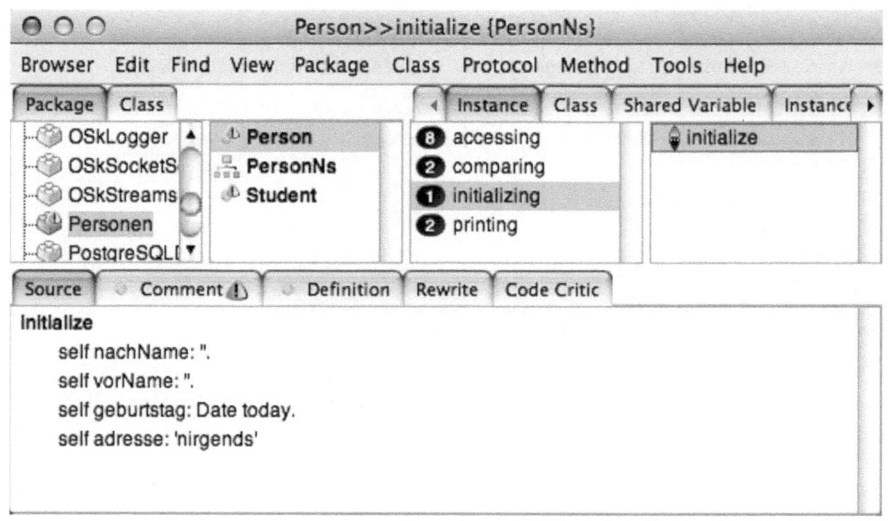

Abbildung 14.3: Das `initializing`-Protokoll der Klasse `Person`

verwendeten Namen zu orientieren, soweit das sinnvoll ist. Zu diesen Protokollen
gehören z. B. **copying**, **converting** oder **comparing**. Tabelle 14.1 gibt noch einmal
einen Überblick über einen möglichen Aufbau eines Protokolls für Exemplarmethoden.

Klassenmethoden

Protokoll
instance
creation

Gemäß der wichtigsten Aufgabe von Klassenmethoden, nämlich der Erzeugung von
Exemplaren der Klasse, wird in aller Regel ein Protokoll **instance creation** anzulegen sein. Weitere Protokolle sind dann meist schon anwendungsspezifisch. In Abschnitt 8.5.6 wurde darauf hingewiesen, dass es zweckmäßig sein kann, Testmethoden
als Klassenmethoden zu definieren und in einem Protokoll **examples** abzulegen. Was

Protokoll
examples

die Namensgebung für Protokolle anbelangt, gilt auch hier das bereits für Exemplarmethoden Gesagte.

Tabelle 14.2 gibt wieder einen Überblick über einen möglichen Aufbau eines Protokolls für Klassenmethoden.

14.2 Das `printOn:`-Framework

Zeichenketten-
darstellung für
Objekte

Die Smalltalk-Klassenbibliothek verfügt über einen „eingebauten" Mechanismus, der
es erlaubt, jedes Objekt in eine druckbare Zeichenkette (ein Objekt der Klasse **String**)
zu verwandeln. Davon haben wir auf verschiedene Weise Gebrauch gemacht. Wenn
wir z. B. einen arithmetischen Ausdruck im Workspace mit **Print it** auswerten, wird
das Ergebnis in das Workspace-Fenster „gedruckt". Hierzu muss man wissen, dass in
Fenstern neben Grafiken nur Zeichen bzw. Zeichenketten dargestellt werden können.

Nachricht
`printString`

Eine andere Anwendung besteht im Senden der Nachricht `printString`, die von
jedem Objekt verstanden wird. Wenn wir mit der Nachricht **show:** eine Zahl ins

Tabelle 14.1: Standardaufbau eines Protokolls für Exemplarmethoden

Protokoll	Zweck der Methoden	Beispiele
accessing	Get- und Set-Methoden	
initializing	Setzen der Anfangswerte neu erzeugter Exemplare	`initialize` `initialize: anObject`
printing	Umwandlung von Objekten in eine Zeichenkettendarstellung	`printOn: aStream`
comparing	Vergleich von Objekten	`< = hash`
converting	Umwandlung von Objekten in Exemplare anderer Klassen	`asOrderedCollection`
copying	Anfertigung tiefer Kopien	`postCopy`
testing	Prüfen von Objekten auf bestimmte Eigenschaften hin	`isEmpty`
private	Methoden, die nur klasseninterne Bedeutung haben und von außen nicht benutzt werden sollen	
...	anwendungsspezifisch	

Tabelle 14.2: Standardaufbau eines Protokolls für Klassenmethoden

Protokoll	Zweck der Methoden	Beispiele
instance creation	Erzeugung von Exemplaren	`new`, `new: anObject`, `origin:aPoint1` `corner:aPoint2` (vgl. Klasse `Rectangle`)
examples	Testmethoden	s. Abschnitt 8.5.6
class initialization	Initialisierung gemeinsamer Variablen (Klassenvariablen)	`initialize` (vgl. Klasse **Date**)
private	Methoden, die nur klasseninterne Bedeutung haben und von außen nicht benutzt werden sollen	
...	anwendungsspezifisch	

Transcript schreiben wollen, muss die Zahl, da **show:** nur Zeichenketten als Argumente akzeptiert, mit **printString** erst in eine solche verwandelt werden:

```
Transcript show: (17 sqrt) printString
```

**Exemplar-
methode
printOn:**

Die Umwandlung von Objekten in eine Zeichenkettendarstellung geschieht auch ohne unser Zutun an anderen Stellen, z. B. im Inspector und im Debugger, wir kommen darauf zurück. Die Umwandlung wird dabei immer durch Aktivierung einer Exemplarmethode mit Namen **printOn:** vorgenommen. Da eine Methode mit diesem Namen in der Klasse **Object** existiert, wird die Nachricht von jedem beliebigen Objekt verstanden.

Gerade für die Entwicklungs- und Testphase einer Anwendung ist es zweckmäßig, wenn man auch für Objekte eigener Klassen eine sinnvolle Textdarstellung vorsieht. Dazu muss man für die Klasse eine eigene **printOn:**-Methode programmieren. Solange man dies nicht tut, wird auf dem Wege der Vererbung die in **Object** definierte Methode aktiviert, die einen Standardtext erzeugt. Wertet man z. B. für die in Abschnitt 11.2 eingeführte Klasse **Person** den Ausdruck

```
Person new
```

mit **Print it** aus, erscheint der Text

```
a Person.
```

Das Gleiche geschieht, wenn der Ausdruck

```
Transcript show: Person new printString
```

mit **Do it** ausgewertet wird.

Der Standardtext besteht immer aus dem Klassennamen mit vorangestelltem englischen, unbestimmten Artikel.

Eine geeignete **printOn:**-Methode für **Person**-Objekte könnte so aussehen:

```
printOn: aStream
    aStream
        nextPutAll:'Person mit'; cr ; tab;
        nextPutAll:'Nachname: '; nextPutAll:nachName; cr; tab;
        nextPutAll:'Vorname: '; nextPutAll:vorName; cr; tab;
        nextPutAll:'Adresse: '; nextPutAll:adresse; cr; tab;
        nextPutAll:'Geburtstag: '; print:geburtstag
```

Der Parameter **aStream** muss auf ein Exemplar der Klasse **WriteStream** (vgl. Abschnitt 13.1) verweisen, das sozusagen als Ausgabemedium dient. Üblicherweise verwendet man hier die Nachrichten **nextPut:**, **nextPutAll:** und **print:** sowie **cr** und **tab** für die Formatierung des Textes (vgl. auch Abschnitt 5.3.3).

Der Ausdruck

```
Transcript show: Person new printString
```

lässt nun im Transcript den Text

```
Person mit
    Nachname:
```

```
Vorname:
Adresse: nirgends
Geburtstag: April 1, 2003
```

erscheinen.

Die **printOn:**-Methode wird in der Regel nicht explizit aufgerufen, obwohl das möglich ist. Die obige Ausgabe kann man auch durch den Ausdruck

```
Person new printOn: Transcript
```

erzielen.

In der Regel wird die **printOn:**-Methode indirekt aktiviert und zwar z. B. in folgenden Situationen:

- bei Auswertung eines Ausdrucks mit **Print it**

- beim Senden der Nachricht **printString** an ein Objekt

- beim Betrachten eines Objekts im Inspector

- bei der Selektion von Variablen im Debugger

Setzen wir für einen Moment noch einmal voraus, dass eine **printOn:**-Methode für die Klasse **Person** noch nicht existiert, führt die Auswertung von **Person new** mit **Inspect it** zum in Abbildung 14.4 gezeigten Inspector-Fenster. Fügt man die oben angegebene **printOn:**-Methode hinzu, erscheint die Darstellung von Abbildung 14.5.

Wir ergänzen nun noch die Unterklasse **Student** (vgl. Abschnitt 11.2) um eine **printOn:**-Methode. Dabei soll wiederum von der von **Person** geerbten Methode Gebrauch gemacht werden:

```
printOn: aStream
    super printOn: aStream.
    aStream
        cr;
        nextPutAll: 'Matrikelnummer: '; print: matrikelNr;
        cr; tab;
        nextPutAll: 'Studienrichtung: ';
        nextPutAll: studienRichtung
```

Die **printOn:**-Methode in **Person** ist aber so programmiert, dass in der ersten Zeile immer der Text „**Person**" erscheint. Zweckmäßiger wäre sicherlich, wenn hier stattdessen der Name der Klasse des Empfängers der **printOn:**-Nachricht ausgegeben würde. Dies kann durch folgende Modifikation der **printOn:**-Methode in **Person** erreicht werden:

```
printOn: aStream
    aStream
        nextPutAll: self class name, ' mit'; cr ; tab;
        nextPutAll:'Nachname: '; nextPutAll:nachName; cr; tab;
        nextPutAll:'Vorname: '; nextPutAll:vorName; cr; tab;
        nextPutAll:'Adresse: '; nextPutAll:adresse; cr; tab;
        nextPutAll:'Geburtstag: '; print:geburtstag
```

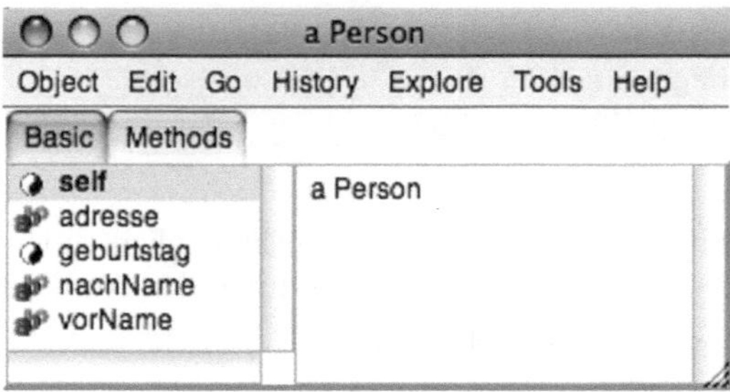

Abbildung 14.4: Inspizieren eines **Person**-Objekts ohne **printOn:**-Methode

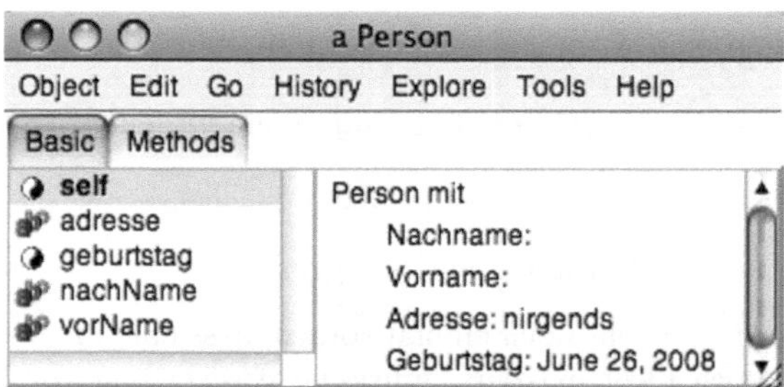

Abbildung 14.5: Inspizieren eines **Person**-Objekts mit **printOn:**-Methode

Der Ausdruck **self class** in der dritten Zeile liefert die Klasse des Empfängers, die
Nachricht **name**, an eine Klasse gesendet, den Klassennamen als Zeichenkette. Mit
dieser Modifikation führt die Auswertung von

```
Student new
```

mit **Print it** zur Ausgabe des Textes:

```
Student mit
        Nachname:
        Vorname:
        Adresse: nirgends
        Geburtstag: April 2, 2003
        Matrikelnummer: 0
        Studienrichtung:
```

Es gehört zum guten Programmierstil in Smalltalk, für alle neuen Klassen frühzeitig
in der Entwicklungsphase **printOn:**-Methoden zu definieren. Die damit auszugeben-
den Texte dienen in erster Linie dem Entwickler für die Unterstützung bei Test und
Fehlersuche. Deswegen ist es durchaus zweckmäßig, auch interne Strukturinformatio-
nen von Objekten auszugeben, die für den Anwender uninteressant sind. Für eine
anwendergemäße Textdarstellung von Objekten steht in *VisualWorks* eine zweite Me-
Methode   thode (**displayString** anstelle von **printString**) zur Verfügung.
displayString

14.3 Auslagerung von Teilalgorithmen in eigenständige Methoden

Zu den wichtigen Ergebnissen der Fachdiskussion um die so genannte *strukturierte Programmierung*, die in den sechziger und siebziger Jahren des vergangenen Jahrhunderts intensiv geführt wurde[1], gehört die Forderung, die Lesbarkeit der Implementierung komplexer Algorithmen u. a. dadurch zu erreichen, dass man sie in Teilalgorithmen zerlegt, die dann in der Implementierung zu einem hierarchischen System von Prozeduren führen. Auch die in Abschnitt 4.1 ansatzweise dargestellte Algorithmen-Entwurfsmethodik der *schrittweisen Verfeinerung* führt – konsequent angewendet – in der Implementierung dazu, dass die einem Algorithmus entsprechende Prozedur zur Lösung von Teilaufgaben weitere Prozeduren aufruft. Diese sind dann ihrerseits möglicherweise ebenfalls hierarchisch gegliedert.

Dieses aus der prozeduralen Programmierung stammende Prinzip findet eine Entsprechung in einer Forderung, die in der objektorientierten Programmierung anzutreffen ist, wonach Programme aus möglichst kleinen Methoden zusammenzusetzen sind. Dies führt bei der Lösung komplexer Aufgaben zwangsläufig dazu, dass die die Aufgabe lösenden Methoden sich anderer (Hilfs-)Methoden bedienen müssen. Dieses Prinzip kursiert in der objektorientierten Programmierung unter der Bezeichnung *Composed Method*[2].

Zur Verdeutlichung des Prinzips kommen wir noch einmal auf das Problem der Lösung einer quadratischen Gleichung zurück, für das in Abschnitt 8.5 die Klassen **QuadrGlchng** und **Loesung** (mit ihren Unterklassen) entwickelt wurden. Ausgehend von dem am Ende von Abschnitt 2.3.3 als Workspace-Programm aufgeschriebenen Lösungsalgorithmus hätte man die Methode **loeseDich** (vgl. Abschnitt 8.5.1) auch wie folgt aufschreiben können:

```
loeseDich
    "berechnet alle reellen Loesungen der quadratischen
    Gleichung (Empfaenger)"

    | radikand wurzel |
    self loesung:
      (a = 0
        ifTrue:
            [b = 0
              ifTrue:
                  [c = 0
                      ifTrue: [TrivialLoesung new]
                      ifFalse: [KeineLoesung new]]
                  ifFalse: [EineLoesung mit: c negated / b]]
        ifFalse:
            [radikand := b * b - (4 * a * c).
            radikand = 0
                ifTrue: [EineLoesung mit: b negated / (2 * a)]
```

---

[1] Eine lesenswerte Darstellung des Themas ist in Dahl u. a. (1972) zu finden.
[2] Es wird z. B. in Beck (1997) behandelt.

```
                ifFalse:
                    [radikand > 0
                    ifTrue:
                        [wurzel := radikand sqrt.
                        ZweiLoesungen
                            loesungEins:
                                (b negated + wurzel) / (2 * a)
                            loesungZwei:
                                (b negated - wurzel) / (2 * a)]
                    ifFalse: [KeineLoesung new]]])
```

Diese Methode, die den vollständigen Lösungsalgorithmus umsetzt, ist unter dem
zu lange   Blickwinkel der hierarchischen Gliederung bzw. des Composed-Method-Prinzips zu
Methode   „lang". Sie enthält eine komplexe Fallunterscheidung, die nicht leicht zu überschauen
ist. Die Fälle, die aus mathematischer Sicht zu unterscheiden sind, führen jeweils zu
speziellen Lösungsverfahren. Man kann auch sagen, zu jedem Fall gehört ein Teilal-
gorithmus, der das jeweilige spezifische Problem behandelt.

Die erste Fallunterscheidung betrifft den Koeffizienten a. Ist $a \neq 0$ haben wir es
mit einer „echten" quadratischen Gleichung zu tun, sonst mit einer linearen Gleichung.
Diese Überlegung führt dann auf die Definition der Methode **loeseDich**, wie sie in
Abschnitt 8.5.1 vorgenommen wurde:

```
loeseDich
    "berechnet alle reellen Loesungen der quadratischen
    Gleichung (Empfaenger)"

    self loesung:
        (a = 0
            ifTrue:  [self loeseLineareGleichung]
            ifFalse: [self loeseQuadratischeGleichung])
```

Damit haben wir zwei Dinge erreicht: Zum einen ist der Rumpf der Methode auf drei
Zeilen geschrumpft und allein deswegen gut überschaubar. Zum anderen haben wir
durch die Einführung neuer Nachrichten bzw. Methoden die Möglichkeit erhalten,
Teilalgorith-   den zugehörigen Teilalgorithmen einen aussagekräftigen Namen zu geben. Dies macht
men mit   nicht nur das Hinzufügen von Kommentaren zum Programmtext überflüssig, die in
aussage-   der ursprünglichen Version der Methode vielleicht nützlich gewesen wären, sondern er-
kräftigen   laubt dem Leser des Programms, sich gezielt mit den Teilalgorithmen zu beschäftigen,
Namen   die ihn momentan interessieren, indem er sich die zugehörige Methode anschaut.

Die Definition der Methoden **loeseLineareGleichung** und **loeseQuadratische-**
Gleichung kann in Abschnitt 8.5.3 nachgeschlagen werden. Beide Methoden können
übrigens nur aus der Methode **loeseDich** heraus sinnvoll aufgerufen werden. Inso-
fern sind beide typische Vertreter von „Hilfsmethoden", die man gewöhnlich in einem
Methodenprotokoll **private** (vgl. Abschnitt 14.1) unterbringt.
Strukturiert-   Die Zerlegung der zu Beginn des Abschnitts gezeigten Methode **loeseDich** in drei
heit,   Methoden ändert an der Funktionalität der Software nichts. Eine derartige Änderung
Lesbarkeit, des Programms dient ausschließlich dazu, es „schöner" zu machen. Einen solchen Vor-
Pflegbarkeit gang, bei dem es darum geht, ein Programm nur zur Verbesserung seiner Qualität

hinsichtlich Kriterien wie Strukturiertheit, Lesbarkeit, Pflegbarkeit u. ä. umzuschreiben, bezeichnet man auch als *Refactoring*[3]. Ein Refactoring darf die Funktionalität eines Programms nicht verändern, was natürlich zu beweisen wäre. Hierfür können Testmethoden, wie wir sie z. B. im Protokoll `examples` der Klasse `QuadrGlchng` angelegt haben (vgl. Abschnitt 8.5.6) hilfreich sein. D. h. nach den oben durchgeführten Änderungen muss ein Aufruf der Testmethode der Art

```
QuadrGlchng a: 2 b: 3 c: -4
```

das gleiche Ergebnis liefern wie zuvor. Das allein ist selbstverständlich kein Beweis für die Korrektheit des modifizierten Programms, aber insbesondere der umgekehrte Fall, dass das Ergebnis nicht korrekt ist, liefert einen eindeutigen Hinweis, dass beim Refactoring ein Fehler unterlaufen ist. Gerade im Zusammenhang mit Refactoring sind Regressionstests und die Nutzung von Werkzeugen wie das SUnit-System von Bedeutung (vgl. Kapitel 15).

    Refactoring
Regressionstest

Unterziehen wir nun auch die Methode `loeseQuadratischeGleichung` einer eingehenden Betrachtung, könnte man zu dem Schluss kommen, dass sie auch hierarchisch gegliedert werden sollte. Die grundlegende Fallunterscheidung betrifft hier den Ausdruck unter der Wurzel (**radikand**), der bestimmt, ob die quadratische Gleichung eine, zwei oder keine reelle Lösung besitzt. Dies könnte in einer modifizierten Methode z. B. folgendermaßen zum Ausdruck kommen:

```
loeseQuadratischeGleichung
    "berechnet alle reellen Loesungen der quadratischen
    Gleichung (Empfaenger) fuer den Fall a~=0"

    | radikand |
    radikand := b * b - (4 * a * c).
    ^radikand = 0
        ifTrue: [self berechneDieEineReelleLoesung]
        ifFalse:
            [radikand > 0
                ifTrue:  [self berechneZweiReelleLoesungen]
                ifFalse: [self keineReelleLoesung]]
```

Man kann hier sicherlich darüber diskutieren, ob es der Lesbarkeit der Methode tatsächlich dient, in der letzten Zeile den Ausdruck

```
KeineLoesung new
```

durch

```
self keineReelleLoesung
```

zu ersetzen. Das Argument dafür, es doch zu tun, lautet: Eine Methode sollte möglichst Nachrichten auf dem gleichen Abstraktionsniveau benutzen. So wie die Methode `loeseQuadratischeGleichung` jetzt definiert ist, muss der Leser sich nicht darum kümmern, wie die Lösungsobjekte erzeugt werden, solange er nur daran interessiert ist, zu verstehen, wie der Algorithmus für den Fall der „echten" quadratischen Gleichung

    Nachrichten
auf gleichem
Abstraktions-
niveau

---

[3]vgl. hierzu z. B. Fowler (2000) und Abschnitt 10.4

aussieht. Er muss dafür noch nicht einmal von der Existenz der Klasse **Loesung** und ihrer Unterklassen wissen. Wendet man diesen Gedankengang auch auf die Methode **loeseLineareGleichung** an, müssten aus „Symmetriegründen" die dort befindlichen Nachrichten an die Unterklassen von **Loesung** durch Einführung weiterer Hilfsmethoden ersetzt werden. Darauf wird an dieser Stelle aber verzichtet.

Es folgen nun die noch fehlenden Methoden:

```
berechneDieEineReelleLoesung
    "berechnet die eine reelle Loesung der quadratischen
     Gleichung (Empfaenger), Ausdruck unter der Wurzel ist 0"

    ^EineLoesung mit: b negated / (2 * a)

berechneZweiReelleLoesungen
    "berechnet alle reellen Loesungen der quadratischen
     Gleichung (Empfaenger), Ausdruck unter der Wurzel ist
     positiv"

    | wurzel |
    wurzel := (b * b - (4 * a * c)) sqrt.
    ^ZweiLoesungen
        loesungEins: (b negated + wurzel) / (2 * a)
        loesungZwei: (b negated - wurzel) / (2 * a)

keineReelleLoesung
    "liefert das Loesungsobjekt fuer den Fall, dass der
     Ausdruck unter der Wurzel negativ ist."

    ^KeineLoesung new
```

Damit ist die hierarchische Zerlegung der Methode **loeseDich** abgeschlossen. Abbildung 14.6 stellt die Aufrufbeziehungen zwischen der Methode und den neu eingeführten Hilfsmethoden als Baumstruktur dar.

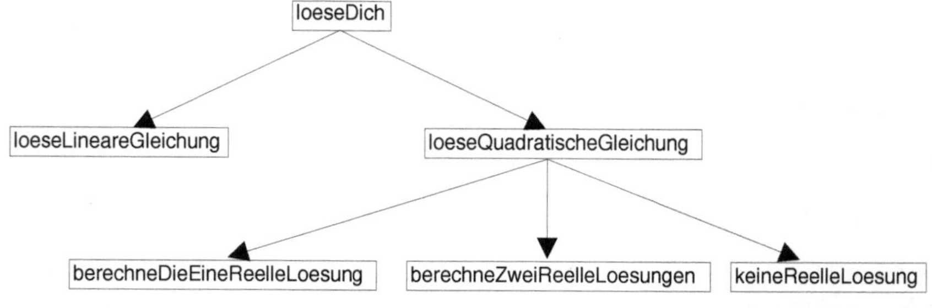

Abbildung 14.6: Aufrufhierarchie der Methode **loeseDich**

Es soll hier aber nicht unterschlagen werden, dass die Zerlegung einer Methode in viele kleine nicht nur Vorteile hat. Zum einen sind natürlich infolge der Aktivierung der gegliederten Methode `loeseDich` mehr Nachrichtensendungen und damit Methodenaktivierungen erforderlich als bei der ungegliederten Variante. Jede Aktivierung einer Methode kostet Rechenzeit. Effizienzbetrachtungen auf dieser Ebene sollten aber erst zu einem Zeitpunkt vorgenommen werden, wo die Entwicklung der Anwendung im Wesentlichen abgeschlossen ist. Es dürfte auch nur in Ausnahmefällen möglich sein, Effizienzprobleme durch Verzicht auf Methodenaufrufe zu lösen.

Zum anderen mag es insbesondere für Anfänger in der objektorientierten Programmierung schwierig sein, den Programmablauf bei der Verwendung vieler kleiner Methoden zu verfolgen. Mit zunehmender Erfahrung wird man aber immer weniger das Bedürfnis verspüren, für das Verständnis eines Programms sich in den Programmcode jeder einzelnen Methode zu vertiefen. Eine sinnvolle Namensgebung für Methoden hilft dabei, von ihrer Implementierung abstrahieren zu können.

Auslagerung von Teilalgorithmen in eigenständige Methoden als Entwicklungsmethode

Bereits zu Beginn des Abschnitts wurde darauf hingewiesen, dass die Auslagerung von Teilalgorithmen in einer Beziehung zur *schrittweisen Verfeinerung* bei der Entwicklung von Algorithmen steht. Dabei zerlegt man nicht im Nachhinein einen „fertigen" Algorithmus in Teilalgorithmen, sondern benutzt diese Vorgehensweise sozusagen konstruktiv. Dabei wird ein Algorithmus „von oben nach unten" (engl.: top down) entwickelt. Am Anfang steht eine erste grobe Beschreibung des Algorithmus, die im Wesentlichen die Zerlegung in Teilaufgaben beschreibt.

Top-down-Entwurf

Bezogen auf unser Problem der Lösung einer quadratischen Gleichung könnte unsere neue Methode `loeseDich` als eine Smalltalk-Implementierung einer solchen Beschreibung des Algorithmus auf der obersten Ebene betrachtet werden. In einem zweiten Schritt verfeinerte man dann den Algorithmus, indem die Teilalgorithmen `loeseLineareGleichung` und `loeseQuadratischeGleichung` entwickelt würden.

Die Schwierigkeit bei dieser Vorgehensweise kann darin bestehen, im Verlaufe der Verfeinerung irgendwann bei bereits existierenden Objekten bzw. Methoden anzukommen. Es ist ja gerade ein wichtiges Anliegen der objektorientierten Programmierung, das Wiederverwenden von bereits existierenden Lösungen zu fördern. Es könnte z. B. sein, dass eine Klasse für lineare Gleichungen mit entsprechenden Lösungsmethoden bereits existiert, deren Anwendbarkeit bei der Top-down-Vorgehensweise dann leicht übersehen werden könnte.

Deswegen wird gerade in der objektorientierten Programmierung gern der *Bottom-up*-Ansatz verfolgt, bei dem Lösungen aus vorgefertigten Teillösungen (Bausteinen) zusammengesetzt werden. Falls für eine bestimmte Problemstellung solche Bausteine noch nicht existierten, werden diese zuerst entwickelt. Mit anderen Worten, man beginnt damit, viele kleine, nützliche Methoden zu entwickeln. Die Schwierigkeit bei dieser Vorgehensweise kann darin bestehen, im Vorhinein zu wissen, welche Bausteine nützlich sein werden. Möglicherweise stellen sich einmal entwickelte Methoden später als nutzlos oder überflüssig heraus.

Bottom-up-Entwurf

In der Praxis wird man häufig ein Wechselspiel zwischen dem Top-down- und dem Bottom-up-Ansatz verfolgen. Man sollte sich aber auch nicht scheuen, eine zwar funktionierende, aber unter Aspekten der Lesbarkeit des Programmcodes unschöne Lösung im Nachhinein umzugestalten, wie dies am Beispiel der Methode `loeseDich` demonstriert wurde.

14.4 Benutzungsoberflächen – Das Model-View-Controller-Paradigma

Ein Benutzer einer interaktiven Anwendung erwartet heutzutage, diese über eine graphische Benutzungsoberfläche[4] bedienen zu können. Da die Ansprüche an den Bedienkomfort hoch sind, fließt ein nicht unerheblicher Teil des Aufwands bei der Anwendungsentwicklung in die Gestaltung der Bedienoberfläche.

Darüber hinaus erwartet der Anwender, dass sich unterschiedliche Anwendungen trotzdem auf eine ähnliche Weise bedienen lassen. Das hat dazu geführt, dass eine Reihe von Oberflächenelementen wie Fenster, Menüs, Schaltflächen, Eingabefelder etc. immer wieder – unabhängig von der damit zu bedienenden Anwendung – anzutreffen sind.

Es gibt nun eine Reihe von Gründen, die dafür sprechen, die Entwicklung der einer Anwendung zugrunde liegenden Programmlogik und ihrer Bedienoberfläche so weit wie möglich zu trennen. Was mit dieser Trennung gemeint ist, sei zunächst an einem Beispiel erläutert. Nehmen wir an, wir hätten die Aufgabe eine Software-Realisierung des bekannten Gesellschaftsspiels *Monopoly* zu entwickeln. Die einer Monopoly-Anwendung zugrunde liegende „Geschäftslogik" ist im Grunde genommen durch die Spielregeln gegeben, die den Spielablauf, die Rechte und Pflichten der Spieler etc. beschreiben. Davon unabhängig kann man sich z. B. die folgenden Varianten vorstellen, wie sich diese Anwendung dem Benutzer präsentiert:

1. Die Anwendung stellt nichts weiter als ein Abbild des Originalspiels auf dem Bildschirm dar. Dem Benutzer stehen graphische Bedienelementen zur Verfügung, um zu spielen.

2. Die Anwendung soll dazu dienen, verschiedene Spielstrategien gegeneinander antreten zu lassen. Die Anwendung wird dann dadurch gestartet, dass die Anzahl der Mitspieler festgelegt wird und diese mit einer bestimmten Strategie ausgestattet werden. Von da an läuft das Spiel „vollautomatisch", d. h. ohne weiteren interaktiven Eingriff des Anwenders, ab. Als Resultat wird nur ausgegeben, welcher Spieler gewonnen hat. Bei dieser Variante benötigt man wahrscheinlich nur eine sehr simple graphische Bedienoberfläche oder kann sogar vollständig auf sie verzichten.

Unabhängig davon, welche der o. g. Varianten realisiert werden soll, besteht die Notwendigkeit, die Geschäftslogik zu implementieren.

Betrachten wir nun die wichtigsten Gründe dafür, Geschäftslogik und Bedienoberfläche von einander zu trennen:

1. Wie aus dem Monopoly-Beispiel ersichtlich, kann es durchaus sein, dass man dieselbe Geschäftslogik, oder zumindest Teile derselben, für verschiedene Anwendungen benutzen möchte.

---

[4]Der englische Fachterminus heißt *graphical user interface*, abgekürzt GUI.

2. Auf verschiedenen Systemplattformen gelten üblicherweise bestimmte Regeln für die Gestaltung graphischer Bedienelemente. Wenn man eine Anwendung auf mehreren Systemplattformen bereitstellen möchte, muss die Bedienoberfläche ausgetauscht werden können. Dies lässt sich mit vertretbarem Aufwand nur bewerkstelligen, wenn Geschäftslogik und Bedienoberfläche leicht von einander getrennt werden können.

3. Bestimmte Teile des Verhaltens von graphischen Bedienelementen sind von der konkreten Anwendung unabhängig. Wenn der Benutzer z. B. den Mauszeiger über einer Schaltfläche positioniert und dann die linke Maustaste betätigt, soll eine bestimmte Aktion ausgelöst werden. Anwendungsspezifisch ist an diesem Verhalten lediglich die konkret auszuführende Aktion. Alles andere kann – etwas vereinfacht gesagt – ein für allemal in einem System von Klassen und Methoden für die graphischen Bedienelemente implementiert werden.

Das Prinzip der Trennung von Geschäftslogik und graphischer Bedienoberfläche ist bei der Entwicklung des Smalltalk-80-Entwicklungssystems [Goldberg (1983)] entstanden und unter der Bezeichnung Model-View-Controller-Paradigma bekannt geworden. Es hat sich als ein überaus nützliches Prinzip bei der Entwicklung interaktiver Anwendungen herausgestellt, so dass es insbesondere in der objektorientierten Software-Entwicklung inzwischen weit verbreitet ist.

Hier wird das Model-View-Controller-Paradigma nur in seinen Grundzügen vorgestellt werden. Z. B. in Goldberg (1983) und Hopkins und Horan (1995) sind ausführlichere Darstellungen zu finden.

Die drei Begriffe bedeuten:

Model bezeichnet das, was wir oben als Anwendungs- oder Geschäftslogik bezeichnet haben.

View meint die Präsentation des Zustands der Anwendung (des Models) gegenüber dem Benutzer.

Controller umfasst die Systemkomponenten, die dem Benutzer die Interaktion mit der Anwendung ermöglichen.

Setzen wir diese Begriffe einmal in Beziehung zu unserer Beispielanwendung Monopoly. Die Klassen bzw. Objekte, die dem Model zuzurechnen wären, implementieren die Spielregeln. Zu einem Model können mehrere Views gehören. Ein View könnte z. B. die Darstellung des Spielbretts mit den Positionen der Mitspieler in einem Fenster sein. Ein anderes View, das den Zustand des Models unter einem anderen Blickwinkel (einer anderen Sichtweise), präsentiert, ist die Darstellung der Besitzverhältnisse in jeweils einem Fenster für jeden Mitspieler. Weitere Sichtweisen auf den aktuellen Spielstand sind denkbar.

Zum Controller gehören die Klassen und Methoden, die den Mitspielern erlauben, am Spiel teilzunehmen, indem sie z. B. deren Aktivitäten mit Maus und Tastatur interpretieren und in Nachrichten an die Objekte des Models umsetzen. Ein Mitspieler wählt z. B. über einen Menüpunkt die Spieloption aus, eine Straße, auf der er sich gerade befindet, zu erwerben. Falls dieser Spielzug in der aktuellen Spielsituation zulässig ist, hat das Veränderungen in den Model-Objekten zur Folge, weil sich die

Model-View-Controller-Paradigma

Eigentumsverhältnisse ändern und ein Bezahlvorgang ausgelöst werden muss. Diese Veränderungen in den Model-Objekten können ihrerseits wieder Änderungen in View-Objekten hervorrufen.

Zu jedem View gehört in der Regel ein Controller. Jedem View-Controller-Paar ist genau ein Model zugeordnet, während zu einem Model mehrere View-Controller-Paare gehören können. Um nun die Anwendungslogik (Model) – wie oben gefordert – leicht von der Bedienoberfläche (View-Controller) trennen zu können, sorgt man dafür, dass zwar View und Controller ihr Model kennen, diese aber über am Model vorgenommene Änderungen über einen besonderen, automatisch ablaufenden Mechanismus unterrichtet werden. Dadurch ist es bei der Programmierung der Methoden der Model-Klassen nicht notwendig, den View- und Controller-Objekten Nachrichten zu schicken.

Änderungen an Model-Objekten werden häufig durch Benutzerinteraktionen, die vom Controller in Nachrichten an Model-Objekte umgesetzt werden, ausgelöst. Diese Änderungen sollten möglichst in allen betroffenen Views wiedergegeben werden. Um diesen Vorgang automatisieren zu können, wird das Konzept der *abhängigen Objekte* (engl.: dependents) eingeführt. Dieser Mechanismus erlaubt, jedem Model-Objekt eine Liste abhängiger View- und Controller-Objekte zuzuordnen. Bei jeder Änderung des Zustands des Model-Objekts werden alle abhängigen View- und Controller-Objekte davon unterrichtet und damit in die Lage versetzt, die Bildschirmdarstellung des Model-Objekts zu aktualisieren.

Der typische Ablauf eines Interaktionszyklusses zwischen Benutzer und Anwendung sieht dann wie folgt aus:

1. Der Benutzer führt mit Maus oder Tastatur irgendeine Aktion aus (Wahl eines Menüpunkts, Betätigen einer Schaltfläche o. ä.).

2. Der aktive Controller leitet diese Aktion an das Model weiter, indem er betroffenen Objekten Nachrichten sendet.

3. Die angesprochenen Model-Objekte nehmen daraufhin alle erforderlichen Änderungen an sich selbst vor, um den Zustand der Anwendung den Benutzerwünschen entsprechend anzupassen.

4. Die Model-Objekte signalisieren ggf. all ihren abhängigen View- und Controller-Objekten, dass sich ihr Zustand geändert hat.

5. Die Controller-Objekte ändern möglicherweise auch ihr Verhalten. Wenn ein Monopoly-Spieler die Option „Straße kaufen" gewählt hat, wird ihm anschließend diese Option für dieselbe Straße nicht erneut angeboten. Auch diese Verhaltensänderung ist eine Folge einer Model-Änderung.

Abbildung 14.7 stellt den Nachrichtenfluss zwischen den drei Systemkomponenten schematisch dar.

Für die Umsetzung des Model-View-Controller-Paradigmas steht in *VisualWorks* ein Rahmenwerk zur Verfügung, das auf den abstrakten Klassen `Model`, `View` und `Controller` aufbaut.

Ohne hier auf weitere Einzelheiten der Vorgehensweise bei der Programmierung von graphischen Bedienoberflächen eingehen zu wollen, sei hier nur erwähnt, dass für die

Tastatur
Maus
Benutzer-eingaben
Controller
Interaktion mit dem Benutzer
View-Nachrichten
View
Darstellung von Model und Controller
Ausgabe
Bildschirm
Zugriff auf Model-Objekte
Nachrichten an abhängige Objekte
Nachrichten an abhängige Objekte
Model
Objekte der Anwendungs-logik

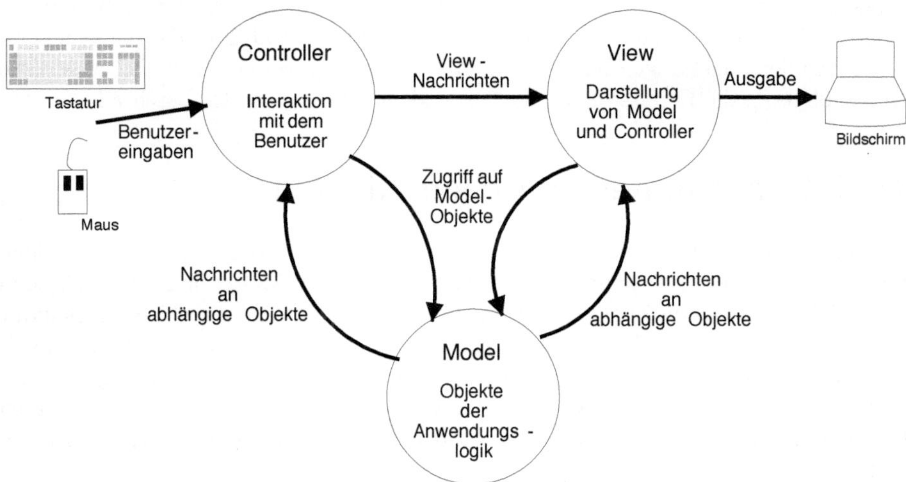

Abbildung 14.7: Zusammenspiel von Model, View und Controller

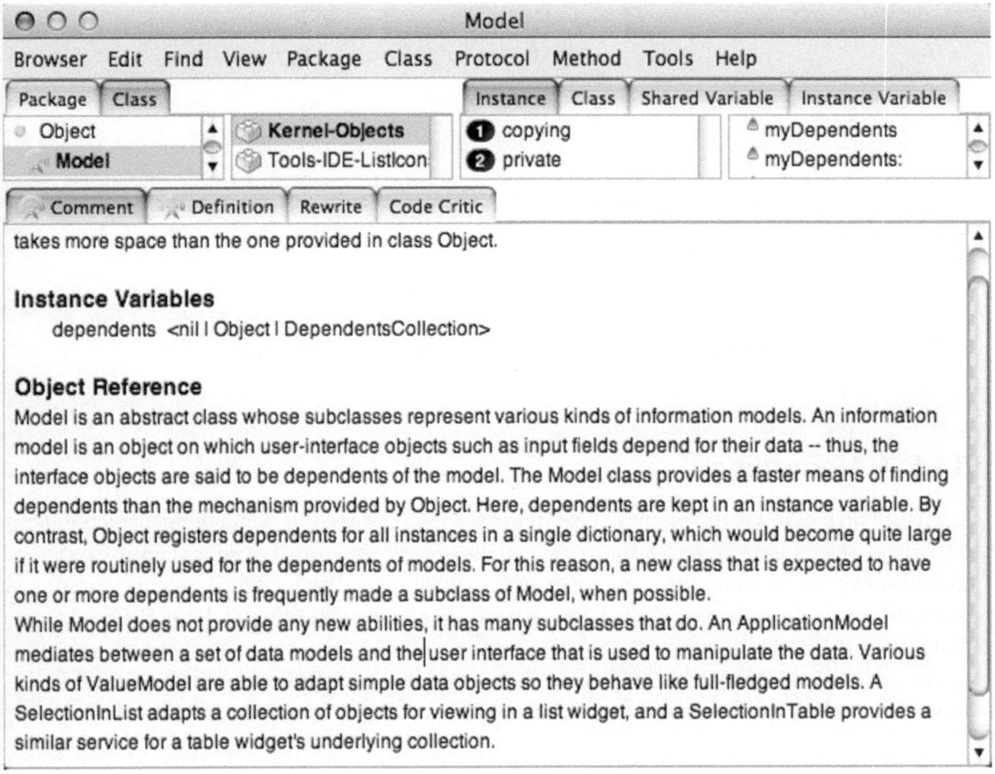

Model
Browser Edit Find View Package Class Protocol Method Tools Help
Package Class
Instance Class Shared Variable Instance Variable
Object
Model
Kernel-Objects
Tools-IDE-ListIcon
copying
private
myDependents
myDependents:
Comment Definition Rewrite Code Critic
takes more space than the one provided in class Object.
Instance Variables
dependents <nil | Object | DependentsCollection>
Object Reference
Model is an abstract class whose subclasses represent various kinds of information models. An information model is an object on which user-interface objects such as input fields depend for their data -- thus, the interface objects are said to be dependents of the model. The Model class provides a faster means of finding dependents than the mechanism provided by Object. Here, dependents are kept in an instance variable. By contrast, Object registers dependents for all instances in a single dictionary, which would become quite large if it were routinely used for the dependents of models. For this reason, a new class that is expected to have one or more dependents is frequently made a subclass of Model, when possible.
While Model does not provide any new abilities, it has many subclasses that do. An ApplicationModel mediates between a set of data models and the user interface that is used to manipulate the data. Various kinds of ValueModel are able to adapt simple data objects so they behave like full-fledged models. A SelectionInList adapts a collection of objects for viewing in a list widget, and a SelectionInTable provides a similar service for a table widget's underlying collection.

Abbildung 14.8: Bedeutung der Klasse `Model`

Dependency-
Mechanismus

Klassen der Anwendungslogik, die Klasse `Model` anstelle von `Object` als Oberklasse dient. Abbildung 14.8 zeigt die Einordnung der Klasse `Model` in die Klassenhierarchie sowie den zugehörigen Klassenkommentar, der den wesentlichen Unterschied zur Klasse `Object`, die Bereitstellung des Dependency-Mechanismus, beschreibt.

14.5 Beziehungen zwischen Klassen

Klassen-
diagramme
Unified
Modeling
Language

Zur übersichtlichen Darstellung von Klassenhierarchien haben wir an verschiedenen Stellen so genannte Klassendiagramme verwendet, deren Darstellungsform sich an die *Unified Modeling Language*[5] (UML) anlehnt. Die UML stellt verschiedene Diagrammarten zur Verfügung, die der Dokumentation der Analyse, des Entwurfs und der Implementierung objektorientierter Software dient und dabei unabhängig von einer bestimmten Programmiersprache ist. Wir werden in diesem Abschnitt häufiger von Klassendiagrammen Gebrauch machen und uns in der Darstellung weiterhin an die UML anlehnen.

Klassendiagramme werden zur Darstellung von Beziehungen zwischen Klassen benutzt, wobei wir bisher nur die Vererbungsbeziehung betrachtet haben. Ein Beispiel für diese Art der Beziehung zwischen einer vererbenden Oberklasse und ihren erbenden Unterklassen ist z. B. in Abbildung 14.9 zu finden.

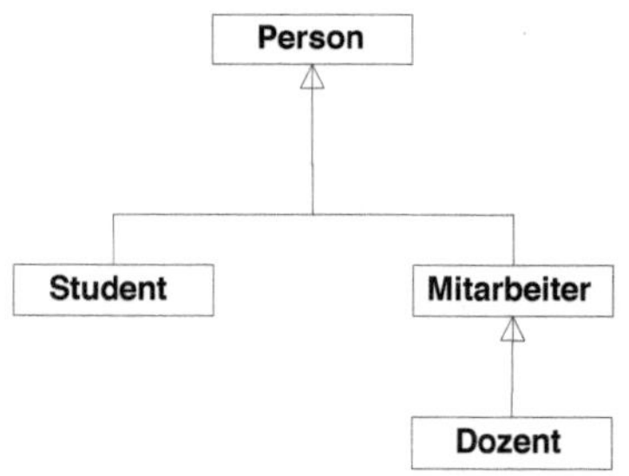

Abbildung 14.9: Arten von Personen einer Hochschule

14.5.1 Vererbung

In Abschnitt 6.1 wurde bereits darauf hingewiesen, dass die Vererbungsbeziehung zwischen zwei Klassen auf zwei verschiedene Arten gedeutet werden kann. Unter dem Aspekt der Modellierung eines Realwelt-Ausschnitts durch eine Klassenhierarchie wird die Beziehung „Klasse A erbt von Klasse B" als „ein A-Objekt *ist ein* B-Objekt" interpretiert.

Betrachten wir das in Abbildung 14.9 dargestellte Klassendiagramm für Personen einer Hochschule, so bedeuten die Vererbungsbeziehungen in diesem Fall:

- Ein Student *ist eine* Person.

---

[5]Zur UML gibt es inzwischen eine Fülle an Literatur. Dem an weiteren Einzelheiten interessierten Leser sei Seemann und Wolff von Gudenberg (2006) empfohlen.

- Ein Mitarbeiter *ist eine* Person.

- Ein Dozent *ist ein* Mitarbeiter.

Diese Art der Beziehung zwischen Klassen wird in Anlehnung an die englische Übersetzung von „ist ein" (is a) gelegentlich auch als *Isa-Beziehung* bezeichnet.

Andere in diesem Zusammenhang häufig verwendete Begriffe sind *Generalisierung* und *Spezialisierung*. Die Klasse **Person** stellt die Generalisierung ihrer Unterklassen dar, die Klasse **Dozent** ist eine Spezialisierung der Klasse **Mitarbeiter**.

Die zweite Art der Interpretation einer Vererbungsbeziehung ist eher technischer Natur: Eine Klasse bzw. deren Exemplare erben von der Oberklasse Struktur (Exemplarvariablen) und Verhalten (Methoden). Es kann vorkommen, dass eine unter dem Modellierungsaspekt entstandene Klassenhierarchie unter dem Blickwinkel der Vererbung als nicht optimal erscheint. Wir werden auf dieses Problem weiter unten zurückkommen.

Eine aus der Analyse des Anwendungsgegenstands entwickelte Begriffshierarchie kann nicht immer in eine isomorphe Smalltalk-Klassenhierarchie übertragen werden. Wenn wir z. B. das Hochschulbeispiel um eine Klasse **Studentische Hilfskraft** ergänzen möchten, könnte man auf der Grundlage der Argumentation

- „Eine Studentische Hilfskraft *ist ein* Student."

- „Eine Studentische Hilfskraft *ist* aber auch *ein* Mitarbeiter."

die in Abbildung 14.10 dargestellte Klassenhierarchie entwickeln. Hier erbt die Klasse

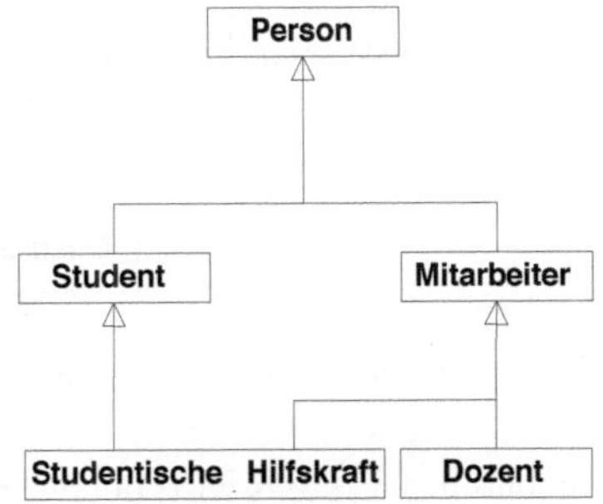

Abbildung 14.10: Ein Beispiel für Mehrfachvererbung

Studentische Hilfskraft sowohl von der Klasse **Student** als auch von der Klasse **Mitarbeiter**. Eine aus der Sicht der Anwendungsmodellierung durchaus nahe liegende Betrachtungsweise. Technisch bezeichnet man dies als *Mehrfachvererbung*. Smalltalk lässt aber keine Mehrfachvererbung zu, jede Klasse (außer **Object**) hat in Smalltalk genau eine direkte Oberklasse.

Es gibt objektorientierte Programmiersprachen, die Mehrfachvererbung unterstützen. Hierzu zählen z. B. C++ und Eiffel. In Smalltalk und anderen Sprachen, wo Mehrfachvererbung nicht möglich ist, greift man zu mehr oder weniger unschönen Hilfskonstruktionen[6], um die Mehrfachvererbung zu simulieren.

---

[6]vgl. hierzu z. B. Mössenböck (1994)

Nachteil der Mehrfachvererbung ist z. B., dass es zu Mehrdeutigkeiten kommen
kann, etwa, wenn zwei Oberklassen über eine Methode gleichen Namens verfügen.
Dann bleibt unklar, welche Methode von der Unterklasse geerbt wird. Außerdem wird
die Klassenhierarchie komplexer – aus einem Baum wird ein azyklischer gerichteter
Graph – und die Methodensuche aufwändiger. Diese und andere Probleme führten
für eine Reihe von objektorientierten Programmiersprachen zu der Entscheidung, auf
Mehrfachvererbung zu verzichten.

Wiederverwendung vs. Isa-Hierarchie

Beim Aufbau einer Klassenhierarchie, die einer Begriffshierarchie folgt, kann es zu
technischen Problemen kommen, die aus einer unerwünschten Strukturvererbung her-
rühren. Betrachten wir dazu beispielsweise die Modellierung geometrischer Figuren
durch das in Abbildung 14.11 dargestellte Klassendiagramm. Aus mathematischer
Sicht ist es klar, dass `Quadrat` eine Spezialisierung von `Rechteck` ist. Nehmen wir
nun an, dass die Klasse `Rechteck` zwei Exemplarvariablen für die beiden Seitenlängen
a und b besitzt. Das führt aber dazu, dass durch die Strukturvererbung auch jedes
Exemplar der Klasse `Quadrat` diese beiden Exemplarvariablen besitzt, obwohl für die
Beschreibung eines Quadrats die Angabe einer Seitenlänge ausreichend wäre.

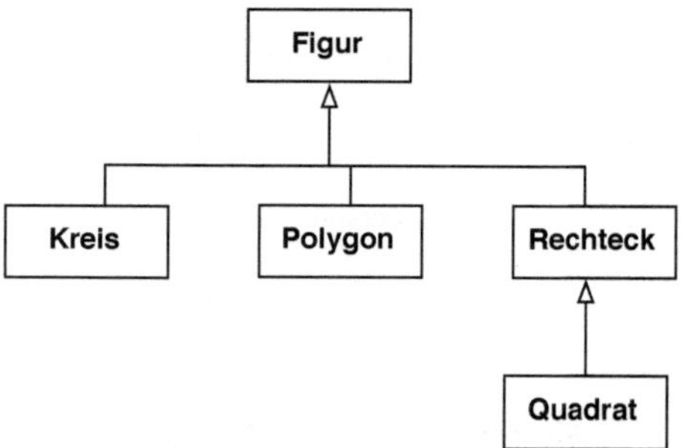

Abbildung 14.11: Modellierung geometrischer Figuren

Dies ist aus zwei Gründen nachteilig. Erstens wird bei der Speicherung von Quadraten Speicherplatz vergeudet. Zweitens muss sichergestellt werden, dass für Exemplare
von `Quadrat` die Werte der beiden Exemplarvariablen auch tatsächlich gleich sind.
Dazu müssten ggf. die geerbten Set-Methoden für die Seitenlängen in der Klasse
`Quadrat` überschrieben werden.

Um diese Nachteile zu vermeiden, könnte man auf den Gedanken verfallen, die Klasse `Rechteck` als Unterklasse von `Quadrat` zu definieren. Sie erbt dann von `Quadrat`
eine Seitenlänge einschließlich der zugehörigen Get- und Set-Methoden und fügt die
zweite Seitenlänge hinzu. Hier wird Vererbung im Sinne der Wiederverwendung „optimal" genutzt. Hinsichtlich der Interpretation der Klassenhierarchie als anwendungs-
bezogene Begriffshierarchie ist diese Lösung natürlich abwegig.

Bleibt die Frage zu klären: Welche der beiden Varianten ist zu verwenden? Grundsätzlich sollte man sich beim Entwurf einer Klassenhierarchie an der anwendungsbe-
zogenen Begriffshierarchie orientieren. Falls diese sich dann aus technischer Sicht als

problematisch herausstellen sollte, muss geprüft werden, ob die damit verbundenen Nachteile in Kauf genommen werden können. Falls das nicht der Fall sein sollte, ist über eine alternative Klassenhierarchie nachzudenken, die aber in der Regel nicht einfach – wie in dem Rechteck-Quadrat-Beispiel angedeutet – in der Invertierung der Vererbungsbeziehung bestehen kann.

Es gibt in der Smalltalk-Klassenhierarchie ein Beispiel für ein ähnliches Problem, das in Abschnitt 8.1.2 bereits erwähnt wurde. Es betrifft die Zahlenklassen `Integer` und `Fraction`. Aus mathematischer Sicht müsste `Fraction` als Repräsentantin der rationalen Zahlen Oberklasse von `Integer` sein, die für die ganzen Zahlen steht; denn jede ganze Zahl ist eine rationale Zahl. Eine derartige Klassenhierarchie führte aber dazu, dass die beiden Exemplarvariablen für Zähler und Nenner der Klasse `Fraction` an `Integer` vererbt würden. Für jedes ganzzahlige Objekt würde somit immer der Nenner, der gleich 1 sein muss, mit gespeichert. Die Designer der Smalltalk-Klassenhierarchie haben hier eindeutig entschieden, dass dies aus technischer Sicht nicht tragbar ist, und haben daher die in Abbildung 8.1 dargestellte Struktur gewählt, bei der die Klassen `Fraction` und `Integer` Unterklassen der gemeinsamen, abstrakten Oberklasse `Number` sind.

Wollte man diese Lösung auf das Rechteck-Quadrat-Problem anwenden, könnte man – wie in Abbildung 14.12 dargestellt – die Klasse `Rechteck` zu einer abstrakten Klasse mit den konkreten Unterklassen `SonstigesRechteck` und Quadrat machen. Exemplare der Klasse `SonstigesRechteck` sind all die Rechtecke, die keine Quadrate sind. Für die drei Klassen ist in dem Diagramm auch eine mögliche Zuordnung der Exemplarvariablen **a** und **b** angegeben. Bei dieser Lösung tritt das Problem der Speicherplatzverschwendung bei der Speicherung von Quadraten nicht mehr auf. Aus anwendungsorientierter Sicht ist die Klassenhierarchie sicherlich nicht mehr so elegant wie die in Abbildung 14.11 dargestellte, aber immerhin noch tragbar.

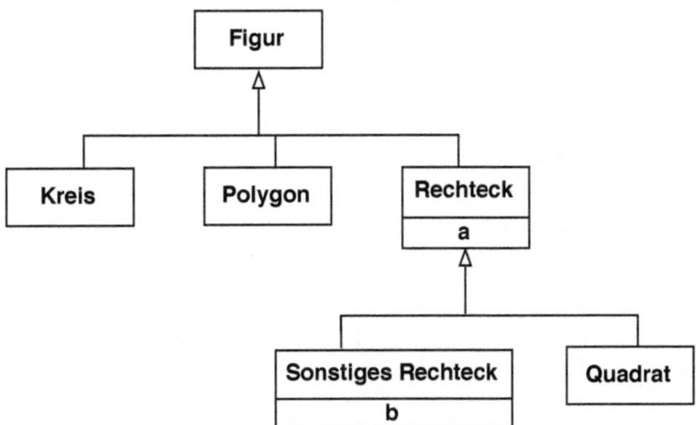

Abbildung 14.12: Alternative Modellierung geometrischer Figuren

14.5.2 Assoziation

Unter einer Assoziation zwischen zwei Klassen versteht man eine Beziehung, die ausdrücken soll, dass Exemplare dieser Klassen in einer losen Verbindung zu einander stehen. Das bedeutet, dass die Objekte von einander „wissen" und dadurch die Möglichkeit der Kooperation durch Austausch von Nachrichten haben.

Als Beispiel erweitern wir das Klassendiagramm für die Hochschule aus Abbildung 14.9 um eine weitere Klasse **Vorlesung**. Zwischen Exemplaren der Klassen **Vorlesung** und **Dozent** könnte nun eine Beziehung der Art

Der Dozent Einstein liest die Vorlesung Relativitätstheorie

bestehen. Dass diese Klassen in einer Assoziationsbeziehung zueinander stehen, wird im Klassendiagramm im einfachsten Fall durch eine gerade Verbindungslinie dargestellt (s. Abbildung 14.13).

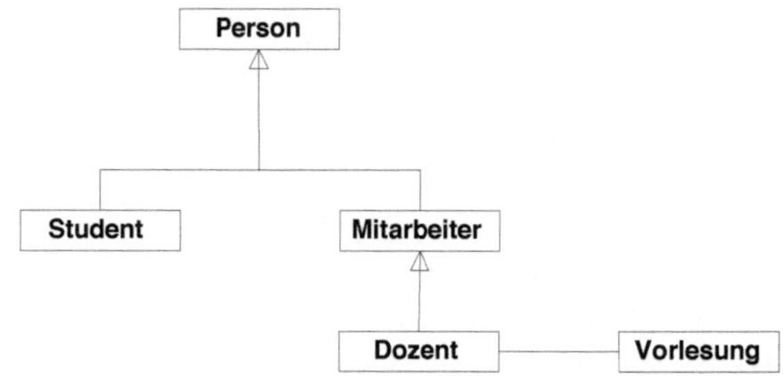

Abbildung 14.13: Assoziation zwischen Dozenten und Vorlesung

Während es sich bei der Vererbung tatsächlich um eine Beziehung zwischen Klassen handelt, stellt eine Assoziation eine Beziehung zwischen zwei beteiligten Objekten dar. Im Klassendiagramm wird durch die Assoziationsbeziehung letztlich die Möglichkeit dargestellt, dass Objekte der Klassen an einer solchen Beziehung beteiligt sein können. Der Dozent Einstein z. B. kann eine, mehrere oder auch keine Vorlesung abhalten.

Assoziationen durch Exemplarvariable implementiert
Assoziationsbeziehungen werden durch Exemplarvariablen implementiert. So könnte man in der Klasse **Vorlesung** eine Exemplarvariable **dozent** vorsehen, in die dann der Verweis auf ein **Dozent**-Objekt eingetragen wird, wenn zwischen der Vorlesung und dem Dozenten eine Assoziation errichtet werden soll. Die Kooperation zwischen den assoziierten Objekten ist in diesem Fall nur dadurch möglich, das eine Vorlesung eine Nachricht an einen Dozenten sendet. Ein **Vorlesung**-Objekt *kennt* sein **Dozent**-Objekt, aber nicht umgekehrt.

Es ist aber auch denkbar, in der Klasse **Dozent** eine Exemplarvariable **vorlesungen** zu definieren. Darin wird dann eine Liste (z. B. als **OrderedCollection**) mit den Verweisen auf die Vorlesungen abgelegt, die von dem betreffenden Dozenten abgehalten werden.

Welche der beiden Möglichkeiten in diesem Fall genutzt werden sollte, kann nur auf der Grundlage einer Analyse der Operationen, die auf den Objekten der beteiligten Klassen ausgeführt werden sollen, entschieden werden. Daraus ergibt sich dann, wer wem Nachrichten schicken können muss. Möglicherweise wird man dies sogar wechselseitig den Exemplaren beider Klassen erlauben wollen.

14.5.3 Aggregation

Die Aggregation ist eine spezielle Form der Assoziation. Man benutzt sie, um Objektbeziehungen der Art

- Ein A-Objekt *besteht aus* B-Objekten.

- Ein A-Objekt *hat* (besitzt) ein B-Objekt

zu modellieren. Es handelt sich also um eine Enthaltenseinsbeziehung, wobei noch danach unterschieden werden kann, ob die enthaltenen Objekte auch unabhängig von dem Aggregat, in dem sie enthalten sind, existieren dürfen oder in ihrer Existenz von der Existenz des Aggregates abhängig sind. Diese zweite, strengere Form der Aggregation wird auch als Komposition bezeichnet.

Enthaltenseins-beziehung

Komposition

Ein Beispiel für eine Komposition ist die Beziehung zwischen einer Person und ihrer Adresse, wobei wir davon ausgehen, dass Adressen Exemplare einer eigenen Klasse sind. Im Klassendiagramm wird eine Komposition durch eine Linie zwischen den beteiligten Klassen, die am Aggregatende eine gefüllte Raute trägt (s. Abbildung 14.14) dargestellt. Exemplare der Klasse **Adresse** können nicht eigenständig existieren. Wenn es das **Person**-Objekt nicht mehr gibt, verliert auch das zugeordnete **Adresse**-Objekt seine Existenz.

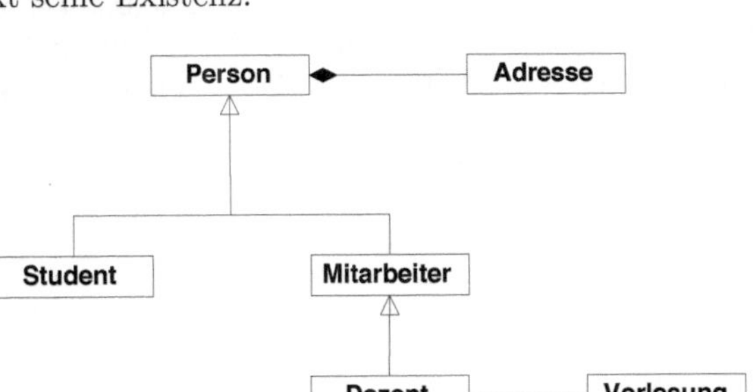

Abbildung 14.14: Kompositionsbeziehung zwischen Personen und ihren Adressen

Als Beispiel für eine schwache Aggregation, bei der die Teilobjekte unabhängig von dem Aggregat existieren, könnte in der Zuordnung von Mitarbeitern zu einem Fachbereich bestehen. Ein Fachbereich besteht aus Mitarbeitern, wobei diese aber nicht automatisch entlassen werden, falls der Fachbereich aufgelöst wird. Abbildung 14.15 zeigt eine entsprechende Erweiterung des Klassendiagramms. Man benutzt zur Darstellung einer einfachen Aggregation eine Linie mit nicht gefüllter Raute am Aggregatende.

Für die Implementierung von Aggregationen gilt grundsätzlich das für Assoziationen Gesagte. Aggregationen werden als gerichtete Assoziationen betrachtet, so dass die Aggregate ihre Komponenten kennen aber nicht umgekehrt. Das bedeutet, dass die Aggregation durch eine Exemplarvariable in der Aggregat-Klasse implementiert wird. So sähe man in dem o. g. Beispiel einer schwachen Aggregation in der Klasse **Fachbereich** eine Exemplarvariable **mitarbeiter** vor. Gerade bei schwachen Aggregationen wird es aber vorkommen, dass man auch in der Komponentenklasse eine Exemplarvariable vorsieht, so dass auch aus den **Mitarbeiter**-Methoden heraus Nachrichten an den zugehörigen Fachbereich gesendet werden können.

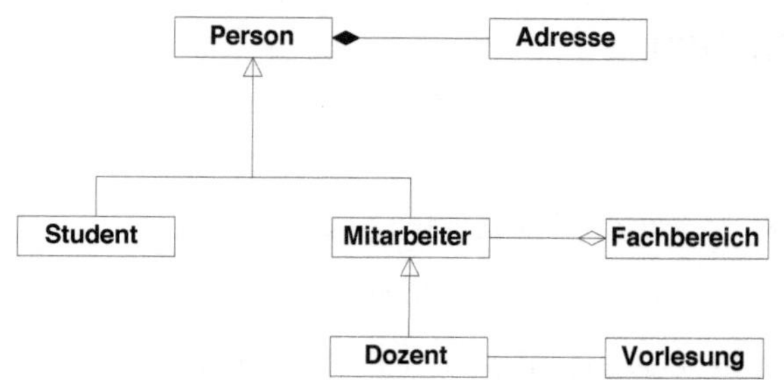

Abbildung 14.15: Ein Fachbereich besteht aus Mitarbeitern

Bei Kompositionen dürfte in der Regel nur die eine Richtung implementiert werden. Es erscheint z. B. abwegig, dass eine Adresse wissen muss, zu welcher Person sie gehört.

Der Charakter einer Komposition bringt es mit sich, dass beim Erzeugen des übergeordneten Objekts auch die zugehörigen Exemplare der Komponentenobjekte angelegt werden. Wird z. B. ein neues **Person**-Exemplar erzeugt und initialisiert, sollte das auch dazu führen, dass für diese Person auch ein **Adresse**-Exemplar erzeugt und initialisiert wird. Häufig werden auch bestimmte Nachrichten, die vom Aggregat-Objekt empfangen werden, an die Komponentenobjekte weitergeleitet. Ein typisches Beispiel dafür ist die **printOn:**-Methode (vgl. Abschnitt 14.2). Erhält ein **Person**-Objekt die **printOn:**-Nachricht, wird diese in der Regel an das zugehörige **Adresse**-Objekt weitergeleitet werden.

15 Systematisches Testen

Die sorgfältige Durchführung von Tests ist heutzutage in der Praxis der Software-Entwicklung die wichtigste Qualitätssicherungsmaßnahme, die der Prüfung dient, ob die Software die an sie gestellten funktionalen Anforderungen erfüllt. Dabei versteht man unter einem Test die Ausführung eines Programms, wobei die Resultate der Programmausführung mit den erwarteten Ergebnissen verglichen werden. Streng genommen ist ein Test dann erfolgreich, wenn bei einem Test die tatsächlichen mit den erwarteten Ergebnissen nicht übereinstimmen. Da man davon ausgehen kann, dass komplexe Programme immer Fehler enthalten, ist ein Test, der keinen dieser Fehler zutage fördert, nutzlos. Nur, wenn ein Fehler aufgedeckt und anschließend beseitigt werden kann, ist eine Steigerung der Qualität des Programms möglich. Die Qualitätssteigerung ist aber auch in diesem Fall nicht gewährleistet, da eine Änderung an einem Programm zwecks Fehlerbeseitigung auch selbst wieder neue Fehler hervorrufen kann.

Mit Testen kann jedenfalls nur die Anwesenheit von Fehlern bewiesen werden. Dass die Software die an sie gestellten Anforderungen erfüllt, kann damit nicht gezeigt werden, weil ein Test immer den Charakter einer Stichprobe hat.

Eine Alternative zum Testen besteht in der Anwendung formaler Techniken, die zum Ziel haben, die Korrektheit eines Programms zu beweisen. Dabei greift man auf Beweistechniken der Mathematik zurück. Da solche Verfahren äußerst aufwändig sind, werden sie heute nur dort eingesetzt, wo fehlerhafte Software gravierende Folgen, z. B. für die körperliche Unversehrtheit von Menschen, haben kann. Das Thema Software-Qualität ist sehr komplex, wird aber in der Literatur eingehend behandelt, z. B. in Liggesmeyer (2002), speziell zum Thema Testen auch in Spillner u. a. (2006). Korrektheitsbeweise

Tests finden in verschiedenen Phasen der Software-Entwicklung bzw. auf verschiedenen Ebenen statt. Wenn eine Software als fertig gilt, wird dies mit *Abnahme*- oder *Systemtests* geprüft. Dabei wird eine vollständige Anwendung als ganze getestet. Während der Entwicklung werden Integrationstests durchgeführt, die das korrekte Zusammenspiel von Komponenten der Software prüfen sollen. Abnahmetest Systemtest Integrationstest

Ebenfalls in der Entwicklungsphase werden Tests der einzelnen Komponenten vom Entwickler bereitgestellt und durchgeführt. Diese dienen dazu, einzelne Methoden bzw. Klassen zu überprüfen. Derartige Komponententests bezeichnet man auch mit dem englischen Fachbegriff *Unit-tests*. Komponententest

In diesem Kapitel werden wir uns ausschließlich mit der Entwicklung und Automatisierung von Komponententests beschäftigen.

15.1 Komponententests

In früheren Kapiteln, insbesondere in Abschnitt 8.5.6, haben wir die Technik eingeführt, Klassenmethoden zu schreiben, mit denen dann Teile der Anwendung zum Zwecke der Überprüfung ausgeführt wurden. Bei dieser Art von Programmausführung handelt es sich aber nicht um Tests im strengen Sinn. Denn zu einem Test gehört immer auch die Angabe der erwarteten Ergebnisse, nur so kann überprüft werden, ob die tatsächlichen Ergebnisse eines konkreten Testlaufs mit den erwarteten übereinstimmen.

Es ist nun nicht sonderlich schwierig, diese „Überprüfungsmethoden" zu echten Testmethoden auszubauen, indem man den Vergleich des Resultats der Ausführung eines Programms mit dem erwarteten in der Testmethode zusätzlich programmiert. Solche Tests zu schreiben ist gleichwohl eine durchaus zeitraubende Aufgabe, so dass es zweckmäßig ist, wenn das Entwicklungssystem den Programmierer bei dieser Aufgabe unterstützt. Hinzu kommt, dass die Testmethoden nur dann nützlich sind, wenn sie auch ausgeführt werden. Es gehört viel Disziplin seitens eines Entwicklers dazu, die Testmethoden regelmäßig zu aktivieren. Insbesondere nach Programmänderungen sollten alle zur Verfügung stehenden Testmethoden erneut ausgeführt werden, um festzustellen, ob die Programmänderung einen schon einmal erfolgreich durchgeführten Test jetzt fehlschlagen lässt.

Testen heißt, Fehler zu finden

Anmerkung: Programmierer bezeichnen üblicherweise einen Test dann als erfolgreich, wenn er das erwartete Ergebnis liefert. Diese Sprechweise hat sich eingebürgert, obwohl ein Test, der keinen Fehler zutage fördert – wie eingangs des Kapitels erläutert –, nutzlos und damit eigentlich nicht erfolgreich ist. Um keine Verwirrung zu stiften, bleiben wir hier aber bei der allgemein üblichen Sichtweise, dass ein Test fehlgeschlagen ist, wenn er nicht das Sollergebnis liefert.

Regressionstest

Die systematische Ausführung aller Tests nach Programmänderungen bezeichnet man als *Regressionstests*. Auch dabei sollte die Entwicklungsumgebung den Programmierer unterstützen. Wenn dann einer oder mehrere Tests fehlschlagen, ist klar, dass durch die vorgenommenen Änderungen Fehler hinzugefügt wurden oder zusätzlich notwendige Änderungen an anderer Stelle nicht bedacht wurden.

SUnit

Im Smalltalk-Umfeld gibt es für die Automatisierung von Komponententests seit geraumer Zeit das *SUnit*-System. Es handelt sich dabei um ein System von Klassen[1], das man auch als Rahmenwerk (engl.: framework) bezeichnet. Es ermöglicht insbesondere,

- Testfälle einschließlich der erwarteten Ergebnisse zu definieren,

- Testfälle zu so genannten *Testsuites* zusammenzufassen und

- die Tests einer oder mehrerer Testsuites automatisch ablaufen zu lassen.

Beim automatischen Testablauf wird angezeigt, welche Tests fehlgeschlagen sind, d. h. bei denen die erwarteten Ergebnisse nicht mit den tatsächlichen übereinstimmen.

Der Entwickler wird demnach seinen Teil der Software frühestens dann als fertig melden, wenn alle Tests ohne Fehler durchlaufen.

Selbst wenn ein Regressionstest fehlerfrei durchläuft, ist das – wie bereits erläutert – kein Beweis für die Korrektheit der Software. Denn für Tests gilt immer der von E. W. Dijkstra geprägte Satz: Ein Test kann nur die Anwesenheit von Fehlern beweisen, nie deren Abwesenheit.

---

[1] Ein **SUnit**-Package gehört auch zum Lieferumfang von *VisualWorks*.

Adaptionen von SUnit gibt es inzwischen für nahezu jede Programmiersprache, so
z. B. JUnit für Java.

15.2 Testautomatisierung mit SUnit

SUnit ist ursprünglich von Kent Beck [Beck (2013)] entwickelt worden. Aktuelle Informationen findet man u. a. im World Wide Web [SUnit (2013)].

Das SUnit-Rahmenwerk besteht aus vier Klassen : `TestCase`, `TestSuite`, `TestResult` und `TestResource`.

- Ein Exemplar der Klasse `TestCase` repräsentiert einen einzelnen Testfall oder eine Gruppe zusammengehöriger Tests. TestCase

- Ein Exemplar der Klasse `TestSuite` fasst mehrere Exemplare von `TestCase` zusammen und ermöglicht so, beliebige Mengen von Testfällen zu definieren, die zu einem Zeitpunkt gemeinsam ausgeführt werden sollen. TestSuite

- Ein Exemplar der Klasse `TestResult` fasst die Ergebnisse eines Testlaufs zusammen. Dazu gehören TestResult

  - die Zahl der erfolgreichen Tests,

  - die Zahl der fehlgeschlagenen Tests und

  - die Zahl der wegen eines Programmfehler abgebrochenen Tests.

- Mit `TestResources` kann man eine Umgebung (eine Menge von Objekten) erzeugen, die für den Ablauf mehrerer Testfälle gebraucht werden. Dabei könnte es sich z. B. um den Aufbau einer Datenbank- oder Netzwerkverbindung handeln TestResource

Die Entwicklung von Komponententests mithilfe von SUnit besteht hauptsächlich in der Bildung von Unterklassen der Klasse `TestCase`. Dort sind dann bestimmte Methoden zu überschreiben, mit denen ein Testfall für die zu testende Klasse vorbereitet, durchgeführt und abgeschlossen wird. Die Vorgehensweise dabei werden wir an einem konkreten Beispiel betrachten. Wir greifen dazu noch einmal das Fallbeispiel Kinobetrieb aus Abschnitt 10.4 auf. Zuvor muss aber das Package `SUnitToo` geladen werden. Die Vorgehensweise dafür ist dem Anhang A.1 zu entnehmen.

15.2.1 Fallbeispiel Kinobetrieb

Wir beginnen damit, einen Test für die Methode `kostenBei:` der Klasse `Kosten`, wie sie in Abschnitt 7.2.2 implementiert wurde, zu schreiben.

Der **erste Schritt** besteht darin, eine Testklasse als Unterklasse von `TestCase` mit einer Exemplarvariablen **exemplar** zu definieren:

```
Smalltalk.KinoNs defineClass: #KostenTest
    superclass: #{SUnit.TestCase}
    indexedType: #none
    private: false
    instanceVariableNames: 'exemplar'
```

```
classInstanceVariableNames: ''
imports: ''
category: ''
```

Wichtig ist, dass die Testklasse Unterklasse von **TestCase** aus dem Namespace **SUnit** ist. Der Name der Testklasse kann frei gewählt werden.

Um eine Exemplarmethode der Klasse **Kosten** testen zu können, brauchen wir natürlich ein Exemplar. Dies ist eine typische testvorbereitende Maßnahme. Solche werden in der **setUp**-Methode der Testklasse vorgenommen.

Der **zweite Schritt** besteht also in der Definition der Methode

```
KostenTest >> setUp
  exemplar := Kosten new
```

Im **dritten Schritt** werden nun Methoden programmiert, die die eigentlichen Tests durchführen, d. h. die

- die zu testende Nachricht senden und

- das Ergebnis mit dem erwarteten vergleichen.

Für den Test der Methode **kostenBei:** schreiben wir die in Abbildung 15.1 gezeigte Methode **testKostenBei**.

Abbildung 15.1: Test für **kostenBei:**

Die Namen von Testmethoden müssen mit dem Präfix „test" beginnen. Nur dann werden sie vom so genannten *TestRunner* (Bestandteil von SUnit) aktiviert. Dass die Methode **testKostenBei** als Test-Methode erkannt wurde, ist an dem Fragezeichen vor dem Methodennamen im Feld 4 des System-Browsers zu erkennen. Das Fragezeichen bedeutet, dass der Test noch nicht ausgeführt wurde und das Resultat daher unbekannt ist.

Der TestRunner zeigt sich in Form von drei Schaltflächen rechts unten in der Statuszeile des System-Browsers[2]. Auf die Bedienung des TestRunners kommen wir noch zurück.

Nun zum Rumpf der Methode **testKostenBei**: Die Nachricht **assert:** wird von der Klasse **TestCase** geerbt und erwartet als Argument einen booleschen Ausdruck, d. h. der Ausdruck muss sich zu **true** oder **false** auswerten lassen. Ist er **true** gilt der Test als erfolgreich andernfalls als fehlgeschlagen (engl. failed). Im konkreten Fall vergleichen wir also das Resultat von **exemplar kostenBei: 20** mit **181.00s**, d. h. der Erwartungswert der Kosten bei 20 Besuchern soll 181 betragen. Die Implementierung der Klasse **Kosten** aus Abschnitt 7.2 sieht durch die **initialize**-Methode

```
Kosten>>initialize
    self
        proVeranstaltung: 180.00s;
        proBesucher: 0.05s
```

vor, dass **Kosten**-Exemplare mit Fixkosten von 180 und Kosten pro Besucher von 0,05 erzeugt werden. Damit ergeben sich bei 20 Besuchern Gesamtkosten von 181.

Erfolgreicher Test

Man kann davon sich überzeugen, dass der Test in **testKostenBei** erfolgreich ist, indem man den TestRunner durch Betätigen der dritten Schaltfläche von links (ein kleiner grüner Pfeil vor einem „Reagenzglas") startet. Ist der Test tatsächlich erfolgreich verlaufen, wird aus dem Fragezeichen vor dem Methodennamen ein grüner Haken und das Feld in der Statuszeile mit den drei TestRunner-Schaltflächen wird grün unterlegt.[3] Ein erfolgreicher Test wird im Kontext von SUnit mit dem englischen Begriff *pass* bezeichnet.

Fehlgeschlagener Test

Wenn man in der Methode **testKostenBei** den (korrekten) Erwartungswert durch einen anderen ersetzt und den TestRunner damit erneut startet, schlägt der Test fehl. Das wird im System-Browser durch ein rotes Verbotszeichen vor dem Methodennamen und durch einen roten Balken in der Statuszeile gekennzeichnet.[3] Ein fehlgeschlagener Test wird im Kontext von SUnit mit dem englischen Begriff *failure* bezeichnet.

Abgebrochener Test

Wenn ein Programm nicht das erwartete Resultat liefert, kann das auch darin liegen, das es gar nicht vollständig ausgeführt werden konnte, da während des Ablaufs eine Ausnahmesituation (Exception) aufgetreten ist, die zum Programmabbruch führt, z. B. eine Division durch 0 oder eine **Message-not-understood**-Exception. Um eine solche Situation einmal herbeizuführen, ersetzen wird in der Methode **testKostenBei** die Besucherzahl (unsinnigerweise) durch eine Zeichenkette, z. B. **'20'**. Damit lässt

---

[2]Falls die Status-Zeile nicht sichtbar sein sollte, kann sie mit **Tools→Status Bar** aktiviert werden.
[3]Derartige Details der Bedienung des TestRunners können sich in späteren Versionen von *VisualWorks* natürlich ändern, ohne dass das aber Einfluss auf die Arbeitsweise von SUnit haben dürfte.

die Methode problemlos übersetzen, aber beim Versuch, in der Methode `kostenBei:` mit dieser „Zahl" zu rechnen, wird es zu einem Programmabbruch kommen. Startet man nun den TestRunner wieder, wird der Programmabbruch im System-Browser durch ein weißes Ausrufungszeichen auf einem blauen Kreis vor dem Methodennamen und durch einen roten Balken in der Statuszeile gekennzeichnet. Ein Test, der auf diese Weise nicht zum gewünschten Ergebnis führt, wird im Kontext von SUnit mit dem englischen Begriff *error* bezeichnet.

Alle drei Tests

Legen wir nun neben der ursprünglichen Methode `testKostenBei` noch zwei weitere an, die – wie oben geschildert – zu einem *Failure* bzw. *Error* führen:

```
KostenTest>>testKostenBeiError
    self assert: (exemplar kostenBei:  '20') = 181.00s


KostenTest>>testKostenBeiFailure
    self assert: (exemplar kostenBei: 20) = 190.00s
```

Um nun alle drei Tests auf einmal durch den TestRunner zu aktivieren, markiert man das Methodenprotokoll, aber keine der einzelnen Testmethoden. In der Folge zeigt der TestRunner das in Abbildung 15.2 gezeigte Ergebnisfenster. Aus dem Fenstertitel ist erkennbar, dass

- drei Tests ausgeführt wurden (3 ran),

- davon einer fehlgeschlagen ist (1 failed) und

- und einer zu einem Programmabbruch führte (1 errors).

Im Fenster selbst kann man die nicht erfolgreichen Testmethoden betrachten.

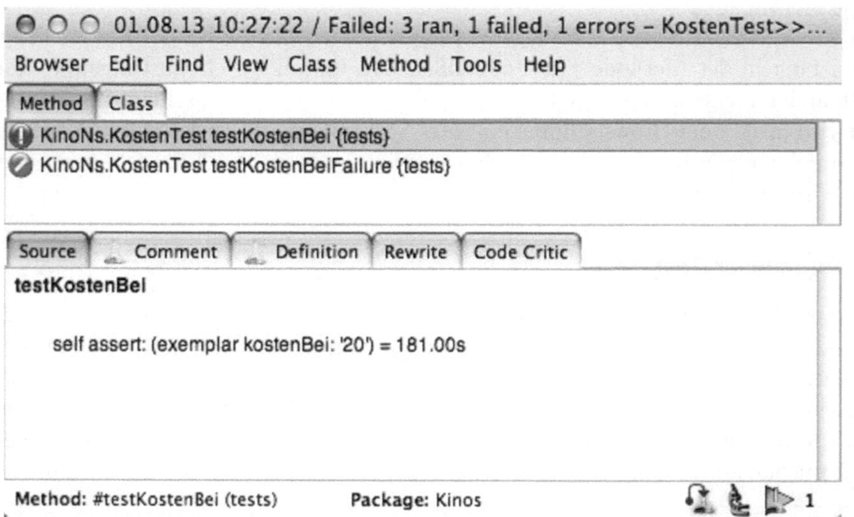

Abbildung 15.2: Drei Tests für `kostenBei:`

Fehlerlokalisierung

Aus der Tatsache allein, dass ein Test nicht erfolgreich war, kann nicht immer sofort auf die Ursache geschlossen werden. Zur Lokalisierung des Fehlers, der durch `testkostenbeiError` verursacht wird, kann man die zweite Schaltfläche von links des TestRunners (Debug Tests) benutzen. Die Testmethode wird dann im Debugger ausgeführt, so dass man sich z. B. im Einzelschrittverfahren an den Fehlerort „herantasten" kann.[4]

15.2.2 Weitere TestCase-Nachrichten

Wie erläutert, erwartet eine `assert:`-Nachricht einen boolschen Ausdruck als Argument. Liefert die Auswertung dieses Ausdrucks `false`, bedeutet dies, dass der Test fehlgeschlagen ist. Mit der Nachricht `deny:` steht das logische Komplement zur Verfügung. Liefert die Auswertung des Argumentausdrucks von `deny: false`, wird der Test als erfolgreich gewertet. Demnach sind die Ausdrücke

```
self assert: expression
self deny: expression not
```

äquivalent.

Gelegentlich möchte man auch testen, dass es bei der Auswertung eines Ausdrucks zu einer Ausnahmesituation (Exception) kommt. In Abschnitt 8.5.7 wurde die Möglichkeit betrachtet, für den Fall, dass bei der Lösung einer quadratischen Gleichung versucht wird, einem Exemplar der Klasse `KeineLoesung` oder der Klasse `EineLoesung` die Nachricht `loesungZwei` zu senden, mit der Nachricht

```
self error: 'Gleichung besitzt nicht zwei Lösungen'
```

einen Programmabbruch mit einer eigenen Fehlermeldung zu erzeugen. Die Nachricht `error:` löst eine vom Programmierer gewollte Exception aus. Um zu testen, dass das auch geschieht, stellt `TestCase` die `should:raise:`-Nachricht bereit. Für das o. g. Beispiel könnte der Test dann etwa so formuliert werden:

```
self should: [einKeineLoesungExemplar loesungZwei]
    raise: Error
```

Man beachte, dass der Ausdruck, der die Exception auslösen soll, hinter dem Schlüsselwort `should:` als Block angegeben werden muss. `Error` die Klasse der `Exception`. (Auch Exeptions sind Objekte und damit Exemplare einer Klasse.)

Das logische Komplement zu `should:raise:` heißt `shouldnt:raise:`.

15.2.3 Ein weiterer Test für die Klasse Kosten

Die Testmethode `testKostenBei` aus Abschnitt 15.2.1 testet den Fall, dass ein „Standard"-Kostenobjekt erzeugt wird, das mit der `initialize`-Methode der Klasse `Kosten` initialisiert wird. Ein weiterer sinnvoller Test könnte darin bestehen, ein Kostenobjekt mit anderen Parametern zu erzeugen und dann die Berechnung der Kosten erneut

---

[4]vgl. dazu Abschnitte 5.6 und 9.5

vorzunehmen. Dazu ist es zunächst sinnvoll, der Klasse `KostenTest` für das zweite `Kosten`-Exemplar eine weitere Exemplarvariable zu geben und diese dann in der `setUp`-Methode zu setzen. Die entsprechend erweiterte `setUp`-Methode sieht dann z. B. so aus:

```
KostenTest>>setUp
    exemplar := Kosten new.
    exemplarAlternativ := (Kosten new)
        proVeranstaltung: 250.00s;
        proBesucher: 0.10s
```

Die erste Zeile im Rumpf der Methode wird beibehalten, damit der Test `testKostenBei` weiterhin laufen kann.

Für das neue Exemplar schreiben wir z. B. die Testmethode:

```
KostenTest>>testKostenBeiAlternativ
    self assert: (exemplarAlternativ kostenBei:100) = 260.00s
```

Eliminieren wir die Testmethoden `testKostenBeiError` und `testKostenBeiFailure` wieder, die ja nur zu Demonstrationszwecken eingeführt wurden, bleiben zwei „echte" Tests der Klasse Kosten übrig, die beide erfolgreich sein müssen.

15.3 Testgetriebene Entwicklung

Ein verantwortungsvoller Programmierer testet seine Software ausgiebig, und schon aus ökonomischen Gründen sollte er dabei die Fähigkeiten der Entwicklungsumgebung nutzen. Dazu gehört heutzutage auch die Nutzung von Test-Rahmenwerken wie SUnit. Tests auf einfache Weise wiederholbar zu machen, bringt einen großen Nutzen für die Qualität der Software. Entwickler, die das konsequent betreiben, werden durchaus 25 bis 50 Prozent der Zeit, die sie an einer Software arbeiten, für das Schreiben von Tests aufwenden. Der Grad der Abdeckung der Klassen durch Tests steht für das Vertrauen des Entwicklers in seine eigene Arbeit. In der Praxis der Software-Entwicklung wird häufig leider nach wie vor dem Thema Testen nicht die gebührende Aufmerksamkeit geschenkt. Vielfach wird nach dem Motto verfahren: „Testen tun wir später, wenn wir mit der Entwicklungsarbeit fertig sind. Dann haben wir Zeit dazu." Dieser Zeitpunkt kommt leider in manchen Software-Projekten nie. Diesem Problem kann man nur entrinnen, wenn von vornherein das Schreiben von Programmcode und das Schreiben von Tests als zwei untrennbar verbundene Tätigkeiten betrachtet werden.

Die Zeit zum Testen kommt nie.

Wann immer man als Smalltalk-Programmierer versucht ist, ein Programm im Workspace (vielleicht verbunden mit einer „Testausgabe" im Transcript) zu schreiben, sollte man diese Arbeit lieber gleich in einen Komponententest investieren.

Man sollte es sich zur Gewohnheit machen, für jede Methode – mit Ausnahme vielleicht von Get- und Set-Methoden – einen Test zu schreiben. Seit geraumer Zeit wird sogar empfohlen, die Komponententests zuerst, d. h. vor den Methoden, die sie testen sollen, zu schreiben. Diese Vorgehensweise wird als *testgetriebene Entwicklung* oder *Test-first-Ansatz* bezeichnet. Diese Entwicklungsmethodik verspricht – konsequent angewendet – einige Vorteile:

Test-first-Ansatz

- Jeder Test stellt schon eine Form der Dokumentation der zu testenden Komponente dar.

- Die Gefahr, dass das Testen auf den „Sanktnimmerleinstag" verschoben wird, ist zumindest für Komponententests gebannt.

- Beim Schreiben eines Tests muss man sich nicht nur Gedanken darüber machen, was die zu testende Methode eigentlich tun soll, sondern auch wie sie aufgerufen werden soll, d. h. wie ihre Schnittstelle zu gestalten ist. Dies kann zu besseren Schnittstellen führen.

- Es stärkt das gegenseitige Vertrauen der Entwickler in ihre Arbeit.

- Die Neigung, notwendige Refactorings (vgl. Abschnitte 10.4 und 14.3) auch tatsächlich durchzuführen, wird zunehmen, da das Risiko geringer ist, bei Programmänderungen Fehler einzubauen, die unentdeckt bleiben.

Testgetriebene Entwicklung konsequent durchzuführen, lernt man nicht aus Lehrbüchern, sondern nur durch Übung. Trotzdem seien hier zwei Werke als weiterführende Literatur empfohlen: Link (2002) und Beck (2003).

16 Entwicklung von Web-Anwendungen

Die herkömmliche Technik für die Entwicklung von Anwendungen, die über eine graphische Benutzungsoberfläche bedient werden, zielt darauf ab, Programme zu entwickeln, die auf einem voll ausgestatteten Arbeitsplatzrechner ablaufen sollen. Für große Unternehmen mit vielen Arbeitsplätzen und einer Vielzahl unterschiedlicher Anwendungsprogramme stellt es einen erheblichen Aufwand dar, die Anwendungen auf den Arbeitsplatzrechnern zu installieren. Das kann insbesondere bei häufigen Versionswechseln mit hohen Kosten verbunden sein. Zudem muss sichergestellt werden, dass die Systemplattform so eingerichtet ist und bleibt, dass die Anwendungsprogramme überhaupt darauf laufen können.

Eine Möglichkeit, diese Kosten einzudämmen, kann darin bestehen, Datenverarbeitung teilweise zu rezentralisieren. Das bedeutet, dass der Kern eines Anwendungsprogramms auf einem zentralen Rechner[1] läuft, der Anwender vor einem, verglichen mit einem Arbeitsplatzrechner leistungsschwachen Endgerät[2] sitzt, auf dem nur die Ein-/Ausgabe durch den Benutzer läuft. Auf den Endgeräten muss daher nahezu keine Software installiert werden, so dass deren Administration kaum Aufwand bedeutet. Eine Verteilung der Anwendung auf Arbeitsplatzrechner entfällt.

Eine Variante dieses Szenarios sind die Web-Anwendungen. Auch hier läuft der Anwendungskern auf einem zentralen Rechner, einem Web-Server, während die Bedienung in einem Web-Browser stattfindet. Derartige Web-Anwendungen haben mit der enormen Verbreitung breitbandiger Internet-Anschlüsse bereits in der Vergangenheit an Bedeutung gewonnen. Der große Vorteil ist auch hier, dass die Anwendungen in der Regel auf jedem Endgerät laufen können, auf dem ein Web-Browser läuft. Es muss keine weitere Software auf den Arbeitsplatzrechnern installiert werden.

Web-Anwendungen stellen auch eine Alternative zur Entwicklung von Applikationen für mobile Endgeräte wie Smartphones oder Tablet-Computer dar. Hier ist der Anbieter von dem Zwang befreit, seine Applikation über die teilweise stark reglementierten und teuren App-Stores bestimmter Anbieter zu vertreiben.

Die Entwicklung von Web-Anwendungen wird verstärkt durch Rahmenwerke unterstützt. Ein solches Rahmenwerk – oder auch Framework – besteht aus einer Menge von Programmkomponenten, die bestimmte Basisfunktionalitäten, die für interaktive Web-Anwendungen benötigt werden, zur Verfügung stellt. Diesem Rahmenwerk fügt der Entwickler eigene Programmkomponenten hinzu, die dann vom Rahmenwerk über eine definierte Schnittstelle aktiviert werden. Beispiele für solche Basisfunktionalitäten sind die Generierung von HTML-Anweisungen und die Dialogsteuerung.

Viel Beachtung hat z. B. *Ruby on Rails* [Rails (2013)] erfahren, das von David

---

[1]Man spricht hier auch von *server based computing*.
[2]auch *Terminal* oder *Thin Client* genannt

Heinemeier Hansson auf der Grundlage der Programmiersprache Ruby [Ruby (2013)], die sich sehr stark an Smalltalk anlehnt, entwickelt worden ist.

Seaside   Für die Entwicklung von Web-Anwendungen in Smalltalk gibt es verschiedene Rahmenwerke. Hier sind in erster Linie *Seaside* [Seaside (2013)] und *AidaWeb* [AIDAweb (2013)] zu nennen. Für die Ausführungen in diesem Kapitel wird Seaside herangezogen. Dieses Framework erlaubt es in besonders eleganter Weise, den Kontrollfluss einer Web-Anwendung, der sich über mehrere Web-Seiten erstreckt, als ein zusammenhängendes Stück Programmcode aufzuschreiben. XHTML wird in Seaside in Smalltalk-typischer Weise durch Senden von Nachrichten an Objekte programmatisch erzeugt. Schließlich können die typischen Werkzeuge eines Smalltalk-Entwicklers, wie z. B. der Debugger, nahtlos auch für die Entwicklung von Web-Anwendungen verwendet werden.

Seaside wurde ursprünglich im Smalltalk-Dialekt Squeak entwickelt, steht aber inzwischen auch für andere Smalltalk-Systeme zur Verfügung, darunter auch *Visual-Works*[3].

Ausführliche Darstellungen der Prinzipien von Seaside sind in den Büchern Ducasse u. a. (2010) und Perscheid u. a. (2008) zu finden. Eine umfassenden Überblick bietet die Website seaside.st.

Für das Verständnis der folgenden Abschnitte werden Grundkenntnisse in HTML bzw. CSS vorausgesetzt.[4]

In den Abschnitten 16.1 und 16.2 wird dargestellt, wie mit den einfachsten Mitteln, die das Seaside-Framework bereit stellt, eine Anwendung mit einer Web-Oberfläche ausgestattet werden kann. Abschnitt 16.3 führt in die Konzepte von Seaside ein, die die Realisierung komplexerer, aus mehreren Web-Seiten bestehender Anwendungen ermöglicht. In Abschnitt 16.4 wird die Vorgehensweise der Einbindung von CSS in eine Seaside-Anwendung behandelt.

Aspekte der Gestaltung von Web-Anwendungen unter Gesichtspunkten der Objektorientierung, insbesondere der Wiederverwendung von Seaside-Komponenten, werden im Abschnitt 16.5 diskutiert.

Den Abschluss des Kapitels (Abschnitt 16.6) bildet ein Überblick über weitere Konzepte von Seaside, die in diesem Band nicht im Detail dargestellt werden.

16.1 Fallbeispiel Währungsumrechner

In diesem Abschnitt soll gezeigt werden, wie der zuletzt in Abschnitt 7.1 behandelte Umrechner für Währungsbeträge mithilfe von Seaside so erweitert werden kann, dass er über den Web-Browser bedienbar wird. Die Web-Anwendung wird in Anlehnung an das in Abschnitt 14.4 vorgestellte Model-View-Controller-Paradigma entwickelt werden. Das bedeutet, dass wir die Logik des Währungsumrechners, die im Wesentlichen aus einer Methode besteht, die einen Währungsbetrag von einer Währung in eine andere umzurechnen erlaubt, strikt trennen von seiner Darstellung im Web-Browser, die dann mithilfe von Seaside realisiert wird.

---

[3]Wird mit Version 7.10 ausgeliefert und kann über den Parcel-Manager geladen werden (vgl. Anhang A.3).

[4]Gute Informationsquellen sind SELFHTML (2007) für HTML und Ritter (2009) für CSS.

16.1.1 Zielvorstellung

Eine erste Version dieser Web-Anwendung soll zunächst mit einfachsten Mitteln auskommen und sich dem Benutzer wie in Abbildung 16.1 gezeigt präsentieren. Unter der Überschrift soll zunächst eine Tabelle mit den im System hinterlegten Währungen und ihren Wechselkursen im Bezug zum Euro angezeigt werden.

> **Anmerkung:** Alle Umrechnungskurse im Verhältnis zu einer Basiswährung anzugeben, ist zwar eine Vereinfachung, die mit der Realität nicht ganz verträglich für unsere Zwecke aber ausreichend ist.

Abbildung 16.1: Erste Version des Währungsumrechners im Web

Unterhalb der Trennlinie stehen dem Benutzer vier Eingabefelder und zwei Schaltflächen zur Verfügung. Je zwei für die Währungsbezeichnungen und die entsprechenden Beträge. Es können also zwei Währungsbezeichnungen und ein Betrag eingegeben und dann durch Betätigen der zugehörigen Schaltfläche der Betrag in der jeweils anderen Währung berechnet werden.

Man beachte, dass die Web-Seite hinsichtlich des Layouts keinerlei ästhetischen Ansprüchen genügt und auch hinsichtlich der Benutzungsfreundlichkeit durchaus zu wünschen übrig lässt. Ihre Gestaltung beschränkt sich vorerst darauf, die gewünschte Funktionalität mit den einfachsten Mitteln umzusetzen.

16.1.2 Das Model des Währungsumrechners

Der Währungsumrechner aus Abschnitt 7.1 bestand im Wesentlichen aus der Klasse **Umrechner** mit einer Exemplarvariablen **wechselkurs** und den beiden Exemplarmethoden

```
Umrechner>>rechneUm: aNumber
    "rechnet den Betrag aNumber zum aktuellen Wechselkurs um"
    ^aNumber * self wechselkurs
```

und

```
Umrechner>>rechneUmInvers: aNumber
  "rechnet den Betrag aNumber zum aktuellen Wechselkurs
   invers um"
  ^aNumber / self wechselkurs
```

Die Umrechnung basiert also immer auf einem einzigen Wechselkurs. Für die Web-Anwendung sollten aber verschiedene Währungen und ihre Wechselkurse wählbar sein. Deshalb werden wir zunächst eine Erweiterung des Umrechners vornehmen.

Erweiterung des Währungsumrechners

Eine Währung werde durch ihre Bezeichnung und ihren Wechselkurs zum Euro modelliert. Ein Exemplar einer entsprechenden Klasse „weiß" dann, wie ein Euro-Betrag in die jeweilige Währung umzurechnen ist. Die Klasse **Waehrung** erhalten wir am einfachsten durch Umbenennung der Klasse **Umrechner** und Hinzufügen einer Exemplarvariablen **bezeichner**:

```
Smalltalk.WaehrungenNs defineClass: #Waehrung
    superclass: #{Core.Object}
    indexedType: #none
    private: false
    instanceVariableNames: 'wechselkurs bezeichnung'
    classInstanceVariableNames: ''
    imports: ''
    category: ''
```

Klasse
Waehrung

Die beiden o. g. Exemplarmethoden **rechneUm:** und **rechneUmInvers:** bleiben unverändert. Zum Erzeugen eines Exemplars von **Waehrung** fügen wir noch die folgende Klassenmethode hinzu:

```
Waehrung class mitWechselkurs: aNumber undBezeicher: aString
  "erzeugt ein Exemplar des Empfaengers mit dem
   Wechselkurs aNumber und der Bezeichnung aString"

  ^self new wechselkurs: aNumber; bezeichnung: aString
```

Das **Waehrung**-Exemplar für den Euro würde dann wie folgt erzeugt:

```
Waehrung mitWechselkurs: 1.000s undBezeichner: 'Euro'
```

> **Hinweis:** Wechselkurse und Geldbeträge werden wieder als **Fixpoint**-Zahlen (vgl. Abschnitt 7.2) mit drei Stellen hinter dem Dezimalpunkt dargestellt.

neue Klasse
Umrechner

Nun brauchen wir noch einen Ort, wo alle Exemplare der Klasse **Waehrung**, die unsere Web-Anwendung dem Anwender bereitstellen soll, gespeichert werden. Dazu bietet es sich an, die Klasse **Umrechner** wieder auferstehen zu lassen und ihr eine Exemplarvariable **waehrungen** zu geben:

```
Smalltalk.WaehrungenNs defineClass: #Umrechner
    superclass: #{Core.Object}
    indexedType: #none
    private: false
    instanceVariableNames: 'waehrungen '
    classInstanceVariableNames: ''
    imports: ''
    category: ''
```

In dieser Exemplarvariablen wird eine `OrderedCollection` mit den **Waehrung**-Exemplaren gespeichert. Dazu wird in der Methode

```
{Umrechner>>initialize
    self waehrungen: OrderedCollection new
```

für die passende Initialisierung gesorgt. Damit sie auch aktiviert wird, brauchen wir auch eine eigene **new**-Methode:

```
Umrechner class>>new
    ^super new initialize
```

Der eigentlichen Umrechnungsvorgang sollte durch einen Ausdruck der Art

```
u betrag: 10 von: 'Schweizer Franken' nach: 'US-Dollar'
```

ausgelöst werden können. Die Variable **u** in dem Ausdruck verweist dabei auf ein Exemplar der Klasse **Umrechner**. Die Methode

```
Umrechner>>betrag: aNumber von: aString1 nach: aString2
    | w1 w2 |
    w1 := self waehrungMitBezeichner: aString1.
    w2 := self waehrungMitBezeichner: aString2.
    ^(w2 rechneUm: (w1 rechneUmInvers: aNumber))
```

holt sich dann mit der Nachricht **waehrungMitBezeichner:** das zum Bezeichner gehörende **Waehrung**-Objekt und rechnet den Betrag dann zunächst von der Quellwährung (Variable **w1**) in die Basiswährung (Euro) und dann von der Basiswährung in die Zielwährung (Variable **w2**) um.

Schließlich sucht die Methode

```
Umrechner>>waehrungMitBezeichner: aString

    ^self waehrungen detect: [:w | w bezeichnung = aString]
```

in der Collection **waehrungen** mithilfe des übergebenen Bezeichners nach der zugehörigen Währung.

Um die in Abbildung 16.1 gezeigte Konstellation mit vier Währungen einfach herstellen zu können, definieren wir noch die folgende Klassenmethode, die, unseren bisherigen Konventionen folgend, in einem Protokoll **examples** abzulegen wäre:

Anwendung
des
Umrechners

Ein **Umrechner**
mit vier
Währungen

```
Umrechner class>>umrechnerBeispiel
  | u |
  u := self new.
  (u waehrungen)
    add: (Waehrung mitWechselkurs: 1.0s3
                    undBezeichner: 'Euro');
    add: (Waehrung mitWechselkurs: 1.322s3
                    undBezeichner: 'US-Dollar');
    add: (Waehrung mitWechselkurs: 1.238s3
                    undBezeichner: 'Schweizer Franken');
    add: (Waehrung mitWechselkurs: 25.853s3
                    undBezeichner: 'Tschechische Krone').
  ^u
```

Damit ist die Geschäftslogik des Währungsumrechners zunächst fertig gestellt und
wir können uns der Darstellung im Web-Browser zuwenden.

16.1.3 Ein erster Blick auf Seaside

Dem Anhang A.3 kann entnommen werden, wie die für Seaside erforderlichen Packages
in das eigene *VisualWorks*-Image integriert werden können. Wenn dies erfolgt ist,
besitzt der Launcher – wie in Abbildung 16.2 gezeigt – ein neues Menü mit Namen
Seaside. Mit Seaside wird auch ein Web-Server im Image angelegt, der über dieses

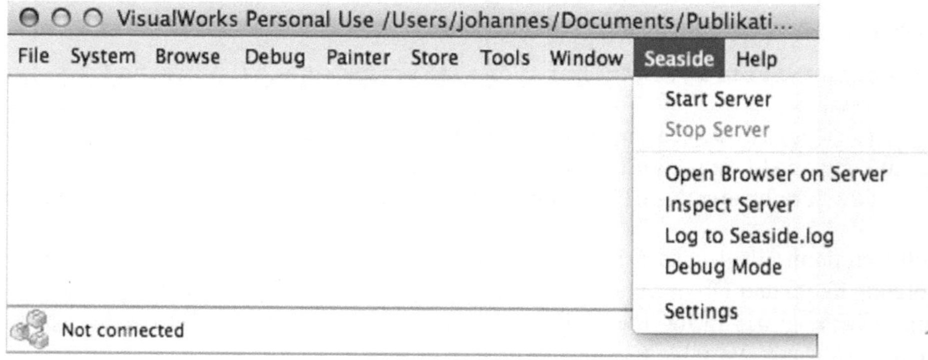

Abbildung 16.2: Launcher mit Seaside-Menü

Seaside-Web-
Server

Menü gestartet werden kann. Hat man ihn gestartet und wählt den Menüpunkt **Open
Browser on Server** aus, zeigt der Web-Browser die in Abbildung 16.3 gezeigte Seite.
Dort finden Sie Verknüpfungen zu

- ein paar mitgelieferten Seaside-Beispielen,

- der Dokumentation (insbesondere das Seaside Book ist eine wichtige Informati-
  onsquelle) und

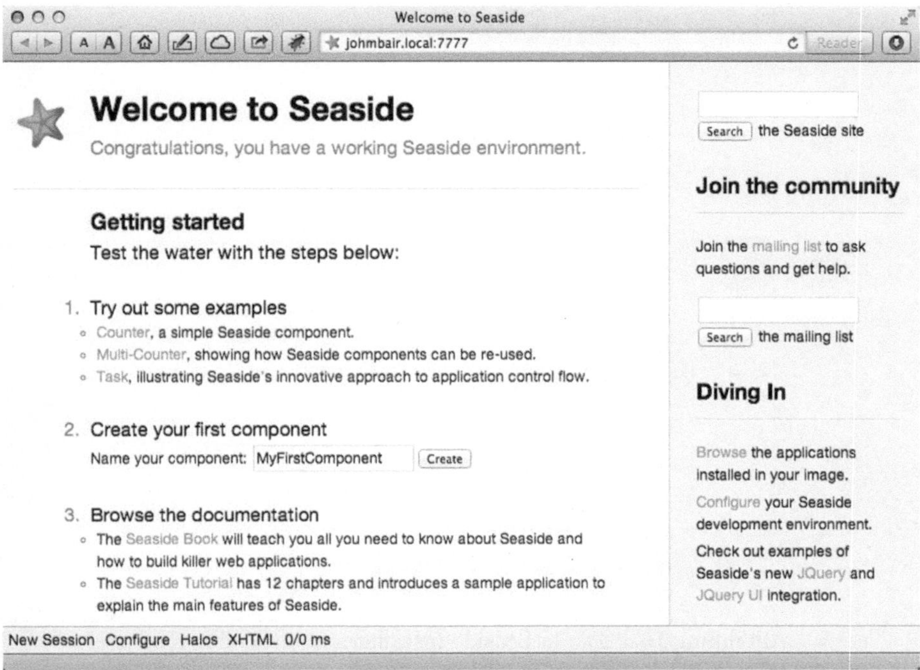

Abbildung 16.3: Begrüßungsseite von Seaside

- in der rechten Spalte den Link **Browse**. Folgen Sie dieser Verknüpfung, landen Sie zunächst auf einer Konfigurationsseite, auf der Sie festlegen können, ob Sie bei Start des Seaside-Web-Servers auch in Zukunft die Welcome-Seite sehen wollen. Anschließend gelangen Sie zur „Dispatcher-Seite", die die installierten Seaside-Anwendungen zeigt (s. Abbildung 16.4).

Diese Seite interessiert an dieser Stelle nicht im Detail. Über den Link **examples** gelangt man zu weiteren Seaside-Beispielen und **welcome** führt wieder auf die in Abbildung 16.3 gezeigte Welcome-Seite. Später wird auf dieser Seite auch unsere Währungsumrechner-Applikation erscheinen.

Hinweis zur Adresszeile im Web-Browser: Die Adresse besteht aus dem lokalen Rechnernamen gefolgt von einem Doppelpunkt und der Port-Nummer 7777. Der Port kann aber über den Launcher-Menüpunkt **Seaside→Settings** geändert werden. Anstelle des Rechnernamens kann dort auch `localhost` stehen.

16.1.4 Realisierung der Web-Oberfläche

Das Seaside-Framework ist vollständig in Smalltalk programmiert. Alle seine Klassen und Methoden stehen im Image zur Verfügung. Es wird durch das Senden von Nachrichten an Seaside-Objekte und die Bereitstellung eigener Methoden genutzt.

Abbildung 16.4: Die in Seaside installierten Anwendungen

Die Aktivierung dieser Methoden erfolgt per Nachricht aus dem Framework. Abbildung 16.5 veranschaulicht diesen Zusammenhang.

Die wichtigsten Nachrichten, die an Seaside geschickt werden, erzeugen HTML-Code. Man „programmiert" also nicht mehr in HTML, sondern ausschließlich in Smalltalk.

In Seaside wird eine Seite im Browser durch eine Seaside-Komponente implementiert. Dabei ist eine solche Komponente nichts anderes als ein Exemplar einer Unterklasse von **Seaside.WAComponent**. Die Klasse für unsere Web-Anwendung trägt den Namen **WuUmrechner** und ist wie folgt definiert:

```
Smalltalk.WaehrungenNs defineClass: #WuUmrechner
    superclass: #{Seaside.WAComponent}
    indexedType: #none
    private: false
    instanceVariableNames: 'umrechner waehrung1 waehrung2
                            betrag1 betrag2 '
    classInstanceVariableNames: ''
    imports: ''
    category: ''
```

Der Klassenname ist natürlich wie immer auch hier frei wählbar. Das Präfix „Wu" benutzen wir hier zur Kennzeichnung von Klassen, deren Exemplare Seaside-Komponenten sind. In der Klassendefinition werden fünf Exemplarvariablen definiert, deren Zweck noch erläutert wird.

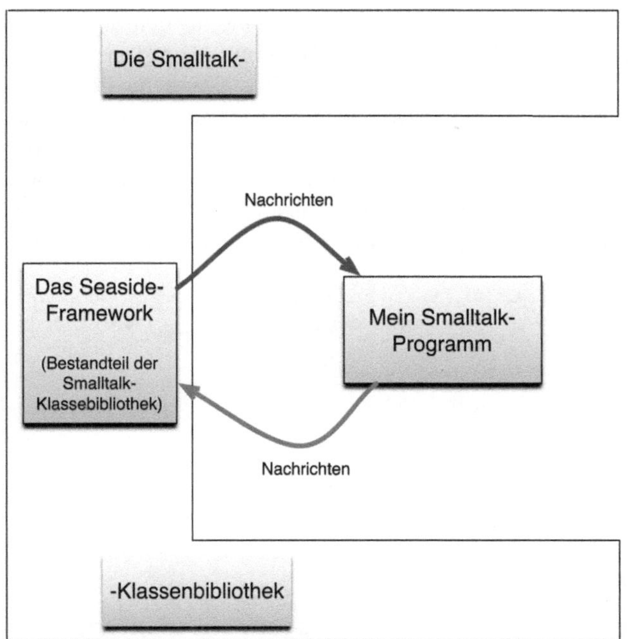

Abbildung 16.5: Einbettung einer Web-Anwendung in das Rahmenwerk

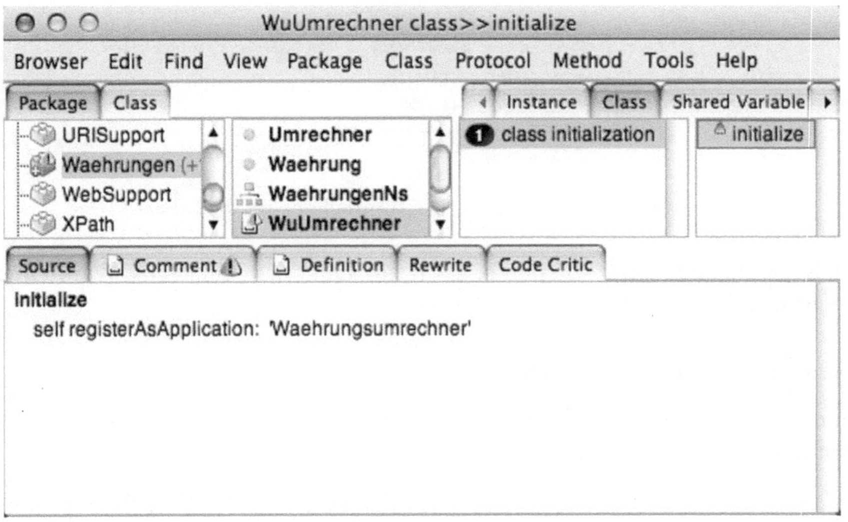

Abbildung 16.6: Die Klassenmethode `initialize`

Registrierung einer Klasse als Seaside-Applikation

Damit unser Währungsumrechner auf der Seaside-Dispatcher-Seite erscheint (vgl. Abbildung 16.4), muss eine Seaside-Komponente eine Klassenmethode `initialize` besitzen. Abbildung 16.6 zeigt eine passende Methode für den Währungsumrechner im System-Browser. Mit der Nachricht `registerAsApplication:`[5] kann der Name des Links auf der Dispatcher-Seite festgelegt werden. Damit die Registrierung auch erfolgt, muss sie einmal ausgeführt werden. Das muss beim ersten Mal manuell gemacht werden, indem man im System-Browser den Methodenrumpf (ohne `initialize`) markiert und mit **Do it** einmal ausführt. Danach erscheint die neue Anwendung auf der Dispatcher-Seite (s. Abbildung 16.7, unter Umständen muss die Seite im Web-Browser neu geladen werden). Solange außer der o. g. Klassenmethode keine weiteren Methoden

Abbildung 16.7: Der Währungsumrechner ist installiert.

in der Klasse `WuUmrechner` existieren, erscheint, wenn man dem Link **Waehrungsumrechner** folgt, eine leere Seite im Web-Browser.

Die `renderContentOn:`-Methode

Wenn man auf einen Link auf der Dispatcher-Seite klickt – also z. B. auf **Waehrungsumrechner** – werden folgende Schritte ausgeführt:

1. Der Seaside-Server erhält einen HTTP-Request, d. h. der Web-Browser sendet über das HTTP-Protokoll eine Anforderung an den Server. Dabei wird im Wesentlichen der Inhalt der Adresszeile des Web-Browsers übertragen.

2. Er prüft, ob für den Link-Namen eine Seaside-Applikation registriert ist, was in unserem Fall durch Ausführung der Klassenmethode `initialize` (s. Abbildung 16.6) erfolgt ist.

---

[5]Die zugehörige Methode wird aus der Klasse `WAComponent` geerbt.

3. Seaside erzeugt von der zugehörigen Komponenten-Klasse (hier `WuUmrechner`) ein Exemplar und sendet diesem zwei Nachrichten:

   a) die Nachricht `initialize`; in einer entsprechenden Exemplarmethode kann die Komponente Initialisierungen ihrer Exemplarvariablen vornehmen. Das behandeln wir später. Falls die Komponente keine `initialize`-Methode[6] besitzt, wird eine aus der Oberklasse `WAComponent` geerbte aktiviert.

   b) die Nachricht `renderContentOn:`; hier kann die Komponente HTML-Code erzeugen, der dann in der zur Komponente gehörenden Web-Seite dargestellt („gerendert") wird. Solange noch keine `renderContentOn:`-Methode existiert, beantwortet der Seaside-Server den HTTP-Request mit einer leeren Web-Seite.

Eine einfache `renderContentOn:`-Methode, die nur die in Abbildung 16.1 dargestellte Überschrift erzeugt, könnte so aussehen:

```
WuUmrechner>>renderContentOn: html
    html heading: 'Währungsumrechner'
```

Beim Senden der Nachricht `renderContentOn:` wird von Seaside der Komponente im Parameter `html` eine „HTML-Zeichenfläche" übergeben, auf die dann mit Nachrichten an das `html`-Objekt HTML-Elemente „gezeichnet" werden können. Mit der `heading:`-Nachricht wird ein `<h1>`-Element erzeugt.

Überschriften

Anmerkung: Mit der `renderContentOn:`-Methode verhält es sich ähnlich wie mit der im Abschnitt 14.2 beschriebenen `printOn:`-Methode. Dort wurde auch schon von einem Framework gesprochen. Diese Methoden werden in der Regel nicht aus der eigenen Anwendung heraus durch Nachrichten aktiviert. Dies erfolgt immer aus der „Umgebung" heraus. In der eigenen Klasse muss die entsprechende Methode nur bereitstehen. Im Falle von Seaside ist die „Umgebung" der Seaside-Web-Server.

Das „Hollywood"-Prinzip: don't call us, we call you

Mit der obigen `renderContentOn:`-Methode erscheint unsere Web-Seite jetzt wie in Abbildung 16.8 gezeigt.

Abbildung 16.8: Die Überschrift

---

[6]Man beachte, dass es hier um die **Exemplar-** nicht die Klassenmethode geht.

An dieser Stelle werfen wir einen ersten Blick in die Nutzung der von Seaside auf der Web-Seite zur Verfügung gestellten Hilfsmittel für den Entwickler. Am unteren Rand befindet sich die Seaside-Statuszeile. Diese enthält u. a. den Link **Halos**. Folgt man diesem Link, verändert sich das Aussehen der Web-Seite wie in Abbildung 16.9 gezeigt:

Seaside-Halos

Abbildung 16.9: Die Seaside-Halos

- Der Teil der Web-Seite, der von der Komponente `WuUmrechner` erzeugt wird, ist umrandet.

- Neben dem Klassennamen erscheinen drei Symbole:

  - Mit der ersten von links kann der System-Browser für die Klasse geöffnet werden.

  - Mit der zweiten kann ein im Web-Browser laufender Inspector gestartet werden.

  - Die dritte ermöglicht die Eingabe von CSS-Befehlen. Von dieser Möglichkeit werden wir aber keinen Gebrauch machen.

- Am rechten Rand in der Titelzeile des Rahmens erscheinen die Links **Render** und **Source**. Standardmäßig ist **Render** ausgewählt.

Wählt man nun stattdessen **Source** aus, erzeugt der Seaside-Server die in Abbildung 16.10 gezeigte Web-Seite. Hier wird also mit dem `<h1>`-Element das von der Komponente `WuUmrechner` erzeugte HTML-Fragment gezeigt. Man beachte, dass es sich dabei natürlich nicht um den vollständigen HTML-Code der Seite handelt. Schließlich müssen ja auch die Halos, die Status-Zeile usw. erzeugt werden. Aber den Entwickler interessiert in der Regel ja nur das von ihm programmierte HTML-Fragment.

Darstellung der Währungstabelle

Als nächstes soll die `renderContentOn:`-Methode so erweitert werden, dass unterhalb der Überschrift die in Abbildung 16.1 gezeigte Tabelle mit den vier Währungen auf der Web-Seite erscheint. Dazu sind die folgenden Fragen zu klären:

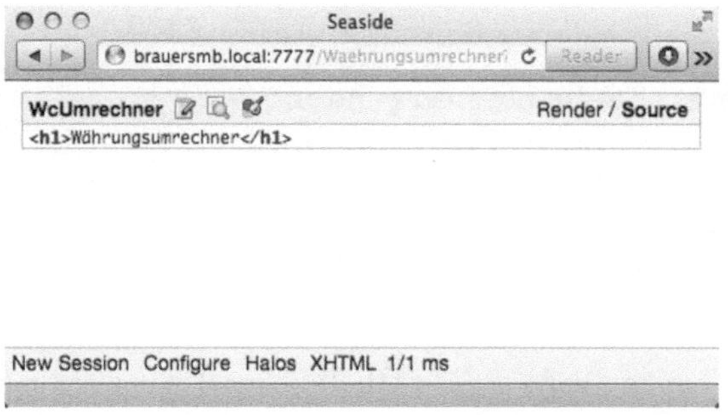

Abbildung 16.10: Der erzeugte HTML-Code

1. Wie kann die **WuUmrechner**-Komponente auf die in einem Exemplar der Klasse **Umrechner** gespeicherten Währungen zugreifen?

2. Mit welchen Nachrichten werden HTML-Tabellen erzeugt?

Wenden wir uns erst der Beantwortung der ersten Frage zu. Am Ende von Abschnitt 16.1.2 wurde die Klassenmethode **umrechnerBeispiel** der Klasse **Umrechner** definiert, die ein Exemplar dieser Klasse mit den vier Währungsbeispielen erzeugt. Auf ein derartiges Exemplar muss die Seaside-Komponente **WuUmrechner** Zugriff haben, um die Währungen als Tabelle anzeigen zu können. Da die Komponente dem **Umrechner**-Exemplar dazu verschiedene Nachrichten wird senden müssen, ist es notwendig, dieses in einer Exemplarvariablen zu speichern. Zu diesem Zweck wurde die Klasse **WuUmrechner** schon – wie schon zu Beginn des Abschnitts 16.1.4 gezeigt – vorsorglich mit der Exemplarvariablen **umrechner** ausgestattet. Diese Variable wird nun in der Methode

```
WuUmrechner>>initialize
    super initialize.
    self umrechner: (Umrechner umrechnerBeispiel)
```

gesetzt. Damit „kennt" die Seaside-Komponente ihr Model. Um diese Methode zu aktivieren, ist es in diesem Fall nicht erforderlich, eine eigene **new**-Methode mit einer entsprechenden **initialize**-Nachricht zu definieren. Seaside sendet beim Erzeugen eines Exemplars einer Unterklasse von **WAComponent** automatisch eine **initialize**-Nachricht. Es ist aber zwingend erforderlich, in der eigenen **initialize**-Methode mit dem Ausdruck **super initialize** die gleichnamige Methode der Oberklasse **WAComponent** zu aktivieren, damit geerbte Exemplarvariablen[7] korrekt initialisiert werden.

Initialisierung von Seaside-Komponenten

Wenden wir uns nun der Beantwortung der zweiten Frage zu. Um zunächst die Spaltenüberschriften der Tabelle zu erzeugen, wird die **renderContentOn:**-Methode wie folgt erweitert:

---

[7]Es handelt sich hier konkret um die Variable **decoration**.

```
WuUmrechner>>renderContentOn: html
  html heading: 'Währungsumrechner'.
  html table:
    [html tableRow:
       [html
           tableHeading: 'Währung';
           tableHeading: 'Wechselkurs']]
```

Seaside-
Nachrichten
für Tabellen,
Zeilen und
Spaltenüber-
schriften

Mit der Nachricht `table:` wird ein HTML-Tabellenelement erzeugt, wobei der Ta-
belleninhalt in einem Block als Argument zu übergeben ist. An dieser Stelle besteht
der Inhalt nur aus einer einzigen Tabellenzeile, die mit der Nachricht `tableRow:`
erzeugt wird, deren Inhalt wiederum in einen Block einzuschließen ist. Spaltenüberschriften werden mit der Nachricht `tableHeading:` erzeugt. Das Ergebnis ist in Abbildung 16.11 zu sehen. Abbildung 16.12 zeigt den aus den Seaside-Nachrichten erzeugten
HTML-Code.

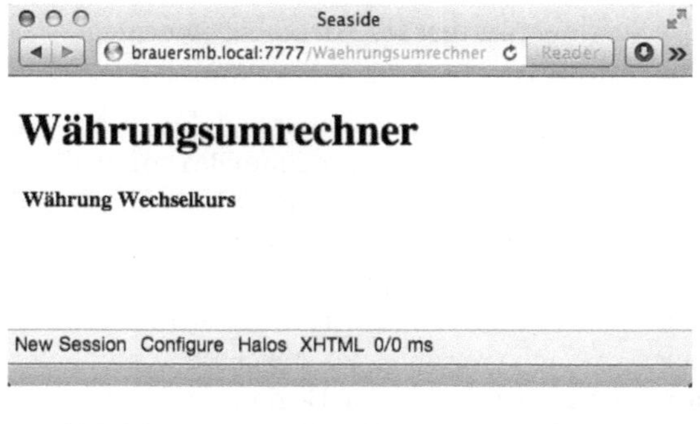

Abbildung 16.11: Die Spaltenüberschriften

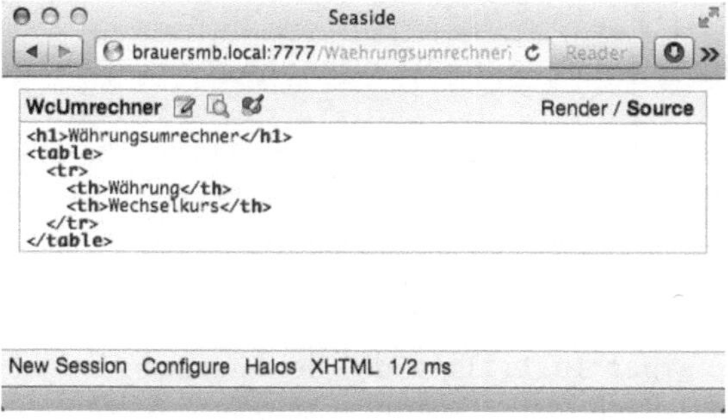

Abbildung 16.12: Die Spaltenüberschriften in HTML

Für die vier Währungen ist nun jeweils eine Tabellenzeile zu erzeugen. Für den Zugriff auf die Währungen steht die Get-Methode **waehrungen** zur Verfügung, die eine
OrderedCollection mit den Exemplaren der Klasse **Waehrung** liefert. Über diesen

Behälter wird mithilfe der **do:**-Nachricht iteriert und für jede Währung eine Tabellenzeile mit ihrer Bezeichnung und ihrem Wechselkurs erzeugt. Die **renderContentOn:**-Methode sieht dann so aus:

```
WuUmrechner>>renderContentOn: html
    html heading: 'Währungsumrechner'.
    html table:
        [html tableRow:
            [html
                tableHeading: 'Währung';
                tableHeading: 'Wechselkurs'].
         self umrechner waehrungen do:
            [:w |
             html tableRow:
                 [html
                     tableData: w bezeichnung;
                     tableData: w wechselkurs]]]
```

Das Resultat zeigt Abbildung 16.13. Die Darstellung stimmt aber noch nicht mit der in Abbildung 16.1 überein; die Wechselkurse erscheinen in der Tabelle links- statt rechtsbündig.

Abbildung 16.13: Tabelle mir vier Währungen

Um die Wechselkurse rechtsbündig in die Tabelle zu schreiben, kann der Ausdruck

```
html tableRow:
    [html
        tableData: w bezeichnung;
        tableData: w wechselkurs]
```

ersetzt werden durch:

```
html tableRow:
    [html tableData: w bezeichnung.
     html tableData align: 'right'; with: w wechselkurs]
```

Damit entspricht die Darstellung Tabelle der in Abbildung 16.1 gezeigten. Um dies zu erreichen, wurde die Nachricht **tableData:** durch **tableData** ersetzt. Dem so erzeugten <td>-Element wird dann mit der Nachricht **align: 'right'** das entsprechende HTML-Attribut **align="right"** gegeben. Die kaskadierte Nachricht **with: w wechselkurs** legt dann den Inhalt des <td>-Elements fest.

Hinweise zum Aufbau der Seaside-Nachrichten:

1. Will man für ein HTML-Element lediglich einen Inhalt definieren, wie z. B. oben die Währungsbezeichnung, kann die dem HTML-Element zugeordnete Schlüsselwortnachricht – in diesem Fall **tableData:** – verwendet werden und der Inhalt direkt als Argument übergeben werden. Sollen einem HTML-Element aber auch HTML-Attribute gegeben werden, wird stattdessen die entsprechende unäre Nachricht – z. B. **tableData** – verwendet. An das so erzeugte HTML-Element können dann in einer Nachrichten-Kaskade zunächst beliebige Attribute zugeordnet werden. Die letzte Nachricht in der Kaskade ist dann **with:**, der der Elementinhalt als Argument übergeben wird. Diese Form kann aber auch verwendet werden, wenn keine Attribute angeben werden sollen. So kann die Schlüsselwort-Nachricht **tableData: w bezeichnung** als Kurzform für **tableData with: w bezeichnung** angesehen werden.

2. Besteht der Inhalt eines HTML-Elements lediglich aus einem einfachen Wert (einer Zeichenkette), kann der Inhalt als Argument der entsprechenden Schlüsselwortnachricht – z. B. **tableData:** – oder der **with:**-Nachricht übergeben werden. Auch wenn es sich um Zahlen handelt, ist an dieser Stelle nicht die explizite Umformung in eine Zeichenkette mithilfe von **printString** erforderlich; das macht Seaside automatisch. Besteht ein HTML-Element hingegen aus Unterelementen – wie z. B. die mit **tableRow:** erzeugten <tr>-Elemente –, sind diese in einen Block einzuschließen.

Anmerkung zur Formatierung von Tabelleninhalten: Die mithilfe des HTML-Attributs **align** erreichte rechtsbündige Ausrichtung der Wechselkurse ist in Wahrheit eine Notlösung. Bei Geldbeträgen möchte man in der Regel wohl eine Ausrichtung am Dezimalpunkt bzw. -komma erreichen. Das entsprechende HTML-Attribut **align="char"** wird aber derzeit von den meisten Web-Browsern nicht umgesetzt. Auf der anderen Seite sind derartige Gestaltungsfragen eher ein Thema für CSS. Aber auch dort wird das Problem nicht elegant gelöst.

Anzeige der Eingabefelder und Schaltflächen

Unterhalb der Trennlinie (vgl. Abbildung 16.1) befinden sich zwei Texte, vier Eingabefelder und zwei Schaltflächen. Mit deren Erzeugung beschäftigen sich die folgenden Ausführungen.

Zuvor soll aber ein Refactoring der **renderContentOn:**-Methode vorgenommen werden. Wie man oben schon erkennen kann, können **renderContentOn:**-Methoden bei einer Vielzahl von HTML-Elementen auf einer Web-Seite sehr schnell groß und unübersichtlich werden. Unsere Web-Seite besteht eigentlich aus drei Teilen:

1. der Überschrift,

2. der Währungstabelle und

3. dem Formular mit den Eingabefeldern und Schaltflächen.

Demzufolge sollte die `renderContentOn:`-Methode aus drei Ausdrücken bestehen:

```
WuUmrechner>>renderContentOn: html
    html heading: 'Währungsumrechner'.
    self renderWechselkurstabelleOn: html.
    self renderFormularOn: html
```

Refactoring der **render-ContentOn:**-Methode

D. h. wir führen zwei „Hilfsmethoden" ein. In die Methode

```
WuUmrechner>>renderWechselkurstabelleOn: html
    html table:
        [html tableRow:
            [html
                tableHeading: 'Währung';
                tableHeading: 'Wechselkurs'].
        self umrechner waehrungen do:
            [:w |
            html tableRow:
                [html tableData: w bezeichnung.
                (html tableData)
                    align: 'right';
                    with: w wechselkurs]]]
```

lagern wir die Erzeugung der Währungstabelle aus und in der Methode `renderFormularOn:` programmieren wir den Rest der Web-Seite:

```
WuUmrechner>>renderFormularOn: html
    html
        horizontalRule;
        form:
            [html
                div:
                    [html text: 'Währungen: '.
                    html textInput.
                    html textInput];
                div:
                    [html text: 'Beträge: '.
                    html textInput.
                    html submitButton: '<---'.
                    html submitButton: '--->'.
                    html textInput]]
```

Zuerst wird eine horizontale Linie, anschließend mit der Nachricht **form:** ein HTML-Formular erzeugt. Eingabefelder und Schaltflächen müssen in HTML immer in ein

<form>-Element eingeschlossen werden. Das Formular wiederum besteht aus zwei mithilfe der Nachricht **div:** erzeugten HTML-<div>-Boxen. Dies hat zwei Gründe: Erstens werden diese Boxen im Web-Browser untereinander geschrieben und zweitens wird dadurch die spätere Formatierung des Formulars mit CSS-Befehlen erleichtert.

Die obere <div>-Box enthält einen einfachen Text und zwei mit der Nachricht **textInput** erzeugte Texteingabefelder. In der unteren <div>-Box sind zwischen den Eingabefeldern zwei Schaltflächen angeordnet, die mit der Nachricht **submit-Button:** generiert werden. Dabei wird die Beschriftung der Schaltfläche als String-Argument übergeben.

Das Ergebnis im Web-Browser entspricht nun weitgehend der Abbildung 16.1, abgesehen von der Tatsache, dass die Eingabefelder leer sind. Es ist möglich, dafür zu sorgen, dass die Felder mit bestimmten Werten vorbelegt werden. Dazu muss man einem **textInput**-Objekt die Nachricht **with:** mit dem anzuzeigenden Wert als Argument senden. Die **renderFormularOn:**-Methode könnte wie folgt ergänzt werden:

```
1  WuUmrechner>>renderFormularOn: html
2     html
3         horizontalRule;
4         form:
5             [html
6                 div:
7                     [html text: 'Währungen: '.
8                     html textInput with: self waehrung1.
9                     html textInput with: self waehrung2];
10                div:
11                    [html text: 'Beträge: '.
12                    html textInput with: self betrag1.
13                    html submitButton: '<---'.
14                    html submitButton: '--->'.
15                    html textInput with: self betrag2]]
```

Geändert wurden die Zeilen 8, 9, 12 und 15. Als Werte werden hier die Inhalte der Exemplarvariablen **waehrung1**, **waehrung2**, **betrag1** und **betrag2** benutzt. Diese Exemplarvariablen wurden bei der Einführung der Klasse **WuUmrechner** bereits definiert. Damit sie auch sinnvolle Werte enthalten, könnte die **initialize**-Methode wie folgt erweitert werden:

```
1  WuUmrechner>>initialize
2     super initialize.
3     self umrechner: Umrechner umrechnerBeispiel.
4     self
5         waehrung1: 'Euro';
6         waehrung2: 'Euro';
7         betrag1: 0.0s3;
8         betrag2: 0.0s3
```

Hinzugefügt wurden die Zeilen 4 bis 8. Abbildung 16.14 zeigt das Ergebnis, nachdem diese Ergänzungen vorgenommen wurden. Damit ist die gewünschte Oberfläche zwar gebaut, sie ist aber noch weitgehend funktionslos. Der Benutzer kann zwar in die

Eingabefelder etwas eintragen, die Betätigung der Schaltflächen sorgt aber immer dafür, dass die Vorbelegungen wieder erscheinen. Das liegt in erster Linie daran, dass bisher nirgendwo definiert wurde, was passieren soll, wenn eine der Schaltflächen betätigt wird. Davon handelt der nächste Abschnitt.

Abbildung 16.14: Eingabefelder mit Werten vorbelegt

16.1.5 Implementierung der Funktionalität

An dieser Stelle sind zunächst einige Anmerkungen, die Kommunikation zwischen Web-Server und Web-Browser betreffend, angebracht. Eine Seaside-Applikation läuft grundsätzlich im Web-Server. Wenn der Benutzer eine Web-Seite „bedient", ist der Web-Browser aktiv. Um nun irgendeine Funktion im Web-Server auszulösen, muss der Web-Browser eine entsprechende Anforderung, ein HTTP-Request, an den Web-Server übermitteln. Dies geschieht z. B. dadurch, dass der Benutzer eine Schaltfläche betätigt. Mit einem so ausgelösten HTTP-Request werden dann alle Feldinhalte des zugehörigen Formulars an den Web-Server geschickt. Jedoch wird kein HTTP-Request ausgelöst, wenn etwa nur der Inhalt eines Eingabefelds geändert wird.

HTTP-Request

Der Callback-Mechanismus von Seaside

Seaside erlaubt nun, für jedes Element eines Formulars (d. h. eines **<form>**-Elements) zu spezifizieren, was bei einem HTTP-Request durch den Web-Browser im Web-Server passieren soll. Für ein Eingabefeld bedeutet das zum Beispiel, dass der vom Benutzer eingegebene Wert nach einem Request erhalten bleibt und nicht mit irgendeiner Vorbelegung überschrieben wird.

Die Spezifikation derartiger Aktionen erfolgt in Seaside mit der Nachricht **callback:** bzw. ihrem als Block übergebenen Argument. Für das erste Währungsfeld könnte das in der Methode **renderFormularOn:** folgendermaßen aussehen:

die **callback:**-
Nachricht

```
...
(html textInput)
   ·callback: [:input | self waehrung1: input];
    with: self waehrung1.
...
```

Der Block wird von Seaside ausgewertet, wenn ein HTTP-Request erfolgt. Der Blockparameter (hier: **input**) wird mit der vom Benutzer in das Eingabefeld eingetrage-
nen Zeichenkette belegt. Im Rumpf des Blockes wird dann der Exemplarvariablen,
waehrung1 diese Zeichenkette zugewiesen. Mit der **with:**-Nachricht wird wie bisher
der vom Web-Browser anzuzeigende Wert definiert.

Hat man diese Modifikation der **renderFormularOn:**-Methode vorgenommen und
gibt man in das erste Eingabefeld z. B. den Text „Schweizer Franken" ein, bleibt
dieser Eintrag nach Betätigen einer der Schaltflächen erhalten. Letztlich wird dieses
Verhalten dadurch bewirkt, dass Seaside, nachdem alle Callbacks nach einem HTTP-
Request abgearbeitet sind, der Komponente erneut die Nachricht **renderContentOn:**
schickt, aber ohne vorher erneut die **initialize**-Nachricht zu senden.

Eine analoge Ergänzung nimmt man nun für das zweite Währungseingabefeld vor.
Bei den Eingabefeldern für die beiden Beträge gehen wir ein wenig anders vor. Da
der Inhalt eines Eingabefelds immer eine Zeichenkette ist, in den Exemplarvariablen
betrag1 und **betrag2** aber **FixedPoint**-Numbers gespeichert werden sollen, müssen
die Zeichenketten zuvor in solche verwandelt werden. Die entsprechende **callback:**-
Nachricht sieht dann so aus:

```
...
(html textInput)
    callback: [:input | self betrag1:
                        (input asNumber asFixedPoint: 3)];
    with: self betrag1.
...
```

Mit der Nachricht **asNumber** wird die Zeichenkette in **input** zunächst in eine Zahl
und diese dann mit **asFixedPoint: 3** in ein Exemplar von **FixedPoint** mit drei
Stellen hinter dem Dezimalpunkt verwandelt. Für das zweite Betragsfeld sieht die
callback:-Nachricht wiederum analog aus.

Jetzt fehlt noch das Auslösen der eigentlichen Umrechnung der Beträge durch das
Betätigen einer der beiden Schaltflächen. Wird die mit '--->' beschriftete Schaltfläche angeklickt, soll der linke Betrag von seiner (darüber stehenden) Währung in die
rechts daneben stehende Währung umgerechnet und im rechten Betragsfeld angezeigt
werden. Beim Betätigen der mit '<---' beschrifteten Schaltfläche soll das Ganze „von
rechts nach links" erfolgen. Dafür müssen die beiden „submitButtons" mit geeigneten
Callbacks versehen werden.

Die vollständige **renderFormularOn:**-Methode sieht dann wie folgt aus:

```
1  WuUmrechner>>renderFormularOn: html
2      html
3          horizontalRule;
4          form:
5              [html
6                  div:
7                      [html text: 'Währungen: '.
8                      (html textInput)
9                          callback: [:input| self waehrung1: input];
10                         with: self waehrung1.
```

```
11                      (html textInput)
12                           callback: [:input| self waehrung2: input];
13                           with: self waehrung2];
14              div:
15                  [html text: 'Beträge: '.
16                   (html textInput)
17                       callback:
18                           [:input | self betrag1:
19                                      (input asNumber
20                                          asFixedPoint: 3)];
21                       with: self betrag1.
22                   (html submitButton)
23                       callback:
24                           [self betrag1: (self umrechner
25                                      betrag: self betrag2
26                                      von: self waehrung2
27                                      nach: self waehrung1)];
28                       with: '<---'.
29                   (html submitButton)
30                       callback:
31                           [self betrag2: (self umrechner
32                                      betrag: self betrag1
33                                      von: self waehrung1
34                                      nach: self waehrung2)];
35                       with: '--->'.
36                   (html textInput)
37                       callback:
38                           [:input | self betrag2:
39                                      (input asNumber
40                                          asFixedPoint: 3)];
41                       with: self betrag2]]
```

Die Änderungen sind in den Zeilen 22 bis 35 zu finden. Für die Währungsumrechnung
stellt die Klasse **Umrechner** die Exemplarmethode **betrag:von:nach:** zur Verfügung.
Im Callback der ersten Schaltfläche (**'<---'**) wird diese Methode durch die Nachricht

```
(self umrechner betrag: self betrag2
             von: self waehrung2
             nach: self waehrung1)
```

aktiviert, womit der rechte Währungsbetrag (**betrag2**) von seiner Währung (**waeh-
rung2**) in die Zielwährung (**waehrung1**) umgerechnet wird. Das Ergebnis wird dann
in der Exemplarvariablen **betrag1** gespeichert.

Für die zweite Schaltfläche (**'--->'**) erfolgt das Ganze „spiegelbildlich".

Damit ist die erste Version des Währungsumrechners fertig gestellt. Sie weist aber
noch einige erhebliche Nachteile auf.

16.1.6 Nachteile der ersten Version

Unsere erste Seaside-Anwendung ermöglicht nur die Umrechnung einer begrenzten Zahl von Währungen und das auch nur, wenn der Benutzer bei der Eingabe keine Fehler macht. Im Einzelnen sind folgende Schwächen festzuhalten:

1. Die Eingabe der Währungsbezeichnungen in Textfelder ist nicht nur unkomfortabel sondern auch fehlerträchtig.

2. Auch die Eingabe der Währungsbeträge ist nicht unproblematisch: Wird in das Textfeld eine Zeichenkette eingegeben, die sich nicht in eine Zahl umwandeln lässt, erscheint in beiden Textfeldern die Zahl 0.000s.

3. Die Liste der Währungen ist fest im Programm hinterlegt. Will man diese Liste verändern, ist also eine Programmänderung erforderlich.

4. Das Gleiche gilt für Änderungen der Wechselkurse.

Die beiden erstgenannten Punkte betreffen die Bedienbarkeit der Anwendung durch den „Endbenutzer", der nur Währungsbeträge umrechnen möchte. Die Verbesserung der Bedienbarkeit behandelt der Abschnitt 16.2.

Die beiden letztgenannte Punkte betreffen eher den „Administrator" der Anwendung, der für die Pflege der Währungen bzw. deren Wechselkurse zuständig ist. In Abschnitt 16.3 wird eine Administrationsoberfläche eingeführt.

In einem weiteren Abschnitt 16.4 wird dann auch noch auf Fragen der Layout-Gestaltung eingegangen. Hier geht es dann insbesondere um die Frage, wie CSS in eine Seaside-Anwendung eingebunden werden kann.

16.1.7 Refactoring der Methode renderFormularOn:

Da in den nächsten Entwicklungsschritten insbesondere die Exemplarmethode `renderFormularOn:` der Klasse `WuUmrechner` weiter entwickelt werden wird, sie aber schon recht lang geworden ist, soll sie hier zunächst durch Einführung von Hilfsmethoden hierarchisch gegliedert werden. Zu diesem Zweck werden die folgenden Modifikationen vorgenommen:

- Das Rendering der beiden Währungseingabefelder wird in eine eigene Methode `renderWaehrungsfelderOn:` ausgelagert.

- Ebenso werden für das Rendering
  - des linken Betragsfelds (`renderBetragsfeld1On:`),
  - des rechten Betragsfelds (`renderBetragsfeld2On:`) sowie
  - der beiden Schaltflächen (`renderSumitButtonsOn:`)

  eigene Methoden eingeführt.

Damit sieht die Methode wie folgt aus:

```
WuUmrechner>>renderFormularOn: html
    html
        horizontalRule;
        form:
            [html
                div: [self renderWaehrungsfelderOn: html];
                div:
                    [html text: 'Beträge: '.
                    self renderBetragsfeld1On: html.
                    self renderSumitButtonsOn: html.
                    self renderBetragsfeld2On: html]]
```

Der Vollständigkeit halber folgen hier noch die Definitionen der neu eingeführten
Methoden:

```
WuUmrechner>>renderWaehrungsfelderOn: html
    html text: 'Währungen: '.
    (html textInput)
        callback: [:input | self waehrung1: input];
        with: self waehrung1.
    (html textInput)
        callback: [:input | self waehrung2: input];
        with: self waehrung2
```

```
WuUmrechner>>renderSumitButtonsOn: html
    (html submitButton)
        callback:
            [self betrag1: (self umrechner
                    betrag: self betrag2
                    von: self waehrung2
                    nach: self waehrung1)];
        with: '<---'.
    (html submitButton)
        callback:
            [self betrag2: (self umrechner
                    betrag: self betrag1
                    von: self waehrung1
                    nach: self waehrung2)];
        with: '--->'
```

```
WuUmrechner>>renderBetragsfeld1On: html
    (html textInput)
        callback: [:input | self betrag1:
                                (input asNumber asFixedPoint: 3)];
        with: self betrag1
```

```
WuUmrechner>>renderBetragsfeld2On: html
   (html textInput)
       callback: [:input | self betrag2:
                           (input asNumber asFixedPoint: 3)];
       with: self betrag2
```

16.2 Verbesserung der Bedienbarkeit des Währungsumrechners

Wenn der Benutzer des Währungsumrechners in der bisherigen Form eine nicht existierende Währungsbezeichnung eingibt, kommt es zu einem Programmabbruch. Gibt der Benutzer z. B. durch einen simplen Tippfehler „Tscheschische Krone" statt „Tschechische Krone" ein und betätigt dann eine der Schaltflächen, kommt es im Web-Browser zunächst zu der in Abbildung 16.15 gezeigten Reaktion von Seaside. Eine derartige

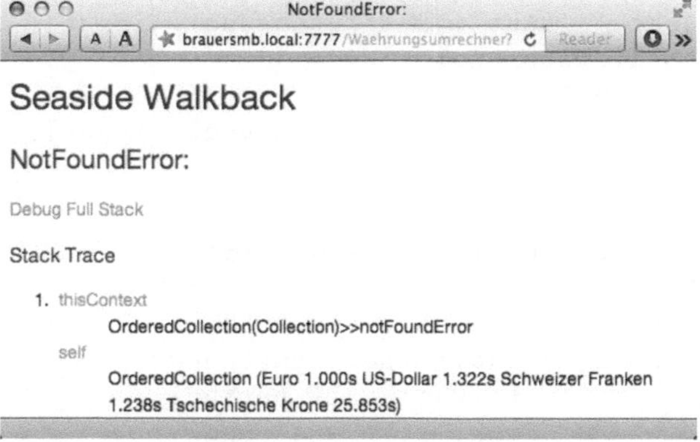

Abbildung 16.15: Seaside-Fehlermeldung bei fehlerhafter Währungseingabe

Fehlermeldung sollte ein Benutzer selbstverständlich nie zu sehen bekommen.

Bevor wir uns der Lösung des Problems zuwenden, soll aber noch die Gelegenheit genutzt werden, zu erfahren, wie in einem solchen Fall die Fehlerursache lokalisiert werden kann. Seaside stellt auf der Fehlermeldungsseite im Web-Browser, wie in Abbildung 16.15 zu sehen ist, einen Link mit der Bezeichnung **Debug** zur Verfügung. Betätigt man ihn, öffnet sich der Debugger von *VisualWorks*. Dieser kann nun in gewohnter Weise[8] dazu genutzt werden den Fehler zu lokalisieren. Zu diesem Zweck ist in Abbildung 16.16 im Methoden-Stack die von oben gesehen erste Methode unserer eigenen Anwendung, nämlich `Umrechner>>waehrungMitBezeichner:`, markiert. Im Methodenrumpf ist erkennbar, dass die `detect:`-Nachricht fehlschlägt, weil in der `OrderedCollection waehrungen` eine Währung mit der Bezeichnung „Tscheschische Krone" nicht existiert.

---

[8]vgl. dazu Abschnitt 5.6

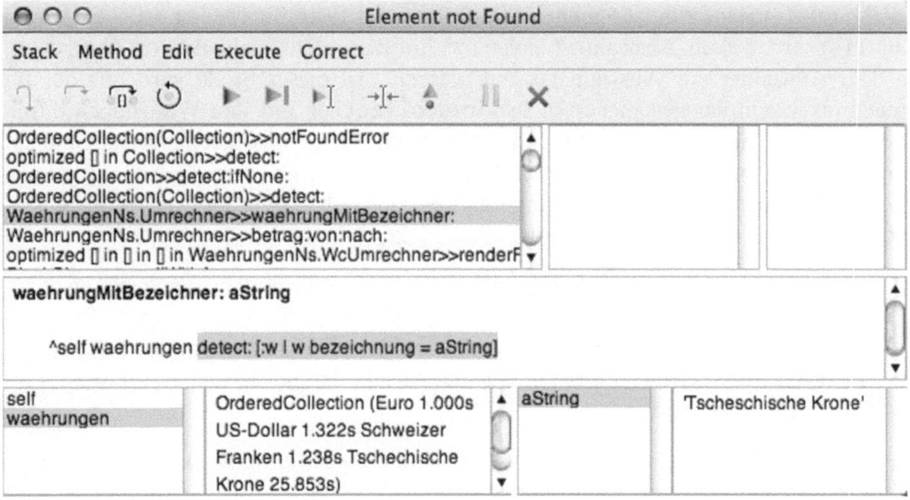

Abbildung 16.16: Fehlerlokalisierung im Debugger

16.2.1 Auswahllisten in Seaside

Da im Falle der Eingabe der Währungsbezeichnungen ja nur Werte aus einer fest vorgegebenen Liste zulässig sind, bietet es sich an dieser Stelle an, Eingabefehler des Benutzers dadurch zu vermeiden, dass man ihm anstelle eines einfachen Texteingabefelds eine Auswahlliste anbietet. Da HTML Eingabefelder von diesem Typ vorsieht, können diese auch mit Seaside erzeugt werden.

Betrachten wir zunächst das erste der beiden Eingabefelder für die Währungsbezeichnungen. In der Methode **WuUmrechner>>renderWaehrungsfelderOn:** wird es bisher durch den Smalltalk-Ausdruck

```
...
  (html textInput)
     callback: [:input | self waehrung1: input];
     with: self waehrung1.
...
```

erzeugt. Um an dieser Stelle eine Auswahlliste zu erzeugen, ersetzt man den Ausdruck durch den folgenden:

Auswahlliste als Dropdown-Menü

```
...
  (html select)
     callback: [:input | self waehrung1: input];
     list: (self umrechner waehrungen
              collect: [:w| w bezeichnung]);
     selected: self waehrung1.
...
```

Das Auswahllistenelement wird mit der Nachricht **select** erzeugt. Das Callback kann unverändert übernommen werden. Im Blockparameter **input** wird in diesem Fall das von Benutzer ausgewählte Element der angebotenen Liste übergeben. Mit der Nachricht `list:` wird dem Auswahllistenelement die Liste der Zeichenketten übergeben, die dem Anwender zur Auswahl gestellt werden. An dieser Stelle wird aus der im `Umrechner`-Exemplar gespeicherten `OrderedCollection` mit den Währungen durch die `collect:`-Nachricht eine `OrderedCollection` mit den Währungsbezeichnungen berechnet. Mit der Nachricht `selected:` wird dem Auswahllistenelement mitgeteilt, welches Element als ausgewähltes angezeigt werden soll, wenn das Auswahllistenelement zum ersten Mal angezeigt wird.

Auswahllisten in Listendarstellung
Hinweis: So wie oben gezeigt, wird die Auswahlliste von den meisten Browsern als Dropdown-Menü dargestellt. Will man die Werte tatsächlich in Listenform darstellen, kann man mit dem Attribut `size` bzw. der Nachricht `size:` die Größe der Liste, d. h. die Anzahl der gleichzeitig sichtbaren Listenelemente, spezifizieren.

Für die Eingabe der zweiten Währungsbezeichnung wird in analoger Weise ein Auswahllistenelement angelegt. Damit ergibt sich im Web-Browser die in Abbildung 16.17 gezeigte Konstellation, nachdem der Benutzer das erste Auswahllistenelement angeklickt hat.

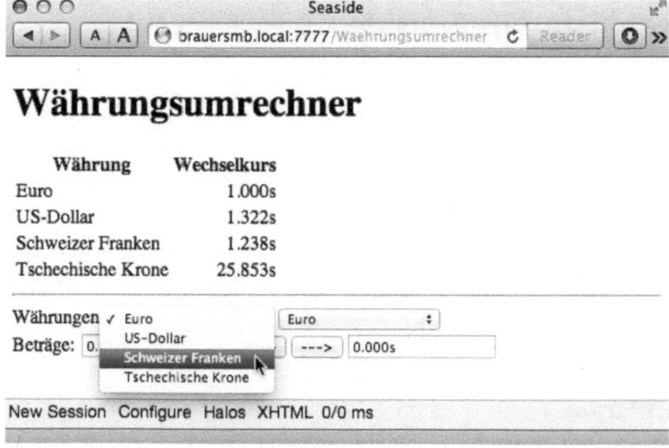

Abbildung 16.17: Währungseingabe über Auswahllisten

Nach diesen Änderungen funktioniert die Anwendung unverändert.

16.2.2 Prüfung der Betragseingabe

An dieser Stelle kommen wir auf den zweiten der in Abschnitt 16.1.6 genannten Nachteile zurück: die fehlende Prüfung der Gültigkeit der Eingabe in die beiden Betragsfelder.

Die Eingabe in ein HTML-Eingabefeld wird vom Browser immer als Zeichenkette an den Server übermittelt. Deswegen wird in den beiden Methoden für das Rendering der Betragsfelder der Eingabe (Blockparameter `input`, vgl. Abschnitt 16.1.7) als erstes die Nachricht `asNumber` gesendet. Der Arbeitsweise von `asNumber` kann vereinfacht wie folgt charakterisiert werden:

Die Zeichenkette wird von links nach rechts analysiert. Dabei wird geprüft, ob das aktuelle Zeichen in einer Zahlkonstanten gemäß Smalltalk-Syntax vorkommen darf. Der Vorgang wird abgebrochen, wenn entweder die Zeichenkette abgearbeitet ist oder ein Zeichen angetroffen wird, das nicht Bestandteil einer Zahlkonstanten sein darf. Aus den bis dahin als gültig erkannten Zeichen wird dann die entsprechende Zahl geformt.

Wirkungsweise
der Nachricht
`asNumber`

Diese Arbeitsweise entspricht nicht ganz den Anforderungen, die an die Eingabeprüfung unseres Währungsumrechners zu stellen sind. Denn z. B. aus der Zeichenkette `'1,2'` macht `asNumber` die Integer-Zahl 1, da das Komma in einer Smalltalk-Zahl nicht vorkommt. Für den Währungsumrechner bedeutet das aber, dass er, wenn der Benutzer versehentlich statt des Dezimalpunkts das Komma verwendet, mit der Zahl vor dem Komma weiter rechnet, anstatt eine Fehlermeldung auszugeben.

> **Anmerkung:** Für eine deutschsprachige Anwendung wäre es natürlich angemessen, das Dezimalkomma zuzulassen. Dann müssten wir aber die Erkennung der syntaktischen Korrektheit der Zahleneingabe selbst programmieren. Dafür könnte z. B. ein endlicher Automat – wie in Abschnitt 11.1.4 beschrieben – benutzt werden. An dieser Stelle wird aus Aufwandsgründen darauf verzichtet.

Um die Syntaxprüfung von `asNumber` dennoch nutzen zu können, wird ein „Trick" angewendet: Die von `asNumber` erzeugte Zahl wird mit `printString` anschließend wieder in eine Zeichenkette verwandelt. Stimmt diese nicht mit der ursprünglichen überein, liegt offenbar ein Fehler bei der Eingabe vor. Damit können wir die folgende Methode für die Prüfung der Gültigkeit der Zahleneingabe definieren:

```
WuUmrechner>>betragsEingabeKorrekt: aString
    ^aString asNumber printString = aString
```

Jetzt muss diese Methode nur an passender Stelle aktiviert und für den Fall, dass ihr Resultat `false` ist, eine passende Fehlermeldung ausgegeben werden. Da die Prüfung nur auf dem Web-Server, also in unserer Seaside-Applikation, stattfinden kann, also erst nachdem der Benutzer einen HTTP-Request durch Betätigen einer Schaltfläche ausgelöst hat, muss sie innerhalb eines Callback stattfinden.

Denkbar wäre, die Prüfung in die Callbacks der Betragseingabefelder einzubauen. Dort scheint sie „natürlicherweise" hin zugehören. Allerdings werden nach einem HTTP-Request immer die Callbacks aller Eingabefelder des Formulars ausgeführt, d. h. auch die beider Betragseingabefelder.

> **Hinweis:** An dieser Stelle ist es wichtig zu erwähnen, dass Seaside nach einem HTTP-Request zunächst alle Callbacks der Eingabefelder und erst danach das der aktivierten Schaltfläche, die den Request ausgelöst hat, auswertet.

Abarbeitungs-
reihenfolge der
Callbacks

> Sind auf diese Weise alle Callbacks ausgewertet, erhält die Komponente wieder die Nachricht `renderContentOn:`.

Da aber je nachdem, welche der beiden Schaltflächen betätigt wurde, das eine Feld mit dem Resultat der Umrechnung überschrieben wird und nur das jeweils andere geprüft werden muss, ist diese Lösung doch nicht ratsam. Das Ausgabefeld könnte vor der Berechnung z. B. auch vollständig leer sein, was im Eingabefeld aber nicht akzeptiert werden sollte.

Da von den Callbacks der Schaltflächen immer nur das der betätigten Schaltfläche ausgeführt wird, ist es zweckmäßig, die Prüfung dort vorzunehmen. Die Methode `renderSumitButtonsOn:` wird dazu wie folgt erweitert.

```
 1  WuUmrechner>>renderSumitButtonsOn: html
 2     (html submitButton)
 3        callback:
 4           [(self betragsEingabeKorrekt: betrag2)
 5              ifTrue:
 6                 [self betrag1: (self umrechner
 7                                 betrag: (self betrag2 asNumber
 8                                          asFixedPoint: 3)
 9                                 von: self waehrung2
10                                 nach: self waehrung1)]
11              ifFalse: [self inform:
12                                 'Falsche Bertragseingabe: '
13                                 , self betrag2]];
14        with: '<---'.
15     (html submitButton)
16        callback:
17           [(self betragsEingabeKorrekt: betrag1)
18              ifTrue:
19                 [self betrag2: (self umrechner
20                                 betrag: (self betrag1 asNumber
21                                          asFixedPoint: 3)
22                                 von: self waehrung1
23                                 nach: self waehrung2)]
24              ifFalse: [self inform:
25                                 'Falsche Bertragseingabe: '
26                                 , self betrag1]];
27        with: '--->'
```

Im jeweiligen Callback-Block wird nun als erstes die Nachricht **betragsEingabe- Korrekt:** mit dem zu prüfenden Feldinhalt als Argument gesendet (Zeilen 4 und 17). Hier ist es wichtig anzumerken, dass in den Exemplarvariablen **betrag2** und **betrag1** zu diesem Zeitpunkt die vom Benutzer eingegebene Zeichenkette stehen muss. Die Umwandlung in eine **FixedPoint**-Zahl muss daher aus den Callbacks dieser Einga- befelder entfernt werden (s. u.). Diese Umwandlung erfolgt hier unmittelbar vor der Umrechnung (Zeilen 7, 8 und 20, 21), wenn die Eingabeprüfung keinen Fehler erkannt hat.

Falls hingegen die Eingabeprüfung fehlschlägt, wird im **ifFalse:**-Block mithil- fe der Nachricht **inform:** eine Fehlermeldung ausgegeben (Zeilen 11 - 13 und 24 - 26). Durch die **inform:**-Methode, die aus der Klasse **WAComponent** geerbt wird, wird ein Standarddialog ausgelöst, der in diesem Fall dazu führt, dass die Web-Seite von **WuUmrechner** durch eine neue ersetzt wird, die den Text anzeigt, der als Argument

Standarddialog mit **inform:**

von **inform:** übergeben wird. Zusätzlich erscheint eine **Ok**-Schaltfläche, über die der Benutzer wieder zur Anwendungsseite zurückkehren kann. Wird z. B. in das linke Eingabefeld die Zeichenkette **'1,2'** eingegeben und anschließend die Schaltfläche —> betätigt, erscheint die in Abblidung 16.18 gezeigte Seite.

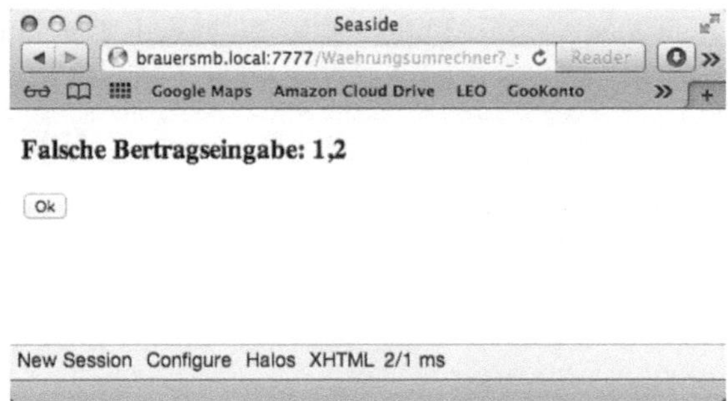

Abbildung 16.18: Ausgabe einer Fehlermeldung mit **inform:**

Nachdem der Benutzer die **Ok**-Schaltfläche betätigt hat, wird der Komponente, die diesen Dialog aufgerufen hat, also unserer **WuUmrechner**-Komponente, wieder die Nachricht **renderContentOn:** gesendet. D. h., die Dialogseite verschwindet und die **WuUmrechner**-Seite erscheint wieder im Web-Browser. Die fehlerhafte Eingabe bleibt dabei erhalten und kann nun vom Benutzer korrigiert werden.

Wie bereits erwähnt, müssen die Callbacks der beiden Betragseingabefelder geändert werden, um die Durchführung der Eingabeprüfung zu ermöglichen:

```
WuUmrechner>>renderBetragsfeld1On: html
   (html textInput)
      callback: [:input | self betrag1:input];
      with: self betrag1
```

```
WuUmrechner>>renderBetragsfeld2On: html
   (html textInput)
      callback: [:input | self betrag2: input];
      with: self betrag2
```

Die zuvor vorgenommene Umwandlung des Blockparameters **input** mit **asNumber** und **asFixedPoint:** entfällt jetzt.

Damit ist die Beseitigung der in Abschnitt 16.1.6 beschrieben ersten beiden Nachteile abgeschlossen.

16.3 Einführung eines Verwaltungsdialogs

Das Ziel in diesem Abschnitt besteht darin, den Währungsumrechner so zu erweitern, dass

1. neue Währungen hinzugefügt und

2. die Wechselkurse gepflegt werden können.

Auf dem Weg dahin machen wir folgenden Zwischenschritt: Die Währungstabelle im oberen Teil der Seite soll verschwinden. Ihre Anzeige ist mit der Einführung der Auswahllisten für die Währungseingabefelder eigentlich überflüssig geworden. Die Anzeige wird in eine eigene Web-Seite, d. h. in eine weitere Seaside-Komponente, ausgelagert. Die Anzeige soll dann über einen Link aktiviert werden können. Die Hauptseite der Anwendung sieht dann aus, wie in Abbildung 16.19 gezeigt. Der Link **Verwaltung**

Abbildung 16.19: Der Währungsumrechner ohne Währungstabelle

der Währungstabelle unterhalb der Trennlinie führt dann auf die Seite mit der Währungstabelle, die in Abbildung 16.20 dargestellt ist. Mit der Betätigung der **Ok-**

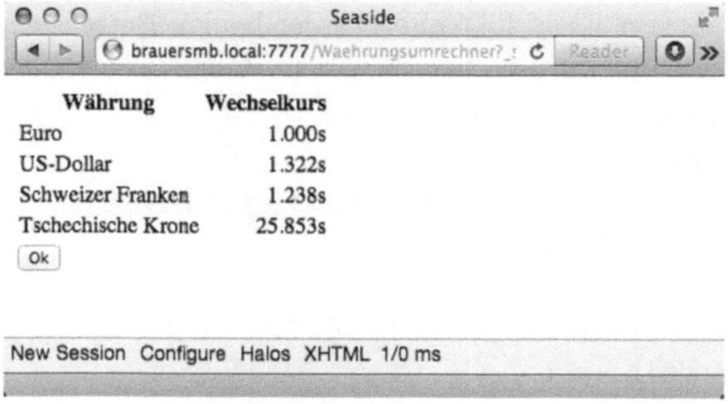

Abbildung 16.20: Die Währungstabelle auf einer eigenen Web-Seite

Schaltfläche unterhalb der Tabelle gelangt man wieder zur Hauptseite zurück.

16.3.1 Anlegen der Komponente `WuVerwaltung`

Zunächst wird für die neue Web-Seite eine Seaside-Komponente benötigt. Sie soll `WuVerwaltung` heißen und zunächst eine Exemplarvariable **umrechner** für den Verweis auf das Exemplar der Model-Klasse **Umrechner** – in gleicher Weise wie bei der Komponente `WuUmrechner` – besitzen:

Klasse
WuVerwaltung

```
Smalltalk.WaehrungenNs defineClass: #WuVerwaltung
    superclass: #{Seaside.WAComponent}
    indexedType: #none
```

```
private: false
instanceVariableNames: 'umrechner '
classInstanceVariableNames: ''
imports: ''
category: ''
```

Man beachte wieder, dass die Oberklasse **Seaside.WAComponent** ist.

Im Gegensatz zur Komponente **WuUmrechner** benötigen wir hier keine Klassenmethode **initialize** (vgl. Abschnitt 16.1.4) zur Registrierung als Seaside-Applikation auf der Seaside-Dispatcher-Seite (vgl. Abbildung 16.7). Die **WuVerwaltung**-Seite soll nur über den Link auf der Hauptseite erreichbar sein. Wie das zu bewerkstelligen ist, wird in Abschnitt 16.3.2 erläutert.

Aber jede Seaside-Komponente braucht eine **renderContentOn:**-Methode:

```
WuVerwaltung>>renderContentOn: html
    self renderWechselkurstabelleOn: html.
    html form:
        [(html submitButton)
            callback: [self answer];
            with: 'Ok']
```

Hier wird zunächst die Methode **renderWechselkurstabelleOn:** aktiviert, die aus der Klasse **WuUmrechner**, wo sie nicht mehr benötigt wird, in die Klasse **WuVerwaltung** verschoben wurde.

Im Callback der **Ok**-Schaltfläche steht der Ausdruck **self answer**, der bewirkt, dass die Komponente beendet wird und wieder die Web-Seite angezeigt wird, von der aus die Verwaltungsseite aktiviert wurde. Die Wirkungsweise der Nachricht **answer** wird in Abschnitt 16.3.3 detaillierter erläutert.

16.3.2 Aufruf der Komponente WuVerwaltung

Die Komponente **WuVerwaltung** soll durch Betätigen des Links auf der Hauptseite (vgl. Abbildung 16.19) von der Komponente **WuUmrechner** quasi wie ein „Unterprogramm" aufgerufen werden. Das „Hauptprogramm" wird dann fortgesetzt, wenn das „Unterprogramm" beendet wurde. Damit dieser Aufruf implementiert werden kann, muss die Hauptkomponente die aufzurufende zunächst einmal „kennen". Dazu wird in **WuUmrechner** eine weitere Exemplarvariable **wuVerwaltung** definiert und in der **initialize**-Methode gesetzt (in den beiden letzten Zeilen):

Verknüpfung
der Exemplare
von
WuUmrechner,
Umrechner
und
WuVerwaltung

```
WuUmrechner>>initialize
    super initialize.
    self umrechner: Umrechner umrechnerBeispiel.
    self
        waehrung1: 'Euro';
        waehrung2: 'Euro';
        betrag1: 0.0s3;
        betrag2: 0.0s3.
    self wuVerwaltung:
            (WuVerwaltung new umrechner: self umrechner)
```

Hier wird dem neu erzeugten Exemplar der Klasse **WuVerwaltung** mithilfe der Set-Methode **umrechner:** das Model-Exemplar (der Klasse **Umrechner**) übergeben, damit die Verwaltungskomponente auf die Währungstabelle zugreifen kann.

Aus der Methode

```
WuUmrechner>>renderContentOn: html
    html heading: 'Währungsumrechner'.
    self renderFormularOn: html.
    self renderVerwaltungsKomponenteOn: html
```

ist nun – wie schon erwähnt – der Aufruf von **renderWechselkurstabelleOn:** entfernt worden. Hinzugekommen ist der Aufruf der Methode

```
WuUmrechner>>renderVerwaltungsKomponenteOn: html
    html horizontalRule.
    (html anchor)
        callback: [self call: self wuVerwaltung];
        with: 'Verwaltung der Währungstabelle'
```

Hier wird mit dem Ausdruck **html anchor** ein HTML-<a>-Element erzeugt, also ein Verweis (Link) auf eine andere Web-Seite. Der Inhalt des Elements wird wieder mit der **with:**-Nachricht definiert, in diesem Fall der Text, der auf der Web-Seite als Verweis dargestellt wird. Im Callback wird ähnlich wie bei einem Submit-Button definiert, was passieren soll, wenn der Anwender auf den Link klickt.

Das Klicken auf einen Link löst genau so wie das Betätigen einer Schaltfläche einen HTTP-Request aus. Seaside führt dann also das Callback aus. Mit dem Ausdruck

self call: self wuVerwaltung

wird die in der Exemplarvariablen **wuVerwaltung** gespeicherte Seaside-Komponente aufgerufen, in diesem Fall also das in der **initialize**-Methode erzeugte Exemplar von **WuVerwaltung**. „Aufrufen" bedeutet genauer gesagt: Es wird ihr die Nachricht **renderContentOn:** gesendet. Das bewirkt, dass die Seite im Web-Browser dargestellt wird. Die Seite der aufrufenden Komponente wird unsichtbar.

Damit ist der zu Beginn des Abschnitts 16.3 definierte Zwischenschritt, nämlich der Auslagerung der Anzeige der Währungstabelle in eine eigene Komponente, abgeschlossen.

16.3.3 Der Call/Answer-Mechnismus von Seaside

Das Zusammenspiel der Nachrichten **call:** und **answer**, wie es im Abschnitt 16.3.2 benutzt wurde, stellt ein zentrales Element des Seaside-Frameworks dar. Es soll deshalb hier noch einmal anhand von Grafiken veranschaulicht werden.

Ergänzt man die **renderContentOn:**-Methode von **WuUmrechner** am Ende um den Ausdruck **self explore**, wird beim Starten der Anwendung der Object Explorer[9] von *VisualWorks* aktiviert. Nach einigen „Handgriffen" wird die Abbildung 16.21 sichtbar.

---

[9]vgl. hierzu die Abschnitte 3.4.1 und A.2

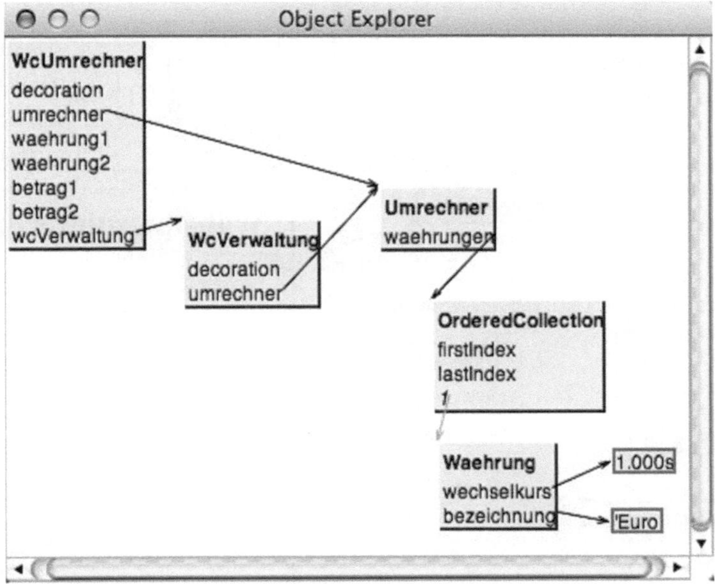

Abbildung 16.21: Die am Währungsumrechner beteiligten Objekte

Sie zeigt die an unserer Seaside-Applikation beteiligten Objekte und wie sie miteinander über Verweise in den Exemplarvariablen verbunden sind. Von der Währungstabelle in der `OrderedCollection` in `waehrungen` ist nur ein Element gezeigt. Die
Abbildung zeigt die statische Struktur des Programms.

Um nun auch den dynamischen Ablauf zu verdeutlichen, wird in den Abbildungen 16.22 und 16.23 der infolge von Benutzeraktionen ausgelöste Ablauf schematisch dargestellt. Die jeweils linke Hälfte der Bilder zeigt die beiden Komponenten
`WuUmrechner` und `WuVerwaltung` eingebettet in die Smalltalk-Klassenbibliothek bzw.
das Seaside-Framework.

Die rechten Bildhälften stellen den Web-Browser dar, wobei von den zwei dargestellten Seiten tatsächlich immer nur eine sichtbar ist. Nach dem Start von Seaside ist
die Dispatcher-Seite mit dem Link **Waehrungsumrechner** sichtbar. Im folgenden
wird der Ablauf Schritt für Schritt beschrieben:

1. Der Benutzer aktiviert den Link **Waehrungsumrechner**.

2. Die Folge ist ein HTTP-Request. Da mit dem Link die Komponente `WuUmrech-`
   `ner` verknüpft ist, erhält diese ...

3. ... von Seaside die Nachricht `renderContentOn:`.

4. Die Ausführung der `renderContentOn:`-Methode führt (durch Seaside) zur
   Erzeugung der HTML-Elemente für die Währungsumrechner-Seite im Web-
   Browser.

5. Der Benutzer klickt auf den Link **Verwaltung der Währungstabelle**. Daraus
   resultiert erneut ein ...

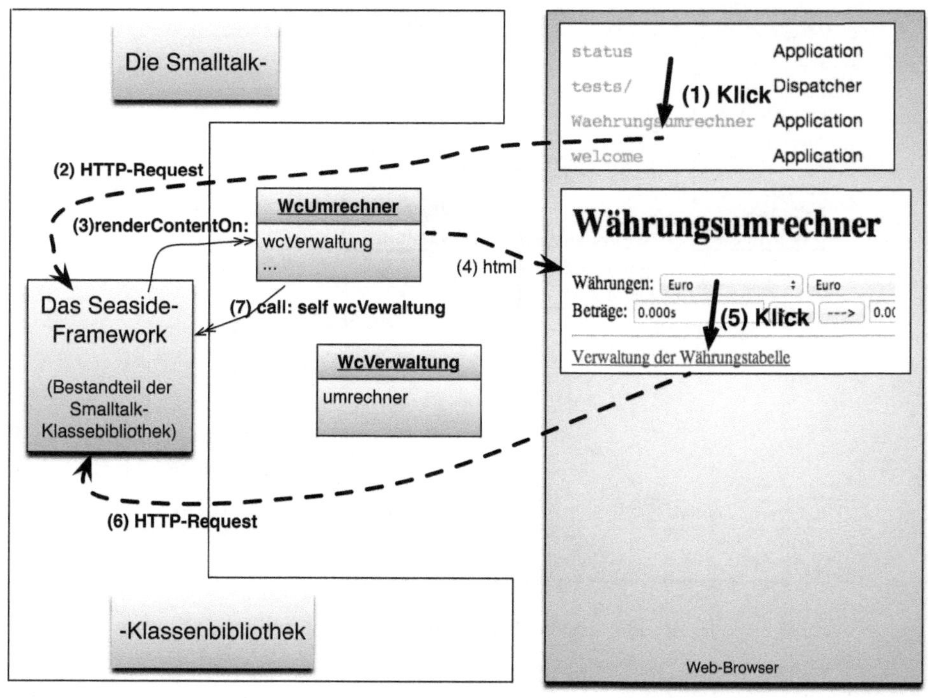

Abbildung 16.22: Das Zusammenspiel der Komponenten (1)

6. ... HTTP-Request.

7. Seaside wertet nun u. a. das Callback für den Link aus, was zum Senden der
   Nachricht `call: self wuVerwaltung` führt.

Die weiteren Schritte sind nun in Abbildung 16.23 zu verfolgen.

8. Daraufhin sendet Seaside die Nachricht `renderContentOn:` an die aufgeru-
   fene Komponente `WuVerwaltung` und merkt sich die aufrufende Komponente
   `WuUmrechner`.

9. Es wird durch die Ausführung von `renderContentOn:` wiederum HTML-Code
   erzeugt, diesmal zur Anzeige der Währungstabelle.

10. Klickt der Benutzer auf dieser Seite auf die **Ok**-Schaltfläche, wird wieder ein

11. ... HTTP-Request ausgeführt.

12. Die Auswertung des Callbacks für die **Ok**-Schaltfläche führt zum Senden der
    Nachricht `answer` durch die `WuVerwaltung`.

13. Da Seaside sich in Schritt 8 gemerkt hat, an wen die `WuVerwaltung` „antwortet",
    sendet sie schließlich erneut die Nachricht `renderContentOn:` an die Hauptkom-
    ponente `WuUmrechner`.

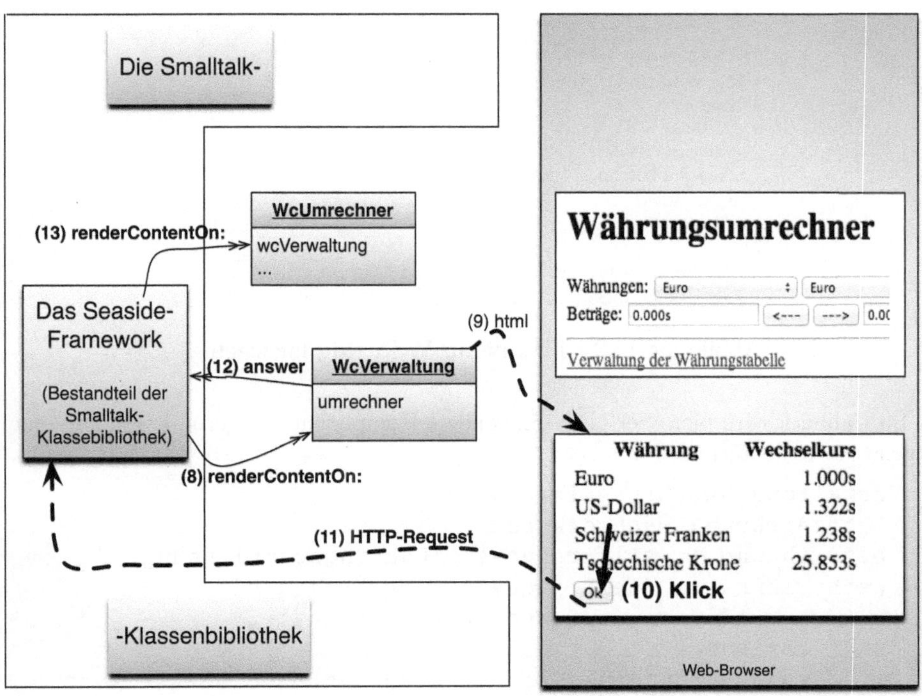

Abbildung 16.23: Das Zusammenspiel der Komponenten (2)

Damit ist ein Wechsel zwischen den beiden Komponenten abgeschlossen.

16.3.4 Implementierung des Pflegedialogs

Als nächstes soll die Möglichkeit geschaffen werden, eine neue Währung hinzuzufügen. Es soll hier eine eher einfache Lösung realisiert werden. Hinweise auf eine elegantere Variante werden weiter unten gegeben.

Zunächst wird die Methode

```
WuVerwaltung>>renderContentOn: html
    self renderWechselkurstabelleOn: html.
    html anchor callback: [self waehrungHinzufuegen];}
            with: 'Neue Währung'.
    html break.
    html form:
        [(html submitButton)
            callback: [self answer];
            with: 'Ok']
```

um einen Linkanker ergänzt (Zeilen 3 und 4), so dass die Web-Seite der Komponente jetzt aussieht, wie in Abbildung 16.24 gezeigt.

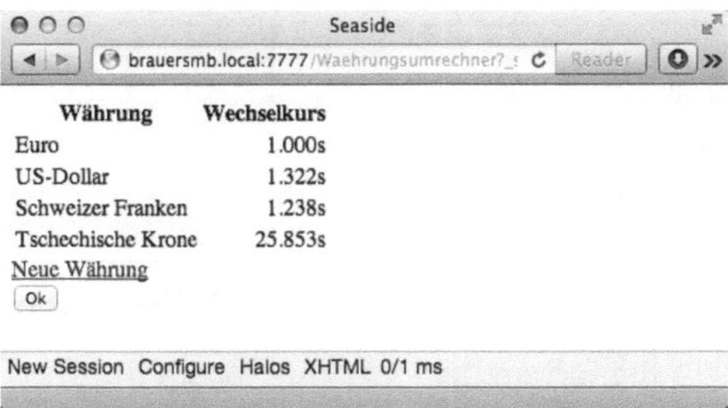

Abbildung 16.24: Link **Neue Währung** hinzugefügt

Im Callback wird hier aber nicht eine andere Komponente aufgerufen, sondern eine
eigene Methode aktiviert, nämlich:

```
WuVerwaltung>>waehrungHinzufuegen
  | bezeichnung wechselkurs |
  bezeichnung := self request: 'Währungsbezeichnung: '.
  wechselkurs := (self request: 'Wechselkurs: ')
                        asNumber asFixedPoint: 3.
  self umrechner
    fuegeWaehrungHinzuMit: bezeichnung und: wechselkurs
```

Standarddialog   Diese Methode hat die Aufgabe, vom Benutzer eine Währungsbezeichnung und einen
mit **request:**   Wechselkurs zu erfragen. Dazu wird hier ein weiterer in Seaside eingebauter Dialog
benutzt, der durch die Nachricht **request:** ausgelöst wird. Ähnlich wie bei der Verwendung von **inform:** geht ein neues Fenster auf, in dem der als Argument übergebene
Text erscheint. Im Falle von **request:** wird zusätzlich ein Eingabefeld bereitgestellt.
Die Wirkung der Auswertung des Teilausdrucks

```
self request: 'Währungsbezeichnung: '
```

zeigt Abbildung 16.25. Die vom Benutzer in das Eingabefeld eingetragene Zeichenkette

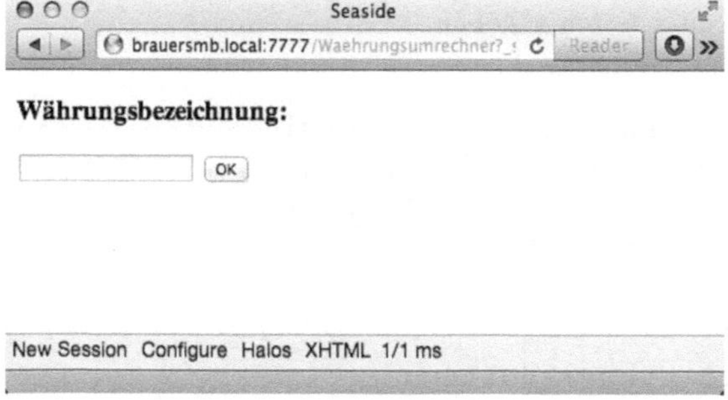

Abbildung 16.25: Dialogfenster für die Eingabe einer Währungsbezeichnung

ist der Rückgabewert der **request:**-Nachricht und wird in der Methode **waehrung-
Hinzufuegen** in der lokalen Variablen **bezeichnung** gespeichert.

In gleicher Weise wird mit der Eingabe des Wechselkurses nach Umwandlung in eine **FixedPoint**-Zahl verfahren. Beide Eingaben werden mit der Nachricht **fuege-WaehrungHinzuMit:und:** an das Model-Objekt in der Exemplarvariablen **umrechner** (vgl. Abbildung 16.21) gesendet. Die passende Exemplarmethode muss in der Klasse **Umrechner** ergänzt werden:

```
Umrechner>>fuegeWaehrungHinzuMit: aString und: aFixedPoint
    self waehrungen add:
        (Waehrung mitWechselkurs: aFixedPoint
                  undBezeichner: aString)
```

Hier wird mit der ja bereits existierenden Klassenmethode **mitWechselkurs:und-Bezeichner:** der Klasse **Waehrung** aus den übergebenen Parametern ein neues Exemplar erzeugt und der **OrderedCollection** in **waehrungen** hinzugefügt.

Hat der Anwender mit dem nun eingeführten Dialog z. B. die *Dänische Krone* mit einem Wechselkurs von 7,456 zum Euro hinzugefügt, erscheint diese auf der Web-Seite von **WuVerwaltung** (s. Abbildung 16.26).

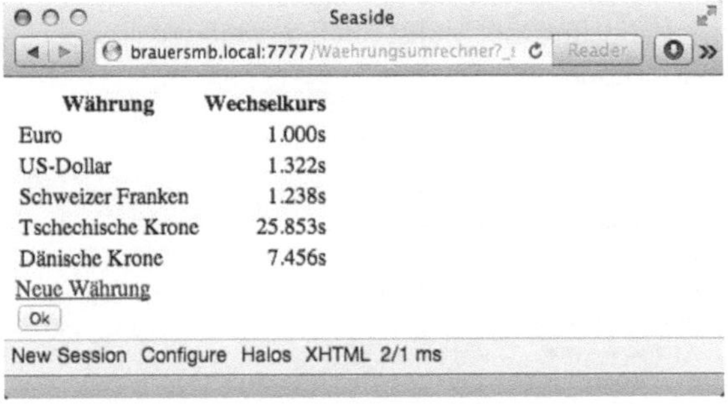

Abbildung 16.26: Eine neue Währung wurde hinzugefügt.

Anmerkung: Zu Beginn diese Abschnitts wurde die gezeigte Lösung als einfach charakterisiert. Dies bezieht sich insbesondere auf die Verwendung der vorgefertigten Dialoge mithilfe der Nachricht **WAComponent->>request:**. Sie sind sicher nicht sehr komfortabel und die Eingabeprüfung für den Wechselkurs fehlt auch noch. Eine „schönere" Lösung könnte z. B. für das Bearbeiten von Währungen eine eigene Komponente einführen, die dann über den Call/Answer-Mechanismus einzubinden wäre. Diese Aufgabe sei dem Leser überlassen.

Entfernen von Währungen und Ändern von Wechselkursen

Um das Entfernen einer Währung aus der Tabelle zu ermöglichen, versehen wir jeden Tabelleneintrag mit einem Link, indem wir in der Methode **renderWechselkursta-belleOn:** (in den letzten vier Zeilen) eine Spalte hinzufügen:

```
WuUmrechner>>renderWechselkurstabelleOn: html
   html table:
      [html tableRow:
         [html
            tableHeading: 'Währung';
            tableHeading: 'Wechselkurs'].
       self umrechner waehrungen do:
          [:w |
          html tableRow:
             [html tableData: w bezeichnung.
             (html tableData)
                align: 'right';
                with: w wechselkurs.
             html tableData:
                [(html anchor)
                   callback: [self entferneWaehrung: w];
                   with: 'entf.']]]]
```

Abbildung 16.27 zeigt die um die Links **entf.** erweiterte Tabelle. Im Callback des Links wird die neue Methode

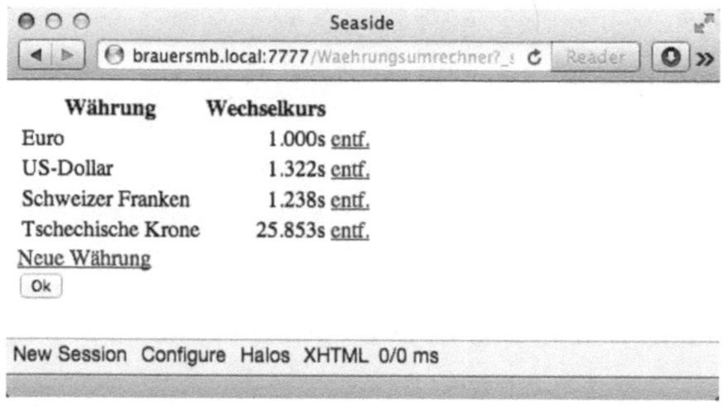

Abbildung 16.27: Tabelle um eine Spalte mit Links erweitert

```
WuUmrechner>>entferneWaehrung: eineWaehrung
   (self confirm:
          'Wollen Sie die Währung wirklich entfernen?')
      ifTrue: [self umrechner entferneWaehrung: eineWaehrung]
```

aktiviert. Hier wird erneut von einem Seaside-Standarddialog marginlabelStandard-dialog mit **confirm:** Gebrauch gemacht. Die Auswertung der **confirm:**-Nachricht führt zu dem in Abbildung 16.28 gezeigten Web-Browser-Fenster. Die **confirm:**-Nachricht antwortet mit **true**, wenn der Benutzer die **Yes**-Schaltfläche betätigt, sonst mit **false**.

Bestätigt der Benutzer die Entfernung, wird die neue Methode

```
Umrechner>>entferneWaehrung: eineWaehrung
   self waehrungen remove: eineWaehrung
```

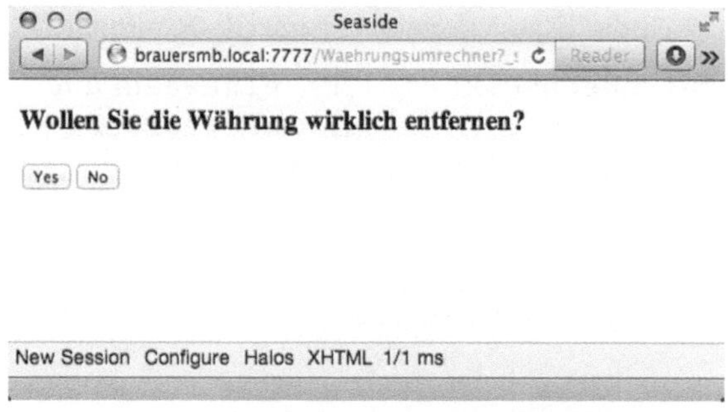

Abbildung 16.28: Bestätigungsdialog mit `confirm:`

mit der zu entfernenden Währung aufgerufen.

Schließlich wird für das Bearbeiten von Wechselkursen ein ähnlicher Weg beschritten. Zunächst wird die Währungstabelle um eine weitere „Linkspalte" (**bearb.**) ergänzt (wiederum in den letzten vier Zeilen):

```
WuUmrechner>>renderWechselkurstabelleOn: html
    html table:
        [html tableRow:
            [html
                tableHeading: 'Währung';
                tableHeading: 'Wechselkurs'].
        self umrechner waehrungen do:
            [:w |
            html tableRow:
                [html tableData: w bezeichnung.
                (html tableData)
                    align: 'right';
                    with: w wechselkurs.
                html tableData:
                    [(html anchor)
                        callback: [self entferneWaehrung: w];
                        with: 'entf.'].
                html tableData:
                    [(html anchor)
                        callback:[self bearbeiteWechselkurs: w];
                        with: 'bearb.']]]]
```

Die im Callback gesendete Nachricht **bearbeiteWechselkurs:** wird durch diese Methode implementiert:

```
WuUmrechner>>bearbeiteWechselkurs: eineWaehrung
    | wechselkurs |
    wechselkurs := (self request: 'neuer Wechselkurs für '
                    , eineWaehrung bezeichnung)
                asNumber asFixedPoint: 3.
    self umrechner aendereWechselkursFuer: eineWaehrung
                auf: wechselkurs
```

Schließlich muss noch die Klasse **Umrechner** um die Exemplarmethode

```
Umrechner>>aendereWechselkursFuer: eineWaehrung
                                auf: aFixedPoint
   eineWaehrung wechselkurs: aFixedPoint
```

erweitert werden.

Klickt der Benutzer nun z. B. auf den **bearb.**-Link des *Schweizer Franken* erscheint das in Abbildung 16.29 gezeigte Dialogfenster. Wird dann – wie gezeigt – ein neu-

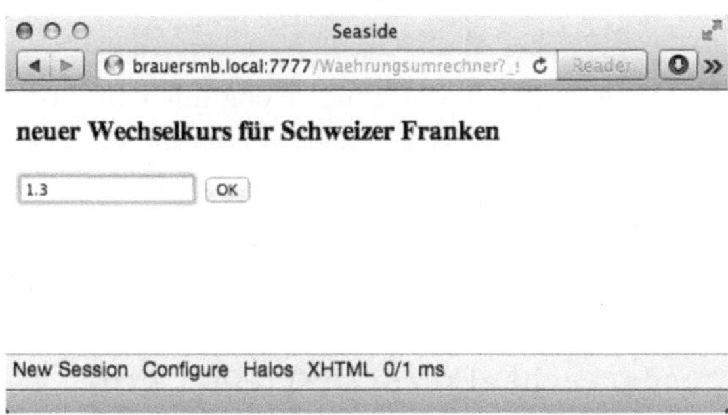

Abbildung 16.29: Dialog für die Eingabe eines neuen Wechselkurses

er Wechselkurs eingegeben, erscheint dieser nach Beendigung des Dialogs in der in Abbildung 16.30 gezeigten Währungstabelle.

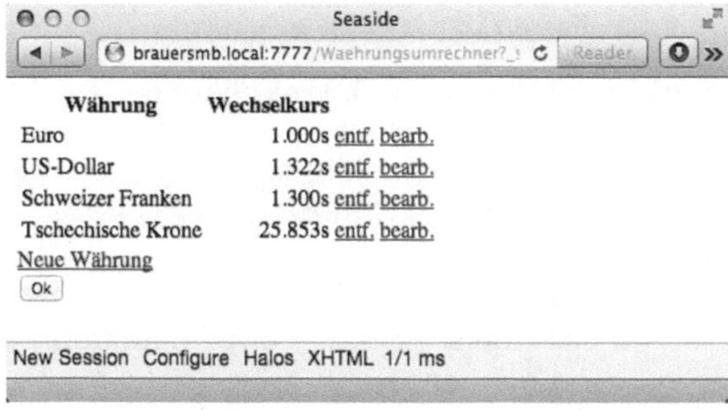

Abbildung 16.30: der geänderte Wechselkurs des Schweizer Franken

Damit ist die Implementierung des Währungsumrechners vorerst abgeschlossen.

16.4 Einbindung von CSS

Der Zweck diese Abschnitts besteht vornehmlich darin, die technischen Möglichkeiten aufzuzeigen, die Seaside dem Entwickler bietet, seinen Web-Seiten Stylesheets[10] hinzuzufügen. Weder werden an dieser Stelle gestalterische Fragen noch ihre Umsetzung

---

[10]Gelegentlich wird dieser Begriff mit *Formatvorlage* übersetzt.

mit der Stylesheet-Sprache CSS (Cascading Style Sheets) behandelt. Für CSS gibt es zahlreiche Darstellungen und Anleitungen im Word Wide Web.[11]

Seaside bietet grundsätzlich die folgenden Verfahren an, CSS mit HTML zu verknüpfen:

1. Eine Seaside-Komponente stellt eine Exemplarmethode mit dem Namen `style` zur Verfügung. Diese muss eine Zeichenkette mit CSS-Befehlen als Rückgabewert liefern. Sie wird wie die `renderContentOn:`-Methode von Seaside automatisch aktiviert. Diese Vorgehensweise wird in Abschnitt 16.4.2 behandelt.

   die `style`-*Methode*

2. Die CSS-Befehle stehen in einer separaten Textdatei. Der Zugriff auf diese Datei (ihre URL) muss Seaside dann über die Exemplarmethode `updateRoot:` bekannt gemacht werden. Die Datei kann dabei

   a) entweder in eine Seaside-File-Library (s. Abschnitt 16.4.3) transportiert werden oder

      Nutzung einer File-Library

   b) auf einem anderen Web-Server bereitstehen. Auf die Darstellung dieser Variante wird hier verzichtet.

Ausgangspunkt der folgenden Betrachtungen ist das Erscheinungsbild des Währungsumrechners, wie es in Abbildung 16.19 zu sehen ist. Mithilfe von CSS-Befehlen soll das Layout – wie in Abbildung 16.31 gezeigt – ein wenig umgestaltet werden, um Währungs- und zugehörige Betragseingabe optisch besser zu verbinden.

Abbildung 16.31: Der Währungsumrechner mit Stylesheet

In Abbildung 16.32 sind die HTML-Elemente gestrichelt umrandet, die dafür mit CSS formatiert werden sollen. An den Umrandungen sind die verwendeten CSS-Klassen bzw. CSS-Ids notiert. Im Folgenden werden die für die vorgenommenen Formatierungen verwendeten CSS-Befehle erläutert:

#content Hier soll die Breite des gesamten Inhalts festgelegt und in der Mitte des Browser-Fensters platziert werden:

```
#content {width : 450px; margin : 0 auto;}
```

---

[11]Stellvertretend seien Ritter (2009) und SELFHTML (2007) genannt.

Abbildung 16.32: Die HTML-Elemente mit ihren CSS-Klassen und -Ids

h1 Die Überschrift (<h1>-Element) soll zentriert werden:

```
h1 {text-align : center;}
```

Hier handelt es sich um eine direkte Formatierung eines HTML-Elements (<h1>).

.auswahl Diese CSS-Klasse legt die Breite der beiden Auswahllistenelemente fest.

```
.auswahl {width: 128px}
```

.texte Mit dieser CSS-Klasse sollen die beiden Texte die gleiche Breite erhalten und rechtsbündig angeordnet werden. Außerdem wird ein Abstand zu den rechts umfließenden Textfeldern eingerichtet:

```
.texte {float: left; text-align: right; line-height: 1.4;
        width: 80px; padding-right: 10px;}
```

#w2 Die Auswahlliste für die zweite Währung soll rechtsbündig mit dem darunter stehenden Eingabefeld platziert werden:

```
#w2 {position:relative; left: 70px}
```

16.4.1 Verknüpfung von HTML und CSS

Unabhängig davon, welche der in Abschnitt 16.4 genannten Methoden, um ein CSS-Text in Seaside einzubinden, verwendet wird, müssen die betroffenen HTML-Elemente mit den CSS-Klassen und -Ids verbunden werden.

Der gesamte Inhalt der Komponente **WuUmrechner** wird ja in der Methode

```
WuUmrechner>>renderContentOn: html
    html heading: 'Währungsumrechner'.
    self renderFormularOn: html.
    self renderVerwaltungsKomponenteOn: html
```

erzeugt. Um diesen nun mit CSS beeinflussen zu können, muss er zunächst noch in eine <div>-Box eingeschlossen werden. Dieser kann dann mit der Nachricht **id: 'content'** die CSS-Id **#content** zugeordnet werden:

```
WuUmrechner>>renderContentOn: html
    (html div)
        id: 'content';
        with:
            [html heading: 'Währungsumrechner'.
             self renderFormularOn: html.
             self renderVerwaltungsKomponenteOn: html]
```

In HTML wird dann daraus:

```
<div id="content">
  <h1>Währungsumrechner</h1>
  ...
</div>
```

Um die CSS-Klasse `.texte` zuordnen zu können, muss in der Methode

```
1  WuUmrechner>>renderFormularOn: html
2    html
3        horizontalRule;
4        form:
5            [html
6                div: [self renderWaehrungsfelderOn: html];
7                div:
8                    [html text: 'Beträge: '.
9                     self renderBetragsfeld1On: html.
10                    self renderSumitButtonsOn: html.
11                    self renderBetragsfeld2On: html]]
```

in der Zeile 8 die Nachricht

```
    html text: 'Beträge: '.
```

ersetzt werden durch:

```
    html div class: 'texte'; with: 'Beträge:'.
```

Wir brauchen auch hier eine `<div>`-Box, um mit der Nachricht **class:** eine CSS-Klasse zuordnen zu können.

Schließlich muss noch die Methode

```
1   WuUmrechner>>renderWaehrungsfelderOn: html
2     (html div) class: 'texte'; with: 'Währungen: '.
3     (html select) class: 'auswahl';
4        callback: [:input | self waehrung1: input];
5        list: (self umrechner waehrungen
6                              collect: [:w | w bezeichnung]);
7        selected: self waehrung1.
8     (html select) class: 'auswahl'; id: 'w2';
9        callback: [:input | self waehrung2: input];
10       list: (self umrechner waehrungen
11                             collect: [:w | w bezeichnung]);
12       selected: self waehrung2
```

angepasst werden, um wiederum die CSS-Klassen `.texte` (Zeile 2) und `.auswahl` (Zeilen 3 und 8) sowie die CSS-Id `#w2` (Zeile 7) anbringen zu können.

16.4.2 Definition einer `style`-Methode

Um die CSS-Befehle für Seaside zugänglich zu machen, genügt es, eine Methode mit dem Namen `style` zur Verfügung zu stellen, die in unserem Fall so aussehen könnte:

```
WuUmrechner>>style
^
,
#content {width : 450px; margin : 0 auto;}
h1 {text-align : center;}
.auswahl {width: 128px}
.texte { float : left; text-align: right; line-height : 1.4;
         width: 80px; padding-right: 10px;}
#w2 {position:relative; left: 70px}
,
```

Die CSS-Befehle stehen alle innerhalb einer einzigen Zeichenkette. Diese wird bei Aktivierung der Methode (durch Seaside) zurück gegeben. Existiert die Methode und sind die Modifikationen aus Abschnitt 16.4.1 vorgenommen, erscheint die Anwendung im Web-Browser wie in Abbildung 16.31 gezeigt.

Seaside-Style-Editor   An dieser Stelle sei noch auf eine nützliche Funktion von Seaside hingewiesen. Wenn man auf der Web-Seite die **Halos** aktiviert, kann man sich die CSS-Befehle anschließend durch einen Klick auf das Symbol mit dem Tool-Tip „Css Style Editor" anzeigen lassen. Das Ergebnis zeigt Abbildung 16.33.

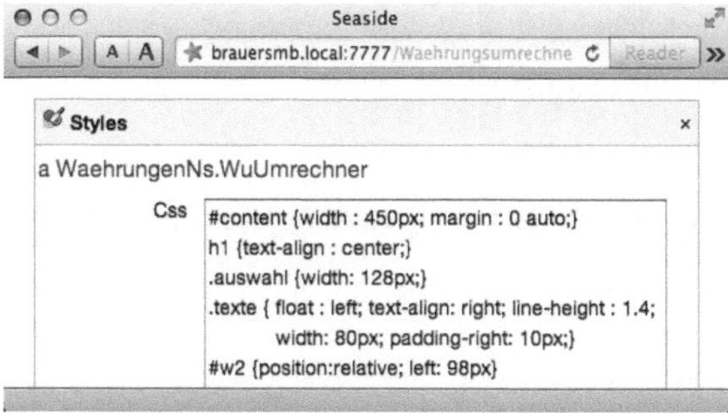

Abbildung 16.33: Bearbeitung der `style`-Methode im Web-Browser

Vorteile der `style`-Methode   Der Vorteil der Verwendung einer `style`-Methode besteht nun darin, dass man sich die CSS-Befehle im Web-Browser nicht nur anzeigen lassen kann, sondern sie auch dort verändern kann. Betätigt man anschließend die **Save**-Schaltfläche (in Abbildung 16.33 nicht dargestellt) kann die Wirkung der Änderungen sofort betrachtet werden. Außerdem wird die `style`-Methode im System-Browser auch entsprechend verändert.

Ein weiterer Vorteil dieses Verfahrens kann darin gesehen werden, dass jede Komponente ihre eigene **style**-Methode hat. Damit kann das Design von Komponente zu Komponente unterschiedlich sein.

Die Nachteile der **style**-Methode sind:

- Die Methode wird von Seaside bei jedem Aufruf neu in eine Datei geschrieben und für den Web-Server zum Aufruf bereitgestellt.

- Die bereitgestellte Datei erhält immer den aktuellen Zeitstempel im Namen. Dadurch nimmt der Web-Browser an, dass es sich immer um eine andere Datei handelt. Die Ladezeiten werden deutlich verlängert.

- Für das Design von größeren in sich konsistenten Anwendungen ist das Verfahren nicht geeignet.

Nachteile der
style-
Methode

16.4.3 Bereitstellung einer CSS-Datei in einer Seaside-File-Library

CSS-Dateien gehören zu den so genannten statischen Ressourcen einer Web-Anwendung. Darunter versteht man die Bestandteile, die unabhängig von Zeit und Ort der Benutzung aber auch unabhängig vom Anwender sind. Dazu können auch Bilder (z. B. Logos) gehören. Seaside erlaubt nun mit dem Konzept der *FileLibrary*, derartige Dateien in das Smalltalk-Image zu integrieren.

Der Zugriff auf externe Datei wird in HTML in der Regel über die Spezifikation von entsprechenden URLs im <head>-Element 0bewerkstelligt. In der **renderContentOn:**-Methode kann aber kein <head>-Element programmiert werden. Stattdessen kann man eine Exemplarmethode namens **updateRoot:** anlegen, die beim Start der Anwendung von Seaside automatisch aktiviert wird und in der dem <head>-Element Unterelemente wie z. B. <stylesheet> hinzugefügt werden können. Wie die **updateRoot:**-Methode genau aussehen muss, wird weiter unten erläutert.

Zunächst soll gezeigt werden, wie eine *FileLibrary* angelegt wird und eine Datei in ihr bereitgestellt wird. Als erstes ist eine Unterklasse von **Seaside.WAFileLibrary** anzulegen, die **WuFileLibrary** heißen soll. Gehen wir nun davon aus, dass unsere CSS-Befehle in einer Textdatei mit Namen **waehrungen.css** gespeichert sind und diese Datei sich im gleichen Verzeichnis wie unser Smalltalk-Image befindet. In diesem Fall kann mit der Auswertung des Ausdrucks (z. B. in einem Workspace)

Klasse
WAFileLibrary

```
WuFileLibrary addFileAt: 'waehrungen.css'
```

die Datei in das Smalltalk-Image geladen werden. Falls die Datei in einem anderen Verzeichnis liegt, muss der Pfad vor den Dateinamen gesetzt werden.

Als Folge der Ausführung dieses Ausdrucks wird die Exemplarmethode **WuFile-Library>>waehrungenCss** angelegt (s. Abbildung 16.34).

> **Anmerkung:** In *VisualWorks* besteht die Besonderheit, dass die Methode zunächst – wie aus Abbildung 16.34 ersichtlich – im Pseudo-Package **(none)** abgelegt wird. Von dort sollte sie oder das Protokoll **uploaded** mit dem Menübefehl **Protocol→Move→to Package ...** in das eigene Package transportiert werden.

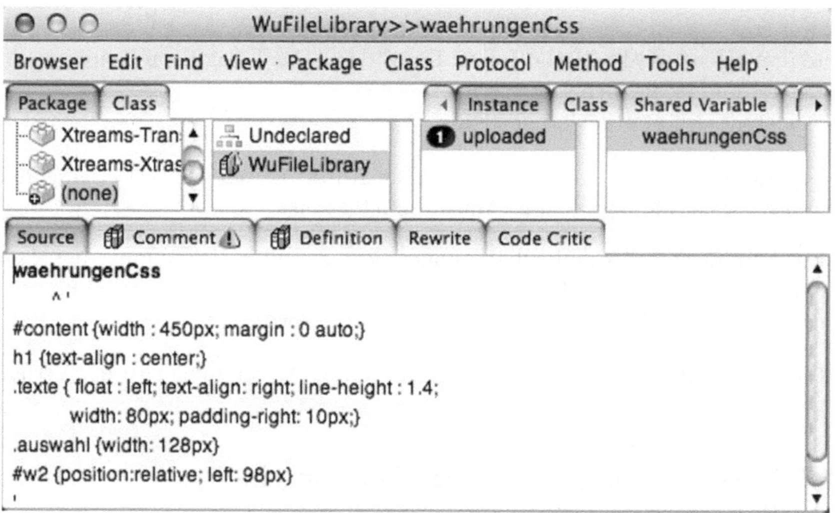

Abbildung 16.34: Die CSS-Datei als Methode der FileLibrary

updateRoot:-Methode Nun brauchen wir noch die schon erwähnte `updateRoot:`-Methode, damit Seaside den Verweis auf unsere CSS-Datei/-Methode im `<head>`-Element platziert:

```
WuUmrechner>>updateRoot: anHtmlRoot
    super updateRoot: anHtmlRoot.
    anHtmlRoot stylesheet
            url: (WuFileLibrary urlOf: #waehrungenCss)
```

Der Aufruf der gleichnamigen Methode der Oberklasse ist immer erforderlich, damit die von Seaside standardmäßig erzeugten `<head>`-Bestandteile erhalten bleiben. Im **Klasse WAHtmlRoot** Parameter `anHtmlRoot` wird ein Exemplar der Klasse `Seaside.WAHtmlRoot` übergeben, das u. a. die Nachricht `stylesheet` versteht. Das Objekt, das von `stylesheet` zurück gegeben wird, versteht seinerseits die Nachricht `url:`. Dieser könnte als Argument eine Zeichenkette mit einer URL einer auf einem externen Web-Server vorhandenen CSS-Datei übergeben werden.[12] In unserem Fall wird mit der Nachricht `urlOf:` – gesendet an die Klasse `WuFileLibrary` – aus dem Namen der CSS-Methode eine URL erzeugt.

Nun sollte die Anwendung wieder das in Abbildung 16.31 dargestellte Erscheinungsbild zeigen. Eine eventuell vorhandene `style`-Methode (vgl. Abschnitt 16.4.2) sollte aber zuvor entfernt werden.

Wenn man den Web-Browser benutzt, um sich den Seitenquelltext anzeigen zu lassen, wird man innerhalb des `<head>`-Elements das folgende `<link>`-Element finden:

```
<link href="/files/WuFileLibrary/waehrungen.css"
        type="text/css" rel="stylesheet">
```

Der wichtigste Vorteil der Nutzung einer *FileLibrary* ist die Integration einer Seaside-Anwendung mit all ihren statischen Ressourcen. Damit kann die gesamte Web-

---

[12]Man kann es mit http://seaside.st/styles/main.css versuchen.

Anwendung z. B. in ein Parcel exportiert (vgl. Anhang A) und in ein anderes Image importiert werden. Auch ist es leicht, ein einheitliches Design aller Komponenten einer Anwendung zu realisieren, indem alle in ihrer **updateRoot:**-Methode auf die gleiche CSS-Methode verweisen.

16.5 Verallgemeinerung des Umrechners

An dieser Stelle soll auf Aspekte der Wiederverwendung von Software-Komponenten eingegangen werden. Das hat zunächst nicht direkt etwas mit dem Thema dieses Kapitels, der Entwicklung von Web-Anwendungen zu tun. Das hier betrachtete Beispiel des Währungsumrechners eignet sich aber als Ausgangspunkt für Überlegungen in Richtung Wiederverwendung.

Generell besteht das Ziel der Wiederverwendung in der Software-Technik darin, möglichst universell verwendbare Bausteine zu schaffen und damit das Erzeugen von Kopien von Programmcode zu vermeiden.

Wiederverwendung von Komponenten

Unsere Klasse **Umrechner** ist nun zunächst dafür entwickelt worden, Geldbeträge von einer Währung in eine andere umzurechnen. Die Umrechnung selbst geschieht dabei unter Verwendung eines konstanten Faktors. Die in den Methoden **Umrechner>>rechneUm:** und **Umrechner>>rechneUmInvers:** programmierten Funktionen sind aber in Wahrheit unabhängig davon, ob die umzurechnenden Beträge Geldbeträge sind. Genauso gut können die Methoden auch zur Umrechnung von Maßeinheiten für Längen, Volumina oder dergleichen benutzt werden.

Dass tatsächlich Währungsbeträge umgerechnet werden, liegt letztlich nur daran, dass die **OrderedCollection waehrungen** durch die Methode **Umrechner class>>umrechnerBeispiel** (vgl. Abschnitt 16.1.2) mit Währungen und ihren Wechselkursen gefüllt wird. Ersetzte man diese Methode durch

```
Umrechner class>>umrechnerBeispiel
   | u |
   u := self new.
   (u waehrungen)
      add: (Waehrung mitWechselkurs: 1.0d
                     undBezeichner: 'Kubikmeter');
      add: (Waehrung mitWechselkurs: 1000.000d
                     undBezeichner: 'Liter');
      add: (Waehrung mitWechselkurs: 264.17205d
                     undBezeichner: 'Gallone');
      add: (Waehrung mitWechselkurs: 35.314666d
                     undBezeichner: 'Kubikfuß').
```

würde die Anwendung Volumina statt Geldbeträge umrechnen, ohne dass es weiterer Änderungen bedürfte. Allerdings fällt hier sofort auf, dass die Wahl der Bezeichner (**Waehrung**, **mitWechselkurs:** usw.) jetzt abwegig ist. Das ist zwar für die Funktionsweise unerheblich, sollte aber selbstverständlich so geändert werden, dass die Bezeichner unabhängig von der Wahl der Umrechnungsgrößen sind. Darauf werden wir hier aber verzichten.

Gravierender jedoch ist, dass sich die Anwendung dem Benutzer jetzt sehr unschön präsentiert, wie aus Abbildung 16.35 ersichtlich ist. Alle Texte auf der Web-Seite sind jetzt unpassend geworden. Das soll nun korrigiert werden.

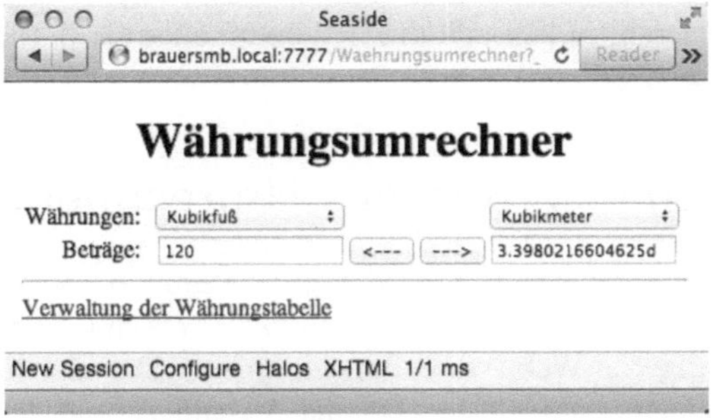

Abbildung 16.35: Der Währungsumrechner rechnet mit Volumina.

Modifikation der Klassen **Umrechner** und **Waehrung**

Mit der Klassenmethode **umrechnerBeispiel** wird ein Exemplar der Klasse **Umrech-ner** mit einer bestimmten Datenbasis erzeugt. Um diese variieren zu können, könnte man eine Klassenmethode

```
Umrechner class>>erzeugeMitDatenbasis: waehrungsCollection
  ^self new waehrungen: eineWaehrungsCollection
```

anlegen. Ihr würde dann als Argument eine für den jeweiligen Umrechnungszweck passende Collection mit Exemplaren der Klasse **Waehrung** übergeben. (Wie schon erwähnt, wäre für die Lesbarkeit des Programms eine Umbenennung der Klasse na-türlich ratsam.) Die Datenbasis würde dann außerhalb der Klasse **Umrechner** erzeugt. Damit wäre die Klasse sehr flexibel einsetzbar.

Der Einfachheit halber soll für die folgenden Ausführungen die Methode **Umrechner class>>umrechnerBeispiel** aus Abschnitt 16.1.2 in **umrechnerBeispielWaeh-rung** umbenannt und für die Erzeugung einer zweiten Datenbasis eine Methode **um-rechnerBeispielVolumen** angelegt werden.

Modifikation der Klasse **WuUmrechner**

Die Komponente soll nun zum einen funktional so erweitert werden, dass der Anwen-der die Möglichkeit erhält zwischen verschiedenen Umrechnungskategorien zu wählen. Zum anderen sollen die Texte auf der Seite entweder allgemeingültig formuliert oder variiert werden.

Dazu werden zunächst in der Klasse **WuUmrechner** zwei neue Exemplarvariablen definiert:

kategorien Enthält ein Dictionary mit den Zeichenketten **'Währungen'**, **'Volu-mina'** etc. als Schlüssel und dazu passenden Exemplaren von **Umrechner** als Werte.

kategorie Enthält den Schlüssel der aktuellen (vom Anwender ausgewählten) Um-rechnungskategorie.

Dazu definieren wir die **initialize**-Methode der Komponente wie folgt:

```
WuUmrechner>>initialize
    super initialize.
    self kategorien: Dictionary new.
    self kategorien
            at: 'Währungen'
            put: (Umrechner umrechnerBeispielWaehrung).
    self kategorien
            at: 'Volumina'
            put: (Umrechner umrechnerBeispielVolumen).
    self kategorie: 'Währungen'.
    self umrechner: (self kategorien at: self kategorie).
    self wuVerwaltung: (WuVerwaltung new
                            umrechner: self umrechner)
```

Im Dictionary **kategorien** werden ein **Umrechner**-Exemplar für die Währungsumrechnung und eines für die Umrechnung von Volumeneinheiten eingetragen. Die Variable **kategorie** erhält die Zeichenkette **'Währungen'** und die Variable **umrechner** das dazu passende **Umrechner**-Exemplar als Anfangswert. Damit ist die Anwendung beim ersten Start für die Währungsumrechnung konfiguriert.

In der **renderContentOn:**-Methode von **WuUmrechner** wird zunächst nur die Überschrift (`<h1>`-Element) in „Umrechner" verallgemeinert.

In der Methode **renderWaehrungsfelderOn:** aus Abschnitt 16.4.1 wird die `<div>`-Box, die den festen Text „Währungen:" erzeugt, wie folgt geändert:

```
(html div)
    class: 'texte';
    with: self kategorie, ':'.
```

Damit hängt der Text vom Inhalt der Exemplarvariablen **kategorie** ab.

Der Link-Text „Verwaltung der Währungstabelle", der in der Methode **renderVerwaltungsKomponenteOn:** (vgl. Abschnitt 16.3.2) definiert wurde, kann nun z. B. in „Verwaltung der Datenbasis" geändert werden.

Abbildung 16.36 zeigt die Komponente **WuUmrechner** im Web-Browser nach diesen Änderungen.

Abbildung 16.36: Verallgemeinertes Erscheinungsbild des Umrechners.

Jetzt fehlt nur noch die Möglichkeit für den Benutzer, die Umrechnungskategorien wechseln zu können. Das soll über eine zusätzliche Auswahlliste realisiert werden. Dazu wird zunächst die Methode

```
1  WuUmrechner>>renderContentOn: html
2     (html div)
3        id: 'content';
4        with:
5           [html heading: 'Umrechner'.
6            self renderKategorienAuswahlOn: html.
7            self renderFormularOn: html.
8            self renderVerwaltungsKomponenteOn: html]
```

in Zeile 6 um einen Aufruf der Methode **renderKategorienAuswahlOn:** erweitert. In dieser Methode wird dann die Auswahlliste erzeugt:

```
1  WuUmrechner>>renderKategorienAuswahlOn: html
2     html form:
3            [html div: 'Was wollen Sie umrechnen?'.
4             (html select)
5                list: self kategorien keys;
6                selected: self kategorie;
7                callback: [:input | self kategorie: input].
8             (html submitButton)
9                callback: [self umrechner:
10                              (self kategorien at: kategorie)];
11               with: 'ok']
```

Für die Werte in der Auswahlliste werden die Schlüssel des Dictionarys **kategorien** (Zeile 5) benutzt. Die vom Benutzer ausgewählte Kategorie wird im Callback in die Variable **kategorie** geschrieben (Zeile 7). Im Callback der Schaltfläche (Zeilen 9 und 10) wird dann die Variable **umrechner** an das der gewählten Kategorie entsprechende **Umrechner**-Exemplar gebunden.

Abbildung 16.37 zeigt nun ein Anwendungsbeispiel des Umrechner nach Auswahl der Kategorie „Volumen".

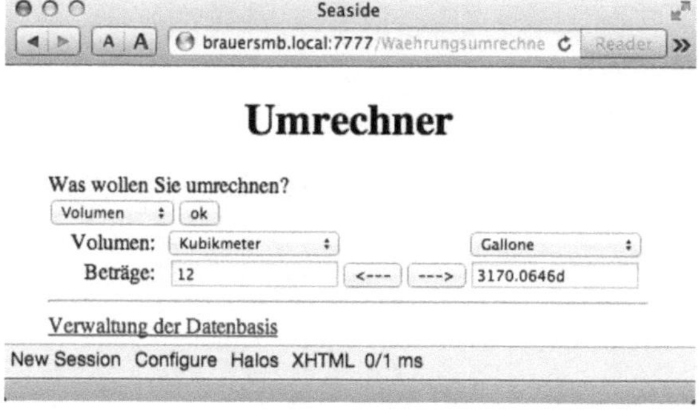

Abbildung 16.37: Umrechnen von Volumeneinheiten.

> **Anmerkung**: Die in den Abbildungen 16.36 und 16.37 gezeigte URL enthält nach wie vor die Bezeichnung `Waehrungsumrechner`. Das liegt daran, dass die Klassenmethode `initialize` der Klasse `WuUmrechner` (vgl. Abschnitt 16.1.4) bisher nicht angepasst wurde. Das Argument der Nachricht `registerAsApplication:` könnte aber z. B. in `'Umrechner'` geändert werden.

Damit ist unsere Anwendung insoweit verallgemeinert worden, dass ihr weitere Umrechnungskategorien mit geringem Aufwand hinzugefügt werden können. Es muss nur eine weitere Datenbasis in Form einer „umrechnerBeispiel..."-Methode hinzugefügt und die Initialisierung des Dictionarys `kategorien` entsprechend ergänzt werden.

Wenn man stattdessen die Datenbasis der Kategorien in Textdateien auslagerte, die dann in der Initialisierungsphase der Anwendung eingelesen werden müsste, wäre bei einer Änderung an der Datenbasis keine Programmänderung mehr erforderlich.

Mit dem hier gezeigten Beispiel wird das Thema Wiederverwendung von Software-Komponenten nur angerissen. Der Bau von möglichst gut wiederverwendbaren Bausteinen ist eine komplexe softwaretechnische Aufgabe, für deren Lösung es auch keine Patentrezepte gibt. Zudem kann es vorkommen, dass durch die Auslegung von Komponenten für die Wiederverwendung ihre Komplexität erheblich steigen kann. In diesem Fall ist eine Abwägung von Kosten und Nutzen erforderlich, die nicht zuletzt auch durch die Frage bestimmt wird, in welchem Maße eine Komponente voraussichtlich wiederverwendet werden wird. Es ist aber gerade für die Gestaltung von graphischen Oberflächen typisch, dass es häufig wiederkehrende Darstellungsaufgaben gibt. So enthält auch Seaside eine Vielzahl von Unterklassen von `WAComponent` für spezielle Anwendungsfälle. Exemplarisch sei hier die Klasse `WATableReport` genannt, die es auf einfache Art erlaubt, eine Kollektion von Objekten als Tabelle im Web-Browser anzuzeigen.

16.6 Weitere Konzepte von Seaside

In den voran gegangenen Abschnitten konnte nur ein Einblick in die grundlegenden Konzepte gegeben werden, die Seaside für die Entwicklung von Web-Anwendungen in Smalltalk zur Verfügung stellt. Einige weitere nützliche und für die Gestaltung von modernen Benutzungsoberflächen auch notwendige Techniken können hier nicht ausführlich dargestellt werden. Stattdessen wird im Folgenden ein kurzer Überblick gegeben.

In der Beispielanwendung, deren Entwicklung in diesem Kapitel geschildert wird, wurde nur von einigen wenigen HTML-Elementen Gebrauch gemacht. Seaside stellt aber Nachrichten zur Erzeugung nahezu aller HTML-Elemente bereit. Einen guten Überblick gibt Abschnitt 7.6 „Learning Canvas and Brush APIs" in Ducasse u. a. (2010).

Erzeugung von HTML-Elementen

In Abschnitt 16.3 wurde dargestellt, wie eine Komponente durch Senden der `call:`-Nachricht eine andere aufruft. Infolge eines solchen Aufrufs wird im Web-Browser die Seite der aufrufenden Komponente durch die der aufgerufenen ersetzt. Es kommt aber vor, dass man die Inhalte beider Komponenten auf der Seite sehen möchte. Hierfür stellt Seaside das Konzept der Einbettung von Komponenten bereit (vgl. Kapitel 12 in Ducasse u. a. (2010)).

Einbettung von Seaside-Komponenten

Für manche Web-Anwendungen ist es erforderlich, benutzerspezifische Daten verwalten zu können. Z. B. kann verlangt werden, dass ein Benutzer sich identifiziert (sich einloggt), bevor er die Anwendung benutzen darf. Für die Verwaltung derartiger Sitzungsinformationen sieht Seaside das Konzept der *Sessions* vor. Die zugehörige Klasse heißt `Seaside.WASession` (vgl. Kapitel 18 in Ducasse u. a. (2010)). Sessions werden dann auch dazu benutzt, benutzerspezifische Ressourcen, z. B. den Zugriff auf Datenbanken zu verwalten. Hier geht es dann insbesondere auch darum, Sitzungen kontrolliert zu beenden und nicht mehr benötigte Ressourcen auch wieder freizugeben.

Die Bedienungsfreundlichkeit des Umrechners lässt durchaus noch zu wünschen übrig. Von einer modernen Benutzungsoberfläche erwartete ein Anwender heute wohl, dass eine Eingabe in eines der Betragsfelder unmittelbar eine Aktualisierung des Inhalts des anderen Betragsfelds zur Folge hat. Damit könnten die beiden Schaltflächen für das Auslösen der Berechnung entfallen. Da in HTML nur durch Schaltflächen oder Links HTTP-Requests ausgelöst werden, aber nicht durch Eingaben in Textfelder, ist ein solches Verhalten nur durch zusätzliche Programmlogik, die im Web-Browser abläuft, zu erzielen. Hierfür kommen in JavaScript geschriebene Programme infrage. Seaside unterstützt mit *Prototype*[13] in Verbindung mit *script. aculo. us*[14] und *jQuery*[15] die Einbindung von zwei JavaScript-Bibliotheken.

Ein Ziel bei der Entwicklung einer Web-Anwendung kann ihre Bereitstellung auf einem handelsüblichen Web-Server wie z. B. Apache sein. Einige Information zum *Deployment* einer Seaside-Anwendung sind in Kapitel 23 in Ducasse u. a. (2010) zu finden.

Eine weitere hier nicht betrachtete Aufgabe ist die Sicherung von Daten einer Anwendung in einer Datenbank. Kapitel 25 in Ducasse u. a. (2010) gibt einen Überblick über verschiedene aus Seaside heraus nutzbare Technologien für die dauerhafte Speicherung von Anwendungsdaten.

Die hier aufgeführten Konzepte stellen keine vollständige Liste der von Seaside angebotenen Möglichkeiten für die Gestaltung von Web-Anwendungen dar. Weitere Informationen sind in Seaside (2013) zu finden. Eine gute Hilfestellung sind auch die mit Seaside ausgelieferten Beispiele (vgl. Abschnitt A.3).

---

[13] http://prototypejs.org
[14] http://script.aculo.us
[15] http://jquery.com

17 Wie geht es weiter?

In diesem Buch konnten nur wichtige Grundbegriffe der objektorientierten Programmierung und elementare Techniken in der Erstellung von Smalltalk-Programmen vermittelt werden. Es gibt daher eine Reihe von Themen, mit denen man sich zusätzlich auseinander setzen muss, um objektorientierte Anwendungen gut entwickeln zu können. Es werden hier einige Hinweise gegeben, wo man Informationen zu diesen Themen bekommen kann. Es bleibt aber generell festzuhalten, dass Programmieren nicht aus Büchern gelernt werden kann. Diese können nur eine Hilfestellung sein, die die praktische Erfahrung aber nicht ersetzen kann.

Entwurf von Klassenschemata

Eine der zentralen Fragen bei der Entwicklung objektorientierter Anwendungen lautet: Wie findet man ein Klassenschema, das den durch die Anwendung repräsentierten Ausschnitt der realen Welt angemessen modelliert?

Die Beantwortung dieser Frage findet in Phasen der Anwendungsentwicklung statt, die der eigentlichen Programmierung vorgelagert sind. Diese Phasen werden mit den Begriffen *Objektorientierte Analyse* und *Objektorientierter Entwurf* bezeichnet. Diese Thematik wird in Büchern behandelt, die häufig Begriffe wie *Software-Engineering*, *Software-Technik* oder auch *Objektorientierte Software-Entwicklung* im Titel tragen. Die Literatur zu diesen Themen ist sehr umfangreich. Stellvertretend für viele andere seien hier Balzert (2001), Seemann und Wolff von Gudenberg (2006) und Oestereich (2005) zur Lektüre empfohlen. Hier werden systematische Vorgehensweisen beschrieben, wie ein Anwendungsgegenstand so analysiert werden kann, dass man ihn anschließend durch ein System von Klassen adäquat beschreiben kann. In den Fallbeispielen dieses Bandes konnte das Thema nur ansatzweise behandelt werden.

Eigentlich entfaltet das Paradigma der Objektorientierung gerade in der Analyse- und Entwurfsphase seine größte Wirkung. Einen Ausschnitt aus der realen Welt als ein System interagierender Objekte zu sehen und in einem technischen Modell zu rekonstruieren, genau darin besteht der Grundgedanke der Objektorientierung. Diese Denkweise hat sich in der Praxis als erfolgreich erwiesen. Die objektorientierte Implementierung ist dem gegenüber fast als zweitrangig anzusehen. Das gilt auch für die Wahl der Programmiersprache. Smalltalk bietet sich aufgrund seiner Einfachheit, klaren Struktur und der besonders „reinen" Umsetzung des Gedankens der Objektorientierung an.

Entwurfsmuster

In der Software-Technik haben seit geraumer Zeit die so genannten *Entwurfsmuster* (engl.: design pattern) an Bedeutung gewonnen. Hierbei handelt es sich um Standardlösungen für häufig wiederkehrende Probleme der Programmierung. Mit der Ver-

wendung von Entwurfsmustern versucht man der in der Software-Entwicklung oft
anzutreffenden Tendenz, „das Rad immer wieder neu zu erfinden", entgegenzuwirken.
Ein Beispiel für ein solches Problem ist die Modellierung komplexer, realer Objekte
mithilfe einer Baumstruktur. Man stelle sich ein Automobil als ein solches komplexes Objekt vor. Durch die Baumstruktur sollen die Enthaltenseinsbeziehungen der
Komponenten, aus denen ein Automobil zusammengebaut wird, beschrieben werden.
An der Wurzel des Baums befindet sich das komplette Auto. Es besteht – etwas
vereinfacht gesprochen – aus den Komponenten Karosserie, Fahrwerk, Antrieb, der
Antrieb wiederum aus Motor und Getriebe. An den Blättern des Baums befinden
sich dann die Teile, die nicht mehr aus Unterteilen bestehen, wie z. B. ein Auspuff-
rohr. Die Erfahrung lehrt, dass vergleichbare Strukturen in vielen Zusammenhängen
auftreten. Unter den Entwurfsmustern gibt es eines mit dem Namen *Composite*, das
eine objektorientierte Standardlösung für dieses Problem beschreibt. Der Name des
Composite-Musters stammt aus dem Standardwerk [Gamma u. a. (1995)] zu diesem
Thema.

Composite-Muster

Dort werden gut zwanzig verschiedene Entwurfsmuster aus einer Perspektive, die
durch die Programmiersprache C++ bestimmt ist, beschrieben. In Alpert u. a. (1998)
wird in enger Anlehnung an Gamma u. a. (1995) die Implementierung der Muster in
Smalltalk dargestellt.

Diese Entwurfsmuster sind auf einer mittleren Abstraktionsebene angesiedelt. Auf
einer höheren Ebene findet man so genannte Architekturmuster, wozu z. B. das erwähnte Model-View-Controller-Paradigma (vgl. Abschnitt 14.4) zählt. Es beschreibt
auch eine Art Musterlösung für den Aufbau eines interaktiven, objektorientierten
Programms, in der wiederum verschiedene der in Gamma u. a. (1995) beschriebenen
Entwurfsmuster zur Anwendung kommen.

Architektur-muster

Mikromuster

So genannte Mikromuster(engl. micropatterns) beschäftigen sich hingegen mit elementaren Fragen der Art, wie Klassen, Methoden und Variablen zu benennen sind,
Programmcode formatiert und kommentiert wird oder wie eine `printOn:`-Methode
aufgebaut sein sollte. Auch *Composed Method* (vgl. Abschnitt 14.3) ist ein solches Mikromuster. Eine für Smalltalk-Programmierer wichtige Sammlung ist in Beck (1997)
zu finden.

Graphische Benutzungsoberflächen

Zu den in diesem Buch nicht behandelten Smalltalk-spezifischen Aspekten der Programmierung gehört u. a. das in Abschnitt 14.4 angeschnittene Thema der Programmierung von nativen graphischen Benutzungsoberflächen für interaktive Anwendungen. Für weitergehende technische Informationen empfiehlt es sich, die Dokumentation des eingesetzten Smalltalk-Entwicklungssystems zu Rate zu ziehen. Für *VisualWorks* sind hier insbesondere die Dokumente Cincom Systems (2011) und Cincom Systems (2012) zu nennen, die als PDF-Dateien Bestandteil der mitgelieferten
Online-Dokumentation sind. Eine gute Einführung in die Umsetzung des Model-View-
Controller-Paradigmas in *VisualWorks* wird auch in Hopkins und Horan (1995) gegeben.

Neben den technischen Fragen sind bei der Gestaltung von graphischen Benutzungsoberflächen aber ergonomische und psychologische Gesichtspunkte mindestens
ebenso wichtig. Mit dieser Thematik beschäftigt sich das Fachgebiet *Software-Er-*

Software-Ergonomie

gonomie (vgl. hierzu z. B. Herczeg (2005)). Hier geht es um Fragen der Anpassung der Mensch-Computer-Interaktion an die Prozesse und Fähigkeiten des Menschen. Ausgehend von Erkenntnissen der kognitiven Psychologie werden in Preim (1999) Schlussfolgerungen für die Gestaltung von interaktiven Systemen gezogen.

Eigenständige Smalltalk-Applikationen

Das Programmieren in Smalltalk haben wir als einen Vorgang kennen gelernt, bei dem eine vorhandene Klassenbibliothek mithilfe der Entwicklungsumgebung um anwendungsspezifische Klassen ergänzt wird. Um die Methoden der Anwendung zu aktivieren, ist es immer notwendig, Smalltalk-Ausdrücke z. B. im Workspace auswerten zu lassen. D. h. auch das Ausführen der eigenen Anwendung geschieht mit den Mitteln der Entwicklungsumgebung. Daran ändert sich grundsätzlich auch nichts, wenn der Anwendung eine graphische Benutzungsoberfläche hinzugefügt wird.

Für eine fertige Anwendung, die an den Kunden ausgeliefert werden soll, wird man aber in der Regel die Entwicklungsumgebung nicht mit ausliefern wollen, möglicherweise aus lizenzrechtlichen Gründen auch gar nicht dürfen.

Die eigenen Anwendungsklassen und die von diesen benötigten Klassen der Original-Klassenbibliothek sowie deren übrige Klassen einschließlich derjenigen, die nur von den Werkzeugen der Entwicklungsumgebung benötigt werden, befinden sich aber nun alle in ein und demselben Image. Aus diesem „Gestrüpp" all die Klassen zu entfernen, die für die Anwendung nicht benötigt werden, ist keine triviale Aufgabe. Sie ist ohne Unterstützung durch ein Werkzeug fast unlösbar. Wie ein solches Werkzeug arbeitet und zu verwenden ist, ist aber sehr stark von dem eingesetzten Entwicklungssystem abhängig, auch wenn das Prinzip, nämlich alle nicht benötigten Klassen aus dem Image zu entfernen, immer das gleiche ist. In *VisualWorks* steht ein Werkzeug namens *Runtime Packager* zur Verfügung, das den Programmierer bei dieser Aufgabe unterstützt. Der Umgang mit ihm wird in Cincom Systems (2013a) beschrieben.

Runtime Packager

Entwicklung von Smalltalk-Anwendungen in Teams

Professionelle Entwicklungssysteme müssen Mechanismen bereitstellen, die es einem Team von Programmierern ermöglichen, in geordneter Art und Weise gemeinsam eine Anwendung zu entwickeln. Dazu ist es zum einen notwendig, die so weit wie möglich unabhängige Entwicklung von Anwendungskomponenten durch verschiedene Programmierer zu erlauben, zum anderen die so entwickelten Komponenten zu einem Gesamtsystem zusammenführen zu können. Ein Problem dabei ist, dass während der Entwicklung unterschiedliche Versionen der Komponenten entstehen, die aber nur in bestimmten Konstellationen zusammenpassen, aber auch für Testzwecke immer wieder mal zusammengefügt werden müssen. Auch ausgelieferte Anwendungen existieren in verschiedenen Versionen. Es ist Aufgabe einer so genannten *Konfigurationsverwaltung* (engl.: configuration management) die zusammenpassenden Versionen der Komponenten bzw. der gesamten Anwendung zu verwalten.

Konfigurationsverwaltung

In einer Smalltalk-Umgebung kann man zunächst davon ausgehen, dass jeder einzelne Programmierer mit seinem „privaten" Image arbeitet, dem er die von ihm entwickelten Programmkomponenten (Klassen, Methoden) hinzufügt. Dabei wird er aber immer wieder auf Komponenten anderer Programmierer Bezug nehmen. Die entsprechenden Klassen müssen ihm daher verfügbar gemacht werden, bzw. er muss sie z. B. für die Durchführung von Tests seinem Image hinzufügen können.

Die einfachste Möglichkeit, die hierfür in *VisualWorks* zur Verfügung steht, ist der Export einer Methode, eines Protokolls, einer Klasse oder einer Klassenkategorie in eine Textdatei. Hierfür steht z. B. im Kontextmenü des jeweiligen Felds im System-Browser der Eintrag **File Out As ...** zur Verfügung. Diese Textdateien können dann mit Hilfe des Werkzeugs *File Browser* in ein Image importiert werden. Dieser Mechanismus ist sicherlich nur für sehr kleine Teams hinreichend, da der Austausch der Komponenten eine enge Abstimmung der Teammitglieder erfordert und auch keinerlei Versionskontrolle existiert.

VisualWorks stellt auch ein Hilfsmittel bereit, mit dem ein Programmierer innerhalb eines Image Komponenten verschiedener Anwendungen, an denen er vielleicht parallel arbeitet, verwalten bzw. auseinander halten kann. Es handelt sich dabei um die so genannten *Change-sets*, deren Verwendung in Cincom Systems (2013d) beschrieben wird.

Eine vollständige Konfigurationsverwaltung wird in *VisualWorks* mit der Zusatzkomponente *Store* angeboten (s. Cincom Systems (2013c)), die neben einer Versionskontrolle ein Konzept für Anwendungskomponenten, die – wie bereits aus Abschnitt 5.7 bekannt – *Packages* genannt werden, bereitstellt. Diese Packages sind die Einheiten, in denen Programmcode von *Store* verwaltet wird. Um diese Komponenten image-unabhängig zu speichern, bedient *Store* sich eines handelsüblichen relationalen Datenbanksystems.

Datenbank- Nebenbei bemerkt stellt *VisualWorks* auch Zusatzkomponenten zur Verfügung, die
zugriff es ermöglichen, Smalltalk-Anwendungen mit Zugriff auf relationale Datenbanken zu entwickeln (s. Cincom Systems (2013b)).

Weitere Informationsquellen

Das Internet bietet zahlreiche Möglichkeiten, sich über Smalltalk im Allgemeinen, aber auch über spezielle Entwicklungssysteme zu informieren.

An erster Stelle sei hier die Seite der Firma Cincom genannt. Unter

```
http://www.cincomsmalltalk.com
```

findet man alle Informationen zu den Smalltalk-Produkten des Unternehmens. Über diesen Zugang kann auch die nicht kommerzielle Version von *VisualWorks* kostenlos heruntergeladen werden.

Einen guten Einstieg in das Thema Smalltalk bieten die unter

```
www.smalltalk.org
www.stic.st
```

zu findenden Seiten. Sie enthalten u. a. eine Fülle von Links auf weitere Informationsquellen zu

- Smalltalk-Projekten,

- kommerziellen und freien Smalltalk-Entwicklungsumgebungen,

- kommerziellen Smalltalk-Anwendungen

- Benutzergruppen,

- Vergleichen mit anderen objektorientierten Programmiersprachen und

- Smalltalk-Kursen.

Für Menschen, die Smalltalk lernen möchten, ist auch die Internet-Seite des Kollegen Prof. Dr. Stephane Ducasse erwähnenswert:

```
stephane.ducasse.free.fr
```

Neben vielen anderen interessanten Informationen wird dort eine Sammlung von älteren Smalltalk-Büchern, die nicht mehr im Druck sind, online zur Verfügung gestellt. Begleitmaterialien zu diesem Buch sind auf den WWW-Seiten des Autors unter

```
brauer.nordakademie.de
```

zu finden.

A Erweiterung des VisualWorks-Images

Nach der Installation von *VisualWorks* befinden sich im Basis-Image (zu finden im Unterverzeichnis **image** des Installationsverzeichnisses[1]) Packages bzw. Bundles mit den Standard-Klassen, die für die Anwendungsentwicklung benötigt werden, sowie diejenigen, die den Programmcode der Entwicklungsumgebung enthalten.

Im Unterverzeichnis **contributed** werden eine Reihe von Erweiterungen von *VisualWorks* mitgeliefert. Dazu gehören z. B.

- Rahmenwerke für verschiedenste Programmieraufgaben (z. B. **SUnitToo**, eine Weiterentwicklung von **SUnit**[2]),

- Komponenten für den Zugriff auf verschiedene Datenbanksysteme,

- freie Versionen von Software von Drittanbietern und vieles andere mehr.

Diese Erweiterungen liegen in Form von *Parcels* vor. Parcels sind – vereinfacht gesprochen – aus einem Image „exportierte" Packages. Man kann ein Package mit dem Menüpunkt **Package→Publish as Parcel** als Parcel exportieren. Dabei werden zwei Dateien erzeugt:

```
<package-name>.pst
<package-name>.pcl
```

Die Datei mit der Namensendung `.pst` enthält den Smalltalk-Quellcode, in der `.pcl`-Datei steht das in Bytecode übersetzte Programm.

Um nun Parcels in das eigene Image zu integrieren, kann man den Parcel-Manager benutzen, der mit dem Launcher-Menüpunkt **System→Parcel Manager** gestartet wird. Der Parcel-Manager bietet drei Sichten auf die Parcels aus dem Verzeichnis **contributed**.

1. Unter dem Reiter **Suggestions** werden die Parcels thematisch gruppiert. In Abbildung A.1 ist das Parcel **RBCodeHighlightning** aus der Rubrik **Popular** ausgewählt. Lädt man es (mit **Parcel→Load**) wird der Programmcode im System-Browser farbig dargestellt.

2. Unter dem Reiter **Directories** wird im linken Feld der ganze Verzeichnisbaum des *VisualWorks*-Installationsverzeichnisses dargestellt (vgl. auch Abbildung 5.1). in Abbildung A.2 ist das **contributed**-Verzeichnis ausgewählt.

3. Unter dem Reiter **Loaded** kann man sich einen Überblick verschaffen, welche Parcels bereits geladen sind.

---

[1] vgl. Abbildung 5.1
[2] vgl. Kapitel 15

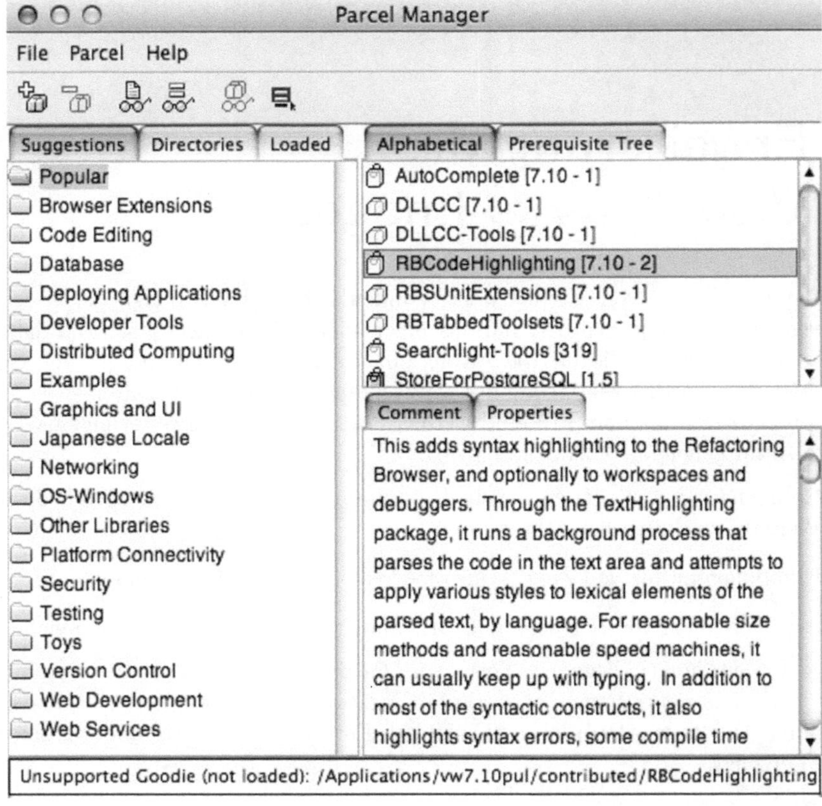

Abbildung A.1: Der Parcel-Manager

A.1 Einspielen von SUnitToo

SUnit (vgl. Kapitel 15) ist in das Basis-Image von *VisualWorks* bereits integriert, so dass es sofort benutzt werden kann. In Kapitel 15 wird aber eine Alternativimplementierung (SUnitToo) von SUnit benutzt, die besser in den System-Browser integriert ist. Diese wird zwar mit *VisualWorks* ebenfalls ausgeliefert, ist aber nicht im Basis-Image enthalten. Um SUnitToo benutzen zu können, müssen zwei Parcels geladen werden. Dazu sind folgende Schritte erforderlich:

1. Starten des Parcel-Managers mit dem Launcher-Menüpunkt **System→Parcel Manager**.

2. Im Parcel-Manager-Fenster den Reiter **Suggestions** wählen.

3. Das Verzeichnis **Popular** wählen und dort das Parcel **SUnitToo(ls)** markieren (vgl. Abbildung A.2).

4. Über den Menüpunkt **Parcel→Load** das Parcel in das Image laden.

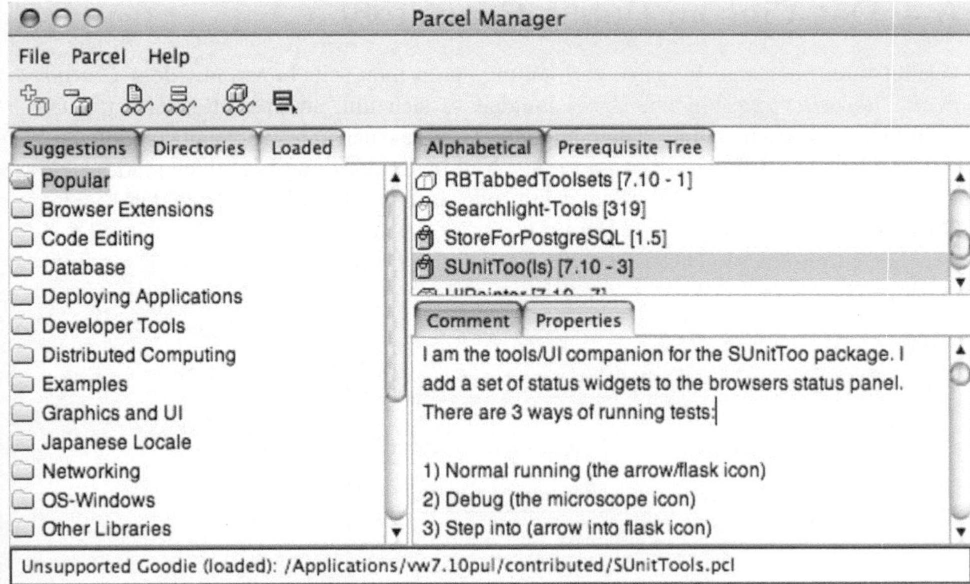

Abbildung A.2: Das Parcel **SUnitToo(ls)** im Parcel-Manager

A.2 Einspielen des Object Explorers

Zum Laden des Parcels `ObjectExplorer` sind folgende Schritte auszuführen:

1. Starten des Parcel-Managers mit dem Launcher-Menüpunkt **System→Parcel Manager**.

2. Im Parcel-Manager-Fenster den Reiter **Directories** wählen.

3. Das Verzeichnis `Contributed` wählen und in diesem Verzeichnis das Parcel `ObjectExplorer` markieren.

4. Über den Menüpunkt **Parcel→Load** das Package in das Image laden.

A.3 Einspielen von Seaside

Das Seaside-Framework ist im Parcel-Manager über den Reiter **Suggestions** im Verzeichnis `Web Development` zu finden. Das Parcel trägt den Namen `Seaside-All`. Im Parcel `Seaside-Examples-All` befinden sich eine Reihe von mit Seaside implementierten Beispielanwendungen.

A.4 Das Cincom Public Repository

Verfügt man über eine Internet-Verbindung, kann man sein Image mit dem *Cincom Public Repository* verbinden. Dabei handelt es sich um ein Store-Repository[3], das öffentlich zugänglich ist und in dem man die jeweils aktuellsten Versionen von Software von Drittanbietern findet, die zum großen Teil in Entwicklung befindlich sind.

Um die Verbindung herzustellen, wählt man im Launcher-Menü **Store** den Eintrag **Connect to Repository . . . .** Darauf erscheint das in Abbildung A.3 gezeigte Fenster. Hier ist darauf zu achten, dass als *Connection Profile* Cincom Public Repository

Connect to Database

Connection Profile: Cincom Public Repository   Connect

Interface: PostgreSQLEXDIConnect   Cancel

Environment: store.cincomsmalltalk.com

User Name: guest

Password: •••••

Table Owner: BERN

Save...   Delete

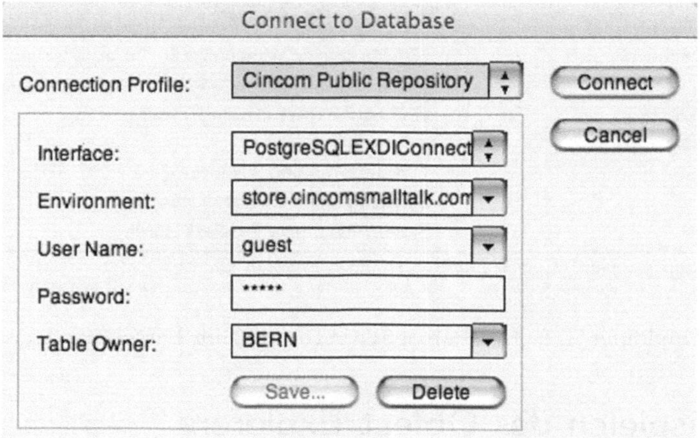

Abbildung A.3: Verbindungsdaten für das Cincom Public Repository

ausgewählt ist. Die vorbelegten Verbindungdaten bleiben unverändert. Nach Betätigen der Schaltfläche **Connect** wird die Verbindung aufgebaut. Wenn die Verbindung hergestellt ist, wird dies in der Status-Zeile des Launchers links unten angezeigt.

Anschließend kann man über den Launcher-Menüpunkt **Store→Published Items** eine Liste der im Repository gespeicherten Packages bzw. Bundles anzeigen lassen. Abbildung A.4 zeigt einen Auszug aus der Liste, ausgewählt ist das Bundle Bottom-Feeder, das einen News-Reader enthält. Um ein Package zu Laden, markiert man eine (im Zweifelsfall die neueste) Version und führt den Menüpunkt **File→Load** aus.

---

[3]vgl. Kapitel 17

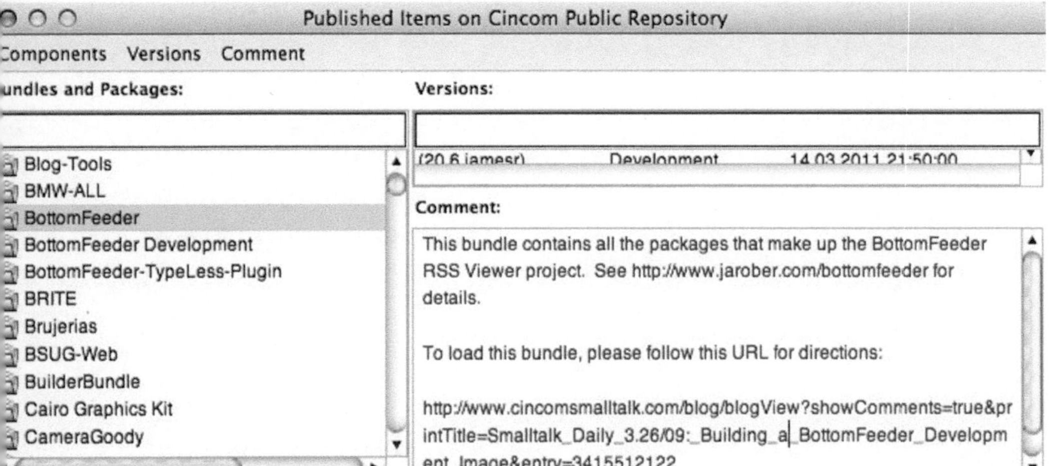

Abbildung A.4: Published Items des Cincom Public Repository

Literaturverzeichnis

[AIDAweb 2013]   AIDAWEB: *AIDAweb Smalltalk Web Application Server*. 2013. –
URL `http://www.aidaweb.si`. – zuletzt aufgerufen am 1. 8. 2013

[Alpert u. a. 1998]   ALPERT, Sherman ; BROWN, Kyle ; WOOLF, Bobby: *The Design
Patterns Smalltalk Companion*. 1. Addison-Wesley Addison Wesley Professional,
1998 (Software Patterns Series)

[Balzert 2001]   BALZERT, Helmut: *Lehrbuch der Software-Technik*. Bd. 1. 2. Auflage.
Elsevier-Verlag, 2001

[Beck 1997]   BECK, Kent: *Smalltalk Best Practice Patterns*. Prentice Hall, 1997

[Beck 2003]   BECK, Kent: *Test-Driven Development by Example*. Addison-Wesley,
2003

[Beck 2013]   BECK, Kent: *Simple Smalltalk Testing: With Patterns*. 2013. – URL
`http://www.xprogramming.com/testfram.htm`. – zuletzt aufgerufen am 25. 8.
2013

[Cincom Systems 2011]   CINCOM SYSTEMS, Inc.: *VisualWorks Walk Through*. 7.8.
Bestandteil der Online-Dokumentation von VisualWorks: , 2011

[Cincom Systems 2012]   CINCOM SYSTEMS, Inc.: *GUI Developer's Guide*. 7.9.
Bestandteil der Online-Dokumentation von VisualWorks: , 2012

[Cincom Systems 2013a]   CINCOM SYSTEMS, Inc.: *Application Developer's Guide*.
7.10. Bestandteil der Online-Dokumentation von VisualWorks: , 2013

[Cincom Systems 2013b]   CINCOM SYSTEMS, Inc.: *Database Application Developer's
Guide*. 7.10. Bestandteil der Online-Dokumentation von VisualWorks: , 2013

[Cincom Systems 2013c]   CINCOM SYSTEMS, Inc.: *Source Code Management Guide*.
7.10. Bestandteil der Online-Dokumentation von VisualWorks: , 2013

[Cincom Systems 2013d]   CINCOM SYSTEMS, Inc.: *Tool Guide*. 7.10. Bestandteil
der Online-Dokumentation von VisualWorks: , 2013

[Dahl u. a. 1972]   DAHL, Ole-Johan ; DIJKSTRA, Edsger W. ; HOARE, Charles Ant-
ony R.: *Structured Programming*. Academic Press, 1972

[Ducasse u. a. 2010]   DUCASSE, Stéphane ; RENGGLI, Lukas ; SHAFFER, David C. ;
ZACCONE, Rick: *Dynamic Web Development with Seaside*. Square Bracket Asso-
ciates, 2010

[Ernst 2008]   ERNST, Hartmut: *Grundkurs Informatik*. 4. Auflage. Vieweg+Teubner Verlag, 2008

[Fowler 2000]   FOWLER, Martin: *Refactoring – Wie Sie das Design vorhandener Software verbessern*. Addison-Wesley Verlag, 2000

[Gamma u. a. 1995]   GAMMA, Erich ; HELM, Richard ; JOHNSON, Ralph ; VLISSIDES, John: *Design Patterns: Elements of Reusable Object-Oriented Software*. Addison-Wesley, 1995

[Goldberg 1983]   GOLDBERG, Adele: *Smalltalk-80: The Interactive Programming Environment*. Addison-Wesley Publishers, 1983

[Goldberg und Robson 1989]   GOLDBERG, Adele ; ROBSON, David: *Smalltalk-80: The Language*. Addison-Wesley Publishing Company, 1989

[Herczeg 2005]   HERCZEG, Michael: *Software-Ergonomie – Grundlagen der Mensch-Computer-Kommunikation*. 2. Auflage. Oldenbourg, 2005

[Hopkins und Horan 1995]   HOPKINS, Trevor ; HORAN, Bernard: *Smalltalk – An Introduction to Application Development Using VisualWorks*. Inzwischen nicht mehr im Druck ber im World Wide Web verfügbar unter: http://stephane.ducasse.free.fr/FreeBooks : Prentice Hall, 1995

[Liggesmeyer 2002]   LIGGESMEYER, Peter: *Software-Qualität*. Spektrum-Verlag, 2002

[Link 2002]   LINK, Johannes: *Unit Tests mit Java. Der Test-First-Ansatz*. dpunkt.verlag, 2002

[Mayr und Maas 2002]   MAYR, Heinrich C. ; MAAS, Jörg: Perspektiven der Informatik. In: *Informatik-Spektrum* 25 (2002), Juni, Nr. 3, S. 177–186

[Mössenböck 1994]   MÖSSENBÖCK, Hanspeter: *Objektorientierte Programmierung in Oberon-2*. 2. Springer-Verlag GmbH, 1994

[Oestereich 2005]   OESTEREICH, Bernd: *Objektorientierte Softwareentwicklung: Analyse und Design mit der UML 2.0*. 7. Auflage. Oldenbourg Wissenschaftsverlag, 2005

[Pepper und Hofstedt 2006]   PEPPER, Peter ; HOFSTEDT, Petra: *Funktionale Programmierung*. Springer-Verlag, 2006

[Perscheid u. a. 2008]   PERSCHEID, Michael ; TIBBE, David ; BECK, Martin ; BERGER, Stefan ; OSBURG, Peter ; EASTMAN, Jeff ; HAUPT, Michael ; HIRSCHFELD, Robert: *An Introduction to Seaside*. Software Architecture Group (Hasso-Plattner-Institut), 2008. –   URL `http://www.hpi.uni-potsdam.de/swa/seaside/tutorial`

[Preim 1999]   PREIM, Bernhard: *Entwicklung interaktiver Systeme - Grundlagen, Fallbeispiele und innovative Anwendungsfelder*. Springer-Verlag, 1999

[Rails 2013] RAILS: *Web development that doesn't hurt.* 2013. – URL `http://rubyonrails.org`. – zuletzt aufgerufen am 25. 8. 2013

[Reiser und Wirth 1994] REISER, Martin ; WIRTH, Niklaus: *Programmieren in Oberon, Das neue PASCAL.* Addison-Wesley, 1994

[Ritter 2009] RITTER, Maik: *CSS 4 you - die deutsche Seite für Cascading Stylesheets (CSS).* 2009. – URL `http://www.css4you.de`. – zuletzt aufgerufen am 29. 8. 2013

[Ruby 2013] RUBY: *A Programmers's Best Friend.* 2013. – URL `http://www.ruby-lang.org/de/about/`. – zuletzt aufgerufen am 25. 8. 2013

[Seaside 2013] SEASIDE: *Stairway to Agile Web.* 2013. – URL `http://www.seaside.st/`. – zuletzt aufgerufen am 1. 8. 2013

[Seemann und Wolff von Gudenberg 2006] SEEMANN, Jochen ; WOLFF VON GUDENBERG, Jürgen: *Software-Entwurf mit UML 2: Objektorientierte Modellierung mit Beispielen in Java (Xpert.press).* Springer-Verlag, 2006. – ISBN 3540309497

[SELFHTML 2007] SELFHTML: *SELFHTML.* 2007. – URL `http://de.selfhtml.org`. – zuletzt aufgerufen am 29. 8. 2013

[Spillner u. a. 2006] SPILLNER, Andreas ; ROSSNER, Thomas ; WINTER, Mario ; LINZ, Tilo: *Praxiswissen Softwaretest.* dpunkt.verlag, 2006

[SUnit 2013] SUNIT: *The mother of all unit testing frameworks.* 2013. – URL `http://sunit.sourceforge.net/`. – Zugriffsdatum: 27.6.2008. – zuletzt aufgerufen am 25. 8. 2013

[Wirth 1971] WIRTH, Niklaus: Program development by stepwise refinement. In: *Commun. ACM* 14 (1971), Nr. 4, S. 221–227. – ISSN 0001-0782

Tabellenverzeichnis

Index